# O LIBERALISMO POLÍTICO

# O LIBERALISMO POLÍTICO
## *Edição ampliada*

## John Rawls

Tradução
ÁLVARO DE VITA

Esta obra foi publicada originalmente em inglês com o título
POLITICAL LIBERALISM : EXPANDED EDITION
por Columbia University Press
Copyright © 1993, 1996, 2005 Columbia University Press
A presente edição em língua portuguesa é a tradução integral, especialmente autorizada pelo editor
original, Columbia University Press, para publicação e venda exclusivamente no Brasil.
Todos os direitos reservados. Este livro não pode se reproduzido, no todo ou em parte,
nem armazenado em sistemas eletrônicos recuperáveis nem transmitido por nenhuma forma ou meio
eletrônico, mecânico ou outros, sem a prévia autorização por escrito do Editor.
Copyright © 2011, Editora WMF Martins Fontes Ltda.,
São Paulo, para a presente edição.

A conferência "Resposta a Habermas" foi publicada pela primeira vez em
The Journal of Philosophy 92:3 (mar. 1995).

O ensaio "A ideia de razão pública revisitada" foi originalmente publicado em University of
Chicago Law Review 64 (verão 1997): 765-807, e é uma revisão da conferência "A ideia de razão
pública", proferida na University of Chicago Law School em novembro de 1993.

1ª edição 2011
3ª tiragem 2020

**Tradução**
*ÁLVARO DE VITA*
*LUÍS CARLOS BORGES*
*(A ideia de razão pública revisitada)*

**Acompanhamento editorial**
*Márcia Leme*
**Preparação do original**
*Maria Luiza Favret*
**Revisões**
*Ana Maria de O. M. Barbosa*
*Margaret Presser*
**Edição de arte**
*Katia Harumi Terasaka*
**Produção gráfica**
*Geraldo Alves*
**Paginação**
*Studio 3 Desenvolvimento Editorial*

---

Dados Internacionais de Catalogação na Publicação (CIP)
(Câmara Brasileira do Livro, SP, Brasil)

Rawls, John
 O liberalismo político / John Rawls ; tradução Álvaro de Vita. – Ed. ampl. – São Paulo : Editora WMF Martins Fontes, 2011. – (Biblioteca jurídica WMF)

 Título original: Political liberalism.
 ISBN 978-85-7827-382-8

 1. Estabilidade política 2. Justiça 3. Liberalismo I. Título. II. Série.

11-01227                                          CDD-320.51

Índices para catálogo sistemático:
1. Liberalismo político : Ciência política  320.51

---

*Todos os direitos desta edição reservados à*
***Editora WMF Martins Fontes Ltda.***
*Rua Prof. Laerte Ramos de Carvalho, 133 01325-030 São Paulo SP Brasil*
*Tel. (11) 3293-8150 e-mail: info@wmfmartinsfontes.com.br*
*http://www.wmfmartinsfontes.com.br*

*Para Anne, Lee, Alec e Liz*

# SUMÁRIO

*Introdução* ................................................................ XIII
*Introdução à edição de 1996* ............................................ XXXIX

### PARTE UM
### O LIBERALISMO POLÍTICO: ELEMENTOS FUNDAMENTAIS

CONFERÊNCIA I. Ideias fundamentais ........................ 3
§ 1. Duas questões fundamentais ................................... 4
§ 2. A ideia de uma concepção política de justiça .......... 12
§ 3. A ideia de sociedade como um sistema equitativo de cooperação ........................................................... 18
§ 4. A ideia de posição original ....................................... 26
§ 5. A concepção política de pessoa ............................... 34
§ 6. A ideia de sociedade bem-ordenada ....................... 41
§ 7. Nem uma comunidade, nem uma associação ........ 48
§ 8. O uso de concepções abstratas ................................ 51

CONFERÊNCIA II. As faculdades dos cidadãos e sua representação ............................................................... 56
§ 1. O razoável e o racional .............................................. 57
§ 2. Os limites da capacidade de juízo ............................ 64
§ 3. Doutrinas abrangentes razoáveis ............................. 70

§ 4. A condição de publicidade: seus três níveis ............ 78
§ 5. Autonomia racional: artificial, não política ............. 85
§ 6. Autonomia plena: política, não ética ...................... 92
§ 7. As bases da motivação moral .................................. 97
§ 8. Psicologia moral: filosófica, não psicológica .......... 103

CONFERÊNCIA III. O construtivismo político ............. 106

§ 1. A ideia de uma concepção construtivista ................ 107
§ 2. O construtivismo moral de Kant ............................ 117
§ 3. A justiça como equidade: uma visão construtivista 120
§ 4. O papel das concepções de sociedade e de pessoa 127
§ 5. Três concepções de objetividade ............................ 131
§ 6. A objetividade, independente da visão causal do conhecimento ......................................................... 138
§ 7. Quando razões objetivas existem, em termos políticos? ....................................................................... 141
§ 8. O alcance do construtivismo político .................... 149

PARTE DOIS
O LIBERALISMO POLÍTICO:
TRÊS IDEIAS CENTRAIS

CONFERÊNCIA IV. A ideia de um consenso sobreposto 157

§ 1. Como o liberalismo político é possível? .................. 158
§ 2. A questão da estabilidade ....................................... 165
§ 3. Três características de um consenso sobreposto ..... 170
§ 4. Consenso sobreposto: nem indiferente nem cético 177
§ 5. Uma concepção política não necessita ser abrangente ........................................................................ 182
§ 6. Passos em direção a um consenso constitucional... 187
§ 7. Passos em direção a um consenso sobreposto ........ 194
§ 8. Concepção e doutrinas: como se relacionam entre si? ........................................................................... 199

CONFERÊNCIA V. A prioridade do justo e ideias do bem .................................................................. 204

§ 1. Como uma concepção política limita as concepções do bem............................................................. 205
§ 2. O bem como racionalidade ....................................... 207
§ 3. Bens primários e comparações interpessoais.......... 209
§ 4. Bens primários como necessidades dos cidadãos... 220
§ 5. Concepções permissíveis do bem e virtudes políticas........................................................................... 224
§ 6. A justiça como equidade é equitativa com as concepções do bem?...................................................... 230
§ 7. O bem da sociedade política ..................................... 237
§ 8. Sobre a justiça como equidade ser uma concepção completa ............................................................ 244

CONFERÊNCIA VI. A ideia de razão pública ............... 250

§ 1. As questões e os fóruns da razão pública................ 251
§ 2. Razão pública e o ideal de cidadania democrática.. 254
§ 3. Razões não públicas ................................................... 259
§ 4. O conteúdo da razão pública .................................... 263
§ 5. A ideia de elementos constitucionais essenciais .... 268
§ 6. A Suprema Corte como modelo de razão pública.. 272
§ 7. Dificuldades manifestas com a razão pública ......... 284
§ 8. Os limites da razão pública ....................................... 292

PARTE TRÊS
A ESTRUTURA INSTITUCIONAL

CONFERÊNCIA VII. A estrutura básica como objeto .. 305

§ 1. O objeto primário da justiça...................................... 305
§ 2. A unidade mediante a sequência apropriada ......... 307
§ 3. Libertarianismo: nenhum papel especial à estrutura básica ................................................................. 311
§ 4. A importância da justiça de base ............................. 314
§ 5. Como a estrutura básica afeta os indivíduos........... 319

§ 6. O acordo inicial: hipotético e não histórico ............ 321
§ 7. Características especiais do acordo inicial .............. 326
§ 8. A natureza social das relações humanas ................ 330
§ 9. A forma ideal da estrutura básica ......................... 333
§ 10. Resposta à crítica de Hegel ................................... 338

CONFERÊNCIA VIII. As liberdades fundamentais e sua prioridade ................................................................. 343

§ 1. O objetivo inicial da justiça como equidade ........... 345
§ 2. O *status* especial das liberdades fundamentais ....... 349
§ 3. Concepções de pessoa e de cooperação social ....... 355
§ 4. A posição original ..................................................... 360
§ 5. A prioridade das liberdades, I: a segunda faculdade moral ....................................................................... 367
§ 6. A prioridade das liberdades, II: a primeira faculdade moral ................................................................... 373
§ 7. As liberdades fundamentais, não puramente formais 384
§ 8. Um sistema plenamente adequado de liberdades fundamentais ............................................................. 392
§ 9. Como as liberdades se ajustam em um sistema coerente ..................................................................... 396
§ 10. A expressão política livre ......................................... 403
§ 11. A norma do perigo claro e iminente ..................... 413
§ 12. O valor equitativo das liberdades políticas .......... 422
§ 13. As liberdades vinculadas ao segundo princípio.... 430
§ 14. O papel da justiça como equidade ....................... 436

CONFERÊNCIA IX. Resposta a Habermas ................... 440

§ 1. Duas diferenças básicas ............................................. 441
§ 2. Consenso sobreposto e justificação ....................... 455
§ 3. As liberdades dos modernos *versus* a vontade do povo ............................................................................ 468
§ 4. Os fundamentos das liberdades ............................. 484
§ 5. Justiça procedimental *versus* justiça substantiva..... 498
§ 6. Conclusão ................................................................... 514

PARTE QUATRO
# A IDEIA DE RAZÃO PÚBLICA REVISITADA

Introdução a "A ideia de razão pública revisitada" ....... 519
A IDEIA DE RAZÃO PÚBLICA REVISITADA (1997) .. 522
Tradução de Luís Carlos Borges

§ 1. A ideia de razão pública ............................................ 523
§ 2. O conteúdo da razão pública .................................... 533
§ 3. Religião e razão pública na democracia ................... 544
§ 4. A visão ampla da cultura política pública ................ 548
§ 5. Da família como parte da estrutura básica ............. 554
§ 6. Questões sobre a razão pública .............................. 563
§ 7. Conclusão ................................................................. 577

*Índice remissivo* ............................................................... 585
*Índice remissivo do material novo* ................................... 631

# INTRODUÇÃO

Os conteúdos deste livro estão organizados como se segue. As três primeiras conferências correspondem aproximadamente ao conteúdo de três conferências que proferi na Universidade de Columbia, em abril de 1980, e que foram publicadas, com substanciais alterações, no *Journal of Philosophy*, em setembro daquele ano, com o título de "O construtivismo kantiano na teoria moral". Ao longo dos mais de dez anos que se passaram desde então, elas foram reescritas e passaram por novas revisões. Penso que estão muito mais claras do que antes, o que não significa dizer que estejam perfeitamente claras. Mantenho a denominação de "conferências" para aquilo que se poderia considerar como capítulos, porque foram todas proferidas como conferências e tento preservar, talvez sem sucesso, um estilo mais próximo do coloquial.

Quando as conferências originais foram proferidas, planejava publicá-las junto com outras três. Uma delas, "The Basic Structure as Subject" ["A estrutura básica como objeto"] (1978), já havia sido proferida e publicada, enquanto as outras duas, "The Basic Liberties and Their Priority" ["As liberdades fundamentais e sua prioridade"] (1982) e "Social Unity and Primary Goods" ["Unidade social e bens primários"] (1982), encontravam-se esboçadas ou perto da finalização. No entanto, quando essas outras conferências finalmente ficaram prontas, percebi que não tinham o tipo de unidade que eu desejava, nem entre si nem em relação às três precedentes[1]. Escrevi, então, três outros ensaios sobre o liberalismo político[2], termo que agora emprego, a começar por "Political not Metaphysical" ["Uma concepção política, não metafísica"] (1985); grande parte deste ensaio foi incluída na primeira conferência. Seguiu-se "Overlapping Consensus" ["O consenso sobreposto"] (1987), "The Priority of the Right and Ideas of the Good" ["A prioridade do justo e ideias do bem"] (1988) e "Domain of the Political" ["O domínio do político"] (1989). Estes três últimos ensaios, consideravelmente alterados e combinados entre si, junto com "Public Reason" ["A ideia de razão pública"], que aparece aqui pela primeira vez, integram as seguintes três conferências deste livro.

As primeiras seis conferências se relacionam entre si da seguinte maneira: as três primeiras apresentam o pano de fundo filosófico geral do liberalismo político no âmbito da razão prática, principalmente §§ 1, 3, 7 e 8 da Conferência II e toda a Conferência III. As três seguintes examinam de forma mais minuciosa várias de suas ideias centrais, por exemplo, a de um consenso sobreposto, a da prioridade do direito e sua relação com as ideias do bem, além da ideia de razão pública. As conferências possuem agora a unidade desejada, tanto entre si como com relação ao espírito e ao conteúdo de *A Theory of Justice* [*Uma teoria da justiça*][3]: a ideia de liberalismo político.

Explico essa última observação. Os objetivos de *Uma teoria da justiça* encontram-se esboçados em seu prefácio (seções 2-3). Parafraseando o que foi dito ali, começo ob-

---

1. As duas primeiras dessas conferências adicionais foram republicadas neste volume, sem alterações, como conferências VII e VIII.

2. Esse termo é utilizado em "Overlapping Consensus", *Oxford Journal of Legal Studies* 7 (fevereiro de 1987): pp. 23 ss., e em "The Priority of the Right and Ideas of the Good", *Philosophy and Public Affairs* 17 (verão de 1988): pp. 271, 273 e 275.

3. *A Theory of Justice* (Cambridge, Mass.: Harvard University Press, 1971). [Trad. bras.: *Uma teoria da justiça*. São Paulo: Martins Fontes, 2008.]. As páginas citadas de *A Theory of Justice*, ao longo desta obra, são sempre as da edição original de 1971. [N. do T.]

servando que, durante grande parte do período moderno e contemporâneo da filosofia moral, a visão sistemática predominante no mundo de língua inglesa sempre foi alguma forma de utilitarismo. Isso se deve, entre outras razões, ao fato de essa visão ter sido representada por uma longa linhagem de pensadores brilhantes, que constituíram um corpo de pensamento verdadeiramente impressionante no que diz respeito a sua amplitude e profundidade. Aqueles que criticaram o utilitarismo muitas vezes o fizeram em um *front* limitado. Mencionaram dificuldades com o princípio de utilidade e salientaram as graves e evidentes discrepâncias que há entre suas implicações e nossas convicções morais comuns. No entanto, parecia-me que esses críticos não haviam conseguido elaborar uma concepção moral praticável e sistemática que pudesse contrapor-se ao utilitarismo de forma bem-sucedida. O resultado era que muitas vezes nos víamos forçados a fazer uma escolha entre o utilitarismo e o intuicionismo racional e tínhamos de nos conformar com uma variante do princípio de utilidade, circunscrito e limitado por restrições intuicionistas aparentemente *ad hoc*.

Os objetivos de *Teoria* (ainda parafraseando seu prefácio) eram generalizar e conduzir a um nível mais elevado de abstração a doutrina tradicional do contrato social. Eu queria mostrar que essa doutrina não estava sujeita às objeções mais óbvias que muitas vezes imaginou-se que lhe fossem fatais. Minha expectativa era a de expor de forma mais clara as principais características estruturais dessa concepção – que denominei "justiça como equidade" – e de desenvolvê-la como uma interpretação sistemática da justiça que fosse superior ao utilitarismo. Julguei que essa concepção alternativa era a que, entre as concepções morais tradicionais, representava a melhor aproximação possível de nossas convicções ponderadas de justiça e constituía a base mais apropriada para as instituições de uma sociedade democrática.

Os objetivos destas conferências são distintos. Observe-se que, em meu resumo dos objetivos de *Teoria,* a tradição do contrato social aparece como parte da filosofia moral e não se faz nenhuma distinção entre filosofia moral e filosofia política. Em *Teoria*, não se distingue uma doutrina moral da justiça de alcance geral de uma concepção estritamente política de justiça. Nenhuma relevância é dada ao contraste entre doutrinas filosóficas e morais de natureza abrangente e concepções limitadas ao domínio do político. Nas conferências deste volume, no entanto, essas distinções e ideias correlatas são fundamentais.

Com efeito, pode parecer que o objetivo e o conteúdo destas conferências representam uma grande mudança em relação aos de *Teoria*. Certamente, como já enfatizei, existem diferenças importantes. Mas para entender a natureza e a extensão das diferenças é preciso vê-las como um esforço para resolver um grave problema interno à justiça como equidade, a saber, aquele que surge do fato de que a interpretação da estabilidade na parte III de *Teoria* não é coerente com a visão como um todo. Penso que a superação dessa inconsistência responde por todas as diferenças. De resto, estas conferências consideram que a estrutura e o conteúdo de *Teoria* permanecem substancialmente os mesmos[4].

Para explicar o que acabo de dizer: o grave problema que tenho em mente diz respeito à ideia irrealista de sociedade bem-ordenada, tal como aparece em *Teoria*. Uma característica essencial da sociedade bem-ordenada, associada à justiça como equidade, é que todos os seus cidadãos respaldam essa concepção com base no que agora denomino uma doutrina filosófica abrangente. É tendo esta doutrina como fundamento que os cidadãos aceitam os dois princípios da justiça como equidade. De maneira semelhante, na sociedade bem-ordenada associada ao utilitarismo, os

---

4. É claro que era inevitável que alguns erros fossem cometidos e que correções precisassem ser feitas no modo como a estrutura e o conteúdo da justiça como equidade foram apresentados em *Teoria*. Alguns desses erros são examinados aqui, mas corrigi-los não é minha preocupação nestas conferências.

cidadãos em geral subscrevem essa visão como uma doutrina filosófica abrangente e por isso aceitam o princípio de utilidade. Embora a distinção entre uma concepção política de justiça e uma doutrina filosófica abrangente não seja examinada em *Teoria*, uma vez que se levante a questão fica claro, a meu ver, que o texto considera a justiça como equidade e o utilitarismo como doutrinas abrangentes, ou parcialmente abrangentes.

O problema sério que há nisso é o seguinte: uma sociedade democrática moderna não se caracteriza apenas por um pluralismo de doutrinas religiosas, filosóficas e morais abrangentes, e sim por um pluralismo de doutrinas incompatíveis entre si e que, no entanto, são razoáveis. Nenhuma dessas doutrinas é professada pelos cidadãos em geral. Tampouco deveríamos supor que em um futuro previsível uma delas, ou outra doutrina razoável que possa surgir, venha a ser professada por todos ou por quase todos os cidadãos. O liberalismo político pressupõe que, para propósitos políticos, uma pluralidade de doutrinas abrangentes que são razoáveis, ainda que incompatíveis entre si, é o resultado esperado do exercício da razão humana sob a estrutura de instituições livres de um regime democrático constitucional. O liberalismo político também pressupõe que uma doutrina abrangente razoável não rejeita os princípios fundamentais de um regime democrático. É claro que também podem existir doutrinas abrangentes desarrazoadas, mesmo insanas, em uma sociedade. Em tal caso, o problema consiste em contê-las, de maneira que não corroam a unidade e a justiça da sociedade.

O fato de haver uma pluralidade de doutrinas abrangentes razoáveis, mas incompatíveis entre si – o fato do pluralismo razoável –, demonstra que, tal como se emprega em *Teoria*, a ideia de sociedade bem-ordenada da justiça como equidade é irrealista. E isso é assim em virtude de ser incoerente com a realização de seus próprios princípios, mesmo sob as condições mais favoráveis que se possam prever. A interpretação da estabilidade de uma sociedade bem-ordenada, na parte III de *Teoria*, também é, portanto, irrealista e necessita ser reformulada. Esse problema arma o cenário para os ensaios posteriores, aqueles que foram escritos a partir de 1980. A ambiguidade de *Teoria* é agora eliminada, e a justiça como equidade passa a ser apresentada, desde o princípio, como uma concepção política de justiça (I, § 2).

É surpreendente como essa mudança, por sua vez, obriga a que inúmeras outras sejam feitas e requer toda uma família de ideias que antes não eram necessárias[5]. Digo que isso parece surpreendente porque o problema da estabilidade desempenhou papel muito pouco relevante na história da filosofia moral e, por isso, pode parecer estranho que uma incoerência desse gênero acabe levando a revisões tão extensas. Não obstante, o problema da estabilidade é fundamental para a filosofia política, e uma incoerência nesse aspecto torna necessários reajustamentos fundamentais. Assim, talvez nem seja tão surpreendente, afinal, que, além das ideias já mencionadas – a ideia de uma concepção política de justiça em contraposição a uma doutrina abrangente, bem como as de consenso sobreposto e de razão pública –, outras também se façam necessárias. Menciono aqui a ideia de uma concepção política de pessoa (I, § 5) e a de pluralismo razoável, em contraposição a pluralismo simples. Além disso, a ideia de construtivismo político está relacionada a esses tópicos e suscita questões sobre a verdade dos juízos morais, que são examinadas a seguir[6].

A principal conclusão a tirar dessas observações – à qual voltarei logo a seguir – é que o problema central do li-

---

5. A ideia de consenso sobreposto parece constituir uma exceção a isso. No entanto, seu significado, em *Teoria*, pp. 387 ss., é bem diferente. (A paginação de *Teoria* corresponde à da edição original de 1971.)

6. Afirma-se, às vezes, que as alterações introduzidas nos ensaios posteriores (a partir de 1980) são respostas a críticas feitas por comunitaristas e outros. Não acredito que essa afirmação tenha fundamento. É claro que, se estou ou não correto em relação a esse ponto de vista, isso dependerá de que as alterações possam ser satisfatoriamente explicadas por uma visão analítica de como se inserem na interpretação revista da estabilidade. Certamente, a questão não está resolvida só porque afirmo que está.

beralismo político é este: como é possível existir, ao longo do tempo, uma sociedade estável e justa de cidadãos livres e iguais que se encontram profundamente divididos por doutrinas religiosas, filosóficas e morais razoáveis, embora incompatíveis entre si? Em outras palavras: como é possível que doutrinas abrangentes profundamente divergentes, ainda que razoáveis, possam conviver e que todas endossem a concepção política de um regime constitucional? Quais são a estrutura e o conteúdo de uma concepção política que é capaz de conquistar o apoio de tal consenso sobreposto? Essas são algumas das questões que o liberalismo político busca responder.

A título de esclarecimento, farei alguns comentários sobre o liberalismo político. Às vezes, são feitas referências ao chamado projeto iluminista de descobrir uma doutrina filosófica secular, que estivesse baseada na razão e que, a despeito disso, fosse abrangente. Pensava-se que tal doutrina seria apropriada para o mundo moderno, já que a autoridade e a fé das eras cristãs supostamente haviam deixado de ser dominantes.

É dispensável examinarmos se há ou se algum dia houve tal projeto do Iluminismo, pois, seja como for, o liberalismo político, tal como o entendo, e a justiça como equidade, como uma das variantes desse liberalismo, não têm semelhantes pretensões. Como já assinalei, o liberalismo político considera ponto pacífico não somente o pluralismo, mas o fato do pluralismo razoável. Mais do que isso, supõe que, dentre as principais doutrinas abrangentes razoáveis que existem, algumas são religiosas. A concepção de "razoável" (II, § 3) é formulada de modo que comporte essa possibilidade. O problema do liberalismo político consiste em elaborar uma concepção de justiça política para um regime democrático constitucional que uma pluralidade de doutrinas razoáveis – que sempre constitui uma característica da cultura de um regime democrático livre – possa subscrever. A intenção não é substituir essas visões abrangentes, nem lhes dar um fundamento verdadeiro. Tal intenção seria, com efeito, ilusória. Mas não é disso que se trata, não é disso que o liberalismo político se ocupa.

Parte da aparente complexidade do liberalismo político – que se evidencia, por exemplo, na necessidade de introduzir outra família de ideias – decorre da aceitação do fato do pluralismo razoável. Pois, uma vez que aceitemos esse fato, temos de supor que, em um consenso sobreposto ideal, cada cidadão avaliza tanto uma doutrina abrangente como a concepção política focal, relacionadas entre si de alguma forma. Em alguns casos, a concepção política é simplesmente consequência ou um desdobramento da doutrina abrangente de um cidadão; em outros, pode-se considerar a concepção política como uma aproximação aceitável, levando em conta as circunstâncias do mundo social (IV, § 5). Seja como for, uma vez que a concepção política é compartilhada por todos, enquanto as doutrinas abrangentes não o são, precisamos distinguir entre uma base pública de justificação sobre questões políticas fundamentais, que seja aceitável aos cidadãos em geral, e as muitas bases de justificação que não têm o caráter de públicas, que pertencem a diversas doutrinas abrangentes e, por conseguinte, só são aceitáveis para os que subscrevem essas doutrinas.

De maneira semelhante, haverá muitas outras distinções paralelas. Isso se deve ao fato de que os elementos da concepção política de justiça devem diferenciar-se dos elementos análogos das doutrinas abrangentes. Não podemos perder de vista o lugar onde nos situamos. Assim, é preciso que as ideias do bem, na concepção política, sejam apropriadamente políticas e distintas das que estão contidas em visões mais amplas. Isto também se aplica à concepção política das pessoas consideradas livres e iguais.

Dado o fato do pluralismo razoável da cultura democrática, o objetivo do liberalismo político consiste em revelar as condições de possibilidade de uma base pública razoável de justificação no que diz respeito a questões políticas fundamentais. Caso isso seja possível, o liberalismo político deve formular o conteúdo dessa base e mostrar por que resulta aceitável. Ao fazê-lo, o liberalismo político terá de distinguir o ponto de vista público dos muitos pontos de vista não públicos (e que não são privados). Ou, em outras palavras, terá de caracterizar a distinção entre a razão pública e as muitas razões não públicas e explicar por que a razão pública assume determinada forma (VI). Ademais, o liberalismo político deve ser imparcial (das maneiras que será preciso explicar) em relação aos pontos de vista das doutrinas abrangentes e razoáveis.

Essa imparcialidade se manifesta de diversos modos. Em primeiro lugar, o liberalismo político não ataca nem critica nenhuma visão razoável. Como parte dessa característica, não critica, muito menos rejeita, nenhuma teoria específica acerca da verdade de juízos morais[7]. Nesse sentido, simplesmente supõe que os juízos acerca disso se fazem do ponto de vista de alguma doutrina moral abrangente. Essas doutrinas possibilitam um juízo, levando-se tudo em consideração: isto é, levando em conta o que veem como todos os valores morais e políticos relevantes e como todos os fatos relevantes (tais como cada doutrina os especifique). Quais juízos morais são verdadeiros, levando-se tudo em consideração, não é um problema do liberalismo político, pois este enfoca todas as questões de seu próprio ponto de vista restrito. Há ocasiões, no entanto, em que se vê obrigado a dizer alguma coisa acerca disso, para reforçar sua própria posição. É o que se procura fazer em III, § 8 e em V, § 8.

Além disso, o liberalismo político, em vez de se referir à sua concepção política de justiça como verdadeira, remete a ela como uma concepção razoável. Não se trata de simples questão semântica, já que isso se presta a enfatizar duas coisas. A primeira é indicar o ponto de vista mais limitado da concepção política, como uma forma de articular valores políticos e não todos os valores, ao mesmo tempo que propicia uma base pública de justificação. A segun-

---

7. Ver IV, § 4.1, que repete textualmente o parágrafo correspondente de "The Idea of an Overlapping Consensus".

da é indicar que os princípios e ideais da concepção política baseiam-se em princípios da razão prática, em conjunção com concepções de sociedade e de pessoa que são, também elas, concepções da razão prática. Essas concepções especificam a estrutura de ideias dentro da qual os princípios da razão prática se aplicam. O significado de tudo isso se revela na interpretação do construtivismo político (em contraposição ao construtivismo moral) na Conferência III.

A ideia do construtivismo político será familiar a todos aqueles que conhecem a posição original da justiça como equidade, ou alguma estrutura teórica semelhante. Os princípios de justiça são o resultado de um procedimento de construção no qual pessoas racionais (ou seus representantes), sujeitas a condições razoáveis, escolhem os princípios que deverão regular a estrutura básica da sociedade. Os princípios que se produzem de um procedimento apropriado de construção, um procedimento que expresse de modo correto os princípios e as concepções necessários da razão prática, são aqueles que considero razoáveis. Os juízos que esses princípios endossem também serão razoáveis. Quando os cidadãos compartilham uma concepção política razoável de justiça, dispõem de uma base sobre a qual a discussão pública de questões políticas fundamentais pode se realizar e se decidir de forma razoável; não, evidentemente, em todos os casos, mas esperamos que na maior parte dos casos que envolvem elementos constitucionais essenciais e questões de justiça básica.

O dualismo, no liberalismo político, entre o ponto de vista da concepção política e os muitos pontos de vista das doutrinas abrangentes não é um dualismo que se origine na filosofia. Tem origem, mais precisamente, na natureza especial da cultura política democrática marcada pelo pluralismo razoável. Esta natureza especial responde, acredito, pelo menos em grande medida, pelos problemas distintos da filosofia política no mundo moderno, em contraste com o mundo antigo. Para interpretar isso, formulo uma conjectura – não posso dizer que seja mais do que isso – sobre os

# INTRODUÇÃO

contextos históricos que explicam os problemas característicos dos antigos e dos modernos, respectivamente.

Quando a filosofia moral teve início, com Sócrates, digamos, a religião antiga era uma religião cívica de práticas sociais públicas, de festividades cívicas e celebrações públicas. Além disso, essa cultura religiosa cívica não tinha fundamento em escrituras sagradas como a Bíblia, o Alcorão ou os Vedas do hinduísmo. Os gregos celebravam Homero, e os poemas homéricos constituíam parte fundamental de sua educação, mas a *Ilíada* e a *Odisseia* jamais foram textos sagrados. Desde que se participasse da forma esperada e se observassem as convenções, os detalhes daquilo em que se acreditava não tinham grande importância. Tratava-se de uma questão de fazer o que se devia fazer e de ser um membro da sociedade digno de respeito, sempre disposto a cumprir com os deveres de um bom cidadão – desde servir como jurado até lutar em uma guerra – quando chamado a fazê-lo. Não era uma religião de salvação no sentido cristão, e não havia uma classe sacerdotal que distribuísse os meios necessários para alcançar a graça; com efeito, as ideias de imortalidade e salvação eterna não ocupavam lugar central na cultura clássica[8].

A filosofia moral grega tem seu início, então, no contexto histórico e cultural da religião cívica, de uma *polis* na qual os épicos homéricos, com seus deuses e heróis, desempenham papel central. Essa religião não contém nenhuma ideia distinta do bem supremo, em contraposição àquela expressa pelos deuses e heróis homéricos. Os heróis são de linhagem nobre; e se empenham abertamente na conquista do êxito e da honra, do poder e da riqueza, do prestígio e posição sociais. Não são indiferentes ao bem da família, dos amigos e dependentes, mas essas preocupações ocupam lugar secundário em suas vidas. Quanto aos deuses, eles não são, em termos morais, muito diferentes

---

[8]. Baseio-me, neste parágrafo, em Walter Burket, *Greek Religion* (Cambridge, Mass.: Harvard University Press, 1985), pp. 254-60, 273-5.

dos heróis: embora imortais, suas vidas transcorrem de forma relativamente feliz e segura.

Assim é que, ao rejeitar o ideal homérico, característico da forma de vida da classe guerreira de uma época que já pertencia ao passado, a filosofia grega teve de definir por si mesma ideias acerca do bem supremo para a vida humana que fossem aceitáveis aos cidadãos de uma sociedade distinta, que era a Atenas do século V a.C. A filosofia moral sempre foi o exercício livre e disciplinado da razão ela própria. Não se baseava na religião, muito menos na revelação, pois a religião cívica não era nem guia nem rival da filosofia. Seu foco recaía na ideia do bem supremo enquanto um ideal atraente, concebido como a busca razoável de nossa verdadeira felicidade, tratando assim de uma questão que a religião cívica havia deixado, em grande medida, sem resposta[9].

Passando agora para o período moderno, três processos históricos influenciaram profundamente a natureza de sua filosofia moral e política.

O primeiro foi a Reforma Protestante do século XVI. Ela fragmentou a unidade religiosa da Idade Média e resultou no pluralismo religioso, com todas as suas consequências para os séculos posteriores. Isso, por sua vez, alimentou pluralismos de outros tipos, que, por volta de finais do século XVIII, tornaram-se uma característica permanente da cultura.

O segundo foi o desenvolvimento do Estado moderno com sua administração central, inicialmente governado por monarcas investidos de poderes imensos, quando não absolutos, ou pelo menos por monarcas que tratavam de ser tão absolutistas quanto lhes fosse possível, e que só cediam uma parcela de seu poder à aristocracia e às classes médias ascendentes quando se viam obrigados a isso, ou quando lhes convinha.

---

9. Nestes dois últimos parágrafos, baseio-me em Terence Irwin, *Classical Thought* (Nova York: Oxford University Press, 1989), especialmente o capítulo 2.

*INTRODUÇÃO*  XXV

O terceiro foi o desenvolvimento da ciência moderna, que se iniciou no século XVII. Ao dizer ciência moderna, refiro-me ao desenvolvimento da astronomia, com a física de Copérnico, Kepler e Newton, e também – é preciso enfatizar – ao desenvolvimento da análise matemática (do cálculo) por Newton e Leibniz. Sem a análise matemática, o desenvolvimento da física não teria sido possível.

Começo por destacar o óbvio contraste com o mundo clássico no que diz respeito à religião. O cristianismo medieval tinha cinco traços característicos que estavam ausentes da religião cívica:

> Tendia a ser uma religião autoritária: sua autoridade – a própria Igreja dirigida pelo papado – era institucional, central e quase absoluta, embora a autoridade suprema do papa fosse às vezes contestada, como no período conciliar dos séculos XIV e XV.
> Era uma religião de salvação, um caminho para a vida eterna, e a salvação exigia a fé verdadeira, tal como a Igreja ensinava.
> Era, portanto, uma religião doutrinária, que tinha um credo no qual se deveria obrigatoriamente acreditar.
> Era uma religião de sacerdotes que detinham a autoridade exclusiva de dispensar os meios da graça, meios que normalmente eram essenciais à salvação.
> Finalmente, era uma religião expansionista de conversão que não reconhecia nenhum limite territorial à sua autoridade que não fosse o mundo como um todo.

A Reforma teve enormes consequências. Quando se divide uma religião dotada de autoridade, salvacionista e expansionista como a cristandade medieval, isto significa inevitavelmente o surgimento, no interior da mesma sociedade, de uma religião rival, também dotada de autoridade e de caráter salvacionista, diferente em alguns aspectos da religião da qual se separou, mas que conserva, ao longo de certo período de tempo, muitas características semelhantes. Lutero e Calvino eram tão dogmáticos e intolerantes quanto o catolicismo romano havia sido.

Há um segundo contraste, ainda que menos óbvio, com o mundo clássico, desta vez em relação à filosofia. Durante as guerras religiosas, as pessoas não tinham nenhuma dúvida sobre a natureza do bem supremo, ou sobre a fundamentação da obrigação moral na lei divina. Julgavam saber essas coisas com a certeza da fé, pois sobre isso sua teologia moral lhes proporcionava uma orientação completa. Mas o problema era outro: como é possível existir uma sociedade entre aqueles que professam credos religiosos distintos? O que se poderia conceber como a base da tolerância religiosa? Para muitos, não havia base nenhuma, pois isso suporia aceitar a heresia em relação às crenças mais fundamentais e a calamidade da desunião religiosa. Até mesmo os primeiros defensores da tolerância religiosa viam a divisão do cristianismo como um desastre, embora um desastre que precisava ser aceito, em vista do risco de uma interminável guerra civil religiosa.

Assim, a origem histórica do liberalismo político (e do liberalismo em geral) está na Reforma e em seus desdobramentos, com as longas controvérsias sobre a tolerância religiosa nos séculos XVI e XVII[10]. Foi aí que teve início algo como as noções modernas de liberdade de consciência e de liberdade de pensamento. Como Hegel percebeu, foi o pluralismo, e seguramente não as intenções de Lutero e de Calvino, que tornou possível a liberdade religiosa[11]. É claro que outras controvérsias também se revestiram de uma importância crucial, como as que tiveram por objeto a limitação dos poderes de monarcas absolutos, mediante princípios adequados do arcabouço constitucional que oferecessem proteção a direitos e liberdades fundamentais.

---

10. Judith Shklar, em seu *Ordinary Vices* (Cambridge, Mass.: Harvard University Press, 1984), fala do liberalismo do medo, representado por Montaigne e Montesquieu, e o interpreta nessa obra como resultado das crueldades das guerras civis religiosas. Ver p. 5.

11. Ver *Grundlinien der Philosophie des Rechts* (1821), § 270, na parte final do longo comentário.

No entanto, a despeito da importância de outras controvérsias e dos princípios voltados para dirimi-las, o fato da divisão religiosa persiste. Por essa razão, o liberalismo político entende o fato do pluralismo razoável como um pluralismo de doutrinas abrangentes, que inclui tanto as doutrinas religiosas como as não religiosas. Esse pluralismo não é considerado como um desastre, e sim como o produto natural das atividades da razão humana sob duradouras instituições livres. Considerar um desastre o pluralismo razoável é o mesmo que considerar um desastre o exercício da razão em condições de liberdade. Com efeito, o êxito do constitucionalismo liberal foi possível graças à descoberta de uma nova possibilidade social: a possibilidade de uma sociedade pluralista que fosse razoavelmente harmoniosa e estável[12]. Antes da prática pacífica e bem-sucedida da tolerância em sociedades dotadas de instituições liberais, não havia como saber da existência dessa possibilidade. É mais natural acreditar, como a prática da intolerância ao longo de séculos parecia confirmar, que a unidade e a concórdia sociais baseiam-se no acordo em relação a uma doutrina religiosa, moral ou filosófica abrangente e geral. Aceitava-se a intolerância como uma condição à ordem e à estabilidade sociais. O enfraquecimento desta crença ajuda a preparar o terreno para a instauração de instituições liberais. É possível que a doutrina da fé livremente professada tenha se desenvolvido porque resulta difícil, senão impossível, acreditar na condenação eterna daqueles com quem cooperamos de forma frutífera e por longo período de tempo, com confiança e lealdade, na preservação de uma sociedade justa.

Como já mencionei, o problema do liberalismo político, então, é o seguinte: como é possível existir, ao longo do tempo, uma sociedade estável e justa de cidadãos livres e iguais que se encontram profundamente divididos por doutrinas religiosas, filosóficas e morais razoáveis? Esse é um

---

12. Hume observa isso no parágrafo 6 de "Liberty of Press" (1741). Ver também A. G. Dickens, *The English Reformation* (Londres: Fontana Press, 1967), pp. 440 ss.

problema de justiça política, e não um problema sobre o bem supremo. Para os modernos, era em sua religião que o bem se fazia conhecer; em virtude de suas divisões profundas, no entanto, ele não se verificava com relação às condições essenciais de uma sociedade viável e justa. O problema de entender essas condições passa para o centro do palco. Parte desse problema consiste no seguinte: quais são os termos equitativos de cooperação social entre cidadãos tratados como livres e iguais, mas que se encontram divididos por um conflito doutrinal profundo? Quais são a estrutura e o conteúdo da concepção política que se faz necessária, se é que, verdadeiramente, tal concepção é possível? Não se trata do problema de justiça política tal como se apresentou no mundo antigo. O que o mundo antigo não conheceu foi o choque entre religiões salvacionistas, doutrinárias e expansionistas. Esse é um fenômeno novo para a experiência histórica, uma possibilidade que a Reforma tornou real. É claro que o cristianismo já havia tornado possível a conquista de povos, não somente para apoderar-se de suas terras e riquezas e exercer domínio e poder sobre eles, mas também para salvar suas almas. A Reforma fez com que essa possibilidade se voltasse para o interior da própria cristandade.

O que há de novo nesse choque é que ele introduz, nas concepções de bem das pessoas, um elemento transcendente que não admite nenhum compromisso. Isso obriga ou a entrar em um conflito mortal que só as circunstâncias e a exaustão podem moderar, ou a aceitar liberdades iguais de consciência e de pensamento. A não ser que tenha por base essas liberdades, firmemente estabelecidas e publicamente reconhecidas, nenhuma concepção política de justiça é possível. O liberalismo político começa levando a sério a profundidade absoluta desse conflito latente e irreconciliável.

Com respeito à relação entre o liberalismo político e a filosofia moral da época moderna, é preciso dizer que, enquanto a filosofia moral foi, obviamente, afetada de maneira profunda pela situação religiosa em que se desenvolveu após a Reforma, já no século XVIII os principais pensadores ansiavam por estabelecer uma base de conhecimento moral que fosse independente da autoridade eclesiástica e acessível à pessoa comum, razoável e conscienciosa. Feito isso, propuseram-se desenvolver toda a gama de conceitos e princípios com base nos quais seria possível caracterizar os requisitos da vida moral. Com esta finalidade, investigaram as questões fundamentais da epistemologia e da psicologia morais, tais como:

> O conhecimento ou a consciência de como devemos agir seria diretamente acessível somente a alguns, a poucos (o clero, digamos), ou a toda pessoa que se mostre em geral razoável e conscienciosa?
>
> Acaso a ordem moral que nos é necessária deriva de uma fonte externa, de uma ordem de valores existente no intelecto de Deus, por exemplo, ou surge de algum modo da própria natureza humana (quer seja da razão, do sentimento ou de uma união de ambos), juntamente com os requisitos de nossa vida em comum na sociedade?
>
> Por último, será que temos de ser persuadidos ou compelidos a acatar as exigências de nossos deveres e obrigações por uma motivação externa, por exemplo, pelas sanções divinas ou pelas sanções do Estado? Ou somos constituídos de tal forma que dispomos, em nossa própria natureza, de motivos suficientes que nos levam a agir como devemos fazê-lo, sem que ameaças ou induções externas sejam necessárias?[13]

Cada uma dessas questões surgiu inicialmente na teologia. Dos pensadores que costumamos estudar, Hume e

---

13. Os dois últimos parágrafos acima se baseiam em J. B. Schneewind, *Moral Philosophy from Montaigne to Kant: An Anthology*, dois volumes (Cambridge: Cambridge University Press, 1990). Ver a introdução ao primeiro volume, p. 18. Devo muito a esses volumes e aos muitos ensaios de Schneewind, entre os quais, em particular, "Natural Law, Skepticism, and the Method of Ethics", *Journal of History of Ideas* 52 (1991), pp. 289-308.

Kant, cada qual à sua maneira, elegem a segunda alternativa como resposta a cada uma dessas três questões. Pensam que a ordem moral surge de algum modo da própria natureza humana, como razão ou como sentimento, e das condições de nossa vida em sociedade. Também estão convencidos de que o conhecimento ou a consciência de como devemos agir é diretamente acessível a toda pessoa que em geral seja razoável e conscienciosa. E, por último, acreditam que estamos constituídos de tal modo que temos em nossa natureza motivos suficientes que nos levem a agir como devemos, sem a necessidade de sanções externas, pelo menos na forma de recompensas e punições impostas por Deus ou pelo Estado. Com efeito, tanto Hume como Kant estão tão longe quanto possível do ponto de vista segundo o qual somente poucos podem ter conhecimento moral e de que todas ou quase todas as pessoas devem ser obrigadas a fazer o que é certo por meio de tais sanções[14]. Com respeito a isso, suas crenças fazem parte daquilo que denomino liberalismo abrangente, em contraposição ao liberalismo político.

O liberalismo político não é um liberalismo abrangente. Não assume uma posição geral em relação às três questões apontadas antes, e sim deixa que diferentes visões abrangentes respondam a elas à sua maneira. Contudo, no que se refere a uma concepção política de justiça para um regime democrático constitucional, o liberalismo político sustenta resolutamente a segunda alternativa em cada uma das três questões. Defendê-las, nesse caso fundamental, faz parte do construtivismo político (III). O liberalismo político não se ocupa dos problemas gerais da filosofia moral, a não ser quando afetam a maneira como a cultura de fundo e suas doutrinas abrangentes tendem a apoiar um regime constitucional. O liberalismo político entende que sua forma de filosofia política possui um objeto próprio, a saber: como é possível haver uma sociedade livre e justa em condições de

---

14. Schneewind diz isso de Kant, *Moral Philosophy*, p. 29, mas penso que também se aplica a Hume.

profundo conflito doutrinário sem perspectivas de resolução? Para preservar a imparcialidade entre doutrinas abrangentes, o liberalismo político não discute especificamente as questões morais que dividem essas doutrinas. Às vezes, isso parece suscitar dificuldades, e trato de responder a elas à medida que surgem, como em V, § 8, por exemplo.

Pode parecer que minha ênfase na Reforma e na longa controvérsia sobre a tolerância, entendida como aquela que dá origem ao liberalismo, seja anacrônica em relação aos problemas da vida política contemporânea. Entre nossos problemas mais fundamentais encontram-se os que dizem respeito a raça, etnia e gênero. Pode parecer que esses problemas revestem-se de um caráter inteiramente distinto, exigindo por isso princípios diferentes de justiça, que não são examinados em *Teoria*.

Como observei antes, o intuito de *Teoria* foi oferecer uma interpretação da justiça social e política mais satisfatória do que as concepções tradicionais mais importantes e conhecidas. Com essa finalidade, limitou-se – como as questões que examina deixam claro – a tratar de um conjunto de temas clássicos que estiveram no centro dos debates históricos acerca da estrutura moral e política do Estado democrático moderno. Daí que se ocupe dos fundamentos das liberdades religiosas e políticas, e dos direitos fundamentais dos cidadãos na sociedade civil, incluindo a liberdade de movimento e a igualdade equitativa de oportunidades, o direito à propriedade pessoal e as garantias do Estado de direito. Também se ocupa da justiça das desigualdades econômicas e sociais em uma sociedade na qual os cidadãos são considerados livres e iguais. Mas *Teoria* deixa de lado, em grande medida, a questão das exigências de democracia na empresa e no local de trabalho, bem como a da justiça entre Estados (ou entre povos, como prefiro dizer), e quase não faz menção à justiça penal e à proteção ao meio ambiente ou à preservação da vida silvestre. Outras questões fundamentais são omitidas, como a justiça da e na família, embora eu suponha que em alguma modalidade a família seja justa. A suposição implícita é que uma concepção de justiça desenvolvida com o foco em alguns poucos problemas clássicos, e que vêm de longa data, deveria ser correta, ou pelo menos poderia fornecer diretrizes para lidar com outras questões. Tal é a justificativa para manter o foco em alguns poucos problemas centrais clássicos e de longa permanência.

Não há dúvida de que uma concepção de justiça que se alcança dessa maneira pode revelar-se defeituosa. Nisso se baseiam muitas das críticas feitas à *Teoria*. Estas críticas sustentam que o tipo de liberalismo que ali se representa é intrinsecamente equivocado porque se apoia em uma concepção abstrata de pessoa e porque se vale de uma ideia individualista, não social, de natureza humana; ou porque emprega uma distinção inaplicável entre o público e o privado, que o impossibilita de tratar os problemas de gênero e família. Acredito que grande parte dessas objeções à concepção de pessoa e à ideia de natureza humana resulta do fato de não se entender a ideia da posição original como um artifício de representação, como explico em I, § 4. Penso também, embora não tente demonstrá-lo nestas conferências, que as supostas dificuldades para tratar de problemas de gênero e família podem ser superadas.

Desse modo, sigo pensando que, uma vez que tenhamos as concepções e os princípios adequados para tratar questões históricas fundamentais, esses princípios e concepções também terão larga aplicação aos nossos próprios problemas. A mesma igualdade da Declaração de Independência, que Lincoln invocou para condenar a escravidão, pode ser invocada para condenar a desigualdade e a opressão das mulheres. Penso que isso é uma questão de interpretar o que princípios formulados em épocas anteriores exigem sob outras circunstâncias e de insistir no respeito pelas instituições existentes. Por essa razão *Teoria* concentrou-se em certos problemas históricos, com a expectativa de formular uma família de concepções e princípios razoáveis que pudessem ser aplicados também a outros casos fundamentais.

Em conclusão, nas observações anteriores procurei mostrar que agora entendo a justiça como equidade como uma modalidade de liberalismo político e por que certas alterações se fizeram necessárias nessa teoria. Essas observações enfatizam o grave problema interno que levou a tais mudanças. No entanto, não é minha intenção explicar como e por que essas mudanças de fato foram feitas. Não creio que eu realmente saiba por que escolhi o percurso que segui. Qualquer história que eu conte será, provavelmente, ficção, apenas aquilo em que prefiro acreditar.

Quando pela primeira vez empreguei as ideias de concepção política de justiça e de consenso sobreposto, isso gerou mal-entendidos e levou a objeções que, de início, pareceram-me desconcertantes: como é possível que ideias tão simples como as de concepção política de justiça e de consenso sobreposto fossem compreendidas de forma equivocada? O que ocorreu é que subestimei a profundidade do problema de dar coerência a *Teoria*, e tratei como não problemática a ausência de algumas peças necessárias a uma formulação convincente do liberalismo político. Dentre essas peças que estavam faltando, as principais são as seguintes:

    1) a ideia de justiça como equidade como uma visão que se sustenta por si própria, e a ideia de um consenso sobreposto como parte da interpretação da estabilidade dessa visão;

    2) a distinção entre pluralismo simples e pluralismo razoável, junto com a ideia de doutrina abrangente razoável; e

    3) uma interpretação mais completa das concepções do razoável e do racional introduzidas no construtivismo político (em contraposição ao construtivismo moral), a fim de tornar explícito o embasamento dos princípios do direito e da justiça na razão prática.

Com essas peças no lugar, acredito que agora estejam esclarecidos os pontos obscuros de minhas formulações anteriores. Tenho muitos débitos a reconhecer, a maioria deles indicados nas notas de rodapé ao longo de todo o livro. Tenho uma dívida especial a reconhecer com aqueles com quem tive discussões elucidativas, e com quem aprendi muito, sobre as peças ausentes mencionadas.

Agradeço a T. M. Scanlon pelas numerosas discussões esclarecedoras que desde o início tivemos sobre o construtivismo político e sobre o construtivismo de modo mais geral, razão pela qual essa noção, tal como apresentada na Conferência III, está mais clara do que quando a esbocei pela primeira vez, em 1980; e também pelas discussões sobre a distinção entre o razoável e o racional, sobre como especificar o razoável para os propósitos de uma concepção política de justiça (II, §§ 1-3).

A Ronald Dworkin e a Thomas Nagel sou grato pelas muitas discussões que tivemos nos seminários que demos na Universidade de Nova York entre 1987 e 1991. Em relação à justiça como equidade ser concebida como uma visão que se sustenta por si própria, também sou grato a ambos por uma conversa extraordinariamente esclarecedora que tivemos, tarde da noite, no bar deserto do Hotel Santa Lucia, em Nápoles, em junho de 1988.

Também agradeço a Wilfried Hinsch, por ter chamado minha atenção para a necessidade da ideia de doutrina abrangente razoável, em contraste com a ideia de doutrina abrangente *simpliciter* (II, § 3), e pelas discussões elucidativas a esse respeito em maio e junho de 1988.

A Joshua Cohen, que enfatizou a importância da distinção entre pluralismo razoável e pluralismo simples (I, § 6.2), e pelas muitas discussões valiosas sobre a ideia do razoável em 1989-1990, que são sumariadas em seu artigo de maio de 1990.

Agradeço a Tyler Burge por duas longas cartas que me enviou no verão de 1991, nas quais problematizava e criticava uma versão anterior da Conferência III. Persuadiu-me de que, além de eu não ter conseguido dar um sentido claro às formas pelas quais tanto o construtivismo moral de Kant quanto o meu construtivismo político oferecem uma interpretação quer da autonomia moral, quer da autonomia

# INTRODUÇÃO

política, eu também havia ultrapassado os limites de uma concepção política de justiça, ao fazer o contraste entre construtivismo político e intuicionismo racional. Em um esforço para corrigir essas sérias deficiências, reescrevi inteiramente §§ 1, 2 e 5.

Como essas datas indicam, somente nos últimos anos cheguei a uma compreensão clara – pelo menos, é o que suponho – do liberalismo político. Embora muitos dos ensaios anteriores apareçam aqui com o mesmo título ou outro similar e com muito do conteúdo original, cada um deles foi consideravelmente alterado para que, em conjunto, expressem melhor o que agora acredito ser uma teoria coerente.

Tratei de reconhecer o que devo a outras pessoas nas notas de rodapé. No entanto, os reconhecimentos que faço a seguir abarcam longos períodos de tempo e, por uma razão ou outra, não puderam ser devidamente registrados de outra maneira.

Agradeço a Burton Dreben, com quem discuti longamente as questões destas conferências, discussões que tiveram início em fins dos anos 1970, quando a ideia de liberalismo político começou a tomar forma em minha mente. Seu apoio firme e sua crítica severa e talmúdica me fizeram um bem imenso. Minha dívida com ele é impossível de ser paga.

Tenho de agradecer ao falecido David Sachs, com quem debati, desde que nos conhecemos, em 1946, muitas das questões que o texto examina, sobretudo as que dizem respeito à psicologia moral. Em relação aos tópicos deste livro, Sachs e eu tivemos longas discussões, muito valiosas para mim, em três ocasiões, em Boston, nos anos 1980. Na primavera e no verão de 1982, discutimos várias das dificuldades que encontramos nas conferências que proferi na Universidade de Columbia em 1980; no verão de 1983, ele me ajudou a preparar uma versão consideravelmente melhorada de "A estrutura básica como objeto", bem como uma versão muito melhor de § 6 de "As liberdades fundamentais e sua prioridade", que trata a ideia de sociedade como uma união social de uniões sociais. Espero conseguir fazer uso delas algum dia. No verão de 1986, reelaboramos a conferência que eu havia proferido em Oxford, no mês de maio, em homenagem a H. L. A. Hart. Essa versão melhorada foi publicada em fevereiro de 1987 em *Oxford Journal of Legal Studies*, e grande parte dela reaparece aqui, na Conferência IV.

À falecida Judith Shklar, sou grato pelas inumeráveis discussões esclarecedoras que tivemos desde que nos conhecemos, mais de trinta anos atrás. Embora nunca tenha sido seu aluno, aprendi com ela como se tivesse sido e me beneficiei muito disso. Em relação a esta obra, Judith Shklar me foi de grande auxílio, especialmente ao apontar direções que deviam ser exploradas; e sempre me apoiei nela em questões de interpretação histórica, de importância crucial em vários momentos do texto. Nossa última conversa girou em torno dessas questões.

Reconheço meu débito para com Samuel Scheffler, que me enviou, no outono de 1977, um pequeno ensaio, "Independência moral e a posição original", no qual sustentava haver um sério conflito entre a terceira parte de meu artigo "A independência da teoria moral" (1975), que tratava da relação entre identidade pessoal e teoria moral, e meus argumentos contra o utilitarismo em *Teoria*[15]. Recordo que foi nesse momento (eu estava em meu ano sabático) que comecei a pensar se a visão de *Teoria* não necessitaria ser reformulada e em que medida. A decisão de tratar esse problema, e não outro tópico, acabou levando às conferências na Universidade de Columbia em 1980 e aos ensaios posteriores que elaboraram a ideia de liberalismo político.

Devo também expressar meu agradecimento a Erin Kelly, que ao longo dos dois últimos anos leu versões preliminares do manuscrito, apontando as passagens nas quais o texto estava obscuro e sugerindo esclarecimentos. Ela me indicou maneiras de reorganizar a argumentação para lhe dar mais força e, ao fazer perguntas e levantar objeções, fez-me dar nova forma ao texto como um todo. Seria impos-

---

15. O ensaio de Scheffler foi depois publicado em *Philosophical Studies* (1979): 397-403.

*INTRODUÇÃO*

sível listar todas as revisões que seus comentários me levaram a fazer, resultando, por vezes, em alterações substanciais. As mais fundamentais, tentei reconhecer em notas de rodapé. Os méritos deste livro, sejam quais forem, resultam em boa medida de seus esforços.

Por último, gostaria de agradecer às seguintes pessoas por seus comentários escritos sobre o texto:

A Dennis Thompson, que me enviou várias páginas com sugestões extremamente valiosas. Quase todas levaram a correções ou revisões do texto. Indiquei as passagens nas quais algumas delas foram feitas ou dei uma ideia do teor de seus comentários nas notas de rodapé.

A Frank Michelman, por seus inúmeros e relevantes comentários. Relutei em admitir que não teria como responder a eles de modo apropriado sem fazer, a essa altura, alterações substanciais e de longo alcance. Somente em uma passagem (VI, § 6.4) tive condições de levar em conta suas observações.

A Robert Audi, Kent Greenawalt e Paul Weithman, que me enviaram sugestões elucidativas sobre a Conferência VI, algumas das quais consegui incorporar, várias delas no último momento.

A Alyssa Bernstein, Thomas Pogge e Seana Shiffrin, que me enviaram extensos comentários escritos, mas os quais, infelizmente, não pude levar em conta em sua totalidade. Lamento que seus comentários não sejam discutidos aqui do modo como seria apropriado. Também lamento que, ao republicar neste volume "As liberdades fundamentais e sua prioridade" (1982) sem alterações, não tenha respondido às críticas relevantes de Rex Martin, formuladas em seu *Rawls and Rights*, especialmente nos capítulos 2, 3, 6 e 17[16].

Pelo trabalho ingrato de me ajudar a corrigir e editar o original e as provas, agradeço à minha mulher, Mard, à nossa filha, Liz, e a Michelle Renfield e Matthew Jones.

*John Rawls*
Outubro de 1992

---

16. *Rawls and Rights* (Lawrence: University of Kansas Press, 1985).

# INTRODUÇÃO À EDIÇÃO DE 1996

Nesta introdução à edição de 1996, ofereço um Guia do Leitor às ideias centrais do livro[1]. Um objetivo central de *O liberalismo político* (*LP*, daqui para a frente) é mostrar como se deve entender a sociedade bem-ordenada da *justiça como equidade*[2], formulada em *Uma teoria da justiça* (*Teoria*, daqui para a frente), uma vez que essa visão se ajuste ao fato do pluralismo razoável (*LP*, pp. 3 ss., 36 ss.)[3] e que tal socie-

---

1. Eu gostaria de agradecer a várias pessoas pela ajuda que me deram nesta segunda introdução: a Percy Lehming, pelas muitas discussões proveitosas sobre como abordá-la e por corrigir muitos dos meus falsos pontos de partida; a Norman Daniels, pelas conversas elucidativas que tivemos sobre o papel da estabilidade no liberalismo político; a Erin Kelly, T. M. Scanlon e Dennis Thompson, pelas suas muitas sugestões valiosas, que acatei com satisfação; e, por fim, a Burton Dreben, com quem tive longas discussões e a quem devo inumeráveis críticas e ideias sobre como organizar e aprimorar o texto final. Sem a ajuda e os esforços de todos eles, e de outros mencionados a seguir, eu não teria conseguido escrever esta introdução.
2. Uso essa expressão em itálico porque se trata da denominação apropriada de uma interpretação específica da justiça, e é como tal que é preciso sempre entendê-la. Empregarei o termo *doutrina* para designar as visões abrangentes de todo tipo e o termo *concepção* para me referir a uma concepção política e suas partes constituintes, tais como a concepção de pessoa na condição de cidadão. A palavra *ideia* é empregada como um termo geral e, de acordo com o contexto, pode se referir tanto a doutrinas como à concepção política. As referências a *Teoria* e a *LP* são feitas pela conferência, seção (identificada aqui como §) ou número de páginas que aparecem entre parênteses.
3. O fato em questão é que uma pluralidade de doutrinas abrangentes razoáveis, religiosas, filosóficas ou morais é a condição normal da cultura democrática sob instituições livres.

dade seja regulada por uma concepção política de justiça. Começo pela ideia do domínio do político, junto com a ideia de uma concepção política de justiça, usando a concepção de justiça como equidade como exemplo. Essas ideias e o modo como se distinguem de doutrinas abrangentes[4] de todos os tipos encontram-se, acredito, entre as ideias mais importantes do liberalismo político. Toda a Parte Um e a Conferência V, da Parte Dois, de *LP*, formulam essas ideias e as definições das demais concepções necessárias. Outro objetivo central de *LP* é esclarecer como se deve entender uma sociedade liberal bem-ordenada que contenha certo número de concepções políticas razoáveis. Nesse caso, há tanto o fato do pluralismo razoável como uma família de concepções políticas que, mesmo razoáveis, são distintas. Dadas essas duas condições, o que pergunto é em que pode consistir a base mais razoável da unidade social. Tudo isso se faz ao examinar as ideias mais importantes da Parte Dois, tal como se apresentam nas conferências IV e VI. Nessas conferências, vou tratar da ideia de cidadania em um regime democrático e de como isso se articula às ideias de legitimidade política e de razão pública. Saliento que as ideias do domínio do político e de concepção política de justiça são ideias morais e normativas por direito próprio, isto é, "seu conteúdo é determinado por certos ideais, princípios e critérios; e que essas normas articulam certos valores que, nesse caso, são valores políticos" (I, nota 11). Também examino o lugar da justiça como equidade, tanto em *Teoria* como em *LP*.

1. Antes de passar a essas questões, observo que um obstáculo à leitura de *LP* decorre de não identificar explicitamente a questão filosófica que enfrenta. A leitura de *Teoria* não enfrenta semelhante obstáculo: *Teoria* explicitamente se propõe elaborar, a partir da ideia do contrato so-

---

4. Define-se "doutrina abrangente" na Conferência I, § 2. Distingue-se de uma concepção política de justiça, pois se aplica a todos os objetos e suas virtudes incidem sobre todos os âmbitos da vida.

cial, tal como formulada por Locke, Rousseau e Kant, uma teoria da justiça que não estivesse sujeita às objeções que muitas vezes foram consideradas fatais a essa ideia e que se mostrasse uma alternativa superior à tradição longamente dominante do utilitarismo. *Teoria* tem a expectativa de formular as características estruturais de tal teoria da justiça, de modo que se torne a melhor aproximação possível a nossos juízos ponderados de justiça e, assim, de oferecer o fundamento moral mais apropriado para uma sociedade democrática (*Teoria*, p. viii). Por mais acadêmica que possa parecer, essa é uma questão reconhecidamente filosófica.

A dificuldade em identificar a questão filosófica da qual *LP* primariamente se ocupa resulta do fato de essa questão não ser explicada de modo claro logo no início da Conferência I, quando se formula a seguinte pergunta: como é possível existir, ao longo do tempo, uma sociedade justa e estável de cidadãos livres e iguais, que permanecem profundamente divididos por doutrinas religiosas, filosóficas e morais razoáveis? Se a questão é como é possível que tal sociedade seja estável pelas razões certas (IV, § 2.3, § 3) – trata-se sempre da ideia pertinente de estabilidade[5] –, então por que deveria haver qualquer problema fundamental com os liberalismos abrangentes conflitantes de Kant e de Mill, que já subscrevem (suponhamos) um regime democrático justo, embora o façam por razões diferentes? Com efeito, esse parece ser um caso fácil. A questão deveria, então, ser formulada de forma mais precisa da seguinte maneira: como aqueles que professam uma doutrina religiosa que se baseia na autoridade religiosa, por exemplo, da Igreja ou da Bíblia, podem também subscrever uma concepção política razoável que ofereça sustentação a um regime democrático justo?

O problema decorre do fato de que nem todas as doutrinas abrangentes razoáveis são doutrinas abrangentes li-

---

5. A expressão "estabilidade pelas razões certas" não aparece no texto de *LP*, mas esse é o sentido que se deveria dar a "estabilidade" tanto em *Teoria* como em *LP*, conforme o contexto o determina.

berais; de modo que a questão consiste em averiguar se, a despeito disso, essas doutrinas podem ser compatíveis, pelas razões certas, com uma concepção política liberal. Para que isso seja possível, sustento que não é suficiente que essas doutrinas aceitem um regime democrático somente como um *modus vivendi*. Antes, é preciso que o aceitem como participantes de um consenso sobreposto razoável (IV, § 3). Referindo-nos aos cidadãos que professam tais doutrinas religiosas como cidadãos de fé, inquirimos: como é possível que cidadãos de fé sejam membros dedicados de uma sociedade democrática, dando apoio a uma estrutura institucional que satisfaz uma concepção política e liberal de justiça, com os valores e ideais que são intrínsecos a tal concepção, e não simplesmente a aceitando em vista do equilíbrio prevalente de forças sociais e políticas?

Para esboçar uma resposta a essa pergunta, a Introdução original de *LP* apresenta os argumentos que se seguem. O liberalismo político não é uma forma de liberalismo iluminista, isto é, uma doutrina liberal abrangente, e com freqüência de caráter secular, que se baseava na razão e era vista como apropriada para a era moderna, agora que se supunha que a autoridade religiosa das eras cristãs deixara de ser dominante. O liberalismo político não tem tais objetivos. Considera como dado o fato do pluralismo razoável de doutrinas abrangentes, de acordo com o qual se supõe que algumas dessas doutrinas serão não liberais e religiosas. O problema do liberalismo político é o de formular uma concepção política de justiça para um regime democrático constitucional que uma pluralidade de doutrinas razoáveis, tanto religiosas quanto não religiosas, possa livremente subscrever, e, assim, de maneira que possam ser livremente praticadas em conformidade com essa concepção e compreender suas virtudes. De modo enfático, o liberalismo político não tem o propósito de se colocar no lugar de doutrinas abrangentes, religiosas ou não religiosas, mas sim aspira tanto a se distinguir desses dois tipos de doutrinas como – essa é a expectativa – a ser aceitável a ambos. Essas observações parafraseiam e resumem o que está dito na Introdução original (p. xviii).

Além disso, nas páginas xxi-xxvi, é explicitado o contraste entre a filosofia política moderna e a filosofia política antiga. Se o problema central, para os antigos, era a doutrina do bem, para os modernos era o da concepção de justiça. *LP* especula as razões de isso ser assim. Para os antigos, a religião era a religião cívica, e deixava-se à filosofia a tarefa de elaborar uma doutrina do bem. Para os modernos, a religião eram as religiões de salvação da cristandade, as quais, enquanto catolicismo e protestantismo, entraram em choque com a Reforma; e essas religiões já incluíam uma doutrina do bem – o bem da salvação. Mas com base nas autoridades conflitantes, quer da Igreja, quer da Bíblia, não poderia haver solução para o confronto entre elas, na medida em que os elementos transcendentes rivais dessas doutrinas religiosas não admitiam nenhum tipo de compromisso. O combate mortal entre elas só poderia ser moderado pelas circunstâncias e pela exaustão, ou pela liberdade igual de consciência e liberdade de pensamento. Circunstâncias e exaustão levam a um *modus vivendi*; a liberdade igual de consciência e a liberdade de pensamento, como se sugere em IV, §§ 6-7, podem por vezes levar a possibilidades mais alvissareiras de um consenso constitucional e daí para um consenso sobreposto.

Desse modo, retomando, o problema do liberalismo político é formular uma concepção política de justiça para um regime democrático constitucional (liberal) que uma pluralidade de doutrinas, tanto religiosas como não religiosas, liberais e não liberais, pode subscrever pelas razões certas. Uma dificuldade fundamental é que, visto que, sob as condições de pluralismo razoável, o bem religioso da salvação não pode se constituir no bem comum de todos os cidadãos, a concepção política só pode empregar, no lugar desse bem, concepções políticas tais como a liberdade e a igualdade, junto com a garantia de acesso a bens polivalentes (bens primários, IV, §§ 3-4) que seja suficiente para que os cidadãos possam fazer um uso inteligente e efetivo de suas liberdades. Essas são questões que de longa data são reconhecidas, embora para alguns elas pareçam mais políticas do que filosóficas. Não importa tanto o que possamos dizer a esse respeito, desde que reconheçamos a natureza das questões. Entendo-as como filosóficas, pois uma concepção política de justiça é uma concepção normativa e moral, da mesma forma que a ideia do domínio do político, bem como de todas as demais concepções políticas. *LP* examina, do ponto de vista do político, as principais concepções morais e filosóficas de um regime democrático constitucional: as concepções de cidadão livre e igual, de legitimidade do exercício do poder político, de um consenso sobreposto razoável, de razão pública com seu dever de civilidade e de estabilidade pelas razões certas. *LP* também procura identificar a base mais razoável de unidade social que está ao alcance dos cidadãos de uma sociedade democrática contemporânea. Em suma, *LP* investiga se, nas circunstâncias de uma pluralidade de doutrinas razoáveis, tanto religiosas como não religiosas, liberais e não liberais, um regime democrático bem-ordenado e estável é possível, e até mesmo como se deve concebê-lo de modo coerente.

2. Dado esse pano de fundo, volto-me agora para o Guia do Leitor. Em sua Parte Três, *Teoria* supõe que a sociedade bem-ordenada da justiça como equidade é possível e que de alguma forma ela se realiza. *Teoria* indaga, então, se tal sociedade pode ser estável. Argumenta que as leis da natureza e da psicologia humana levariam os cidadãos que crescessem como membros dessa sociedade bem-ordenada a adquirir um senso de justiça forte o suficiente para que dessem apoio a suas instituições sociais e políticas ao longo de gerações. A argumentação como um todo culmina, nos capítulos 8 e 9, com um esboço dos estágios de aprendizagem moral e da estabilidade. Como sempre, estabilidade significa estabilidade pelas razões certas. Isso implica que as razões com base nas quais os cidadãos agem incluem aquelas que derivam da interpretação da justiça que eles afir-

mam – nesse caso, a doutrina abrangente da justiça como equidade[6] – e que caracteriza seu senso efetivo de justiça. Contudo, uma vez que os princípios da justiça como equidade requerem um regime democrático constitucional, e como o fato de o pluralismo razoável ser o resultado de longo prazo da cultura de uma sociedade no contexto das instituições livres desse regime (*LP*, p. xvi), a argumentação em *Teoria* depende de uma premissa cuja realização seus princípios excluem. Essa premissa é a de que, na sociedade bem-ordenada da justiça como equidade, os cidadãos professam a mesma doutrina abrangente, e isso inclui aspectos do liberalismo abrangente de Kant, da qual os princípios da justiça como equidade poderiam fazer parte. Mas dado o fato do pluralismo razoável, essa doutrina abrangente não tem como ser compartilhada pelos cidadãos em geral, do mesmo modo que ocorre com uma doutrina religiosa ou com alguma variante de utilitarismo.

Nessa situação, que concepção política de justiça pode proporcionar a base comum constituída por princípios e ideais que orientem a discussão pública política – uma concepção acerca da qual cidadãos que professam doutrinas abrangentes, religiosas e não religiosas, que, mesmo sendo razoáveis, conflitam entre si, podem se pôr de acordo? É fácil ver como um *modus vivendi* razoavelmente justo entre uma pluralidade de doutrinas abrangentes conflitantes seria possível. Apenas supomos que as circunstâncias históricas são tais que, ao menos no momento, o equilíbrio de forças faz com que todas as partes em contenda deem apoio aos arranjos institucionais vigentes, que ocorrem de ser justos a cada uma delas. No entanto, quando duas religiões de salvação entram em confronto, é possível haver alguma solução para o conflito que vá além disso? Observei antes (na seção 1) que por vezes um *modus vivendi* pode evoluir para um consenso sobreposto de doutrinas razoáveis (IV, §§ 6-7).

---

6. Enquanto doutrina moral abrangente, sugere-se que a justiça como equidade é parte da correção como equidade (*Teoria*, §§ 17, 111).

Como se explica em IV, § 3, a ideia de um consenso sobreposto é moral em seu objeto e motivação, o que faz com que o consenso se torne estável em relação à distribuição de doutrinas. Isso proporciona a estabilidade pelas razões certas (IV, §§ 2-3) e é o que distingue a ideia de tal consenso de um *modus vivendi*.

3. Desse modo, um objetivo central de *LP* é o de mostrar que a ideia de sociedade bem-ordenada apresentada em *Teoria* pode ser reformulada de modo que leve em conta o fato do pluralismo razoável. Para fazer isso, *LP* transforma a doutrina da justiça como equidade proposta em *Teoria* em uma concepção política de justiça que se aplica à estrutura básica da sociedade[7]. Transformar a justiça como equidade em uma concepção política requer converter em concepções políticas as ideias componentes que constituem a doutrina abrangente da justiça como equidade[8]. Pode parecer, em *Teoria*, que alguns desses componentes são religiosos, filosóficos ou morais, e é possível que de fato o sejam, visto que *Teoria* não distingue doutrinas abrangentes de concepções políticas. Essa transformação é realizada em toda a Parte Um de *LP* e na Conferência V da Parte Dois. Uma concepção política de justiça é o que denomino uma concepção que se sustenta por si própria (pp. 10, 12), cuja formulação não deriva, nem é parte, de nenhuma doutrina

---

7. O que se entende por estrutura básica são as principais instituições políticas, constitucionais, sociais e econômicas da sociedade e o modo como se ajustam para constituir um sistema unificado de cooperação ao longo do tempo (*LP*, pp. 11 ss.). Essa estrutura encontra-se inteiramente dentro do domínio do político.

8. Não é necessário alterar muito do conteúdo da doutrina da justiça como equidade. Por exemplo, o significado e o conteúdo dos dois princípios de justiça e da estrutura básica da sociedade permanecem essencialmente os mesmos, exceto no que se refere ao quadro de ideias do qual fazem parte. Por outro lado, como já comentei, *LP* enfatiza a distinção entre a autonomia política e a autonomia moral (II: 6) e tem o cuidado de salientar que a concepção política de justiça só abarca a primeira. Essa distinção é ignorada em *Teoria*, em que a autonomia é pensada como autonomia moral em sua forma kantiana, o que implica apoiar-se na doutrina liberal abrangente de Kant (*Teoria*, §§ 40, 78, 86).

abrangente. Para ser uma concepção moral, tal concepção de justiça tem de conter seu próprio ideal normativo e moral intrínseco.

Pode-se formular um ideal desse tipo da maneira que se segue. Os cidadãos são razoáveis quando, na medida em que veem uns aos outros como livres e iguais em um sistema de cooperação social que existe ao longo de gerações, dispõem-se a oferecer uns aos outros termos equitativos de cooperação social (definidos por princípios e ideais) e concordam em agir com base nesses termos, mesmo à custa de sacrificar os próprios interesses em determinadas situações, desde que os demais também aceitem esses termos. Para que esses termos sejam equitativos, é preciso que os cidadãos que os oferecem razoavelmente suponham que aqueles cidadãos a quem tais termos são oferecidos também possam razoavelmente aceitá-los. Observe-se que "razoavelmente" aparece nas duas pontas dessa formulação: ao propormos termos equitativos, temos de razoavelmente supor que os cidadãos a quem são propostos também podem razoavelmente aceitá-los. E eles devem poder fazê-lo na condição de livres e iguais, e não na condição de pessoas dominadas ou manipuladas, ou sujeitas à pressão de uma posição social ou política inferior. A isso me refiro como o critério de reciprocidade (pp. 49 ss., 54)[9]. Assim, direitos e deveres políticos são direitos e deveres morais, pois os primeiros são parte de uma concepção política que é uma concepção normativa (moral) e que contém seu próprio ideal intrínseco, embora não seja em si mesma uma doutrina abrangente[10].

Como ilustração da diferença entre os valores morais de uma doutrina abrangente e os valores políticos (morais) de uma concepção política, consideremos o valor da autonomia. Esse valor pode assumir pelo menos duas formas.

---

9. Ao enfatizar que "razoavelmente" aparece nas duas pontas, por assim dizer, o critério de reciprocidade é formulado de forma mais completa do que em LP, como é preciso que o seja.

10. Ver, como exemplo, a terceira visão descrita em IV, § 3.

Uma delas é a autonomia política, a independência legal e a integridade política garantida aos cidadãos, e a participação, compartilhada com outros cidadãos, no exercício do poder político. A outra forma é a autonomia moral, que se expressa em certo modo de vida e de reflexão que examina criticamente nossos fins e ideais mais profundos, como no ideal de Mill de individualidade[11], ou seguindo-se da melhor maneira possível a doutrina de Kant de autonomia[12]. Se a autonomia como um valor moral ocupou importante lugar na história do pensamento democrático, esse valor, no entanto, não consegue satisfazer o critério de reciprocidade exigido por princípios políticos razoáveis e não pode fazer parte de uma concepção política de justiça. Muitos cidadãos de fé rejeitam a autonomia moral como um componente de seu modo de vida.

Ao se transformar a doutrina abrangente da justiça como equidade na concepção política da justiça como equidade, a ideia da pessoa dotada de personalidade moral, com capacidade plena de agir de forma moral, é transformada naquela do cidadão. Nas doutrinas filosóficas morais e políticas, a ideia do agir moral é discutida, junto com as faculdades intelectuais, morais e emocionais dos agentes. Consideram-se as pessoas capazes de exercer seus direitos morais, de cumprir com seus deveres morais e de se sujeitar às motivações morais que são apropriadas a cada virtude moral que a doutrina especifica. Em *LP*, ao contrário, a pessoa é concebida como um cidadão livre e igual, como a pessoa política de uma democracia contemporânea, portadora dos direitos e deveres da cidadania, e que se coloca em uma relação política com os demais cidadãos. O cidadão é, sem dúvida, um agente moral, uma vez que uma concepção política de justiça é, como já vimos, uma concepção moral (I, nota 11). Mas os tipos de direitos e deveres e de valores considerados são mais restritos.

---

11. Ver *Sobre a liberdade,* capítulo 3, em especial os parágrafos 1-9.
12. Recorde-se aqui o que foi dito na nota 8 sobre a doutrina de Kant da autonomia.

*INTRODUÇÃO À EDIÇÃO DE 1996*                    XLIX

A relação política fundamental de cidadania tem duas características distintivas: em primeiro lugar, trata-se de uma relação entre cidadãos no interior da estrutura básica da sociedade, uma estrutura na qual só entramos ao nascer e da qual só saímos ao morrer (p. 14)[13]; em segundo lugar, é uma relação entre cidadãos livres e iguais que, como um corpo coletivo, exercem o poder político supremo. Essas duas características levantam de imediato a questão: quando elementos constitucionais essenciais e questões de justiça básica estão em jogo, como cidadãos que se vinculam entre si desse modo podem ser levados a respeitar a estrutura de seu regime constitucional e a agir em conformidade com as leis e normas que são instituídas sob tal regime? O fato do pluralismo razoável coloca essa questão de forma ainda mais aguda, já que implica que as diferenças entre os cidadãos derivadas de suas doutrinas abrangentes, religiosas e não religiosas, são irreconciliáveis e contêm elementos transcendentes. Com base em que ideais e princípios, então, cidadãos que compartilham igualmente do poder político supremo hão de exercer esse poder, de modo que cada um deles possa razoavelmente justificar as decisões políticas que defende aos demais?

A resposta é dada pelo critério de reciprocidade: nosso exercício do poder político é apropriado somente quando podemos com sinceridade supor que as razões que oferecemos para nossa ação política podem razoavelmente ser aceitas, como uma justificação dessas ações, por outros cidadãos[14]. Esse critério aplica-se em dois níveis: um é o da

---

13. Para questões que dizem respeito à saída somente pela morte, ver IV, nota 4.

14. Observo que aqui não se formula, estritamente falando, uma argumentação. O parágrafo precedente do texto simplesmente descreve um contexto institucional no qual os cidadãos se colocam em determinadas relações e consideram certas questões, e assim por diante. Sustenta-se, então, que desse contexto resulta um dever, que se impõe a esses cidadãos, de respeitar o critério de reciprocidade. Esse é um dever que deriva da ideia de razoabilidade de pessoas, tal como caracterizada na Conferência I, §§ 1 e 2. Uma forma si-

própria estrutura constitucional e o outro, das leis e normas específicas aprovadas em conformidade com essa estrutura. Para serem razoáveis, concepções políticas só podem justificar Constituições que satisfazem esse critério. Isso nos fornece o que se pode denominar o princípio liberal de legitimidade (p. 161), tal como se aplica à legitimidade de Constituições e leis que são aprovadas com base nessas Constituições[15].

Para que sejam capazes de desempenhar o papel político que lhes é atribuído, considera-se que os cidadãos possuem as faculdades intelectuais e morais que são apropriadas a esse papel, tal como a capacidade de ter um senso de justiça política dado por uma concepção liberal e a capacidade de constituir, seguir e de revisar as próprias doutrinas do bem[16], e que são também capazes de possuir as virtudes políticas que lhes são necessárias para cooperar para a preservação de uma sociedade política justa. (É claro que não se nega a capacidade que possam ter de cultivar as outras virtudes e motivações morais, que vão além dessas duas.)

4. Duas ideias que não se encontram em *Teoria* são necessárias para tratar do fato do pluralismo razoável, a saber, as ideias de consenso sobreposto razoável (pp. 15, 39 ss., IV, § 3) e de razão pública (VI, §§ 4, 7, 8). Sem essas ideias, não percebemos o papel que uma concepção política (ou, como veremos, uma família dessas concepções) desempenha ao especificar a razão pública de uma sociedade bem-ordenada, quando é regulada por uma concepção política. Ao realizar essa tarefa conceitual, a justiça como equidade (tal como agora transformada) é empregada como o principal exemplo.

---

milar de argumentação encontra-se em "Promises and Practices", de T. M. Scanlon, *Philosophy and Public Affairs* 19: 3 (verão de 1990). Os casos e exemplos particulares examinados por Scanlon são, é claro, inteiramente distintos.

15. Os dois últimos parágrafos sumariam as pp. 159 ss.

16. A terminologia aqui segue a nota 2. Tanto *Teoria* como *LP* referem-se a uma concepção (abrangente) do bem. Daqui para a frente, o termo empregado para se referir a isso será sempre "doutrina".

Não vou tentar desenvolver aqui a ideia de consenso sobreposto além do que por vezes já afirmei nesta Introdução. Limito-me a enfatizar dois aspectos em relação a isso. O primeiro é que é o fato do pluralismo razoável que leva – ao menos no meu caso – à ideia de uma concepção política de justiça e, desse modo, à ideia de liberalismo político. Porque, em vez de confrontar doutrinas abrangentes religiosas e não liberais com uma doutrina filosófica liberal de caráter abrangente, a ideia é formular uma concepção política liberal que essas doutrinas não liberais também possam acatar. Para descobrir essa concepção política, não nos voltamos para as doutrinas abrangentes conhecidas com o objetivo de encontrar um equilíbrio ou de chegar a um termo médio entre elas, nem tentamos estabelecer um compromisso com um número suficiente das doutrinas desse tipo que realmente existem na sociedade, adequando a concepção política de modo que se ajuste a elas. Fazer isso equivaleria a recorrer à ideia errada de consenso e a fazer com que a concepção política se tornasse política da forma errada (pp. 46 ss.)[17]. Mais precisamente, formulamos uma concepção política que se sustenta por si própria e que contém seu próprio ideal político (moral) intrínseco, tal como expresso pelo critério de reciprocidade. Esperamos que, desse modo, as doutrinas abrangentes razoáveis possam acatar essa concepção política pelas razões certas e que, por conseguinte, se possa considerar que fazem parte de um consenso sobreposto razoável.

O outro ponto sobre o consenso sobreposto razoável é o de que *LP* não tem a pretensão de provar ou mostrar que tal consenso por fim se constituiria em torno de uma concepção política razoável de justiça. O máximo que faz é formular essa concepção de modo que não confronte com doutrinas abrangentes no próprio campo destas doutrinas e que não exclua a possibilidade de um consenso sobreposto pelas razões certas. *LP* não deixa de assinalar determinados

---

17. Ver também IX, § 2, p. 460.

eventos e processos históricos que parecem ter resultado em consenso e outros que podem ocorrer (IV, §§ 6-7), mas observar esses fatos de senso comum da sociologia política não constitui uma demonstração.

Além de doutrinas abrangentes conflitantes, *LP* realmente admite que, em qualquer sociedade política, certas concepções políticas de justiça competem umas com as outras nos debates políticos da sociedade (pp. 6 ss.). Isso leva a outro objetivo de *LP*: o de dizer como se deve formular a ideia de sociedade política liberal bem-ordenada, dados não somente o fato do pluralismo razoável, como também a existência de uma família de concepções políticas de justiça que são liberais e razoáveis. A definição de concepções liberais é fornecida por três condições[18] (p. 6): a primeira é a especificação de certos direitos, liberdades e oportunidades (do tipo familiar nos regimes democráticos); a segunda é a atribuição de uma prioridade especial a essas liberdades; e a terceira diz respeito a medidas para garantir que todos os cidadãos, qualquer que seja sua posição social, disponham de meios polivalentes[19] do tipo adequado, que lhes possibilitem fazer um uso inteligente e efetivo de suas liberdades e oportunidades. Note-se que aqui estou tratando de concepções políticas liberais, não de doutrinas abrangentes liberais.

Acredito que a justiça como equidade – seus dois princípios, que obviamente incluem o princípio de diferença – é a concepção mais razoável, por ser aquela que melhor satisfaz essas três condições[20]. Embora eu a veja como a mais

---

18. O texto de *LP* refere-se a isso como "características". O termo *condições* é melhor do que *características*, já que se trata de definir uma concepção política liberal, como a entendo.

19. Este termo refere-se aos bens primários, da forma como são definidos em V, § 4.

20. Isso não significa negar que certas alterações devem ser feitas na justiça como equidade. Por exemplo, a Conferência VIII revisa a interpretação das liberdades fundamentais à luz das críticas de H. L. A. Hart. A Conferência V, §§ 3-4 revisa a interpretação dos bens primários para responder às críticas de K. J. Arrow e Amartya Sen, de Joshua Cohen e T. M. Scanlon e outros. Eu também revisaria o princípio da poupança justa e sua derivação, tal como sugeri-

*INTRODUÇÃO À EDIÇÃO DE 1996*                                                    LIII

razoável (ainda que muitas pessoas razoáveis pareçam discordar de mim), não posso negar que outras concepções também satisfazem a definição de uma concepção liberal. Com efeito, simplesmente não seria razoável da minha parte negar que há outras concepções razoáveis que satisfazem essas condições, como uma concepção que, no lugar do princípio de diferença, colocasse um princípio de elevação do bem-estar social sujeito à condição de que um nível suficiente de meios polivalentes do tipo adequado seja proporcionado a todos. Qualquer concepção que satisfaz o critério de reciprocidade e reconhece os limites da capacidade de juízo (II, § 2) é uma possível candidata. Esses limites desempenham duplo papel em *LP*: fazem parte do argumento a favor da liberdade de consciência e da liberdade de pensamento que se fundamenta na ideia do razoável (pp. 71 ss.) e nos levam a reconhecer que há concepções políticas liberais que são diferentes e incompatíveis entre si.

*LP* também se ocupa em identificar a base mais razoável de unidade social (pp. 157 ss.) que está ao alcance dos cidadãos em uma democracia liberal contemporânea, embora o exame desse tópico não se encontre tão desenvolvido quanto poderia ser. Essa base da unidade social é a seguinte[21]:

    a. A estrutura básica da sociedade é efetivamente regulada por uma concepção que pertence a uma família de concepções liberais razoáveis (ou por uma combinação delas), família que inclui a concepção mais razoável.

---

do por Thomas Nagel e Derek Parfit e por Jane English (VII, p. 273, nota 12). Acredito que essas e outras alterações deixam a justiça como equidade substancialmente intacta, visto que seus ideais e princípios fundamentais permanecem os mesmos, e foi somente a formulação mais precisa desses ideais e princípios que passou, e não há dúvida de que continuará passando, por revisões e ajustes.

    21. Essa definição e a base da unidade que se sugere a seguir não foram explicitadas em *LP*. Menciono-as aqui pela primeira vez, e também em "Resposta a Habermas", XI, § 2.1.

b. Todas as doutrinas abrangentes existentes na sociedade subscrevem algum membro dessa família de concepções razoáveis, e os cidadãos que professam essas doutrinas constituem uma maioria duradoura, em comparação com aqueles que rejeitam todo e qualquer membro dessa família.

c. A discussão política pública, quando elementos constitucionais essenciais e questões de justiça básica estão em jogo, sempre, ou quase sempre, pode ser razoavelmente decidida com base nas razões que são especificadas por um dos membros da família de concepções liberais razoáveis, uma das quais cada cidadão considera a mais razoável.

Não há dúvida de que é possível formular essa definição de várias formas. Por exemplo, essa base seria idealmente a mais razoável se a sociedade fosse regulada de maneira efetiva pela concepção mais razoável e se os cidadãos estivessem em um equilíbrio reflexivo geral e amplo com respeito a tal concepção. Mas em termos práticos, a base mais razoável, que poderia efetivamente constituir-se, é aquela em relação à qual todos os cidadãos admitem que se trata de uma base que engloba uma concepção política reguladora razoável, concepção que alguns consideram a mais razoável. Isso é suficiente para que a sociedade política seja estável pelas razões certas: a concepção política pode agora ser respeitada por todos os cidadãos por ser ao menos razoável, e, para propósitos políticos, isso é o máximo que podemos almejar.

5. Volto-me agora para a ideia de razão pública e seu ideal para complementar o que está dito em VI, §§ 4, 7, 8. O leitor deve ter o cuidado de observar os tipos de questões e de fóruns aos quais a razão pública aplica-se (pp. 251-4, 299 ss.) – por exemplo, os debates dos quais participam partidos políticos e candidatos a cargos políticos, quando aquilo que se discute são elementos constitucionais essenciais e questões de justiça básica – e de distingui-los dos muitos âmbitos da cultura de fundo (p. 16) nos quais questões po-

líticas são debatidas e, com muita frequência, da perspectiva das doutrinas abrangentes das pessoas[22]. Esse ideal é o de que os cidadãos devem conduzir suas discussões políticas públicas de elementos constitucionais essenciais e de questões de justiça básica[23] dentro dos quadros do que cada qual sinceramente pensa ser a concepção política de justiça mais razoável, uma concepção que expressa valores políticos que se possam razoavelmente esperar que outros, na condição de cidadãos livres e iguais, razoavelmente subscrevam (pp. 266, 285). Assim, cada um de nós tem de contar com princípios e diretrizes aos quais seja possível recorrer a fim de satisfazer o critério de reciprocidade. Propus que uma forma de identificar esses princípios e diretrizes políticos consiste em mostrar que são aqueles que seriam acordados no que em *LP* entende-se pela posição original (I, § 4). Outros podem pensar que há maneiras distintas de identificar esses princípios que são mais razoáveis. Embora exista uma família de tais maneiras e de tais princípios, todos eles estão sujeitos ao critério de reciprocidade (pp. 266 ss.).

Para tornar mais explícito o papel do critério de reciprocidade tal como se expressa na ideia de razão pública, observo que esse papel consiste em caracterizar a natureza da relação política em um regime democrático constitucional como um vínculo de amizade cívica. Porque esse critério, quando os cidadãos o seguem em sua argumentação pública, determina a forma de suas instituições fundamentais[24].

---

22. A razão pública no liberalismo político e a esfera pública de Habermas não são a mesma coisa. Ver IX, § 1, p. 452, nota 13).

23. Elementos constitucionais essenciais abarcam questões sobre quais direitos e liberdades políticos, digamos, podem razoavelmente ser incluídos em uma Constituição escrita, quando se supõe que esta pode ser interpretada por uma corte suprema ou por alguma instituição similar. Questões de justiça básica dizem respeito à estrutura básica da sociedade e, por isso, envolvem questões de justiça social e econômica básica e outras matérias que não são abarcadas por uma Constituição.

24. Às vezes afirma-se que a ideia de razão pública é formulada primariamente para apaziguar o temor de instabilidade ou fragilidade da democracia no sentido político prático. Essa objeção é incorreta e não leva em conta que a razão pública, com o critério de reciprocidade que lhe é própria, carac-

Para exemplificar – vou mencionar casos simples –, se sustentamos que se deve negar a alguns a liberdade religiosa, é preciso que lhes ofereçamos razões que eles não apenas possam compreender – do mesmo modo que Serveto podia compreender por que Calvino queria queimá-lo na estaca –, mas razões que possamos razoavelmente esperar que eles também possam, como pessoas livres e iguais, razoavelmente aceitar. Sempre que se negam liberdades fundamentais a alguns, o critério de reciprocidade costuma ser violado. Pois que razões poderiam ao mesmo tempo satisfazer o critério de reciprocidade e justificar manter alguns na condição de escravos, ou impor qualificações de propriedade ao direito de voto, ou ainda negar o direito de voto às mulheres?

Quando estamos envolvidos na discussão pública, podemos também recorrer a razões que derivam de nossas doutrinas abrangentes? Agora penso, e desse modo altero o que está dito em VI, § 8, que tais doutrinas razoáveis podem ser introduzidas a qualquer momento na razão pública, desde que razões públicas, fornecidas por uma concepção política razoável, mostrem-se suficientes para sustentar seja o que for que as doutrinas abrangentes tenham sido introduzidas para sustentar[25]. A isso me refiro como a cláusula[26], e

---

teriza a relação política com seu ideal de democracia e tem relação com a natureza do regime de cuja estabilidade ou fragilidade estamos tratando. Essas questões são prévias a questões de estabilidade e fragilidade no sentido político prático, embora, com certeza, nenhuma concepção de democracia possa simplesmente ignorar essas questões práticas.

25. Isso é mais permissivo do que está dito em *LP*, VI, § 8, que especifica certas condições à introdução dessas doutrinas naquilo a que o texto se refere como a visão inclusiva de razão pública. A visão ampla (como a denomino) não é uma originalidade minha e me foi sugerida por Eram Kelly (verão de 1993). Uma visão similar pode ser encontrada em ensaios de Lawrence Solum, em especial, para uma formulação mais completa, seu "Constructing an Ideal of Public Reason", *San Diego Law Review* 30: 4 (outono de 1993), que traz um resumo do argumento nas pp. 747-51. Há uma formulação mais recente em "Inclusive Public Reason", *Pacific Philosophical Quarterly* 75: 3 e 4 (setembro-dezembro de 1994).

26. Muitas questões podem ser levantadas sobre como essa cláusula pode ser satisfeita. Uma delas é: quando é preciso que seja satisfeita, no mes-

ela especifica o que agora denomino a visão ampla de razão pública. Essa cláusula é satisfeita nos três casos examinados nas páginas 295 e seguintes. Revestem-se de uma importância histórica especial os casos dos abolicionistas e do Movimento dos Direitos Civis. Afirmei que não violam o que em VI, § 8 denominei a visão inclusiva de razão pública. Lá se argumenta que tanto as doutrinas dos abolicionistas como as de King pertencem à razão pública porque foram invocadas em uma sociedade política injusta, e as conclusões de justiça a que chegaram estavam em conformidade com os valores constitucionais de um regime liberal. Também sustentei que deveria haver um motivo para acreditar que recorrer a uma fundamentação dessas conclusões nas doutrinas abrangentes dos cidadãos contribuiria para tornar a sociedade mais justa. Agora penso que não há necessidade dessas condições, visto que elas vão além da cláusula formulada acima, e que é melhor abandoná-las. A cláusula que estabelece que os cidadãos justifiquem suas conclusões, no devido momento, com base em razões públicas, determina tudo o que é necessário[27]. Ela tem a vantagem adicional de mostrar aos outros cidadãos as raízes que nossa lealdade à concepção política tem nas doutrinas abrangentes que professamos, o que, dada a existência de um consenso sobreposto razoável, fortalece a estabilidade. Isso nos fornece a visão ampla e está em conformidade com os exemplos analisados em VI, § 8.

É de importância crucial que a razão pública não seja especificada por nenhuma concepção política em particular, e certamente não pela justiça como equidade apenas.

---

mo momento ou em algum momento posterior? E mais, sobre quem recai a obrigação de cumpri-la? Há muitas questões como essas – aqui menciono poucas. Como Thompson objetou, é preciso que fique claro e definido de que modo a cláusula pode ser cumprida de forma apropriada.

27. Não sei se os abolicionistas e King chegaram alguma vez a cumprir a cláusula. Mas, quer a tenham cumprido ou não, poderiam tê-lo feito. E, se conhecessem a ideia de razão pública e compartilhassem de seu ideal, eles o teriam feito. Agradeço a Paul Weithman por essa observação.

Mais precisamente, seu conteúdo – os princípios, ideais e critérios aos quais se pode recorrer – é aquele que pertence a uma família de concepções políticas razoáveis, e esta família muda ao longo do tempo. É claro que essas concepções políticas não são compatíveis entre si e podem sofrer alterações, em virtude dos debates que travam umas com as outras. As mudanças sociais que ocorrem ao longo de gerações também resultam no surgimento de novos grupos, que trazem novos problemas. Visões que levantam novas questões, relacionadas a etnicidade, gênero e raça, constituem exemplos óbvios disso, e as concepções políticas que resultarem dessas visões irão interpelar as concepções correntes.

Uma objeção à visão ampla de razão pública é que, a despeito disso tudo, ela permanece demasiado restritiva. Substanciar essa objeção, no entanto, requer identificar questões urgentes relativas a elementos constitucionais ou a matérias de justiça básica (IV, § 5) que não possam ser razoavelmente solucionadas mediante os valores políticos expressos por qualquer uma das concepções políticas razoáveis existentes, nem por qualquer concepção desse tipo que pudesse vir a ser articulada. *LP* não sustenta que isso nunca possa ocorrer, somente sugere que isso raras vezes ocorre. Que a razão pública possa solucionar todas ou quase todas as questões políticas mediante uma ordenação razoável de valores políticos é uma questão que não pode ser decidida de modo abstrato, de forma independente de casos reais. Pois como tratar certo tipo de caso depende não somente de considerações gerais, mas de formularmos os valores políticos pertinentes, que talvez não tenham nos ocorrido antes de refletirmos sobre casos particulares.

A razão pública também pode parecer demasiado restritiva, por passar a impressão de que soluciona as questões controversas de antemão. Contudo, enquanto tal, ela não determina ou soluciona nenhuma questão específica de lei ou de política pública. Mais exatamente, especifica as razões públicas com base nas quais questões como essas devem ser decididas politicamente. Considere-se, por exemplo, a questão de fazer orações na escola. Pode-se supor que uma posição liberal sobre essa questão rejeitaria a admissibilidade dessa prática em escolas públicas. Mas por que deveria ser assim? Temos de levar em conta todos os valores políticos que podem ser invocados para solucionar essa questão e decidir para que lado as razões decisivas pendem. Há o célebre caso do debate entre Patrick Henry e James Madison, na Câmara dos Representantes da Virgínia, em 1785, sobre o apoio estatal à Igreja Anglicana, e que envolveu o ensino religioso nas escolas, que foi quase inteiramente travado com base apenas em valores políticos[28].

---

28. A mais séria oposição ao "Projeto de lei para instituir a liberdade religiosa", de Thomas Jefferson, aprovado pela Câmara de Representantes da Virgínia em 1786, foi aquela movida por Patrick Henry, que então contava com grande popularidade. O argumento de Henry a favor de manter a religião oficial baseava-se na visão de que "o conhecimento cristão tem uma tendência natural a corrigir os costumes dos homens, a controlar seus vícios e a preservar a paz na sociedade, que não são propósitos que possam ser realizados se não houver um provimento competente de professores preparados". Ver Thomas J. Curry, *The First Freedoms* (Nova York: Oxford University Press, 1986). Henry não argumentou a favor do conhecimento cristão como tal, e sim que esse conhecimento era uma forma efetiva de alcançar valores políticos fundamentais, a saber, a boa conduta e a conduta pacífica dos cidadãos. Assim, entendo que, ao falar em "vícios", ele estava se referindo, pelo menos em parte, àquelas ações que violam as virtudes políticas presentes no liberalismo político (pp. 229 ss.) e que também se expressam em outras concepções de democracia. Deixando de lado a óbvia dificuldade de saber se orações podem ser praticadas nas escolas a fim de satisfazer todas as exigências da justiça política, as objeções de Madison ao projeto de lei de Henry concentraram-se sobretudo na questão de em que medida tornar a religião oficial era uma condição necessária para assegurar uma sociedade civil pacífica – e concluiu que não o era. As objeções de Madison também se fundamentaram nos efeitos históricos da imposição de uma religião oficial tanto para a sociedade como para a integridade da própria religião. Ver o "Memorial and Remonstrance" (1785), de Madison, in *The Mind of the Founder*, volume organizado por Marvin Meyers (Nova York: Bobbs-Merrill, 1973), pp. 7-16; e também Curry, pp. 142 ss. Madison fez menção à prosperidade das colônias que não adotaram uma religião oficial, especialmente a Pensilvânia e Rhode Island, ao vigor do cristianismo primitivo em oposição a um Império Romano hostil e à corrupção que no passado havia resultado da imposição de uma religião oficial. Com alguns cuidados de formulação, muitos desses argumentos, senão todos, po-

Alguns talvez pensem que a razão pública é demasiado restritiva porque pode levar a um beco sem saída[29] e porque não consegue levar a uma concordância de pontos de vista entre os cidadãos. É supostamente restritiva demais por não determinar razões suficientes para solucionar todos os casos. Isso, no entanto, acontece não apenas com a argumentação moral e política, mas com todas as formas de argumentação, incluindo a ciência e o senso comum. Mas o padrão de comparação pertinente para a argumentação pública é oferecido por aqueles casos nos quais alguma decisão política deve ser tomada, como ocorre com os legisladores que têm de aprovar leis e com os juízes que precisam decidir casos judiciais. Nesses casos, alguma norma política de ação tem de ser estabelecida e todos devem poder razoavelmente subscrever o processo mediante o qual tal norma é produzida. A razão pública vê a responsabilidade do cidadão, com seu dever de civilidade, como análoga àquela da judicatura, com seu dever de decidir casos judiciais. Assim como os juízes devem decidi-los mediante fontes legais providas por precedentes legais e por cânones reconhecidos de interpretação legal e outras fontes pertinentes, também os cidadãos devem argumentar de acordo com a razão pública e se guiar pelo critério de reciprocidade sempre que elementos constitucionais essenciais e questões de justiça básica estiverem em jogo.

Desse modo, quando parece haver um beco sem saída, isto é, quando argumentos legais parecem distribuir-se igualmente e de forma equilibrada entre os dois lados, os juízes não podem decidir o caso simplesmente recorrendo

---

dem expressar-se com base nos valores políticos da razão pública. O interesse especial do exemplo da prática da oração nas escolas está em mostrar que a ideia de razão pública não é uma visão sobre instituições políticas e políticas públicas específicas, mas uma visão sobre como se deve argumentar a favor delas e justificá-las ao corpo de cidadãos que tem a responsabilidade de decidir a questão.

29. Tomo esse termo de empréstimo de Paul Quinn. A ideia aparece em *LP*, na Conferência VI, § 7.1-2.

*INTRODUÇÃO À EDIÇÃO DE 1996*

a seus próprios pontos de vista políticos. Para os juízes, fazer isso equivale a descumprir com seu dever. Isso também se aplica à razão pública: se, quando ocorrem impasses, os cidadãos recorrem às razões mais fundamentais[30] de suas doutrinas abrangentes, o princípio de reciprocidade é desrespeitado. As razões que decidem questões de elementos constitucionais essenciais e de justiça básica já não são as que todos os cidadãos poderiam razoavelmente aceitar, em particular aqueles cujas liberdades religiosas, ou direito de voto, ou direitos a oportunidades equitativas são violados. Do ponto de vista da razão pública, os cidadãos deveriam simplesmente votar com base na ordenação de valores políticos que sinceramente pensam ser a mais razoável. De outra forma, deixamos de exercer o poder político de modos que satisfaçam o critério de reciprocidade.

Contudo, questões controversas, como a do aborto, podem levar a impasses entre as diferentes concepções políticas, e os cidadãos se veem simplesmente obrigados a decidir como votar em relação à questão[31]. Com efeito, esse é o

---

30. Emprego a expressão *razões mais fundamentais* porque muitos daqueles que poderiam recorrer a tais razões as veem como os fundamentos apropriados, ou a base verdadeira, religiosa, filosófica ou moral dos ideais e princípios de razões públicas e de concepções políticas de justiça.

31. É natural que alguns tenham lido a nota 32 da Conferência VI de *LP*, p. 288, como um argumento em defesa do aborto no primeiro trimestre de gravidez. Não era minha intenção que isso fosse entendido assim. (A nota realmente expressa minha opinião, mas uma opinião não é o mesmo que um argumento.) Cometi o erro de não deixar claro que o objetivo da nota era somente ilustrar e confirmar a seguinte formulação do texto, à qual a nota está vinculada: "As únicas doutrinas abrangentes que se apartam da razão pública são aquelas que não podem dar sustentação a um equilíbrio [ou a uma ordenação] razoável de valores políticos [com respeito à questão em tela]." Para tentar explicar o que eu queria dizer, recorri a três valores políticos (é claro que há outros) para tratar da questão controvertida do direito ao aborto, questão essa à qual talvez pareça improvável que valores políticos se apliquem. Penso que uma interpretação mais detalhada desses valores pode, se desenvolvida de modo adequado, com base na razão pública, resultar em um argumento razoável. Não sustento que esse argumento seja o mais razoável, nem o mais decisivo; não sei o que seria isso, nem sequer se existe algo assim. (Para um exemplo de tal interpretação mais detalhada, ver, de Judith Jarvis Thompson, "Abortion: Whose Right?", *Boston Review* 20: 3 [verão de 1995], embora eu ti-

caso normal: não é de esperar que haja unanimidade de posições. Concepções políticas razoáveis nem sempre levam à mesma conclusão (pp. 28 ss.), tampouco os cidadãos que abraçam a mesma concepção estão sempre de acordo em casos particulares. Contudo, o resultado da votação deve ser visto como razoável desde que todos os cidadãos de um regime constitucional razoavelmente justo votem de forma sincera, em conformidade com a ideia de razão pública. Isso não significa que o resultado seja verdadeiro ou correto, mas que no momento é razoável, e é vinculatório para os cidadãos, em virtude do princípio da maioria. Alguns, é claro, podem rejeitar uma decisão, como os católicos podem rejeitar uma decisão que garanta o direito ao aborto. Eles podem apresentar uma argumentação fundada na razão pública para rejeitar tal direito e não conseguir conquistar uma maioria[32]. Mas eles não estão obrigados a exer-

---

vesse vários reparos a fazer a essa interpretação.) Suponhamos agora, para servir de ilustração, que haja um argumento razoável de razão pública a favor do direito ao aborto, mas que não exista um equilíbrio ou uma ordenação igualmente razoável de valores políticos da razão pública que argumente a favor da negação desse direito. Então, nesse tipo de caso, mas só nesse tipo, uma doutrina abrangente que negue o direito ao aborto realmente se aparta da razão pública. No entanto, se essa doutrina consegue satisfazer melhor a cláusula da razão pública ampla, ou pelo menos tão bem quanto outras visões, ela tem como se defender perante a razão pública. Uma doutrina abrangente pode ser não razoável em relação a dada questão, ou em relação a várias questões controversas, mas isso não a torna simplesmente uma doutrina desarrazoada.

32. Para uma argumentação desse teor, ver a visão do Cardeal Bernandin, "The Consistent Ethics: What Sort of Framework?", *Origins* 16 (30 de outubro de 1986). A ideia de ordem pública que o cardeal formula inclui esses três valores políticos: a paz pública, as proteções mais básicas de direitos humanos e os padrões de conduta moral que são comumente aceitos em uma comunidade legal. Além disso, ele sustenta que nem todos os imperativos morais devem ser convertidos em leis coercitivas e pensa que é essencial à ordem social e política proteger a vida humana e garantir direitos humanos básicos. Ele espera poder justificar a rejeição do direito ao aborto com base nesses três valores. Não vou examinar sua argumentação aqui, exceto para dizer que, claramente, ela se apresenta na forma da razão pública. Em que medida é ou não razoável, ou mais razoável do que os argumentos apresentados pela posição oposta, esta é outra questão. Como qualquer outra forma de argumentação na discussão pública, a argumentação pode ser falaciosa ou equivocada.

cer o direito ao aborto no caso deles próprios. Podem reconhecer que o direito integra a lei legítima e, por conseguinte, não devem lhe opor resistência por meio da força (pp. 71 ss.). Isto significaria uma tentativa de impor sua própria doutrina abrangente, que uma maioria dos demais cidadãos que se pautam pela razão pública não aceita. Certamente é possível aos católicos, em conformidade com a razão pública, continuar argumentando contra o direito ao aborto. Que a razão não pública da Igreja Católica requeira que os seus membros sigam sua doutrina é perfeitamente compatível com o respeito à razão pública[33]. Não levo adiante o exame dessa questão, visto que meu objetivo é somente enfatizar que o ideal de razão pública muitas vezes não leva a um acordo geral de pontos de vista, nem deveria fazê-lo. Os cidadãos aprendem com o conflito e a controvérsia e tiram proveito disso, e, quando seus argumentos estão de acordo com a razão pública, eles educam e aprofundam a cultura pública da sociedade.

6. Na seção 4, vimos que uma concepção liberal combina e ordena os dois valores fundamentais da liberdade e da igualdade com base em três características. As duas primeiras especificam os direitos e as liberdades fundamentais e sua prioridade; a terceira é a garantia de um quinhão de meios polivalentes que seja suficiente para capacitar todos os cidadãos a fazer um uso inteligente e efetivo de suas liberdades. Essa terceira característica tem, é claro, de satisfazer o critério de reciprocidade e, por essa razão, recomenda uma estrutura básica que não permita que essas desigualdades sejam excessivas, avaliando-se isso do modo

---

33. Tanto quanto posso perceber, esse ponto de vista é similar à posição do padre John Courtney Murray sobre a política que a Igreja deveria adotar em relação à contracepção em *We Hold These Truths* (Nova York: Sheed and Ward, 1960), pp. 157 ss. Ver também a conferência de Mario Cuomo sobre o aborto, proferida na Universidade de Notre-Dame em 1984, em *More Than Two Worlds* (Nova York: St. Martin's, 1993), pp. 32-51. Sou grato a Leslie Griffin e a Paul Weithman pela discussão sobre isso e pelo esclarecimento de aspectos que dizem respeito a esta e às duas notas precedentes e por me familiarizarem com o ponto de vista do padre Murray.

como esse critério especifica. Sem as instituições de (a) a (e) listadas a seguir, ou arranjos institucionais similares, os liberalismos políticos razoáveis sustentam que desigualdades excessivas tendem a se desenvolver. Isso resulta da aplicação de uma sociologia política de senso comum.

*LP* analisa brevemente uma aplicação desse tipo em três passagens. Uma delas aparece na Parte Dois, Conferência IV. Em IV, § 6, *LP* examina como um consenso constitucional pode gradualmente emergir a partir de um período anterior ao longo do qual princípios constitucionais, tais como a liberdade de consciência, só muito relutantemente tenham sido adotados como parte de um *modus vivendi*. A seguir, VI, § 7 considera como um consenso constitucional pode se transformar em um consenso sobreposto. E, em VI, § 8, vemos que uma doutrina abrangente razoável, que oferece sustentação a uma concepção política razoável, pode ser introduzida na discussão pública com o propósito de acelerar a mudança para um regime constitucional justo. A diferença essencial entre um consenso constitucional e um consenso sobreposto é que o primeiro é um consenso acerca de determinados princípios constitucionais que garantem certas liberdades. Esses princípios – tais como a liberdade de consciência – são posteriormente expandidos para aqueles que são abarcados pela Declaração de Independência e pela Declaração dos Direitos do Homem da Revolução Francesa.

Se consideradas de forma isolada, essas liberdades garantidas podem ser, de modo apropriado, criticadas como puramente formais (VIII, § 7)[34]. Por si mesmas, elas não passam de uma forma depreciada de liberalismo, e, com efeito, nem mesmo constituem um liberalismo, mas um libertarianismo (VII, § 3)[35]. Este último não combina a liberdade e a igualdade como o liberalismo o faz; carece do critério de reciprocidade e admite desigualdades sociais e econômicas

---

34. Ao fazerem essa objeção, Hegel e autores socialistas e marxistas estavam inteiramente certos.

35. Ver também VII, §§ 4 e 9.

que, avaliadas por esse critério, são excessivas. Neste caso, não dispomos da estabilidade pelas razões certas, a qual está sempre ausente de um regime constitucional puramente formal. Uma indicação das instituições que são necessárias para a estabilidade é a seguinte:

a. O financiamento público de campanhas eleitorais e formas de assegurar que informações públicas sobre questões de política pública se encontrem acessíveis (VIII, §§ 12-3). A prescrição desses arranjos (e dos que se seguem) é meramente uma indicação daquilo que é necessário para garantir que representantes eleitos e outras autoridades possam ser suficientemente independentes de interesses econômicos e sociais particulares e para proporcionar o conhecimento e as informações com base nos quais políticas públicas possam ser formuladas e avaliadas de modo inteligente por cidadãos que empregam a razão pública.
b. Certa igualdade equitativa de oportunidades, em especial com respeito a educação e treinamento profissional. Sem essas oportunidades, não é possível que as pessoas de todos os segmentos da sociedade participem dos debates da razão pública ou contribuam para as políticas econômicas e sociais.
c. Uma distribuição decente de renda e riqueza que satisfaça a terceira condição do liberalismo: todos os cidadãos devem contar com os meios polivalentes necessários para capacitá-los a tirar proveito de forma inteligente e efetiva de suas liberdades fundamentais[36].
d. A sociedade entendida como o empregador de última instância mediante a estrutura geral ou local de

---

36. Esse requisito vai muito além da satisfação de necessidades de alimento, vestuário e habitação, ou simplesmente de necessidades básicas. As liberdades fundamentais são definidas pela lista de liberdades e de oportunidades fundamentais, e isto inclui as liberdades políticas e o acesso equitativo ao processo político.

governo e mediante outras políticas sociais e econômicas. Encontrar-se destituído de um sentido de segurança de longo prazo e de oportunidades de trabalho e ocupação que deem satisfação corrói não apenas o sentido de autorrespeito dos cidadãos, como também o de que são membros da sociedade, em vez de se perceberem simplesmente como aprisionados por ela. Esta percepção gera desprezo por si próprio, amargura e ressentimento.
e. Garantia de assistência básica à saúde para todos os cidadãos.

Essas instituições não são suficientes, óbvio, para satisfazer plenamente os princípios da justiça como equidade. Mas o que estamos examinando não é o que esses princípios requerem, e sim os pré-requisitos essenciais para uma estrutura básica na qual o ideal de razão pública, ao ser conscienciosamente respeitado pelos cidadãos, possa proteger as liberdades fundamentais e impedir que as desigualdades sociais e econômicas sejam excessivas. Visto que o ideal de razão pública contém uma forma de deliberação política pública, essas instituições, mais exatamente as três primeiras, são necessárias para que essa deliberação seja possível e proveitosa. A crença na importância da deliberação pública é essencial para um regime constitucional razoável, e é preciso que se estabeleçam instituições e arranjos específicos que a apoiem e encorajem. A ideia de razão pública propõe um modo de caracterizar a estrutura e o conteúdo das bases fundamentais da sociedade que seja apropriado a deliberações políticas.

Concluo esta seção com um comentário sobre os limites da reconciliação mediante a razão pública. Há três tipos principais de conflitos: os que derivam das doutrinas abrangentes conflitantes dos cidadãos; os que surgem de diferenças de *status*, de posição de classe e de ocupação, ou de etnicidade, gênero ou raça; e, por fim, os que resultam dos limites da capacidade de juízo. O liberalismo político mitiga, mas não tem como eliminar o primeiro tipo de conflito, já que as doutrinas abrangentes são, em termos políticos, irreconciliáveis e permanecem sempre inconsistentes umas com as outras. Contudo, os princípios de justiça de um regime constitucional justo podem reconciliar o segundo tipo de conflito. Porque, uma vez que aceitemos princípios de justiça, ou que os reconheçamos pelo menos como razoáveis (e mesmo que não os consideremos os mais razoáveis), e que saibamos que nossas instituições sociais e políticas a eles se conformam, o segundo tipo de conflito poderá não eclodir, ou não eclodir de forma tão aguda. Acredito que essas fontes de conflito podem ser em larga medida eliminadas por um regime constitucional razoavelmente justo, cujos princípios de justiça política satisfaçam o critério de reciprocidade[37]. *LP* não trata desses conflitos, deixa-os para serem resolvidos pela justiça como equidade (como se propõe em *Teoria*) ou por alguma outra concepção política razoável de justiça. Os conflitos que surgem dos limites da capacidade de juízo, no entanto, permanecem e limitam o alcance do acordo possível.

7. Tanto *Teoria* como *LP* empenham-se em dizer como uma sociedade democrática razoavelmente justa e bem-ordenada poderia ser possível e por que a justiça como equidade deveria ocupar lugar especial entre as concepções políticas de seu mundo social e político. É claro que muitos estão dispostos a aceitar a conclusão de que uma sociedade democrática justa e bem-ordenada não é possível, e até mesmo a considerar que semelhante conclusão é uma obviedade. Admitir isso não é parte do amadurecimento, não é parte da inevitável perda da inocência? Mas será que esta é uma conclusão que podemos aceitar tão facilmente? Qual seria o efeito de aceitarmos isso e que consequência teria

---

[37]. Também acredito que tal regime tem como tratar de forma equitativa as diferenças de cultura e de nacionalidade (distinguindo-se esta última noção daquela de Estado). Neste ponto, baseio-me em Yael Tamir, em seu *Liberal Nationalism* (Princeton: Princeton University Press, 1993), em especial o capítulo 3.

para nossa visão do mundo político e mesmo do mundo como um todo?

A filosofia pode estudar questões políticas em muitos níveis diferentes de generalidade e abstração, todos proveitosos e importantes. Ela pode indagar por que é errado atacar civis em uma guerra realizando bombardeios aéreos e usando bombas convencionais ou com armas nucleares. De modo mais geral, pode inquirir sobre formas justas de arranjos constitucionais e sobre os tipos de questões que são tratados de modo apropriado no âmbito da política constitucional. De modo ainda mais geral, a filosofia pode indagar se uma democracia constitucional justa e bem-ordenada é possível e o que a torna justa. Não estou afirmando que as questões mais gerais são as mais filosóficas, nem que são as mais importantes. Todas essas questões e as respostas que a elas se deem, se formos capazes de encontrá-las, estão relacionadas umas às outras e contribuem de forma conjunta para o conhecimento da filosofia.

A resposta que damos à questão sobre se uma sociedade democrática justa é possível e pode se manter estável pelas razões certas afeta nossos pensamentos e atitudes de base sobre o mundo como um todo. Afeta esses pensamentos e atitudes antes de nos vermos diante da política efetiva e limita ou inspira o modo pelo qual nela nos envolvemos. Debates sobre questões filosóficas gerais não podem constituir a matéria ordinária da política, mas isso não torna essas questões desprovidas de importância. Já aquelas que pensamos ser as respostas para elas irão moldar as atitudes fundamentais da cultura pública e a condução da política[38]. Se considerarmos ponto pacífico e como conhecimento de senso comum que uma sociedade democrática bem-ordenada é impossível, então a qualidade e o tom daquelas atitudes irão refletir essa percepção. Entre as causas

---

38. Aqui estou de acordo com Michael Walzer em sua resenha do livro de Benjamin Barber, *The Conquest of Politics*, publicada no *New York Review of Books*, 2 de fevereiro de 1989, pp. 42 ss.

do colapso do regime constitucional de Weimar estava a de que nenhuma das elites tradicionais da Alemanha apoiava sua Constituição ou se dispunha a cooperar para fazê-la funcionar. Essas elites já não mais acreditavam que um regime decente de democracia de base parlamentar fosse possível. Seu tempo havia ficado para trás. O regime caiu primeiro em uma sequência de governos de gabinete autoritários entre 1930 e 1932. Quando esses governos mostraram-se enfraquecidos pela falta de apoio popular, o presidente Hindenburg foi finalmente persuadido a entregar o poder a Hitler, que contava com apoio e a quem os conservadores imaginavam que poderiam controlar[39]. Outros podem preferir exemplos diferentes.

As guerras do século XX, com a violência extrema e a destrutividade crescente que as caracterizaram, culminando no horror maníaco do holocausto, levantam de forma aguda a questão sobre se as relações políticas podem ser governadas somente pelo poder e pela coerção. Se uma sociedade razoavelmente justa, que subordina o poder a seus objetivos, não é possível e se as pessoas são em grande medida amorais, quando não incorrigivelmente cínicas e autocentradas, talvez devêssemos indagar, com Kant, se vale a pena os seres humanos viverem na Terra[40]. Temos de partir da suposição de que uma sociedade política razoavelmente justa é possível e, para que seja possível, é preciso que os seres humanos tenham uma natureza moral, que obviamente não necessita ser perfeita, mas que os capacite a compreender e a agir com base em uma concepção política razoável do direito e da justiça e que lhes possibilite ser

---

39. Ver, de Carl Schmitt, *The Crisis of Parliamentary Democracy*, tradução de Ellen Kennedy (Cambridge: MIT Press, 1988). Ver especialmente o Prefácio à segunda edição (1926) e o capítulo 2. Sobre Weimar, ver as obras esclarecedoras de Detlev Peukert, *The Weimar Republic*, tradução de Allen Lane (Boston: Penguin, 1991), sobretudo os capítulos 11-4, e, de Klaus Fischer, *Nazi Germany* (Nova York: Continuum, 1995), capítulo 7 e Conclusão, pp. 258-63.

40. "Se a justiça perece, então já não vale mais a pena os homens viverem na Terra" (*Rechtslehre*, na observação E que vem a seguir a § 49, Ak: VI: 332).

motivados por tal concepção na medida necessária para dar apoio a uma sociedade regida por seus ideais e princípios. *Teoria* e *LP* empenham-se em esboçar as concepções mais razoáveis de justiça para um regime democrático e em apresentar uma candidata à concepção mais razoável. *Teoria* e *LP* também examinam como é preciso conceber os cidadãos para construir (*LP*, III) essas concepções mais razoáveis e como deve ser a psicologia moral desses cidadãos para que deem sustentação a uma sociedade política razoavelmente justa ao longo do tempo[41]. Não há dúvida de que o foco nessas questões explica em parte o que a muitos leitores apresenta-se como o caráter demasiado abstrato e espiritual desses textos.

Não me desculpo por isso.

JOHN RAWLS
Dezembro de 1995

---

41. Sobre essa psicologia, ver *Teoria*, Parte III, especialmente o capítulo 8, e *LP*, II, §§ 1-3.

PARTE UM
# O liberalismo político: elementos fundamentais

Conferência I
## *Ideias fundamentais*

O liberalismo político, o título destas conferências, soa familiar. Mas por essa expressão entendo algo em certo sentido distinto, acredito, daquilo que o leitor provavelmente supõe. Talvez por isso eu devesse começar com uma definição de liberalismo político, explicando por que o denomino "político". Mas nenhuma definição poderia ser útil já de início. Em vez disso, começo pela discussão de uma primeira questão fundamental sobre a justiça política em uma sociedade democrática, a saber: que concepção de justiça é mais apropriada para especificar os termos equitativos de cooperação social entre cidadãos considerados livres e iguais e membros plenamente cooperativos da sociedade, de uma geração às seguintes?

A essa primeira questão fundamental acrescentamos uma segunda, a da tolerância, compreendida em termos gerais. A cultura política de uma sociedade democrática sempre se caracteriza por uma diversidade de doutrinas religiosas, filosóficas e morais conflitantes e irreconciliáveis. Algumas delas são perfeitamente razoáveis, e o liberalismo político vê nessa diversidade de doutrinas razoáveis o produto inevitável e de longo prazo do uso das faculdades da razão humana sob instituições livres duradouras. Desse modo, a segunda questão é: quais são os fundamentos da tolerância assim compreendida, considerando-se que o fato do pluralismo razoável é um produto inevitável de instituições livres? Combinando ambas as questões, temos: como é possível existir, ao longo do tempo, uma sociedade justa e estável de cidadãos livres e iguais que permanecem profundamente divididos por doutrinas religiosas, filosóficas e morais razoáveis?

O liberalismo político supõe que as disputas mais intratáveis são assumidamente travadas em nome dos objetivos mais elevados: da religião, de visões filosóficas do mundo e de diferentes concepções morais do bem. Deveríamos considerar surpreendente que, com oposições tão profundas como essas, a cooperação justa entre cidadãos livres e iguais seja possível. De fato, a experiência histórica mostra que só raramente isso é possível. Se o problema levantado parece demasiado familiar, o liberalismo político propõe uma solução que, a meu juízo, não é das mais familiares. Para formulá-la, teremos de nos valer de certo conjunto de ideias afins. Nesta conferência, exponho aquelas que são mais centrais e proponho uma definição no final (§ 8).

### § 1. Duas questões fundamentais

1. Para enfocar a primeira questão fundamental, tenhamos em mente que o curso do pensamento democrático ao longo dos dois últimos séculos, aproximadamente, deixa claro que ainda não há concordância em relação à forma como devem ser organizadas as instituições básicas de uma democracia constitucional, se o que se quer é que correspondam a termos equitativos de cooperação entre cidadãos considerados como livres e iguais. Isso se evidencia nas ideias profundamente controvertidas sobre a melhor forma de expressar os valores da liberdade e da igualdade nos direitos e liberdades fundamentais dos cidadãos, de modo que sejam satisfeitas as exigências tanto da liberdade como da igualdade. Podemos pensar esse desacordo como um conflito no interior da própria tradição do pensamento democrático, entre a tradição associada a Locke – que confe-

## IDEIAS FUNDAMENTAIS

re peso maior àquilo que Constant denominou "liberdade dos modernos", as liberdades de pensamento e de consciência, certos direitos fundamentais da pessoa e de propriedade e o Estado de direito – e a tradição associada a Rousseau, que dá mais peso àquilo que Constant denominou "liberdade dos antigos", as liberdades políticas iguais e os valores da vida pública[1]. Esse contraste familiar e estilizado pode servir para pôr ordem nas ideias.

Como uma forma de responder à nossa primeira questão, a "justiça como equidade"[2] procura arbitrar essas duas tradições conflitantes propondo, primeiro, dois princípios de justiça que sirvam de orientação para a forma como as instituições básicas devem realizar os valores da liberdade e da igualdade e, em segundo lugar, especificando um ponto de vista a partir do qual esses princípios possam ser considerados mais apropriados do que outros princípios conhecidos de justiça à ideia de cidadãos democráticos, entendidos como pessoas livres e iguais. O que é preciso demonstrar é que, quando os cidadãos são concebidos desse modo, certa disposição das instituições sociais e políticas básicas é mais adequada à realização dos valores da liberdade e da igualdade. Os dois princípios de justiça mencionados se formulam da seguinte maneira[3]:

---

1. Ver "Liberty of the Ancients Compared with that of the Moderns" (1819), in Benjamin Constant, *Political Writings,* volume traduzido e organizado por Biancamaria Fontana (Cambridge: Cambridge University Press, 1988). A discussão sobre a diferença entre o problema da filosofia política nos mundos antigo e moderno, na Introdução desse livro, ilustra a importância da distinção de Constant.

2. A concepção de justiça formulada em *Teoria.*

3. A formulação desses princípios difere daquela que aparece em *Teoria* e segue a formulação de "The Basic Liberties and Their Priority", *Tanner Lectures on Human Values,* vol. III (Salt Lake City: University of Utah Press, 1982), p. 5. Os motivos dessas alterações são discutidos nas pp. 46-55 daquela Conferência. Essas são alterações importantes para as revisões na interpretação das liberdades fundamentais em *Teoria* e foram realizadas na tentativa de responder às fortes objeções feitas por H. L. A. Hart em sua resenha crítica de *Teoria* publicada em *University of Chicago Law Review* 40 (primavera de 1973): 535-55. Neste volume, ver Conferência VIII, §§ 1 e 8.

a. Cada pessoa tem um direito igual a um sistema plenamente adequado de direitos e liberdades iguais, sistema esse que deve ser compatível com um sistema similar para todos. E, neste sistema, as liberdades políticas, e somente estas liberdades, devem ter seu valor equitativo garantido.

b. As desigualdades sociais e econômicas devem satisfazer duas exigências: em primeiro lugar, devem estar vinculadas a posições e cargos abertos a todos em condições de igualdade equitativa de oportunidades; em segundo lugar, devem se estabelecer para o maior benefício possível dos membros menos privilegiados da sociedade.

Cada um desses princípios regula instituições de um âmbito específico, não apenas em relação a direitos, liberdades e oportunidades básicas, mas também no que diz respeito às demandas de igualdade; a segunda parte do segundo princípio, por sua vez, enfatiza o valor dessas garantias institucionais[4]. Em conjunto, e conferindo-se prioridade ao primeiro sobre o segundo, os dois princípios regulam as instituições básicas que realizam esses valores.

2. Uma longa exposição seria necessária para esclarecer o significado e a aplicação desses princípios. Como este não constitui o tema destas conferências, faço somente alguns comentários. O primeiro é que entendo esses princípios como uma exemplificação do conteúdo de uma concepção política de justiça de natureza liberal. O conteúdo de tal concepção é definido por três características principais: a) a especificação de determinados direitos, liberdades e oportunidades fundamentais (de um tipo que nos é familiar dos regimes democráticos constitucionais); b) a atribuição de uma prioridade especial a esses direitos, liberdades

---

4. O valor dessas garantias é especificado por referência a um índice de bens primários. A maneira de fazer isso é mencionada em II, § 5 e discutida de forma mais completa em V, §§ 3-4.

e oportunidades, sobretudo no que se refere às exigências do bem geral e de valores perfeccionistas; e c) a proposição de medidas que propiciem a todos os cidadãos os meios polivalentes apropriados que lhes permitam fazer uso efetivo de suas liberdades e oportunidades. Esses componentes podem ser compreendidos de maneiras distintas, de modo que existem diferentes variantes de liberalismo.

Em segundo lugar, os dois princípios expressam uma variante igualitária de liberalismo em virtude de três elementos. São eles: a) a garantia do valor equitativo das liberdades políticas, de modo que não se tornem puramente formais; b) a igualdade equitativa (e, de novo, não meramente formal) de oportunidades; e c) o denominado princípio de diferença, segundo o qual as desigualdades sociais e econômicas associadas a cargos e posições devem ser ajustadas de tal modo que, seja qual for o nível dessas desigualdades, grande ou pequeno, devem redundar no maior benefício possível para os membros menos privilegiados da sociedade[5]. Todos esses elementos continuam ocupando o mesmo lugar que ocupavam em *Teoria*, e isto também se pode dizer da argumentação que os justificam. Em virtude disso, ao longo destas conferências, pressuponho a mesma concepção de justiça de antes e, a despeito de por vezes

---

5. Uma variedade de questões se apresentam sobre a interpretação que aqui se tem em vista do princípio de diferença. Por exemplo, os membros menos privilegiados da sociedade são identificados por uma descrição e não por um designador rígido (para se valer do termo de Saul Kripke em *Naming and Necessity* [Cambridge, Mass.: Harvard University Press, 1972]). Além disso, o princípio não requer um crescimento econômico contínuo ao longo de gerações, que maximize indefinidamente as expectativas dos menos privilegiados. Ele é compatível com a ideia de Mill de uma sociedade que atinge um estado estacionário justo, no qual a acumulação (real) de capital é zero. O que o princípio requer é que, por maiores que sejam as desigualdades e por maior que seja a disposição das pessoas para trabalhar a fim de ganhar o mais que puderem, as desigualdades existentes devem ser ajustadas de maneira que contribuam da forma mais efetiva possível para o benefício dos menos privilegiados. Estes breves comentários não são nem um pouco claros, simplesmente apontam complexidades que não constituem o objeto de nossa atenção nestas conferências.

mencionar alterações, nenhuma delas afeta essa sua característica igualitária[6]. Nosso foco, no entanto, é o liberalismo político e as ideias que lhe são constitutivas, de modo que grande parte de nossa discussão diz respeito a concepções liberais de forma mais geral, abrindo espaço para todas as suas variantes, como fazemos, por exemplo, ao examinar a ideia de razão pública (em IV).

Por fim, como seria de esperar, alguns aspectos importantes dos dois princípios são deixados de lado na formulação sucinta apresentada. Em particular, o primeiro princípio, que trata dos direitos e liberdades fundamentais, pode sem muitos problemas ser precedido de um princípio lexicamente anterior que prescreva a satisfação das necessidades básicas dos cidadãos, ao menos na medida em que satisfazê-las seja necessário para que eles entendam e tenham condições de exercer esses direitos e liberdades de forma efetiva. Não há dúvida de que algum princípio desse tipo tem de estar pressuposto na aplicação do primeiro princípio[7]. Mas aqui não vou me estender sobre essas e outras questões.

3. Em vez disso, retomo nossa primeira questão e pergunto: como a filosofia política poderia descobrir um fundamento comum para solucionar uma questão tão funda-

---

6. Faço esse comentário porque alguns supuseram que minha formulação das ideias do liberalismo político significava renunciar à concepção igualitária de *Teoria*. Não tenho conhecimento de nenhuma alteração que pudesse ter tal implicação e penso que essa conjectura não tem nenhum fundamento.

7. No que se refere à formulação de um princípio como esse, assim como em relação à formulação mais completa – em quatro partes – dos dois princípios, com alterações importantes, ver Rodney Peffer, *Marxism, Morality, and Social Justice* (Princeton: Princeton University Press, 1989), p. 14. Posso aceitar a maior parte da formulação de Peffer, mas não o item 3 (b), que parece exigir uma forma socialista de organização econômica. A dificuldade aqui não é com o socialismo como tal, mas não penso que ele possa ser visto como uma exigência de princípios primeiros de justiça política. Entendo esses princípios (como os entendi em *Teoria*) como uma configuração de valores fundamentais com base na qual, dependendo da tradição e das circunstâncias da sociedade em questão, pode-se considerar se alguma forma de socialismo se justifica.

mental como é a de especificar a família de instituições mais apropriada para garantir a liberdade e a igualdade democráticas? Talvez o máximo que se possa fazer seja reduzir o leque de discordâncias. No entanto, até mesmo convicções profundamente arraigadas mudam ao longo do tempo: a tolerância religiosa é aceita hoje, e não mais se defendem abertamente argumentos a favor da perseguição religiosa; da mesma forma, a escravidão, que levou à Guerra Civil nos Estados Unidos, é repudiada como inerentemente injusta e, ainda que muito da herança da escravidão persista nas políticas sociais e em atitudes inconfessáveis, não há ninguém que esteja disposto a defendê-la. Reunimos convicções firmemente estabelecidas, como a crença na tolerância religiosa e o repúdio à escravidão, e procuramos articular as ideias e os princípios fundamentais que estão implícitos nessas convicções em uma concepção política coerente de justiça. Essas convicções são pontos fixos provisórios, os quais espera-se que qualquer concepção razoável deva levar em conta. Nosso ponto de partida, então, consiste em examinar a própria cultura pública como o repositório comum de princípios e ideias fundamentais que são implicitamente reconhecidos. Esperamos formular essas ideias de forma clara o bastante para articulá-las em uma concepção política de justiça condizente com nossas convicções mais firmemente estabelecidas. Expressamos isso ao dizer que, para ser aceitável, uma concepção política de justiça deve, após cuidadosa reflexão, mostrar-se consistente com nossos juízos ponderados, em todos os níveis de generalidade, ou em um estado que em outra obra denominei "equilíbrio reflexivo"[8].

---

8. Ver *Teoria*, pp. 20 ss., 48-51 e 120 ss. Uma característica do equilíbrio reflexivo é que inclui nossos juízos ponderados em todos os níveis de generalidade. Nenhum nível em si mesmo, digamos aquele de princípios abstratos ou aquele de juízos específicos em casos específicos, é considerado fundamental. Todos podem ter uma credibilidade inicial. Há ainda uma distinção importante entre equilíbrio reflexivo restrito e amplo, que está implícita na distinção entre o primeiro e o segundo tipo de equilíbrio reflexivo, nas pp. 49-50

A cultura política pública pode se mostrar dividida em um nível muito profundo. Na verdade, não há como ser de outra forma quando se trata de uma controvérsia tão persistente como aquela sobre o entendimento mais correto da liberdade e da igualdade. Isso sugere que, se quisermos encontrar um fundamento para o acordo público, teremos de descobrir uma maneira de articular ideias e princípios familiares numa concepção de justiça política que os expresse de um modo que, em certo sentido, terá de diferir da forma conhecida. A justiça como equidade procura fazer isso se valendo de uma ideia organizadora fundamental sob a qual todas as ideias e princípios possam ser sistematicamente conectados e relacionados. Essa ideia organizadora é a da sociedade concebida como um sistema equitativo de cooperação social entre pessoas livres e iguais, vistas como membros plenamente cooperativos da sociedade ao longo de toda a vida. Tal ideia, que será retomada adiante, em § 3, fornece a base para responder à primeira questão fundamental.

4. Vamos supor que a justiça como equidade tenha alcançado seus objetivos e que uma concepção política publicamente aceitável tenha sido encontrada. Nesse caso, essa concepção proporciona um ponto de vista publicamente reconhecido, com base no qual todos os cidadãos podem inquirir, uns perante os outros, se suas instituições políticas e sociais são justas. Tal concepção lhes possibilita fazer isso apelando para o que é publicamente reconhecido entre eles como razões válidas e suficientes e que são fornecidas por essa mesma concepção. As principais instituições da sociedade e a maneira como se organizam em um sistema único de cooperação social podem ser examinadas da mesma forma por qualquer cidadão, sejam quais forem sua posição social ou seus interesses mais particulares.

---

de *Teoria* (embora os termos não sejam empregados). Os termos *restrito* e *amplo* foram utilizados primeiramente no § 1 de "Independence of Moral Theory", *Proceedings of the American Philosophical Association* 49 (1974).

O objetivo da justiça como equidade é, por conseguinte, prático: ela se apresenta como uma concepção de justiça que pode ser compartilhada pelos cidadãos como a base de um acordo político refletido, bem informado e voluntário. Expressa a razão política pública e compartilhada dos cidadãos. Mas para se alçar a tal razão compartilhada, a concepção de justiça tem de ser, tanto quanto possível, independente das doutrinas filosóficas e religiosas incomensuráveis e conflitantes que os cidadãos professam. Ao formular uma concepção dessa natureza, o liberalismo político aplica o princípio da tolerância à própria filosofia. As doutrinas religiosas que nos séculos passados constituíam o fundamento reconhecido da sociedade foram gradualmente cedendo lugar aos princípios do Estado constitucional que todos os cidadãos, qualquer que seja sua visão religiosa, podem endossar. Da mesma forma, doutrinas filosóficas e morais abrangentes tampouco podem ser endossadas pelos cidadãos em geral, e já não podem mais, se é que alguma vez isso foi possível, constituir-se na base reconhecida da sociedade.

Desse modo, o liberalismo político está em busca de uma concepção política de justiça que, esperamos, possa conquistar o apoio de um consenso sobreposto de doutrinas religiosas, filosóficas e morais razoáveis em uma sociedade que seja regulada por tal concepção[9]. A obtenção desse apoio de doutrinas razoáveis estabelece as bases para responder à nossa segunda questão fundamental, que diz respeito a como cidadãos que permanecem profundamente divididos pelas doutrinas religiosas, filosóficas e morais que professam podem, a despeito disso, dar sustentação a uma sociedade democrática justa e estável. Para essa finalidade, é em geral desejável que as doutrinas filosóficas e morais abrangentes às quais estamos habituados a recorrer para debater questões políticas fundamentais sejam deixa-

---

9. A ideia de um consenso sobreposto é definida em § 2.3 e discutida de forma detalhada em § 6.3-4.

das de lado na vida pública. A razão pública – a argumentação dos cidadãos no fórum público sobre elementos constitucionais essenciais e questões de justiça básica – é agora mais bem guiada por uma concepção política cujos princípios e valores todos os cidadãos podem endossar (VI). Essa concepção política deve ser, por assim dizer, política, e não metafísica[10].

O liberalismo político, então, aspira a uma concepção política de justiça entendida como uma visão que se sustenta por si própria. Ele não propõe nenhuma doutrina metafísica ou epistemológica específica que vá além daquilo que está envolvido na própria concepção política. Como uma interpretação de valores políticos, uma concepção política que se sustenta por si própria não nega a existência de outros valores que se aplicam, digamos, aos âmbitos do pessoal, do familiar ou da vida associativa; tampouco afirma que os valores políticos são separados de outros valores ou que estão em descontinuidade com outros valores. Um objetivo, como afirmei antes, é o de especificar o domínio do político e sua concepção de justiça de tal forma que suas instituições possam conquistar o apoio de um consenso sobreposto. Nesse caso, são os próprios cidadãos que, como parte do exercício de sua liberdade de pensamento e de consciência, e voltando-se para suas doutrinas abrangentes, veem a concepção política como derivada de outros valores seus, ou congruente com eles, ou pelo menos não contraditória em relação a esses outros valores.

### § 2. A ideia de uma concepção política de justiça

1. Até agora utilizei a ideia de uma concepção política de justiça sem explicar seu significado. Talvez seja possível deduzir, do que já foi dito, o que quero dizer com esse ter-

---

10. O contexto, aqui, se presta para definir a frase: "uma concepção política, não metafísica".

mo e por que o liberalismo político se vale dessa ideia. No entanto, precisamos de uma formulação explícita, qual seja: uma concepção política de justiça tem três características distintivas, cada uma delas exemplificada pela justiça como equidade. Pressuponho certa familiaridade, mas não demasiada, com essa teoria.

A primeira característica diz respeito ao objetivo de uma concepção política. Embora tal concepção seja, como não poderia deixar de ser, uma concepção moral[11], trata-se de uma concepção moral que se aplica a um tipo específico de objeto, a saber, as instituições políticas, sociais e econômicas. Ela se aplica, em particular, ao que denominarei a "estrutura básica" da sociedade, que, para os nossos propósitos no momento, estou supondo ser uma democracia constitucional contemporânea (emprego expressões tais como "democracia constitucional" e "regime democrático" como termos equivalentes, especificando quando não o são). Por estrutura básica entendo as principais instituições políticas, sociais e econômicas de uma sociedade e o modo como se combinam em um sistema único de cooperação social de uma geração às seguintes[12]. O foco inicial de uma concepção política de justiça é a estrutura de instituições básicas e os princípios, padrões e preceitos que a ela se aplicam, bem como a forma como essas normas devem se expressar no caráter e nas atitudes dos membros da sociedade que realizam os ideais dessa concepção.

Suponho, além disso, que a estrutura básica seja a de uma sociedade fechada, isto é, devemos considerá-la como se fosse autossuficiente e como se não tivesse relações com outras sociedades. Seus membros só entram nela ao nascer e só saem dela ao morrer. Isso nos permite referirmo-nos a eles como membros nascidos em uma sociedade na qual

---

11. Ao dizer que uma concepção é moral, quero dizer, entre outras coisas, que seu conteúdo é determinado por certos ideais, princípios e critérios e que essas normas articulam certos valores que, nesse caso, são políticos.

12. Ver *Teoria*, § 2, e também a Conferência VII, neste volume, "A estrutura básica como objeto".

irão passar a vida inteira. A suposição de uma sociedade fechada é uma abstração considerável, que só se justifica porque possibilita que nos concentremos em certas questões centrais, sem nos prendermos a detalhes que desviariam nossa atenção. Em algum momento, uma concepção política de justiça deve tratar das relações justas entre os povos, ou do direito dos povos, como prefiro dizer. Nestas conferências, não discuto como seria possível formular um direito dos povos tomando como ponto de partida a justiça como equidade, tal como inicialmente se aplica a sociedades fechadas[13].

2. A segunda característica diz respeito ao modo de apresentação: uma concepção política de justiça é formulada como uma visão que se sustenta por si própria. Embora queiramos que uma concepção política encontre uma justificação com referência a uma ou mais doutrinas abrangentes, ela não é formulada como tal nem deriva de uma doutrina desse tipo aplicada à estrutura básica da sociedade, como se esta estrutura fosse simplesmente outro objeto ao qual a doutrina em questão é aplicada. É importante enfatizar esse ponto: isso significa que devemos distinguir entre o modo como uma concepção política é formulada e ela ser parte ou poder ser derivada de uma doutrina abrangente. Pressuponho que todos os cidadãos preferem uma doutrina abrangente à qual a concepção política que aceitam esteja relacionada de alguma forma. Mas um traço distintivo de uma concepção política está no fato de ser formulada de maneira que se sustente por si mesma e de ser exposta à parte de tal estrutura normativa mais ampla ou sem que se faça qualquer referência a ela. Para se valer de uma expressão em voga, a concepção política é um módulo, ou uma parte constituinte essencial, que se encaixa em diferentes doutrinas abrangentes razoáveis que subsistem na

---

13. Ver meu "The Law of the Peoples", in Stephen Shute e Susan Hurley (orgs.), *On Human Rights* (The Oxford Amnesty Lectures, 1993), Nova York: Basic Books, 1993.

sociedade por ela regulada e pode conquistar seu apoio. Isto significa que essa concepção pode ser formulada sem que se saiba, conheça ou arrisque uma conjectura sobre as doutrinas desse tipo das quais possa ser parte ou receber apoio.

Nesse sentido, uma concepção política de justiça difere de inúmeras doutrinas morais, pois estas são comumente consideradas visões gerais e abrangentes. O utilitarismo é um exemplo conhecido: o princípio de utilidade, como quer que seja entendido, costuma ter sua aplicação estendida a todos os tipos de objeto, da conduta dos indivíduos e das relações pessoais à organização da sociedade como um todo, bem como ao direito dos povos[14]. Uma concepção política, ao contrário, tenta elaborar uma concepção razoável somente para a estrutura básica e tanto quanto possível não envolve nenhum compromisso mais profundo com qualquer outra doutrina.

Esse contraste fica mais nítido quando observamos que a distinção entre uma concepção política de justiça e outras concepções morais é uma questão de alcance: o leque de objetos aos quais uma concepção se aplica e o conteúdo que um leque mais amplo de objetos requer. Uma concepção moral é geral caso se aplique a um leque amplo de objetos – no limite, a todos os objetos, de uma forma geral. É abrangente quando inclui concepções sobre o que tem valor na vida humana e ideais de caráter pessoal, bem como ideais de amizade e de relações familiares e associativas e tudo o mais que deve orientar nossa conduta no limite em nossa vida como um todo. Uma concepção é inteiramente abrangente quando abarca todos os valores e virtudes reconhecidos dentro de um sistema articulado de forma precisa, ao passo que é parcialmente abrangente quando compreende determinados valores e virtudes não políticos, mas de modo algum todos, e quando é articulada de forma menos rígida. Muitas doutrinas religiosas e filosóficas aspiram a ser tanto gerais como abrangentes.

---

14. Ver "A estrutura básica como objeto", neste volume, Conferência VII.

3. A terceira característica de uma concepção política de justiça é que seu conteúdo se expressa por meio de certas ideias fundamentais percebidas como implícitas na cultura pública política de uma sociedade democrática. Esta cultura compreende as instituições políticas de um regime constitucional e as tradições públicas de sua interpretação (incluindo-se as do Judiciário), bem como os textos e documentos históricos que constituem um acervo comum. As doutrinas abrangentes de todos os tipos – religiosas, filosóficas e morais – fazem parte do que podemos denominar "cultura de fundo" da sociedade civil. É a cultura do social, não do político. É a cultura da vida cotidiana, de suas diversas associações: igrejas e universidades, sociedades científicas e profissionais, clubes e times, para citar somente algumas. Em uma sociedade democrática, há uma tradição de pensamento democrático, cuja substância é pelo menos familiar e inteligível ao senso comum educado dos cidadãos em geral. As principais instituições da sociedade e as formas aceitas de interpretá-las são vistas como um acervo de ideias e princípios implicitamente compartilhados.

Dessa forma, a justiça como equidade tem como ponto de partida certa tradição política e toma como ideia fundamental[15] dessa tradição a de sociedade como um siste-

---

15. Observo que utilizo "ideias" como o termo mais geral, compreendendo tanto conceitos como concepções. Este par é distinguido da mesma forma que em *Teoria*, pp. 3 ss. *Grosso modo*, o conceito é o significado de um termo, ao passo que uma concepção específica também inclui os princípios necessários para aplicá-lo. Para ilustrar: o conceito de justiça, ao ser aplicado a uma instituição, significa, digamos, que ela não faz distinções arbitrárias entre as pessoas aos lhes atribuir direitos e deveres fundamentais e que suas normas estabelecem um equilíbrio apropriado entre exigências conflitantes. Já uma concepção inclui, além disso, os princípios e critérios para decidir quais distinções são arbitrárias e em que casos o equilíbrio entre exigências conflitantes é apropriado. As pessoas podem estar de acordo sobre o significado do conceito de justiça e, a despeito disso, ter divergências, uma vez que propõem princípios e critérios diferentes para solucionar essas questões. Converter um conceito de justiça em uma concepção desse conceito significa elaborar os princípios e critérios que se fazem necessários. Desse modo, para dar outro

ma equitativo de cooperação ao longo do tempo, de uma geração às seguintes (§ 3). Essa ideia organizadora central é formulada junto com duas outras ideias fundamentais que são inseparáveis dela: uma é a de cidadãos (aqueles que estão engajados na cooperação), entendidos como pessoas livres e iguais (§§ 3.3 e 5), e a outra, de sociedade bem-ordenada, entendida como aquela que é efetivamente regulada por uma concepção política de justiça (§ 6)[16]. Também supomos que essas ideias se prestem à elaboração de uma concepção política de justiça capaz de conquistar o apoio de um consenso sobreposto (IV). Um consenso como este consiste de todas as doutrinas religiosas, filosóficas e morais que são tanto razoáveis como conflitantes e que provavelmente persistirão ao longo de gerações e conseguirão conquistar um número considerável de adeptos em um regime constitucional mais ou menos justo, no qual o critério de justiça é aquela concepção política ela própria[17]. Em que medida a justiça como equidade (ou alguma concepção similar) pode conquistar o apoio de um consenso sobreposto entendido dessa forma é uma questão aberta à especulação. Só é possível chegar a uma conjectura fundamentada sobre isso formulando e mostrando de que modo esse apoio poderia ser obtido.

---

exemplo, em § 4.3 examino o conceito de pessoa no Direito e na filosofia política, enquanto em § 5.1 elaboro os demais elementos que são necessários a uma concepção de pessoa na condição de cidadão democrático. Tomei essa distinção de H. L. A. Hart, *The Concept of Law* (Oxford: Clarendon Press, 1961), pp. 155-9.

16. As duas outras ideias fundamentais são as de estrutura básica, discutida em § 2.1, e a de posição original, discutida em § 4. Essas duas ideias não são consideradas familiares ao senso comum educado; são introduzidas com o propósito de expor a justiça como equidade de forma clara e sistemática.

17. A ideia de um consenso sobreposto (ou melhor, este termo) foi introduzida em *Teoria*, pp. 387 ss., como forma de atenuar as condições para a razoabilidade da desobediência civil em uma sociedade democrática aproximadamente justa. Aqui e adiante, ao longo destas conferências, emprego-a com um sentido distinto e em um contexto muito mais amplo.

## § 3. A ideia de sociedade como um sistema equitativo de cooperação

1. Como observei antes, a ideia organizadora fundamental da justiça como equidade, a partir da qual as demais ideias fundamentais se articulam de forma sistemática, é a de sociedade entendida como um sistema equitativo de cooperação ao longo do tempo, de uma geração às seguintes. Começamos a exposição por essa ideia, que consideramos estar implícita na cultura pública de uma sociedade democrática. Os cidadãos, em seu pensamento político e na discussão das questões políticas, não veem a ordem social como uma ordem natural fixa, ou como uma hierarquia institucional justificada por valores religiosos ou aristocráticos.

Aqui é importante enfatizar que, de outros pontos de vista, como o da moralidade pessoal, ou o dos membros de uma associação, ou ainda aquele de uma doutrina religiosa ou filosófica, diferentes aspectos do mundo e da relação que se tem com ele podem ser avaliados de forma distinta. Em geral, esses outros pontos de vista não devem entrar na discussão política sobre os fundamentos constitucionais e as questões básicas de justiça.

2. Podemos especificar melhor a ideia de cooperação social destacando três de seus elementos:

   a. A cooperação é distinta da mera atividade socialmente coordenada, como a atividade que é coordenada pelos comandos produzidos por uma autoridade central. A cooperação é guiada por normas e procedimentos publicamente reconhecidos, que aqueles que cooperam não só aceitam, como também consideram como reguladores efetivos da própria conduta.
   b. A cooperação envolve a ideia de termos equitativos, os quais são termos que cada participante pode razoavelmente aceitar, desde que todos os demais também os aceitem. Termos equitativos de cooperação

especificam uma ideia de reciprocidade: todos os que estão envolvidos na cooperação e que fazem sua parte, como as normas e os procedimentos exigem, devem beneficiar-se de uma forma apropriada, avaliando-se isso por um padrão adequado de comparação. Uma concepção política de justiça identifica termos equitativos de cooperação. Como o objeto fundamental da justiça é a estrutura básica da sociedade, esses termos equitativos são expressos pelos princípios que especificam os direitos e deveres fundamentais no âmbito das principais instituições da sociedade e que regulam as disposições da justiça de fundo ao longo do tempo, de modo que os benefícios produzidos pelos esforços de todos sejam distribuídos equitativamente e compartilhados de uma geração às seguintes.

c. A ideia de cooperação social requer uma noção de vantagem racional ou do bem de cada participante. Essa concepção do bem especifica o que aqueles envolvidos na cooperação, sejam indivíduos, famílias, associações ou até mesmo governos de povos diferentes, estão tentando conseguir quando o esquema de cooperação é considerado de seu próprio ponto de vista.

Vários aspectos relativos à ideia de reciprocidade introduzida em (b), acima, precisam ser comentados. Um deles é que a ideia de reciprocidade situa-se entre a ideia de imparcialidade, que é de natureza altruísta (ser motivado pelo bem geral), e a ideia de benefício mútuo, entendendo-a no sentido de que cada um deve se beneficiar em relação à situação atual ou em relação à situação futura esperada, considerando-se as coisas como são[18]. Da forma como essa

---

18. Esse argumento é formulado por Allan Gibbard em sua resenha do livro de Brian Barry, *Theories of Justice* (Berkeley: University of California Press, 1989). Barry pensa que a justiça como equidade oscila de forma indecisa entre

noção é entendida na justiça como equidade, a reciprocidade é uma relação entre os cidadãos expressa pelos princípios de justiça que regulam um mundo social no qual todos se beneficiam, quando se avalia isso em relação a um padrão de referência apropriado de igualdade que seja definido para esse mundo. Isso traz à tona a consideração ulterior de que a reciprocidade é uma relação entre cidadãos em uma sociedade bem-ordenada (§ 6), que se expressa pela concepção política e pública de justiça dessa sociedade. Daí que os dois princípios de justiça, incluindo o princípio de diferença, com sua referência implícita a uma divisão igual como padrão de comparação, expressam uma ideia de reciprocidade entre os cidadãos.

Por fim, essas observações deixam claro que a ideia de reciprocidade não é a de benefício mútuo. Suponha-se que transportássemos pessoas de uma sociedade na qual a distribuição de propriedade, em grande medida resultante da sorte e do acaso, é muito desigual para uma sociedade bem-ordenada, regulada pelos dois princípios de justiça. Nada garante que todos ganhariam com a mudança, caso a julgassem de acordo com suas atitudes anteriores. Aqueles que possuem vastas propriedades perderiam muito e, historicamente, sempre resistiram a mudanças desse tipo. Nenhuma concepção razoável de justiça poderia passar pelo teste do benefício mútuo assim interpretado. Mas o problema não é esse. O objetivo é especificar uma ideia de reciprocidade entre cidadãos livres e iguais de uma sociedade bem-ordenada. As chamadas exigências do comprometimento* são tensões que, em tal sociedade, surgem entre seus requisitos de justiça e os interesses legítimos dos cidadãos que as instituições justas admitem. No que se refere a essas tensões, merecem destaque as que se dão entre a con-

---

a imparcialidade e o benefício mútuo, enquanto Gibbard acha que ela se encontra entre essas duas concepções, na ideia de reciprocidade. Acredito que Gibbard está correto. Ver seu "Constructing Justice", *Philosophy and Public Affairs* 20, 1991, pp. 266 ss.

* *Strains of commitment*. (N. do T.)

cepção política de justiça e as doutrinas abrangentes permissíveis. Essas tensões não surgem de um desejo de preservar os benefícios da injustiça previamente existente. Tensões como essas fazem parte do processo de transição, mas as questões relacionadas a isso são abarcadas pela teoria não ideal da justiça, e não pelos princípios de justiça de uma sociedade bem-ordenada[19].

3. Considere-se agora a ideia fundamental de pessoa[20]. É claro que existem muitos aspectos da natureza humana que podem ser escolhidos como especialmente significativos, dependendo de nosso ponto de vista. Expressões como *Homo politicus* e *Homo oeconomicus, Homo ludens* e *Homo faber* oferecem exemplos disso. Uma vez que nossa teoria da justiça como equidade toma como ponto de partida a ideia segundo a qual a sociedade deve ser concebida como um sistema de cooperação ao longo do tempo entre as gerações, adotamos uma concepção de pessoa condizente com esse ideal. Desde o mundo antigo, o conceito de pessoa foi entendido, tanto pela filosofia como pelo Direito, como se referindo àquele que é capaz de participar ou de desempenhar um papel na vida social e, por conseguinte, de exercer e respeitar seus diferentes direitos e deveres. Assim, dizemos que uma pessoa é alguém que é capaz de ser um cidadão, isto é, um membro normal e plenamente cooperativo

---

19. Allen Buchanan faz um exame elucidativo dessas questões em seu *Marx and Justice* (Totowa, NJ: Rowman and Littlefield, 1982), pp. 145-9.

20. É preciso enfatizar que uma concepção de pessoa, da forma como a entendo aqui, é uma concepção normativa, quer seja legal, política, moral ou até mesmo filosófica ou religiosa, dependendo da visão geral à qual pertence. No presente caso, a concepção de pessoa é moral e tem como ponto de partida nossa concepção cotidiana de pessoa entendida como uma unidade básica de pensamento, deliberação e responsabilidade, sendo então ajustada a uma concepção política de justiça, e não a uma doutrina abrangente. Trata-se, com efeito, de uma concepção política de pessoa e, considerando-se os objetivos de justiça como equidade, é uma concepção apropriada para servir de base à cidadania democrática. Como concepção normativa que é, deve ser distinguida de uma interpretação da natureza humana dada pelas ciências naturais ou pela teoria social. O papel que essa concepção desempenha em justiça como equidade é distinto. Sobre este último ponto, ver II, § 8.

da sociedade ao longo da vida inteira. Acrescentamos "ao longo da vida inteira" porque a sociedade é entendida não só como fechada (§ 2.1), mas também como um sistema de cooperação mais ou menos completo e autossuficiente, abrindo espaço em seu interior para todas as necessidades e atividades da vida, do nascimento até a morte. A sociedade também é concebida como tendo uma existência perpétua: ela produz e reproduz a si própria e a suas instituições e cultura ao longo das gerações, não havendo nenhum momento em que se espere que ela deixe de existir.

Como partimos da tradição do pensamento democrático, também consideramos os cidadãos como pessoas livres e iguais. A ideia básica é que, em virtude de suas duas faculdades morais (a capacidade de ter um senso de justiça e a capacidade de ter uma concepção do bem) e das faculdades da razão (de julgamento, pensamento e inferência, que são parte dessas faculdades), as pessoas são livres. O fato de terem essas faculdades no grau mínimo necessário para serem membros plenamente cooperativos da sociedade é o que torna as pessoas iguais[21].

Para elaborar mais a ideia: como as pessoas são capazes de participar plenamente de um sistema equitativo de cooperação social, atribuímos a elas as duas faculdades morais associadas aos elementos da ideia de cooperação social mencionadas, a saber, a capacidade de ter um senso de justiça e uma concepção do bem. Senso de justiça é a capacidade de entender a concepção pública de justiça que caracteriza os termos equitativos de cooperação social, de aplicá-la e agir em conformidade com ela. Dada a natureza da concepção política de especificar uma base pública de justificação, o senso de justiça também expressa uma disposição, quando não o desejo, de agir em relação a outros em termos que eles também possam endossar publicamente (II, § 1). A capacidade de ter uma concepção do bem é a faculdade de constituir, revisar e se empenhar de modo ra-

---

21. Ver *Teoria*, § 77, em que esse fundamento da igualdade é examinado.

cional na realização de uma concepção do próprio benefício racional ou do bem.

Além dessas duas faculdades morais, as pessoas também têm, em qualquer momento, uma concepção específica do bem que procuram realizar. Não se deve entender essa concepção de forma estreita, e sim como abarcando uma concepção do que é valioso na vida humana. Desse modo, uma concepção do bem normalmente consiste em um sistema mais ou menos articulado de fins últimos, isto é, fins que queremos realizar por eles mesmos, assim como os vínculos com outras pessoas e os compromissos com diferentes grupos e associações. Esses vínculos e compromissos dão origem a devoções e afetos, e por isso o florescimento das pessoas e associações que são objeto desses sentimentos também faz parte de nossa concepção do bem. Também vinculamos a uma concepção dessa natureza uma visão de nossa relação com o mundo – religiosa, filosófica e moral –, com referência à qual o valor e o sentido de nossos objetivos e vínculos são compreendidos. Finalmente, as concepções do bem das pessoas não são imutáveis: elas se constituem e se desenvolvem à medida que as pessoas amadurecem, e podem se alterar de forma mais ou menos radical ao longo da vida.

4. Como partimos da ideia de sociedade entendida como um sistema equitativo de cooperação, estamos supondo que os indivíduos, na condição de cidadãos, têm todas as capacidades que lhes possibilitam ser membros cooperativos da sociedade. Essa suposição tem por finalidade chegar a uma visão clara e ordenada daquela que, para nós, é a questão fundamental da justiça política: que concepção de justiça é mais apropriada para especificar os termos da cooperação social entre cidadãos concebidos como livres e iguais e como membros normal e plenamente cooperativos da sociedade ao longo de toda a vida?

Entendendo ser essa a questão fundamental, não pretendemos dizer, evidentemente, que ninguém jamais sofra um acidente ou padeça de uma doença. É de esperar que esses infortúnios ocorram no curso normal da vida, e é necessário tomar as devidas providências para enfrentar essas contingências. Mas em vista de nosso objetivo, deixo de lado, por enquanto, essas incapacitações temporárias e também aquelas permanentes, assim como os distúrbios mentais que são severos a ponto de impedir as pessoas de serem membros cooperativos da sociedade no sentido usual. Assim, embora nosso ponto de partida seja uma ideia de pessoa implícita na cultura pública política, idealizamos e simplificamos essa ideia de várias maneiras, de modo que nos concentremos primeiramente na questão central.

Podemos examinar outras questões adiante, e a forma como as enfrentarmos pode exigir que revisemos respostas já dadas. É de esperar que esse procedimento de vaivém seja necessário. Podemos considerar essas outras questões como problemas de extensão. Assim, há o problema de estender a justiça como equidade para dar conta de nossos deveres para com as gerações futuras, que é a rubrica sob a qual se encontra o problema da poupança justa[22]. Outro problema é como estender a justiça como equidade para abranger o direito dos povos, isto é, os conceitos e princípios que se aplicam ao direito internacional e às relações entre as sociedades políticas[23]. Além disso, como supomos (conforme foi dito antes) que as pessoas são membros normal e plenamente cooperativos da sociedade ao longo da vida e, portanto, têm as capacidades necessárias para assumir esse papel, apresenta-se a questão do que é devido àqueles que não conseguem satisfazer essa condição, quer de modo temporário (em virtude de doença ou acidente),

---

22. O tratamento dessa questão em *Teoria* tem deficiências. Uma abordagem melhor é aquela baseada em uma ideia que me foi sugerida por Thomas Nagel e Derek Parfit, acredito que em fevereiro de 1972. A mesma ideia foi proposta independentemente, mais tarde, por Jane English, em "Justice Between Generations", *Philosophical Studies* 31 (1977), p. 98. Essa abordagem aprimorada é apresentada em "A estrutura básica como objeto", neste volume, Conferência VII. Ver VII, § 6 e nota 12. Simplesmente me escapou essa solução melhor, que deixa inalterada a suposição motivacional.

23. Ver *Teoria*, § 58.

quer permanente; ambas as situações abrangem grande variedade de casos[24]. Por fim, há o problema do que é devido aos animais e ao resto da natureza.

Embora pudéssemos querer tratar de todas essas questões, duvido muito que isso seja possível no âmbito da justiça como equidade entendida como uma concepção política. Acredito que essa concepção propõe respostas razoáveis aos dois primeiros problemas de extensão: às gerações futuras e ao direito dos povos, e a uma parte do terceiro: o problema de prover aquilo que podemos denominar um atendimento básico à saúde. Com relação aos problemas para os quais a justiça como equidade talvez não tenha uma resposta, há várias possibilidades. Uma delas é que a ideia de justiça política não pode abranger tudo, nem é de esperar que o faça. Ou o problema pode ser realmente de justiça política, mas a justiça como equidade não é apropriada nesse caso, por mais que possa sê-lo em outros. A gravidade dessa deficiência é algo que só poderemos avaliar quando o caso específico for examinado. Talvez simplesmente nos falte perspicácia para descobrir de que modo a extensão pode ser realizada. Seja como for, não devemos esperar que a justiça como equidade, ou qualquer concepção de justiça, abranja todos os casos que envolvam julgamentos de certo e errado. Será sempre preciso que a justiça política seja complementada por outras virtudes.

Nestas conferências, deixo de lado esses problemas de extensão para me concentrar naquilo que denominei a questão fundamental da justiça política. Faço isso porque a falha de *Teoria*, que é objeto destas conferências (conforme foi mencionado na Introdução), encontra-se na resposta que foi dada a essa questão fundamental. Que tal questão é realmente fundamental, comprova-o o fato de ter sido o foco da crítica liberal à aristocracia nos séculos XVII e XVIII, da crítica socialista à democracia constitucional liberal nos séculos XIX e XX e, na época atual, do conflito entre libera-

---

24. Ver V, § 3.5 e os ensaios de Norman Daniels que neles são citados.

lismo e conservantismo a respeito do direito à propriedade privada e da legitimidade (em contraposição à eficiência) das políticas sociais associadas ao que passou a ser denominado "Estado de bem-estar social". É essa questão que determina os limites iniciais de nossa discussão.

### § 4. A ideia de posição original

1. Retomo agora a ideia de posição original[25]. Esta ideia é introduzida com a finalidade de descobrirmos qual concepção tradicional de justiça ou qual variante de uma dessas concepções especifica os princípios mais adequados para realizar a liberdade e a igualdade, uma vez que se conceba a sociedade como um sistema equitativo de cooperação entre cidadãos livres e iguais. Supondo que queremos saber qual concepção é capaz de fazer isso, por que introduzir a ideia da posição original e de que maneira ela nos ajuda a responder a essa questão?

Considere-se novamente a ideia de cooperação social. Como devem ser determinados os termos equitativos de cooperação? São simplesmente formulados por uma autoridade externa, distinta das pessoas que cooperam? São, por exemplo, estabelecidos pela lei de Deus? Ou esses termos devem ser reconhecidos pelas pessoas como equitativos por referência ao conhecimento que elas têm de uma ordem moral independente? Por exemplo: são reconhecidos como termos exigidos pelo direito natural, ou por um reino de valores que pode ser conhecido por intuição racional? Ou esses termos são estabelecidos por um compromisso entre as próprias pessoas à luz do que consideram como seu benefício recíproco? Dependendo da resposta que damos, chegamos a uma concepção diferente de cooperação social.

A justiça como equidade retoma a doutrina do contrato social e adota uma variante da última resposta: os termos equitativos da cooperação social são concebidos como um

---

25. Ver *Teoria*, §§ 3-4 e capítulo 3.

acordo entre as pessoas envolvidas, isto é, entre cidadãos livres e iguais, nascidos em uma sociedade na qual passam suas vidas. Mas esse acordo, como é o caso de qualquer acordo válido, deve ser estabelecido em condições apropriadas. Em particular, essas condições devem situar equitativamente pessoas livres e iguais e não deve permitir que algumas delas tenham poder superior de barganha. Além disso, deve ser excluído o recurso à ameaça de uso da força e da coerção, ao engodo e à fraude.

2. Até aqui, não há controvérsias. Mas os acordos da vida cotidiana são feitos em uma situação especificada de forma mais ou menos clara e que está inserida nas instituições de fundo da estrutura básica. Nossa tarefa, no entanto, é estender a ideia de acordo com essa estrutura de fundo própria. Enfrentamos aqui uma dificuldade comum a toda concepção política de justiça que se vale da ideia de contrato, tanto social quanto de outra natureza: precisamos encontrar um ponto de vista apartado dessa estrutura de fundo abrangente que não seja distorcido por suas características e circunstâncias particulares – um ponto de vista a partir do qual um acordo equitativo entre pessoas concebidas como livres e iguais possa ser alcançado.

A posição original, com as características do que denominei "véu de ignorância", é esse ponto de vista[26]. A razão pela qual essa posição deve abstrair as contingências do mundo social e não ser afetada por elas é que as condições de um acordo equitativo sobre princípios de justiça política entre pessoas livres e iguais deve eliminar as vantagens de barganha que inevitavelmente surgem sob as instituições de fundo de qualquer sociedade, em virtude de tendências sociais, históricas e naturais cumulativas. Tais vantagens e influências contingentes que se acumularam no passado não devem afetar um acordo sobre os princípios que deverão regular as instituições da própria estrutura básica do presente para o futuro.

---

26. Sobre o véu de ignorância, ver *Teoria*, §§ 4 e 24.

3. Nesse ponto enfrentamos uma segunda dificuldade, que, no entanto, é só aparente: a partir do que afirmamos, fica claro que a posição original deve ser entendida como um artifício de representação, daí que todo acordo estabelecido pelas partes deve ser visto como hipotético e a-histórico. Mas se é assim, considerando que acordos hipotéticos não criam obrigações, qual é a importância da posição original? A resposta encontra-se implícita no que já foi dito: sua importância reside no papel das diferentes características da posição original enquanto artifício de representação.

Que as partes estejam simetricamente situadas é uma exigência que decorre de serem entendidas como representantes de cidadãos livres e iguais que devem alcançar um acordo sob condições que são equitativas. Além disso, um de nossos juízos ponderados, estou supondo, é o seguinte: o fato de ocuparmos dada posição social não é uma boa razão para propor ou esperar que outros aceitem uma concepção de justiça que favoreça os que se encontram nessa mesma posição. Da mesma forma, o fato de professarmos determinada doutrina religiosa, filosófica ou moral abrangente, com a concepção do bem a ela associada, não é uma boa razão para propor ou para esperar que outros aceitem uma concepção de justiça que favoreça as pessoas que são adeptas dessa mesma doutrina. Para modelar essa convicção na posição original, não se permite às partes que conheçam a posição social daqueles a quem representam, ou a doutrina abrangente específica da pessoa que cada uma delas representa[27]. A mesma ideia é aplicada às informações sobre raça e grupo étnico, gênero e diferentes talentos na-

---

27. Não permitir que as partes conheçam as doutrinas abrangentes das pessoas é uma das formas pelas quais o véu de ignorância é espesso, e não fino (esse contraste é examinado em "Kantian Constructivism" [1980], pp. 547 ss.). Muitos foram os que pensaram que um véu de ignorância espesso não tem justificativa e que colocaram em questão seus fundamentos, sobretudo considerando o importante significado das doutrinas abrangentes. Como devemos justificar, ou pelo menos explicar as características da posição original sempre que possível, considere-se o seguinte. Lembremos do nosso problema, tal como

turais, tais como força física e inteligência, tudo isso dentro de um leque normal de variação. Expressamos essas restrições à informação de maneira figurada ao dizer que as partes se encontram por trás de um véu de ignorância. Assim, a posição original é apenas um artifício de representação: ela se presta a descrever as partes, cada uma das quais é responsável pelos interesses essenciais de um cidadão livre e igual, situadas de forma equitativa e devendo alcançar um acordo, sujeitas a condições que limitam de modo apropriado o que podem apresentar como boas razões[28].

---

formulado no início. Estamos em busca de uma concepção política de justiça para uma sociedade democrática entendida como um sistema equitativo de cooperação entre cidadãos livres e iguais que, em sua condição de autonomia política (II, § 6), aceitam de modo voluntário os princípios de justiça publicamente reconhecidos que especificam os termos equitativos de cooperação. No entanto, a sociedade em questão é uma sociedade na qual há uma diversidade de doutrinas abrangentes, todas perfeitamente razoáveis. Este é o fato do pluralismo razoável, em contraposição ao fato do pluralismo como tal (§ 6.2 e II, § 3). Ora, se todos os cidadãos devem endossar livremente a concepção política de justiça, esta concepção deve ter condições de conquistar o apoio dos cidadãos que professam doutrinas que, mesmo razoáveis, são distintas e conflitantes, e, neste caso, temos um consenso sobreposto de doutrinas razoáveis. Isto sugere que deixemos de lado a forma como as doutrinas abrangentes das pessoas se relacionam com o conteúdo da concepção política de justiça e que consideremos esse conteúdo como resultante de várias ideias fundamentais retiradas da cultura pública política de uma sociedade democrática. Modelamos isso na posição original colocando as doutrinas abrangentes das pessoas por trás de um véu de ignorância. Isto nos possibilita especificar uma concepção política de justiça que pode constituir o objeto de um consenso sobreposto e, desse modo, servir de base pública de justificação numa sociedade caracterizada pelo fato do pluralismo razoável. Nada disso põe em questão a interpretação de uma concepção política de justiça entendida como uma visão que se sustenta por si própria (§§ 1.4 e 2.2), mas de fato significa que, ao formular a argumentação a favor de um véu de ignorância espesso, invocamos o fato do pluralismo razoável e a ideia de um consenso sobreposto de doutrinas abrangentes razoáveis. Sou grato a Wilfried Hinsch por ter percebido a necessidade de discutir explicitamente essa questão. Aqui estou seguindo a ideia geral de seu elucidativo *paper* (ainda não publicado) sobre esse tópico, "The Veil of Ignorance and the Idea of an Overlapping Consensus", Bad Homburg, julho de 1992.

28. A posição original expressa uma característica básica tanto do construtivismo moral de Kant como do contrutivismo político, a saber, a distinção entre o razoável e o racional, em que o razoável tem primazia sobre o racional.

4. Ambas as dificuldades mencionadas, portanto, podem ser superadas quando entendemos a posição original como um artifício de representação. Ela representa o que consideramos – aqui e agora – condições equitativas sob as quais os representantes de cidadãos livres e iguais devem especificar termos da cooperação social que se apliquem ao caso da estrutura básica da sociedade. E como a posição original também modela, para esse caso, o que consideramos como restrições aceitáveis às razões de que as partes podem se valer para favorecer uma concepção política em detrimento de outra, a concepção de justiça que as partes escolheriam identifica a concepção de justiça que consideramos, aqui e agora, equitativa e justificada pelas melhores razões.

A ideia é utilizar a posição original para representar tanto a liberdade e a igualdade como as restrições às razões apresentadas, para se tornar inteiramente evidente que espécie de acordo seria alcançado pelas partes na condição de representantes dos cidadãos. Mesmo que existam, como sem dúvida existem, razões a favor e contra cada uma das concepções de justiça a serem consideradas, ainda assim pode haver um equilíbrio global de razões que favoreça claramente uma concepção, ao ser comparada às demais. Como um artifício de representação que é, a ideia da posição original serve como um meio de reflexão e autoesclarecimento públicos. Ela nos ajuda a elaborar o que pensamos agora, desde que sejamos capazes de ter uma visão clara e ordenada do que a justiça requer quando a sociedade é concebida como um empreendimento cooperativo entre cidadãos livres e iguais, de uma geração às seguintes. A posição origi-

---

A relevância dessa distinção, no momento, está no fato de que *Teoria* fala de forma mais ou menos coerente não do racional, mas de condições razoáveis (ou às vezes adequadas ou apropriadas), entendidas como restrições aos argumentos a favor de princípios de justiça (pp. 18 ss., 120 ss., 130 ss., 138, 446, 516 ss., 578, 584 ss.). Essas restrições são modeladas na posição original e desse modo impostas às partes: suas deliberações estão sujeitas – e de forma absoluta – a condições razoáveis cuja modelagem torna a posição original equitativa. Como veremos adiante, é da prioridade do razoável sobre o racional que se segue a prioridade do justo (V).

nal serve como uma ideia mediadora graças à qual nossos juízos ponderados, em todos os níveis de generalidade, quer se refiram a condições equitativas para situar as partes, quer a restrições razoáveis a razões, princípios e preceitos fundamentais, ou a julgamentos sobre instituições e ações específicas, podem ser conectados entre si. Isso nos possibilita estabelecer uma coerência maior entre todos os nossos julgamentos e, com esta autocompreensão mais profunda, podemos chegar a um acordo mais amplo uns com os outros.

5. Introduzimos uma ideia como a da posição original porque não parece haver forma melhor de elaborar uma concepção política de justiça para a estrutura básica a partir da ideia fundamental de sociedade como um sistema permanente e equitativo de cooperação entre cidadãos considerados livres e iguais. Isto parece particularmente evidente quando concebemos a sociedade como algo que se estende por gerações e que herda sua cultura pública e as instituições políticas e sociais (juntamente com seu capital físico e estoque de recursos naturais) daqueles que vieram antes. No entanto, o emprego dessa ideia apresenta certos riscos. Como um artifício de representação que é, seu nível de abstração provoca mal-entendidos. Em particular, a descrição das partes pode passar a impressão de pressupor uma concepção metafísica específica de pessoa, por exemplo, a ideia de que a natureza essencial das pessoas é independente e anterior a seus atributos contingentes, nisso se incluindo seus fins últimos e vínculos e até mesmo sua concepção do bem e seu caráter como um todo[29].

Acredito que essa suposição é um equívoco causado por não se ver a posição original como um artifício de re-

---

29. Ver o importante trabalho de Michael Sandel, *Liberalism and the Limits of Justice* (Cambridge: Cambridge University Press, 1982). Essa concepção metafísica de pessoa é atribuída à *Teoria* na Introdução e criticada de vários pontos de vista na maior parte do livro. Acredito que a resposta que se encontra no capítulo 4 da obra de Will Kymlicka, *Liberalism, Community, and Culture* (Oxford: Clarendon Press, 1989), é como um todo satisfatória, a não ser no que se refere a alguns ajustes que talvez devam ser feitos para compatibi-

presentação. O véu de ignorância, para mencionar uma característica importante dessa posição, não tem nenhuma implicação metafísica a respeito da natureza do eu; essa ideia não tem a implicação de que o eu é ontologicamente anterior aos fatos sobre as pessoas que as partes são impedidas de levar em conta. Podemos, por assim dizer, entrar nessa posição a qualquer momento simplesmente argumentando a favor de princípios de justiça em consonância com as restrições à informação que foram especificadas. Quando, dessa forma, simulamos estar na posição original, a argumentação que apresentamos não nos compromete com uma doutrina metafísica específica sobre a natureza do eu, assim como o fato de fazermos um papel em uma peça de teatro, digamos o de Macbeth ou o de Lady Macbeth, não nos leva a pensar que realmente somos um rei ou uma rainha envolvidos em uma luta desesperada por poder político. O mesmo se aplica à representação de um papel em termos gerais. Devemos ter em mente que estamos tentando mostrar como a ideia de sociedade, entendida como um sistema equitativo de cooperação social, pode ser desenvolvida para identificar princípios que especifiquem os direitos e liberdades fundamentais e as formas de igualdade que são mais apropriadas àqueles que cooperam, uma vez que sejam concebidos como cidadãos e como pessoas livres e iguais.

6. Tendo examinado a ideia da posição original, acrescento mais um comentário a fim de evitar mal-entendidos. É importante distinguir três pontos de vista: o das partes na posição original, o dos cidadãos em uma sociedade bem-ordenada e, finalmente, o nosso – o seu e o meu, que estamos formulando a ideia de justiça como equidade e examinando-a como uma concepção política de justiça.

Os dois primeiros pontos de vista fazem parte da concepção da justiça como equidade e são especificados por

---

lizá-la com o liberalismo político, em contraposição ao liberalismo entendido como uma doutrina abrangente.

referência a suas ideias fundamentais. Mas se as concepções de uma sociedade bem-ordenada e dos cidadãos como pessoas livres e iguais podem muito bem ser realizadas em nosso mundo social, as partes, entendidas como representantes racionais que especificam os termos equitativos da cooperação social ao alcançar um acordo sobre princípios de justiça, são simplesmente partes da posição original. Esta posição é estabelecida por você e por mim para desenvolver a concepção da justiça como equidade, de modo que a natureza das partes cabe somente a nós: elas são apenas as criaturas artificiais que habitam nosso dispositivo de representação. A justiça como equidade é muito mal-entendida quando as deliberações das partes e as motivações que lhes atribuímos são confundidas com uma interpretação da psicologia moral, quer de pessoas reais, quer de cidadãos de uma sociedade bem-ordenada[30]. A autonomia racional (II, § 5) não deve ser confundida com a autonomia plena (II, § 6). Esta última é um ideal político e um componente do ideal mais abrangente de sociedade bem-ordenada. A autonomia racional em si não é de modo algum um ideal, e sim uma forma de modelar a ideia do racional (em contraposição ao razoável) na posição original.

O terceiro ponto de vista – o seu e o meu – é aquele a partir do qual a justiça como equidade, bem como qualquer outra concepção política, deve ser avaliada. Aqui o teste é o do equilíbrio reflexivo: trata-se de saber em que medida a visão como um todo articula nossas convicções ponderadas mais firmes acerca da justiça política, em todos os níveis de generalidade, depois de cuidadosa ponderação e depois de feitos todos os ajustes e revisões que se mostraram necessários. Uma concepção de justiça que satisfaça esse critério é, tanto quanto podemos atestar agora, a mais razoável para nós.

---

30. Muitos cometeram esse erro. Procurei identificá-lo de forma mais clara e resolvê-lo em "Fairness to Goodness", *Philosophical Review* 84 (1975), pp. 542 ss.

## § 5. A concepção política de pessoa

1. Observei antes que a ideia da posição original e a descrição das partes podem nos levar a supor que se pressupõe uma doutrina metafísica de pessoa. Embora eu tenha dito que essa interpretação é equivocada, não basta simplesmente repudiar a crença em doutrinas metafísicas, pois, a despeito de nossas próprias intenções, mesmo assim elas podem se fazer presentes. Só é possível refutar afirmações dessa natureza discutindo-as de forma minuciosa e demonstrando que são destituídas de fundamento. Não posso fazer isso aqui[31].

No entanto, posso esboçar uma interpretação da concepção política de pessoa à qual é preciso recorrer para elaborar a posição original (§ 3.3). Para entender o que significa descrever uma concepção de pessoa como política, considere-se de que forma os cidadãos são representados naquela posição como pessoas livres. A representação de sua

---

31. Parte da dificuldade está no fato de que não há uma interpretação aceita sobre o que é uma doutrina metafísica. Pode-se dizer, como Paul Hoffman me sugeriu, que desenvolver uma concepção política de justiça sem pressupor ou sem empregar de forma explícita uma doutrina metafísica específica, tal como uma concepção metafísica específica de pessoa, já envolve pressupor uma tese metafísica, a saber, a de que nenhuma doutrina metafísica é necessária para esse propósito. Também se pode dizer que nossa concepção corrente das pessoas como unidades básicas de deliberação e responsabilidade pressupõe ou de algum modo envolve certas teses metafísicas sobre a natureza das pessoas na condição de agentes morais ou políticos. Seguindo o método da esquiva, não quero negar essas afirmações. O que se deve dizer é o seguinte: se examinarmos a exposição da justiça como equidade e observarmos o modo como é formulada, as ideias e os conceitos que emprega, nenhuma doutrina metafísica específica sobre a natureza das pessoas que seja distinta e oposta a outras doutrinas metafísicas aparecerá entre suas premissas ou parece ser exigida por sua argumentação. Se há pressupostos metafísicos envolvidos, talvez sejam tão gerais que não se prestariam a distinguir entre as visões metafísicas – cartesiana, leibniziana ou kantiana; realista, idealista ou materialista – das quais a filosofia tradicionalmente se ocupa. Se é assim, tais pressupostos não parecem relevantes, de um modo ou de outro, para a estrutura e o conteúdo de uma concepção política de justiça. Sou grato a Daniel Brudney e a Paul Hoffman pela discussão dessas questões.

liberdade parece ser uma das fontes da ideia de que se está pressupondo uma doutrina metafísica. Os cidadãos são concebidos como pessoas que se veem como livres em três aspectos, por isso examino a seguir cada um deles e mostro em que sentido a concepção de pessoa é política.

2. Em primeiro lugar, os cidadãos são livres no sentido de conceberem a si próprios e aos outros como indivíduos que possuem a faculdade moral de ter uma concepção do bem. Como parte de sua concepção política, isso não significa que se considerem inelutavelmente vinculados ao esforço de colocar em prática a concepção específica do bem que professam em um dado momento. Ao contrário, na condição de cidadãos, entende-se que são capazes de rever e alterar essa concepção por motivos razoáveis ou racionais e que podem fazê-lo se assim o desejarem. Como pessoas livres, os cidadãos reivindicam o direito de considerar sua própria pessoa independente de – e não identificada com – qualquer concepção específica desse tipo e do sistema de fins últimos a ela associado. Dada a faculdade moral que pessoas livres têm de formular, revisar e de racionalmente se empenhar na realização de uma concepção do bem, a identidade pública delas não é alterada por mudanças que possam ocorrer ao longo do tempo na concepção específica que afirmam.

Quando, por exemplo, os cidadãos se convertem a outra religião, ou quando não mais professam uma fé religiosa estabelecida, não deixam de ser, no que diz respeito a questões de justiça política, as mesmas pessoas de antes. Não há nenhuma perda do que podemos denominar sua identidade pública ou institucional, ou sua identidade para os propósitos do Direito fundamental. Em geral, eles continuam conservando os mesmos direitos e deveres, possuindo a mesma propriedade e podendo fazer as mesmas demandas de antes, exceto na medida em que estas demandas estiverem vinculadas à sua filiação religiosa anterior. Podemos imaginar uma sociedade (a história oferece muitos exemplos) na qual direitos fundamentais e exigências reconhecidas de justiça são condicionados por filiação religiosa e classe social. Tal sociedade tem uma concepção política de pessoa distinta. Tal sociedade não tem uma concepção de cidadania igual, pois esta concepção é inseparável daquela de uma sociedade democrática de cidadãos livres e iguais.

Há uma segunda forma de identidade que é especificada por referência aos fins e compromissos mais profundos dos cidadãos. Vamos nos referir a ela como a identidade moral ou não institucional[32]. Os cidadãos em geral têm fins e compromissos políticos e não políticos. Eles afirmam os valores da justiça política e querem vê-los expressos nas instituições políticas e nas políticas públicas. Mas também trabalham em prol de outros valores da vida não pública e em prol dos objetivos das associações das quais são membros. Os cidadãos precisam ajustar e reconciliar esses dois aspectos de sua identidade moral. Em seus assuntos pessoais ou na vida interna de associações das quais são membros, pode ocorrer de verem seus compromissos e fins últimos de um modo muito diferente daquele que resulta da concepção política. É possível que tenham, e muitas vezes de fato têm, afetos, devoções e lealdades dos quais acreditam que não podem ou não devem se distanciar e dos quais, na verdade, não conseguem se distanciar para avaliá-los objetivamente. É possível que julguem simplesmente impensável se conceberem à parte de certas convicções religiosas, filosóficas e morais, ou de certos vínculos e compromissos duradouros.

Esses dois tipos de compromissos e vínculos – políticos e não políticos – especificam a identidade moral e dão forma ao modo de vida de uma pessoa, àquilo que ela própria julga que está fazendo e tentando realizar no mundo social. Se repentinamente nos víssemos privados deles, nos sentiríamos perdidos e incapazes de seguir em frente. Na ver-

---

32. Devo a Erin Kelly a distinção, feita neste e nos próximos parágrafos, entre os dois tipos de fins que caracterizam a identidade moral das pessoas.

dade, poderíamos mesmo supor que não haveria motivo para seguir em frente[33]. Mas nossas concepções do bem podem mudar, e de fato mudam ao longo do tempo, em geral de modo lento, mas por vezes de forma abrupta. Quando essas mudanças são abruptas, podemos dizer que não somos mais a mesma pessoa. Sabemos o que isso significa: referimo-nos a uma mudança profunda e geral em nossos compromissos e fins últimos; referimo-nos a uma identidade moral (o que inclui nossa identidade religiosa) diferente. No caminho para Damasco, Saulo de Tarso transforma-se em Paulo, o Apóstolo. No entanto, tal conversão não implica nenhuma mudança em nossa identidade pública ou institucional, nem em nossa identidade pessoal, do modo como este conceito é entendido por alguns autores na área da filosofia da mente[34]. No entanto, em uma sociedade bem-

---

33. Esse papel dos compromissos é frequentemente enfatizado por Bernard Wlllliams. Ver, por exemplo, "Persons, Character and Morality", *Moral Luck* (Cambridge: Cambridge University Press, 1981), pp. 10-4.

34. Embora eu tenha utilizado o termo *identidade* no texto, penso que causaria menos mal-entendidos usar a expressão "nossa concepção de nós mesmos", ou "o tipo de pessoa que desejamos ser". Fazer isso distinguiria uma questão que tem importantes elementos morais da questão da continuidade ou da identidade de uma substância ou coisa que tem permanência, mesmo passando por diferentes mudanças no tempo e no espaço. Ao dizer isso, estou supondo que uma resposta ao problema da identidade pessoal procura especificar os diferentes critérios (o critério psicológico das memórias e a continuidade física do corpo, ou de uma parte dele, por exemplo) de acordo com os quais duas ações ou estados psicológicos, digamos, que ocorrem em momentos diferentes, podem ser considerados ações ou estados da mesma pessoa que perdura no tempo; e também procura especificar como essa pessoa que perdura no tempo deve ser concebida, quer como substância cartesiana ou leibniziana, quer como um ego transcendental kantiano, ou que tenha continuidade de alguma forma, por exemplo, corporal ou física. Ver a coletânea de ensaios organizada por John Perry, *Personal Identity* (Berkeley: University of California Press, 1975), em especial a introdução de Perry, pp. 1-30, e o ensaio de Sidney Shoemaker em *Personal Identity* (Oxford: Basil Blackwell, 1984); ambos examinam uma variedade de visões diferentes. Às vezes, nas discussões desse problema, a continuidade de objetivos fundamentais é em larga medida ignorada, por exemplo, em visões como a de H. P. Grice (na coletânea de Perry), que enfatiza a continuidade da memória. No entanto, mesmo quando a continuidade de objetivos desse tipo também é considerada bá-

-ordenada que se apoie em um consenso sobreposto, os compromissos e valores políticos (mais gerais) dos cidadãos, na medida em que se integram à sua identidade não institucional ou moral, são aproximadamente os mesmos.

3. Um segundo aspecto em relação ao qual os cidadãos se veem como livres é o fato de que se consideram fontes autoautenticativas de demandas válidas. Isto é, consideram-se no direito de fazer demandas a suas instituições de modo que promovam suas concepções do bem (desde que estas concepções se encontrem dentro do leque permitido pela concepção pública de justiça). Os cidadãos julgam que essas reivindicações têm um peso próprio, que não deriva dos deveres e das obrigações especificados por uma concepção política de justiça, por exemplo, os deveres e as obrigações que têm para com a sociedade. As demandas que os cidadãos veem como fundamentadas em deveres e obrigações, que têm por base a concepção do bem e a doutrina moral que professam em suas vidas, também devem contar, para nossos propósitos, como autoautenticativas. Isso é razoável quando se trata de uma concepção política de justiça para uma democracia constitucional, pois, desde que as concepções do bem e as doutrinas morais abraçadas pelos cidadãos sejam compatíveis com a concepção pública de justiça, aqueles deveres e obrigações autenticam-se a si próprios de um ponto de vista político.

Ao descrever o modo como os cidadãos se percebem como livres, estamos descrevendo o modo como concebem

---

sica, como no livro de Derek Parfit, *Reasons and Persons* (Oxford: Clarendon Press, 1984), parte III, ainda assim não há uma distinção nítida entre o problema da identidade não pública ou moral de uma pessoa e o problema de sua identidade pessoal. Este último problema levanta questões difíceis, sobre as quais as visões filosóficas do passado e as atuais diferem e, com toda certeza, continuarão diferindo. Por isso é importante procurar desenvolver uma concepção política de justiça que evite esse problema tanto quanto possível. Mesmo assim, para fazer menção ao exemplo do texto, todos concordam, suponho, que, para os propósitos da vida pública, Saulo de Tarso e o Apóstolo São Paulo são a mesma pessoa. A conversão é irrelevante para nossa identidade pública ou institucional.

a si próprios, em uma sociedade democrática, quando questões de justiça política se apresentam. Este aspecto pertence a uma concepção específica de justiça política, o que fica claro fazendo-se o contraste com uma concepção política distinta, que não entende as pessoas como fontes autoautenticativas de demandas válidas. Nesse caso, as demandas que elas apresentam não têm nenhum peso, exceto na medida em que possam ser derivadas dos deveres e obrigações devidos à sociedade, ou dos papéis que lhe são atribuídos em uma hierarquia social justificada por valores religiosos ou aristocráticos.

Para se valer de um exemplo extremo: os escravos são seres humanos que não são considerados fontes de reivindicações, nem mesmo de reivindicações baseadas em deveres e obrigações sociais, pois não se considera que sejam capazes de ter deveres ou obrigações. As leis que proíbem os maus-tratos a escravos não se baseiam em reivindicações deles próprios, mas em demandas que são provenientes dos interesses de seus senhores ou dos interesses gerais da sociedade, que não incluem os interesses dos escravos. Estes são, por assim dizer, socialmente mortos: simplesmente não são reconhecidos como pessoas[35]. Esse contraste com a escravidão deixa claro por que conceber os cidadãos como pessoas livres em virtude de suas faculdades morais é inseparável de uma concepção específica de justiça política.

4. O terceiro aspecto segundo o qual os cidadãos são vistos como livres é que são considerados capazes de assumir a responsabilidade por seus próprios fins, e considerá-los desse modo importa para avaliar as diferentes demandas que apresentam[36]. Formulando a ideia de modo muito genérico, dadas instituições de fundo justas, e uma

---

35. Sobre a ideia de morte social, ver Orlando Patterson, *Slavery and Social Death* (Cambridge, Mass.: Harvard University Press, 1982), em especial pp. 5-9, 38-45, 337.
36. Ver também V, §§ 3-4 e, em especial, § 3.6.

vez que se assegure a cada pessoa um quinhão equitativo de bens primários (da forma requerida pelos princípios de justiça), pode-se considerar os cidadãos como capazes de ajustar seus objetivos e suas aspirações àquilo que é razoável esperar que possam fazer. Ademais, são vistos como capazes de restringir suas demandas em matéria de justiça àquilo que os princípios de justiça permitem.

Os cidadãos devem, então, reconhecer que o peso de suas demandas não é determinado pela força e intensidade psicológica de suas aspirações e seus desejos (em contraposição às necessidades que têm na condição de cidadãos), mesmo quando suas aspirações e desejos são racionais de seu ponto de vista. O procedimento é o mesmo de antes: partimos da ideia fundamental de sociedade entendida como um sistema equitativo de cooperação. Quando essa ideia é desenvolvida de modo que especifique uma concepção política de justiça, a implicação é que, em virtude de se conceber os cidadãos como capazes de participar da cooperação social ao longo de toda a vida, entende-se que também são capazes de assumir a responsabilidade por seus fins. Isso significa considerá-los capazes de ajustar seus fins, de modo que seja possível empenhar-se em realizá-los, e para isso contam com os meios que podem razoavelmente esperar obter em troca daquilo com que podem razoavelmente esperar contribuir. A ideia de responsabilidade pelos próprios fins está implícita na cultura pública política e é discernível em suas práticas. Uma concepção política de pessoa articula essa ideia e a insere em uma ideia de sociedade entendida como um sistema equitativo de cooperação.

5. Para resumir o que foi dito, recapitulo os três pontos principais das duas seções precedentes.

Primeiro, em § 3, as pessoas são concebidas como livres e iguais em virtude de possuírem, no grau necessário, as duas faculdades da personalidade moral, a saber, a capacidade de ter um senso de justiça e de ter uma concepção do bem. Associamos essas faculdades aos dois elementos principais da ideia de cooperação, a ideia de termos equitativos de cooperação e a ideia de benefício racional ou bem de cada participante.

Segundo, nesta conferência (§ 5), examinamos três aspectos segundo os quais as pessoas são consideradas livres e observamos que, na cultura pública política de um regime democrático constitucional, os cidadãos concebem a si mesmos como livres nesses aspectos.

Terceiro, como a questão acerca de qual é a concepção de justiça política mais apropriada para realizar os valores da liberdade e da igualdade nas instituições básicas é de longa data profundamente controversa dentro da própria tradição na qual os cidadãos são concebidos como livres e iguais, o objetivo da justiça como equidade é solucioná-la tomando como ponto de partida a ideia de sociedade como um sistema equitativo de cooperação, em que os termos equitativos de cooperação são aqueles acordados pelos próprios cidadãos quando concebidos dessa forma. Em § 4, vimos por que essa abordagem, uma vez que a estrutura básica da sociedade é considerada o objeto primário da justiça, leva à ideia da posição original entendida como um artifício de representação.

### § 6. A ideia de sociedade bem-ordenada

1. Afirmei que, para a justiça como equidade, a ideia fundamental de sociedade como um sistema equitativo de cooperação ao longo de gerações desenvolve-se em conjunção com duas outras ideias a ela associadas: a ideia de cidadãos concebidos como pessoas livres e iguais e a ideia de uma sociedade bem-ordenada, no sentido de uma sociedade que é de modo efetivo regulada por uma concepção política de justiça. Após ter examinado a primeira dessas ideias associadas, volto-me agora para a segunda.

Dizer que uma sociedade é bem-ordenada significa dizer três coisas: a primeira (e isso está implícito na ideia de uma concepção de justiça publicamente reconhecida) é que se trata de uma sociedade na qual cada um aceita, e sabe que todos os demais também aceitam, precisamente os mesmos princípios de justiça; a segunda (que está implícita na ideia de regulação efetiva) é que se reconhece publicamente, e nisso se acredita com boas razões, que a estrutura básica dessa sociedade – isto é, suas principais instituições políticas e sociais e a maneira como se articulam em um sistema único de cooperação – implementa aqueles princípios; e a terceira, que seus cidadãos têm um senso de justiça que normalmente é efetivo e, em virtude disso, em geral agem em conformidade com as instituições básicas da sociedade, que consideram justas. Em uma sociedade como essa, a concepção publicamente reconhecida de justiça estabelece um ponto de vista comum, a partir do qual é possível arbitrar as demandas que os cidadãos fazem à sociedade.

Trata-se de um conceito altamente idealizado. No entanto, qualquer concepção de justiça que não for capaz de ordenar de forma apropriada uma democracia constitucional é inadequada como uma concepção democrática. Isso pode ocorrer em virtude de uma razão bem conhecida: a de que o conteúdo de tal concepção, ao se tornar publicamente reconhecido, leva-a a derrotar os próprios propósitos. Isso também pode ocorrer porque – adotando uma distinção de Cohen – uma sociedade democrática caracteriza-se pelo fato do pluralismo razoável[37]. Assim, uma concepção de justiça pode fracassar porque não consegue conquistar o apoio de cidadãos que professam doutrinas abrangentes razoáveis ou, como me expressarei com frequência, porque

---

37. Sou grato a Joshua Cohen pela discussão esclarecedora sobre esse ponto e também por insistir na importância da distinção entre o pluralismo razoável e o pluralismo como tal, distinção que é aprofundada nos parágrafos que vêm logo a seguir, no § 6.2 e adiante, em II, § 3. Cohen discute essas questões de forma iluminadora e minuciosa em "Moral Pluralism and Political Consensus", *The Idea of Democracy*, volume organizado por David Copp e Jean Hampton (Cambridge: Cambridge University Press, 1993).

não consegue conquistar o apoio de um consenso sobreposto razoável. E é essencial para uma concepção política de justiça ser capaz de fazê-lo.

2. A razão para que esse fracasso ocorra é que a cultura política de uma sociedade democrática caracteriza-se (é o que estou supondo) por três fatos gerais, entendidos da forma como explico a seguir.

O primeiro é que a diversidade de doutrinas religiosas, filosóficas e morais abrangentes não é mera contingência histórica fadada a logo desaparecer, e sim um traço permanente da cultura pública da democracia. Sob as condições políticas e sociais asseguradas pelos direitos e liberdades fundamentais propiciados por instituições livres, a diversidade de doutrinas abrangentes que são conflitantes e irreconciliáveis – e, mais ainda, razoáveis – necessariamente vai se manifestar e persistir, se é que já não se manifesta.

Esse fato do pluralismo razoável tem de ser distinguido do fato do pluralismo como tal. Instituições livres tendem a gerar não apenas grande variedade de doutrinas e visões de mundo, como seria de esperar dos diferentes interesses das pessoas e da tendência que elas têm de se concentrar em pontos de vista estreitos. O que ocorre, mais precisamente, é que, entre as visões que se desenvolvem, há uma diversidade de doutrinas abrangentes razoáveis. São as doutrinas que cidadãos razoáveis professam e com as quais o liberalismo político tem de lidar. Não são apenas o resultado de interesses pessoais ou de classe, ou da tendência compreensível que as pessoas têm de ver o mundo político de um ponto de vista restrito. Diversamente disso, essas doutrinas são em parte produto da razão prática livre sob uma estrutura de instituições livres. Assim, embora as doutrinas tradicionais não sejam somente obra da razão livre, o fato do pluralismo razoável não é uma condição infortunada da vida humana. Ao articularmos a concepção política de forma que possa, no segundo estágio, conquistar o apoio de doutrinas abrangentes razoáveis, o que fazemos não é tanto ajustar aquela concepção às forças brutas do mundo, e sim ajustá-la àquilo que se produz inevitavelmente da razão humana livre[38].

Um segundo fato geral, vinculado ao primeiro, é que uma visão compartilhada e persistente que tenha por objeto uma única doutrina religiosa, filosófica ou moral abrangente só pode ser preservada pelo uso opressivo do poder estatal. Se considerarmos a sociedade política como uma comunidade que se mantém unida pela afirmação de uma única doutrina abrangente, então o uso opressivo do poder estatal se faz necessário à comunidade política. Na sociedade medieval, que era mais ou menos unificada pela fé católica, a existência da Inquisição não era acidental; a supressão da heresia era necessária para preservar aquela fé religiosa compartilhada. Isto também se aplica, acredito, a toda doutrina filosófica e moral abrangente razoável, seja ou não religiosa. Uma sociedade unificada por uma variante razoável de utilitarismo, ou pelos liberalismos razoáveis de Kant ou de Mill, necessitaria igualmente das sanções do poder estatal para se manter[39]. Denomino isso "o fato da opressão"[40].

---

38. Em II, §§ 2-3, há uma interpretação dos limites da capacidade de juízo e uma discussão sobre o que é uma doutrina abrangente razoável que fornecem as condições mínimas para que ela seja considerada como tal, ainda que essas condições sejam especificadas de acordo com os propósitos do liberalismo político. Não há a ideia de que todas as doutrinas assim definidas possam ser igualmente razoáveis para outros propósitos, ou de outros pontos de vista. Não há dúvida de que os cidadãos terão opiniões diferentes sobre essas outras questões.

39. Essa afirmação pode parecer paradoxal. Se alguém objetar que não há, de uma forma que seja consistente com as doutrinas de Kant ou de Mill, como justificar o emprego das sanções do poder estatal com esse propósito, concordarei inteiramente. Mas isso não contradiz o texto, que afirma que uma sociedade na qual todos professassem uma doutrina liberal razoável, se por hipótese tal sociedade existisse, não duraria muito tempo. Podemos supor que o texto só está correto no que se refere a doutrinas não razoáveis e a religiões que enfatizam a ideia da autoridade institucional; e também podemos supor, de forma equivocada, que exceções se aplicam a outras doutrinas abrangentes. O que o texto quer dizer é que não há exceções. Devo essa observação a comentários de Cass Sunstein.

40. Tomei esse termo emprestado de Sanford Shieh.

Por fim, um terceiro fato geral é que um regime democrático duradouro e estável, que não seja dividido por confissões doutrinárias fratricidas e por classes sociais inimigas, tem de ser de modo livre e voluntário apoiado pelo menos por uma maioria de seus cidadãos politicamente ativos. Junto com o primeiro fato geral, isso significa que, para servir de base pública de justificação de um regime constitucional, uma concepção política de justiça deve se constituir em uma concepção que possa ser subscrita por doutrinas abrangentes razoáveis que são muito distintas e conflitantes entre si[41].

3. Como não existe uma única doutrina religiosa, filosófica ou moral razoável professada por todos os cidadãos, a concepção de justiça adotada por uma sociedade democrática bem-ordenada deve estar limitada àquilo que denominarei "o domínio do político" e seus valores. A ideia de uma sociedade democrática bem-ordenada deve ser formulada em conformidade com essa limitação. Suponho, então, que as visões globais dos cidadãos são compostas por duas partes. Pode-se entender uma destas partes como a concepção política de justiça publicamente reconhecida, ou como coincidente com ela; a outra parte é uma doutrina (inteira ou parcialmente) abrangente à qual a concepção política se articula de alguma forma. De que maneira essas duas partes podem se conectar é algo que examinarei adiante, na Conferência IV, § 8. O que é preciso enfatizar no momento é que, como argumentei antes, são os próprios cidadãos que decidem, por eles próprios e individualmente, de que maneira a concepção política pública que todos endossam se vincula a suas visões mais abrangentes.

---

41. Para tornar a exposição mais completa, acrescento um quarto fato geral, ao qual já fizemos menção inúmeras vezes ao falar de cultura pública. É o fato de que a cultura política de uma sociedade democrática, que tenha funcionado razoavelmente bem ao longo de um período considerável de tempo, normalmente contém, pelo menos de forma implícita, certas ideias intuitivas fundamentais a partir das quais é possível formular uma concepção política de justiça apropriada a um regime constitucional. Esse fato é importante para especificar os traços gerais de uma concepção política de justiça e para elaborar a justiça como equidade como uma concepção desse tipo.

Dito isso, aponto brevemente como uma sociedade democrática bem-ordenada satisfaz uma condição necessária (mas com toda certeza, não suficiente) de realismo e estabilidade. Uma sociedade assim pode ser bem-ordenada por uma concepção política de justiça desde que, em primeiro lugar, os cidadãos que professam doutrinas abrangentes razoáveis, mas conflitantes entre si, façam parte de um consenso sobreposto, isto é, em geral subscrevam aquela concepção de justiça como a concepção que fornece o conteúdo de seus julgamentos políticos quando dizem respeito às instituições básicas, e desde que, em segundo lugar, as doutrinas abrangentes que não são razoáveis (as quais, supomos, sempre existirão) não conquistem uma aceitação que seja suficiente para solapar os elementos essenciais da justiça da sociedade. Essas condições não impõem a exigência irrealista – na verdade, utópica – de que todos os cidadãos adotem a mesma doutrina abrangente, e sim somente, como o liberalismo político propõe, a mesma concepção pública de justiça.

4. É fácil entender de modo errôneo a ideia de um consenso sobreposto, considerando a forma como a ideia de consenso é empregada na política cotidiana. O significado dessa ideia se revela para nós da seguinte maneira: estamos supondo que um regime constitucional possa ser razoavelmente justo e praticável e que valha a pena defendê-lo. No entanto, dado o fato do pluralismo razoável, como podemos conceber essa defesa de modo que consiga conquistar um apoio que seja amplo o suficiente para lhe assegurar estabilidade?

Com esse objetivo em vista, não examinamos as doutrinas abrangentes que existem de fato, para só então formular uma concepção política que estabeleça uma espécie de equilíbrio de forças entre elas. Para ilustrar o que está sendo dito: ao especificar uma lista de bens primários[42], po-

---

42. A ideia de bens primários é introduzida em II, § 5.3 e examinada de forma mais detalhada em V, §§ 3-4.

demos proceder de duas maneiras. Uma delas consiste em considerar as diferentes doutrinas abrangentes que de fato existem em uma sociedade e em especificar uma lista de bens primários, de modo que nos aproximemos do centro de gravidade dessas doutrinas, por assim dizer; isto é, de modo que encontremos uma espécie de média do que as pessoas que adotam tais visões necessitariam no que se refere a demandas e garantias institucionais e a meios polivalentes. Proceder desse modo poderia parecer a melhor forma de assegurar que a lista contivesse os elementos básicos necessários para levar adiante as concepções do bem associadas às doutrinas existentes e, assim, de aumentar a probabilidade de alcançar um consenso sobreposto.

Não é dessa forma que a justiça como equidade procede; fazer isso equivaleria a torná-la política da forma errada. Justiça como equidade formula uma concepção política como uma visão que se sustenta por si própria (§ 1.4), se partir da ideia fundamental de sociedade como um sistema equitativo de cooperação e das ideias que lhe estão associadas. A expectativa é que essa concepção, com sua lista de bens primários à qual se chegou a partir de dentro dela própria, possa constituir o foco de um consenso sobreposto razoável. Deixamos de lado as doutrinas abrangentes que hoje existem, ou que já existiram, ou que podem vir a existir. A ideia não é que os bens primários são equitativos em relação às concepções abrangentes do bem associadas a essas doutrinas porque estabelecem um equilíbrio equitativo entre elas, e sim que são equitativos em relação a cidadãos livres e iguais, entendidos como as pessoas que têm aquelas concepções.

O problema, portanto, é como articular uma concepção de justiça para um regime constitucional de tal maneira que aqueles que o apoiam, ou podem vir a apoiar, também possam subscrever a concepção política, desde que esta não colida frontalmente com suas visões abrangentes. Isto leva à ideia de uma concepção política de justiça concebida como uma visão que se sustenta por si própria, com base nas ideias fundamentais de uma sociedade democrática, e que não pressupõe nenhuma doutrina específica mais ampla. Não colocamos nenhum obstáculo doutrinário a que a concepção política conquiste a lealdade dos cidadãos, de modo que ela possa ser apoiada por um consenso sobreposto razoável e duradouro.

## § 7. Nem uma comunidade, nem uma associação

1. Uma sociedade democrática bem-ordenada não é nem uma comunidade nem, em termos mais gerais, uma associação[43]. Há duas diferenças entre uma sociedade democrática e uma associação. A primeira é que supusemos que uma sociedade democrática, como qualquer sociedade política, deve ser vista como um sistema social completo e fechado. É completo no sentido de ser autossuficiente e de ter espaço para todos os principais objetivos da vida humana. Também é fechado, conforme afirmei antes (§ 2.1), no sentido de que só se entra nesse sistema pelo nascimento e dele só se sai pela morte. Não temos uma identidade anterior à nossa entrada na sociedade, não é como se viéssemos de outro lugar. O que ocorre é que crescemos em tal sociedade e em tal posição social, com suas correspondentes vantagens e desvantagens, como determinou nossa boa ou má sorte. Vamos deixar inteiramente de lado, por enquanto, as relações com outras sociedades e adiar todas as questões de justiça entre os povos até que tenhamos em mãos uma concepção de justiça para uma sociedade bem-ordenada. Assim, a ideia não é que entramos na sociedade na idade da razão, como o faríamos no caso de nos filiarmos a uma associação, mas que nascemos em uma sociedade da qual faremos parte a vida toda.

---

43. Por definição, consideremos que uma comunidade é um tipo especial de associação, aquela que é unida por uma doutrina abrangente, por exemplo, uma igreja. Os membros de outras associações com frequência têm fins compartilhados, mas estes fins não constituem uma doutrina abrangente e podem mesmo ser de natureza puramente instrumental.

Considerem-se, então, os princípios de justiça como aqueles concebidos para dar forma ao mundo social no qual nosso caráter e nossa concepção de nós mesmos como pessoas, bem como nossas visões abrangentes, com suas concepções do bem, começam a ser adquiridos e no qual nossas faculdades morais se realizarão, se é que de alguma forma o farão. Esses princípios devem dar prioridade àquelas liberdades e oportunidades fundamentais que, nas instituições de fundo da sociedade civil, nos capacitam, antes de tudo, a nos tornarmos cidadãos livres e iguais e a compreendermos nosso papel como pessoas que detêm tal *status*.

2. Uma segunda diferença crucial entre uma sociedade democrática bem-ordenada e uma associação é que a primeira não tem objetivos e fins últimos da mesma maneira que as pessoas ou associações os têm. Entendo aqui por objetivos e fins últimos aqueles que ocupam lugar especial nas doutrinas abrangentes. Em contraste, os fins constitucionalmente especificados da sociedade, tais como os que são mencionados no preâmbulo de uma Constituição – uma justiça mais perfeita, os benefícios da liberdade, a defesa comum –, devem cair sob a rubrica de uma concepção política de justiça e de sua razão pública. Isto significa que os cidadãos não supõem que haja fins sociais prévios, que justifiquem considerar que algumas pessoas têm mais ou menos valor para a sociedade e que justifiquem atribuir a essas pessoas, em conformidade com isso, direitos fundamentais e privilégios diferenciados. Muitas sociedades do passado pensavam de outra forma: consideravam como fins últimos a religião e a constituição de impérios, a dominação e a glória, e os direitos e *status* de indivíduos e classes dependiam de seu papel na realização desses fins. Nesse sentido, viam a si próprias como associações.

Em contraste, uma sociedade democrática, com sua concepção política de justiça, não pode de modo algum se conceber como uma associação. Ela não tem o direito, como em geral as associações no interior da sociedade têm, de oferecer termos diferenciados a seus membros (nesse caso, àqueles que nela nasceram), conforme o valor da contribuição potencial de cada um ao todo, ou para os fins daqueles que dela já são membros. Se fazer isso é admissível no caso das associações, isso ocorre porque, neste caso, já se garantiu, tanto aos membros prospectivos como aos já filiados, o *status* de cidadãos livres e iguais, e as instituições da justiça de fundo asseguram que outras alternativas lhes estejam abertas[44].

3. Embora uma sociedade democrática não seja uma associação, ela tampouco é uma comunidade, se por comunidade entendemos uma sociedade que é governada por uma doutrina religiosa, filosófica ou moral abrangente e compartilhada. Esse fato é crucial para a ideia de razão pública de uma sociedade bem-ordenada. Conceber uma democracia como uma comunidade (assim definida) significa negligenciar o alcance limitado de sua razão pública fundada em uma concepção política de justiça. Isso significa com-

---

44. A distinção feita nesta seção entre sociedade e associação é em muitos aspectos similar à distinção feita por Michael Oakshott, no ensaio central de *On Human Conduct* (Oxford: Clarendon Press, 1975), entre associação prática e associação de tipo intencional. Terry Vardin, que explica e emprega essa distinção de forma esclarecedora em *Law, Morality and the Relations of States* (Princeton: Princeton University Press, 1983), talvez não concorde. Ele supõe que *Teoria* vê a sociedade como uma associação intencional, pois a descreve como um esquema de cooperação (pp. 262-7). Mas não creio que isso seja decisivo. O que é decisivo é como as pessoas estão cooperando e o que sua cooperação consegue alcançar. Como diz o texto, o que caracteriza uma sociedade democrática é que as pessoas cooperam como cidadãos livres e iguais, e aquilo que sua cooperação torna possível (no caso ideal) é uma estrutura básica justa, com instituições de fundo que realizam princípios de justiça e proporcionam aos cidadãos os meios polivalentes de que precisam para satisfazer suas necessidades como cidadãos. A cooperação dos cidadãos, nesse caso, deve assegurar justiça política uns aos outros. Ao contrário, em uma associação as pessoas cooperam como membros para alcançar seja lá o que for que as tenha motivado a se filiar a ela, o que varia de uma associação para outra. Na condição de cidadãos, as pessoas cooperam para realizar seu fim comum e compartilhado de justiça; como membros de associações, cooperam para realizar fins que estão em conformidade com suas diferentes concepções abrangentes do bem.

preender erroneamente o tipo de unidade que um regime constitucional pode alcançar sem que os mais elementares princípios democráticos sejam violados. O fervor em realizar toda a verdade nos leva a procurar uma unidade mais ampla e profunda, que não pode ser justificada pela razão pública.

Mas também é errado conceber a sociedade democrática como uma associação e supor que sua razão pública inclua objetivos e valores não políticos. Fazer isso significa negligenciar o papel anterior e fundamental de suas instituições básicas de forjar um mundo social dentro do qual e somente no qual podemos, contando com os cuidados, alimentação e educação necessários e com a dose certa de boa sorte, nos converter em cidadãos livres e iguais. A estrutura de fundo justa desse mundo social é determinada pelo conteúdo da concepção política, de modo que, pelo uso da razão pública, todos os cidadãos são capazes de entender o papel dessa concepção e compartilhar de igual maneira seus valores políticos.

§ 8. O uso de concepções abstratas

1. Para formular o que denominei liberalismo político, parti de uma variedade de ideias básicas e familiares que estão implícitas na cultura pública política de uma sociedade democrática. Essas ideias foram elaboradas de modo que resultem em uma família de concepções em cujos termos o liberalismo político pode ser formulado e compreendido. A primeira é a própria concepção de justiça política (§ 2). A ela se seguem três outras ideias fundamentais: a concepção de sociedade como um sistema equitativo de cooperação ao longo do tempo e as duas ideias que a acompanham: a concepção política de pessoa como livre e igual (§ 5) e a concepção de uma sociedade bem-ordenada (§ 6). Empregamos ainda duas outras ideias para apresentar a justiça como equidade: as concepções de estrutura básica

(§ 2) e de posição original (§ 4). Por fim, para mostrar que uma sociedade bem-ordenada é um mundo social possível, acrescentamos a essas ideias a de consenso sobreposto e de doutrina abrangente razoável (§ 6). O pluralismo razoável é definido por referência a esta última ideia. A natureza da unidade social é dada por um consenso sobreposto estável de doutrinas abrangentes razoáveis (IV, § 1). Nas conferências seguintes, outras ideias fundamentais serão introduzidas para preencher de conteúdo a visão do liberalismo político, tais como as ideias do domínio do político (IV) e de razão pública (VI).

Uma vez que essas concepções e a forma como se conectam tenham sido esclarecidas, retomo a dupla questão[45] de que trata o liberalismo político e sustento que três requisitos parecem suficientes para que a sociedade se torne um sistema equitativo e estável de cooperação entre cidadãos livres e iguais, profundamente divididos pelas doutrinas abrangentes e razoáveis que professam. O primeiro é que a estrutura básica da sociedade seja regulada por uma concepção política de justiça; o segundo, que essa concepção possa ser o objeto de um consenso sobreposto de doutrinas abrangentes razoáveis; e o terceiro, que a discussão pública, quando elementos constitucionais essenciais e questões de justiça básica estiverem em jogo, seja conduzida com base na concepção política de justiça. Esse resumo bastante sucinto caracteriza o liberalismo político e a forma como essa visão entende o ideal de democracia constitucional[46].

---

45. Essa questão foi formulada na breve introdução que precede o § 1.

46. As três condições mencionadas no texto devem ser entendidas como condições suficientes, e não como condições necessárias. Em que medida podem ser reduzidas, por exemplo, a um conjunto de princípios operacionais, mas bastante genéricos, ou mesmo a um conjunto de normas, tais como as normas de uma Constituição em vigor, em vez de remeterem a uma concepção política de justiça, é uma questão discutida em IV, § 3.5. Lá examino aquilo a que me refiro como a profundidade, a amplitude e a especificidade de um consenso sobreposto e sustento que as três condições expressam um caso ideal.

2. Alguns podem opor-se a esse emprego de tantas concepções abstratas. Talvez seja útil esclarecer por que somos levados a concepções desse tipo. Na filosofia política, a atividade de abstração é desencadeada por conflitos políticos profundos[47]. Só os ideólogos e os visionários não conseguem perceber os conflitos profundos que há entre valores políticos e entre estes e valores não políticos. Controvérsias profundas e que vêm de longa data preparam o terreno para a ideia de justificação razoável entendida como um problema prático, e não epistemológico ou metafísico (§ 1). Voltamo-nos para a filosofia política quando nossos entendimentos políticos compartilhados, como diria Walzer, colapsam e também quando estamos internamente dilacerados. Para reconhecer isso, basta imaginarmos Alexander Stephens repudiando o apelo de Lincoln às abstrações do direito natural e respondendo-lhe do seguinte modo: o Norte tem de respeitar os entendimentos políticos compartilhados do Sul no que se refere à questão da escravidão[48]. Não há dúvida de que a resposta a essa afirmação nos levará à filosofia política.

A filosofia política não se afasta, como pensam alguns, da sociedade e do mundo. E também não tem a pretensão de descobrir, com seus próprios métodos característicos de argumentação, e apartada de toda e qualquer tradição de prática e pensamento políticos, em que consiste a verdade.

---

47. Aqui estou em débito com a resenha de Joshua Cohen, do livro de Michael Walzer, *Spheres of Justice* (Nova York: Basic Books, 1983), publicada em *Journal of Philosophy* 83 (1986): 457-68. Ressalte-se, em especial, a discussão que Cohen faz daquilo que denomina "dilema comunitarista simples" de Walzer, pp. 46-67 e 468 ss. Ao discutir isso, Cohen sustenta que a visão de Walzer sobre como a filosofia política deve iniciar seu empreendimento não difere essencialmente da de Platão, Kant e Sidgwick. A controvérsia diz respeito ao ponto em que Walzer supõe que esse empreendimento deve terminar, que é aquele de nossos entendimentos compartilhados.

48. No que se refere ao lado de Lincoln na correspondência de novembro-dezembro de 1860, ver *Collected Works*, vol. IV, pp. 146, 160 ss. A correspondência entre os dois foi reeditada e discutida por Nicalay e Hay, *Abraham Lincoln* (Nova York: Century Co., 1917), pp. 270-5, e Allan Nevins, *The Emergence of Lincoln* (Nova York: Charles Scribner's, 1950), vol. II, pp. 466 ss.

Nenhuma concepção de justiça poderia ter peso para nós se não nos ajudasse a colocar ordem em nossos juízos ponderados de justiça em todos os níveis de generalidade, do mais geral ao mais particular. Um dos papéis da posição original é nos ajudar a fazer isso.

Assim como os princípios da lógica, a filosofia política não pode se impor a nossos juízos ponderados. Se nos sentimos coagidos, talvez seja porque, ao refletir sobre a questão em pauta, valores, princípios e critérios são formulados e organizados de uma maneira tal que nos vemos impelidos a livremente reconhecê-los como aqueles que realmente aceitamos ou deveríamos aceitar. Podemos utilizar a posição original para aprofundar esse reconhecimento. O fato de nos sentirmos coagidos talvez resulte de nossa surpresa com as consequências desses princípios e critérios e com as implicações de nosso livre reconhecimento. Mas também é possível que, em vez disso, reafirmemos nossos juízos mais particulares e decidamos alterar a concepção de justiça proposta, com seus princípios e ideais, até que os juízos, em todos os níveis de generalidade, estejam por fim alinhados de uma forma refletida. É um erro supor que as concepções e os princípios gerais sempre prevalecem sobre nossos juízos mais particulares. Estes dois lados de nossa reflexão prática (para não falar dos níveis intermediários de generalidade) são complementares e devem ser ajustados um ao outro, de modo que passem a constituir uma visão coerente.

A atividade de abstração, portanto, não é gratuita, não se trata de abstração pela abstração. Em vez disso, é uma forma de levar adiante a discussão pública quando entendimentos compartilhados de menor generalidade colapsam. Devemos estar preparados para descobrir que, quanto mais profundo o conflito, maior o nível de abstração a que devemos chegar para ter uma visão clara e ordenada de suas raízes[49]. Como os conflitos na tradição democrática sobre a

---

49. Essa ideia está implícita na resenha de T. M. Scanlon do livro de Stuart Hampshire, *Morality and Conflict* (Cambridge, Mass.: Harvard Universi-

natureza da tolerância e sobre as bases de uma cooperação em pé de igualdade mostram-se persistentes, podemos supor que sejam profundos. Em virtude disso, para conectar esses conflitos àquilo que é familiar e básico, examinamos as ideias fundamentais implícitas na cultura política pública e procuramos revelar como os próprios cidadãos poderiam, após cuidadosa reflexão, querer conceber sua sociedade como um sistema equitativo de cooperação ao longo do tempo. Vendo-a nesse contexto, a formulação de concepções idealizadas, o que significa dizer abstratas, de sociedade e de pessoa, que estejam em sintonia com aquelas ideias fundamentais, é essencial para chegarmos a uma concepção política razoável de justiça.

---

ty Press, 1983), e de *Spheres of Justice*, de Michael Walzer, em *London Review of Books*, 5 de setembro de 1985, pp. 17 ss. Essa ideia estava desenvolvida de forma mais aprofundada na versão inicial da resenha antes de ter sido resumida, por problemas de espaço.

Conferência II
## As faculdades dos cidadãos e sua representação

Na primeira conferência, comecei dizendo que o liberalismo político trata de duas questões fundamentais. A primeira delas é: que concepção de justiça é mais apropriada para especificar os termos equitativos de cooperação social entre cidadãos considerados livres e iguais? E a segunda questão é: quais são, em termos gerais, os fundamentos da tolerância, dado o fato do pluralismo razoável, entendendo-o como um produto inevitável das faculdades da razão humana quando exercidas sob uma estrutura duradoura de instituições livres? Se combinarmos essas duas questões em uma só, teremos: como é possível existir, ao longo do tempo, uma sociedade justa e estável de cidadãos livres e iguais que se mantêm profundamente divididos por doutrinas religiosas, filosóficas e morais razoáveis?

Estas conferências apresentam os detalhes da resposta da seguinte maneira: a estrutura básica de tal sociedade é efetivamente regulada por uma concepção política de justiça, concepção esta que é objeto de um consenso sobreposto que pelos menos englobe as doutrinas abrangentes razoáveis professadas por seus cidadãos. Isso permite que a concepção política compartilhada sirva de base à razão pública nos debates sobre questões políticas, quando elementos constitucionais essenciais e questões de justiça básica estão em jogo (I, § 8.1).

As ideias do razoável e do racional e de doutrina abrangente razoável, importantes como são para um consenso sobreposto, desempenham papel central nessa resposta. Até agora, empreguei essas ideias sem muitas explicações. Cabe agora preencher essa lacuna, uma vez que são ideias difíceis, e a ideia do razoável, em particular, quer se aplique a pessoas, instituições ou doutrinas, com muita facilidade torna-se vaga e obscura. Tento mitigar essa lacuna fixando--me em dois aspectos fundamentais do razoável, entendido como uma virtude de pessoas engajadas na cooperação social entre iguais. A partir desses dois aspectos, explicito o conteúdo do razoável. E, em seguida, examino como isso cria uma base para a tolerância em uma sociedade caracterizada pelo pluralismo razoável. Uma vez que esses pontos tenham sido tratados (§§ 1-3), examino a forma como as faculdades morais do razoável e do racional dos cidadãos são modeladas na posição original, vista como um artifício de representação.

## § 1. O razoável e o racional

1. O que distingue o razoável do racional? Na linguagem cotidiana, percebemos que há uma diferença, e exemplos comuns revelam-na de imediato. Podemos dizer: "A proposta que fizeram era perfeitamente racional, dada a posição privilegiada de barganha de que dispunham, mas, a despeito disso, nada tinha de razoável e chegava mesmo a ser ultrajante." Em vez de definir o razoável diretamente, especifico dois de seus aspectos fundamentais como virtudes de pessoas[1].

---

1. A distinção entre o razoável e o racional remonta, acredito, a Kant: ela se expressa na distinção de Kant entre imperativo categórico e imperativo hipotético, em *Foundations* e em outros de seus textos. O primeiro representa a razão prática pura e o segundo, a razão prática empírica. Para os propósitos de uma concepção política de justiça, atribuo ao razoável um sentido mais restrito e a ele associo, primeiro, a disposição de propor e sujeitar-se a termos equitativos de cooperação e, segundo, a disposição de reconhecer os limites da capacidade de juízo e aceitar suas consequências. A distinção entre o razoável e o racional foi objeto de uma discussão geral e elucidativa feita, já há certo tem-

As pessoas são razoáveis em um aspecto fundamental quando, suponhamos que entre iguais, se dispõem a propor princípios e critérios que possam constituir termos equitativos de cooperação e quando se dispõem, voluntariamente, a submeter-se a eles, dada a garantia de que os outros farão o mesmo. Elas veem essas normas como aquelas que é razoável que todos aceitem e, em virtude disso, como justificáveis para todos e se dispõem a discutir os termos equitativos que outros proponham[2]. O razoável é um compo-

---

po, por W. M. Sibley em "The Rational Versus the Reasonable", *Philosophical Review* 62 (outubro de 1953): 554-60. Minha interpretação concorda com sua distinção fundamental, tal como sumariada na página 560: ao saber que as pessoas são racionais, não sabemos que fins procurarão realizar, sabemos somente que procurarão realizá-los de forma inteligente. Ao saber que as pessoas são razoáveis quando outros são afetados, sabemos que elas se dispõem a guiar sua conduta por um princípio a partir do qual elas e os outros podem raciocinar em conjunto; e pessoas razoáveis levam em conta as consequências de suas ações para o bem-estar de outros. A disposição de ser razoável não deriva do racional, nem se opõe a ele, mas é incompatível com o egoísmo, uma vez que está relacionada com a disposição de agir de forma moral. A definição que Sibley propõe do razoável, apesar de mais ampla, é consistente com aquela expressa pelos dois aspectos fundamentais de ser razoável que são mencionados no texto.

2. Acredito que ambos os aspectos do razoável (discutidos aqui e em §§ 2 e 3) estão intimamente vinculados ao princípio da motivação moral proposto por T. M. Scanlon. Esse princípio é um dos três princípios fundamentais de seu contratualismo, tal como se encontra formulado em "Contractualism and Utilitarianism", in *Utilitarianism and Beyond*, volume organizado por Amartya Sen e Bernard Williams (Cambridge: Cambridge University Press, 1982). Aqui não faço nenhuma tentativa de demonstrar essa conexão, só observo que o princípio de Scanlon é mais do que um princípio psicológico de motivação (embora também seja isso), uma vez que diz respeito à questão fundamental de por que, afinal de contas, devemos nos preocupar com a moralidade. O princípio responde a essa questão dizendo que temos um desejo fundamental de ser capaz de justificar as próprias ações a outros por razões que eles não poderiam razoavelmente rejeitar – "razoavelmente", isto é, dado o desejo de encontrar princípios que outros, motivados de modo similar, não poderiam razoavelmente rejeitar. Ver pp. 124 ss., 136 ss. Os dois aspectos do razoável como uma virtude de pessoas podem ser vistos como duas expressões correlatas desse desejo. Aceitar que há uma conexão entre os dois aspectos do razoável e o princípio de Scanlon significa incorporar essa forma de motivação na concepção de pessoas razoáveis que a justiça como equidade toma como ponto de partida. Fazer isso não explica essa motivação,

nente da ideia de sociedade como um sistema de cooperação equitativa, e é parte da ideia de reciprocidade a suposição de que esses termos equitativos devem ser aqueles que é razoável que todos aceitem. Como já disse (I, § 3.2), a ideia de reciprocidade encontra-se entre a de imparcialidade, que é altruísta (o bem geral constitui a motivação), e a de benefício mútuo, quando entendido no sentido de cada um ter de se beneficiar em relação à própria situação presente ou esperada, sendo as coisas como são.

Pessoas razoáveis – é isto o que estamos dizendo – não são motivadas pelo bem comum como tal, e sim desejam, como um fim em si mesmo, um mundo social em que elas, na condição de pessoas livres e iguais, possam cooperar com todos os demais em termos que todos possam aceitar. Elas insistem em que a reciprocidade prevaleça nesse mundo, de modo que cada pessoa se beneficie juntamente com as demais.

Em contraste, as pessoas não são razoáveis nesse mesmo aspecto mais básico quando planejam envolver-se em esquemas cooperativos, mas não estão dispostas a honrar, nem mesmo a propor, exceto como um expediente necessário de simulação pública, quaisquer princípios ou critérios gerais que especifiquem termos equitativos de cooperação. São aquelas que estão sempre prontas a violar esses termos de cooperação, quando as circunstâncias o permitem, segundo as próprias conveniências.

2. Agentes razoáveis e racionais em geral constituem as unidades de responsabilidade na vida social e política e

---

nem diz como ela surge. Para os propósitos limitados de oferecer uma interpretação da estabilidade, a psicologia moral examinada adiante, em § 7, pode bastar. Ver também *Teoria*, p. 478, em que se afirma que algo análogo a essa motivação surge ao se completar o desenvolvimento moral da moralidade de princípios. Mas o ponto a ressaltar é que, ao formular a justiça como equidade, contamos com o tipo de motivação que Scanlon toma como fundamental. Em § 7 adiante, caracterizo o desejo fundamental de ser capaz de justificar as próprias ações a outros por razões que eles não poderiam razoavelmente rejeitar como um desejo derivado de uma concepção política [*concept-dependent desire* (N. do T.)].

podem ser acusados pela violação de princípios e critérios razoáveis. Mas o racional é uma ideia distinta do razoável e se aplica a um agente único e unificado (quer se trate de um indivíduo ou de uma pessoa jurídica), dotado das faculdades de julgamento e deliberação, ao buscar realizar fins e interesses que são peculiarmente seus. O racional aplica-se ao modo como esses fins e interesses são adotados e promovidos, bem como à forma como são priorizados. Aplica-se também à escolha dos meios e, nesse caso, é guiado por princípios conhecidos, como optar pelos meios mais eficientes para os fins em questão ou selecionar a alternativa mais provável, permanecendo constantes as demais condições.

Mas agentes racionais não se limitam ao cálculo de adequação meios-fins, porque se veem obrigados a avaliar fins últimos de acordo com o significado que têm para o próprio plano de vida como um todo e segundo o modo como esses fins se coadunam e se complementam mutuamente. Agentes racionais tampouco são sempre autointeressados, isto é, seus interesses nem sempre se voltam para eles próprios. Todo interesse é um interesse de um eu (de um agente), mas nem todo interesse implica benefícios para o eu que o tem. Na verdade, agentes racionais podem ter todos os tipos de afeto por pessoas e de vínculos com comunidades e lugares, incluindo o amor à terra natal e à natureza, e podem selecionar e ordenar seus fins de várias maneiras.

O que agentes racionais não têm é a forma específica de sensibilidade moral que está por trás do desejo de se engajar na cooperação equitativa como tal e de fazê-lo em termos que se possa razoavelmente esperar que outros, na condição de iguais, aceitem. Não estou supondo que o razoável abranja a totalidade da sensibilidade moral, e sim que inclua a parte que tem relação com a ideia de cooperação social equitativa[3]. Quando seus interesses se restrin-

---

3. Falta às pessoas racionais aquilo que Kant denomina, em *Religion*, VI: 26, "a predisposição à personalidade moral", ou, no presente caso, a forma

gem a benefícios para si próprios, agentes racionais se tornam quase psicopatas.

3. Na justiça como equidade, o razoável e o racional são entendidos como duas ideias fundamentais distintas e independentes. São distintas no sentido de não haver a menor intenção de derivar uma da outra; em particular, não há a menor intenção de derivar o razoável do racional. Na história do pensamento moral, alguns tentaram fazer isso. São os que supõem que o racional é mais básico, pois quem não endossaria a ideia de racionalidade (ou uma delas, pois há diversas) tal como especificada por princípios tão familiares como os que foram mencionados antes? São os que supõem que, se o razoável puder ser derivado do racional, isto é, se determinados princípios de justiça puderem ser derivados das preferências, ou das decisões, ou de acordos de agentes meramente racionais em circunstâncias especificadas de modo adequado, então o razoável finalmente terá sido posto sobre uma base sólida. Uma resposta terá sido dada ao cético moral[4].

A justiça como equidade rejeita essa ideia. Ela não tem o propósito de derivar o razoável do racional. Na verdade, a tentativa de fazer isso sugere que o racional não é fundamental e que necessita de uma base que é dispensável ao racional. Da perspectiva da ideia de cooperação equitativa, o razoável e o racional são noções complementares. Cada uma delas constitui um elemento dessa ideia fundamental e se conecta à sua faculdade moral distintiva, respectivamente, à capacidade de um senso de justiça e de uma concepção do bem. Ambas operam em conjunto para especifi-

---

particular de sensibilidade moral que está subjacente à capacidade de ser razoável. O agente meramente racional, para Kant, só tem as predisposições à humanidade e à animalidade (para se valer de seus próprios termos); esse agente compreende o significado da lei moral, seu conteúdo conceitual, mas não é motivado por ela. Para um agente assim, a lei moral é apenas uma ideia curiosa.

4. *Morals by Agreement* (Oxford: Clarendon Press, 1986), de David Gauthier, é um exemplo dessa ideia.

car a ideia de termos equitativos de cooperação, levando em conta o tipo de cooperação social em questão, a natureza das partes e a posição de cada uma em relação às demais[5]. Como ideias complementares que são, nem o razoável nem o racional podem dispensar um ao outro. Agentes que fossem somente razoáveis não teriam fins próprios que desejassem realizar por meio da cooperação equitativa; e agentes que são somente racionais carecem de um senso de justiça e não conseguem reconhecer a validade independente das demandas de outros[6]. Somente como produto de uma filosofia ou de um objeto em que o racional desempenha um vasto papel (como na economia ou na teoria da escolha pública) alguém poderia achar necessário derivar o razoável do racional, movido pela suposição de que somente o último é inteligível. Parece provável que qualquer derivação plausível tenha de situar agentes racionais em circunstâncias sob as quais eles estarão sujeitos a determinadas condições apropriadas, condições estas que expressarão o razoável. Como vimos em I, § 4, no caso fundamental da cooperação na estrutura básica da sociedade, os representantes dos cidadãos, como agentes razoáveis e racionais, devem ser situados de uma forma razoável, isto é, de forma equitativa ou simétrica, sem que nenhum deles tenha vantagens de barganha em relação aos demais. Esta última condição é satisfeita por meio do véu de ignorância. Entender que a justiça como equidade estivesse tentando derivar o razoável do racional é uma interpretação equivocada da posição original[7].

---

5. A modelagem da posição original mostra como essas duas noções operam em conjunto.

6. Isso não significa negar que agentes racionais, levando em conta lealdades ou vínculos especiais, pudessem reconhecer as pretensões de outros, mas eles não as reconheceriam como tendo uma validade independente desses vínculos especiais.

7. Corrijo aqui uma afirmação que aparece em *Teoria*, p. 16, segundo a qual a teoria da justiça é uma parte da teoria da escolha racional. Com base no que acabamos de dizer, isso é simplesmente incorreto. O que deveria ter sido dito é que a interpretação das partes e de seu modo de raciocinar se vale

Talvez não seja possível demonstrar que o razoável não pode ser derivado do racional. Uma proposição negativa dessa natureza é simplesmente uma conjectura. O melhor que se pode fazer é mostrar que as tentativas sérias (a de Gauthier é um exemplo) de derivar o razoável do racional não são bem-sucedidas e, quando parecem sê-lo, é porque em algum ponto se apoiam em condições que expressam o próprio razoável. Se forem corretas, estas observações mostram que, na filosofia, não é de esperar que as questões que se apresentam no nível mais fundamental sejam resolvidas com argumentos conclusivos. O que é óbvio para algumas pessoas, e é aceito por elas como uma ideia fundamental, é ininteligível para outras. A forma de resolver o problema é considerar, após cuidadosa ponderação, qual é a visão que, ao ser inteiramente desenvolvida, oferece a interpretação mais coerente e persuasiva. Sobre isso, não há dúvida nenhuma, os juízos diferem.

4. Outra diferença fundamental entre o razoável e o racional é que o razoável é público de uma forma que o racional não é[8]. Isto significa que é pelo razoável que entramos no mundo público de outros e nos dispomos a propor ou a aceitar, conforme o caso, termos equitativos de cooperação com eles. Estes termos, formulados como princípios, especificam as razões que devemos compartilhar e reconhecer publicamente uns perante os outros como a base de nossas relações sociais. Se formos razoáveis, nos disporemos a instituir aquela estrutura para o mundo social público que é razoável esperar que todos possam endossar e agir em conformidade

---

da teoria da escolha racional, embora apenas de forma intuitiva. Essa teoria é, ela mesma, parte de uma concepção política de justiça, uma concepção que propõe uma interpretação de princípios razoáveis de justiça. Não há a menor pretensão de derivar esses princípios do conceito de racionalidade, tomando-o como o único conceito normativo. Acredito que o texto de *Teoria* como um todo oferece apoio para essa interpretação.

8. Samuel Freeman enfatiza esse ponto em sua esclarecedora discussão em "Reason and Agreement in Social Contract Views", *Philosophy and Public Affairs* 19 (primavera 1990): 141-7.

com ela, desde que se possa confiar em que os outros farão o mesmo. Se não pudermos confiar neles, será irracional, ou uma forma de autossacrifício, agir com base nesses princípios. Sem um mundo público estabelecido, o razoável pode ser suspenso e posto, em grande medida, junto com o racional, ainda que o razoável sempre obrigue *in foro interno*, para utilizar a expressão de Hobbes.

Finalmente, como vimos, o razoável (com sua ideia de reciprocidade) não é o mesmo que o altruístico (que se aplica à conduta imparcial exclusivamente em benefício de outros), nem é o mesmo que uma preocupação exclusiva com o eu (e ser motivado somente pelos fins e afetos do eu). Em uma sociedade razoável, que de forma muito simplificada pode ser compreendida como uma sociedade de iguais em questões fundamentais, todos têm os próprios fins racionais, que esperam realizar, e todos estão dispostos a propor termos equitativos que possam razoavelmente esperar que outros aceitem, de modo que todos possam se beneficiar e ganhar em relação àquilo que cada um poderia fazer por conta própria. Essa sociedade razoável não é nem uma sociedade de santos, nem uma sociedade de pessoas autocentradas. É, em grande medida, parte de nosso mundo humano ordinário, não um mundo que consideramos de tanta virtude que acabamos por nos ver fora dele, mas que não está fora do nosso alcance, pois a faculdade moral que se encontre por trás da capacidade de propor ou de aceitar, e depois de ser motivado a agir em conformidade com os termos equitativos de cooperação, de todo modo constitui, por si mesma, uma virtude social essencial.

## § 2. Os limites da capacidade de juízo

1. O primeiro aspecto fundamental do razoável é, portanto, a disposição de propor termos equitativos de cooperação e de cumpri-los, desde que os outros também o façam. O segundo aspecto fundamental, que passo a exami-

nar, é a disposição de reconhecer os limites da capacidade de juízo e de aceitar suas consequências para o uso da razão pública, para guiar o legítimo exercício do poder político em uma democracia constitucional.

Recordemos que, na primeira conferência (I, § 6), apontamos dois fatos gerais sobre a cultura pública de um regime constitucional: o fato do pluralismo razoável e o fato de que essa diversidade só pode ser superada mediante o uso opressivo do poder estatal. Esses fatos exigem explicações. Por que instituições livres conduziriam ao pluralismo razoável e por que o poder estatal seria necessário para suprimi-lo? Por que nosso esforço consciencioso de argumentar uns com os outros não leva a um acordo razoável? Isso parece ocorrer nas ciências naturais, pelo menos no longo prazo.

Existem, evidentemente, muitas explicações. Poderíamos supor, por exemplo, que a maioria das pessoas tem pontos de vista que promovem seus interesses próprios mais estreitos e que, como seus interesses diferem uns dos outros, esses pontos de vista também diferem. Ou talvez as pessoas com frequência sejam irracionais e não muito inteligentes, o que, somado a erros lógicos, leva a opiniões divergentes. Mas embora essas explicações possam explicar muito, são fáceis demais e não são do tipo que estamos procurando. O que queremos saber é como o desacordo razoável é possível, pois trabalhamos sempre, de início, a partir da teoria ideal. Por isso perguntamos: como um desacordo razoável pode surgir?

2. Uma explicação é a seguinte: digamos que o desacordo razoável é um desacordo entre pessoas razoáveis, isto é, entre pessoas que desenvolveram suas duas capacidades morais fundamentais em um grau suficiente para serem cidadãos livres e iguais de um regime constitucional e que têm o desejo persistente de acatar os temos equitativos de cooperação e de ser membros plenamente cooperativos da sociedade. Dadas as suas capacidades morais, compartilham de uma razão humana comum e de capacidades se-

melhantes de pensamento e de juízo: conseguem realizar inferências, avaliar evidências e ponderar considerações conflitantes.

A ideia de desacordo razoável envolve uma visão das fontes ou das causas da discordância entre pessoas razoáveis assim concebidas. A essas fontes refiro-me como os limites da capacidade do juízo[9]. A interpretação desses limites deve ser inteiramente compatível com a razoabilidade daqueles que divergem e, por conseguinte, não pode impugnar essa razoabilidade. Mas nesse caso, o que dá errado? Uma explicação do tipo certo é que as fontes do desacordo razoável – os limites da capacidade de juízo – entre pessoas razoáveis encontram-se entre as muitas contingências que fazem parte do exercício correto (e consciencioso) de nossas faculdades de razão e juízo no curso normal da vida política.

Como seres razoáveis e racionais, temos de fazer diferentes tipos de julgamento. Como seres racionais, devemos equilibrar nossos diferentes fins e avaliar o lugar apropriado de cada um deles em nosso modo de vida, e fazer isso nos confronta com as sérias dificuldades de realizar julgamentos corretos de racionalidade. Por outro lado, como seres razoáveis, temos de avaliar a força das demandas das pessoas, não somente em contraposição às nossas, mas entre si, ou em relação a nossas práticas e instituições comuns, e tudo isso suscita dificuldades para fazermos juízos razoáveis e válidos. Além disso, há o razoável que se aplica a nossas crenças e sistemas de pensamento e o razoável que avalia o uso que fazemos de nossa capacidade teórica (e não prática ou moral), e com respeito a isso também nos defrontamos com os tipos correspondentes de dificuldade. Precisamos ter em mente esses três tipos de juízo, com seus limites característicos.

---

9. A ideia dos limites da capacidade do juízo [*burdens of judgement* (N. do T.)] não deve ser confundida com a ideia do ônus da prova[*burden of proof* (N. do T.)] em litígios legais, que diz respeito a saber, por exemplo, se o ônus da prova deve recair sobre o querelante ou sobre o réu.

3. Exceto no que se refere às duas últimas fontes citadas a seguir, aquelas que menciono não são peculiares ao razoável e ao racional em seu uso moral e prático. Os itens (a) a (d) aplicam-se sobretudo aos usos teóricos de nossa razão. Além disso, a lista que apresento não é exaustiva, compreende apenas as fontes mais óbvias.

a. As evidências – empíricas e científicas – que se apresentam no caso são conflitantes e complexas e, por isso, difíceis de verificar e avaliar.
b. Mesmo quando concordamos inteiramente com os tipos de consideração que são relevantes, podemos discordar a respeito de sua importância relativa e, assim, chegar a juízos diferentes.
c. Em certa medida, todos os nossos conceitos, e não só os conceitos morais e políticos, são vagos e sujeitos a casos difíceis. Esta indeterminação significa que devemos nos ater a juízos e interpretações (e a juízos sobre interpretações) que se encontrem em um leque de variação (que não é possível especificar de forma precisa) dentro do qual pessoas razoáveis podem divergir.
d. Em alguma medida (cuja magnitude não podemos fixar), a maneira como avaliamos as evidências e como pesamos valores morais e políticos está condicionada pela totalidade de nossa experiência, por toda a vida que levamos até o momento, e a totalidade de nossas experiências sempre difere. Assim, em uma sociedade contemporânea, com seus inúmeros cargos e posições, suas variadas divisões de trabalho, seus muitos grupos sociais e sua diversidade étnica, as experiências totais dos cidadãos são suficientemente díspares para que seus juízos sejam divergentes, ao menos em certo grau, em relação a muitos, quando não à maioria dos casos que tenham significativo grau de complexidade.
e. É frequente haver diferentes tipos de considerações normativas de força diversa em ambos os lados

de uma controvérsia e é difícil fazer uma avaliação global[10].

f. Por último, como observamos ao fazer referência ao ponto de vista de Berlin (V, § 6.2), todo sistema de instituições sociais é limitado nos valores que pode admitir, de modo que alguma seleção, dentre toda a gama de valores políticos e morais que poderiam ser realizados, tem de ser feita. Isso se deve ao fato de que todo sistema de instituições tem, por assim dizer, um espaço social limitado. Ao nos vermos forçados a escolher entre valores que prezamos, ou quando nos prendemos a vários e nos vemos obrigados a restringir cada um deles em vista das exigências dos demais, enfrentamos grandes dificuldades para estabelecer prioridades e fazer ajustes. Pode nos parecer que muitas das árduas decisões desse tipo não têm uma resposta clara.

4. Isso basta para explicar algumas das fontes de dificuldades que surgem para chegar a um acordo no que se

---

10. Evidentemente, essa fonte de desacordo poderia ser descrita a partir de uma doutrina moral abrangente, na linha sugerida por Nagel, ao afirmar que existem conflitos fundamentais de valor com relação aos quais parece haver razões (normativas) decisivas e suficientes para dois ou mais cursos de ação incompatíveis; e, apesar disso, alguma decisão precisa ser tomada. Além do mais, diz ele, essas razões não podem ser equilibradas no mesmo plano, de maneira que é muito importante o curso de ação adotado. A ausência de equilíbrio no mesmo plano ocorre porque, nesses casos, os valores não podem ser comparados: cada um deles é especificado por uma entre várias perspectivas irredutivelmente diferentes dentro das quais surgem os valores. Isso se aplica, em particular, às perspectivas que especificam obrigações, direitos, utilidades, fins perfeccionistas e compromissos pessoais. Em outras palavras, esses valores têm diferentes fundamentos, e este fato se reflete em suas diferentes características formais. Esses conflitos fundamentais revelam o que Nagel considera como a fragmentação dos valores. Ver o ensaio com o mesmo título em *Mortal Questions* (Cambridge: Cambridge University Press, 1979), pp. 128-41. A discussão de Nagel não é implausível, mas uma concepção política procura evitar, na medida do possível, teses filosóficas controvertidas e busca oferecer uma interpretação dos limites da capacidade de juízo que se apoia em fatos concretos e acessíveis a todos. Para nossos propósitos, é suficiente afirmar o ponto (e).

refere a juízos, fontes compatíveis com a plena razoabilidade daqueles que julgam. Ao destacar essas seis fontes – esses limites da capacidade de juízo –, não queremos dizer, evidentemente, que preconceitos e predisposições, interesses pessoais e de grupos, a cegueira e a obstinação não desempenhem um papel por demais conhecido na vida política. Mas essas fontes de desacordo não razoável se encontram em nítido contraste com aquelas que são compatíveis com a suposição de que todos são plenamente razoáveis.

As doutrinas religiosas e filosóficas expressam visões de mundo e de nossa vida uns com os outros, individual e coletivamente, como um todo. Nossos pontos de vista individuais e associativos, afinidades intelectuais e vínculos afetivos são por demais diversificados, sobretudo em uma sociedade livre, para que essas doutrinas possam servir de fundamento para um acordo duradouro e razoável. Diferentes concepções de mundo podem ser elaboradas de forma razoável a partir de diferentes pontos de vista, e a diversidade surge, em parte, de nossas perspectivas distintas. É pouco realista – ou pior ainda, desperta suspeita e hostilidade mútuas – supor que todas as nossas diferenças se originam somente da ignorância e da perversidade, ou de rivalidades por poder, *status* ou benefício econômico.

Essas observações levam a um quinto fato geral[11], que podemos formular do seguinte modo: muitos de nossos juízos mais importantes são alcançados em condições nas quais não se deve esperar que pessoas conscienciosas, no uso pleno de suas faculdades da razão, mesmo depois de discussão livre, cheguem à mesma conclusão. Alguns juízos razoáveis divergentes (são especialmente importantes aqueles que pertencem às doutrinas abrangentes das pessoas) podem ser verdadeiros, outros, falsos, e é até mesmo possível que todos sejam falsos. Esses limites da capacidade de juízo são da maior importância para uma noção democrática de tolerância.

---

11. Os primeiros quatro estão enunciados em I, § 6.

## § 3. Doutrinas abrangentes razoáveis

1. O segundo aspecto fundamental de nossa condição de seres razoáveis diz respeito, como já disse, ao reconhecimento e à disposição de aceitar as consequências dos limites da capacidade de juízo. Agora procurarei demonstrar como esse aspecto limita o alcance daquilo que pessoas razoáveis acreditam que pode ser justificado a outros e como leva a uma forma de tolerância e dá consistência à ideia de razão pública (VI).

Suponha-se, primeiro, que pessoas razoáveis só professem doutrinas abrangentes razoáveis[12]. Precisamos, então, de uma definição de tais doutrinas. Elas têm três traços centrais. Um deles é que uma doutrina razoável é um exercício de razão teórica. Organiza e caracteriza valores reconhecidos, de modo que sejam compatíveis entre si e expressem uma visão de mundo inteligível. Cada doutrina faz isso de maneiras que a distinguem das outras, por exemplo, conferindo a determinados valores uma primazia e um peso especiais. Ao selecionar os valores que são considerados especialmente significativos e ao equilibrá-los de certa maneira quando conflitam entre si, uma doutrina abrangente razoável é também um exercício de razão prática. Tanto a razão teórica como a prática (incluindo, do modo apropriado, o racional) são utilizadas em conjunto para sua formulação. Por último, uma terceira característica é que, embora uma visão abrangente razoável não seja necessariamente algo fixo e imutável, em geral faz parte de uma tradição de pensamento e doutrina, ou deriva dessa tradição. Apesar de ser estável ao longo do tempo, tende a evoluir lentamente à luz daquilo que, de seu ponto de vista, se consideram razões boas e suficientes.

---

12. Como disse na Introdução, devo a Wilfried Hinsch a observação de que o liberalismo político precisa utilizar em sua formulação uma noção de doutrina abrangente razoável. Para a interpretação de Hinsch dessa noção, ver § III de sua Introdução a uma tradução de meu *Gesammelte Aufsätze 1978-1989* (Frankfurt am Main: Suhrkamp, 1992).

Essa definição de doutrinas abrangentes e razoáveis é deliberadamente maleável. Evitamos excluir doutrinas como não razoáveis, a não ser que haja razões fortes para tanto, que estejam claramente fundamentadas em aspectos do próprio razoável. De outro modo, nossa definição correria o risco de se tornar arbitrária e exclusivista. O liberalismo político considera razoáveis muitas das doutrinas conhecidas e tradicionais – religiosas, filosóficas e morais –, ainda que não possamos considerá-las seriamente para nós mesmos, por julgarmos que conferem peso excessivo a alguns valores e não reconhecem a importância de outros. No entanto, não necessitamos de um critério mais rigoroso para os propósitos do liberalismo político[13].

2. A consequência evidente dos limites da capacidade de juízo é que as pessoas razoáveis não professam todas elas a mesma doutrina abrangente. Além disso, também reconhecem que todas as pessoas, sem exceção, incluindo elas próprias, estão sujeitas a esses limites e que há muitas doutrinas razoáveis que têm aceitação, mesmo não sendo possível que todas sejam verdadeiras (e mesmo sendo possível que nenhuma delas seja verdadeira). A doutrina que uma pessoa razoável aceita não é senão uma dentre outras doutrinas razoáveis. Ao aceitá-la, essa pessoa acredita, evidentemente, que é verdadeira, ou pelo menos razoável, conforme o caso.

Portanto, de modo geral, não é desarrazoado aceitar qualquer uma de uma variedade de doutrinas abrangentes razoáveis[14]. Reconhecemos que nossa própria doutrina não

---

13. Não há dúvida de que as próprias doutrinas abrangentes, quando apresentam suas razões na cultura de fundo, necessitam de critérios muito mais rigorosos de razoabilidade e de verdade. Dentro dessa cultura, podemos considerar inteiramente desarrazoadas, ou falsas, muitas das doutrinas que, de acordo com o critério proposto no texto, temos de considerar razoáveis. Devemos entender esse critério como aquele que estabelece as condições mínimas apropriadas aos objetivos do liberalismo político. Sou grato a Erin Kelly por haver me assinalado esse ponto.

14. Em um caso específico, é claro que uma pessoa pode professar uma doutrina razoável de forma desarrazoada, por exemplo, de maneira capricho-

tem nem pode ter nenhuma pretensão em relação às pessoas em geral, além do julgamento que elas próprias possam constituir dos méritos dessa doutrina. Aqueles que professam doutrinas diferentes da nossa, admitimos, também são razoáveis, e certamente não são desarrazoados. Como existem muitas doutrinas razoáveis, a ideia do razoável não exige de nós, ou das demais pessoas, a crença em uma doutrina específica, ainda que possamos professá-la. Quando damos um passo além do reconhecimento da razoabilidade de uma doutrina e afirmamos nossa crença nela, nem por isso nos tornamos não razoáveis.

3. Além disso, pessoas razoáveis considerarão que não é razoável empregar o poder político, se dispuserem dele, para reprimir visões abrangentes que não são desarrazoadas, embora sejam diferentes da sua visão. Isto porque, dado o fato do pluralismo razoável, não há, na cultura pública de uma sociedade democrática, uma base pública e compartilhada de justificação que se aplique a doutrinas abrangentes. Mas seria preciso dispor de tal base para assinalar a diferença, de formas aceitáveis para um público razoável, entre crenças abrangentes como tais e crenças abrangentes verdadeiras[15].

Como muitas doutrinas são consideradas razoáveis, aqueles que insistem, quando questões políticas fundamentais estão em jogo, naquilo que julgam verdadeiro, mas que outros não veem assim, a estes outros parece que os primeiros simplesmente insistem em impor suas crenças, quando têm o poder político para fazê-lo. Obviamente, aqueles que insistem em suas crenças também pensam que só elas po-

---

sa ou cega. Isso não torna a doutrina como tal não razoável. Uma doutrina razoável é aquela que se pode afirmar de forma razoável.

15. Minha dívida aqui é grande para com Thomas Nagel, "Moral Conflict and Political Legitimacy", *Philosophy and Public Affairs* 17 (verão 1987): 227-37, em que se expõem de forma mais elaborada esses pontos, que são retomados, com algumas revisões, em seu livro *Partiality and Equality* (Oxford: Oxford University Press, 1991), capítulo 14. Minha dívida se estende também a Joshua Cohen, "Moral Pluralism and Political Consensus".

dem ser verdadeiras. Impõem-nas porque, dizem, são verdadeiras, e não porque sejam suas crenças[16]. Mas essa é uma afirmação que todos poderiam fazer. Trata-se, além disso, de uma afirmação que ninguém teria como defender perante os cidadãos em geral. Desse modo, quando fazemos afirmações desse tipo, os outros, que são eles próprios razoáveis, nos verão como não razoáveis. E de fato o somos, já que nos dispomos a empregar o poder estatal, a coerção coletiva dos cidadãos iguais, para impedir o restante da cidadania de professar suas visões não desarrazoadas.

Para concluir: as pessoas razoáveis percebem que os limites da capacidade de juízo colocam restrições àquilo que pode razoavelmente ser justificado a outros e, por isso, subscrevem alguma forma de liberdade de consciência e a liberdade de pensamento. Não é razoável que empreguemos o poder político, se dispomos dele ou o compartilhamos com outros, para reprimir doutrinas abrangentes que não são desarrazoadas.

4. Para reiterar essa conclusão, vejamos a questão de outro ponto de vista e afirmemos: os cidadãos, em sua condição de livres e iguais, têm uma participação igual no poder político e coercitivo coletivo da sociedade e todos estão igualmente sujeitos aos limites da capacidade de juízo. Não há razão, portanto, para qualquer cidadão ou associação de cidadãos ter o direito de empregar o poder coercitivo do Estado para decidir questões que dizem respeito a elementos constitucionais essenciais ou questões de justiça básica, segundo as determinações da doutrina abrangente desse cidadão ou dessa associação de cidadãos. Pode-se expressar isso da seguinte forma: quando igualmente representados na posição original, nenhum representante dos cidadãos poderia outorgar a qualquer outra pessoa, ou associa-

---

16. Na edição em capa dura, citei Bossuet dizendo: "Tenho o direito de persegui-los porque eu estou certo e vocês, errados." Descobri, no entanto, que essa era apenas uma interpretação do pensamento de Bossuet por Preserved Smith em seu *History of Modern Culture* (Nova York: Henry Holt, 1932--34), p. 556 do vol. II. Agradeço a Alyssa Bernstein por ter descoberto meu erro.

ção de pessoas, a autoridade política para fazer isso. Tal autoridade é destituída de fundamento na razão pública. O que se deve propor, em vez disso, é uma forma de tolerância e de liberdade de pensamento que seja coerente com a argumentação precedente.

Observe-se que, nessa argumentação, ser razoável não é uma ideia epistemológica (embora tenha elementos epistemológicos). Trata-se, mais precisamente, de um ideal político de cidadania democrática que inclui a ideia de razão pública. O conteúdo desse ideal compreende aquilo que cidadãos livres e iguais podem razoavelmente exigir uns dos outros com respeito às suas visões abrangentes razoáveis. Eles não podem, nesse caso, exigir nada que seja contrário àquilo que as partes, em sua condição de representantes na posição original, poderiam outorgar. Assim, não podem, por exemplo, aceitar que todos tenham de professar uma visão abrangente específica. Como observo adiante (VI, § 4.4), isso significa que as diretrizes e procedimentos da razão pública são entendidos como aqueles que poderiam ser selecionados na posição original e que pertencem a uma concepção política de justiça. Como disse antes (§ 1.4), o razoável, em contraste com o racional, leva em conta o mundo público de outros[17]. A posição original, como artifício de representação, nos ajuda a mostrar como isso acontece.

5. Acrescentarei mais dois comentários. O primeiro diz respeito ao ceticismo que a interpretação dos limites da capacidade de juízo pode sugerir. Como o ceticismo deve ser evitado para que um consenso sobreposto de doutrinas razoáveis seja possível, não se deve entender a interpretação desses limites como um argumento cético. Argumentos desse tipo oferecem uma análise filosófica das condições do

---

17. As diretrizes da razão pública, quando as entendemos como propostas pelas partes na posição original, podem ser vistas como categorias que fazem parte do primeiro aspecto do razoável: essas diretrizes constituem princípios propostos como termos equitativos de cooperação social para guiar a razão pública, termos aos quais nos dispomos a nos sujeitar desde que os outros também o façam.

conhecimento; por exemplo, do mundo exterior dos objetos. Após examinar nossos métodos ordinários de investigação, chegamos à conclusão, nesses argumentos, de que não podemos conhecer tais objetos, porque uma ou mais das condições necessárias do conhecimento nunca poderão ser satisfeitas. Descartes e Hume disseram isso, cada qual à sua maneira[18].

A interpretação dos limites da capacidade de juízo não faz nada disso. Simplesmente faz uma lista das circunstâncias que tornam o acordo político nos juízos, sobretudo nos juízos sobre doutrinas abrangentes, muito mais difícil de alcançar. Essa dificuldade é corroborada pela experiência histórica, pelos séculos de conflitos sobre crenças religiosas, filosóficas e morais. O liberalismo político não coloca em questão que muitos julgamentos morais e políticos de determinadas categorias sejam corretos e considera muitos deles razoáveis, nem põe em questão a possível veracidade de profissões de fé. Acima de tudo, não sustenta que devemos ser hesitantes ou inseguros, muito menos céticos, com relação a nossas próprias crenças. O que devemos reconhecer, isso sim, é a impossibilidade prática de alcançar um acordo político razoável e praticável quando o que está em questão é o juízo sobre a veracidade de doutrinas abrangentes, sobretudo um acordo que possa servir, por exemplo, ao propósito político de garantir a paz e a concórdia em uma sociedade caracterizada por diferenças religiosas e filosóficas. O alcance limitado dessa conclusão tem um significado especial. Um regime constitucional não requer um acordo acerca de uma doutrina abrangente: o fundamento da sua unidade social encontra-se em outros elementos.

---

18. Ver Barry Stroud, *The Significance of Philosophical Skepticism* (Oxford: Clarendon Press, 1984), para um exame meticuloso do ceticismo filosófico e do alcance de seus argumentos. O ponto de vista de Descartes é examinado no capítulo 1 e em outras partes do livro. Uma breve comparação com Hume, que mostra a similaridade de seu ponto de vista com o de Descartes, pode ser encontrada nas pp. 105-11, no contexto de uma discussão de G. E. Moore.

6. Um segundo comentário envolve a distinção importante, mencionada pela primeira vez em I, § 6.2, entre o fato do pluralismo como tal e o fato do pluralismo razoável. Não surpreende que uma democracia seja caracterizada pelo fato do pluralismo como tal, pois sempre existem inúmeras visões não razoáveis[19]. Mas que também existam muitas doutrinas abrangentes razoáveis professadas por pessoas razoáveis pode parecer surpreendente, pois gostamos de pensar que a razão leva à verdade e de pensar a verdade como uma só.

A questão que agora se apresenta é saber se essa distinção entre o fato do pluralismo como tal e o fato do pluralismo razoável afeta a exposição da justiça como equidade. A primeira consideração é a seguinte: precisamos ter em mente os dois estágios da exposição. No primeiro estágio, formulamos a justiça como equidade como uma concepção que se sustenta por si mesma, como uma interpretação de uma concepção política de justiça que se aplica em primeira instância à estrutura básica e que articula dois tipos de valores políticos, os da justiça política e aqueles da razão pública (VI, § 4.1). Como a ideia de um consenso sobreposto só é introduzida no segundo estágio, quando se examina a questão da estabilidade, nosso problema no primeiro estágio consiste em saber se a distinção entre as duas formas de pluralismo é relevante. Faz alguma diferença que as partes pressuponham a existência do pluralismo como tal ou do pluralismo razoável?

A resposta tem uma importância crucial: os mesmos princípios de justiça são escolhidos em ambos os casos. As partes sempre devem garantir os direitos e liberdades fundamentais daqueles a quem representam. Se supuserem que o pluralismo razoável prevalece (I, § 6.2), saberão que

---

19. A existência de doutrinas que rejeitam uma ou mais liberdades democráticas é em si mesma um fato permanente da vida, ou assim parece ser. Isso nos impõe a tarefa prática de contê-las – como se contém uma guerra ou uma doença –, de modo que não subvertam a justiça política.

a maior parte dessas liberdades pode já estar garantida no estado de coisas vigente, mas mesmo que pudessem contar com isso, escolheriam, por razões de publicidade, os dois princípios de justiça, ou princípios similares. Além disso, em sua escolha de princípios, devem expressar a concepção política que consideram mais condizente com os interesses fundamentais dos cidadãos que representam. Por outro lado, se supuserem que o pluralismo como tal é o que prevalece e que, por conseguinte, pode haver doutrinas abrangentes que suprimiriam, se possível, as liberdades de consciência e de pensamento, as considerações precedentes tornam-se ainda mais imperativas. Portanto, no primeiro estágio, o contraste entre os dois pluralismos não afeta o conteúdo da justiça como equidade.

Podemos supor qualquer um dos dois fatos como apropriado. Para sustentar que a justiça como equidade tem grande alcance, as partes supõem que o pluralismo como tal é o que prevalece. Para dizer que o conteúdo da justiça como equidade não é influenciado pela existência da desrazão, isto é, pela existência de doutrinas abrangentes não razoáveis, as partes supõem que o pluralismo razoável é o que se verifica. Ter o mesmo conteúdo em ambos os casos mostra tanto que a justiça como equidade tem amplo alcance quanto que seus princípios não são determinados pela desrazão.

7. E o que dizer do segundo estágio? A ideia de um consenso sobreposto só é introduzida neste estágio porque a questão da estabilidade não se apresenta até que os princípios de justiça tenham sido provisoriamente selecionados. Temos, então, de verificar se, ao serem colocadas em prática, instituições justas, tais como especificadas por esses princípios, conseguem obter apoio suficiente. Como vimos em I, § 6, o problema da estabilidade em uma sociedade democrática requer que a concepção política dessa sociedade possa ser objeto de um consenso sobreposto de doutrinas razoáveis que possam apoiar um regime constitucional. Precisamos demonstrar como um consenso so-

breposto acerca de uma concepção política de justiça, ou acerca de partes dela, como um princípio de tolerância, pode inicialmente se constituir.

Como isso pode ocorrer, é algo que examino em IV, §§ 6-7. E quando isso se verifica, então, de acordo com a definição de tal consenso, a concepção política é apoiada por uma pluralidade de doutrinas abrangentes razoáveis que persistem ao longo do tempo e que mantêm um número considerável de adeptos. Visões que suprimiriam por completo os direitos e liberdades fundamentais subscritos pela concepção política, ou que os suprimiriam em parte – por exemplo, a liberdade de consciência –, podem realmente existir, pois sempre haverá doutrinas como essas. Mas elas podem não ter força suficiente para colocar em risco a justiça substantiva do regime. Tal é nossa expectativa, mas sobre isso nenhuma garantia pode haver.

E se ocorrer de os princípios de justiça como equidade não conseguirem obter o apoio de doutrinas razoáveis, de modo que a defesa da estabilidade não tenha êxito? Nesse caso, a justiça como equidade, da maneira como a formulamos, se veria em dificuldades. Teríamos de examinar se alterações aceitáveis nos princípios de justiça tornariam a estabilidade possível, ou se de fato é possível que haja estabilidade para qualquer concepção democrática que seja. Não me aprofundo nessa questão, mas suponho, com base em uma variedade de considerações plausíveis, que o argumento a favor da estabilidade da justiça como equidade, ou de uma concepção similar, pode ser bem-sucedido.

### § 4. A condição de publicidade: seus três níveis

1. Uma sociedade bem-ordenada, como definida em I, § 6, é regulada por uma concepção pública e efetiva de justiça. Como desejamos que a ideia de tal sociedade seja adequadamente realista, supomos que exista nas circunstâncias da justiça. Essas circunstâncias são de dois tipos: pri-

meiro, existem as circunstâncias objetivas de escassez moderada; segundo, as circunstâncias subjetivas da justiça. Estas últimas correspondem, em geral, ao fato do pluralismo como tal, embora, em uma sociedade bem-ordenada de justiça como equidade, elas compreendam o fato do pluralismo razoável. Este último fato e sua possibilidade é o que devemos tratar de entender.

A ideia de publicidade, tal como é entendida pela justiça como equidade, apresenta três níveis, que podem ser descritos da seguinte maneira:

O primeiro nível já foi mencionado em I, § 6. Esse nível é alcançado quando a sociedade é efetivamente regulada por princípios públicos de justiça. Os cidadãos aceitam esses princípios, e sabem que os demais também os aceitam, e esse conhecimento, por sua vez, é publicamente reconhecido. Além disso, as instituições da estrutura básica da sociedade são justas (tal como esses princípios definem), e todos os que são dotados de razão reconhecem isso. Eles o fazem com base em crenças publicamente compartilhadas, que são confirmadas por métodos de investigação e formas de argumentação que em geral são aceitos como apropriados para questões de justiça política.

O segundo nível de publicidade diz respeito às crenças gerais, à luz das quais os princípios primeiros de justiça podem, eles mesmos, ser aceitos, isto é, as crenças gerais sobre a natureza humana, sobre a forma como as instituições sociais e políticas em geral funcionam e, certamente, todas as crenças que são relevantes para a justiça política. Os cidadãos de uma sociedade democrática estão basicamente de acordo acerca dessas crenças, já que elas podem ser corroboradas (como no primeiro nível) por métodos de investigação e formas de argumentação que são publicamente compartilhados. Como se verá em VI, § 4, suponho que esses métodos sejam familiares ao senso comum e incluam os procedimentos e as conclusões da ciência e do pensamento social quando se encontram bem estabelecidos e não são controvertidos. São exatamente essas crenças gerais, que refletem os pontos de vista públicos correntes em uma sociedade bem-ordenada, que nós – isto é, você e eu, que estamos dando forma à justiça como equidade (I, § 4.6) – atribuímos às partes na posição original.

O terceiro e último nível de publicidade tem relação com a justificação plena da concepção pública de justiça tal como se apresenta nos próprios termos dessa concepção. Essa justificação inclui tudo o que possamos dizer – você e eu – ao formularmos a justiça como equidade e ao refletirmos sobre o porquê de procedermos de uma forma e não de outra. Nesse nível, suponho que tal justificação plena também seja publicamente reconhecida, ou melhor, pelo menos publicamente acessível. Essa condição mais fraca (a de que a justificação plena esteja disponível) admite a possibilidade de que alguns não queiram levar tão longe a reflexão filosófica sobre a vida política e, certamente, não se exige de ninguém que o faça. Mas caso os cidadãos desejem fazê-lo, a justificação plena encontra-se presente na cultura pública, refletida em seu sistema jurídico e em suas instituições políticas, e nas principais tradições históricas de sua interpretação.

2. Estipulemos que uma sociedade bem-ordenada satisfaz todos os três níveis de publicidade, de modo que aquilo que podemos denominar "condição de publicidade plena" encontra-se satisfeita. (Reservo o adjetivo "pleno" para os aspectos da concepção de justiça de uma sociedade bem-ordenada.) Essa condição plena pode parecer demasiado forte, mas é adotada por ser apropriada a uma concepção política de justiça para cidadãos razoáveis e racionais que são livres e iguais. A condição pode ser menos válida para as doutrinas abrangentes de modo geral, mas se e como se aplica a elas, isto permanece em aberto, como uma questão distinta.

Neste ponto é relevante observar que a sociedade política é singular de duas maneiras. Como discuto em IV, § 1.2, o político especifica uma relação entre pessoas dentro da estrutura básica da sociedade, uma sociedade que supomos ser fechada: é autossuficiente e não tem relações com outras sociedades (I, §§ 2.1 e 7.1). Só entramos nela pelo nascimento e dela só saímos ao morrer. O outro aspecto distintivo do político é que, embora o poder político seja sempre um poder coercitivo, em um regime constitucional esse poder é o do público, isto é, é o poder de cidadãos livres e iguais na condição de um corpo coletivo. Além disso, as instituições da estrutura básica têm efeitos sociais profundos e de longo prazo, moldando de maneira fundamental o caráter e os objetivos dos cidadãos, os tipos de pessoas que são e aspiram ser.

É apropriado, portanto, que os termos equitativos de cooperação social entre cidadãos livres e iguais satisfaçam as exigências da publicidade plena. Pois se a estrutura básica se apoia em sanções coercitivas, por mais rara e escrupulosamente que possam ser aplicadas, os fundamentos de suas instituições devem estar sempre abertos ao escrutínio público. Quando uma concepção política de justiça satisfaz essa condição, e os arranjos sociais básicos e as ações individuais são plenamente justificáveis, os cidadãos podem oferecer razões para suas crenças e conduta uns aos outros, com a confiança de que essa exposição aberta fortalecerá, e não debilitará, o entendimento público[20]. Ao que parece, a ordem política não depende de ilusões arraigadas ou historicamente acidentais, nem de outras crenças equivocadas que se baseiem em aparências enganosas das instituições, que nos induzam a conceber de forma errônea seu funcionamento. É evidente que não se pode ter, em relação a isso, uma certeza absoluta. Mas a publicidade assegura, até onde isso é possível, mediante medidas práticas, que os cidadãos se encontrem em condições de conhecer e aceitar os efeitos penetrantes da estrutura básica que moldam a concepção que têm de si próprios, seu caráter e seus fins. Como veremos adiante, que os cidadãos se vejam nessa posição é uma condição para que realizem sua liberdade como pes-

---

20. Ver *Teoria*, pp. 478, 582.

soas que, em termos políticos, são plenamente autônomas. Isso significa que, em sua vida política, não é necessário ocultar nada[21].

3. Observemos agora que o primeiro nível da condição de publicidade se modela com facilidade na posição original. Exigimos apenas que as partes, como representantes, avaliem as concepções de justiça tendo em mente que os princípios com os quais concordam devem servir de concepção pública e política de justiça. Devem ser rejeitados os princípios que funcionariam bem, desde que não fossem publicamente reconhecidos, ou desde que os fatos gerais com base nos quais são formulados não sejam de conhecimento público.

Considere-se, por exemplo, a doutrina do direito penal puro, tal como foi discutida por autores escolásticos tardios[22]. Essa doutrina faz distinção entre a lei natural e a lei do soberano, quando esta última se funda na autoridade legítima do soberano. Constitui uma falta moral violar a lei natural, mas, dependendo da intenção do legislador e do

---

21. O texto não afirma que nada seja ocultado, e sim somente que nada necessita ser ocultado. Não podemos garantir que nada seja ocultado, pois sempre há muito que não sabemos e que talvez não possamos saber, e também há muitas maneiras como podemos nos deixar enganar pelas aparências institucionais. Mas talvez possamos assegurar que nada necessita ser ocultado. Em uma sociedade livre, que todos reconhecem corretamente como justa, não há a necessidade de enganos e ilusões para ela funcionar bem e para os cidadãos a aceitarem voluntariamente. Nesse sentido, uma sociedade bem-ordenada pode prescindir de consciência ideológica, ou de falsa consciência.

22. Essa é uma doutrina escolástica tardia bastante debatida nas obras de teólogos espanhóis, de Vitoria (1530) a Suarez (1612). A importância filosófica mais profunda da doutrina está em refletir uma linha divisória entre aqueles que consideram o intelecto de Deus primário na determinação da lei e aqueles que consideram primária a vontade divina. Ver Thomas E. Davitt, *The Nature of Law* (St. Louis: Herder, 1951). A doutrina do direito penal puro parece ter se disseminado entre as populações mais pobres da Espanha como forma de justificar a resistência aos impostos sobre as vendas e a madeira que foram decretados pela Coroa, na tentativa de recuperar as perdas que havia sofrido após a expulsão dos mouros. Ver William Daniel, SJ, *The Purely Penal Law Theory* (Roma: Gregorian University Press, 1968), capítulo 4. Sou grato a Paul Weithman e Seana Shiffrin por essas referências.

tipo de lei em questão, não é uma falta deixar de fazer aquilo que a lei do soberano exige. Embora não possa haver lei sem que alguma obrigação exista, nesse caso a obrigação consiste somente em não resistir à pena que o soberano imponha, caso o infrator seja preso. É óbvio que, em um país em que essa doutrina do direito penal fosse publicamente aceita como uma doutrina que se aplica às leis tributárias, seria difícil instituir, por exemplo, um sistema equitativo de tributação da renda. As pessoas não veriam nada de errado em esconder seus rendimentos e em não pagar os impostos, e isto sobrecarregaria o poder penal do Estado e minaria um sentido público de equidade. Esse tipo de caso ilustra como as partes devem ponderar as consequências do conhecimento público dos princípios propostos, e os princípios de justiça que adotarem dependerão dessas avaliações.

A modelagem do segundo nível de publicidade também é direta. Ele é, com efeito, modelado pelo véu de ignorância. Esse nível implica simplesmente que as crenças gerais utilizadas pelas partes ao ponderar as concepções de justiça também devem ser publicamente reconhecidas. Como a argumentação das partes é uma representação dos fundamentos da concepção pública de justiça, os cidadãos de uma sociedade bem-ordenada sabem que crenças gerais se sustentam em apoio aos princípios de justiça reconhecidos, fazendo parte de sua justificação pública plena. Isso requer que, ao estabelecer a posição original, estipulemos que as partes devem argumentar com base apenas em crenças gerais, que são compartilhadas pelos cidadãos em geral como parte de seu conhecimento público. Essas crenças são os fatos gerais nos quais a seleção de princípios de justiça se baseia e, como já vimos (I, § 4.4), o véu de ignorância as admite como razões[23].

---

23. Essa estipulação foi examinada em "Kantian Constructivism in Moral Theory", *Journal of Philosophy* 77 (setembro de 1990), pp. 565 ss. Isso suscita a questão de se os princípios de justiça poderiam mudar ao longo do tempo, conforme se alterasse a teoria da natureza humana e o conhecimento das instituições sociais. A essa questão, respondi que a possibilidade de tal mu-

Quanto ao nosso ponto de vista, o seu e o meu – o ponto de vista da justificação plena da justiça como equidade em seus próprios termos –, nós o modelamos mediante a descrição que fazemos do pensamento e dos juízos de cidadãos plenamente autônomos da sociedade bem-ordenada de justiça como equidade. Pois esses cidadãos podem fazer tudo aquilo que nós próprios podemos fazer, já que são uma descrição ideal daquilo que uma sociedade democrática seria caso respeitássemos plenamente nossa concepção política.

4. Dois comentários finais. Primeiro, ao analisar previamente como se modela o segundo nível de publicidade mediante o véu de ignorância, afirmei que as partes devem raciocinar somente a partir das crenças gerais que são compartilhadas pelos cidadãos, como parte do conhecimento público. Sobre isso, uma questão se apresenta: qual é a razão para limitar as partes dessa maneira, e para não lhes permitir levar em conta todas as crenças verdadeiras? Algumas doutrinas religiosas, filosóficas ou morais abrangentes devem ser verdadeiras, mesmo que apenas neguem doutrinas falsas ou incoerentes. Por que a concepção política de justiça mais razoável não é aquela que se fundamenta em toda a verdade, e não somente em parte da verdade, ou, menos ainda do que isso, em crenças compartilhadas que porventura sejam publicamente aceitas em um dado momento? Essa é uma das principais objeções à ideia de razão pública, e a analisarei na Conferência VI.

Um segundo comentário é que a ideia de publicidade pertence ao papel mais amplo de uma concepção política

---

dança é somente isto: uma mera possibilidade mencionada com o propósito de explicar a natureza da justiça como equidade. Prossegui afirmando que "as mudanças na teoria da natureza humana, e em geral as mudanças na teoria social que não afetam a exequibilidade dos ideais de pessoa e de sociedade bem-ordenada, não afetam o acordo das partes na posição original. É difícil imaginar realisticamente qualquer novo conhecimento que nos convença de que esses ideais não são praticáveis, dado o que sabemos sobre a natureza geral do mundo, em contraposição a nossas circunstâncias particulares, históricas e sociais... Tais avanços no conhecimento humano que possam ocorrer não afetam nossa concepção moral". Aqui, "nossa concepção moral" significa nossa concepção pública de justiça.

de justiça, e não a seu papel restrito[24]. Este último limita-se à garantia de condições mais ou menos mínimas de cooperação social efetiva, como a especificação de critérios para se decidir entre demandas conflitantes e o estabelecimento de normas para coordenar e estabilizar arranjos sociais. Entendem-se as normas públicas como inibidoras de disposições autocentradas ou centradas nos interesses de grupos, com o objetivo de fomentar identificações empáticas menos limitadas. Toda concepção política ou doutrina moral endossa esses requisitos de alguma forma.

No entanto, esses requisitos não incluem a condição de publicidade. Uma vez que se imponha essa condição, uma concepção política assume um papel amplo como parte da cultura pública. Não se trata somente de que seus princípios fundamentais são incorporados em instituições políticas e sociais, e nas tradições públicas de sua interpretação. A derivação dos direitos, liberdades e oportunidades dos cidadãos também contém uma concepção dos cidadãos como livres e iguais. Desse modo, os cidadãos são levados a tomar consciência dessa concepção e são educados em conformidade com ela. A eles torna-se possível uma maneira de perceber a si próprios que, em outras circunstâncias, muito provavelmente jamais seriam capazes de conceber. Levar a efeito a publicidade plena equivale a levar a efeito um mundo social em que o ideal de cidadania pode ser aprendido e, desse modo, pode fomentar um desejo efetivo de ser esse tipo de pessoa. Tal função educativa da concepção política caracteriza o amplo papel ao qual me referi.

### § 5. Autonomia racional: artificial, não política

1. Volto-me agora para a distinção entre a autonomia racional e a autonomia plena dos cidadãos e para a forma como essas concepções são modeladas na posição original.

---

24. Os termos *restrito* e *amplo* são sugeridos por uma distinção similar feita por J. L. Mackie, *Ethics* (Nova York: Penguin, 1977), pp. 106 ss., 134 ss.

Nossa tarefa consiste em explicar de que modo as condições impostas às partes na posição original, em conjunção com a descrição de suas deliberações, modelam essas concepções de autonomia e como os cidadãos veem a si mesmos como livres e iguais.

Como vimos em I, § 5, os cidadãos se concebem como pessoas livres em três aspectos: primeiro, como pessoas que têm a faculdade moral de formular, rever e se empenhar racionalmente na realização de uma concepção do bem; segundo, como pessoas que são fontes autoautenticativas de demandas válidas; e, terceiro, como pessoas que são capazes de assumir a responsabilidade por seus fins. Ser livre, nesses três aspectos, possibilita aos cidadãos ter autonomia, tanto racional quanto plena.

A autonomia racional, que analiso em primeiro lugar, baseia-se nas faculdades intelectuais e morais das pessoas. Expressa-se no exercício da capacidade de formular, revisar e se empenhar na realização de uma concepção do bem, assim como de deliberar de acordo com essa concepção. Também se manifesta na capacidade que elas têm de alcançar acordos com outros (quando estão sujeitas a restrições razoáveis).

Assim, a autonomia racional é representada fazendo da posição original um caso de justiça procedimental pura. Isso quer dizer que quaisquer que sejam os princípios que as partes selecionem da lista de alternativas que lhes seja apresentada, serão aceitos como justos. Em outras palavras, seguindo a ideia de que cabe aos próprios cidadãos (por meio de seus representantes) especificar os termos equitativos de sua cooperação (pondo-se de lado, por enquanto, o critério do equilíbrio reflexivo), o resultado da posição original produz – conjecturamos – os princípios de justiça apropriados para cidadãos livres e iguais.

Isso contrasta com a justiça procedimental perfeita, em que há um critério independente e previamente dado do que é justo (ou equitativo) e é possível conceber um procedimento capaz de assegurar que o resultado satisfaça esse critério. Pode-se ilustrar isso pelo conhecido exemplo da divisão de um bolo: se a divisão igual é aceita como equitativa, simplesmente determinamos que a pessoa que corta o bolo fique com o último pedaço (deixo de lado os pressupostos necessários para tornar esse exemplo rigoroso). A principal característica da justiça procedimental pura, em contraposição à justiça procedimental perfeita, é que aquilo que conta como justo é determinado pelo resultado do procedimento, qualquer que seja. Não há nenhum critério prévio e já dado contra o qual o resultado possa ser confrontado[25].

2. Ao considerar a posição original como um caso de justiça procedimental pura, descrevemos a deliberação das partes de modo que modele a autonomia racional dos cidadãos. Para explicitar isso, dizemos que há duas maneiras pelas quais as partes são racionalmente autônomas. A primeira é que os princípios de justiça que são apropriados para especificar termos equitativos de cooperação são aqueles que seriam selecionados como resultado de um processo de deliberação racional, processo que se supõe que as partes tenham realizado. O peso apropriado das razões a favor e contra os diferentes princípios disponíveis é determinado pelo peso que essas razões tenham para as partes, e o peso da ponderação de todas as razões determina sobre quais princípios haverá acordo. A justiça procedimental pura significa que, em sua deliberação racional, as partes não se veem obrigadas a aplicar ou subscrever nenhum princípio do direito e da justiça que seja dado de antemão. Em outras palavras, como representantes racionais, as partes não reconhecem nenhuma opinião externa a seu pró-

---

25. No caso da justiça procedimental imperfeita, novamente há um critério independente de resultado justo, mas não há como conceber um procedimento capaz de assegurar um resultado justo em todos, mas somente, assim o esperamos, na maioria dos casos. Um exemplo disso é um processo criminal: apenas aqueles que realmente são infratores devem ser declarados culpados, mas não há como evitar que erros judiciais ocorram. Para uma discussão mais detalhada dessas distinções, ver *Teoria*, pp. 85 ss.

prio ponto de vista, segundo a qual pudessem estar limitadas por princípios de justiça prévios e independentes. Isso modela a ideia de que, quando os cidadãos estão equitativamente situados uns em relação aos outros, cabe a eles especificar os termos equitativos de cooperação social, à luz do que cada um considera sua própria vantagem ou bem. Recordemos (I, § 4) que esses termos não são estabelecidos por uma autoridade externa, por exemplo, pela lei de Deus, tampouco são reconhecidos como equitativos por referência a uma ordem de valores anterior e independente, que possa ser conhecida por intuição racional.

A segunda forma pela qual as partes são racionalmente autônomas é definida pela natureza dos interesses que orientam sua deliberação como representantes dos cidadãos. Como se considera que os cidadãos têm duas faculdades morais, atribuímos a eles dois interesses correspondentes de ordem superior de desenvolver e exercer essas duas faculdades. Dizer que tais interesses são "de ordem superior" significa que, da forma como está especificada a ideia fundamental de pessoa, consideram-se esses interesses fundamentais como tais normalmente reguladores e efetivos. Uma pessoa que não tenha desenvolvido e que não possa exercer as faculdades morais pelo menos no grau mínimo necessário não pode se tornar um membro normal e plenamente cooperativo da sociedade ao longo de toda a vida. Disso decorre que, como representantes dos cidadãos, as partes adotam princípios que garantam as condições que propiciem o desenvolvimento adequado e o pleno exercício dessas faculdades[26].

Além disso, supomos que as partes representam cidadãos que se considera que sejam possuidores, em qualquer momento dado, de uma concepção especificada por certos fins últimos, vínculos e lealdades a certas pessoas e instituições, concepção essa que é interpretada à luz de alguma

---

26. Esses fundamentos dos direitos e liberdades básicos são discutidos na Conferência VIII, §§ 5 e 6, neste volume.

doutrina religiosa, filosófica ou moral abrangente. É claro que as partes não conhecem o conteúdo dessas concepções determinadas, nem as doutrinas de que se utilizam para interpretá-las. Mas têm, a despeito disso, um terceiro interesse de ordem superior de guiá-las, pois às partes cabe adotar os princípios de justiça que possibilitem às pessoas representadas proteger e tentar realizar suas concepções determinadas (mas não especificadas) do bem ao longo da vida inteira, abrindo lugar para possíveis mudanças de opinião e para conversões de uma concepção abrangente para outra.

Em síntese, assim como os cidadãos são racionalmente autônomos de duas maneiras – são livres para tentar realizar, dentro dos limites da justiça política, suas concepções (permissíveis) do bem e são motivados a assegurar seus interesses de ordem superior associados a suas faculdades morais –, também as partes são racionalmente autônomas de duas maneiras: são livres para, dentro dos limites da posição original, alcançar um acordo sobre quaisquer princípios de justiça que julguem os mais vantajosos para aqueles a quem representam; e, ao avaliar essa vantagem, levam em conta os interesses de ordem superior dessas pessoas a quem representam. Portanto, de ambas as maneiras, a descrição das partes modela a autonomia racional dos cidadãos.

Observe-se que a autonomia racional é somente um aspecto da liberdade, e é distinta da autonomia plena. Em sua mera condição de racionalmente autônomas, as partes não são nada mais do que pessoas artificiais que concebemos para habitar a posição original, como um recurso de representação. Daí o rótulo que foi dado ao título desta seção: "artificial, não política". "Artificial" se entende aqui no sentido mais antigo de caracterizar algo como um artifício da razão, pois é isto que a posição original é.

3. No entanto, antes que nos ocupemos da autonomia plena, é preciso mencionar já (e resolver adiante) um problema que é levantado pelo véu de ignorância. Trata-se do seguinte: pelo que já dissemos, os limites à informação que

essa restrição impõe significam que as partes têm somente os três interesses de ordem superior para orientar suas deliberações. Esses interesses são puramente formais: o senso de justiça, por exemplo, consiste no interesse de ordem mais elevada de desenvolver e exercer a capacidade de entender, aplicar e agir de acordo com quaisquer princípios de justiça que sejam racionalmente adotados pelas partes. Essa capacidade assegura às partes que, uma vez realizada sua tarefa, é possível cumprir os termos do acordo alcançado e, por isso, ela não terá sido em vão. Mas essa garantia, por si mesma, não favorece nenhum princípio específico de justiça. Considerações similares também se aplicam aos dois outros interesses de ordem superior. Como é possível, então, que as partes cheguem a um acordo racional sobre os princípios específicos que são mais apropriados do que as alternativas disponíveis para proteger os interesses determinados (concepções do bem) daqueles a quem representam?

Aqui introduzimos a ideia de bens primários. Estipulamos que as partes avaliam os princípios disponíveis estimando quão bem garantem os bens primários que são essenciais à realização dos interesses de ordem superior da pessoa para quem cada uma delas atua como representante. Dessa forma, atribuímos às partes objetivos que são suficientemente específicos para que suas deliberações racionais atinjam um resultado definido. Para identificar os bens primários, examinamos as condições sociais de fundo e os meios polivalentes que normalmente são necessários para desenvolver e exercer as duas faculdades morais e para empenhar-se de forma efetiva na realização de concepções do bem com conteúdos os mais diversos.

Em V, §§ 3-4, os bens primários são especificados de modo que no rol sejam incluídos os direitos e liberdades fundamentais compreendidos pelo primeiro princípio de justiça, a liberdade de movimento, a livre escolha da ocupação, protegida pela igualdade equitativa de oportunidades da primeira parte do segundo princípio, renda e riqueza, e as bases sociais do autorrespeito. Portanto, é racional que as partes empreguem os bens primários para avaliar princípios de justiça.

4. Para concluir a análise sobre como as deliberações das partes modelam a autonomia racional dos cidadãos: essa autonomia depende, como dissemos, dos interesses que as partes estão interessadas em proteger, e não somente da circunstância de não se encontrarem limitadas por quaisquer princípios prévios de direito e justiça. Se as partes só se dedicassem a proteger os desejos materiais e físicos daqueles a quem representam (por exemplo, seus desejos por dinheiro e riqueza, alimento e bebida), poderíamos supor que a posição original modelasse a heteronomia dos cidadãos, e não sua autonomia racional. Contudo, na base da razão de as partes se apoiarem nos bens primários, encontra-se o reconhecimento de que esses bens são meios polivalentes essenciais à realização dos interesses de ordem superior relacionados às faculdades morais dos cidadãos e a suas concepções determinadas do bem (tanto quanto as restrições à informação permitem às partes levar isso em conta). As partes procuram garantir as condições políticas e sociais para que os cidadãos possam perseguir seu bem e exercer as faculdades morais que os caracterizam como pessoas livres e iguais.

Se supusermos que os cidadãos dão às partes instruções sobre a maneira como desejam ver seus interesses representados, e se estas instruções forem seguidas do modo como sustentamos que as partes deliberam sob as restrições da posição original, então a motivação dos cidadãos, ao dar essas instruções, não será heterônoma ou autocentrada. Em uma cultura democrática, esperamos e, mais do que isso, desejamos que os cidadãos se preocupem com suas liberdades e oportunidades básicas, com o propósito de desenvolver e exercer suas faculdades morais e de perseguir a realização de suas concepções do bem. Se assim não o fizerem, pensaremos que esses cidadãos não têm autorrespeito e mostram fraqueza de caráter.

Desse modo, o objetivo das partes é alcançar um acordo sobre os princípios de justiça que capacite os cidadãos que elas representam a se tornarem pessoas plenas, isto é, a desenvolverem e exercerem plenamente suas faculdades morais e a perseguirem a realização da concepção específica do bem que vierem a constituir. Os princípios de justiça devem levar a um esquema de instituições sociais – a um mundo social – condizente com esse fim.

## § 6. Autonomia plena: política, não ética

1. Acabamos de ver que a autonomia racional dos cidadãos é modelada na posição original pela forma como as partes deliberam em sua condição de representantes desses cidadãos. A autonomia plena dos cidadãos, por sua vez, é modelada pelos aspectos estruturais da posição original, isto é, pela forma como as partes estão situadas umas em relação às outras e pelos limites à informação a que suas deliberações estão sujeitas. Para que se entenda como essa modelagem é feita, considere-se a ideia de autonomia plena.

Observe-se que não são as partes, mas os cidadãos de uma sociedade bem-ordenada, em sua vida pública, que são plenamente autônomos. Isso significa que, em sua conduta, eles não só cumprem os princípios de justiça, como também agem em conformidade com esses princípios, por considerá-los justos. Além disso, reconhecem esses princípios como aqueles que seriam escolhidos na posição original. É em virtude do reconhecimento público e da aplicação informada dos princípios de justiça em sua vida política, como o exige seu senso efetivo de justiça, que os cidadãos adquirem autonomia plena. Desse modo, a autonomia plena é realizada pelos cidadãos quando eles agem em conformidade com princípios de justiça que especificam os termos equitativos de cooperação que esses cidadãos dariam a si próprios, caso se deixassem representar de forma equitativa como pessoas livres e iguais.

Enfatizo aqui que são cidadãos que alcançam a autonomia plena: trata-se de um valor político, não ético. Com isso, quero dizer que se realiza na vida pública pela afirmação dos princípios políticos de justiça e graças à proteção proporcionada pelos direitos e liberdades fundamentais; também se realiza pela participação nos assuntos públicos da sociedade e pelo compartilhamento de sua autodeterminação coletiva ao longo do tempo. Essa autonomia plena da vida política deve ser distinguida dos valores éticos da autonomia e da individualidade, que podem aplicar-se à vida como um todo, tanto social quanto individual, da forma expressa pelos liberalismos abrangentes de Kant e Mill. A justiça como equidade enfatiza esse contraste: afirma a autonomia política para todos, mas deixa que os cidadãos separadamente decidam, à luz de suas doutrinas abrangentes, que peso deve ser conferido à autonomia ética.

2. Não há dúvida de que a satisfação da condição plena de publicidade (que descrevemos em § 4) é necessária para que os cidadãos em geral possam alcançar a autonomia plena. Somente se a explicação e a justificação plenas da justiça como equidade se encontram publicamente disponíveis os cidadãos serão capazes de entender os princípios dessa concepção em conformidade com a ideia de sociedade como um sistema equitativo de cooperação social. Tudo isso pressupõe que as ideias fundamentais da justiça como equidade estejam presentes na cultura pública, ou pelo menos na história de suas principais instituições e nas tradições de sua interpretação.

Como observamos, os elementos fundamentais da autonomia plena são modelados nos aspectos estruturais da posição original. Do que vimos na conferência precedente (I, § 4), sabemos que esses aspectos modelam o que consideramos serem – aqui e agora – condições equitativas sob as quais os representantes de pessoas livres e iguais devem especificar os termos da cooperação social para o caso da estrutura básica. Eles também modelam aquilo que, para o caso especial dessa estrutura, vemos como restrições apropriadas ao que as partes devem admitir como boas razões. Indo além, a posição original também requer que as partes selecionem (se for possível) princípios que possam ser estáveis, dado o fato do pluralismo razoável, e, desse modo, que escolham princípios que possam constituir o foco de um consenso sobreposto de doutrinas razoáveis.

Como a autonomia plena dos cidadãos se expressa pela ação com base naqueles princípios públicos de justiça que se entende que especificam os termos equitativos de cooperação que os cidadãos eles mesmos dariam a si próprios, caso se encontrassem situados de forma equitativa uns em relação aos outros, essa autonomia plena é modelada pela maneira de estruturar a posição original. A autonomia plena é modelada pelas condições razoáveis que se impõem às partes concebidas como racionalmente autônomas. Essa autonomia, os cidadãos a realizam agindo em conformidade com a concepção política de justiça guiada pela razão pública dessa concepção e empenhando-se em sua perseguição para o bem na vida pública e não pública.

3. Ainda temos de explicar por que se deveria ver a posição original como equitativa. Aqui recorremos à ideia fundamental de igualdade tal como existe na cultura pública política de uma sociedade democrática, do mesmo modo que fizemos com as três formas pelas quais os cidadãos se consideram livres (I, § 5). Apontamos essa ideia ao afirmar que eles são iguais em virtude de possuírem, no grau mínimo necessário, as duas faculdades morais e as demais capacidades que nos possibilitam ser membros normal e plenamente cooperativos da sociedade. Todos aqueles que satisfazem essa condição têm os mesmos direitos e liberdades fundamentais, as mesmas oportunidades básicas e gozam da mesma proteção propiciada por princípios de justiça.

Para modelar essa igualdade na posição original, dizemos que as partes, como representantes daqueles que satisfazem essa condição, encontram-se simetricamente situadas. Esse requisito é equitativo porque, para estabelecer os termos equitativos da cooperação social (no caso da estrutura básica), a única característica relevante das pessoas é possuírem as faculdades morais (no grau mínimo necessário) e as capacidades normais exigidas para alguém ser um membro cooperativo da sociedade ao longo de toda a vida. As características relativas a posição social, talentos naturais e acidentes históricos, assim como as que são relativas ao conteúdo das concepções específicas do bem que as pessoas professam, são politicamente irrelevantes e, por isso, são colocadas por trás do véu de ignorância (I, § 4.2-3). É claro que algumas dessas características podem ser relevantes, avaliando-se isto de acordo com os princípios de justiça, para nossas pretensões de ocupar este ou aquele cargo público, ou de nos qualificar para essa ou aquela posição mais bem recompensada. Essas características também podem ser relevantes para nossa filiação a essa ou àquela associação, ou a esse ou àquele grupo social. No entanto, não são relevantes para o *status* de cidadania igual compartilhado por todos os membros da sociedade.

Portanto, se aceitamos a convicção ponderada muito genérica que se expressa no preceito de que aqueles que são iguais em todos os aspectos relevantes devem ser representados igualmente, disso se segue que é justo que os cidadãos, vistos como pessoas livres e iguais, ao se representarem igualmente na posição original, sejam representados de forma equitativa.

4. Como notamos, essa ideia de igualdade reconhece que algumas pessoas têm traços e habilidades diferenciados, que as qualificam para assumir postos de maior responsabilidade, com suas correspondentes compensações[27]. Por exemplo, espera-se que os juízes, mais do que outras pessoas, tenham uma compreensão mais profunda da concepção de justiça política da sociedade e maior facilidade para aplicar seus princípios e chegar a decisões razoáveis, sobretudo nos casos mais difíceis. As virtudes judiciais dependem de uma sabedoria adquirida e exigem treinamento especial. Essas capacidades e saber especiais tornam

---

27. Essas são variações que estão "acima da linha do essencial", tal como descrito na Conferência V (§ 3.5), neste volume. O que é dito lá expande o que foi afirmado no parágrafo anterior.

aqueles que os possuem mais qualificados que outros para ocupar posições de responsabilidade judicial (e, ao serem exercidas, lhes conferem o direito às recompensas do cargo). A despeito disso, considerando o papel e o *status* efetivos que cada pessoa tem em uma sociedade bem-ordenada, incluindo o *status* da cidadania igual, o senso de justiça de todos os cidadãos é igualmente suficiente no que diz respeito ao que se espera deles. Portanto, todos e cada um se encontram igualmente representados na posição original. E, sendo assim, todos recebem a mesma proteção dos princípios públicos de justiça.

Observe-se também o seguinte: todos os cidadãos, em uma sociedade bem-ordenada, conformam sua conduta às exigências públicas e, por isso, todos estão (mais ou menos) acima de qualquer reprovação do ponto de vista da justiça política[28]. Isso se segue da estipulação de que todos têm um senso de justiça igualmente efetivo. Com respeito a esta matéria, as diferenças comuns entre os indivíduos não existem. Como supomos que, em uma sociedade bem-ordenada, muitas desigualdades socioeconômicas permanecem, não há como levar essas desigualdades em conta tomando por base quão rigorosamente os indivíduos respeitam as exigências da justiça pública. A concepção política de justiça que regula essas desigualdades, qualquer que seja, não pode ser o preceito: às pessoas de acordo com sua virtude política[29].

---

28. Aqui é essencial acrescentar que eles estão além de qualquer reprovação em termos políticos e legais, e não acima de qualquer reprovação em termos morais, ou levando tudo em conta. Seria um erro dizer, por exemplo, que os mais afortunados ou aqueles que têm mais sorte na vida e que aceitam e cumprem os princípios de justiça podem simplesmente se considerar acima de qualquer censura. Afinal de contas, talvez lhes seja mais fácil respeitar as exigências da justiça pública. Alguns diriam que jamais deveríamos nos considerar além de qualquer reprovação, uma vez que examinemos nossa vida como um todo de um ponto de vista religioso, filosófico ou moral.

29. Ver *Teoria*, § 48.

## § 7. As bases da motivação moral

1. Começarei por listar de forma sumária os elementos fundamentais das concepções dos cidadãos como racionais e como razoáveis. Alguns desses elementos já os conhecemos, outros ainda estão por ser examinados.

Primeiro, os conhecidos, que são os seguintes: a) as duas faculdades morais, a faculdade de ter senso de justiça e uma concepção do bem. Como requisitos necessários ao exercício das faculdades morais, acrescentamos: b) as faculdades intelectuais de constituir juízos, de pensamento e de inferência. Também supomos que os cidadãos (c) têm, em qualquer momento dado, uma concepção específica do bem interpretada à luz de uma doutrina abrangente (razoável). Por fim, supomos que os cidadãos (d) possuem as capacidades e qualificações necessárias para serem membros normais e cooperativos da sociedade ao longo de toda a vida. Esses elementos foram expostos em I, §§ 3-5, e supomos que se realizem de forma efetiva. Em virtude de possuírem essas faculdades no grau mínimo essencial, os cidadãos são iguais (§ 6.3).

Além desses elementos, os cidadãos possuem quatro características especiais que considero aspectos de sua razoabilidade e de serem dotados dessa forma de sensibilidade moral. Como foi apontado na seção 1, existe *a)* uma disposição de propor termos equitativos de acordo que é razoável supor que outros aceitem, assim como uma disposição de se sujeitar a esses termos, desde que se possa confiar em que os demais farão o mesmo. Por conseguinte, como vimos em § 2, os cidadãos *b)* reconhecem os limites da capacidade de juízo como limitações àquilo que pode ser justificado a outros e somente professam doutrinas abrangentes razoáveis.

Além do mais, e ainda em um terreno familiar, supomos que *c)* os cidadãos não apenas são membros normais e plenamente cooperativos da sociedade, como também desejam sê-lo e querem ser reconhecidos como tais. Isso reforça seu autorrespeito como cidadãos. Também vai na mesma direção considerar certos bens primários, como os direitos e as liberdades fundamentais iguais, o valor equitativo das liberdades políticas e a igualdade equitativa de oportunidades, como as bases sociais do autorrespeito[30]. Por último, dizemos que *d)* os cidadãos possuem uma "psicologia moral razoável", que será esboçada a seguir.

2. Para detalhar os pontos *a)* e *b)* citados, que dizem respeito à sensibilidade moral do razoável, distingo da seguinte maneira três tipos de desejos:

Primeiro, os desejos dependentes do objeto: aqui, o objeto do desejo, ou o estado de coisas que satisfaz, pode ser descrito sem o emprego de qualquer concepção moral ou de princípios razoáveis ou racionais. Essa definição pressupõe alguma forma de distinguir concepções e princípios morais dos não morais. Mas suponhamos que dispomos de forma mutuamente acordada de fazer isso, ou que, a esse respeito, nossos juízos em geral coincidem.

Muitas categorias de desejos, indefinidamente, são dependentes do objeto. Isto inclui desejos tão corporais como obter comida e bebida e dormir, desejos de se engajar em atividades prazerosas dos mais variados tipos, assim como os desejos que dependem da vida social: *status*, poder e glória, e possuir propriedade e riqueza. Acrescentemos a isso nossos vínculos e afetos, lealdades e devoções dos mais variados tipos, desejos de seguir certas vocações e de se preparar para realizá-las. Mas como muitas vocações incluem uma descrição moral, o desejo correspondente se insere em uma das categorias que serão discutidas adiante.

3. A seguir, vêm os desejos dependentes de princípios. O que distingue esses desejos é que o objeto ou alvo deles, ou a atividade com a qual desejamos nos envolver, não podem ser descritos sem o emprego de princípios, razoáveis ou racionais, conforme o caso, que entram na especificação dessa atividade. Somente um ser racional ou razoável, ca-

---

30. Ver Conferência V, § 3, adiante.

paz de entender e aplicar esses princípios, ou que tenha a expectativa razoável de conseguir fazê-lo, pode ter desejos desse tipo[31].

Os desejos derivados de princípios são de dois tipos, conforme o princípio em questão seja racional ou razoável. Primeiro, os princípios racionais que mencionamos em § 1.2, tais como *a)* adotar os meios mais efetivos para nossos fins e *b)* selecionar a alternativa mais provável, outros fatores permanecendo inalterados. A esses acrescento: *c)* preferir o bem maior (o que ajuda a planejar e ajustar os fins para que se apoiem mutuamente) e *d)* organizar nossos objetivos (por ordem de prioridade) quando entram em conflito.

Consideremos esses princípios como uma enumeração, e não como derivados de uma definição de racionalidade prática, pois não há concordância quanto à melhor maneira de definir essa concepção. Por enquanto, temos de reconhecer que há diferentes concepções de racionalidade prática, pelo menos em certos tipos de casos, tais como o das decisões tomadas sob condições de grande incerteza. Como vimos em § 1, a ideia geral é que esses são os princípios que guiam a deliberação racional de um agente único, quer este agente seja um indivíduo, uma associação, uma comunidade ou um governo.

---

31. É importante enfatizar que a força ou o peso dos desejos dependentes de princípios é inteiramente determinada pelo princípio ao qual o desejo está ligado, e não pela força psicológica do desejo em si mesmo. Suponho que tal força psicológica existe e pode ser parte da explicação de como as pessoas efetivamente se comportam, mas nunca pode nos explicar, de um ponto de vista moral, de que modo deveriam se comportar ou de que forma deveriam ter se comportado. Uma pessoa de boa vontade, para empregar a expressão de Kant, é alguém cujos desejos dependentes de princípios estão em conformidade total com a força ou a prioridade dos princípios aos quais esses desejos estão vinculados. Essa observação de esclarecimento também vale para os desejos dependentes de concepção, que serão examinados adiante. Nesse caso, os muitos desejos vinculados à concepção constituirão uma hierarquia determinada pela ordenação dos diferentes princípios associados à concepção em questão. Agradeço a Christine Korsgaard pelo proveitoso diálogo que manteve comigo sobre este e outros pontos desta seção e da próxima.

A segunda classe de desejos dependentes de princípios está vinculada a princípios razoáveis: aqueles que regulam como uma pluralidade de agentes (ou uma pluralidade ou sociedade de agentes), seja constituída de pessoas, seja constituída de grupos individuais, deve se conduzir em suas relações uns com os outros. Os princípios de equidade e justiça que definem os termos equitativos de cooperação são exemplos canônicos. E também o são os princípios que têm relação com as virtudes morais reconhecidas pelo senso comum, tais como a veracidade e a fidelidade.

4. Por último, há também os desejos dependentes de uma concepção política. Para nós, esses são os que mais importam, por razões que logo ficarão claras. Podemos descrever esses desejos dizendo que os princípios a partir dos quais queremos agir se veem como parte de uma concepção racional ou razoável e que ajudam a articulá-la, ou como parte de um ideal político.

Por exemplo, podemos desejar nos conduzir da maneira apropriada a alguém que é racional, cuja conduta é guiada pela deliberação prática. Desejar ser esse tipo de pessoa envolve ter desejos dependentes de princípios e agir em conformidade com eles, e não apenas em conformidade com desejos dependentes de objeto, governados pelo costume e pelo hábito. No entanto, os princípios que especificam os desejos dependentes de princípios devem se relacionar de forma adequada com a concepção em questão. Nossa reflexão sobre o futuro pressupõe, por exemplo, uma concepção de nós mesmos como pessoas que perduram no tempo, desde o passado até o futuro. Para que possamos falar em ter desejos dependentes de uma concepção, devemos ser capazes de formular a concepção correspondente e de perceber de que forma os princípios nela se inserem e ajudam a articulá-la[32].

---

32. Acerca desse tópico, ver a discussão esclarecedora de Thomas Nagel, *The Possibility of Altruism* (Oxford: Clarendon Press, 1970), parte II, pp. 27-76, na qual me baseio nesta seção. Ver também sua obra *The View From Nowhere* (Nova York: Oxford University Press, 1986), p. 141.

É claro que, para nós, o caso que mais importa é o da cidadania tal como caracterizada pela justiça como equidade. A estrutura e o conteúdo dessa concepção de justiça, por meio da utilização da posição original, mostram como os princípios e critérios de justiça para a estrutura básica da sociedade constituem e se prestam a articular a concepção de cidadãos razoáveis e racionais como pessoas livres e iguais. Desse modo, temos um ideal dos cidadãos como tais pessoas. Quando dizemos, como o fizemos no ponto c), que os cidadãos não apenas são membros normal e plenamente cooperativos da sociedade, como também desejam ser membros com essa índole e ser reconhecidos como tais, estamos dizendo que eles querem realizar em sua pessoa, e ter o reconhecimento de que o fazem, aquele ideal de cidadãos.

Observe-se aqui o óbvio caráter não humano dessa interpretação da motivação moral e como ela vai de encontro às tentativas de restringir os tipos de motivação que as pessoas têm. Uma vez que admitimos – o que parece ser cabalmente certo – a existência de desejos que são dependentes de princípios e de concepção, juntamente com os desejos de realizar distintos ideais políticos e morais, a classe de motivações possíveis se torna muito mais aberta e ampla. Como somos capazes de raciocinar e de constituir juízos, podemos entender doutrinas religiosas e filosóficas e concepções morais e políticas do direito e da justiça bastante complexas, assim como as doutrinas do bem. Podemos nos sentir atraídos a concepções e ideais que tanto o direito como o bem expressam. Como é possível, então, fixar limites àquilo que pode motivar as pessoas no pensamento e na deliberação e, portanto, àquilo que pode motivá-las a agir?[33]

---

33. A título de ilustração, consideremos a seguinte hipótese: suponhamos que, de alguma forma, o desejo dependente de concepção que Scanlon propõe (o desejo fundamental de agir de formas que possam ser justificadas perante os demais), ou o desejo de agir do modo que seja digno de um cidadão razoável e igual, transforme-se em um dos desejos que nos motivam.

Assim, a concepção da justiça como equidade conecta o desejo de realizar um ideal político de cidadania com as duas faculdades morais dos cidadãos e com suas capacidades normais, na medida em que esses cidadãos são educados para aquele ideal pela cultura pública e suas tradições históricas de interpretação. Isso ilustra o papel amplo de uma concepção política em sua função educativa (§ 4.4).

5. Isso nos leva ao ponto *d)*: o de que os cidadãos têm uma psicologia moral razoável[34]. As características que atribuímos aos cidadãos – a disposição de propor e sujeitar-se a termos equitativos de cooperação, o reconhecimento dos limites da capacidade de juízo e sua afirmação somente de

---

Então, avaliar o que responde a esse desejo, o que significa agir de formas que possam ser justificadas perante os outros, ou do modo que seja digno de um cidadão razoável e igual, é algo que vai exigir diferentes modalidades de reflexão. Uma linha de pensamento e reflexão se faz necessária para expressar claramente o que requer o desejo dependente de concepção. Portanto, isso significa que, uma vez que os desejos derivados de uma concepção política são reconhecidos como elementos do que Williams denomina o "conjunto motivacional de uma pessoa" – acredito que ele aceitaria essa possibilidade –, então a fronteira entre sua visão supostamente humana da motivação e a visão de Kant, ou aquelas que lhe sejam próximas, começa a se dissolver. Para perceber isso, só precisamos supor que a ideia de Kant do imperativo categórico é coerente e afirmar que uma pessoa de boa vontade é efetivamente motivada pelo desejo dependente de concepção de agir do modo como esse imperativo requer. É claro que a visão do Hume histórico era diferente. A doutrina oficial de Hume parece inteiramente desprovida de uma concepção de razão prática ou, no melhor dos casos, parece abrir lugar somente para uma razão instrumental. Mas, deixando essa questão de lado, caso se pergunte como os desejos dependentes de princípio ou de concepção podem de início ou se converter em elementos do conjunto motivacional das pessoas, a resposta superficial, proposta no texto, é que são adquiridos da cultura pública política. Isso é parte da ideia de publicidade. Como essas concepções e ideais são introduzidos na própria cultura pública, e muitas vezes nela permanecem, essa é outra e longa história. No que diz respeito a esses comentários, estou em dívida com Christine Korsgaard, "Skepticism about Practical Reason", *Journal of Philosophy* 83 (janeiro de 1990), pp. 19-25, texto no qual ela critica a visão humeana, em termos abrangentes, de Bernard Williams em seu ensaio "Internal and External Reasons", *Moral Luck* (Cambridge: Cambridge University Press, 1981), pp. 101-13.

34. Ao explicar por que um consenso sobreposto não é utópico, o argumento em IV, §§ 6-7 se apoia nessa psicologia.

doutrinas abrangentes razoáveis, além do desejo de serem cidadãos plenos – proporcionam a base para lhes atribuir uma psicologia moral razoável, e vários de seus aspectos são consequência dessas características. Vamos expô-las de forma muito sucinta: *i)* além da capacidade de ter uma concepção do bem, os cidadãos têm a capacidade de adquirir concepções de justiça e equidade e de agir em conformidade com essas concepções; *ii)* quando acreditam que as instituições ou práticas sociais são justas ou equitativas (como essas concepções especificam), os cidadãos se mostram prontos e dispostos a fazer sua parte nesses arranjos, desde que tenham garantias razoáveis de que os demais farão o mesmo; *iii)* se outras pessoas, com uma intenção manifesta[35], se empenham em fazer sua parte em arranjos justos ou equitativos, os cidadãos tendem a aumentar a confiança que neles depositam; *iv)* essa confiança se torna mais forte e completa conforme o sucesso dos arranjos cooperativos se estende por períodos mais longos de tempo; e *v)* o mesmo se pode dizer quando as instituições básicas estabelecidas para garantir nossos interesses fundamentais (os direitos e liberdades básicos) se tornam mais firme e voluntariamente aceitas.

### § 8. Psicologia moral: filosófica, não psicológica

1. Isso completa nosso esboço da psicologia moral da pessoa. Enfatizo que se trata de uma psicologia moral derivada da concepção política de justiça como equidade. Não se trata de uma psicologia que tenha origem na ciência da natureza humana, e sim de um esquema de conceitos e princípios que expressa certa concepção política de pessoa e um ideal de cidadania. Que esse esquema seja o correto para nossos propósitos, isso dependerá de que possamos

---

35. Essa frase é do *Emílio,* de Rousseau, como se explica em *Teoria,* p. 463, nota 9. Observe-se como os pontos aqui formulados conectam-se com os dois aspectos fundamentais de ser razoável, como foi discutido em II: 1,3.

aprendê-lo e entendê-lo, de que consigamos aplicar e afirmar seus princípios e ideais na vida política, de que consigamos considerar aceitável, com base em uma cuidadosa reflexão, a concepção de justiça da qual faz parte. A natureza humana e sua psicologia natural são elásticas: podem limitar as concepções de pessoa e os ideais políticos praticáveis, além das psicologias morais que podem servir-lhes de base, mas não determinam quais concepções e ideais deveríamos adotar.

Essa é a resposta que damos à objeção de que nossa interpretação da psicologia moral é de natureza não científica. Não podemos dizer o que quer que desejemos, uma vez que essa interpretação tem de satisfazer as necessidades práticas da vida política e do pensamento refletido acerca dela. Como qualquer outra concepção política, para que seja praticável, suas exigências e seu ideal de cidadania devem ser aqueles que as pessoas possam entender, aplicar e se sentir suficientemente motivadas a respeitar. Essas são condições suficientemente restritivas para a formulação de uma concepção praticável de justiça e de seu ideal político, embora sejam condições distintas daquelas da psicologia humana como ciência natural.

2. Evidentemente, pode parecer que um ideal pressupõe uma concepção de natureza humana e uma teoria social. E, considerando os objetivos de uma concepção política de justiça, podemos dizer que ela busca especificar a concepção mais razoável de pessoa que os fatos gerais sobre a natureza humana e a sociedade parecem admitir. A dificuldade se encontra em que, para além das lições da experiência histórica e de gotas de sabedoria, tais como a de não confiar demais em motivações e qualidades escassas (como o altruísmo e uma grande inteligência), não há muito em que se basear. A história é cheia de surpresas. É preciso que formulemos um ideal de Estado constitucional para verificar se tem força para nós e se pode ser posto em prática com sucesso na história da sociedade.

Dentro desses limites, a filosofia política de um regime constitucional é autônoma de duas formas. Uma delas é que sua concepção política de justiça é um esquema normativo de pensamento. Sua família de ideias fundamentais não é passível de análise com base em certos fundamentos naturais, como a família de conceitos psicológicos e biológicos, ou mesmo a família de conceitos sociais e econômicos. Se formos capazes de aprender esse esquema normativo e de empregá-lo para com ele expressar nosso pensamento e ação morais e políticos, é o suficiente.

A outra forma pela qual a filosofia política é autônoma é a de que não precisamos explicar seu papel e conteúdo cientificamente, com base, digamos, na seleção natural[36]. Se em seu ambiente ela não se mostra autodestrutiva, mas floresce, e a natureza o permite, novamente é o que basta. Batemo-nos pelo melhor que podemos alcançar dentro do âmbito de ação que o mundo permite[37].

---

36. Allan Gibbard, em seu livro *Wise Choices, Apt Feelings* (Cambridge, Mass.: Harvard University Press, 1990), supõe que as características gerais da moralidade e seu conteúdo possam ser explicados dessa maneira.

37. Agradeço a Joshua Cohen pela discussão sobre esse ponto.

Conferência III
# O construtivismo político

Nesta conferência, analiso o construtivismo político em contraste com o construtivismo moral de Kant, de um lado, e com o intuicionismo moral como uma forma de realismo moral, de outro. Das três partes, §§ 1-4 tratam do significado do construtivismo e oferecem uma visão geral de seu procedimento de construção; §§ 5-7 analisam em que sentido ambos os tipos de construtivismo são objetivos; e em § 8 se explica por que, como parte do liberalismo político, o construtivismo político limita-se ao político. Desse modo, veremos que o construtivismo político proporciona ao liberalismo político uma concepção apropriada de objetividade.

O construtivismo político é uma visão acerca da estrutura e do conteúdo de uma concepção política. Essa visão sustenta que, uma vez que se alcance o equilíbrio reflexivo, se é que isso é possível, os princípios de justiça política (conteúdo) podem se apresentar como o resultado de certo procedimento de construção (estrutura). Nesse procedimento, tal como modelado na posição original (I, § 4), agentes racionais, na condição de representantes dos cidadãos e sujeitos a condições razoáveis, escolhem os princípios públicos de justiça que devem regular a estrutura básica da sociedade. Esse procedimento – é o que conjecturamos – expressa todas as exigências relevantes da razão prática e mostra como os princípios de justiça resultam dos princípios da razão prática em conjunção com concepções de sociedade e de pessoa, concepções que constituem, elas próprias, ideias da razão prática. O significado pleno de uma concepção política construtivista encontra-se em sua relação com o fato do pluralismo razoável e com a necessidade que uma sociedade democrática tem de assegurar um consenso sobreposto acerca dos seus valores políticos fundamentais. A razão para que tal concepção possa ser o foco de um consenso sobreposto de doutrinas abrangentes está no fato de que essa concepção desenvolve os princípios de justiça a partir das ideias públicas e compartilhadas de sociedade como um sistema equitativo de cooperação e de cidadãos como pessoas livres e iguais, valendo-se, para isso, da razão prática comum dos próprios cidadãos. Ao acatar esses princípios de justiça, os cidadãos demonstram ser autônomos, em termos políticos, e de uma forma compatível com suas doutrinas abrangentes razoáveis.

## § 1. A ideia de uma concepção construtivista

1. O que aqui nos interessa é uma concepção construtivista de justiça política, e não uma doutrina moral abrangente[1]. Para fixar as ideias, examino primeiro o realismo mo-

---

1. Este ensaio desenvolve melhor algumas das ideias da terceira conferência, intitulada "Construction and Objectivity", publicada no *Journal of Philosophy* 77 (setembro de 1980). O título das três conferências era "Kantian Constructivism in Moral Theory". Como já mencionei no final da Introdução, esta versão definitiva resultou de uma revisão realizada após troca de correspondência entre mim e Tyler Burge, sobretudo nos §§ 1, 2 e 5, com algumas modificações em outras partes, para dar mais coerência ao texto em seu conjunto. Distingo aqui, como já deveria tê-lo feito na versão original de 1980, construtivismo político de construtivismo moral e faço um esforço para oferecer uma formulação mais clara das características de uma concepção construtivista e para me manter sempre dentro dos limites de uma concepção política de justiça. Também sou grato a Thomas Nagel e a T. M. Scanlon pelas numerosas e esclarecedoras conversas que tivemos sobre o tópico do construtivismo. A noção de construtivismo é muito discutida fora da filosofia da mate-

ral na forma como o ilustra o intuicionismo racional, como o encontramos na tradição inglesa, em Clarke e Price, em Sidgwick e Ross, entre outros. Em § 2.1, faço o contraste entre o construtivismo moral de Kant e construtivismo político da justiça como equidade.

Podemos caracterizar o intuicionismo racional mediante quatro características fundamentais que o distinguem do construtivismo político. Formulo essas quatro características e descrevo o construtivismo político explicitando suas quatro características, correspondentes, ainda que contrastantes, àquelas[2].

A primeira característica do intuicionismo racional expressa a suposição de que princípios e julgamentos funda-

---

mática, mas devo mencionar o ensaio de Scanlon, "Contractualism and Utilitarianism". Ver, por exemplo, pp. 117 ss., em que se trata do intuicionismo, embora os termos "intuicionismo" e "construtivismo" não sejam empregados. A esse acrescentem-se: o ensaio de Ronald Dworkin, "Justice and Rights", publicado em *Taking Rights Seriously* (Cambridge, Mass.: Harvard University Press, 1977), pp. 159-68, que foi o primeiro a sugerir que a justiça como equidade é construtivista, embora tenha entendido essa noção de forma distinta daquela que aqui formulo; Onora O'Neill, *Constructions of Reason* (Cambridge: Cambridge University Press, 1989), sobretudo o capítulo 11; e Brian Barry, *Theories of Justice*, vol. 1, especialmente as pp. 264-82, 348-53. Ver David Bruck, *Moral Realism and the Foundations of Ethics* (Cambridge: Cambridge University Press, 1989), para uma crítica ao construtivismo, especialmente no Apêndice 4. Desses autores, somente Scanlon e Barry entendem-no da mesma forma que eu, embora seus construtivismos sejam distintos. Por fim, ver o ensaio de Thomas Hill, "Kantian Constructivism in Ethics", em seu *Dignity and Practical Reason in Kant´s Moral Theory* (Ithaca: Cornell University Press, 1992), e a interpretação do construtivismo formulada em Stephen Darwall, Allan Gibbard e Peter Railton, "Toward Fin de Siecle Ethics: Some Trends", *Philosophical Review 101* (janeiro de 1992), pp. 137-44.

2. Essas quatro características encontram-se em Samuel Clarke, *Boyle Lectures*, de 1704-05, e em Richard Price, *Review*, 3.ª edição, 1787. Ver as seleções desses textos que estão em J. B. Schneewind, *Moral Philosophy from Montaigne to Kant*, 2 volumes (Cambridge: Cambridge University Press, 1990). Para Clarke, ver o vol. I, pp. 295-306; para Price, ver o vol. II, pp. 588-603; ou D. D. Raphael, *British Moralists, 1650-1800,* 2 volumes (Oxford: Clarendon Press, 1969), republicado pela Editora Hackett. Para Clarke, ver o vol. I, §§ 224-61; para Price, vol. II, §§ 655-762. Menciono esses autores somente como exemplos de tipo padrão e com o objetivo de estabelecer um contraste, e não com propósitos de crítica.

mentais, quando corretos, são afirmações verdadeiras sobre uma ordem independente de valores morais. Além disso, esta ordem não depende da atividade de nenhuma mente (humana), nem pode ser explicada por tal atividade, nisso se incluindo a atividade da razão.

A segunda característica é a afirmação de que os princípios morais fundamentais são conhecidos pela razão teórica. Essa característica é sugerida pela ideia de que o conhecimento moral é obtido, em parte, por uma espécie de percepção e que é organizado mediante os princípios fundamentais que se consideram aceitáveis, com base em cuidadosa reflexão. Reforça-se essa característica pela comparação que os intuicionistas fazem entre o conhecimento moral e o conhecimento matemático na aritmética e na geometria. Sustenta-se que a ordem dos valores morais encontra-se na razão de Deus e dirige a vontade divina[3].

A terceira característica diz respeito à concepção fraca de pessoa. Embora não seja formulada de modo explícito, essa característica pode ser deduzida do fato de que o intuicionismo racional não requer uma concepção mais complexa de pessoa, necessitando de pouco mais do que da ideia do eu como um agente de cognição. Isso ocorre porque o conteúdo dos princípios fundamentais é dado pela ordem de valores morais acessível à percepção e à intuição, tal como essa ordem é organizada e expressa pelos princípios considerados aceitáveis após cuidadosa reflexão. A principal exigência, portanto, é que nos mostremos capazes tanto de conhecer os princípios que expressam aqueles valores como de ser motivados a agir com base nesse conhecimento[4]. Uma suposição fundamental, nesse caso, é que o reconhecimento dos princípios fundamentais como

---

3. Sobre percepção e intuição: ver Clarke, pp. 296 ss., § 227; Price, pp. 589, 596 ss., §§ 672-4; sobre a comparação com a matemática: ver Clarke, pp. 295 ss., §§ 226-7; Price, pp. 592, § 684; sobre a ordem de valores na razão de Deus: Clarke, p. 299, § 230; Price, pp. 598 ss., §§ 709-12. Embora os intuicionistas às vezes afirmem que os julgamentos morais são evidentes por si próprios, não enfatizo esse aspecto, por não considerá-lo essencial.

4. Clarke, p. 229, § 231; Price, pp. 593, 600-3; §§ 688, pp. 757-61.

princípios verdadeiros gera, em um ser capaz de conhecê--los, o desejo de agir de acordo com eles e por eles mesmos. A motivação moral é definida por referência a desejos que têm uma origem especial: o conhecimento intuitivo de princípios fundamentais.

É claro que o intuicionismo não está obrigado a fazer uso dessa concepção fraca de pessoa. Simplesmente não necessita de concepções mais complexas de pessoa e de sociedade, ao passo que, para o construtivismo, tais concepções são necessárias para fornecer a forma e a estrutura de seu procedimento construtivista.

Acrescento, por fim, uma quarta característica: o intuicionismo racional concebe a verdade de maneira tradicional, ao considerar os julgamentos morais verdadeiros, quando, a uma só vez, têm por objeto e exprimem de forma acurada a ordem independente de valores morais. Do contrário, são falsos.

2. As quatro características correspondentes do construtivismo, ainda que distintas, são as que se seguem.

A primeira característica, como já foi mencionado, é que os princípios de justiça política (conteúdo) podem ser representados como o resultado de um procedimento de construção (estrutura). Nesse procedimento, agentes racionais, na condição de representantes dos cidadãos e sujeitos a restrições razoáveis, escolhem os princípios que deverão regular a estrutura básica da sociedade.

A segunda característica é que o procedimento de construção baseia-se essencialmente na razão prática, e não na razão teórica. Seguindo a forma como Kant faz essa distinção, dizemos: a razão prática se ocupa da produção de objetos de acordo com uma concepção desses objetos – por exemplo, a concepção de um regime constitucional justo considerado como o objetivo da atividade política –, ao passo que a razão teórica se ocupa do conhecimento de objetos já dados[5]. Observe-se que dizer que o procedimento de

---

5. Sobre a distinção de Kant, ver *Critique of Practical Reason*, por exemplo, Ak: V: pp. 15 ss., 65 ss., 89 ss.

construção se baseia essencialmente na razão prática não significa negar que a razão teórica tem um papel. Ela dá forma às crenças e ao conhecimento das pessoas racionais que são parte da construção, e essas pessoas também empregam suas capacidades gerais de raciocínio, inferência e juízo ao selecionar os princípios de justiça.

A terceira característica do construtivismo político é que ele emprega uma concepção bastante complexa de pessoa e de sociedade para dar forma e estrutura à sua construção. Como vimos, o construtivismo político vê a pessoa na condição de membro da sociedade política, entendida como um sistema equitativo de cooperação social de uma geração às seguintes. A suposição é que as pessoas possuem as duas faculdades morais que estão em linha com essa ideia de cooperação social – as capacidades de ter um senso de justiça e de constituir uma concepção do bem. Todas essas e outras estipulações são necessárias para elaborar a ideia de que os princípios de justiça resultam de um procedimento adequado de construção. A concepção fraca de pessoa do intuicionismo não seria adequada a esse propósito.

Como fizemos antes, agregamos aqui uma quarta característica: o construtivismo político especifica uma ideia do razoável e a aplica a uma variedade de objetos: concepções e princípios, juízos e fundamentos, pessoas e instituições. É preciso, evidentemente, que, em cada caso, também especifique critérios para julgar se o objeto em questão é razoável. No entanto, o construtivismo não emprega (nem nega), como o faz o intuicionismo racional, o conceito de verdade, não o coloca em questão nem tem como sustentar que o conceito de verdade e sua ideia do razoável são a mesma coisa. A concepção política, em si mesma, prescinde do conceito de verdade, em parte por razões que examinaremos adiante, em § 8. Uma dessas razões é que o razoável torna possível um consenso sobreposto de doutrinas razoáveis de uma forma que não está ao alcance do conceito de verdade. Seja como for, cabe a cada doutrina abrangente expressar como sua ideia do razoável se articula com seu conceito de verdade, caso possua tal conceito.

Se inquirimos como se deve entender o razoável, dizemos: para nossos propósitos nessa exposição, o conteúdo do razoável é especificado pelo conteúdo de uma concepção política razoável. A própria ideia do razoável é definida em parte, novamente para os nossos propósitos, pelos dois aspectos que há no fato de as pessoas serem razoáveis (II, §§ 1, 3): a disposição que mostram de agir de acordo com os termos equitativos de cooperação social entre iguais e seu reconhecimento e disposição de aceitar as consequências dos limites da capacidade do juízo. Acrescentemos a isso os princípios da razão prática e as concepções de sociedade e de pessoa nos quais a concepção política se baseia[6]. Conseguimos entender essa ideia ao compreender os dois aspectos da razoabilidade das pessoas, como esses aspectos entram no procedimento de construção e por quê. Decidimos se a concepção como um todo é aceitável ao examinar se podemos endossá-la após cuidadosa reflexão.

3. Essas quatro características correspondentes propiciam um contraste amplo entre o construtivismo político e o intuicionismo racional como uma modalidade de realismo moral. Acrescento algumas observações para esclarecer as relações entre as duas perspectivas.

Em primeiro lugar, é crucial para o liberalismo político que sua concepção construtivista não contradiga o intuicionismo racional, uma vez que o construtivismo procura evitar a oposição a qualquer doutrina abrangente. Para mostrar como isso é possível nesse caso, vamos supor que o argumento da posição original, como expusemos em I, § 4, seja correto. Esse argumento demonstra que pessoas racionais sujeitas a condições razoáveis ou equitativas selecionariam certos princípios de justiça. Para sermos coerentes com o intuicionismo racional, não afirmamos que o procedimento

---

6. O conceito de juízo razoável, em oposição ao de juízo verdadeiro, é discutido mais longamente em § 8.

de construção cria ou produz a ordem de valores morais, pois o intuicionista sustenta que essa ordem é independente e se constitui a si mesma, por assim dizer. O construtivismo político não nega nem afirma essa posição, somente declara que seu procedimento representa uma ordem de valores políticos que toma como ponto de partida os valores expressos pelos princípios da razão prática, em conjugação com as ideias de sociedade e de pessoa, para chegar aos valores expressos por certos princípios de justiça política.

O liberalismo político acrescenta: essa ordem representada é a mais apropriada para uma sociedade democrática que se caracteriza pelo pluralismo razoável. E isso é assim porque tal ordem oferece a concepção mais razoável de justiça para servir de foco a um consenso sobreposto.

Os intuicionistas racionais também podem aceitar o argumento da posição original e sustentar que ele revela a ordem correta de valores. Sobre essas questões, podem concordar com o construtivismo político: a partir de sua própria visão abrangente, podem afirmar a concepção política e aderir a um consenso sobreposto. A justiça como equidade não nega o que eles querem afirmar: a saber, que a ordem de valores que o construtivismo expõe fundamenta-se em uma ordem independente de valores que se constitui a si mesma (como se afirmou antes, ao analisar a primeira característica do intuicionismo).

4. Outro ponto de esclarecimento: tanto o construtivismo como o intuicionismo racional se apoiam na ideia de equilíbrio reflexivo. Se não fosse assim, o intuicionismo não poderia estabelecer relações entre suas percepções e intuições, nem contrapor sua interpretação da ordem de valores morais aos juízos ponderados que afirmamos com base em cuidadosa reflexão. Da mesma forma, se não fosse por isso, o construtivismo não poderia submeter à prova a formulação de seu procedimento examinando se as conclusões alcançadas estão em conformidade com esses juízos.

A diferença entre as duas perspectivas aparece na maneira como cada uma delas interpreta conclusões que se mostram inaceitáveis e necessitam ser revistas. O intuicionista considera correto um procedimento quando, ao ser seguido corretamente, em geral leva ao juízo correto, que é dado de forma independente, ao passo que o construtivista político considera um juízo correto porque resulta do procedimento razoável e racional de construção, quando corretamente formulado e corretamente seguido (supondo-se, como sempre, que o juízo se apoia em informação verdadeira)[7]. Desse modo, se o juízo não é aceitável, o intuicionista diz que seu procedimento reflete uma interpretação equivocada da ordem independente de valores. O construtivista diz que a falha deve estar na maneira como o procedimento modela os princípios da razão prática, conjugados às concepções de sociedade e de pessoa. Pois a conjectura do construtivista é que o modelo correto de razão prática, em seu conjunto, fornecerá os princípios de justiça que, após cuidadosa reflexão, se mostrarão corretos[8].

Uma vez que se alcance o equilíbrio reflexivo, os intuicionistas dirão que seus juízos ponderados agora são uma expressão verdadeira, ou é muito provável que o sejam, de uma ordem independente de valores morais. O construtivista dirá que o procedimento agora modela corretamente os princípios da razão prática conjugados às concepções apropriadas de sociedade e de pessoa. Ao fazê-lo, o procedimento representa a ordem de valores mais apropriada a um regime democrático. No que diz respeito a como descobrir o procedimento correto, o construtivista diz: pela reflexão, empregando nossas faculdades da razão. Mas como empregamos nossa razão para descrever a si própria e como a razão não é transparente para si própria, podemos descre-

---

7. Devo a Thomas Nagel a maneira de formular isso.
8. É claro que o fracasso repetido em formular o procedimento, de modo que resulte em conclusões aceitáveis, poderia nos levar a abandonar o construtivismo político. Ao fim e ao cabo, é preciso que faça diferença ou que seja rejeitado. Sou grato a Anthony Laden pela discussão esclarecedora que tivemos sobre esse tópico, e a David Estlund e a Gregory Kavka pela discussão de tópicos relacionados a esse.

vê-la erroneamente, como podemos nos equivocar ao descrever qualquer outra coisa. A busca do equilíbrio reflexivo prossegue de modo indefinido nesse e em todos os outros casos.

5. Talvez já esteja clara a razão pela qual uma concepção política que considera os princípios públicos de justiça fundamentados nos princípios e concepções da razão prática tem grande importância para um regime constitucional. Mesmo assim, vamos atar todos os fios.

Considere-se novamente a ideia de cooperação social. Como devem ser determinados os termos equitativos de cooperação? Devem simplesmente ser estabelecidos por uma autoridade externa, distinta das pessoas que cooperam, por exemplo, pela lei de Deus? Ou esses termos devem ser aceitos por essas pessoas como equitativos, em vista do conhecimento que têm de uma ordem moral independente? Ou esses termos devem ser estabelecidos por um acordo entre essas próprias pessoas, tendo em vista o que consideram como seu benefício recíproco?

A justiça como equidade, como já dissemos, adota uma modalidade da última alternativa (I, § 4.1). Isso porque, dado o fato do pluralismo razoável, os cidadãos não têm como estar de acordo acerca de nenhuma autoridade moral, quer se trate de um texto sagrado, quer de uma instituição. Tampouco se põem de acordo acerca da ordem de valores morais ou acerca dos ditames daquilo que alguns entendem como lei natural. Adotamos, então, uma visão construtivista para especificar os termos equitativos de cooperação social, tal como determinados pelos princípios de justiça acordados pelos representantes de cidadãos livres e iguais, quando situados de forma equitativa. As bases dessa visão encontram-se nas ideias fundamentais da cultura política pública, bem como nos princípios e nas concepções da razão prática compartilhados pelos cidadãos. Desse modo, se é possível formular o procedimento de forma correta, os cidadãos deveriam poder aceitar seus princípios e suas concepções juntamente com a doutrina abrangente razoável que professam. A concepção política de justiça pode se constituir, portanto, no foco de um consenso sobreposto.

Por conseguinte, é somente subscrevendo uma concepção construtivista – uma concepção que é política, não metafísica – que os cidadãos podem ter a expectativa de descobrir princípios que todos possam aceitar. Isso é algo que podem fazer sem negar os aspectos mais profundos de suas doutrinas abrangentes razoáveis. Dadas as discordâncias que há entre eles, não há nenhuma outra forma de os cidadãos realizarem seu desejo dependente da concepção[9] de ter uma vida política compartilhada, com base em termos aceitáveis para outros, na condição de pessoas livres e iguais. Essa ideia de uma vida política compartilhada não envolve a ideia de autonomia de Kant, nem a ideia de individualidade de Mill como valores morais que fazem parte de uma doutrina abrangente. O apelo, mais precisamente, é ao valor político de uma vida pública conduzida com base em termos que todos os cidadãos podem aceitar como equitativos. Isso nos leva ao ideal de cidadãos democráticos que dirimem suas discordâncias fundamentais de acordo com uma ideia de razão pública (VI, § 2).

6. A essas observações, o liberalismo político acrescenta que a ordenação representada no argumento a partir da posição original é a forma apropriada de articular os valores políticos. Fazer isso nos possibilita formular o significado de uma doutrina política autônoma como a doutrina que representa ou expressa os princípios políticos de justiça – os termos equitativos de cooperação social – como aqueles que podem ser alcançados por meio dos princípios da razão prática, em conjunção com as concepções apropriadas das pessoas, consideradas livres e iguais, e de sociedade como um sistema equitativo de cooperação ao longo do tempo. O argumento a partir da posição original manifesta essa linha de pensamento. A autonomia é uma

---

9. Desejos dependentes de concepção são definidos e explicados em II, § 7.4.

questão de como a visão apresenta os valores políticos como ordenados. Pensemos isso como uma autonomia doutrinal.

Uma visão é autônoma, então, porque, na ordenação de valores que expressa, os valores políticos da justiça e da razão pública (expressos pelos princípios da visão considerada) não são vistos simplesmente como exigências morais impostas a partir de fora. Tampouco são exigidos de nós por outros cidadãos cujas doutrinas abrangentes não aceitamos. Os cidadãos podem entender esses valores como fundados em sua razão prática, em conjunção com as concepções políticas dos cidadãos como pessoas livres e iguais e de sociedade como um sistema equitativo de cooperação. Ao endossar a doutrina política como um todo, nós, na condição de cidadãos, nos tornamos autônomos, em termos políticos. Uma concepção política autônoma nos oferece, portanto, uma base e uma ordenação de valores políticos apropriadas para um regime constitucional caracterizado pelo pluralismo razoável.

### § 2. O construtivismo moral de Kant

1. Examinemos agora quatro diferenças entre o construtivismo moral de Kant e o construtivismo político da justiça como equidade.

A primeira diferença é que a doutrina de Kant é uma visão moral abrangente, em que o ideal de autonomia tem papel regulador em tudo na vida. Isso a torna incompatível com o liberalismo político da justiça como equidade. É claro que um liberalismo abrangente fundado no ideal de autonomia pode fazer parte de um consenso sobreposto razoável que dê sustentação a uma concepção política, mas como tal, não é apropriado para fornecer uma base pública de justificação.

Uma segunda diferença se torna evidente, uma vez que introduzimos um segundo significado de autonomia. Como vimos, em que medida uma visão política é autônoma depende, para o liberalismo político, de sua forma de apresentar os valores políticos como ordenados. Afirmamos que uma visão política é autônoma quando representa ou expressa a ordem dos valores políticos como aquela que está baseada nos princípios da razão prática, em conjunção com as concepções políticas apropriadas de sociedade e de pessoa. Como foi dito, isso é autonomia doutrinal. De outro modo, uma visão é doutrinariamente heterônoma.

Outro significado de autonomia – este mais profundo – prescreve que a ordem dos valores morais e políticos deve se fazer ou ela própria se constituir mediante os princípios e as concepções da razão prática. Denominemos isso autonomia constitutiva. Em contraste com o intuicionismo racional, a autonomia constitutiva afirma que a chamada ordem independente de valores não se constitui por si mesma, mas é constituída pela atividade real ou ideal da própria razão (humana) prática. Acredito que isso, ou algo semelhante, corresponda à visão de Kant. Seu construtivismo é mais profundo e adentra na própria existência e na constituição da ordem de valores. Isso é parte de seu idealismo transcendental. A ordem de valores do intuicionista, que é dada de forma independente, faz parte do realismo transcendental a que Kant opõe seu idealismo transcendental.

Não há dúvida de que o liberalismo político deve rejeitar a autonomia constitutiva de Kant. Seu construtivismo moral, no entanto, pode subscrever o construtivismo político até onde este alcança[10]. E certamente o construtivismo político aceita a visão de Kant de que os princípios da razão prática originam-se – se temos de supor que devem se originar em alguma parte – em nossa consciência moral, informada pela razão prática. Não se originam de nenhuma outra parte. Kant é a fonte histórica da ideia de que a razão, tanto teórica como prática, origina e se autentica a si mesma. Não obstante, concordar com isso é um problema dis-

---

10. Isso é tão importante para o liberalismo político quanto obter a aprovação do intuicionista racional.

tinto da questão de saber se os princípios da razão prática constituem a ordem de valores.

2. A terceira diferença é que as concepções fundamentais de pessoa e de sociedade na visão de Kant estão fundamentadas, supomos, em seu idealismo transcendental. O que esse fundamento poderia ser é uma questão da qual passo ao largo, exceto para dizer que certamente isso já foi entendido de muitas maneiras e que poderíamos aceitar uma dessas maneiras como verdadeira do ponto de vista de nossa própria doutrina abrangente. Tenhamos em mente que estou pressupondo que todos nós possuímos uma visão abrangente que vai muito além do domínio do político, embora possa ser parcial e, não raramente, fragmentária e incompleta. Mas isso é irrelevante para o tópico em questão. O essencial é que a justiça como equidade emprega, como ideias organizadoras, certas ideias fundamentais que são de natureza política. O idealismo transcendental e outras doutrinas metafísicas não desempenham nenhum papel na organização e na exposição dessas ideias.

Essas diferenças estão ligadas a uma quarta: os objetivos distintos das duas visões. A justiça como equidade tem por objetivo tornar manifesta uma base pública de justificação com respeito a questões de justiça política, dado o fato do pluralismo razoável. Como a justificação é dirigida a outros, ela procede a partir daquilo que é, ou que pode ser, subscrito em comum. Assim, começamos com ideias fundamentais compartilhadas, implícitas na cultura política pública, na expectativa de elaborar, a partir delas, uma concepção política que possa alcançar um acordo livre e refletido no juízo, acordo que será estável em virtude de conquistar um consenso sobreposto de doutrinas abrangentes razoáveis. Essas condições bastam para uma concepção política razoável de justiça.

É difícil descrever de forma sumária os objetivos de Kant, mas acredito que ele concebe o papel da filosofia como uma apologia: a defesa da fé razoável. Este não é o velho problema teológico de demonstrar a compatibilidade entre a fé e a razão, e sim o de demonstrar a coerência e a unidade da razão, tanto teórica quanto prática, consigo mesma e o do modo como devemos considerar a razão como a corte suprema de apelação, cabendo somente a ela a competência para dirimir todas as questões acerca do alcance e dos limites de sua própria autoridade[11]. Em suas duas primeiras *Críticas*, Kant empenha-se em defender tanto nosso conhecimento da natureza como nosso conhecimento de nossa liberdade por meio da lei moral. E ele também aspira descobrir um modo de conceber a lei natural e a liberdade moral pelo qual elas não sejam incompatíveis. Sua visão da filosofia como defesa rejeita toda e qualquer doutrina que solape a unidade e a coerência da razão teórica e da razão prática; opõe-se ao racionalismo, ao empirismo e ao ceticismo, na medida em que essas visões contribuem para esse solapamento. Kant desloca os ônus da prova: a afirmação da razão está enraizada no pensamento e na prática da razão humana ordinária (sólida), que é por onde a reflexão filosófica deve começar. Enquanto esse pensamento e essa prática não pareçam conflitar consigo mesmos, nenhuma defesa se faz necessária.

Qualquer uma dessas diferenças é de alcance suficiente para distinguir a justiça como equidade do construtivismo moral de Kant. Não obstante, as diferenças estão conectadas entre si: a quarta, a diferença de objetivo, nos conduz às três outras diferenças. A justiça como equidade, no entanto, aceitaria a visão que Kant tem da filosofia como defesa até este ponto: dadas condições razoavelmente favoráveis, aquela concebe a si própria como a defesa da possibilidade de um regime democrático e constitucional justo.

### § 3. A justiça como equidade: uma visão construtivista

1. Antes de nos ocuparmos dos aspectos construtivistas de justiça como equidade, convém fazer uma observa-

---

11. Devo essa interpretação a Susan Neiman.

ção preliminar. Embora as perspectivas construtivistas tenham um lugar legítimo no âmbito da filosofia moral e política, elas também guardam certa afinidade com ideias construtivistas na filosofia da matemática. A interpretação de Kant da natureza sintética e apriorística da aritmética e da geometria é, evidentemente, uma das origens históricas de tais pontos de vista[12].

Há uma similaridade que é esclarecedora: em ambos os casos, a ideia é formular uma representação procedimental na qual, tanto quanto possível, todos os critérios pertinentes de argumentação correta – matemática, moral ou política – estejam incorporados e abertos à inspeção[13]. Os juízos são considerados razoáveis e válidos quando resultam da aplicação correta do procedimento, e quando se baseiam somente em premissas verdadeiras. De acordo com a interpretação de Kant da argumentação moral, a representação procedimental é dada pelo imperativo categórico, que expressa as exigências que a razão prática pura impõe a nossas máximas racionais. Na aritmética, o procedimento expressa a forma pela qual se geram os números naturais a partir do conceito fundamental de unidade, cada número a partir do precedente. Os diferentes números se dis-

---

12. Especialmente valiosos a esse respeito são Charles Parsons, "Kant's Philosophy of Arithmetic" (1969), republicado em *Mathemathics and Philosophy* (Ithaca: Cornell University Press, 1983), e seu artigo "Mathematics, Foundations of", in Paul Edwards (org.), *The Encyclopedia of Philosophy*, 8 volumes (Nova York: Academic Press, 1977); e Michael Friedman, *Kant and the Exact Sciences* (Cambridge: Cambridge University Press, 1992), capítulos 1 e 2.

13. Como se entende que o procedimento incorpore, tanto quanto possível, todos os critérios pertinentes, a suposição é que especifique um ideal, por exemplo, do matemático ideal; ou o ideal de uma pessoa racional e razoável que compreende e aplica corretamente o procedimento do imperativo categórico; ou ainda o ideal de um reino dos fins, de uma comunidade de tais pessoas ideais. Tivemos de dizer acima "tanto quanto possível, todos os critérios pertinentes" porque não há nenhuma especificação desses critérios que se possa supor definitiva, ou que possa ser tratada como tal; qualquer interpretação deles está sempre aberta à inspeção da reflexão crítica. Isso acontece mesmo que, no momento, depositemos plena confiança em nossas formulações de princípios e não percebamos como poderíamos estar incorrendo em algum equívoco grave.

tinguem por seu lugar na série assim gerada. O procedimento mostra as propriedades fundamentais que constituem os fatos acerca dos números, de modo que as proposições sobre os números, corretamente derivadas do procedimento, são corretas.

2. Para explicar o construtivismo político, necessitamos fazer três perguntas.

Primeira: nessa modalidade de construtivismo, o que é que se constrói? Resposta: o conteúdo de uma concepção política de justiça. Na justiça como equidade, esse conteúdo consiste dos princípios de justiça selecionados pelas partes na posição original, conforme tratam de promover os interesses daqueles a quem representam.

A segunda pergunta é esta: como artifício procedimental de construção, a própria posição original é construída? Não, ela é simplesmente modelada. Partimos da ideia fundamental de uma sociedade bem-ordenada entendida como um sistema equitativo de cooperação entre cidadãos razoáveis e racionais, considerados livres e iguais. Modelamos, então, um procedimento que apresente condições razoáveis às partes, as quais, como representantes racionais, devem selecionar os princípios públicos de justiça para a estrutura básica de uma sociedade assim concebida. Ao fazer isso, nosso objetivo é expressar, nesse procedimento, todos os critérios relevantes de razoabilidade e racionalidade que se aplicam aos princípios e critérios de justiça política. Se fizermos isso da maneira adequada, conjecturamos que o desenvolvimento correto da argumentação a partir da posição original deverá resultar nos princípios de justiça que são apropriados para governar as relações políticas entre os cidadãos. Dessa maneira, a concepção política dos cidadãos como membros cooperativos de uma sociedade bem-ordenada dá forma ao conteúdo do direito e da justiça políticos.

3. Isso nos leva à terceira pergunta: o que significa dizer que as concepções de cidadão e de sociedade bem-ordenada estão embutidas no procedimento construtivista ou

são modeladas por ele? Significa dizer que a forma do procedimento e suas características mais específicas são obtidas dessas concepções que lhe servem de base.

A título de ilustração: afirmamos antes que os cidadãos têm duas faculdades morais. A primeira é a capacidade de ter um senso de justiça, o que lhes possibilita entender, aplicar e agir de acordo com os princípios razoáveis de justiça que especificam termos equitativos de cooperação social. A segunda faculdade moral é a capacidade de ter uma concepção do bem, uma concepção dos fins e objetivos que são merecedores de nosso empenho devotado, junto com uma ordenação desses elementos que deve nos servir de guia ao longo de toda a vida. A capacidade dos cidadãos de ter uma concepção do seu bem de maneira que seja apropriada à justiça política é modelada no procedimento pela suposição de racionalidade das partes. Já a capacidade dos cidadãos de ter um senso de justiça é modelada no próprio procedimento, mediante características como a condição razoável de simetria (ou igualdade) de acordo com a qual seus representantes estão situados, bem como pelos limites de informação expressos pelo véu de ignorância.

Além disso, a capacidade de ter um senso de justiça, que se mostra na argumentação dos cidadãos na vida política de uma sociedade bem-ordenada, também é modelada pelo procedimento como um todo. Em nossa qualidade de cidadãos, somos ao mesmo tempo razoáveis e racionais, em contraste com as partes na posição original, as quais – é importante enfatizar –, como pessoas artificiais que habitam um dispositivo de representação, são apenas racionais. A isso acrescentemos que parte da ideia de uma sociedade bem-ordenada estriba-se em que sua concepção política seja pública. Isso é modelado pela característica segundo a qual, ao selecionar os princípios de justiça, as partes devem levar em conta, por exemplo, as consequências de esses princípios serem mutuamente reconhecidos e de que maneira isso afeta as concepções que os cidadãos têm de si mesmos e a motivação para agir de acordo com tais princípios.

Concluindo: nem tudo, portanto, é construído; precisamos dispor de um material, por assim dizer, com o qual começar. Em sentido mais literal, somente os princípios substantivos que especificam o conteúdo da justiça e do direito políticos são construídos. O procedimento em si mesmo simplesmente se estabelece utilizando como ponto de partida as concepções fundamentais de sociedade e de pessoa, os princípios da razão prática e o papel público de uma concepção política de justiça.

4. Afirmei (dois parágrafos antes) que a capacidade de ter um senso de justiça que caracteriza a argumentação dos cidadãos de uma sociedade bem-ordenada é modelada pelo procedimento como um todo. Para mostrar a importância disso, examino uma objeção que é similar à crítica feita por Schopenhauer à doutrina de Kant do imperativo categórico[14]. Schopenhauer sustentou que, ao argumentar a defesa do dever de ajuda mútua em situações de necessidade extrema (o quarto exemplo em *Grundlegung*), Kant apela àquilo que agentes racionais, como seres finitos que têm necessidades, podem coerentemente desejar que seja uma lei universal. Em vista de nossa necessidade de amor e compaixão, que se manifesta em algumas ocasiões, não podemos desejar um mundo social no qual os outros sempre sejam indiferentes a nossos pedidos de auxílio nesses casos. Com base nisso, Schopenhauer afirmou que a visão de Kant é no fundo egoísta, do que se segue que ela não passa, afinal de contas, de uma forma disfarçada de heteronomia.

---

14. Ver *On the Basis of Ethics* (1840), parte II, § 7, tradução de E. F. J. Payne (Nova York: Liberal Arts Press, 1965), pp. 89-92. Sou grato a Joshua Cohen por mostrar-me que minha resposta anterior a essa crítica perde de vista a força da objeção de Schopenhauer. Ver *Teoria*, pp. 147 ss., e "Kantian Constructivism", p. 430 e nota. Graças a Cohen, acredito que a resposta que se encontra neste texto melhorou muito e se conecta à interpretação revisada dos bens primários. Também tenho de reconhecer meu débito para com o ensaio de Stephen Darwall, "A Defense of the Kantian Interpretation", *Ethics* 86 (janeiro de 1986).

Meu propósito, aqui, não é defender Kant, mas assinalar por que é incorreta uma objeção similar à justiça como equidade. Com esse fim em vista, observamos que há duas razões que motivam a objeção de Schopenhauer. A primeira é que ele acredita que, quando as máximas se tornam universais, Kant nos pede que as submetamos à prova, à luz de suas consequências gerais para nossas inclinações e necessidades gerais, considerando estas de forma egoísta. A segunda razão consiste em que as regras que definem o procedimento para testar máximas são interpretadas por Schopenhauer como restrições externas, e não como derivadas das características essenciais das pessoas em sua condição de razoáveis. Por assim dizer, essas restrições se impõem a partir de fora pelas limitações de nossa situação, limitações que gostaríamos de superar. Essas duas considerações induzem Schopenhauer a afirmar que o imperativo categórico é um princípio de reciprocidade que o egoísmo astutamente aceita como uma forma de compromisso. Como tal princípio, o imperativo categórico pode ser apropriado para uma confederação de Estados-nação, mas não como um princípio moral.

5. Consideremos agora a objeção análoga à justiça como equidade no que se refere a esses dois pontos. No que diz respeito ao primeiro, as partes na posição original não têm interesses diretos, exceto um interesse pela pessoa que cada uma delas representa, e elas avaliam princípios de justiça com base em bens primários. Além do mais, as partes representam os interesses de ordem superior que temos de desenvolver, assim como exercer nossas duas faculdades morais e nos assegurar das condições que nos permitam promover nossa concepção do bem, seja ela qual for. A lista dos bens primários e o índice desses bens devem ser explicados, tanto quanto possível, por referência àqueles interesses, sempre se pressupondo que os representados satisfazem, no grau mínimo necessário, o requisito de ter as capacidades que lhes possibilitam ser membros cooperativos da sociedade ao longo de toda a vida. Como se supõe

que esses interesses determinam as necessidades das pessoas como razoáveis e racionais, os objetivos das partes não são egoístas, e sim de todo apropriados e oportunos. As partes fazem o que representantes fiduciários devem fazer pela pessoa que representam. Além disso, está em conformidade com a concepção de pessoas livres e iguais que os cidadãos instruam seus representantes a garantir as condições apropriadas à realização e ao exercício de suas (dos cidadãos) faculdades morais e à promoção de sua concepção do bem, assim como as bases sociais e os meios de seu autorrespeito (II, § 5.4). Isso contrasta com a opinião de Schopenhauer de que, na doutrina de Kant, as máximas são submetidas à prova levando-se em conta o grau em que podem satisfazer as necessidades e inclinações naturais do agente, consideradas egoístas.

Passando para o segundo ponto, as restrições impostas às partes na posição original de fato são externas a elas como agentes racionais de construção, meros personagens artificiais que habitam nosso dispositivo de representação. A despeito disso, essas restrições expressam o razoável e, por conseguinte, as condições formais implícitas nas faculdades morais dos membros de uma sociedade bem-ordenada, a quem as partes representam. Como vimos, essas faculdades são modeladas pela disposição simétrica das partes na posição original e pelas restrições a que estão sujeitas no que se refere às razões que podem ser invocadas para defender princípios de justiça, restrições que são expressas pelo véu de ignorância (I, § 4). Isso contrasta com a segunda suposição de Schopenhauer, a de que as restrições impostas pelo imperativo categórico derivam dos limites de nossa natureza finita, os quais, induzidos por nossas inclinações naturais, deveríamos querer superar. Na justiça como equidade, no entanto, desenvolver e exercer nossa capacidade moral (correspondente ao razoável) é um de nossos interesses de ordem superior, e este interesse anda de mãos dadas com a concepção política de pessoa como livre e igual. Uma vez que se entenda bem isso, as restrições da

O CONSTRUTIVISMO POLÍTICO 127

posição original deixam de ser vistas como externas. Uma vez mais, a objeção análoga à de Schopenhauer não se aplica, e a resposta a isso mostra, como vimos em II, § 6, de que modo a posição original modela a autonomia plena (em contraste com a autonomia racional) dos cidadãos, entendendo-se autonomia plena como um valor político, e não como um valor ético que se aplica à vida como um todo ou a grande parte dela.

### § 4. O papel das concepções de sociedade e de pessoa

1. Afirmei desde o princípio que o construtivismo procede a partir da união da razão prática com as concepções apropriadas de sociedade e de pessoa e do papel público que desempenham os princípios de justiça. O construtivismo não procede somente da razão prática, pois requer um procedimento que modele as concepções de sociedade e de pessoa. Mas quais concepções são apropriadas e como elas surgem?

A resposta geral é a seguinte: os princípios da razão prática – tanto os princípios razoáveis como os princípios racionais – e as concepções de sociedade e de pessoa são complementares. Assim como os princípios da lógica, inferência e julgamento não poderiam ser empregados se não existissem pessoas que pensam, inferem e julgam, os princípios da razão prática são expressos pelo pensamento e pelo julgamento de pessoas razoáveis e racionais e são aplicados por elas em sua prática social e política. Esses princípios não se aplicam por si mesmos, mas são empregados por nós na formação de nossas intenções e ações, planos e decisões e em nossas relações com outras pessoas. Assim, podemos denominar as concepções de pessoa e de sociedade de "concepções da razão prática": elas caracterizam os agentes que raciocinam e especificam o contexto dos problemas e das questões aos quais os princípios da razão prática se aplicam. Desse modo, a razão prática apresenta dois aspectos: princípios de razão e juízo práticos, de uma parte, e pessoas, naturais ou corporativas, cuja conduta é moldada por esses princípios, de outra. Sem as concepções de sociedade e de pessoa, os princípios da razão prática não teriam sentido, uso ou aplicação.

Embora as concepções de sociedade e de pessoa caracterizem os agentes que se valem da razão e especifiquem o contexto das questões práticas, essas concepções somente têm a forma geral que apresentam porque são utilizadas em combinação com princípios da razão prática. Perguntamos: como devem ser as pessoas para que exerçam a razão prática? Em resposta a esta questão, dizemos que as pessoas possuem as duas faculdades morais, bem como determinada concepção do bem. O fato de serem razoáveis e racionais significa que são capazes de entender, aplicar e agir de acordo com os dois tipos de princípios práticos. Isso significa, por sua vez, que possuem a capacidade de ter um senso de justiça e uma concepção do bem; e, como esta última capacidade normalmente se desenvolve e se coloca em atividade, supõe-se que as concepções do bem, em qualquer dado momento, são determinadas, isto é, expressam um esquema de fins últimos e de vínculos, juntamente com uma doutrina abrangente à luz da qual esses elementos são interpretados.

As concepções de sociedade e de pessoa como ideias da razão não são, evidentemente, construídas, assim como tampouco os princípios da razão prática o são. Mas podemos concebê-las como agrupadas e conectadas entre si. Como acabamos de fazer, podemos refletir sobre a maneira como essas ideias aparecem em nosso pensamento prático e tentar estabelecer uma ordem na qual elas se encontrem relacionadas, partindo da mais genérica e simples para a mais específica e complexa. Assim, a ideia fundamental de sociedade corresponde àquela cujos membros se envolvem não simplesmente em atividades originadas dos comandos de uma autoridade central, mas sim em atividades guiadas por normas e procedimentos publicamente reconhecidos, que aqueles que cooperam aceitam e consideram como normas que regulam de modo apropriado sua conduta. Obtemos uma ideia de sociedade política se a isso acrescentamos que as atividades cooperativas bastam para todos os principais objetivos da vida e que seus membros habitam determinado território bem definido ao longo de gerações (I, §§ 3.2-3). Esta ideia de sociedade pertence à razão prática e envolve a ideia de conduta apropriada, correta ou adequada.

2. O que falta a esse esboço da ideia fundamental de sociedade é uma concepção do direito e do bem que sirva como fundamento para que os membros dessa sociedade aceitem as normas e os procedimentos que guiam suas atividades. Na justiça como equidade, essa concepção que falta é construída utilizando-se os princípios da razão prática de forma conjugada às concepções de sociedade e de pessoa. É esse um caso especial, em que os membros da sociedade são cidadãos considerados livres e iguais em virtude de possuírem as duas faculdades morais no grau necessário. Esse é o fundamento da igualdade. O agente moral, nesse caso, é o cidadão livre e igual na condição de membro da sociedade, não o agente moral de modo geral.

Outras sociedades adotam uma visão diferente, fundada em certas doutrinas religiosas ou filosóficas. Suas concepções de justiça muito provavelmente não serão construtivistas, da maneira como empregamos o termo, e é também provável que sejam abrangentes, e não políticas. Não preciso citar exemplos aqui, mas quaisquer que sejam essas doutrinas religiosas e filosóficas, estou supondo que todas contenham uma concepção do direito e do bem que abarca uma concepção de justiça que, de algum modo, pode-se entender que fomente o bem comum. Deve ser possível compreender essa concepção de tal forma que, ao se aplicá-la, a sociedade leve em conta o bem de todos os seus membros e da própria sociedade como um todo. Normas e procedimentos, ao se combinarem com convicções religiosas, filosóficas e outras convicções públicas compartilhadas, não excluem essa possibilidade. Essa ideia de justiça pode parecer fraca. Apesar disso, alguma ideia desse tipo é necessária, se pensamos que uma sociedade deve ter um sistema legal que impõe aquilo que corretamente se acredita que sejam obrigações genuínas como algo distinto de uma sociedade que meramente exerce coerção sobre membros incapazes de resistir[15]. Concepções bem definidas de sociedade e de pessoa constituem elementos essenciais de qualquer concepção de justiça e de bem.

Podemos dizer, então, que as concepções de sociedade e de pessoa, e o papel público dos princípios de justiça são ideias da razão prática. Não só adotam uma forma que a razão prática requer para sua aplicação, como também proporcionam o contexto no qual questões e problemas práticos se apresentam: qual é a natureza da cooperação social? Os que cooperam são livres e iguais, ou seus papéis são diferentes e desiguais, da maneira estabelecida pela religião e pela cultura? Sem as ideias de sociedade e pessoa, não há lugar para as concepções do direito e do bem. Essas ideias são tão fundamentais quanto as de juízo e inferência e quanto os princípios da razão prática.

---

15. O que tenho em mente aqui é que um sistema legal, para ser viável, necessita ter certo conteúdo, por exemplo, o conteúdo mínimo de direito natural, tal como discutido por H. L. A. Hart em *The Concept of Law* (Oxford: Clarendon Press, 1961), pp. 189-95 [trad. bras. *O conceito de direito*. São Paulo: WMF Martins Fontes, 2009]. Ou então, de modo mais incisivo, pode-se sustentar, como faz Philip Soper, que um sistema legal deve honrar determinados direitos, se o que se espera é que gere obrigações moralmente obrigatórias, e não apenas medidas coercitivas. Por exemplo: um direito mínimo de dispor da vida, liberdade e propriedade em segurança; um direito à justiça que compreenda pelo menos a igualdade formal; e uma relação de reciprocidade entre os governantes e os governados que permita o respeito mútuo. Tudo isso, por sua vez, exige um direito à liberdade de expressão e uma disposição oficial de administrar a justiça em boa-fé. Ver Soper, *A Theory of Law* (Cambridge, Mass.: Harvard University Press, 1984). Suponho que uma sociedade tem uma concepção de justiça que satisfaz requisitos dessa ordem, concepção essa que está em conformidade com uma ideia de promover o bem comum. Sem isso, estaríamos diante não de uma sociedade, mas de alguma outra coisa.

## § 5. Três concepções de objetividade

1. O intuicionismo racional, o construtivismo moral de Kant e o construtivismo político da justiça como equidade têm, cada um, uma concepção de objetividade, ainda que a concebam de forma diferente. Cada uma dessas perspectivas pode supor que as concepções das demais se baseiam em suposições incorretas. Como veremos, no entanto, tanto o intuicionismo racional como a visão de Kant poderiam admitir que o construtivismo político oferece um fundamento apropriado de objetividade para seus propósitos políticos restritos. Para explicar essas questões, examino nesta seção cada um desses pontos de vista para cinco elementos que são essenciais a uma concepção de objetividade[16].

O primeiro elemento essencial é que uma concepção de objetividade deve estabelecer uma estrutura pública de pensamento que seja suficiente para que o conceito de juízo se aplique e para que se alcancem conclusões fundamentadas em razões e evidências, após discussão e cuidadosa reflexão. Na verdade, isso é necessário a todos os tipos de investigação, seja de índole moral, política ou científica, seja de questões do senso comum. Por conseguinte, se a ideia de raciocínio e de julgamento se aplica a nossas proposições morais e políticas, em contraposição à simples expressão do nosso estado psicológico, devemos ser capazes de fazer julgamentos e inferências com base em critérios e evidências mutuamente reconhecidos. Dessa forma, e não de outra qualquer – por exemplo, não por mera retórica nem pela mera persuasão –, podemos chegar a um acordo mediante o exercício livre de nossas faculdades de juízo.

Como um corolário desse primeiro elemento essencial, o segundo elemento essencial é o seguinte: é uma característica distintiva do juízo (moral ou de outra índole) ter por objetivo ser razoável ou verdadeiro, conforme o caso. Des-

---

16. Esses elementos essenciais são amplamente reconhecidos. Não há nada de novo na forma como aqui os interpreto.

se modo, uma concepção de objetividade deve especificar um conceito de juízo correto de seu próprio ponto de vista e, por isso, sujeito a suas normas. Uma forma familiar de fazer isso é conceber os juízos corretos como percepções verdadeiras de uma ordem independente de valores, como no intuicionismo racional; ou, como no construtivismo político, podemos conceber os juízos corretos como razoáveis, isto é, como juízos que são fundamentados na preponderância de razões especificadas pelos princípios de direito e justiça produzidos por um procedimento que formula de modo correto princípios da razão prática em conjunção com concepções apropriadas de sociedade e de pessoa.

2. Como um terceiro elemento essencial, uma concepção de objetividade deve especificar uma ordem de razões que se obtenham de seus princípios e critérios e deve imputar essas razões a agentes, quer se trate de indivíduos ou de grupos, como razões que eles devem levar em conta e pelas quais devem guiar-se em determinadas circunstâncias. Devem agir com base nessas razões, sejam motivados por elas ou não. Desse modo, essas razões que lhes são imputadas podem ir além das razões que os agentes tenham, ou acreditem ter, de seu próprio ponto de vista.

Mais uma vez como corolário, temos um quarto elemento essencial: uma concepção de objetividade deve distinguir o ponto de vista objetivo – tal como determinado, por exemplo, pelo ponto de vista de certos agentes definidos de uma forma apropriada como razoáveis e racionais – daquele de qualquer agente específico, individual ou corporativo, ou daquele de qualquer grupo específico de agentes, em qualquer momento dado. É parte essencial do conceito de objetividade nunca supor que o simples fato de nós ou algum grupo considerarmos algo justo ou razoável seja suficiente para torná-lo justo ou razoável.

O quinto elemento essencial é que uma concepção de objetividade tem uma interpretação sobre o que deve contar como um acordo de juízo entre agentes razoáveis. Pode-se dizer, como faz o intuicionismo, que agentes razoáveis dispõem das faculdades intelectuais e morais que lhes permitem conhecer a ordem independente de valores e examinar, ajustar e coordenar seus juízos a respeito dela por meio de discussão e reflexão. Ou, de outro modo, é possível considerar, como no construtivismo político, que pessoas razoáveis são capazes de aprender e dominar os conceitos e princípios da razão prática, assim como os princípios de direito e justiça que resultam do procedimento de construção[17]. Uma vez que tenham aprendido e dominado isso, pessoas razoáveis são capazes de aplicar corretamente esses princípios e critérios e, supondo-se que se baseiem nas mesmas informações (verazes), de chegar à mesma conclusão (ou a conclusões semelhantes).

Em resumo: uma concepção moral e política é objetiva somente quando estabelece uma estrutura de pensamento, argumentação e juízo que satisfaça os requisitos desses cinco elementos essenciais. Pela maneira como se apresenta a ordem de razões de uma concepção, torna-se claro que o juízo de qualquer agente, individual ou corporativo, pode estar equivocado. Traça-se uma distinção entre argumentação e juízo, por mais sinceros e à primeira vista corretos que possam parecer, e o que é verdadeiro ou razoável (dependendo da perspectiva em questão). Acrescentemos que é uma característica fundamental de agentes razoáveis reconhecer esses elementos fundamentais, reconhecimento que contribui para assegurar a base necessária para o acordo de juízo. Um sexto elemento essencial, que é examinado na próxima seção, requer que sejamos capazes de explicar os desacordos de certa maneira (§ 7.2).

3. Dizer que as três perspectivas que discutimos envolvem diferentes concepções de objetividade significa dizer que elas não interpretam esses elementos essenciais da objetividade da mesma forma. Considere-se o intuicionismo racional. Em relação ao segundo elemento essencial, um

---

17. Isso não significa que tenhamos algum conhecimento acerca desse procedimento, e sim que podemos utilizar os princípios que resultam dele.

julgamento moral correto é aquele que é uma expressão verdadeira de uma ordem independente de valores morais. Nem o construtivismo moral de Kant nem o construtivismo político consideram que os juízos morais são objetivos dessa maneira, pois nenhuma dessas duas perspectivas afirma a existência de uma ordem independente de valores (embora o construtivismo político não negue isso). Certas modalidades de intuicionismo racional também são heterônomas no primeiro sentido, isto é, em um sentido doutrinal (§ 16), e isso as distingue não apenas do construtivismo de Kant, mas também do construtivismo político de justiça como equidade. No entanto, para o construtivismo político, a heteronomia, nesse sentido doutrinal, não é uma característica do intuicionismo racional como tal, mas somente a maneira como algumas de suas variantes concebem ou expressam a ordem de valores.

Mas de que forma o intuicionismo racional satisfaz o quarto elemento essencial da objetividade, ou, em outras palavras, de que forma distingue o ponto de vista do agente do ponto de vista objetivo e explica como o agente pode estar equivocado? Com respeito a isso, o intuicionismo pode basear-se em uma interpretação dos princípios fundamentais e das concepções da razão prática que se mostram aceitáveis após cuidadosa reflexão (§ 1.4). O ponto de vista do agente é, então, distinguido dessa interpretação. O intuicionismo racional pode concordar com o construtivismo político em que não há nenhuma maneira de obter um conhecimento bem fundamentado sobre a ordem de valores, ou de constituir crenças razoáveis sobre isso, sem recorrer à discussão refletida, embora o intuicionismo recorra a ideias de intuição e percepção morais de modos que não são próprios do construtivismo.

4. Disso se segue que uma variante de intuicionismo racional e uma variante de construtivismo político – supondo-se, no momento, que ambas estejam considerando valores políticos – possam estar de acordo exatamente em relação aos mesmos princípios da razão prática e as mesmas

concepções de sociedade e de pessoa. Ambas também poderiam aceitar o argumento construtivista que parte da posição original e resulta nos princípios de justiça política. As duas perspectivas estariam se valendo da mesma estrutura para fazer a distinção entre o ponto de vista do agente e o ponto de vista objetivo. A diferença reside no fato de que o intuicionismo racional acrescentaria que um juízo é verdadeiro, ou provavelmente verdadeiro (dependendo da força das razões), em relação a uma ordem independente de valores. O construtivismo político não afirmaria nem negaria isso, pois, para seus propósitos, como veremos adiante, basta o conceito do razoável.

Desse modo, o intuicionismo racional pode aceitar que o construtivismo político tem um tipo de objetividade que é apropriado a suas próprias finalidades políticas e práticas. A objeção do intuicionismo é que falta ao construtivismo uma concepção apropriada da verdade dos juízos morais, uma concepção que considere os princípios morais verdadeiros ou falsos tendo por referência uma ordem independente de valores. O construtivismo político não recorre a essa ideia de verdade; acrescenta que afirmar ou negar uma doutrina desse tipo vai além dos limites de uma concepção política de justiça que pretende ser, tanto quanto possível, aceitável a todas as doutrinas abrangentes razoáveis. Um intuicionista racional que concordasse com o conteúdo de justiça como equidade (ou uma visão construtivista semelhante) e que afirmasse que existe uma relação entre os juízos razoáveis dessa concepção e os juízos verdadeiros também poderia considerar verdadeiros esses juízos razoáveis. Não haveria conflito (§ 8)[18].

No que diz respeito ao construtivismo moral de Kant (§ 2), um juízo correto é aquele que satisfaz todos os critérios pertinentes de razoabilidade e de racionalidade incorporados no procedimento do imperativo categórico para

---

18. Isso é similar àquilo que se afirma em "Kantian Constructivism in Moral Theory", pp. 507 ss.

submeter máximas à prova. Um juízo fundamentado, de modo apropriado, em princípios e preceitos que sobrevivam a esse teste é considerado correto por qualquer pessoa plenamente razoável e racional (e informada). É isso o que Kant quer dizer quando afirma que tais juízos são universalmente comunicáveis: como seres razoáveis e racionais, reconhecemos, aplicamos e somos capazes de explicar aos demais o mesmo procedimento para validá-lo. Todos os elementos essenciais da objetividade estão presentes.

5. Qual é o papel dos elementos essenciais do ponto de vista objetivo e para que servem? Recordemos (de II, § 1.4) que o razoável é público de uma maneira que o racional não é. É pelo razoável que entramos no mundo público de outros e nos dispomos a propor ou aceitar, segundo o caso, princípios razoáveis que especifiquem termos equitativos de cooperação. Estes princípios resultam de um procedimento de construção que expressa os princípios da razão prática, conjugados às concepções apropriadas de sociedade e de pessoa, e, como tais, podem ser empregados para fundamentar nossos juízos como razoáveis. Juntos, nos fornecem uma concepção política de justiça para julgar nossas instituições básicas e especificar os valores políticos de acordo com os quais essas instituições podem ser avaliadas. Os elementos essenciais da objetividade são, portanto, aquelas características que se exigem de uma estrutura de pensamento e juízo, se o que se quer é que essa estrutura possa se constituir em uma base pública e aberta de justificação para cidadãos percebidos como livres e iguais. Quando os cidadãos compartilham uma concepção política e razoável de justiça, compartilham também uma base comum mediante a qual a discussão pública de questões fundamentais pode se processar.

Isso pode ser constatado examinando-se cada um dos elementos essenciais. O primeiro elemento essencial abarca aproximadamente o que acabamos de dizer: atesta que uma concepção de objetividade deve estabelecer uma estrutura pública suficiente para que o conceito de juízo possa se aplicar e para que seja possível chegar a conclusões com base em razões e evidências mutuamente reconhecidas. O segundo elemento essencial acrescenta que, no caso do construtivismo, é fundamental ao juízo que objetivemos chegar a um juízo razoável, que seja sustentado pela preponderância de razões obtidas mediante um procedimento apropriado. O terceiro elemento essencial de uma concepção de objetividade requer que a ordem de razões obtidas de seus princípios seja recomendada aos agentes como razões às quais eles devem conferir a prioridade apropriada, distinguindo-as das razões para agir que têm de seu próprio ponto de vista individual. Se isso não fosse exigido, inexistiria uma base compartilhada de justificação pública. Finalmente, como corolário, o quarto elemento essencial reforça o terceiro, ao enfatizar a distinção entre o ponto de vista objetivo e aquele de qualquer pessoa. Em geral, sempre são necessários pensamento e juízo para harmonizar nosso próprio ponto de vista com o ponto de vista objetivo. Mais uma vez, isso é necessário para que uma base pública de justificação possa existir.

Observe-se que, no construtivismo político, o ponto de vista objetivo é sempre entendido como aquele de determinadas pessoas razoáveis e racionais apropriadamente especificadas. Na doutrina de Kant, esse é o ponto de vista das pessoas na condição de membros de um reino dos fins. Esse ponto de vista compartilhado é possível, já que se obtém do imperativo categórico que representa os princípios e os critérios implícitos na razão humana comum de tais pessoas. De forma similar, na justiça como equidade, esse é o ponto de vista de cidadãos livres e iguais, quando representados de maneira apropriada. Desse modo, em contraste com o que Nagel denomina "ponto de vista impessoal"[19], o construtivismo, tanto o moral quanto o político, sustenta que o ponto de vista objetivo deve sempre proceder de al-

---

19. Ver Thomas Nagel, *The View from Nowhere* (Nova York: Oxford University Press, 1986), pp. 138-43 e outras passagens dessa obra.

gum ponto. Isso porque, ao apelar à razão prática, deve expressar o ponto de vista de pessoas, individuais[20] ou corporativas, apropriadamente caracterizadas como razoáveis e racionais. Não existe o ponto de vista da razão prática como tal. Isso tem relação com o que afirmei em § 4 sobre o papel das concepções de pessoa e de sociedade.

Uma última observação. Eu disse antes que os elementos essenciais da objetividade (que incluem um sexto elemento, discutido em § 7.2) são necessários para uma base de justificação pública e compartilhada. Acrescentemos que são também suficientes. Com isso, o liberalismo político dispõe de uma interpretação da objetividade que é suficiente para os propósitos de uma concepção política de justiça. Como já sustentamos, não é preciso que o liberalismo político vá além de sua concepção de juízo razoável, podendo deixar para doutrinas abrangentes o conceito de julgamento moral verdadeiro.

### § 6. A objetividade, independente da visão causal do conhecimento

1. O construtivismo afirma que a objetividade da razão prática é independente da teoria causal do conhecimento. Para esclarecer esse ponto e as observações precedentes, examinarei, a seguir, uma possível objeção. Alguns autores poderiam sustentar que nenhuma das três concepções que examinamos é realmente uma concepção de objetividade. Afirmam que a objetividade dos juízos e das crenças depende de ser possível dar a elas uma explicação adequada dentro de uma visão causal do conhecimento. Pensam que um juízo (ou crença) é objetivo somente quando o conteúdo de nosso juízo é (em parte) o resultado de um tipo apropriado de processo causal que afeta nossa experiência sensorial, como aquela em que o juízo se baseia.

---

20. O expectador judicioso de Hume, em seu *Tratado*, III: 3i, é um exemplo de tal indivíduo.

Por exemplo, nosso juízo perceptual de que o gato está em cima do capacho é resultado (em parte) de um processo causal apropriado que afeta nossa experiência perceptual de que o gato se encontra sobre o capacho. A suposição é que há uma bem conhecida explicação de senso comum para tais experiências perceptuais, na qual se baseiam nossos juízos perceptuais sobre objetos físicos de tamanho médio. Com o tempo, a psicologia cognitiva deveria ser capaz de explicar todo fenômeno desse tipo, mesmo em se tratando de nossas crenças mais teóricas, de ordem superior. As crenças de físicos teóricos poderão ser explicadas, no devido momento, de forma semelhante. Até mesmo essas crenças são objetivas, porque têm uma explicação que demonstra que a afirmação de tais crenças pelos físicos é o resultado (em parte) de um processo causal apropriado que tem relação com o fato de o mundo ser da maneira que os físicos pensam que é[21].

2. Essa objeção levanta questões profundas sobre a ideia de objetividade. Não posso examiná-las agora, mas somente expressar a opinião que se segue. O construtivismo político aceita o ponto de vista de Kant até o seguinte ponto: sustenta que existem diferentes concepções de objetividade, apropriadas para a razão teórica e para a razão prática. Talvez isso se deva ao fato de que, como vimos, Kant pensava que a primeira diz respeito ao conhecimento de objetos dados, enquanto a segunda diz respeito à produção de objetos de acordo com uma concepção desses objetos. Como indivíduos razoáveis e racionais, devemos, por assim

---

21. Essa concepção de objetividade foi aplicada aos juízos morais por Gilbert Harman em seu livro *The Nature of Morality* (Nova York: Oxford University Press, 1977), capítulos 1-2, para sustentar que não são objetivos. O ensaio de Warren Quinn, "Truth and Explanation in Ethics", *Ethics* 96 (abril de 1986), contém uma extensa crítica ao ponto de vista de Harman. Uma concepção muito semelhante é utilizada por Bernard Williams em *Ethics and the Limits of Philosophy* (Cambridge, Mass.: Harvard University Press, 1985). Para uma resenha crítica do livro de Williams, ver "Reflections on the Loss of Moral Knowledge and Williams on Objectivity", de Quinn, in *Philosophy and Public Affairs* (primavera de 1987). Devo muito a ambos os ensaios de Quinn.

dizer, construir de modo adequado os princípios de direito e de justiça que especificam a concepção dos objetos que devemos construir e, dessa forma, guiar nossa conduta pública pela razão prática. Uma concepção de objetividade plausível para a lógica e para a matemática apresenta dificuldades especiais que não examinarei aqui[22]. A despeito disso, como vimos, a comparação entre a reflexão prática e o pensamento matemático é esclarecedora. Para chegar a um compromisso com a objeção, admitamos que a exigência causal que ela apresenta seja parte de uma concepção apropriada de objetividade para juízos da razão teórica, pelo menos em grande parte da ciência natural e, de forma similar, para juízos perceptuais[23].

Não obstante, essa exigência não é essencial para todas as concepções de objetividade, e sobretudo não o é para uma concepção que seja apropriada à argumentação moral e política. Isso se comprova pelo fato de que não exigimos de um juízo moral ou político que as razões que o sustentam demonstrem sua conexão com um processo causal apropriado, nem exigimos que exista uma explicação para tal juízo no âmbito da psicologia cognitiva. Ao contrário: basta que as razões apresentadas sejam suficientemente fortes. Explicamos nosso juízo, quando o fazemos, sim-

---

22. Sobre essas dificuldades, ver Paul Benacerraf, "Mathematical Truth", *Jounal of Philosophy* 70 (novembro de 1973). Aqui devo acrescentar que pressuponho que o conhecimento do senso comum (nossos julgamentos perceptuais, por exemplo), a ciência natural, a teoria social (como a economia e a história) e a matemática são (ou podem ser) objetivos, talvez cada qual de uma forma que lhe é peculiar. A questão é elucidar em que sentido o são e apresentar uma explicação adequadamente sistemática. Qualquer argumento contrário à objetividade da argumentação moral e política que, valendo-se de um argumento similar contra o senso comum, ou a ciência natural, ou a matemática, demonstrasse que essa argumentação não é objetiva, tem de ser incorreto. A objetividade da reflexão prática não é um campo de batalha adequado para colocar em questão a objetividade em geral.

23. Quinn, em seu ensaio "Reflections on the Loss of Moral Knowledge" (nota 20), argumenta contra conceder até mesmo isso e pensa que essa exigência não se aplica à física, nem à ciência em geral. Acredito que ele pode estar certo a esse respeito, mas aqui não necessito deter-me nesse ponto.

plesmente submetendo suas bases a um exame: a explicação encontra-se nas razões que sustentamos de boa-fé. Que mais se pode dizer a respeito, exceto que devemos submeter a um exame nossa sinceridade e razoabilidade?

É claro que, ante os muitos obstáculos que existem para alcançar um acordo no juízo político até mesmo entre pessoas razoáveis, não chegaremos a um acordo em todas as ocasiões, talvez nem mesmo na maior parte dos casos. Mas devemos ser capazes de pelo menos reduzir nossas diferenças e, desse modo, chegar mais perto de alcançar um acordo, e isto à luz do que consideramos como princípios e critérios compartilhados da razão prática.

### § 7. Quando razões objetivas existem, em termos políticos?

1. Até aqui, analisamos três concepções distintas de objetividade, examinando o que essas concepções significam e como nos permitem falar da existência de razões em uma ordem objetiva de razões. Mas é evidente que nada disso demonstra que tal ordem existe, do mesmo modo que um conceito claro de unicórnio tampouco demonstra que unicórnios existem. Quando, então, podemos dizer que uma concepção política de justiça nos fornece razões objetivas, em termos políticos?

Sobre isso, podemos dizer o que se segue. As convicções políticas (que também são, é claro, convicções morais) são objetivas – fundadas realmente em uma ordem de razões – se pessoas razoáveis e racionais, que sejam suficientemente inteligentes e conscienciosas ao exercer suas faculdades da razão prática e cujo raciocínio não exiba nenhum dos defeitos comuns de raciocínio, acabem por endossá-las, ou por reduzir de maneira significativa suas divergências em relação a elas, desde que conheçam os fatos relevantes e tenham examinado suficientemente as razões pertinentes à questão em condições favoráveis à reflexão cuidadosa[24]. (Suponho aqui que as concepções práticas que as pessoas subscrevem satisfaçam os cinco elementos essenciais da objetividade já discutidos em § 5.) Dizer que uma convicção política é objetiva significa dizer que há razões, especificadas por uma concepção política razoável e mutuamente reconhecida (e que satisfaz os requisitos daqueles elementos essenciais), suficientes para convencer todas as pessoas razoáveis de que essa é uma convicção razoável. Se tal ordem de razões de fato se verifica, e se tais proposições são em geral razoáveis, isso só se pode demonstrar pelo êxito que tenha ao longo do tempo o exercício compartilhado da reflexão prática por parte daqueles que são razoáveis e racionais, levando-se em conta os limites da capacidade de juízo. Dado esse êxito, não há defeitos nas razões de direito e justiça que necessitem ser corrigidos conectando-as a um processo causal.

2. Não sustento que a existência de uma ordem objetiva de razões políticas consista em diferentes atividades de argumentação válida, ou em sua prática compartilhada, ou no êxito que obtenham. Mais precisamente, o êxito da prática compartilhada entre aqueles que são razoáveis e racionais é que nos autoriza dizer que uma ordem de razões existe. A ideia é que, se aprendermos a utilizar e aplicar os conceitos de juízo e inferência, fundamentação e evidência, bem como os princípios e critérios que especificam os tipos de fatos que devem contar como razões de justiça política, e se descobrirmos que, raciocinando à luz desses critérios mutuamente reconhecidos, podemos chegar a um acordo no juízo ou, se não chegarmos a um acordo integral, pelo menos podemos reduzir nossas discordâncias em um grau suficiente para assegurar o que nos parecem ser relações justas ou equitativas, aceitáveis ou decentes entre nós, então tudo isso sustentará a convicção de que razões obje-

---

24. Entendo que essa concepção de objetividade para o raciocínio prático é essencialmente kantiana. Uma formulação similar a essa pode ser encontrada em "Reflections", de Quinn, p. 199.

O CONSTRUTIVISMO POLÍTICO                                    143

tivas existem. Tais são os fundamentos que apoiam essa convicção.

Assim, dado um contexto de prática bem-sucedida ao longo do tempo, esse acordo ponderado de julgamento, ou essa redução das discordâncias, em geral é suficiente para a objetividade. Como vimos, a explicação de nossas convicções é muitas vezes trivial: sustentamos um juízo e o julgamos correto porque supomos ter aplicado de maneira adequada os princípios e critérios pertinentes da reflexão prática. Isso corresponde à resposta dos matemáticos que, perguntados sobre o motivo pelo qual acreditam haver uma infinidade de números primos, afirmam: qualquer matemático conhece a prova. A prova expõe o raciocínio no qual sua crença se baseia. A ausência de uma explicação para isso na psicologia cognitiva não vem ao caso: ser capaz de oferecer a prova, ou de apresentar razões suficientes para o juízo, já constitui a melhor explicação possível das crenças daqueles que são razoáveis e racionais[25]. Ao menos para propósitos políticos, não há necessidade de ir além disso, ou de ir em busca de uma explicação melhor ou mais profunda[26].

É claro que, quando não conseguimos chegar a um acordo nem reduzir as discordâncias, as considerações psicológicas podem se tornar relevantes. Por esse motivo, um sexto elemento essencial à objetividade é que devemos ser

---

25. Aqui, o paralelo com a matemática é esclarecedor, porque nesse caso temos objetividade, sem que sequer saibamos como dar sentido ao desejado nexo com um processo causal.

26. Essa posição kantiana é defendida por Nagel, que diz: "A explicação de nossa convicção pode dar-se mediante o conteúdo e a validade do argumento" (*The View from Nowhere*, p. 145). Trata-se do argumento kantiano que mencionamos antes (no final de § 2), ao dizer que Kant queria demonstrar a coerência e a unidade da razão, tanto teórica quanto prática, consigo mesma e que a razão é a corte suprema de apelação e a única competente para fixar o alcance e os limites de sua própria autoridade, e para especificar seus próprios princípios e cânones de validade. Não podemos fundamentar estes princípios e cânones em algo externo à razão. Seus conceitos de juízo, inferência e tudo o mais são irredutíveis. Com esses conceitos, as explicações chegam a seu término; uma das tarefas da filosofia é acalmar nossa angústia ante esse pensamento.

capazes de explicar a impossibilidade de nossos juízos convergirem por meio de noções tais como a de limites da capacidade de juízo: as dificuldades de examinar e pesar todas as evidências, ou ainda de chegar ao delicado equilíbrio entre razões rivais apresentadas por posições opostas no debate de uma questão. Qualquer uma dessas duas dificuldades nos leva a esperar que pessoas razoáveis possam divergir (II, § 2). Assim, pois, há muito desacordo de peso que é compatível com a objetividade, tal como o admite a noção dos limites da capacidade de juízo. No entanto, a discordância também pode surgir da falta de razoabilidade, ou de racionalidade, ou de conscienciosidade de uma ou de várias das pessoas envolvidas. Mas ao dizer isso, devemos ter o cuidado de não apresentar como evidência desses defeitos somente o fato da discordância em si mesma. Devemos ter razões independentes, passíveis de serem identificadas em circunstâncias específicas, para supor que semelhantes causas de desacordo estão em ação. E essas razões devem também, em princípio, ser reconhecíveis por aqueles que discordam de nós[27]. É neste ponto que a psicologia pode ter um papel a desempenhar.

3. Finalmente, para evitar mal-entendidos, acrescentarei outra observação sobre o construtivismo. Nenhuma das visões construtivistas, incluindo a de Scanlon, sustenta que os fatos que são relevantes na argumentação e no juízo práticos são construídos, tampouco sustentam que as concepções de pessoa e de sociedade são construídas[28]. Expliquemos: podemos distinguir duas classes de fatos que são relevantes para a argumentação política. Uma classe é aquela a que se recorre ao se oferecerem razões sobre por que uma ação ou instituição é, digamos, correta ou errada, justa ou injusta. Esses fatos dizem respeito àquelas caracterís-

---

27. Nagel sustenta esse ponto de vista em "Moral Conflict and Political Legitimacy", p. 231.
28. Reviso aqui consideravelmente a forma como formulei esse ponto na terceira conferência de 1980. Agradeço as críticas esclarecedoras e os comentários de David Sachs e de T. M. Scanlon.

ticas que determinam o certo e o errado. A outra classe é a que diz respeito ao conteúdo da justiça, ou à natureza das virtudes, ou à própria concepção política. Esses são fatos especificados pela natureza do procedimento construtivista. Como ilustração da primeira classe de fatos, consideremos que, ao argumentar que a escravidão é injusta, apelamos para o fato de que a escravidão possibilita que algumas pessoas possuam outras como propriedade e, desse modo, controlem e possuam o produto do seu trabalho. Como ilustração da segunda classe de fatos, podemos apelar diretamente para o fato de que a natureza da justiça condena a escravidão como injusta, ou para o fato de que os princípios de justiça condenam a escravidão como injusta. É um elemento básico da concepção política de justiça como equidade o fato de que, entre as virtudes políticas, encontram-se a tolerância e o respeito mútuo, além de um senso de equidade e civilidade[29].

Com respeito à primeira classe de fatos pertinentes, um procedimento construtivista é concebido de modo que produza princípios e critérios que especificam quais fatos relativos a ações, instituições, pessoas e o mundo social em geral são relevantes para a deliberação política. Ao afirmar que a escravidão é injusta, o fato relevante acerca dela não é o momento histórico em que surgiu, nem se ela é ou não economicamente eficiente, mas sim o de permitir que algumas pessoas possuam outras como propriedade. Esse é um fato sobre a escravidão que já está dado, por assim dizer, e que é independente de princípios de justiça. A ideia de construir fatos parece incoerente. Já a ideia de um procedimento construtivista gerar princípios e preceitos para identificar os fatos que devem ser considerados como razões é, ao contrário, muito clara. Recordemos o modo como o procedimento do imperativo categórico de Kant aceita determinadas máximas e rejeita outras, ou como a posição original seleciona princípios de justiça. À parte de uma concep-

---

29. Sobre isso, ver V, § 5.4.

ção moral ou política razoável, fatos são simplesmente fatos. O que se procura estabelecer é uma estrutura de argumentação dentro da qual se possa identificar os fatos relevantes de um ponto de vista apropriado e determinar seu peso como razões[30]. Entendida dessa maneira, uma concepção política construtivista não é incompatível com nossas ideias de senso comum acerca da verdade e das questões de fato.

No que se refere à segunda classe de fatos relevantes – aqueles que dizem respeito à própria concepção política –, o que supomos não é que se construam, mas sim que constituam fatos sobre as possibilidades de construção[31]. Quando elaboramos uma concepção política para um regime constitucional a partir das ideias fundamentais de uma sociedade bem-ordenada como um sistema equitativo de cooperação entre cidadãos, devemos entendê-la como uma possibilidade de construção, implícita na família de concepções e princípios da razão prática que são a base da construção, como afirmar que a escravidão é injusta e que as virtudes da tolerância e do respeito mútuo e um senso de equidade e

---

30. Acredito que as considerações que aqui faço são válidas para o contratualismo de Scanlon. Para perceber isso claramente, tenhamos em mente o que ele afirma em "Contractualism and Utilitarianism", p. 118, a saber, que embora haja, por assim dizer, propriedades moralmente relevantes no mundo, essas propriedades não constituem exemplos daquilo a que John Mackie, em *Ethics: Inventing Right and Wrong* (Londres: Penguin, 1977), capítulo 1, refere-se como propriedades que são de maneira intrínseca orientadoras da ação. É preciso explicar a força moral dessas propriedades na justificação, assim como seus nexos com a motivação, mediante a ideia contratualista de acordo, com base em princípios que ninguém poderia com razoabilidade rejeitar. Sem tais princípios, essas propriedades moralmente relevantes carecem, na visão de Scanlon, de todo e qualquer nexo com a justificação ou com a motivação. Esses princípios são necessários para identificar os fatos que contam como razões. Observe-se *en passant* o modo como essa característica do construtivismo lhe possibilita evitar a obscuridade do conceito de propriedade intrinsecamente orientadora da ação, tal como às vezes é formulado.

31. As possibilidades às quais aludimos aqui são aquelas que caracterizam a concepção moral ou política que satisfaz as condições de objetividade que antes analisamos nesta seção. É uma concepção desse tipo que nos interessa.

civilidade são grandes virtudes políticas que tal regime pode promover. Podemos pensar nessas possibilidades como análogas à forma como o caráter infinito dos números primos é entendido (na aritmética construtivista) como uma possibilidade de construção[32]. Essa analogia não nos compromete com uma visão construtivista da matemática, que preferimos evitar. Valemo-nos dela somente para esclarecer a ideia de construtivismo político. Para isso, basta compreender a analogia. A verdade do construtivismo na matemática é uma questão distinta.

4. Alguém poderia perguntar: por que procurar algo que fundamente o fato de que a escravidão é injusta? O que há de errado com a resposta trivial de que a escravidão é injusta porque é injusta? Não podemos dizer simplesmente isso? Por que falar sobre possibilidades de construção?[33]

O construtivismo político não está atrás de algo que fundamente a razoabilidade da proposição de que a escravidão é injusta, como se essa razoabilidade necessitasse de algum tipo de fundamentação. Podemos aceitar provisoriamente, embora com convicção, certos juízos ponderados como pontos fixos, como aquilo que consideramos fatos básicos, como o juízo de que a escravidão é injusta. Mas só dispomos de uma concepção política plenamente filosófica quando tais fatos encontram-se articulados de modo coerente entre si por conceitos e princípios que julgamos aceitáveis para nós após cuidadosa reflexão. Esses fatos básicos não estão soltos, aqui e lá, como fragmentos isolados. Porque é indubitável que a tirania é injusta, que a exploração é

---

32. Sobre a ideia de possibilidades de construção, ver a interpretação de Parson em "Mathematics, Foundations of", pp. 204 ss. (nota 12). Nas palavras de Parson, "a matemática construtivista deve proceder como se o árbitro último da existência matemática e da verdade matemática fossem as possibilidades de construção", em que as possibilidades em questão são aquelas de um procedimento idealizado de forma apropriada. A observação no texto sobre a infinitude dos números primos baseia-se no fato de que é possível apresentar uma prova construtivista dessa infinitude.

33. Agradeço a Rogers Albritton pela discussão esclarecedora que tivemos sobre essas questões.

injusta, que a perseguição religiosa é injusta etc. Procuramos organizar esses fatos indefinidamente variados em uma concepção de justiça mediante os princípios que resultam de um procedimento razoável de construção.

Além disso, o construtivismo considera esclarecedor afirmar, acerca da escravidão, que ela viola princípios que seriam acordados na posição original pelos representantes de pessoas consideradas livres e iguais, ou, para formular isso nos termos de Scanlon, desrespeita princípios que não podem ser razoavelmente rejeitados por pessoas motivadas a encontrar uma base livre e informada de acordo voluntário na vida política. O que se quer dizer aqui é que uma modalidade básica e motivação moral é o desejo, que se expressa nos dois aspectos de ser razoável (II, § 1.3), de organizar nossa vida política comum com base em termos que outros não possam razoavelmente rejeitar. Alguma caracterização geral desse tipo articula muitos fatos dessa índole: a escravidão é injusta, a tirania é injusta, a exploração é injusta etc. É isso que se quer dizer quando se afirma que os fatos básicos não estão desconectados. Eles podem ser articulados pelos princípios que resultam de um procedimento que incorpora os requisitos da razão prática, ou pelo menos é o que o construtivismo sustenta (sempre nos restringindo ao político). Que os fatos básicos podem ser conectados não é algo que se encontre por trás de todos os fatos separados; isso simplesmente corresponde ao fato de que essas conexões agora se apresentam de forma explícita e se encontram expressas pelos princípios que pessoas livres e iguais aceitariam caso estivessem representadas de modo adequado.

5. Por último, alguns poderão opor-se à ideia das possibilidades de construção. No entanto, dada a prática da aritmética, é de presumir que não se oponham à ideia das possibilidades de contar, digamos, de 1 a 100, ou de contar os números primos de 1 a 1000. De maneira semelhante, considerando-se que podemos entender, utilizar e aplicar um procedimento construtivista, então certamente há possibi-

lidades de construção associadas a tal procedimento. Sem um ideia clara de tal procedimento, sem que sejamos capazes de entendê-lo e aplicá-lo, a ideia das possibilidades de construção fica obscura. Mas se todos esses elementos estão dados, as possibilidades nos parecerão muito mais factíveis. Eles não se apresentam como uma explicação para haver o procedimento construtivista, ou para sermos capazes de compreendê-lo e aplicá-lo. A resposta a essas questões, se é que existe, encontra-se nas ideias da razão prática e na maneira como as entendemos.

Por que introduzir a ideia de uma possibilidade de construção? Isso vem junto com a concepção de justiça que empregamos para vincular entre si os vários fatos acerca da justiça. Existem fatos sobre a justiça que podem ser descobertos, assim como existem possibilidades por descobrir antes que alguém empreenda uma construção; por exemplo, as possibilidades de que certos princípios sejam acordados na posição original. De maneira semelhante, não há possibilidades desse tipo em outro caso; por exemplo, não há possibilidade de que se chegue a um acordo acerca de um princípio que permita a escravidão. Esse é um fato que tem relação com a injustiça da escravidão.

§ 8. O alcance do construtivismo político

1. Desde o princípio, o alcance do construtivismo político limitou-se aos valores políticos que caracterizam o âmbito do político. Não se propõe ser uma interpretação dos valores morais em geral. Não se afirma, como suponho que Kant sustentou, que não só a ordem de todos os valores morais pode ser representada mediante um argumento construtivista, como também que a própria ordem moral é constituída ou gerada pelos princípios da razão prática.

Os valores políticos de uma democracia constitucional, no entanto, são entendidos como característicos no sentido de que podem ser formulados a partir de uma ideia fundamental de sociedade como um sistema equitativo de cooperação entre cidadãos livres e iguais, em sua condição de razoáveis e racionais. Ao se afirmar tudo isso, não se segue – embora seja possível fazer essa inferência – que outros tipos de valores também possam ser apropriadamente construídos. O construtivismo não afirma nem nega tal inferência, porque, de outra maneira, uma concepção construtivista não poderia constituir o foco de um consenso sobreposto de doutrinas abrangentes razoáveis, uma vez que, com respeito a isso, os cidadãos sustentarão posições conflitantes.

O construtivismo político também afirma que, se uma concepção de justiça está corretamente fundamentada em princípios e concepções da razão prática corretamente formulados, então ela é razoável para um regime constitucional (§ 1.5). Além disso, se essa concepção pode ser objeto de um consenso sobreposto de doutrinas razoáveis, então, para finalidades políticas, isso é suficiente para estabelecer uma base pública de justificação. Como discutimos em V, § 5.4, um consenso desse tipo não é um simples *modus vivendi*: é moral tanto em seus objetivos como em seu conteúdo. Um consenso sobreposto de doutrinas razoáveis pode não ser possível em muitas circunstâncias históricas, pois os esforços para alcançá-lo podem ser sufocados por doutrinas abrangentes não razoáveis e mesmo irracionais (e por vezes insanas).

2. Muitos cidadãos, quando não uma grande maioria deles, podem querer dar à concepção política um fundamento metafísico como parte da sua própria doutrina abrangente, e esta doutrina (estou supondo) inclui uma concepção da verdade dos julgamentos morais. Digamos então que, quando falamos da verdade moral de uma concepção política, a avaliamos segundo o ponto de vista de nossa doutrina abrangente[34]. Mesmo quando pensamos que o constru-

---

34. Não suponho, no entanto, que todas as doutrinas abrangentes utilizem a concepção tradicional de juízo moral verdadeiro, ou uma variante moderna dessa concepção, baseada nos conceitos de referência e satisfação. Em vez disso, podem utilizar outro conceito de correção, digamos um conceito de

tivismo proporciona uma base pública e suficiente de justificação para as questões políticas, não teremos de supor necessariamente, na condição de indivíduos ou de membros de associações religiosas ou de outra natureza, que nos oferece toda a explicação sobre a verdade de seus princípios e de seus juízos. O construtivismo não endossa nem nega suposições como essa. Como já afirmei, ele nada tem a dizer sobre isso. Somente sustenta que, para uma concepção política razoável e praticável, não é preciso mais que uma base pública fundamentada nos princípios da razão prática, conjugados às concepções de sociedade e de pessoa.

O construtivismo político não critica, então, interpretações religiosas, filosóficas ou metafísicas da verdade dos juízos morais e de sua validade. A razoabilidade é seu padrão de correção e, dados os seus objetivos políticos, não é preciso ir além disso. Para entender bem isso, retomemos nossa discussão de II, § 3 sobre o razoável e suponhamos que exista um consenso sobreposto de todas as doutrinas razoáveis (em que todas estão de acordo com a concepção política) e que não haja outras doutrinas na sociedade. Se isso é assim, as seguintes condições, tais como formuladas por Cohen, se verificam[35]:

a. Ao recorrer a razões baseadas na concepção política, os cidadãos estão apelando não apenas para o que é publicamente entendido como razoável, mas também para aquilo que todos consideram como razões morais corretas da óptica de sua própria doutrina abrangente.
b. Ao aceitar a concepção política como a base da razão pública sobre questões políticas fundamentais e,

---

razoabilidade que faça parte de uma doutrina abrangente na qual esse conceito se estenda para abarcar uma gama de temas que vá além do político, mesmo que não seja plenamente universal. Assim, por exemplo, uma variante de contratualismo pode ser uma doutrina abrangente que emprega uma concepção de razoabilidade como seu critério último de correção.

35. Esses três pontos foram extraídos de Joshua Cohen, "Moral Pluralism and Political Consensus". Limitei-me aqui a parafraseá-los.

desta maneira, ao apelar somente para uma parte da verdade – aquela parte expressa na concepção política –, os cidadãos não estão se limitando a reconhecer o poder político de outros. Também estão reconhecendo que as doutrinas abrangentes dos demais, assim como a própria, são razoáveis, mesmo que as considerem equivocadas.

c. Ao reconhecer que as doutrinas dos demais são razoáveis, os cidadãos também reconhecem que insistir em sua própria doutrina abrangente só pode ser visto pelos demais como nada mais do que isso, isto é, simplesmente como uma insistência nas próprias crenças (II, § 3.3). Isso porque, embora as pessoas possam reconhecer as visões de todos os demais como razoáveis, não podem reconhecê-las como verdadeiras, e não há uma base pública compartilhada para distinguir as crenças verdadeiras das falsas.

3. Observe-se, no entanto, mais este fato importante: se qualquer uma dessas doutrinas razoáveis somente sustenta juízos morais verdadeiros, a própria concepção política está correta, ou perto disso, uma vez que é respaldada por uma doutrina verdadeira. Assim, a verdade de qualquer uma das doutrinas que façam parte do consenso garante que todas as doutrinas razoáveis produzem a concepção correta de justiça política, ainda que não o façam pelas razões corretas tais como especificadas pela doutrina verdadeira. Quando os cidadãos divergem, nem todos podem estar inteiramente corretos, pois é possível que alguns estejam certos pelas razões erradas. Contudo, se alguma das doutrinas resulta verdadeira, todos os cidadãos, em termos políticos, estarão certos, isto é, todos recorrerão a uma concepção política correta de justiça. Além disso, sempre vemos nossa doutrina específica não apenas como razoável, mas também como moralmente verdadeira ou como moralmente razoável, conforme o caso. Assim, todos os participantes de um consenso sobreposto consideram a concep-

ção política aceitável, seja qual for o critério último de correção que cada pessoa endosse.

Deveríamos supor que uma das doutrinas razoáveis presentes na sociedade é verdadeira, ou aproximadamente verdadeira, ainda que em longo prazo? A concepção política em si mesma não trata dessa questão. Seu objetivo é formular uma concepção política de justiça que os cidadãos, como pessoas razoáveis e racionais, possam endossar com base em cuidadosa reflexão e assim chegar a um acordo livre e informado sobre questões relativas a elementos constitucionais essenciais e matérias básicas de justiça. Uma vez feito isso, a concepção política constitui uma base razoável de razão pública, e isso é suficiente.

No entanto, do ponto de vista de nossa própria doutrina abrangente, podemos nos perguntar se o apoio de um consenso sobreposto de doutrinas razoáveis, sobretudo quando esse apoio é constante e cada vez mais forte com o passar do tempo, tende a confirmar a concepção política como estando em conformidade com a interpretação correta da verdade dos julgamentos morais. Devemos responder a essa pergunta a nós mesmos, individualmente ou como membros de associações, tendo sempre em mente que o pluralismo razoável – em contraposição ao simples pluralismo como tal – é o resultado de longo prazo da atividade da razão humana sob instituições livres duradouras. Qualquer que seja nossa visão específica da verdade ou da razoabilidade dos juízos morais, não deveríamos supor que pelo menos o caminho para a verdade, ou para a razoabilidade, deve ser encontrado em uma das doutrinas razoáveis (ou em alguma mescla de doutrinas razoáveis) que surja nessas condições? E não deveríamos acrescentar que isso será tanto mais provável quanto mais duradouro e firme for o consenso? Não há dúvida de que, do ponto de vista de uma concepção política de justiça, não podemos definir a verdade como dada pelas crenças que perdurariam até mesmo em um consenso idealizado, por mais amplo que fosse. Mas em nossa doutrina abrangente não há nenhuma conexão entre nossas crenças razoáveis e o consenso?

A vantagem de permanecer no âmbito do razoável é que não pode haver senão uma doutrina abrangente verdadeira, ainda que, como vimos, possam existir muitas doutrinas razoáveis. Uma vez que aceitemos que o pluralismo razoável é uma condição permanente da cultura pública sob instituições livres, a ideia do razoável é mais apropriada como parte da base de justificação pública para um regime constitucional do que a ideia de verdade moral. Sustentar uma concepção política como verdadeira e somente por essa razão considerá-la a única base apropriada da razão pública é ponto de vista excludente, e até mesmo sectário, que muito provavelmente fomentará a divisão política.

PARTE DOIS
# O liberalismo político: três ideias centrais

Conferência IV
## *A ideia de um consenso sobreposto*

Vimos logo de início que o liberalismo político procura responder à questão: como é possível que exista uma sociedade justa e estável, cujos cidadãos, livres e iguais, estejam profundamente divididos por doutrinas religiosas, filosóficas e morais conflitantes e até incomensuráveis? As três conferências iniciais apresentaram o primeiro estágio da exposição da justiça como equidade, como uma concepção, voltada para essa questão, que se sustenta por si própria. Esse primeiro estágio estabelece os princípios de justiça que especificam os termos equitativos de cooperação e que especificam quando são justas as instituições básicas de uma sociedade.

O segundo estágio da exposição – para o qual nos voltamos agora – analisa de que maneira a sociedade democrática bem-ordenada de justiça como equidade pode estabelecer e preservar a unidade e a estabilidade, considerando o pluralismo razoável que é inerente a essa sociedade. Em tal sociedade, uma doutrina abrangente razoável não pode servir de base para a unidade social, nem fornecer o conteúdo da razão pública sobre questões políticas fundamentais. Desse modo, para mostrar como uma sociedade bem-ordenada pode unificar-se e se tornar estável, introduzimos outra ideia fundamental do liberalismo político: um consenso sobreposto de doutrinas abrangentes razoáveis. Em tal consenso, essas doutrinas subscrevem a concepção política, cada qual a partir de seu ponto de vista específico. A unidade social se baseia em um consenso acerca da concepção política; e a estabilidade se torna possível quando as doutrinas que constituem o consenso são aceitas pelos cidadãos politicamente ativos da sociedade e quando as exigências da justiça não conflitam por demais com os interesses essenciais dos cidadãos, considerando-se o modo como esses interesses se formam e são fomentados pelos arranjos sociais de sua sociedade.

Depois de examinar como o próprio liberalismo político é possível e de explicar a questão da estabilidade, distingo um consenso sobreposto de um *modus vivendi*. A seguir, examino uma variedade de objeções à ideia de unidade social baseada em um consenso desse tipo. É necessário responder a essas objeções, pois constituem obstáculos ao que acredito ser a base mais razoável de unidade social que está ao nosso alcance.

## § 1. Como o liberalismo político é possível?

1. Uma das distinções mais importantes entre as concepções de justiça existentes é a que se verifica entre aquelas que abrem espaço para uma pluralidade de doutrinas abrangentes razoáveis, ainda que conflitantes, cada qual com sua própria concepção do bem, e aquelas que sustentam que não há senão uma concepção do bem desse tipo a ser reconhecida por todos os cidadãos que são plenamente razoáveis e racionais. As concepções de justiça situadas em lados opostos dessa linha demarcatória são distintas de muitas maneiras fundamentais. Platão, Aristóteles e a tradição cristã, representada por Santo Agostinho e São Tomás de Aquino, situam-se no lado de um único bem, razoável e racional. Essas visões sustentam que as instituições se justificam na medida em que promovem de modo efetivo esse bem. De fato, a partir do pensamento grego, a tradição dominante parece ser que há apenas uma concepção razoável

e racional do bem. O objetivo da filosofia política – sempre vista como parte da filosofia moral, ao lado da teologia e da metafísica – consiste, portanto, em determinar a natureza e o conteúdo dessa concepção do bem. O utilitarismo clássico de Bentham, Edgeworth e Sidgwick faz parte dessa tradição dominante[1].

Em contraste com essa tradição, vimos que o liberalismo político supõe que há muitas doutrinas abrangentes razoáveis e conflitantes, cada qual com suas concepções do bem e cada qual compatível com a plena racionalidade das pessoas, até onde se possa afirmar isso com os recursos de uma concepção política[2]. Como foi observado (I, § 6.2), entende-se que essa pluralidade razoável de doutrinas conflitantes e incomensuráveis seja o produto característico da razão prática ao longo do tempo sob instituições livres e duradouras. De modo que a pergunta à qual a tradição procurou responder não tem resposta: nenhuma doutrina abrangente é apropriada como concepção política para um regime constitucional[3].

2. Antes de perguntar como o liberalismo político é possível, observe-se que a relação política em um regime constitucional tem as seguintes características especiais:

---

1. O mesmo vale para variantes recentes de liberalismo ético, tal como formulado por Joseph Raz em *The Morality of Freedom* (Oxford: Clarendon Press, 1986) e por Ronald Dworkin em "The Foundations of Liberalism", in *The Tanner Lectures on Human Values* (Salt Lake City: University of Utah Press, 1991), vol. XI.

2. O importante aqui é que, embora alguns queiram sustentar que, empregando-se todos os recursos à disposição da razão filosófica, não há senão uma concepção razoável do bem, não é possível demonstrar isso com os recursos de uma concepção política e razoável de justiça.

3. Essa conclusão não significa que os liberalismos de Kant e Mill não sejam doutrinas razoáveis e apropriadas para levar alguém a apoiar instituições democráticas. Mas são duas doutrinas desse tipo entre outras e, por isso, são apenas duas visões filosóficas com probabilidade de persistir e conquistar adeptos em um regime democrático razoavelmente justo. Sem dúvida, esses dois liberalismos têm certa proeminência histórica como doutrinas que se encontram entre as primeiras e as mais importantes a afirmar a democracia constitucional moderna e a desenvolver ideias que se mostraram importantes para justificá-la e defendê-la.

Em primeiro lugar, trata-se de uma relação de pessoas dentro da estrutura básica da sociedade, uma estrutura básica de instituições na qual só ingressamos pelo nascimento e da qual só saímos pela morte (ou isso é o que podemos de maneira conveniente supor). Para nós, parece que simplesmente nos materializamos, por assim dizer, vindos de nenhuma parte, nessa posição social, com todas as suas vantagens e desvantagens, de acordo com nossa boa ou má sorte. Digo de nenhuma parte porque não temos uma identidade pública ou não pública anterior: não viemos de outro lugar para entrar nesse mundo social. A sociedade política é fechada: é dentro dela que ganhamos existência, e dela não entramos nem saímos voluntariamente; na verdade, não podemos fazê-lo[4].

Em segundo lugar, o poder político é sempre um poder coercitivo, baseado no uso que o Estado faz de sanções, pois somente o Estado está investido da autoridade para empregar a força para fazer valer suas leis. Em um regime constitucional, a característica distintiva da relação política é que o poder político é, em última instância, o poder do público, isto é, o poder de cidadãos livres e iguais na condição de corpo coletivo. Esse poder costuma ser imposto aos cidadãos como indivíduos e membros de associações, alguns dos quais podem não aceitar as razões que são amplamente invocadas para justificar a estrutura geral da autoridade política – a Constituição – ou então, quando a acei-

---

4. A adequação dessa suposição reside, em parte, em um fato que aqui só mencionarei de passagem: que o direito de emigração não torna voluntária a aceitação da autoridade política da mesma forma que as liberdades de pensamento e de consciência tornam voluntária a aceitação da autoridade eclesiástica (VI, § 3.2). Isto revela outra característica do domínio do político, uma característica que o distingue do associativo. A imigração também é um fato comum, mas podemos abstraí-lo para obtermos uma visão clara da questão fundamental da filosofia política (I, § 3.3). Não há dúvida de que a imigração é uma questão importante e de que é preciso examiná-la em algum estágio da argumentação. Minha suposição é que é melhor fazer isso ao analisar as relações apropriadas entre povos ou o direito dos povos, assunto que não é objeto de discussão nestas conferências.

tam, podem não considerar justificadas muitas das leis aprovadas pela legislatura à qual estão sujeitos.

3. Isso levanta a questão da legitimidade da estrutura geral de autoridade, à qual a ideia de razão pública (VI) está intimamente ligada. O pano de fundo dessa questão é que, como sempre, consideramos que os cidadãos são razoáveis e racionais, assim como livres e iguais, e também levamos em conta a diversidade de doutrinas razoáveis – religiosas, filosóficas e morais – que encontramos em uma sociedade democrática como uma característica permanente de sua cultura pública. Se damos isso por estabelecido e entendemos que o poder político é o poder dos cidadãos como corpo coletivo, perguntamos: sob que condições esse poder é exercido de forma apropriada? Em outros termos, à luz de que princípios e ideais devemos, como cidadãos livres e iguais, ser capazes de nos perceber no exercício desse poder, se o que queremos é que esse nosso exercício seja justificável a outros e respeite o *status* dos outros cidadãos de pessoas razoáveis e racionais?

A essa questão, o liberalismo político responde: nosso exercício do poder político é plenamente apropriado só quando é exercido em conformidade com uma Constituição, cujos elementos essenciais se pode razoavelmente esperar que todos os cidadãos, em sua condição de livres e iguais, endossem à luz de princípios e ideais aceitáveis para sua razão humana comum. Esse é o princípio liberal de legitimidade. A isso o liberalismo político acrescenta que todas as controvérsias que se apresentem à legislatura e envolvam elementos constitucionais essenciais ou questões de justiça básica também devem ser dirimidas, tanto quanto possível, com base em princípios e ideais que se possam subscrever de modo similar. Apenas uma concepção política de justiça que se pode razoavelmente esperar que todos os cidadãos endossem pode servir de base à razão e à justificação públicas[5].

---

5. Este parágrafo pode ser formulado de modo mais rigoroso, se quisermos. Uma maneira de fazê-lo é examinar a questão da legitimidade do ponto

Digamos então que, em um regime constitucional, há um domínio especial do político identificado pelas duas características descritas, entre outras. O político distingue-se do associativo, que é voluntário de um modo que o político não é, e também se diferencia do pessoal e do familiar, que fazem parte do âmbito afetivo, também de um modo que o político não faz (o associativo, o pessoal e o familial são apenas três exemplos do não político, mas há outros).

4. Dada a existência de um regime constitucional razoavelmente bem-ordenado, dois aspectos são centrais para o liberalismo político. Primeiro: as controvérsias acerca de elementos constitucionais essenciais e questões de justiça básica devem, tanto quanto possível, ser resolvidas recorrendo-se somente a valores políticos. Segundo: ainda com relação a essas mesmas questões fundamentais, os valores políticos expressos pelos princípios e ideais do liberalismo político costumam ter peso suficiente para prevalecer sobre todos os demais valores que podem conflitar com eles.

Ao defender essas convicções, claramente estamos supondo uma relação entre valores políticos e não políticos. Caso se sustente que fora da Igreja não há salvação e, por conseguinte, que um regime constitucional não pode ser aceito a não ser que seja inevitável, devemos dar uma resposta a isso. Em vista do que foi abordado em II, § 2-3, dizemos que uma doutrina como essa não é razoável. Ela propõe que o poder político público – um poder no qual os cidadãos têm parte igual – seja empregado para impor uma doutrina que incide sobre elementos constitucionais essenciais e com relação à qual os cidadãos, como pessoas razoáveis, estão condenados a divergir de forma intransigente. Quando há uma pluralidade de doutrinas razoáveis, não

---

de vista da posição original. Podemos supor que as partes conheçam os fatos do pluralismo razoável e da opressão, junto com as demais informações gerais pertinentes. Procuramos então mostrar que os princípios de justiça que adotariam de fato incorporariam esse princípio de legitimidade e somente justificariam aquelas instituições que fossem consideradas legítimas de acordo com esse princípio. Ver, adiante, VI, § 4.4.

é razoável, ou algo pior, querer utilizar as sanções do poder de Estado para corrigir ou para punir aqueles que discordam de nós.

É importante enfatizar que essa resposta não sustenta, por exemplo, que a doutrina *extra ecclesiam nulla salus* não seja verdadeira. O que se diz, mais precisamente, é que aqueles que querem empregar o poder político do público para impô-la não estão sendo razoáveis (II, § 3). Não se está dizendo com isso que aquilo em que acreditam seja falso. Uma resposta da óptica interna de uma doutrina abrangente – o tipo de resposta que gostaríamos de evitar na discussão política – diria que a doutrina em questão exprime uma compreensão equivocada da natureza divina e, por isso, não é verdadeira. No entanto, como veremos em § 4, é possível que não haja como evitar inteiramente ter de sustentar a inverdade de tal doutrina, mesmo ao considerar elementos constitucionais essenciais.

Não obstante, um ponto essencial é que, ao dizer que não é razoável impor dada doutrina, mesmo que desejemos rejeitá-la por considerá-la incorreta, não é necessário que façamos isso. Muito pelo contrário, é vital para a ideia de liberalismo político que possamos sustentar, sem que nisso haja nenhuma incoerência, que não seria razoável empregar o poder político para impor nossa própria doutrina abrangente, a qual – disso não há dúvida – devemos afirmar ou como razoável ou como verdadeira.

5. Por fim, chegamos à questão sobre de que forma o liberalismo político, tal como o caracterizei, é possível. Em outras palavras, como é possível que os valores do domínio especial do político – os valores de um subdomínio do âmbito de todos os valores – em geral prevaleçam sobre quaisquer outros valores com que possam conflitar? Ou, então, como podemos afirmar nossa doutrina abrangente e, ao mesmo tempo, sustentar que não seria razoável utilizar o poder do Estado para conseguir que todos a acatem?

A resposta a essa questão, cujos diferentes aspectos vamos examinar daqui em diante, tem duas partes complementares. A primeira parte sustenta que os valores do político são muito importantes e, por essa razão, não são facilmente superáveis: esses são os valores que governam a estrutura básica da vida social – os próprios fundamentos de nossa existência[6] – e especificam os termos essenciais da cooperação social e política. Na justiça como equidade, alguns desses grandes valores – os valores da justiça – são expressos pelos princípios de justiça para a estrutura básica, entre os quais, os valores da liberdade civil e política igual, os valores da reciprocidade econômica e as bases sociais do respeito mútuo entre os cidadãos.

Outros grandes valores políticos – os da razão pública – se expressam nas diretrizes para a indagação pública e nos passos dados para tornar essa indagação livre e pública, bem como informada e razoável. Vimos em II, § 4.1 que um acordo acerca de uma concepção política de justiça não terá nenhum efeito se não for acompanhado de um acordo acerca das diretrizes para a indagação pública e de normas para avaliar as evidências. Os valores da razão pública não incluem somente o uso apropriado dos conceitos fundamentais de juízo, inferência e evidência, mas também as virtudes da razoabilidade e o sentido de imparcialidade, tal como se manifestam no acatamento dos critérios e procedimentos do conhecimento de bom-senso e na aceitação dos métodos e conclusões da ciência, quando estes não são controversos. Também devemos respeitar os preceitos que regem a discussão política razoável.

Em conjunto, esses valores expressam o ideal político liberal segundo o qual, como o poder político é o poder coercitivo dos cidadãos livres e iguais como corpo coletivo, esse poder deve se exercer, quando elementos constitucionais essenciais e questões fundamentais de justiça estão em jogo, apenas de maneira que se pode razoavelmente esperar que todos os cidadãos os endossem à luz de sua razão humana comum.

---

6. Esta frase é de J. S. Mill, *Utilitarianism*, capítulo 5, parágrafo 25.

6. O liberalismo político procura, portanto, formular uma interpretação desses valores como os de um domínio especial – o político – e, por conseguinte, como uma visão que se sustenta por si própria. Aos cidadãos individualmente, como parte da liberdade de consciência, cabe estabelecer como os valores do domínio político devem se articular a outros valores de sua doutrina abrangente. Isto porque sempre supomos que os cidadãos têm dois pontos de vista, um abrangente e outro político, e que sua visão global pode ser dividida em duas partes, que se conectam entre si de forma apropriada. Ao fazer isso, esperamos que seja possível, na prática política, embasar os elementos constitucionais essenciais e as instituições básicas de justiça unicamente nesses valores políticos, entendendo-os como a base da razão e da justificação públicas.

Mas para que isso se sustente necessitamos da segunda parte, complementar à primeira, da resposta à questão sobre como o liberalismo político é possível. Essa segunda parte diz que a história das religiões e da filosofia mostra que há muitas maneiras razoáveis segundo as quais o domínio mais vasto dos valores pode ser concebido, de modo que seja congruente, ou dê apoio, ou pelo menos não entre em conflito com os valores que são apropriados ao domínio especial do político, tal como especificados por uma concepção política de justiça. A história nos fala de uma pluralidade de doutrinas abrangentes que não são desarrazoadas. Isso torna um consenso sobreposto possível, o que reduz o conflito entre os valores políticos e valores de outra índole.

## § 2. A questão da estabilidade

1. É melhor formular a justiça como equidade em dois estágios (I, § 3.6)[7]. No primeiro, ela é formulada como uma

---

7. Esses dois estágios correspondem às duas partes do argumento a partir da posição original para sustentar os dois princípios em *Teoria*. Na primeira parte do argumento, as partes escolhem princípios sem levar em conta os

concepção política (mas também, evidentemente, moral) para a estrutura básica da sociedade, que se sustenta por si própria. Somente depois de ter feito isso e após o conteúdo dessa concepção – seus princípios de justiça e ideais – encontrar-se provisoriamente à disposição é que podemos nos ocupar, na segunda etapa, do problema de saber se a justiça como equidade é suficientemente estável. Se não for, não será satisfatória como uma concepção política de justiça e será preciso submetê-la a alguma forma de revisão.

A estabilidade envolve duas questões. A primeira diz respeito ao fato de se pessoas que crescem e se socializam sob instituições justas (tal como a concepção política as define) adquirem um senso de justiça que costuma ser suficiente para que em geral cumpram as exigências dessas instituições. A segunda questão é se, em vista dos fatos gerais que caracterizam a cultura pública política de uma democracia, em particular o fato do pluralismo, a concepção política pode ser o foco de um consenso sobreposto. Minha suposição é que esse consenso deve consistir das doutrinas abrangentes razoáveis que provavelmente perdurarão e conquistarão adeptos ao longo do tempo sob uma estrutura básica justa (tal como a concepção política a define).

Cada questão sobre a estabilidade tem uma resposta distinta. A primeira é respondida formulando-se a psicologia moral (II, § 7), de acordo com a qual os cidadãos de uma sociedade bem-ordenada adquirem um senso de justiça que em geral é suficiente para que eles cumpram as exigências de suas instituições justas. A segunda é respondida pela ideia de um consenso sobreposto e enfrentando-se as

---

efeitos das psicologias especiais, ao passo que, na segunda parte, elas indagam se uma sociedade bem-ordenada pelos princípios selecionados na primeira parte seria estável, isto é, se geraria em seus integrantes um senso de justiça suficientemente forte para contrabalançar as tendências à injustiça. Ver os capítulos VIII-IX. O argumento a favor dos princípios de justiça não está completo até que seja demonstrado, na segunda parte, que são suficientemente estáveis, e o esforço de fazer isso se estende até a penúltima seção de *Teoria*, § 86. Sobre essas duas partes, cf. pp. 144, 530 ss.

diferentes dificuldades que surgem em conexão com essa ideia (§§ 4-7).

Embora tivéssemos em mente o problema da estabilidade desde o princípio, a discussão explícita disso só começa no segundo estágio, uma vez que até então os princípios de justiça para a estrutura básica ainda não estavam à mão. O conteúdo desses princípios não é afetado de nenhum modo pelas doutrinas abrangentes específicas que possam existir na sociedade. Isso porque, no primeiro estágio, a justiça como equidade faz abstração do conhecimento das concepções específicas do bem dos cidadãos e procede a partir das concepções de sociedade e de pessoa que se requerem para aplicar os ideais e princípios da razão prática. De modo que, embora uma concepção política de justiça lide com o fato do pluralismo razoável, ela não é política da forma errada: a saber, sua forma e seu conteúdo não são influenciados pelo equilíbrio de poder existente entre doutrinas abrangentes nem seus princípios exprimem um compromisso entre as doutrinas que têm maior peso.

2. Para esclarecer a ideia de estabilidade, diferenciemos duas maneiras como uma concepção política pode relacionar-se com a estabilidade[8]. Em uma dessas maneiras, entendemos a estabilidade como uma questão puramente prática: se uma concepção não puder ser estável, será inútil tentar realizá-la. Talvez pensemos que há duas tarefas distintas: uma consiste em formular uma concepção política que nos pareça válida ou razoável, pelo menos para nós; a outra é encontrar formas de fazer com que aqueles que a rejeitam venham a aceitá-la ou, se não for possível, fazê-los agir de acordo com ela, por meio, se necessário, das penalidades impostas pelo poder estatal. Na medida em que os meios de persuasão ou de cumprimento coercitivo estejam ao alcance, a concepção será considerada estável.

---

8. Neste e nos parágrafos que se seguem, sou grato a Scanlon pelas discussões elucidativas que tivemos sobre esse tópico.

Entretanto, como uma concepção liberal, a justiça como equidade considera a estabilidade de maneira diferente. Descobrir uma concepção estável não se reduz a uma mera questão de evitar a futilidade. Mais precisamente, o que conta é o tipo de estabilidade, a natureza das forças que a garantem. Para responder à primeira questão da estabilidade mencionada, procuramos demonstrar que, dadas certas suposições que especificam uma psicologia humana razoável e as condições normais da vida humana, aqueles que crescem e se socializam sob instituições básicas justas adquirem um senso de justiça e uma lealdade que refletem nessas instituições e são suficientes para torná-las estáveis. Dito de outra maneira, o senso de justiça dos cidadãos, dados os seus traços de caráter e os seus interesses, tais como se constituíram vivendo nas circunstâncias de uma estrutura básica justa, é suficientemente forte para resistir às tendências usuais à injustiça. Os cidadãos se dispõem de modo voluntário a dar justiça uns aos outros ao longo do tempo. A estabilidade é garantida pela existência de uma suficiente motivação do tipo apropriado, adquirida sob instituições justas[9].

Para responder à segunda questão, sobre se, dado o fato do pluralismo razoável, a justiça como equidade pode ser o foco de um consenso sobreposto, temos não apenas de examinar a ideia de tal consenso e as dificuldades que apresenta, mas também de mostrar como, valendo-se da mesma psicologia moral empregada para responder à primeira questão, a justiça como equidade pode realmente assumir esse papel.

3. O tipo de estabilidade que se requer de justiça como equidade tem por fundamento, então, o fato de que se trata de uma visão política liberal e que aspira a ser aceitável aos cidadãos, concebidos como razoáveis e racionais, bem como livres e iguais, e, assim, está voltada à razão pública

---

9. Examinei como isso ocorre em *Teoria*, sobretudo no capítulo VIII. Espero que a explanação acima seja suficiente, para nossos propósitos no momento, para transmitir a ideia central.

dos cidadãos. Vimos antes, em § 1.2, como essa característica do liberalismo se conecta com aquilo que é característico do poder político em um regime constitucional, que é o poder dos cidadãos iguais como um corpo coletivo. Se a justiça como equidade não fosse expressamente concebida para conquistar o apoio refletido de cidadãos que professam doutrinas abrangentes razoáveis, ainda que conflitantes – sendo a existência de tais doutrinas uma característica do tipo de cultura pública que a própria concepção liberal fomenta –, tal justiça não seria liberal.

O que se deve ressaltar, então, é que o problema da estabilidade não é levar os que rejeitam uma concepção a acatá-la ou a agir em conformidade com ela por meio de sanções efetivas, se necessário, como se o problema consistisse em encontrar maneiras de impor essa concepção uma vez que estivéssemos convencidos de sua validade. A justiça como equidade não é razoável, em primeiro lugar, a menos que possa conquistar apoio para si própria apelando à razão de cada cidadão e do modo como isso é explicado dentro de sua própria estrutura analítica[10]. Somente assim ela poderá consistir em uma interpretação da legitimidade da autoridade política, em oposição a uma interpretação sobre como aqueles que detêm o poder político podem persuadir a si próprios, e não aos cidadãos em geral, de que estão agindo da forma apropriada[11]. Uma concepção de legitimidade política tem por objetivo identificar uma base pública de justificação e apela à razão pública e, por conseguinte, a cidadãos livres e iguais, percebidos como razoáveis e racionais.

---

10. A força da expressão "dentro de sua própria estrutura analítica", tal como se utiliza no texto, se expressa mediante as duas partes do argumento a partir da posição original, como se encontram formuladas na nota 7. Ambas as partes são desenvolvidas dentro da mesma estrutura analítica e estão sujeitas às mesmas condições incorporadas à posição original, concebida como um dispositivo de representação.

11. No que diz respeito a essa distinção, ver Thomas Nagel, *Equality and Partiality* (Nova York: Oxford University Press, 1991), capítulo 3, p. 23.

## § 3. Três características de um consenso sobreposto

1. Antes de começar, recordo dois aspectos centrais da ideia de um consenso sobreposto. O primeiro é que procuramos um consenso de doutrinas abrangentes razoáveis (em oposição a doutrinas desarrazoadas ou irracionais). O fato crucial não é o pluralismo como tal, mas o pluralismo razoável (I, § 6.2). O liberalismo político considera essa diversidade, como já disse antes, como o resultado de longo prazo das capacidades da razão sob uma estrutura duradoura de instituições livres. O fato do pluralismo razoável não é uma condição desafortunada da vida humana, como poderíamos dizer do pluralismo como tal, que admite doutrinas que não são apenas irracionais, mas insanas e agressivas. Ao articular uma concepção política de justiça de modo que ela possa conquistar um consenso sobreposto, não estamos sujeitando-a à desrazão existente, mas sim ao fato do pluralismo razoável, em si mesmo um produto da razão humana livre em condições de liberdade.

No que diz respeito ao segundo aspecto sobre um consenso sobreposto, recordemos que, no final de I, § 1.3-4, afirmei que, em uma democracia constitucional, devemos apresentar a concepção pública de justiça, tanto quanto possível, como independente de doutrinas religiosas, filosóficas e morais abrangentes. Isso significa que a justiça como equidade deve ser entendida, no primeiro estágio de sua exposição, como uma concepção que se sustenta por si mesma e expressa uma concepção política de justiça. Não oferece uma doutrina religiosa, metafísica ou epistemológica específica que vá além daquilo que a própria concepção tenha como implicação. Como foi observado em I, § 2.2, a concepção política é um módulo, um elemento constituinte essencial que, de formas diversas, pode se encaixar em, e receber o apoio de, diferentes doutrinas abrangentes razoáveis que persistem em uma sociedade que por ela seja regulada.

2. Há pelo menos quatro objeções possíveis contra a ideia de unidade social fundada em um consenso sobre-

posto acerca de uma concepção política de justiça. Começarei por examinar aquela que talvez seja a mais óbvia: a de que um consenso sobreposto é mero *modus vivendi*.

Para pôr ordem nas ideias, vou me valer de um caso exemplar de consenso sobreposto para indicar seu significado preciso e por vezes voltarei a este exemplo. O modelo contém três doutrinas. Uma delas afirma a concepção política porque sua doutrina religiosa e sua interpretação da fé livre[12] levam a um princípio de tolerância e subscrevem as liberdades fundamentais de um regime constitucional. Já a segunda afirma a concepção política com base em uma doutrina moral abrangente de tipo liberal, como a de Kant ou a de Mill. A terceira, porém, não é sistematicamente unificada: além dos valores políticos formulados por uma concepção política de justiça que se sustenta por si própria, inclui uma vasta família de valores não políticos; trata-se de uma visão pluralista, digamos assim, uma vez que cada subdivisão dessa família tem sua própria interpretação, baseada em ideias retiradas de dentro dela, deixando que todos os valores sejam pesados uns contra os outros, tanto em grupos como isoladamente, em casos específicos.

---

12. Essa ideia encontra-se ilustrada em várias das proposições de Locke em *A Letter Concerning Toleration* (1690). Entre outras afirmações, ele disse o seguinte: 1) Deus não concedeu a nenhum homem autoridade sobre outro homem (p. 129); 2) nenhum homem pode entregar a responsabilidade por sua própria salvação aos cuidados de outro homem (pp. 129, 139, 154); 3) o entendimento não pode ser compelido a se converter em crença por meio da força (p. 129); 4) o cuidado das almas dos homens não pode ser confiado ao magistrado, pois isso determinaria a fé pelo lugar onde tivéssemos nascido (p. 130); 5) uma Igreja é uma sociedade à qual se pertence por vontade própria, e nenhum homem está necessariamente vinculado a nenhuma Igreja em particular, podendo dela sair tão livremente quanto entrou (p. 131); 6) a excomunhão não tem efeito sobre as relações civis (p. 134); 7) apenas a fé e a sinceridade interior são capazes de assegurar nossa salvação e nossa aceitação por Deus (p. 143). (As referências às páginas são à edição organizada por J. W. Gough, *Two Treatises of Government with A Letter on Toleration*, Oxford: Basil Blackwell, 1956. Outros autores que se ocuparam da tolerância também serviriam a nossos propósitos.)

Nesse caso exemplar, concebem-se os liberalismos de Kant e Mill como gerais e abrangentes. A terceira visão é somente em parte abrangente e sustenta, junto com o liberalismo político, que, nas condições relativamente favoráveis que tornam a democracia possível, os valores políticos em geral prevalecem sobre quaisquer valores não políticos que com eles possam conflitar. As duas visões anteriores estão de acordo com a terceira a esse respeito, de forma que todas as visões redundam aproximadamente nos mesmos juízos políticos e, desse modo, coincidem em parte com a concepção política.

3. Comecemos a enfrentar a objeção. Alguns dirão que, mesmo que um consenso sobreposto possa ser suficientemente estável, a ideia de unidade política fundada em um consenso sobreposto deve, a despeito disso, ser rejeitada, uma vez que abandona a esperança de alcançar uma comunidade política e se satisfaz, em vez disso, com um entendimento público que no fundo não passa de um *modus vivendi*. A essa objeção replicamos que é preciso realmente abandonar a esperança de comunidade política, se por isso entendemos uma sociedade política unida pela aceitação de uma mesma doutrina abrangente. Essa possibilidade é excluída pelo fato do pluralismo razoável, junto com a rejeição ao emprego opressivo do poder estatal para superá--lo[13]. A questão que importa, aqui, diz respeito às caracterís-

---

13. Observe-se que aquilo que é impraticável não são todos os valores associados à comunidade (recordemos que se entende uma comunidade como uma associação ou sociedade cuja unidade se funda em uma concepção abrangente do bem), mas apenas à comunidade política e seus valores. A justiça como equidade supõe, assim como o fazem outras visões políticas liberais, que os valores da comunidade não são só essenciais, como também praticáveis, em primeiro lugar, nas diferentes associações, que conduzem seus assuntos internos nos quadros da estrutura básica, e, em segundo lugar, naquelas associações que se estendem para além dos limites das sociedades políticas, tais como as Igrejas e as sociedades científicas. O liberalismo rejeita o entendimento da sociedade política como uma comunidade porque, entre outras coisas, isso leva à violação sistemática de liberdades fundamentais e pode legitimar o uso opressivo do monopólio (legal) que o Estado tem da força. Não há dúvida de que, na sociedade bem-ordenada de justiça como equidade, os

# A IDEIA DE UM CONSENSO SOBREPOSTO

ticas mais relevantes de tal consenso e à maneira como elas impactam a unidade social e a qualidade moral da vida pública. Passo a explicar, a seguir, por que um consenso sobreposto não é mero *modus vivendi*.

O termo *modus vivendi* é comumente utilizado para caracterizar um tratado entre dois Estados cujos objetivos e interesses nacionais os colocam em conflito. Ao negociar um tratado, seria sensato e prudente que cada Estado agisse para assegurar que o acordo proposto represente um ponto de equilíbrio, isto é, que os termos e as condições do tratado sejam estabelecidos de tal maneira que seja de conhecimento público, não sendo vantajoso para nenhum dos dois violá-lo. Respeitar-se-á o tratado, então, porque cada uma das partes considera que fazê-lo corresponde a seu interesse nacional, o que inclui o interesse de cada uma delas em manter a reputação de ser um Estado que cumpre os tratados. Mas, em geral, ambos os Estados estão dispostos a alcançar seus objetivos às expensas do outro e podem vir a fazê-lo caso as condições se alterem. Circunstâncias como essas esclarecem o sentido em que semelhante tratado é apenas um *modus vivendi*. Circunstâncias similares se apresentam quando pensamos o consenso social como fundado em interesses próprios ou de grupos, ou como o produto de barganha política. A unidade social é só aparente, pois sua estabilidade depende de as circunstâncias não se alterarem de modo que perturbem a convergência afortunada de interesses.

---

cidadãos compartilham um objetivo comum, que tem alta prioridade: assegurar que as instituições políticas e sociais sejam justas e garantir justiça às pessoas em geral, no que diz respeito àquilo que os cidadãos necessitam para eles próprios e desejam uns para os outros. Não é verdade, então, que em uma sociedade liberal os cidadãos não tenham objetivos comuns (V, § 7). Também não é verdade que o objetivo da justiça política não constitua parte importante da identidade não institucional ou moral dos cidadãos (como examinamos em I, § 5.2). Mas esse objetivo comum de justiça política não deve ser confundido com (aquilo que denominei) "uma concepção do bem". Ver, para uma discussão deste último ponto, Amy Gutmann, "Communitarian Critics of Liberalism", in *Philosophy and Public Affairs* 14 (verão de 1985), p. 311, nota de rodapé.

4. Que um consenso sobreposto é muito diferente de um *modus vivendi*, isto se torna claro ao examinarmos nosso caso exemplar. Observem-se, nesse exemplo, dois aspectos: primeiro, o objeto do consenso, a concepção política de justiça, é em si mesmo uma concepção moral; segundo, ele se afirma com base em razões morais, isto é, inclui concepções de sociedade e dos cidadãos como pessoas, bem como princípios de justiça e uma interpretação das virtudes políticas segundo a qual esses princípios se cultivam no caráter humano e se expressam na vida pública. Um consenso sobreposto, portanto, não é um simples consenso acerca da aceitação de determinadas autoridades ou do cumprimento das exigências de certos arranjos institucionais, fundado em uma convergência de interesses próprios ou de grupos. Todos aqueles que afirmam a concepção política partem do interior de sua própria doutrina abrangente e se valem das razões religiosas, filosóficas ou morais que essa visão oferece. O fato de que as pessoas endossem a mesma concepção política em nada torna essa adesão menos religiosa, filosófica ou moral, conforme o caso, uma vez que são razões nas quais as pessoas acreditam de forma sincera e que determinam a natureza de sua adesão.

Os dois aspectos precedentes de um consenso sobreposto – objeto moral e razões morais – se vinculam a um terceiro, o da estabilidade. Isto significa que aqueles que professam as diferentes doutrinas que dão sustentação à concepção política não lhe retirarão o apoio caso a força relativa de sua própria doutrina na sociedade venha a se alterar e por fim se tornar dominante. Enquanto as três doutrinas forem professadas e não sofrerem revisões, a concepção política seguirá tendo apoio, independentemente de alterações na distribuição de poder. Cada uma das doutrinas dá apoio à concepção política por si mesma e cada qual com base em suas próprias razões. A prova disso é o consenso se mostrar estável mesmo no caso de alterações na distribuição de poder entre as doutrinas. Essa característica da estabilidade evidencia um contraste fundamental entre um consenso sobreposto e um *modus vivendi*, cuja estabilidade depende, com efeito, de circunstâncias fortuitas e de um equilíbrio de forças.

Isso se torna claro se alteramos nosso exemplo para incluir as doutrinas de católicos e protestantes no século XVI. Naquela época, não havia um consenso sobreposto acerca do princípio de tolerância. Tanto uma fé quanto a outra sustentavam que o governante tinha o dever de defender a religião verdadeira e de reprimir a propagação da heresia e da falsa doutrina[14]. Nesse caso, a aceitação do princípio de tolerância de fato seria mero *modus vivendi*, porque, se uma das fés se tornasse dominante, o princípio de tolerância deixaria de ser seguido. A isso falta a estabilidade no que se refere à distribuição de poder. Enquanto doutrinas como aquelas professadas pelos católicos e protestantes do século XVI forem restritas a pequenas minorias e assim permanecerem, elas não afetarão de forma significativa a qualidade moral da vida pública e as bases da concórdia social. A sociedade, em sua maior parte, confia em que a distribuição de poder permanecerá amplamente compartilhada pelas doutrinas que fazem parte do consenso que afirma a concepção política por si mesma. Mas caso essa situação se modifique, a qualidade moral da vida política também se alterará de maneiras que são óbvias e que não necessitamos comentar.

5. Para concluir, comento brevemente aquilo que podemos denominar "a profundidade e a amplitude de um consenso sobreposto" e a especificidade de seu foco, isto é, inquirimos: quão profundamente o consenso envolve as doutrinas abrangentes dos cidadãos? Quão amplo é o leque de instituições às quais se aplica? E quão específica é a concepção com a qual se concorda?

---

14. Ver J. W. Allen, *A History of Political Thought in the Sixteenth Century* (Londres: Methuen, 1941), parte I, capítulo 5, parte II, capítulo 9, parte III, capítulos 4, 6 e 8; e Quentin Skinner, *The Foundations of Modern Political Thought* (Cambridge: Cambridge University Press, 1978), vol. II, em especial a parte III.

A interpretação desenvolvida antes sustenta que o consenso chega até as ideias fundamentais a partir das quais a justiça como equidade é desenvolvida. Isso supõe um acordo que seja profundo o suficiente para alcançar ideias tais como a de sociedade como um sistema equitativo de cooperação e a dos cidadãos como pessoas razoáveis e racionais, livres e iguais. No que se refere a sua amplitude, o consenso abrange os princípios e valores de uma concepção política (que, nesse caso, são os da justiça como equidade) e se aplica à estrutura básica como um todo. Esse grau de profundidade, de amplitude e de especificidade nos ajuda a pôr ordem nas ideias e mantém diante de nós a questão central: de modo coerente com suposições realísticas plausíveis, qual concepção política exequível de justiça é a mais profunda e de alcance mais amplo?

Há, é claro, outras possibilidades. Não estou supondo que um consenso sobreposto acerca de uma concepção política seja necessário para certos tipos de unidade e estabilidade sociais. O que afirmei, mais precisamente, é que, junto com duas outras condições, esse consenso é suficiente para a base mais razoável de unidade social que está ao nosso alcance (I, § 8.1). Entretanto, como Baier sugeriu, um consenso menos profundo acerca dos princípios e normas de uma Constituição política viável pode ser suficiente para propósitos menos exigentes e muito mais fácil de alcançar. Baier pensa que, na realidade, o que conseguimos alcançar nos Estados Unidos é algo parecido com isso. Assim, em vez de supor que o consenso chegue até uma concepção política que abarque princípios para a estrutura básica como um todo, pode-se supor que um consenso só abarque certos princípios políticos de natureza procedimental que se aplicam à Constituição[15]. Voltarei a me ocupar dessas ques-

---

15. Esses argumentos são desenvolvidos por Kurt Baier em uma valiosa discussão sobre o tema, "Justice and the Aims of Political Philosophy", *Ethics* 99 (julho de 1989), pp. 771-90. Sua ideia de um consenso sobre princípios constitucionais (que ele supõe que, em larga medida, já alcançamos nos Estados Unidos), e não sobre princípios de justiça, encontra-se nas pp. 775 ss.

tões em §§ 6-7, quando examinarmos os passos a partir de um "consenso constitucional", como vou denominá-lo, até um consenso sobreposto.

## § 4. Consenso sobreposto: nem indiferente nem cético

1. Trato agora de uma segunda objeção à ideia de um consenso sobreposto acerca de uma concepção política de justiça: evitar doutrinas gerais e abrangentes implica indiferença ou ceticismo com relação à questão de saber se uma concepção política de justiça pode ser verdadeira, em oposição a ser razoável, no sentido construtivista. Evitar essa questão pode dar a entender que tal concepção pode ser a mais razoável para nós, mesmo sabendo que não é verdadeira, como se a verdade simplesmente não viesse ao caso. Em resposta a essa objeção, sustento que seria fatal à ideia de concepção política entendê-la como cética ou indiferente em relação à verdade, ou, pior ainda, vê-la em conflito com a verdade. Tal ceticismo ou indiferença colocariam a filosofia política em oposição a numerosas doutrinas abrangentes e assim, já de início, levariam ao fracasso seu objetivo de alcançar um consenso sobreposto.

Procuramos, tanto quanto possível, nem ter de afirmar nem ter de negar qualquer doutrina religiosa, filosófica ou moral abrangente em particular, ou a teoria da verdade ou do estatuto dos valores que a ela possa estar associada. Como supomos que cada cidadão professa alguma doutrina dessa natureza, esperamos criar a possibilidade de que todos possam aceitar a concepção política como verdadeira ou razoável do ponto de vista de sua própria doutrina abrangente, seja qual for. Portanto, se entendida de forma apropriada, uma concepção política de justiça não necessita ser indiferente à verdade na filosofia e na moral, do mesmo modo que o princípio de tolerância, adequadamente entendido, não necessita ser indiferente à verdade na religião. Como buscamos uma base de justificação pública acerca de questões de justiça que seja acordada, e como não podemos razoavelmente esperar que algum acordo sobre aquelas questões controvertidas possa ser alcançado, recorremos às ideias fundamentais que parecemos compartilhar por meio da cultura pública política. A partir destas ideias, procuramos desenvolver uma concepção política de justiça que, após cuidadosa reflexão, se mostre congruente com nossas convicções ponderadas. Feito isso, os cidadãos podem, da perspectiva interna de suas doutrinas abrangentes, considerar a concepção política de justiça verdadeira ou razoável, conforme o permita a doutrina que cada um afirme.

2. Alguns talvez não se satisfaçam com essa resposta. Poderiam replicar que, a despeito das afirmações feitas no parágrafo precedente, uma concepção política de justiça deve exprimir indiferença ou ceticismo. De outro modo, ela não teria como deixar de lado questões religiosas, filosóficas ou morais fundamentais, somente porque são politicamente difíceis de resolver ou porque se mostraram politicamente intratáveis. Poder-se-ia sustentar que certas verdades dizem respeito a coisas tão importantes que as divergências sobre elas devem ser enfrentadas, ainda que isso signifique nos lançar à guerra civil. A isso respondemos dizendo, em primeiro lugar, que determinadas questões não são retiradas da agenda política, por assim dizer, somente porque constituem fonte de conflito. O que fazemos é recorrer a uma concepção política de justiça para distinguir entre as questões que podem razoavelmente ser removidas da agenda política e aquelas que não podem. Algumas das questões que permanecem na agenda política continuarão sendo controvertidas, ao menos em certo grau, e isto é normal quando se trata de questões políticas.

Para ilustrar o que está sendo dito: da perspectiva de uma concepção política de justiça, vamos supor que possamos dar conta tanto da liberdade igual de consciência, que exclui da agenda política as verdades da religião, como das liberdades civis e políticas iguais, que, ao proscreverem a

A IDEIA DE UM CONSENSO SOBREPOSTO 179

servidão e a escravidão, também excluem da agenda política a possibilidade de adotar essas instituições[16]. Mas é inevitável que questões controversas permaneçam. Por exemplo: como, exatamente, devem ser estabelecidas as fronteiras entre as liberdades fundamentais quando elas conflitam entre si (onde erguer "o muro entre a Igreja e o Estado")? Como interpretar as exigências da justiça distributiva quando há considerável acordo acerca de princípios gerais para a estrutura básica? E, por fim, existem questões políticas, como a do uso de armas nucleares. Essas são questões que não podem ser removidas da política. Mas ao evitar recorrer a

---

16. Expliquemos: quando certas questões são retiradas da agenda política, elas deixam de ser consideradas objetos apropriados de decisão política majoritária ou por uma pluralidade de votos. Por exemplo, nos casos da liberdade igual de consciência e da rejeição à servidão e à escravidão, isso significa que as liberdades fundamentais iguais em uma Constituição que abarque essas matérias são razoavelmente dadas como estabelecidas e corretamente resolvidas de uma vez por todas. Essas liberdades fazem parte da Carta pública de um regime constitucional, não constituindo um tópico apropriado para o debate público e a legislação correntes, como se pudessem ser alteradas, de uma forma ou de outra, pelas maiorias requeridas. Além disso, os partidos políticos mais consolidados também reconhecem essas matérias como resolvidas. Ver Stephen Holmes, "Gag Rules or the Politics of Omission", in J. Elster e R. Slagstad (orgs.), *Constitucional Democracy* (Cambridge: Cambridge University Press, 1987). É claro que do fato de que certas matérias sejam razoavelmente removidas da agenda política não se segue que uma concepção política de justiça não deva oferecer os argumentos e as razões que explicam por que isso deve ser feito. Com certeza, como sustentei, uma concepção política deve fazer precisamente isso. Mas, em geral, a discussão mais completa dessas questões entre as diferentes doutrinas políticas e de suas origens em doutrinas abrangentes forma parte da cultura de fundo (I, § 2.3). Por fim, ao se sustentar que certas questões são excluídas da agenda política de uma vez por todas, alguns podem objetar a isso que podemos estar equivocados, como estivemos no passado com respeito à tolerância e à escravidão. Não há dúvida de que estávamos equivocados, mas há quem acredite que, por essa razão, o princípio de tolerância possa ser equivocado ou que foi equivocado ter abolido a escravidão? Quem acredita nisso seriamente? Há aqui alguma possibilidade real de haver algum equívoco? E seguramente não queremos dizer: excluímos certas questões da agenda pelo momento. Ou até a próxima eleição. Ou até a próxima geração. Por que "de uma vez por todas" não seria a melhor maneira de formular a ideia? Ao utilizar essa expressão, os cidadãos expressam uns aos outros um compromisso firme com seu *status* comum. Expressam certo ideal de cidadania democrática.

doutrinas abrangentes, procuramos passar ao largo das controvérsias mais profundas da religião e da filosofia, de modo que, assim, possamos ter alguma esperança de descobrir uma base para um consenso sobreposto estável.

3. A despeito disso, ao subscrever uma concepção política de justiça, é possível que por fim tenhamos de afirmar ao menos certos aspectos de nossa própria doutrina abrangente religiosa ou filosófica (que de modo algum é preciso que seja plenamente abrangente)[17]. Isso ocorrerá sempre que alguém insistir, por exemplo, em sustentar que certas questões são tão fundamentais que resolvê-las da forma correta justifica recorrer até mesmo à guerra civil. Pode-se alegar que disso depende a salvação religiosa daqueles que professam determinada religião, ou até mesmo a salvação de todo um povo. Diante disso, talvez não nos reste nenhuma alternativa a não ser negar essa crença e, portanto, ter de sustentar o tipo de posição que queríamos evitar.

Para considerar essa possibilidade, imaginemos crentes racionalistas para os quais crenças como essas estão abertas à discussão racional e podem ser plenamente sustentadas pela razão (por mais inusitado que seja esse ponto de vista)[18]. Nesse caso, os crentes simplesmente negam o que denominamos "o fato do pluralismo razoável". O que dizemos dos crentes racionalistas é que se equivocam ao negar esse fato, mas não precisamos afirmar que suas cren-

---

17. Como afirmei em I, § 2, uma doutrina é plenamente abrangente se abarca todos os valores e virtudes reconhecidos dentro de um sistema que é articulado de forma bastante precisa, ao passo que uma doutrina é apenas parcialmente abrangente quando compreende certos valores e virtudes não políticos e se encontra articulada de forma mais maleável. Esse alcance limitado e essa maleabilidade acabam se mostrando importantes no que se refere à estabilidade, como veremos no § 6 adiante.

18. A ideia de crentes racionalistas é adaptada da discussão de Joshua Cohen em "Moral Pluralism and Political Consensus". Minha resposta é semelhante à dele, tal como a entendo. Cohen também examina o caso dos crentes não racionalistas, que não têm a pretensão de que sua fé seja sustentada pela razão, mas que efetivamente afirmam, posto que suas crenças são verdadeiras, que é apropriado empregar o poder estatal para impô-las. A réplica a essa posição encontra-se em II, § 3.3.

ças religiosas não são verdadeiras, já que negar que crenças religiosas possam ser pública e plenamente sustentadas pela razão não é o mesmo que dizer que não são verdadeiras. É claro que não acreditamos na doutrina que esses crentes professam, e isto se revela naquilo que fazemos. Mesmo que não defendamos, por exemplo, alguma forma da doutrina da fé religiosa livre que afirme a liberdade igual de consciência, nossas ações, a despeito disso, deixam transparecer que acreditamos que a preocupação com a salvação não requer nada que seja incompatível com aquela liberdade. Ainda assim, não necessitamos envolver mais de nossa visão abrangente do que aquilo que pensamos ser útil ou necessário para alcançar o objetivo político do consenso.

4. O motivo dessa restrição é respeitar, até onde isto é possível, os limites da razão pública (examinados em VI). Vamos supor que, ao respeitar esses limites, consigamos alcançar um consenso sobreposto acerca de uma concepção de justiça política. Ao menos no momento, então, essa concepção poderá ser vista como razoável. Alguns poderão insistir em que alcançar um acordo refletido oferece, por si, uma base suficiente para considerar essa concepção como verdadeira ou, em todo caso, como muito provavelmente verdadeira. Mas nos abstemos de dar esse passo ulterior, porque é desnecessário e poderia interferir no objetivo prático de descobrir uma base pública de justificação. Para muitos, o que é verdadeiro, ou as ideias bem fundamentadas religiosa e metafisicamente, vai além do razoável. A ideia de um consenso sobreposto deixa que esse passo seja dado individualmente pelos cidadãos, de acordo com suas próprias doutrinas abrangentes[19].

---

19. Recordemos aqui outro fato importante mencionado em III, § 8.3: se qualquer uma das doutrinas abrangentes razoáveis que fazem parte do consenso sobreposto for verdadeira, então a própria concepção política também será ou estará próxima de ser, no sentido de que será endossada por uma doutrina verdadeira. A verdade de qualquer uma dessas doutrinas garante que todas elas levem à concepção correta de justiça política, ainda que nem todas estejam corretas pelas razões corretas tais como fornecidas por aquela

Se a justiça como equidade possibilitasse um consenso sobreposto, completaria e ampliaria o movimento intelectual que começou há três séculos com a aceitação gradual do princípio de tolerância e que resultou no Estado não confessional e na igual liberdade de consciência. Essa extensão é necessária para alcançar um acordo sobre uma concepção política de justiça, dadas as circunstâncias históricas e sociais de uma sociedade democrática. Aplicar os princípios da tolerância à própria filosofia significa deixar que os cidadãos resolvam as questões de religião, filosofia e moral de acordo com as visões que professam livremente.

### § 5. Uma concepção política não necessita ser abrangente

1. Uma terceira objeção é a seguinte: ainda que aceitemos que um consenso sobreposto não é um *modus vivendi*, tal como o defini, alguns poderiam dizer que uma concepção política praticável deve ser geral e abrangente. Sem que se tenha à mão tal doutrina, não há como ordenar os muitos conflitos de justiça que eclodem na vida pública. Quanto mais profundas forem as bases conceituais e filosóficas desses conflitos, prosseguirá a objeção e tanto mais geral e abrangente o nível de reflexão filosófica deverá ser, se quisermos chegar a suas raízes e a um ordenamento apropriado. É inútil – conclui a objeção – tentar formular uma concepção de justiça somente para a estrutura básica e à parte de qualquer doutrina abrangente. Como acabamos de ver, é possível que tenhamos de nos referir, pelo menos de alguma maneira, a uma doutrina desse tipo[20].

---

doutrina que é verdadeira. Assim, como dissemos, quando os cidadãos divergem, não é possível que todos estejam inteiramente corretos; contudo, se uma de suas doutrinas for verdadeira, todos os cidadãos estarão corretos, em termos políticos.

20. Há uma distinção entre visões gerais e abrangentes e visões abstratas. Quando a justiça como equidade toma como ponto de partida a ideia fun-

Essa objeção é perfeitamente natural, tanto que nos instiga a perguntar: que outra forma haveria para resolver esses conflitos? No entanto, parte da resposta encontra-se na terceira visão de nosso caso exemplar. Essa visão é pluralista, dissemos, e não é unificada de uma forma sistemática, pois, além dos valores políticos formulados por uma concepção de justiça política que se sustenta por si própria, abrange vasta família de valores não políticos. Cada subdivisão dessa família possui sua interpretação, baseada em ideias extraídas de dentro dela própria, deixando que todos os valores sejam equilibrados uns com os outros (§ 3.2). Desse modo, a concepção política pode ser vista como parte de uma doutrina abrangente, apesar de não ser produto dos valores não políticos dessa doutrina. Não obstante, seus valores políticos em geral prevalecem sobre quaisquer outros que se lhe oponham, ao menos nas condições relativamente favoráveis que tornam uma democracia constitucional possível.

Aqueles que afirmam essa concepção reconhecem valores e virtudes que pertencem a outros âmbitos da vida. Diferem dos cidadãos que afirmam as duas primeiras visões do nosso caso exemplar no sentido de que não professam nenhuma doutrina plenamente abrangente (em contraposição a parcialmente abrangente)[21], dentro da qual considerem todos os valores e todas as virtudes como ordenados

---

damental de sociedade como um sistema equitativo de cooperação e procede à elaboração dessa ideia, pode-se dizer que a concepção de justiça política que daí resulta é abstrata, da mesma forma que são abstratas as concepções de mercado perfeitamente competitivo ou de equilíbrio econômico geral, isto é, ela seleciona certos aspectos da sociedade como aqueles que são importantes, de modo especial, do ponto de vista da justiça política, e deixa outros de lado. Mas que a concepção resultante seja geral e abrangente, no sentido em que empreguei esses termos, constitui uma questão distinta. Penso que os conflitos implícitos no fato do pluralismo razoável obrigam a filosofia política, se o que se quer é que atinja seus objetivos (I, § 8.2), a formular concepções de justiça que são abstratas, mas esses mesmos conflitos impedem que essas concepções possam ser gerais e abrangentes.

21. Para a distinção entre uma doutrina ser plenamente abrangente e ser parcialmente abrangente, ver I, § 2.2.

de forma mais ou menos sistemática. Não afirmam que tal doutrina seja impossível, mas sim que, em termos práticos, é desnecessária. Estão convencidos de que, dentro do âmbito de ação assegurado pelas liberdades fundamentais e pelas demais provisões de um regime constitucional justo, todos os cidadãos podem dedicar-se à sua forma de vida com base em termos equitativos, prestando o devido respeito a seus valores (não políticos). Uma vez asseguradas essas garantias constitucionais, os cidadãos não pensam que possa haver um conflito de valores que justifique opor-se à concepção política como um todo, ou em questões tão importantes quanto a liberdade de consciência, as liberdades políticas iguais ou os direitos civis fundamentais.

2. Pode-se explicar essa visão parcialmente abrangente do modo como se segue. Faremos bem em não supor que em geral existem respostas para todas ou mesmo para muitas das questões de justiça política. Devemos estar dispostos a aceitar o fato de que poucas das questões que nos sentimos motivados a levantar podem ser resolvidas de modo satisfatório. A sabedoria política consiste em identificar essas poucas questões e, dentre elas, as mais urgentes.

Feito isso, precisamos dar forma às instituições da estrutura básica, de maneira que se torne improvável a eclosão de conflitos intratáveis. Também temos de aceitar a necessidade de princípios simples e claros, cuja forma geral e cujo conteúdo esperamos que possam ser publicamente entendidos. Uma concepção política é, no melhor dos casos, somente uma estrutura de deliberação e de reflexão que serve de guia e pode nos ajudar a alcançar um acordo político, pelo menos sobre os elementos constitucionais essenciais e sobre as questões de justiça básica. Se parece ter tornado nossa visão mais clara, se contribuiu para reduzir a distância entre as convicções conscienciosas daqueles que aceitam as ideias fundamentais de um regime constitucional, então serviu a seu propósito político prático[22].

---

22. Ver *Teoria*, pp. 44 ss., 89 ss., 303, 364.

## A IDEIA DE UM CONSENSO SOBREPOSTO

Isso continua sendo verdadeiro, ainda que não possamos explicar plenamente nosso acordo. Sabemos apenas que os cidadãos que endossam a concepção política e que foram socializados nas ideias fundamentais da cultura política pública, com as quais estão familiarizados, percebem que, quando adotam sua estrutura de deliberação, seus julgamentos convergem em um grau que é suficiente para preservar a cooperação política com base no respeito mútuo. Esses cidadãos consideram que a própria concepção política é normalmente suficiente e não terão a expectativa, nem acharão que necessitam de um entendimento político mais amplo do que esse.

3. Neste ponto somos levados a perguntar: como uma concepção política pode expressar valores que, nas condições razoavelmente favoráveis que tornam a democracia possível, em geral prevalecem sobre quaisquer outros valores que possam entrar em conflito com eles? Uma razão é a que se segue. Como já afirmei, a concepção política mais razoável para um regime democrático deverá ser, em termos amplos, liberal. Isso significa que protege os direitos fundamentais conhecidos e lhes atribui uma prioridade especial. Também inclui medidas para garantir que todos os cidadãos tenham meios materiais suficientes para fazer uso efetivo desses direitos fundamentais. Diante do fato do pluralismo razoável, uma visão liberal remove da agenda política as questões que geram as discordâncias mais intratáveis, pois conflitos graves com respeito a isso solapam as bases da cooperação social.

As virtudes da cooperação política que tornam um regime constitucional possível são, então, virtudes muito importantes. Refiro-me, por exemplo, às virtudes da tolerância e à disposição de aceitar compromissos, bem como à virtude da razoabilidade e ao senso de justiça. Quando essas virtudes se encontram difundidas na sociedade e conferem sustentação à sua concepção política de justiça, constituem um bem público muito importante, parte do capital político da sociedade²³. Assim, os valores que conflitam com a concepção política de justiça e com as virtudes que a sustentam podem, em geral, ser superados, pois entram em conflito com as próprias condições que tornam possível a cooperação social equitativa e em pé de respeito mútuo.

4. A outra razão para que os valores políticos normalmente prevaleçam é que as possibilidades de conflitos severos com outros valores são muito reduzidas. Isto porque, quando um consenso sobreposto dá sustentação à concepção política, não se considera que essa concepção seja incompatível com valores religiosos, filosóficos e morais fundamentais. Não necessitamos pesar as exigências da justiça política contra as exigências desta ou daquela doutrina abrangente, nem precisamos afirmar que os valores políticos são mais importantes do que outros valores e que essa é a razão pela qual estes últimos são superados pelos primeiros. Ter de afirmar isso é justamente o que queremos evitar, e chegar a um consenso sobreposto possibilita que o evitemos.

Para concluir: dado o fato do pluralismo razoável, aquilo que o trabalho de reconciliação por meio da razão pública faz, possibilitando-nos evitar recorrer a doutrinas gerais e abrangentes, são duas coisas: a primeira é que identifica o papel fundamental dos valores políticos, ao expressar os termos da cooperação social equitativa que são coerentes com o respeito mútuo entre cidadãos considerados livres e iguais; a segunda é que explicita um acordo suficientemente inclusivo entre os valores políticos e os outros valores que podem fazer parte de um consenso sobreposto razoável. A seguir, discutiremos isso melhor.

---

23. O emprego do termo *capital* é apropriado nesse caso, porque essas virtudes vão se construindo ao longo do tempo e dependem não apenas das instituições políticas e sociais existentes (elas próprias construídas lentamente), mas também da experiência dos cidadãos como um todo e de seu conhecimento do passado. E, mais uma vez, da mesma forma que o capital, essas virtudes sofrem depreciação, e por isso é preciso que se renovem constantemente ao serem reafirmadas e ao se agir com base nelas no presente.

## § 6. Passos em direção a um consenso constitucional

1. A última dificuldade da qual me ocuparei é que um consenso sobreposto é utópico, isto é, não há forças políticas, sociais ou psicológicas suficientes ou para criar um consenso sobreposto (quando ele não existe) ou para torná-lo estável (caso exista). Só posso tratar dessa questão de forma tangencial, e me limitarei a esboçar uma maneira pela qual um consenso desse tipo poderia ser criado e sua estabilidade, assegurada.

O esboço tem dois estágios. O primeiro termina em um consenso constitucional[24] e o segundo, em um consenso sobreposto. A Constituição, no primeiro estágio, garante certos princípios liberais de justiça política. Na medida em que se trata de um consenso constitucional, esses princípios são aceitos simplesmente como princípios e não se fundam em certas ideias de sociedade e de pessoa de uma concepção política, muito menos em uma concepção pública compartilhada. Em vista disso, o consenso não é profundo.

Em um consenso constitucional, uma Constituição que satisfaz certos princípios fundamentais estabelece procedimentos eleitorais democráticos para moderar a disputa política na sociedade. Essa disputa diz respeito não somente àquela existente entre classes e interesses, mas também àquela que há entre os que defendem certos princípios liberais em detrimento de outros, quaisquer que sejam as razões disso. Embora haja acordo sobre certos direitos e liberdades políticos fundamentais – sobre o direito de voto, a liberdade de expressão e de associação política e tudo o mais que os procedimentos eleitorais e legislativos da democracia exigem –, existe desacordo entre aqueles que de-

---

24. No que diz respeito à ideia de consenso constitucional, apoio-me nos pontos de vista de Kurt Baier, mencionados na nota 15. Também agradeço a David Peritz pela valiosa correspondência e pelos comentários esclarecedores sobre o texto. Se não fosse por eles, eu não teria feito essa revisão em minha formulação original, tal como aparece em VI-VII de "The Idea of an Overlapping Consensus", in *Oxford Journal of Legal Studies* 7 (fevereiro de 1987).

fendem princípios liberais no que se refere ao conteúdo e aos limites precisos desses direitos e liberdades, assim como com relação ao fato de que outros direitos e liberdades devem ser considerados fundamentais e, portanto, são merecedores de proteção legal, quando não de proteção constitucional. O consenso constitucional não é profundo, tampouco amplo. Seu alcance é restrito: não abrange a estrutura básica, limita-se somente aos procedimentos políticos do governo democrático.

2. Como se alcançaria um consenso constitucional? Suponhamos que, em determinado momento, em virtude de diferentes eventos e contingências históricas, certos princípios liberais de justiça passam a ser aceitos como mero *modus vivendi* e são incorporados às instituições políticas existentes. Essa aceitação se tornou possível, digamos, de forma muito semelhante à que ocorreu com a aceitação do princípio de tolerância como um *modus vivendi* depois da Reforma: relutantemente, de início, mas não obstante como a única alternativa exequível à guerra civil destrutiva e interminável. Nossa questão, portanto, é a seguinte: como é possível que, ao longo do tempo, a aquiescência inicial a uma Constituição que satisfaz esses princípios liberais de justiça se desenvolva em um consenso constitucional no qual se afirmem esses mesmos princípios?

Nesse ponto, certa maleabilidade em nossas visões abrangentes, bem como a característica de não serem plenamente abrangentes, podem se revestir de particular importância. Para perceber isso de forma clara, retomemos nosso caso exemplar (§ 3.2). Uma maneira como esse modelo pode ser atípico é que nele se descrevem duas das três doutrinas como plenamente gerais e abrangentes: uma doutrina religiosa da fé livremente professada e o liberalismo abrangente de Kant ou de Mill. Nesses casos, foi dito que a aceitação da concepção política derivava e dependia unicamente da doutrina abrangente. Mas até que ponto, na prática, o acatamento de um princípio de justiça política realmente depende do conhecimento ou da crença de que deriva de uma visão abrangente, e não de um parecer razoável em si mesmo, ou de ser entendido como parte de uma visão pluralista, que é a terceira doutrina de nosso caso exemplar?

Há diversas possibilidades. Vamos distinguir três casos. No primeiro, derivam-se os princípios de uma doutrina abrangente; no segundo, apesar de não derivarem dela, são plenamente compatíveis com essa doutrina; e, no terceiro, são incompatíveis com ela. Na vida cotidiana, em geral, não temos de decidir ou mesmo de pensar muito sobre a qual desses casos ela se aplica. Decidir entre eles levantaria questões extremamente complicadas, e não está nada claro que tenhamos de decidir por um desses casos. A maioria das pessoas professa doutrinas religiosas, filosóficas ou morais que não veem como plenamente gerais e abrangentes, e esses aspectos admitem variações de grau. Há muitos deslizamentos, por assim dizer, muitas maneiras pelas quais princípios de justiça podem se articular de forma maleável com aquelas doutrinas (parcialmente) abrangentes, e também existem, dentro dos limites estabelecidos por princípios políticos de justiça, muitas maneiras pelas quais é possível se empenhar na realização de doutrinas (parcialmente) abrangentes.

Isso nos faz pensar que muitos cidadãos, se não a maioria deles, acabam por endossar os princípios de justiça incorporados em sua Constituição e em sua prática política sem supor que há uma conexão de tipo específico entre esses princípios e suas outras crenças. É possível que os cidadãos, antes de tudo, apreciem o bem que esses princípios propiciam, tanto para eles próprios quanto para aquelas pessoas com quem se preocupam, assim como para a sociedade em geral, para então afirmá-los com base nisso. Caso posteriormente se reconheça uma incompatibilidade entre os princípios de justiça e suas doutrinas mais abrangentes, é possível que os cidadãos sejam levados a ajustar ou a revisar essas doutrinas, em vez de rejeitar aqueles princípios[25].

3. Neste ponto, inquirimos: em virtude de quais valores políticos os princípios liberais de justiça poderiam conquistar apoio? Um apoio a instituições e aos princípios que as regulam pode, evidentemente, se basear em parte em interesses pessoais e de grupo de longo prazo, no costume e em atitudes tradicionais, ou apenas no desejo de se conformar àquilo que se espera que seja feito e que em geral é feito. Um amplo apoio também pode ser fomentado por instituições que garantam a todos os cidadãos os valores políticos incluídos naquilo que Hart denomina "o conteúdo mínimo do direito natural". Mas aqui nos incumbe considerar as demais bases de acatamento que os princípios liberais de justiça podem gerar[26].

Quando princípios liberais efetivamente regulam as instituições políticas fundamentais, eles satisfazem três requisitos de um consenso constitucional estável. Primeiro, dado o fato do pluralismo razoável – o fato de que, antes de tudo, leva à criação de um Estado constitucional como um *modus vivendi* –, os princípios liberais dão conta da exigência política urgente de fixar, de uma vez por todas, o conteúdo de certos direitos e liberdades políticos fundamentais e de lhes conferir prioridade especial. Fazer isso remove essas garantias da agenda política e as coloca fora do alcance

---

25. Observe-se que aqui distinguimos entre o acatamento inicial a uma concepção política ou a apreciação de seus benefícios e o ajuste ou a posterior revisão de doutrinas abrangentes a que esse acatamento e essa apreciação levam quando surgem dissonâncias. Podemos supor que esses ajustes ou revisões sejam levados a cabo lentamente, ao longo do tempo, à medida que a concepção política modela as doutrinas abrangentes, de modo que se tornem coerentes com ela. Devo a Samuel Scheffler a formulação da ideia principal desse enfoque.

26. Ver *The Concept of Law* (Oxford: Clarendon Press, 1961), pp. 189-95, sobre o que Hart denomina "o conteúdo mínimo do direito natural". Estou supondo que uma concepção liberal (assim como várias outras concepções conhecidas) inclui esse conteúdo mínimo; por isso, concentro-me, no texto, nas bases de apoio que tal concepção gera em virtude do conteúdo distintivo de seus princípios.

do cálculo dos interesses sociais, com o que se estabelecem, de forma clara e firme, as normas da competição política. Considerar que o cálculo de interesses possa ser pertinente para essas questões significa deixar em aberto o *status* e o conteúdo desses direitos e liberdades. Isto os submete às circunstâncias voláteis de tempo e lugar e, ao elevar enormemente os riscos da disputa política, aumenta de modo perigoso a insegurança e a hostilidade da vida pública. A recusa em remover essas questões da agenda perpetua divisões profundas latentes na sociedade e revela uma disposição de recriar aqueles antagonismos com a expectativa de conquistar uma posição mais favorável, se circunstâncias futuras se mostrarem mais propícias.

4. O segundo requisito de um consenso constitucional estável vincula-se com o tipo de razão pública que a aplicação de princípios liberais de justiça envolve. Dado o conteúdo desses princípios, seu foco exclusivamente em fatos institucionais relativos a procedimentos políticos e a suas liberdades e direitos fundamentais, ao acesso a oportunidades e meios polivalentes, os princípios liberais podem ser aplicados seguindo-se as diretrizes habituais da indagação pública e as normas de verificação de evidências[27]. Além disso, em vista do fato do pluralismo razoável, essas diretrizes e normas devem especificar-se por referência a formas de raciocínio e argumentação disponíveis para os cidadãos em geral e, desse modo, em termos do senso comum, e pelos procedimentos e conclusões da ciência, quando não são controvertidos. Isso ajuda a garantir que a argumentação pública possa ser vista – como deve ser – como correta e razoavelmente confiável em seus próprios termos.

Portanto, há certa simplicidade na aplicação de princípios liberais. Para ilustrar: mesmo que princípios teológi-

---

27. Essas diretrizes são discutidas em VI, § 4 e entram na formulação da ideia de bens primários que consideramos em V, §§ 3-4. Entretanto, é preciso ter em conta que, como aqui estamos falando de um consenso constitucional, e não de um consenso sobreposto, os valores da razão pública são mais restritos do que nesse último caso. Devo esta observação a David Peritz.

cos gerais e abrangentes fossem adotados como princípios de justiça, a forma de argumentação pública que requerem tenderia a ser politicamente impraticável. Pois, se os elaborados cálculos teóricos envolvidos em sua aplicação fossem publicamente admitidos na discussão de questões de justiça política, a natureza altamente especulativa e a enorme complexidade desses cálculos fariam com que cidadãos com pontos de vista e interesses divergentes desconfiassem dos argumentos uns dos outros. (Considere-se o que está envolvido na aplicação do princípio de utilidade a procedimentos constitucionais e a questões gerais de política social, para não falar da estrutura básica.) É difícil, quando não impossível, obter a informação que pressupõem, e com frequência existem obstáculos insuperáveis a vencer para alcançar uma avaliação objetiva em relação à qual haja concordância. Mesmo quando julgamos que nossos argumentos são sinceros e não são autointeressados, temos de levar em conta o que é razoável esperar que outros, que sairão perdendo caso nossa argumentação prevaleça, pensem[28].

5. Que o terceiro requisito de um consenso constitucional estável seja satisfeito pelos princípios liberais depende do êxito dos dois requisitos precedentes. As instituições políticas básicas que incorporam esses princípios e a forma de razão pública que se manifesta ao aplicá-los – quando essas instituições funcionam de forma efetiva e bem-sucedida por prolongado período de tempo (como estou supondo) – tendem a encorajar as virtudes cooperativas da vida política: a virtude da razoabilidade e um sentido de equidade, um espírito de compromisso e uma disposição de fazer concessões mútuas, virtudes que têm relação com a disposição de cooperar com outros com base em termos políticos que todos podem aceitar publicamente.

---

28. Pode-se dizer: os argumentos e as evidências que dão sustentação a juízos políticos deveriam ser, se possível, não apenas sólidos, mas tais que também se pudesse considerá-los publicamente como sólidos. A máxima de que a justiça não deve apenas ser feita, como também se deve verificar se foi feita, não se aplica somente ao Direito, mas também à razão pública.

A explicação disso está na aplicação da psicologia moral esboçada em II, § 7. Recorde-se que sustentamos que a) além da capacidade de ter uma concepção do bem, os cidadãos têm a capacidade de aceitar princípios políticos razoáveis de justiça e o desejo de agir em conformidade com esses princípios; b) quando os cidadãos acreditam que as instituições e os procedimentos políticos são justos (tal como o especificam esses princípios), eles se dispõem a fazer sua parte naqueles arranjos, desde que estejam seguros de que os demais também farão a deles; c) se outras pessoas fazem sua parte com a intenção manifesta de fazer a própria parte, os demais tendem a desenvolver confiança nelas; d) essa confiança se torna mais forte à medida que o êxito dos arranjos institucionais se prolonga; e) a confiança também aumenta conforme as instituições básicas estruturadas para garantir nossos interesses mais fundamentais se tornam mais firme e voluntariamente reconhecidas. Enfatizo o papel da razão pública nessa explicação, pois é quando os cidadãos empregam e seguem essa razão que eles podem perceber que suas instituições políticas e procedimentos democráticos são voluntariamente reconhecidos. É desse reconhecimento – dessa intenção manifesta – que tanta coisa depende.

Em conclusão, no primeiro estágio do consenso constitucional, os princípios liberais de justiça, que inicialmente são aceitos de modo relutante como um *modus vivendi* e são incorporados em uma Constituição, tendem a alterar as doutrinas abrangentes dos cidadãos, de maneira que estes possam aceitar pelo menos os princípios de uma Constituição liberal. Esses princípios garantem certos direitos e liberdades fundamentais e estabelecem procedimentos democráticos para moderar a disputa política e solucionar questões de política pública. Nessa medida, as visões abrangentes dos cidadãos se tornam razoáveis, se é que já não eram antes. O simples pluralismo se transforma em um pluralismo razoável e, deste modo, alcança-se o consenso constitucional.

## § 7. Passos em direção a um consenso sobreposto

1. Nossa próxima tarefa consiste em descrever os passos mediante os quais um consenso constitucional sobre certos princípios acerca de direitos e liberdades políticos fundamentais transforma-se em um consenso sobreposto, tal como o definimos (§ 3). Tenhamos em mente que fizemos uma distinção entre a profundidade e a amplitude de um consenso sobreposto e analisamos até que ponto seu conteúdo é específico. Para que tal consenso sobreposto seja profundo, é necessário que seus princípios e ideais políticos tenham por base uma concepção política de justiça que utilize as ideias fundamentais de sociedade e de pessoa, como a justiça como equidade, por exemplo, as emprega. Sua amplitude vai além dos princípios políticos que instituem os procedimentos democráticos, para incluir princípios que abarcam a estrutura básica como um todo. Daí que seus princípios estabeleçam também certos direitos substantivos, como a liberdade de consciência e a liberdade de pensamento, assim como a igualdade equitativa de oportunidades e princípios que exigem a satisfação de certas necessidades básicas.

Por último, no que se refere ao grau em que um consenso sobreposto é específico, supus, para simplificar, que o objeto do consenso é uma concepção política específica de justiça, da qual a justiça como equidade constitui um exemplo padrão. Mas há, entretanto, outra possibilidade mais realista e de realização mais factível. Nesse caso, o foco de um consenso sobreposto é uma classe de concepções liberais que variam dentro de um espectro mais ou menos restrito. Quanto mais restrito for esse espectro, mais específico será o consenso. Em uma sociedade política na qual um consenso desse tipo prevalece, diversas concepções de justiça serão rivais políticas e sem dúvida nenhuma receberá o apoio de diferentes interesses e estratos políticos. Quando o consenso sobreposto é caracterizado dessa forma, o papel da justiça como equidade terá lugar especial entre as concepções que definem o foco do consenso. Definirei esse lugar especial adiante (§ 7.4).

2. Quais são as forças que movem um consenso constitucional na direção de um consenso sobreposto, mesmo admitindo-se que não é possível realizar de modo pleno um consenso sobreposto, e sim somente chegar mais perto disso? Menciono algumas dessas forças, na medida em que elas se relacionam com a profundidade, com a amplitude e com até que ponto a classe de concepções que fazem parte do foco é específica ou restrita.

No que se refere à profundidade, uma vez que um consenso constitucional vigora, os grupos políticos têm de participar do fórum de discussão pública e se dirigir a outros grupos que não compartilham sua doutrina abrangente. Esse fato faz com que se torne racional para eles ir além do círculo estreito de suas próprias visões e desenvolver concepções políticas com base nas quais possam explicar e justificar as políticas que preferem para um público mais amplo, de modo que constitua uma maioria. Ao fazer isso, precisam formular concepções políticas de justiça (tal como foram definidas em I, § 2). Essas concepções proporcionam a moeda comum de discussão e um fundamento mais profundo para explicar o significado e as implicações dos princípios e políticas que cada grupo defende.

Tenhamos sempre em mente que é inevitável que problemas constitucionais novos e fundamentais surjam, ainda que só ocasionalmente. Considerem-se, por exemplo, as emendas da Reconstrução, que se seguiram à crise da Guerra Civil. O debate sobre essas e outras emendas essenciais forçou grupos rivais a formular concepções políticas que continham ideais fundamentais, à luz das quais a Constituição, tal como era entendida até então, pudesse ser alterada. Um consenso constitucional acerca de princípios que são concebidos à parte de qualquer concepção fundamental de sociedade e de cidadão – tendo cada grupo suas próprias razões para acatá-lo – é um consenso no sentido literal. Faltam-lhe os recursos conceituais que sirvam de guia para saber como a Constituição deveria ser emendada e interpretada.

Uma última razão está relacionada à profundidade. Em um sistema constitucional em que há controle jurisdicional da constitucionalidade das leis, ou controle da constitucionalidade sob a responsabilidade de outra instituição, será necessário que os juízes ou as autoridades em questão elaborem uma concepção política de justiça à luz da qual, de acordo com seu ponto de vista, deve-se interpretar a Constituição e resolver os casos constitucionais importantes. Somente assim as decisões da legislatura poderão ser declaradas constitucionais ou inconstitucionais, e somente assim eles terão uma base razoável para a interpretação dos valores e padrões que a Constituição incorpora de forma explícita. Não cabe dúvida de que essas concepções terão papel importante na política dos debates constitucionais.

3. Examinemos agora certas considerações que dizem respeito à amplitude. A principal é que um consenso constitucional puramente político e procedimental acabará se mostrando demasiado estreito. Pois, a não ser que um povo democrático seja suficientemente unificado e coeso, não promulgará a legislação necessária para abarcar os demais fundamentos constitucionais essenciais e questões de justiça básica, e conflitos eclodirão sobre essas matérias. Deve haver uma legislação fundamental que garanta a liberdade de consciência e a liberdade de pensamento de forma geral, e não somente a liberdade de pensamento político e de expressão política. Também deve existir uma legislação que garanta a liberdade de associação e a liberdade de movimento; e, além disso, são necessárias medidas para assegurar que as necessidades básicas de todos os cidadãos sejam satisfeitas, de modo que todos possam participar da vida política e social[29].

---

29. Sobre este último ponto, ver Frank Michelman, "Welfare Rights in a Constitutional Democracy", in *Washington University Law Quarterly* (verão de 1979), sobretudo pp. 680-5.

Sobre este último ponto, a ideia não é satisfazer necessidades em contraposição a meros desejos e aspirações; tampouco se trata da ideia de redistribuição para fomentar maior igualdade. O fundamento constitucional em questão é que, abaixo de certo nível de bem-estar material e social, de treinamento e educação, as pessoas simplesmente não podem participar da sociedade como cidadãos, muito menos como cidadãos iguais. Não cabe à concepção política estabelecer como se deve determinar o nível de bem-estar e educação abaixo do qual isso ocorre. É preciso considerar a sociedade em questão. Mas isso não significa que o elemento constitucional essencial em si não seja absolutamente claro. É o que se requer para dar o peso apropriado à ideia de sociedade como um sistema equitativo de cooperação entre cidadãos livres e iguais e para não tratar essa ideia, se não no discurso, na prática, como nada mais do que retórica.

O aspecto mais importante sobre a amplitude é, portanto, que os direitos, as liberdades e os procedimentos incluídos em um consenso constitucional só abarcam uma parte limitada das questões políticas fundamentais que serão debatidas. Há forças que tendem a emendar a Constituição de certas maneiras, para que se incluam outros elementos constitucionais essenciais, ou pressionam para que se coloque em prática a legislação necessária para produzir um resultado semelhante. Em qualquer um dos casos, os grupos relevantes tenderão a desenvolver concepções políticas amplas, que abarquem a estrutura básica como um todo, a fim de explicar seu ponto de vista de forma politicamente coerente e consistente.

4. Por último, quão específico o consenso é, ou quão amplo é o espectro de concepções liberais que o definem? Sobre isso, há duas considerações a fazer. Uma delas diz respeito ao espectro de concepções que é plausível elaborar a partir das ideias fundamentais de sociedade e de pessoa que fazem parte da cultura pública de um regime constitucional. A justiça como equidade procede a partir de duas

ideias fundamentais: a de sociedade, entendida como um sistema equitativo de cooperação social, e a de pessoa, entendida como livre e igual. A suposição é que essas ideias são centrais ao ideal democrático. Pode haver outras ideias da mesma maneira centrais e, caso existam, será que produziriam ideais e princípios marcadamente diferentes daqueles de justiça como equidade? Podemos conjecturar que, mantendo constantes as demais condições, uma concepção política elaborada a partir de tais elementos centrais certamente seria típica da classe focal de um consenso sobreposto, caso um consenso dessa natureza venha a ser alcançado.

A segunda consideração é que se pode supor que diferentes interesses sociais e econômicos dão sustentação a diferentes concepções liberais. As diferenças entre concepções expressa, em parte, um conflito entre esses interesses. Vamos definir os interesses relevantes para cada concepção como aqueles que determinada concepção incentivaria e dos quais receberia apoio, em uma estrutura básica estável que por ela fosse regulada. A amplitude do espectro de concepções liberais será determinada pelo grau de conflito que exista entre esses interesses.

Agora não é o momento de examinar essas questões, altamente especulativas. Apenas conjecturo que, quanto mais reduzidas forem as diferenças entre as concepções liberais, quando se baseiam de modo correto em ideias políticas fundamentais de uma cultura pública democrática, e quanto mais compatíveis entre si forem os interesses subjacentes que dão sustentação a essas concepções em uma estrutura básica estável que por elas seja regulada, mais estreito será o espectro de concepções liberais que definem o foco do consenso. Para que a justiça como equidade especifique o centro da classe focal, parece que as duas condições que se seguem devem ser satisfeitas:

    a. que esteja corretamente baseada em ideias fundamentais mais centrais;
    b. que seja estável em vista dos interesses que a apoiam e que por ela são fomentados.

Dessa maneira, se as concepções liberais corretamente formuladas a partir de ideias fundamentais de uma cultura pública democrática forem apoiadas por interesses econômicos e políticos profundamente conflitantes e os fomentarem e se não houver como dar forma a um regime constitucional que possa superar esses conflitos, um consenso sobreposto pleno, ao que parece, não poderá ser alcançado.

Nesta seção e na precedente, esbocei o modo pelo qual uma aquiescência inicial a uma concepção liberal de justiça como um simples *modus vivendi* poderia transformar-se, ao longo do tempo, primeiro em um consenso constitucional, depois em um consenso sobreposto. Nesse processo, supus que as doutrinas abrangentes da maioria das pessoas não são plenamente abrangentes, o que abre espaço para o desenvolvimento de uma adesão independente à concepção política que ajuda a forjar um consenso. Essa adesão independente, por sua vez, leva as pessoas a agirem com uma intenção manifesta, em conformidade com os arranjos constitucionais, desde que tenham uma garantia razoável (baseada na experiência passada) de que os demais agirão da mesma forma. Gradualmente, conforme vai se afiançando o êxito da cooperação política, os cidadãos adquirem confiança cada vez maior uns nos outros. Isso é tudo o que precisamos dizer em resposta à objeção de que a ideia de um consenso sobreposto é utópica.

### § 8. Concepção e doutrinas: como se relacionam entre si?

1. Distinguimos um consenso sobreposto de um *modus vivendi* e observamos que, no primeiro, a concepção política é endossada como uma concepção moral e os cidadãos se dispõem a agir de acordo com ela, com base em razões morais. Também expusemos os fundamentos que apoiam a tese do liberalismo político: primeiro, que os valores políticos são valores muito importantes e não são facilmente su-

peráveis; segundo, que há muitas doutrinas abrangentes razoáveis que compreendem o domínio mais amplo dos valores de modo congruente ou pelo menos não conflitante, com os valores políticos tais como são especificados por uma concepção política de justiça para um regime democrático. Esses dois fundamentos proporcionam a base da razão pública, pois implicam que é possível dirimir as questões políticas fundamentais recorrendo a valores políticos expressos pela concepção política subscrita pelo consenso sobreposto.

Nessas circunstâncias, um equilíbrio de razões, tal como alcançado da perspectiva interna da doutrina abrangente de cada cidadão, e não um compromisso imposto pelas circunstâncias, constitui a base do respeito dos cidadãos aos limites da razão pública. Qualquer ideia realista de sociedade bem-ordenada pode passar a impressão de que algum compromisso dessa natureza está em questão. E, com efeito, o termo "consenso sobreposto" pode dar a entender isso. Precisamos demonstrar, então, que esse não é o caso. Para deixar claro que nenhum compromisso se faz necessário, ilustremos as distintas maneiras pelas quais uma concepção política pode relacionar-se com as doutrinas abrangentes. Vamos retomar o caso exemplar de um consenso sobreposto que é similar àquele introduzido em § 3.2, só que, no lugar da visão de Mill, colocamos o utilitarismo de Bentham e Sidgwick. Esse consenso era integrado por quatro doutrinas. Deixo de lado, no momento, a doutrina religiosa com sua interpretação da fé livremente professada para me concentrar nas outras três.

2. Depois da doutrina religiosa, a visão que vinha a seguir era a da filosofia moral de Kant, com seu ideal de autonomia moral. Da óptica interna dessa visão ou de outra visão que lhe seja suficientemente similar, é possível, digamos assim, derivar a concepção política com seus princípios de justiça e a prioridade apropriada entre eles. Igualmente deriváveis são as razões para considerar a estrutura básica da sociedade como o objeto fundamental da justiça. Aqui a

relação é dedutiva, ainda que dificilmente se possa expor o argumento de forma muito rigorosa. O importante é que alguém que subscreva a doutrina de Kant ou outra semelhante a ela compreende essa visão como a base dedutiva da concepção política e, dessa maneira, considera esta última como um desdobramento dessa base dedutiva.

A visão que vem a seguir é o utilitarismo de Bentham e Sidgwick, a doutrina clássica em sentido estrito. Embora pudesse ser mais plausível se fosse revisada como um utilitarismo médio, vou deixar essa possibilidade de lado no momento. Suponhamos que a relação entre a doutrina abrangente e a concepção política, nesse caso, seja de aproximação. Este utilitarismo dá apoio à concepção política, por razões tais como nosso conhecimento limitado sobre as instituições sociais em geral e aquele que temos das circunstâncias presentes. Enfatiza ainda os limites que se impõem à complexidade das normas legais e institucionais, bem como a simplicidade necessária às diretrizes da razão pública (§ 6.4). Essas e outras razões podem levar o utilitarista a ver uma concepção política de justiça de conteúdo liberal como uma aproximação satisfatória, talvez mesmo a melhor, ao que o princípio de utilidade, pesando-se tudo, requereria.

A terceira visão era uma interpretação pluralista dos domínios dos valores, que incluía a concepção política como a parte que abarca valores políticos. O que é característico dessa terceira visão é que diferentes domínios de valor – dos quais o domínio do político é um deles – encontram-se unificados (se é que isso é possível) em grande medida por ideias e conceitos que são extraídos de seu próprio domínio. Cada domínio de valor tem, então, sua própria interpretação que se sustenta por si mesma. Nessa visão pluralista abrangente, a concepção política é endossada equilibrando-se os juízos que dão sustentação aos grandes valores do político contra quaisquer valores que normalmente conflitam com eles em um regime democrático bem ordenado.

Há muitas outras visões abrangentes possíveis, mas as três mencionadas bastam para ilustrar algumas das relações possíveis entre as doutrinas abrangentes e uma concepção política. A elas acrescentem-se as doutrinas religiosas que adotam uma interpretação da fé livremente professada. Aqui vou supor – talvez de maneira um tanto otimista – que, com exceção de certos tipos de fundamentalismo, todas as principais religiões históricas admitem tal interpretação e, por isso, podem considerar-se como doutrinas abrangentes razoáveis.

3. Formulemos agora a ideia central: no consenso sobreposto constituído pelas visões que acabamos de descrever, a aceitação da concepção política não é um compromisso entre aqueles que sustentam essas diferentes visões, mas apoia-se na totalidade de razões especificadas dentro da doutrina abrangente que cada cidadão professa.

Certamente, cada doutrina abrangente se articula à concepção política de maneira diferente. Embora todas a subscrevam, a primeira o faz de modo dedutivo e como um prolongamento a partir de uma base dedutiva que lhe é interna; a segunda considera-a satisfatória e, possivelmente, a melhor aproximação que é exequível, dadas as condições sociais normais; a terceira considera que a concepção política se apoia em juízos ponderados que equilibram valores conflitantes, levando-se tudo em conta. Nenhuma delas aceita a concepção política com base em um compromisso político. A aceitação depende, é claro, de certas condições: o utilitarismo enfatiza os limites à informação e os limites máximos que são admissíveis à complexidade das normas legais; o liberalismo político leva em conta fatos gerais tais como o fato do pluralismo razoável; e mesmo na doutrina de Kant, tal se aplica a seres humanos, o conteúdo de imperativos categóricos específicos é ajustado às leis da natureza, como deveria mostrar qualquer interpretação apropriada do procedimento de aplicação do imperativo categórico.

Qualquer que seja o ajuste que uma doutrina faça de suas exigências a condições como essas, isso não constitui

## A IDEIA DE UM CONSENSO SOBREPOSTO

nenhum compromisso de índole política, nem significa ceder à força bruta ou à desrazão do mundo. Significa simplesmente ajustar-se a condições gerais de qualquer mundo humano social normal, como qualquer visão política está obrigada a fazer.

4. Em conclusão: nesta conferência, examinei quatro objeções ao liberalismo político e à sua visão da unidade social. Duas dessas objeções são particularmente importantes: uma é a acusação de ceticismo e indiferença; a outra é que o liberalismo político não tem como conquistar apoio suficiente para assegurar o cumprimento de seus princípios de justiça. Ambas as objeções são respondidas descobrindo-se uma concepção liberal razoável, que possa receber o apoio de um consenso sobreposto de doutrinas razoáveis, porque tal consenso consegue a aquiescência mediante um ajuste de concordância entre a concepção política e as doutrinas abrangentes, além do reconhecimento público dos grandes valores das virtudes políticas. Para ter êxito em descobrir tal consenso, a filosofia política deve, tanto quanto possível, manter-se apropriadamente independente de outras partes da filosofia, em particular dos problemas e das controvérsias de longa data da filosofia. Isto levanta a objeção de que o liberalismo político é cético no que diz respeito à verdade religiosa, filosófica e moral, ou é indiferente a seus valores. Uma vez que conectemos o papel de uma concepção política ao fato do pluralismo razoável e ao que é essencial para uma base compartilhada de razão pública, fica patente que essa objeção é equivocada.

Essas questões se vinculam à questão mais ampla acerca de como o liberalismo político é possível. Um passo para mostrar isto consiste em exibir a possibilidade de um consenso sobreposto em uma sociedade com uma tradição democrática caracterizada pelo fato do pluralismo razoável. Ao se empenhar nessa tarefa, a filosofia política assume o papel que Kant atribuiu à filosofia em geral: a defesa da fé razoável (III, § 2.2). Como afirmei nesta conferência, em nosso caso, a defesa da fé razoável se converte na possibilidade de um regime constitucional justo.

Conferência V
# *A prioridade do justo e ideias do bem*

A ideia da prioridade do justo é elemento essencial do que denominei "liberalismo político" e desempenha papel central na justiça como equidade, como uma das variantes que é daquela visão. Essa prioridade pode gerar mal-entendidos. Pode-se supor, por exemplo, que implica que uma concepção política liberal não pode se valer de nenhuma ideia do bem, com exceção, talvez, daquelas que são puramente instrumentais, ou então daquelas que são uma questão de preferência ou de escolha individual. Não há dúvida de que isso é incorreto, já que o justo e o bem são complementares. Nenhuma concepção de justiça pode se basear inteiramente no justo ou no bem. Toda concepção de justiça deve, isto sim, combinar ambos os tipos de ideias de forma específica. A prioridade do justo não nega isso. Empenho-me, a seguir, em dissipar esse e outros mal-entendidos mediante a análise de cinco ideias empregadas pela justiça como equidade.

Diversas questões se apresentam aqui. Como é possível que a justiça como equidade se valha de ideias do bem sem fazer afirmações sobre a verdade desta ou daquela doutrina abrangente, de modo incompatível com o liberalismo político? Uma questão ulterior pode ser exposta da forma como se segue. Na justiça como equidade, a prioridade do justo significa que os princípios de justiça política impõem limites às formas de vida permissíveis e, portanto, as exigências que os cidadãos façam de perseguir fins que transgridam esses limites não têm nenhum peso. Mas seguramente as instituições justas e as virtudes políticas que se esperam dos cidadãos não seriam instituições e virtudes de uma sociedade justa e boa, a menos que essas instituições não só permitissem como também fomentassem formas de vida plenamente dignas da adesão devotada dos cidadãos. Uma concepção política de justiça deve conter em si mesma espaço suficiente, por assim dizer, para essas formas de vida. Desse modo, embora a justiça estabeleça o limite e o bem mostre o que vale a pena perseguir, a primeira não pode traçar esse limite de modo demasiado estreito. Mas se isso é assim, como é possível identificar as formas de vida que merecem ser cultivadas ou determinar o que é um espaço suficiente? A justiça como equidade não pode, ela própria, invocar o ponto de vista de alguma visão mais abrangente para sustentar que traça o limite no lugar certo e que, portanto, as doutrinas abrangentes que admite são aquelas dignas de cultivar. Após examinar as cinco ideias do bem utilizadas na justiça como equidade e analisar como o emprego dessas ideias está de acordo com a prioridade do justo, retorno a essas questões em § 8[1].

## § 1. Como uma concepção política limita as concepções do bem

1. Começarei por recordar brevemente uma distinção (I, § 2) fundamental para minha discussão: aquela que há entre uma concepção política de justiça e uma doutrina religiosa, filosófica ou moral. Sustentei que as características de uma concepção política de justiça são: em primeiro lugar, trata-se de uma concepção moral formulada para um objeto específico, a saber, a estrutura básica de um regime

---

1. Devo a formulação dessas questões e a percepção da evidente dificuldade que apresentam para o liberalismo político às discussões com Erin Kelly.

democrático constitucional; segundo, aceitar a concepção política não pressupõe aceitar nenhuma doutrina religiosa, filosófica ou moral específica – mais precisamente, a concepção política apresenta-se como uma concepção razoável somente para a estrutura básica; e, terceiro, não é formulada com base em nenhuma doutrina abrangente, e sim em determinadas ideias fundamentais consideradas latentes na cultura política pública de uma sociedade democrática.

Assim, como afirmei em I, § 2.2, a distinção entre concepções políticas e outras concepções morais é uma questão de alcance, isto é, a gama de objetos aos quais a concepção se aplica e o conteúdo mais amplo que uma gama mais ampla de objetos requer. Dizemos que uma concepção é geral quando se aplica a ampla gama de objetos (no limite, a todos os objetos); é abrangente quando inclui concepções do que se considera valioso na vida humana, bem como ideais de virtude e caráter pessoais, que devem conformar grande parte de nossa conduta não política (no limite, nossa vida como um todo). Existe uma tendência a que as concepções religiosas e filosóficas sejam gerais e plenamente abrangentes; de fato, que o sejam é considerado, por vezes, como um ideal a ser realizado. Uma doutrina é plenamente abrangente quando abarca todos os valores e virtudes dentro de um sistema de pensamento mais ou menos bem articulado, ao passo que uma doutrina é apenas parcialmente abrangente quando abarca determinados (mas não todos) valores e virtudes não políticos e é articulada de maneira menos rigorosa. Observe-se que, por definição, uma concepção só pode ser considerada mesmo parcialmente abrangente caso se estenda além do político e abarque valores e virtudes não políticos.

2. O liberalismo político oferece, então, uma concepção política de justiça para as principais instituições da vida política e social, e não para a vida como um todo. É claro que é preciso ter o tipo de conteúdo que historicamente associamos ao liberalismo. Por exemplo, é preciso afirmar determinados direitos e liberdades fundamentais, atribuir-lhes certa prioridade, e assim por diante. Como já foi dito, o justo

# A PRIORIDADE DO JUSTO E IDEIAS DO BEM

e o bem são complementares: uma concepção política tem de se basear em várias ideias do bem. A questão é: sujeito a que restrições o liberalismo pode fazer isso? Ao que parece, a principal restrição é esta: as ideias do bem admitidas devem ser ideias políticas, isto é, devem fazer parte de uma concepção política razoável de justiça, de maneira que possamos supor:

a. que são ou podem ser compartilhadas por cidadãos considerados livres e iguais;
b. que não pressupõem nenhuma doutrina plena ou parcialmente abrangente.

Na justiça como equidade, essa restrição se expressa pela prioridade do justo. Em sua forma geral, esta prioridade significa que ideias admissíveis do bem devem respeitar os limites da concepção política de justiça e nela desempenhar importante papel[2].

## § 2. O bem como racionalidade

1. Para aclarar o significado da prioridade do justo formulada dessa forma geral, examinarei de que maneira cinco ideias do bem que encontramos na justiça como equidade satisfazem as duas condições mencionadas. Na ordem em que são discutidas, essas ideias são: a) a ideia do bem como racionalidade; b) a ideia de bens primários; c) a ideia de concepções do bem abrangente permissíveis (aquelas associadas a doutrinas abrangentes); a ideia das virtudes políticas; e a ideia do bem de uma sociedade (política) bem-ordenada.

---

2. O significado preciso da prioridade do justo é que as concepções abrangentes são admissíveis ou podem ser promovidas na sociedade somente se sua consecução se faz em conformidade com a concepção política de justiça (se não viola seus princípios de justiça), como veremos em § 6, adiante.

A primeira ideia – a do bem como racionalidade[3] – é, em alguma variante, considerada ponto pacífico por quase todas as concepções políticas de justiça. A ideia supõe que os membros de uma sociedade democrática têm, pelo menos de forma intuitiva, um plano racional de vida à luz do qual planejam seus esforços mais importantes e distribuem seus diferentes recursos (incluindo aqueles do corpo e da mente, tempo e energia) para tentar realizar suas concepções do bem ao longo de toda a vida, quando não da maneira mais racional, pelo menos de forma sensata (ou satisfatória). Ao conceber esses planos, supõe-se que as pessoas levem em conta expectativas razoáveis acerca de suas necessidades e condições em suas circunstâncias futuras, em todas as etapas da vida, tanto quanto são capazes de prevê-las a partir de sua posição atual na sociedade e considerando as condições normais da vida humana.

2. Dadas essas suposições, qualquer concepção política exequível de justiça que possa servir de base pública de justificação e que se possa razoavelmente esperar que os cidadãos reconheçam deve levar em conta a vida humana, a satisfação das necessidades humanas e dos objetivos huma-

---

3. Essa ideia é discutida de forma mais ampla em *Teoria*, capítulo 7. Nesta conferência, não quero retomar os detalhes dessa discussão; somente exponho no texto os pontos relevantes básicos para o presente debate. No entanto, vale mencionar que eu alteraria em vários pontos a formulação da ideia do bem como racionalidade. Talvez o mais importante fosse deixar claro que essa ideia deve ser entendida como parte de uma concepção política de justiça como uma modalidade de liberalismo político, e não como parte de uma doutrina moral abrangente. Como uma doutrina dessa natureza, tanto a ideia do bem como racionalidade como a teoria como um todo resultam inadequadas, mas isso não faz com que se tornem inadequadas para o papel que podem desempenhar em uma concepção política. Infelizmente, a distinção entre uma doutrina abrangente e uma concepção política encontra-se ausente de *Teoria* e, embora eu acredite que quase toda a estrutura e o conteúdo substantivo de justiça como equidade (incluindo a ideia de bem como racionalidade) permaneçam inalterados naquela concepção, quando entendida como uma concepção política, a compreensão da teoria como um todo muda de maneira considerável. Charles Larmore, em seu *Patterns of Moral Complexity* (Cambridge: Cambridge University Press, 1987), pp. 118-30, tem toda a razão ao criticar vigorosamente a ambiguidade de *Teoria* sobre essa questão fundamental.

nos básicos como um bem geral e subscrever a racionalidade como um princípio fundamental da organização política e social. Uma doutrina política, para uma sociedade democrática, pode supor, com boa margem de segurança, que todos os participantes da discussão política sobre questões acerca do justo e da justiça aceitam esses valores, quando entendidos de forma apropriadamente geral. É certo que, se os membros da sociedade não os aceitassem, os problemas de justiça política, como os conhecemos, não existiriam.

É preciso enfatizar que esses valores básicos não são suficientes em si mesmos, disso não há dúvida, para especificar determinada concepção política. A ideia do bem como racionalidade, tal como empregada em *Uma teoria da justiça*, constitui uma ideia fundamental a partir da qual, em conjunção com outras ideias (por exemplo, a ideia política de pessoa), é possível elaborar em sequência outras ideias do bem, quando se tornam necessárias. Correspondendo àquilo a que nessa obra me referi como a teoria fraca do bem, o bem como racionalidade nos proporciona parte de uma estrutura que desempenha dois papéis principais: primeiro, ajuda-nos a identificar uma lista viável[4] de bens primários; segundo, apoiar-se em um índice desses bens nos possibilita especificar os objetivos (e motivações) das partes na posição original e explicar por que são racionais. Como já analisei o segundo desses papéis em II, § 5, passo agora a examinar o primeiro.

### § 3. Bens primários e comparações interpessoais

1. Como acabei de afirmar, um dos propósitos da ideia do bem como racionalidade é propiciar parte da estrutura

---

4. Em *Teoria*, p. 396, afirmo sobre a teoria fraca do bem que "sua finalidade é garantir as premissas acerca dos bens primários necessárias para se chegar aos princípios de justiça. Depois de elaborada essa teoria e explicados os bens primários, estamos livres para usar os princípios de justiça na elaboração posterior do que chamarei de teoria plena do bem".

conceitual necessária à interpretação dos bens primários. Mas para completar essa estrutura, é preciso combinar essa ideia a uma concepção política dos cidadãos como pessoas livres e iguais. Isso feito, podemos, então, formular o que os cidadãos necessitam e exigem quando são considerados como tais pessoas e como membros normal e plenamente cooperativos da sociedade ao longo de toda a vida.

É crucial aqui que a concepção dos cidadãos como pessoas seja entendida como uma concepção política, e não como uma concepção que pertença a uma doutrina abrangente. É essa concepção política, com sua interpretação das faculdades morais e dos interesses de ordem superior[5] das pessoas, juntamente com a ideia do bem como racionalidade, com os fatos básicos da vida social e as condições do desenvolvimento e educação do ser humano, que proporciona a base necessária para especificar as necessidades e exigências dos cidadãos. Tudo isso nos possibilita chegar a uma lista praticável de bens primários, como vimos em II, § 5.3.

2. O papel da ideia de bens primários é exposto a seguir[6]. Uma característica central de uma sociedade política bem-ordenada é que existe um entendimento público não apenas acerca dos tipos de exigências que os cidadãos podem apropriadamente fazer quando questões de justiça política se apresentam, como também um entendimento público sobre o modo de defender tais exigências. Uma concepção política de justiça proporciona uma base para tal entendimento e, desse modo, capacita os cidadãos a chegarem a um acordo quando se trata de avaliar suas diferentes demandas e de determinar o peso relativo de cada uma delas.

---

5. Ver a discussão em I, § 3, 5; II, §§ 1-2, 8.

6. A interpretação dos bens primários, tal como exposta nesta seção e na seguinte, se apoia em meu ensaio "Social Unity and Primary Goods", in *Utilitarianism and Beyond*. Entretanto, para acomodar as importantes críticas de Sen, às quais faço referência na nota 12, efetuei algumas alterações, tanto na interpretação formulada nesse ensaio como naquela apresentada em um artigo com o mesmo título desta conferência publicado em *Philosophy and Public Affairs* (verão de 1988). Espero que agora nossos pontos de vista estejam de acordo com relação aos tópicos dos quais aqui nos ocupamos, embora a visão de Sen tenha objetivos muito mais amplos do que os meus, como mostrarei adiante.

Essa base, como observo adiante em § 4, resulta em uma concepção das necessidades dos cidadãos – a saber, das necessidades das pessoas na condição de cidadãs –, o que permite à justiça como equidade sustentar que a realização de exigências relacionadas de modo apropriado a essas necessidades deve ser publicamente reconhecida como benéfica e, por isso, considerada como uma forma de aprimorar as circunstâncias dos cidadãos no que diz respeito à justiça política. Uma concepção política efetiva de justiça inclui, portanto, um entendimento sobre o que deve ser publicamente reconhecido como necessidades dos cidadãos e, desta maneira, como benéfico para todos.

No liberalismo político, o problema das comparações interpessoais se apresenta da seguinte forma: dada a existência de concepções abrangentes do bem que são conflitantes, como é possível chegar a tal entendimento público acerca do que se deve considerar como exigências apropriadas? A dificuldade é que o Estado não pode agir para maximizar a satisfação das preferências ou desejos racionais dos cidadãos (como no utilitarismo)[7], nem para promover a excelência humana, nem os valores da perfeição (como no perfeccionismo), do mesmo modo que não pode atuar para

---

7. No caso de um utilitarismo como o de Henry Sigdwick em *The Methods of Ethics* ou no de R. B. Brandt em *The Good and the Right* (Oxford: Clarendon Press, 1979), que pretende oferecer uma interpretação do bem dos indivíduos, tal como eles devem entendê-lo se são racionais, e no qual o bem é caracterizado de modo hedonista ou com base na satisfação de desejos ou interesses, o que se afirma no texto é – acredito – correto. Mas como T. M. Scanlon sustentou, o ponto importante de outra ideia de utilidade com frequência empregada na economia do bem-estar é bem diferente disso. Não é o de oferecer uma interpretação do bem dos indivíduos tal como eles deveriam entendê-lo de um ponto de vista exclusivamente pessoal. De modo mais preciso, trata-se de encontrar uma caracterização geral do bem dos indivíduos que abstraia o modo pelo qual eles próprios o entendem e que seja apropriadamente imparcial entre as pessoas e, por isso, possa ser empregada na teoria normativa do bem-estar ao se considerar as questões de política pública.Ver, de Scanlon, "The Moral Basis of Interpersonal Comparisons", in *Interpersonal Comparisons of Well-Being*, organizado por J. Elster e J. Roemer (Cambridge: Cambridge University Press, 1991), pp. 22-30. Talvez seja necessário reformular o ponto de vista expresso no texto para dar conta dessa utilização da ideia de utilidade.

promover o catolicismo, ou o protestantismo, ou qualquer outra religião. Nenhuma dessas visões acerca do significado, do valor ou do propósito da vida humana, tal como o especificam as correspondentes doutrinas religiosas ou filosóficas abrangentes, é aceita pelos cidadãos em geral e, por isso, a promoção de qualquer uma delas por meio das instituições básicas confere caráter sectário à sociedade política. Para encontrar uma ideia compartilhada do bem dos cidadãos que seja adequada a propósitos políticos, o liberalismo político procura uma ideia da vantagem racional no âmbito de uma concepção política que seja independente de qualquer doutrina abrangente específica e que, por isso, possa ser objeto de um consenso sobreposto.

3. A concepção de bens primários enfrenta esse problema político prático. A resposta que se propõe se apoia na identificação de uma similaridade parcial na estrutura das concepções permissíveis do bem dos cidadãos. Aqui, concepções permissíveis são doutrinas abrangentes cuja consecução não é excluída pelos princípios de justiça política. Embora os cidadãos não professem a mesma concepção (permissível), com todos os fins últimos e compromissos que lhe são próprios, duas coisas são suficientes para uma ideia compartilhada de vantagem racional: primeiro, que os cidadãos afirmem a mesma concepção de si mesmos como pessoas livres e iguais; segundo, que suas concepções (permissíveis) do bem, por mais distintos que sejam seus conteúdos e as doutrinas religiosas e filosóficas a elas associadas, exijam, para serem cultivadas, aproximadamente os mesmos bens primários, isto é, os mesmos direitos, liberdades e oportunidades fundamentais, e os mesmos meios polivalentes, tais como renda e riqueza, tudo isso sustentado pelas mesmas bases sociais do autorrespeito. Esses são os bens de que, dizemos, os cidadãos necessitam como pessoas livres e iguais, e as exigências acerca desses bens são consideradas apropriadas[8].

---

8. Expressando-se isso com base na ideia de bem como racionalidade, supomos que todos os cidadãos têm um plano racional de vida que requer, para

A lista básica de bens primários (que pode ser ampliada, se necessário) apresenta as cinco categorias que se seguem:

a. direitos e liberdades fundamentais, também especificados por uma lista;
b. liberdade de movimento e livre escolha de ocupação, contra um pano de fundo de oportunidades diversificadas;
c. capacidades e prerrogativas de cargos e posições de responsabilidade nas instituições políticas e econômicas da estrutura básica;
d. renda e riqueza;
e. e, por fim, as bases sociais do autorrespeito.

Essa lista abarca sobretudo características de instituições, isto é, direitos e liberdades fundamentais, oportunidades institucionais e prerrogativas de cargos e posições ocupacionais, além de renda e riqueza. As bases sociais do autorrespeito são explicadas pela estrutura e pelo conteúdo de instituições justas, junto com as características da cultura política pública, tais como o reconhecimento e a aceitação públicos dos princípios de justiça.

4. A ideia que se encontra por trás da introdução dos bens primários é encontrar uma base pública exequível para comparações interpessoais baseada em características ob-

---

sua realização, aproximadamente os mesmos tipos de bens primários (como foi mencionado em § 2, apoiamo-nos, para afirmar isso, em uma diversidade de fatos psicológicos de senso comum acerca das necessidades humanas, seus estágios de desenvolvimento e assim por diante. Ver *Teoria*, capítulo 7, pp. 433 ss., 447). Essa suposição tem grande importância, já que simplifica imensamente o problema de descobrir um índice praticável de bens primários. Sem lançar mão de suposições restritivas dessa natureza, o problema do índice é sabidamente insolúvel. Sen faz uma análise esclarecedora dessas questões em seu "On Indexing Primary Goods and Capabilities", julho de 1991 (inédito). Ao mesmo tempo, essas suposições tornam explícito que estamos tratando daquela que considero ser a questão fundamental de justiça política: quais são os termos equitativos de cooperação entre cidadãos livres e iguais na condição de membros normais e plenamente cooperantes da sociedade ao longo de toda a vida (I, § 3.4)?

jetivas das circunstâncias sociais dos cidadãos que sejam passíveis de escrutínio público, tudo isso levando em conta o pano de fundo de pluralismo razoável. Desde que as devidas precauções sejam tomadas, podemos, se necessário, expandir a lista para incluir outros bens, tais como o tempo de lazer[9] e mesmo certos estados mentais, como o de estar livre da dor física[10]. Não me ocuparei dessas questões aqui. O que realmente importa é reconhecer sempre os limites do político e do praticável:

> primeiro, devemos permanecer dentro dos limites da justiça como equidade, como uma concepção política que pode ser objeto de um consenso sobreposto;
> segundo, devemos respeitar as exigências de simplicidade e disponibilidade de informações às quais qualquer concepção política praticável (em contraposição a uma doutrina moral abrangente)[11] está sujeita.

---

9. A questão sobre como tratar o tempo de lazer foi levantada por R. A. Musgrave em "Maximin, Uncertainty, and the Leisure Trade-Off", *Quarterly Journal of Economics* 88 (novembro de 1974). Aqui, limito-me a observar que 24 horas menos uma jornada padrão de trabalho poderia fazer parte da lista como tempo de lazer. Aqueles que não estão dispostos a trabalhar em condições nas quais há muito trabalho a ser feito (estou supondo que posições ocupacionais e empregos não sejam escassos nem racionados) teriam um tempo extra de lazer estipulado como equivalente ao índice dos menos privilegiados. Assim, os que surfam o dia inteiro em Malibu devem encontrar uma forma de se sustentar e não teriam direito a subsídios públicos. Deve ficar claro que este breve comentário não tem o propósito de subscrever nenhuma política social específica. Trata-se simplesmente de indicar, como se faz nos comentários do texto, que, se necessário, a lista de bens primários pode, em princípio, ser ampliada.

10. Sigo aqui uma sugestão de T. M. Scanlon em seu "Moral Basis of Interpersonal Comparisons", p. 41.

11. Ver, de Richard Arneson, "Equality and Equal Opportunity for Welfare", *Philosophical Studies* 54 (1988), pp. 79-95, como exemplo de uma concepção que não se atém a esses limites. Acredito que a ideia de Arneson de "oportunidades iguais de bem-estar" se desvia das restrições expressas no texto. Na vida política, não há como os cidadãos aplicarem-na ou seguirem-na de forma razoável. Ver os comentários de Norman Daniels em "Equality of What: Welfare, Resources, or Capabilities?", *Philosophical and Phenomenological Research* (Suplemento) (outono de 1990), pp. 20 ss.

Arrow e Sen levantaram inúmeras questões urgentes de natureza prática[12]. Ambos enfatizam as muitas variações importantes que há entre as pessoas, no que se refere a suas capacidades – morais, intelectuais e físicas – e às concepções determinadas do bem que afirmam, bem como a suas preferências e gostos. Eles observam que essas variações são por vezes de tal magnitude que não seria justo propiciar a todos um mesmo índice de bens primários para satisfazer suas necessidades como cidadãos e dar a questão por encerrada. Arrow apontou as variações nas necessidades das pessoas com relação a cuidados médicos e a quão dispendioso é para elas satisfazer seus gostos e suas preferências. Sen enfatizou a importância das variações entre as pessoas em suas capacidades básicas e, em consequência, em sua capacidade de utilizar bens primários para alcançar seus objetivos. Não há dúvida nenhuma de que Arrow e Sen estão certos ao afirmar que, em alguns desses casos, seria injusto propiciar a todos o mesmo índice de bens primários.

Mas antes de responder, devo dizer que não é meu propósito aqui examinar a visão de Sen sobre capacidades básicas em toda a sua profundidade. Para ele, essas capacidades se referem às liberdades como um todo de escolher entre combinações de *functionings* (estritamente, um número de *functionings* elevado à enésima potência) e constituem a base de sua visão das diferentes formas de liberdade, da liberdade de bem-estar e da liberdade de agir. Mais do que isso, essas capacidades estabelecem o fundamento para tipos de julgamento de valor bastante distintos entre si[13]. Acredito que, para meus propósitos limitados, não preciso entrar nessas questões mais profundas.

---

12. Ver K. J. Arrow, "Some Ordinalist Notes on Rawls' 'Theory of Justice'", *Journal of Philosophy* (1973), em particular pp. 253 ss.; Amartya Sen, "Equality of What?" (1979), reimpresso em *Choice, Welfare and Measurement* (Cambridge, Mass.: MIT Press, 1982), em especial as pp. 364-9; "Well-Being, Agency and Freedom", *Journal of Philosophy* 82 (abril de 1985), especialmente as pp. 195-202; e, mais recentemente, "Justice: Means versus Freedoms", *Philosophy and Public Affairs* 19 (primavera de 1990), pp. 111-21.

13. Sobre essas questões, ver "Well-Being, Agency, and Freedom", de Sen.

Assim, como réplica, direi o seguinte a respeito disso: pressupus o tempo todo, e vou continuar a pressupor, que, embora os cidadãos não possuam capacidades iguais, eles têm, sim, ao menos no grau mínimo essencial, as faculdades morais, intelectuais e físicas que lhes possibilitam ser membros plenamente cooperadores da sociedade ao longo da vida inteira. Recordemos que, para nós, a questão fundamental da filosofia política consiste em como especificar os termos equitativos de cooperação entre pessoas assim concebidas (I, § 3.4). Concordo com Sen ao sustentar que capacidades básicas são de importância primordial e que se deve sempre avaliar a utilização de bens primários à luz de suposições acerca dessas capacidades (II, § 5.2-3).

5. Mas ainda resta a questão: como tratar essas variações? O espaço de que dispomos aqui não nos permite realizar uma análise apropriada, mas é necessário fazer algumas observações a respeito. Vamos distinguir quatro tipos principais de variações e então inquirir se alguma delas coloca a pessoa acima ou abaixo da linha divisória pertinente, isto é, se a deixa com mais ou menos das capacidades essenciais mínimas de que necessita para ser membro cooperador normal da sociedade.

As quatro classes principais de variações são: a) variações nas capacidades e habilidades morais e intelectuais; b) variações nas capacidades e habilidades físicas, incluindo os efeitos que enfermidades e contingências têm sobre as capacidades naturais; c) variações nas concepções do bem dos cidadãos (o fato do pluralismo razoável); d) bem como as variações nos gostos e preferências, embora estas últimas sejam menos fundamentais.

Dada nossa suposição de que todos têm capacidade de ser um membro cooperador normal da sociedade, dizemos que, quando os princípios de justiça (com seu índice de bens primários) são satisfeitos, nenhuma dessas variações entre os cidadãos é injusta, nem gera injustiça. Na realidade, essa é uma das principais teses da justiça como equidade.

Para perceber isso, examinemos cada um dos casos. No caso (a), as únicas variações nas capacidades morais, intelectuais e físicas são aquelas que estão acima do patamar do mínimo essencial. Como vimos em II, § 6.3-4, essas variações são enfrentadas mediante as práticas sociais de se qualificar para posições ocupacionais e da livre competição, contra um pano de fundo de igualdade equitativa de oportunidades, incluindo a igualdade equitativa de oportunidades educacionais, juntamente com a regulação das desigualdades de renda e riqueza pelo princípio de diferença. No caso (b), as variações que colocam alguns cidadãos abaixo desse patamar, em virtude de doença ou de fatalidade (uma vez que levemos em conta essas contingências), podem ser enfrentadas, acredito, no estágio legislativo, quando a ocorrência desses infortúnios e seus diferentes tipos pode ser conhecida e os custos de tratá-los podem ser determinados e equilibrados, com outras exigências, aos gastos públicos como um todo. O objetivo é recuperar a saúde das pessoas de modo que voltem a ser membros plenamente cooperadores da sociedade[14].

No que se refere ao caso (c), as variações nas concepções do bem levantam questões mais amplas, algumas das quais são discutidas adiante, em § 6. Lá, sustento que a justiça como equidade é justa com as concepções do bem ou, mais precisamente, com as pessoas que têm essas concepções do bem, embora se considere que algumas concepções não são permissíveis e que nem todas as concepções tenham igual oportunidade de florescer. Por fim, no que concerne ao caso (d), as variações em preferências e gostos são da alçada de nossa própria responsabilidade. Como vimos em I, § 5.4, faz parte do que cidadãos livres esperam uns dos outros que sejamos capazes de assumir a responsabilidade por nossos fins. Assumir a responsabilidade por nossos gos-

---

14. Ver as breves observações a respeito disso em "Social Unity and Primary Goods", p. 168. Aqui devo seguir a ideia geral da visão muito mais elaborada de Norman Daniels, em seu ensaio "Health Care Needs and Distributive Justice", *Philosophy and Public Affairs* 10 (primavera de 1981), e que foi desenvolvida de forma mais completa em seu livro *Just Health Care* (Cambridge: Cambridge University Press, 1985), capítulos 1-3.

tos e nossas preferências, quer tenham ou não se constituído a partir de nossas escolhas, é um caso especial dessa responsabilidade. Como cidadãos que possuem faculdades morais desenvolvidas, isso é algo com que devemos aprender a lidar. Isso ainda nos permite ver como um problema especial os gostos e as preferências que são incapacitantes e que tornam alguns incapazes de ser membros cooperadores normais da sociedade. Então, a situação dessas pessoas constitui um caso médico ou psiquiátrico que deverá ser tratado como tal[15].

Desse modo, uma vez que distinguimos as quatro classes principais de variações e aquelas que existem quando as pessoas se encontram acima ou abaixo da linha divisória, a concepção de bens primários parece adequada a todos os casos, com exceção, talvez, do caso (b), que abarca as circunstâncias de doença e fatalidade, que levam as pessoas a cair para baixo desse patamar. Com relação a este caso, Sen levanta com força a questão sobre se um índice de bens primários pode ser suficientemente justo ou equitativo. Não tenho como me estender mais sobre essa questão; apenas expresso a conjectura de que, valendo-se das informações que se tornam disponíveis no estágio legislativo, é possível formular um índice suficientemente flexível e que nos pro-

---

15. Ao considerar preferências e gostos quando incapacitam as pessoas a ponto de exigir tratamento psiquiátrico, baseio-me no ensaio de Norman Daniels, "Equality of What: Welfare, Resources, or Capabilities?", pp. 288-92, quando ele examina os pontos de vista de Arneson (ver nota 11) e de G. A. Cohen, "On the Currency of Egalitarian Justice", *Ethics* 99 (julho de 1989). Consideremos o exemplo de Arrow. Vamos supor que tenhamos nos acostumado a uma dieta que inclui ovos de perdiz e vinho clarete de vinha pré-filoxera (pois fomos criados em uma família rica) e, por conta de algum infortúnio, acabemos por nos tornar deprimidos e pleiteemos ajuda financeira para poder comprar essas coisas. Daniels sugere que este seja visto como um daqueles casos em que nossa capacidade normal de assumir a responsabilidade por nossos fins, na condição de membros cooperadores da sociedade, encontra-se perturbada. Esse transtorno exige tratamento. Não dizemos que, em virtude de preferências como essas terem se originado de educação e não de escolha, a sociedade nos deve uma compensação. O que dizemos é que faz parte da condição humana lidar com as preferências que adquirimos devido à criação que recebemos.

porcione juízos de valor tão justos ou equitativos quanto os de qualquer concepção política que possamos articular. Tenhamos em mente que, como Sen exorta que seja feito, qualquer índice deste tipo terá de levar em conta capacidades básicas, e seu objetivo consistirá em restabelecer a capacidade dos cidadãos de exercerem seu papel apropriado como membros normais e cooperadores da sociedade.

6. Em conclusão, a utilização de bens primários supõe que, em virtude de suas faculdades morais, os cidadãos tomam parte da formação e do cultivo de seus fins e preferências. Daí que não seja em si mesma uma objeção válida à utilização de bens primários a de que um índice desses bens não acomoda aqueles que têm gostos inusitados ou dispendiosos. Seria preciso argumentar, além disso, que não é razoável, ou mesmo injusto, considerar tais pessoas responsáveis por suas preferências e exigir delas que façam o melhor que puderem. Mas dada a responsabilidade por seus próprios fins, não consideramos que os cidadãos sejam portadores passivos de desejos. Esta capacidade é parte da faculdade moral de constituir, rever e perseguir racionalmente uma concepção do bem, e é de conhecimento público, transmitido pela concepção política, que os cidadãos devem ser considerados responsáveis por seus desejos. Supõe-se que tenham ajustado seus gostos e suas aversões, quaisquer que sejam, ao longo de suas vidas, à renda, à riqueza e à situação de vida que é razoável esperar que tenham. Considera-se injusto que devessem ter menos agora para poupar outros das consequências de sua falta de previsão ou de autodisciplina.

No entanto, a ideia de considerar que os cidadãos são responsáveis por seus próprios fins só é razoável se partimos de certas suposições. Primeiro, temos de supor que os cidadãos são capazes de regular e de rever seus fins e suas preferências à luz de suas expectativas de bens primários. Esta suposição, como já afirmei, está implícita nas faculdades morais que lhes são atribuídas. Por si mesma, entretanto, ela não basta. Também temos de descobrir critérios praticáveis para as comparações interpessoais, que possam ser publicamente aplicados e, se possível, de maneira simples. Assim, tentamos demonstrar, em segundo lugar, de que forma os bens primários se vinculam aos interesses de ordem superior associados às faculdades morais, de modo que os bens primários constituam de forma efetiva critérios públicos exequíveis para as questões de justiça política. Por fim, o uso efetivo de bens primários também supõe que a concepção de pessoa que se encontra na base dessas duas suposições seja pelo menos implicitamente aceita como um ideal subjacente à concepção pública de justiça. De outra maneira, os cidadãos estariam menos dispostos a aceitar a responsabilidade no sentido que lhes é exigida[16].

## § 4. Bens primários como necessidades dos cidadãos

1. Com essa interpretação dos bens primários, respondemos a nossa questão central (formulada no início do segundo parágrafo de § 3.2), a saber, como é possível, dado o fato do pluralismo razoável, um entendimento público acerca do que se deve considerar como benéfico em questões de justiça política. Ao mostrar como tal entendimento é possível, enfatizamos a natureza prática dos bens primários. Com isso, quero dizer que podemos de fato conceber um esquema de liberdades fundamentais iguais e de oportunidades equitativas que, se colocado em prática pela estrutura básica, garante a todos os cidadãos o desenvolvimento adequado e o pleno exercício de suas faculdades morais, além de um quinhão equitativo dos meios polivalentes que são essenciais para que eles se empenhem em realizar suas concepções determinadas (e permissíveis) do bem. Eviden-

---

16. O texto dos dois últimos parágrafos altera minha interpretação anterior da responsabilidade pelos fins e dos bens primários, que se encontra em "Kantian Equality", *Cambridge Review* (fevereiro de 1975). Para chegar a essa nova formulação, devo muito a Scanlon e a Samuel Scheffler. Acredito que minha interpretação revisada agora está de acordo com o ensaio de Scanlon, "Preference and Urgency", *Journal of Philosophy* 82 (novembro de 1975), pp. 655-69.

temente, não é nem possível nem justo permitir que se busque realizar todas as concepções do bem (algumas implicam a violação de direitos e liberdades fundamentais). Entretanto, podemos dizer que, quando as instituições básicas satisfazem uma concepção política de justiça mutuamente reconhecida por cidadãos que professam doutrinas abrangentes, as quais fazem parte de um consenso sobreposto razoável, esse fato confirma que tais instituições oferecem espaço suficiente para formas de vida que são merecedoras do apoio convicto dos cidadãos. É preciso que essas instituições façam isso, se hão de ser as de uma sociedade justa e boa[17].

Tendo em mente o que dissemos em § 3, observe-se, primeiro, que quinhões equitativos de bens primários não são concebidos como uma medida do bem-estar psicológico total esperado pelos cidadãos ou de sua utilidade, como diriam os economistas. A justiça como equidade rejeita a ideia de comparar e de maximizar o bem-estar total em questões de justiça política. Tampouco trata de estimar em que medida os indivíduos têm êxito em promover sua forma de vida ou em julgar o valor intrínseco (ou o valor perfeccionista) dos fins que perseguem. Quando os vemos como direitos, liberdades e oportunidades e como meios polivalentes, os bens primários claramente não correspondem à ideia de quem quer que seja acerca dos valores fundamentais da vida humana e, por mais essencial que se considere a posse desses bens, não se deve entendê-los como correspondentes a tais valores.

2. Em vez disso, dizemos que, dada a concepção política dos cidadãos, os bens primários especificam quais são suas necessidades – parte do que o bem é para eles, na condição de cidadãos – quando questões de justiça se apresentam. É essa concepção política (complementada pela ideia do bem como racionalidade) que nos possibilita estabelecer

---

17. Isso não significa, como se considera em § 6, que possam propiciar um mundo social sem perdas.

quais bens primários são necessários. Embora se possa tornar um índice desses bens mais específico nos estágios constitucional e legislativo e interpretá-lo de forma ainda mais específica no estágio judicial[18], ele não é concebido como uma forma de aproximação à ideia de benefício racional ou bem, tal como especificada por uma concepção não política (abrangente). Ao contrário, um índice mais específico define, em casos mais concretos, o que se deve considerar como necessidades dos cidadãos, abrindo lugar, conforme se faça necessário, para as variações (examinadas em § 3.5).

De maneira alternativa, a especificação dessas necessidades é um construto que se faz a partir do interior de uma concepção política, e não de dentro de uma doutrina abrangente. A ideia é que esse construto fornece, dado o fato do pluralismo razoável, o melhor padrão disponível de justificação de demandas conflitantes que é mutuamente aceitável para os cidadãos em geral[19]. Mesmo que, na maior parte dos casos, o índice não corresponda de maneira exata àquilo que a maioria das pessoas deseja e valoriza do ponto de vista de suas doutrinas abrangentes, com certeza todos ou quase todos os considerarão extremamente valiosos para a consecução dessas doutrinas. Assim, podem subscrever a concepção política e sustentar que o que resulta importante, na realidade, em questões de justiça, é a satisfação das necessidades dos cidadãos pelas instituições básicas da sociedade, do modo como os princípios de justiça,

---

18. Sobre esses estágios, ver *Teoria*, § 32.

19. Essa ideia das necessidades dos cidadãos como um construto é similar, em muitos aspectos, àquilo que Scanlon denomina a interpretação "convencionalista" de seu conceito de urgência. No penúltimo parágrafo de "Preference and Urgency", na p. 668, ele distingue duas interpretações de urgência: uma naturalista e a outra convencionalista. Um índice de bens primários está próximo da descrição que Scanlon faz de uma interpretação convencionalista de urgência como "um construto formulado para os propósitos da argumentação moral [eu diria política] [...] sua utilidade [...] decorre do fato de que representa, nas circunstâncias [isto é, de pluralismo razoável], o melhor padrão disponível de justificação que é mutuamente aceitável para pessoas cujas preferências divergem".

reconhecidos por um consenso sobreposto, especificam como equitativo[20].

3. A interpretação precedente dos bens primários inclui o que podemos denominar uma "divisão social da responsabilidade". A sociedade – os cidadãos como um corpo coletivo – aceita a responsabilidade de preservar as liberdades fundamentais iguais e a igualdade equitativa de oportunidades e de propiciar uma parcela equitativa de bens primários a todos que fazem parte dessa estrutura institucional, ao passo que os cidadãos – como indivíduos ou como membros de associações – aceitam a responsabilidade de rever e ajustar seus fins e suas aspirações em vista dos meios polivalentes de que podem esperar dispor, levando em conta sua situação presente e sua situação futura previsível. Essa divisão da responsabilidade baseia-se na capacidade das pessoas de assumir a responsabilidade por seus fins e de moderar, de acordo com isso, as exigências que fazem a suas instituições sociais.

Chegamos assim, portanto, à ideia de que os cidadãos, como pessoas livres e iguais, devem ter a liberdade de assumir o controle de suas vidas, e todos esperam que cada qual seja capaz de adaptar sua concepção do bem ao quinhão equitativo de bens primários a que pode aspirar. A

---

20. Eu gostaria de acrescentar aqui que a ideia de necessidade utilizada no texto considera que as necessidades são relativas a uma concepção política de pessoa e ao papel e *status* dos cidadãos. As exigências ou necessidades dos cidadãos na condição de pessoas livres e iguais são distintas, por exemplo, das necessidades de pacientes ou de estudantes. E necessidades são diferentes de desejos, anseios ou aspirações. As necessidades dos cidadãos são objetivas em um sentido em que os desejos não o são, pois expressam as exigências de pessoas que têm determinados interesses de ordem superior e certo papel ou *status*. Se essas exigências não são satisfeitas, os cidadãos não podem desempenhar seu papel e manter seu *status*, nem realizar seus objetivos essenciais. A pretensão de um cidadão de que algo constitui uma necessidade pode ser refutada quando não se trata de uma exigência dessa índole. Com efeito, a concepção política de pessoa e a ideia de bens primários especificam uma classe especial de necessidades que é apropriada a uma concepção política de justiça. As necessidades, em qualquer outro sentido, juntamente com os desejos e as aspirações, não desempenham nenhum papel nisso. Ver "Social Unity and Primary Goods", pp. 172 ss.

única restrição aos planos de vida é que devem ser compatíveis com os princípios públicos de justiça e somente podem ser apresentadas reivindicações por certos tipos de coisas (bens primários) e nas formas que esses princípios determinam. Isso implica que sentimentos fortes e aspirações ardorosas em relação a certos objetivos, por si mesmos, não conferem às pessoas nenhum direito a recursos sociais, nem exigem que instituições públicas estejam voltadas à realização de tais objetivos. Por mais intensos que possam ser, desejos e aspirações não constituem, por si mesmos, razões em matéria de elementos constitucionais essenciais e de justiça básica[21]. O fato de termos um desejo intenso em tais casos não fala a favor da capacidade de satisfazê-lo, assim como a força de uma convicção não fala a favor de sua veracidade. Combinados com um índice de bens primários, os princípios de justiça desvinculam as razões de justiça não apenas do fluxo e refluxo de desejos e aspirações flutuantes, mas até de sentimentos e compromissos. O significado disso pode ser exemplificado pela tolerância religiosa, que não atribui nenhum peso à força da convicção com a qual podemos nos opor às crenças e práticas religiosas de outros.

### § 5. Concepções permissíveis do bem e virtudes políticas

1. Historicamente, um tema comum do pensamento liberal é que o Estado não pode favorecer nenhuma doutrina abrangente, nem a concepção do bem a ela associada. Mas também é um tema comum dos críticos do liberalismo que este não consegue pôr essa ideia em prática e, de fato, tende a ser de modo arbitrário enviesado em favor de uma ou outra forma de individualismo. Como observei já

---

21. Isso não significa que não possam ser, dependendo da doutrina abrangente em questão, razões inteiramente válidas em outros casos.

de início, a proposição da prioridade do justo parece expor a justiça como equidade (como uma modalidade de liberalismo político que é) a uma objeção similar.

Assim, ao analisar as duas ideias seguintes – a de concepções permissíveis do bem (aquelas que são admitidas pelos princípios de justiça) e a de virtudes políticas – vou me valer da ideia familiar de neutralidade como forma de introduzir os problemas centrais. Contudo, penso que o termo *neutralidade* não é dos mais felizes; algumas de suas conotações são extremamente enganosas, outras sugerem princípios impraticáveis. Por essa razão, não o utilizei antes nestas conferências. Mas com as devidas precauções, e utilizando-o somente como elemento do cenário, por assim dizer, podemos esclarecer como a prioridade do justo se articula às duas ideias do bem mencionadas.

2. A neutralidade pode ser definida de maneiras muito distintas[22]. Uma delas é procedimental; por exemplo, quando está referida a um procedimento que se pode legitimar ou justificar sem recorrer a quaisquer valores morais. Ou, se isso parece impossível, já que mostrar algo como justificado parece implicar o recurso a certos valores, pode-se dizer que um procedimento neutro é aquele que se justifica mediante o recurso a valores neutros, isto é, a valores tais como a imparcialidade, a consistência na aplicação de princípios gerais a todos os casos razoavelmente afins (compare-se com: casos similares nos aspectos pertinentes devem ser tratados de forma similar)[23] e a igual oportunidade para as partes contendoras apresentarem suas exigências.

---

22. Analiso algumas delas no texto. Uma que não subscrevo é a de William Galston, segundo a qual certas formas de liberalismo são neutras, no sentido de que não utilizam nenhuma ideia do bem, exceto as puramente instrumentais (no sentido de meios neutros, por assim dizer). Ver seu ensaio "Defending Liberalism", *American Political Science Review* 72 (setembro de 1982), p. 622. Diversamente do que ele sugere, a justiça como equidade não é neutra nesse sentido, como logo ficará claro, se é que já não ficou.

23. Desse modo, Hebert Wechsler, em sua bastante conhecida análise das decisões judiciais baseadas em princípios (ele trata sobretudo de decisões da Suprema Corte), pensa que os princípios neutros são aqueles princípios gerais dos quais nos persuadimos que se aplicam não somente ao caso particu-

Esses são valores que regulam procedimentos equitativos para adjudicar ou arbitrar entre partes cujas demandas estão em conflito. A especificação de um procedimento neutro também pode se basear em valores subjacentes a princípios de discussão racional livre entre pessoas razoáveis plenamente capazes de reflexão e julgamento, dedicadas a descobrir a verdade ou a alcançar um acordo razoável fundado na melhor informação disponível[24].

3. A justiça como equidade não é procedimentalmente neutra. Não há dúvida de que seus princípios de justiça são substantivos e expressam muito mais do que valores procedimentais. Isto também acontece com suas concepções políticas de sociedade e de pessoa, que são representadas na posição original (II, §§ 4-6). Como concepção política, objetiva constituir o foco de um consenso sobreposto. Isso significa que a visão como um todo aspira a articular uma base pública de justificação para a estrutura básica de um regime constitucional, procedendo a partir de ideias intuitivas fundamentais implícitas na cultura política pública e fazendo abstração de doutrinas religiosas, filosóficas e morais abrangentes. Busca um terreno comum – ou, caso se prefira, um terreno neutro –, dado o fato do pluralismo. Esse terreno é a própria concepção política, vista como

---

lar em questão, mas a todos os casos relacionados que se pode razoavelmente prever que surgirão, dadas a Constituição e a estrutura política existente. Princípios neutros transcendem o caso particular e devem ser defensáveis como princípios amplamente aplicáveis. Wechsler diz muito sobre a derivação de tais princípios da própria Constituição ou de precedentes judiciais. Ver "Towards Neutral Principles of Constitutional Law", in *Principles, Politics, and Fundamental Law* (Cambridge, Mass.: Harvard University Press, 1961).

24. Sobre esse tipo de visão, ver a análise esclarecedora de Charles Larmore em *Patterns of Moral Complexity*, pp. 53-9. Ele se refere à "justificação neutra da neutralidade política como a que é fundamentada em uma norma universal de diálogo racional" (p. 53) e se baseia (modificando-as) nas importantes ideias de Jürgen Habermas.Ver, deste último, *Legitimation Crisis*, tradução de Thomas McCarthy (Boston: Beacon Press, 1976), parte III; e "Discursethik-Notizen zu einem Begründungsprogramm", in *Moralbewusstsein und kommunikatives Handeln* (Frankfurt: Suhrkamp, 1983), pp. 53-125.

objeto de um consenso sobreposto. Mas o terreno comum, assim definido, não é um terreno procedimentalmente neutro.

Uma forma muito diferente de definir neutralidade é a que se faz com base nos objetivos das instituições básicas e das políticas públicas, no que diz respeito a doutrinas abrangentes e suas correspondentes concepções do bem. Nesse caso, a neutralidade de objetivo, em contraposição à neutralidade de procedimento, significa que aquelas instituições e políticas são neutras no sentido de que podem ser endossadas pelos cidadãos em geral no âmbito de uma concepção política pública. Desse modo, a neutralidade pode significar, por exemplo:

a. que o Estado deve assegurar a todos os cidadãos oportunidades iguais de promover qualquer concepção do bem que professem livremente;
b. que o Estado nada fará que tenha como propósito favorecer ou promover qualquer doutrina do bem em particular, nem dar auxílio maior àqueles que a professam[25];
c. que o Estado nada fará que facilite a aceitação, por parte dos indivíduos, de dada concepção em detrimento de outra, a menos que sejam tomadas medidas para cancelar ou compensar os efeitos das políticas que façam tal coisa[26].

A prioridade do justo exclui o primeiro significado da neutralidade de objetivo, pois estabelece que somente as concepções permissíveis do bem (aquelas que respeitam os princípios de justiça) podem ser promovidas. O primeiro

---

25. Esse é o significado de neutralidade no ensaio de Dworkin, "Liberalism". Ver *A Matter of Principle* (Cambridge, Mass.: Harvard University Press, 1985), pp. 191 ss.
26. Essa exposição das três versões de neutralidade baseia-se nas formulações de Joseph Raz em seu *The Morality of Freedom* (Oxford: Clarendon Press, 1986), pp. 114 ss.

significado pode ser alterado de modo que acomode essa exigência. Fazendo a alteração, o enunciado seria: o Estado deve garantir oportunidades iguais para que se promova qualquer concepção permissível do bem. Nesse caso, dependendo do significado de oportunidades iguais, a justiça como equidade pode ser neutra com respeito ao objetivo. No que se refere ao segundo significado, suas exigências são satisfeitas em virtude das características de uma concepção política que expressa a prioridade do justo; na medida em que a estrutura básica for regulada por tal visão, suas instituições não terão o propósito de favorecer nenhuma doutrina abrangente. Mas no que se refere ao terceiro significado (que examinamos de forma mais detalhada em § 6, a seguir), é sem dúvida impossível que a estrutura básica de um regime constitucional justo não tenha efeitos e influências importantes com relação a quais doutrinas abrangentes irão perdurar e conquistar adeptos ao longo do tempo, e é vão tentar anular esses efeitos e influências ou mesmo determinar, para propósitos políticos, quão profundos e penetrantes eles são. Temos de aceitar os fatos da sociologia política de bom-senso.

Em resumo, podemos distinguir a neutralidade procedimental da neutralidade de objetivo, mas não devemos confundir esta última com a neutralidade de efeito ou de influência. Como concepção política para a estrutura básica, a justiça como equidade, considerada em seu conjunto, trata de propiciar um terreno comum que possa se constituir no foco de um consenso sobreposto. Também espera satisfazer a neutralidade de objetivo, no sentido de que não se devem moldar as instituições básicas e as políticas públicas, de acordo com essa concepção, para favorecer nenhuma doutrina abrangente em particular[27]. A neutralidade de efeito ou de influência, o liberalismo político a deixa de lado como algo impraticável e, como essa ideia é sugerida

---

27. Essa distinção entre neutralidade de procedimento e neutralidade de resultado foi adaptada de Larmore, *Patterns of Moral Complexity*, pp. 42-7.

muito fortemente pelo próprio termo, essa é uma razão para evitá-la[28].

4. Embora o liberalismo político busque um terreno comum e seja neutro em relação ao objetivo, é importante enfatizar que pode afirmar a superioridade de certas formas de caráter moral e encorajar determinadas virtudes morais. Assim, a justiça como equidade inclui uma interpretação de algumas virtudes políticas – as virtudes da cooperação social equitativa, tais como as virtudes da civilidade e da tolerância, da razoabilidade e do senso de justiça (IV, §§ 5-7). O ponto decisivo é que abrir lugar para essas virtudes em uma concepção política não leva ao Estado perfeccionista que resulta da adoção de uma doutrina abrangente.

Podemos perceber isso uma vez que a ideia de concepção política nos esteja clara. Como afirmei antes (em § 1), ideias do bem podem ser livremente introduzidas, na medida em que se mostrem necessárias para complementar a concepção política de justiça, sempre e quando sejam ideias políticas, isto é, sempre e quando pertençam a uma concepção política razoável de justiça para um regime constitucional. Isso nos permite supor que são compartilhadas pelos cidadãos e que não dependem de nenhuma doutrina abrangente em particular. Como os ideais associados às virtudes políticas estão vinculados aos princípios de justiça política e às formas de juízo e de conduta essenciais para preservar a cooperação equitativa ao longo do tempo, esses ideais e virtudes são compatíveis com o liberalismo político. Eles caracterizam o ideal de bom cidadão de um Estado democrático – um papel que é especificado por suas insti-

---

28. Alguns podem supor que abandonar a neutralidade de efeito ou de influência, por ser impraticável, pode levar a uma vida pública e a uma cultura de fundo excessivamente seculares. Até que ponto isso representa uma preocupação a ser levada em conta é algo que se deve considerar à luz do que se diz na próxima seção, sobretudo em § 6.3-4, sobre as seitas religiosas que se opõem à cultura do mundo moderno e sobre como tratar a questão das exigências que se apresentam à educação das crianças dentro dos limites da concepção política. Sou grato a Dennis Thompson por ter me apontado a necessidade de chamar a atenção para essa conexão.

tuições políticas. Dessa forma, devem-se distinguir as virtudes políticas das virtudes que caracterizam formas de vida que fazem parte de doutrinas religiosas ou filosóficas abrangentes, assim como daquelas virtudes que pertencem a diferentes ideais associativos (os ideais de Igrejas e universidades, de profissões e vocações, de clubes e times) e daquelas que são apropriadas a papéis na vida familiar e às relações entre indivíduos.

Desse modo, se um regime constitucional toma determinadas medidas para fortalecer as virtudes da tolerância e da confiança mútua, por exemplo, desencorajando as diferentes formas de discriminação religiosa e racial (de maneira que estejam em conformidade com a liberdade de consciência e com a liberdade de expressão), nem por isso se converte em um Estado perfeccionista do tipo que encontramos em Platão ou Aristóteles, nem torna oficial determinada religião, como nos Estados católicos ou protestantes do início do período moderno. Mais precisamente, está tomando medidas razoáveis para fortalecer as formas de pensamento e de sentimento que dão sustentação à cooperação social equitativa entre cidadãos considerados livres e iguais. Isso é muito diferente de o Estado promover em seu próprio nome determinada doutrina abrangente[29].

### § 6. A justiça como equidade é equitativa com as concepções do bem?

1. Os princípios de qualquer concepção política razoável devem impor restrições às visões abrangentes permissíveis, e as instituições básicas que esses princípios requerem

---

29. Recordemos aqui que as virtudes políticas se identificam e se justificam pela necessidade de certas qualidades de caráter nos cidadãos sob um regime constitucional justo e estável. Isso não significa negar que essas mesmas características ou outras similares não possam ser também virtudes não políticas, na medida em que são valorizadas por outras razões dentro de diferentes doutrinas abrangentes.

inevitavelmente encorajam algumas formas de vida e desencorajam outras, ou mesmo excluem algumas delas por completo. Em razão disso, apresenta-se a questão sobre como a estrutura básica (realizada por uma concepção política) encoraja e desencoraja certas doutrinas abrangentes e as formas de vida a elas associadas e sobre se é justo o modo como o faz. O exame dessa questão servirá para explicar o sentido em que o Estado, ao menos no que diz respeito aos elementos constitucionais essenciais, não deve fazer nada que tenha o intuito de favorecer qualquer doutrina abrangente em particular[30]. Neste ponto, o contraste entre o liberalismo político e um liberalismo abrangente se torna claro e fundamental[31].

O encorajamento ou o desestímulo a doutrinas abrangentes é uma questão que se apresenta no mínimo por duas razões: primeira, as formas de vida associadas a essas doutri-

---

30. Esse é o segundo significado da neutralidade de objetivo, mencionado na seção anterior; uma concepção política o satisfaz.

31. Os parágrafos que se seguem são uma adaptação de minha réplica em "Fairness to Goodness", *Philosophical Review* 84 (abril de 1975), pp. 548--51, a uma objeção levantada por Thomas Nagel em sua resenha de *Teoria*, "Rawls on Justice", *Philosophical Review* 82 (abril de 1973), pp. 226-9. Em uma esclarecedora discussão que aqui não tentarei sumariar, Nagel sustenta que a modelagem da posição original em *Teoria*, embora seja ostensivamente neutra entre diferentes concepções de bem, de fato não o é. Ele pensa ser esse o caso porque a supressão de informações (pelo véu de ignorância), necessária para que a unanimidade seja alcançada, não é igualmente equitativa a todas as partes. A razão é que os bens primários, com base nos quais as partes fazem sua seleção de princípios de justiça, não são igualmente valiosos para a consecução de todos os planos de vida. Além disso, Nagel afirma que a sociedade bem-ordenada de justiça como equidade tem forte viés individualista e um viés que é arbitrário, porque a objetividade entre as concepções do bem não é garantida. A réplica que exponho no texto acima suplementa aquela de "Fairness to Goodness" de duas maneiras. Deixa claro, em primeiro lugar, que a concepção de pessoa empregada para chegar a uma lista praticável de bens primários é uma concepção política; em segundo lugar, que a própria justiça como equidade é uma concepção política de justiça. Uma vez que compreendamos dessa forma a justiça como equidade e as concepções que dela fazem parte, estamos em condições de oferecer uma réplica mais vigorosa à objeção de Nagel, desde que aceitemos, é claro, que a neutralidade de influência é impraticável.

nas podem estar em conflito frontal com os princípios de justiça; segunda, ou podem ser admissíveis, mas se mostrar incapazes de conquistar adeptos, sob as condições políticas e sociais de um regime constitucional. O primeiro caso é exemplificado por uma concepção do bem que exija a repressão ou a degradação de determinadas pessoas por motivos, digamos, raciais, étnicos ou perfeccionistas, como a escravidão da Grécia antiga ou a do Sul dos Estados Unidos pré-Guerra Civil. Suponhamos que uma religião e a concepção do bem a ela associada só possa sobreviver se controlar a maquinaria do Estado e for capaz de praticar uma intolerância efetiva. Essa religião deixará de existir na sociedade bem-ordenada do liberalismo político. Vamos imaginar que casos como esse existem e que outras doutrinas abrangentes possam perdurar, mas sempre entre segmentos relativamente pequenos da sociedade.

2. A questão que se apresenta é a seguinte: se algumas concepções desaparecerem e outras mal conseguirem sobreviver em um regime constitucional justo, será que isso, por si só, implica que a concepção de justiça desse regime as trata de modo iníquo? Será que a concepção política é arbitrariamente enviesada contra essas visões ou, melhor dizendo, será justa ou injusta com as pessoas que professam ou poderiam professar essas concepções? Sem que outras explicações sejam acrescentadas, não se pode dizer que trate de forma injusta essas pessoas, pois nenhuma concepção de justiça política tem como evitar as influências sociais que favoreçam algumas doutrinas em detrimento de outras. Nenhuma sociedade pode acomodar em seu seio todas as formas de vida. É verdade que podemos lamentar o espaço limitado, por assim dizer, dos mundos sociais e do nosso em particular, assim como alguns dos efeitos inevitáveis de nossa cultura e de nossa estrutura social. Como Berlin há muito vem sustentando (é um de seus temas fundamentais), não há mundo social sem perdas, isto é, não há nenhum mundo social que não exclua certas formas de vida que realizam, de maneiras especiais, determinados valores

# A PRIORIDADE DO JUSTO E IDEIAS DO BEM

fundamentais. A natureza de sua cultura e de suas instituições pode se mostrar demasiado incompatível com essas formas de vida[32]. Mas não se devem considerar essas contingências sociais como viés arbitrário ou injustiça. A objeção deve ir além e sustentar que a sociedade bem-ordenada do liberalismo político não consegue estabelecer, do modo como as circunstâncias existentes permitem – circunstâncias que incluem o fato do pluralismo razoável –, uma estrutura básica justa sob a qual as formas permissíveis de vida tenham uma oportunidade equitativa de se manter e de conquistar adeptos ao longo das gerações. Mas se uma concepção abrangente do bem não se mostra capaz de perdurar em uma sociedade que garante as liberdades fundamentais iguais e a tolerância mútua, não há nenhuma maneira de preservá-la que seja compatível com os valores democráticos, tais como se expressam na ideia de sociedade como um sistema equitativo de cooperação entre cidadãos considerados livres e iguais. Isso suscita, mas obviamente não resolve, a questão sobre se a for-

---

32. Uma exposição clara da visão de Berlin encontra-se em seu ensaio "The Pursuit of the Ideal", em sua obra *The Crooked Timber of Humanity* (Nova York: Knopf, 1991), especialmente nas pp. 11-9. Ele diz o seguinte na p. 13: "Alguns dentre os grandes bens não conseguem viver juntos. Esta é uma verdade conceitual. Estamos condenados a escolher, e cada escolha pode acarretar uma perda irreparável." Ver também "Two Concepts of Liberty" (1958), republicado em *Four Essays on Liberty* (Nova York: Oxford University Press, 1969), pp. 167 ss. Para Berlin, o reino dos valores é objetivo, mas os valores se chocam uns com os outros, e a gama toda de valores resulta demasiado extensa para caber em apenas um mundo social. Eles não somente são incompatíveis uns com os outros, impondo exigências conflitantes às instituições, como também não existe nenhum conjunto de instituições praticáveis que possa propiciar espaço suficiente para todos eles. Que não exista mundo social sem perdas, esta é uma contingência que está arraigada na natureza dos valores e do mundo, e grande parte da tragédia humana é reflexo disso. Uma sociedade liberal justa pode oferecer muito mais espaço do que outros mundos sociais, mas nunca pode existir sem perdas. O erro fundamental consiste em pensar que, como os valores são objetivos, e por isto são genuinamente valores, devem ser compatíveis entre si. No reino dos valores, em contraposição ao mundo dos fatos, nem todas as verdades podem ter lugar em um único mundo social.

ma de vida correspondente seria praticável sob outras condições históricas e se seu desaparecimento é de lamentar[33].

A experiência histórica mostra que muitas formas de vida passam no teste de se manter e de conquistar adeptos ao longo do tempo em uma sociedade democrática; e se números não são a medida do sucesso – e por que deveriam sê-lo? –, muitas são as que passam nesse teste com igual êxito. Diferentes grupos, com tradições e formas de vida distintas, consideram visões abrangentes distintas como plenamente merecedoras de seu comprometimento. Assim, se o liberalismo político é enviesado de modo arbitrário contra certas concepções do bem e favorável a outras, isso é algo que depende de até que ponto, dado o fato do pluralismo e outras condições históricas do mundo moderno, realizar seus princípios em instituições resulta em condições de fundo equitativas para que se possam professar e promover concepções do bem distintas e até mesmo antagônicas. O liberalismo político só seria injustamente enviesado contra determinadas concepções abrangentes se, digamos, apenas as concepções individualistas pudessem perdurar em uma sociedade liberal ou se predominassem a tal ponto que as associações que afirmam valores religiosos ou comunitários não pudessem florescer e, além disso, as

---

33. Na passagem de "Fairness to Goodness", que Galston critica na p. 627, eu deveria ter mencionado e subscrito a visão de Berlin, tal como agora o faço no texto. Certamente, muitas vezes queremos dizer que é de lamentar o desaparecimento de certas formas de vida. O que está dito naquela passagem não se contrapõe, acredito, ao liberalismo político, mas apresenta a séria deficiência de não ter também enfatizado a visão de Berlin. Eu deveria ter rejeitado a ideia, que Galston corretamente rejeita, de que só formas de vida destituídas de valor fracassariam em um regime constitucional justo. Esta visão otimista é equivocada. Mas não há nenhum critério para o que se deve considerar como espaço suficiente, exceto aquele que é fornecido por uma concepção política de justiça defensável e razoável ela própria. A ideia de espaço suficiente é metafórica e não tem nenhum sentido além daquele que se manifesta na gama de doutrinas abrangentes que os princípios de tal concepção permitem e que os cidadãos podem afirmar como merecedores de seu comprometimento pleno. A objeção ainda poderia ser que a concepção política não consegue identificar o espaço correto, mas isto equivale simplesmente a perguntar qual é a concepção política mais razoável.

condições que levassem a esse resultado fossem elas próprias injustas, em vista das circunstâncias atuais e das previsíveis no futuro.

3. Um exemplo pode esclarecer este ponto: diferentes seitas religiosas se opõem à cultura do mundo moderno e desejam cultivar sua vida comum longe das influências do mundo moderno, para elas indesejáveis. Um problema que surge nesse caso diz respeito à educação das crianças e aos requisitos que o Estado tem o direito de fazer cumprir. Os liberalismos de Kant e de Mill podem redundar em requisitos concebidos para fomentar os valores da autonomia e da individualidade como ideais que devem governar grande parte da vida, quando não a vida como um todo. Mas o liberalismo político tem um objetivo diferente e requer muito menos do que isso. Recomendará que a educação das crianças inclua quesitos tais como o conhecimento de seus direitos constitucionais e cívicos, de maneira que, por exemplo, elas estejam cientes de que a liberdade de consciência existe em sua sociedade e de que a apostasia não é um crime, tudo isso para assegurar que sua adesão contínua como membros de sua seita, ao se tornarem adultas, não se baseie simplesmente no desconhecimento de seus direitos fundamentais ou no medo de sofrer punições por delitos que não existem. Além disso, sua educação também deve prepará-las para se tornarem membros plenamente cooperadores da sociedade, capacitando-as a ganhar a vida, e ainda encorajar as virtudes políticas, de maneira que se disponham a cumprir os termos equitativos da cooperação social em suas relações com o restante da sociedade.

Aqui se poderia objetar que exigir que as crianças entendam a concepção política dessa maneira significa, na prática, mesmo que não seja essa a intenção, educá-las para uma concepção liberal abrangente. Fazer uma coisa pode levar à outra, ainda que isso ocorra apenas porque, depois de conhecer uma, podemos, por vontade própria, chegar à outra. É preciso admitir que isso realmente pode ocorrer com algumas pessoas. E certamente existe semelhança entre os valores do liberalismo político e os valores dos liberalismos abrangentes de Kant e de Mill[34]. Mas a única forma de que dispomos para responder a essa objeção consiste em examinar cuidadosamente as grandes diferenças que há, tanto em alcance como em generalidade, entre o liberalismo político e um liberalismo abrangente (tal como especificadas em § 1.1). É possível que seja preciso aceitar, ainda que muitas vezes se faça isto com pesar, as consequências inevitáveis dos requisitos razoáveis que se impõem à educação das crianças. Espero que a exposição do liberalismo político que faço nestas conferências ofereça uma resposta satisfatória a essa objeção.

4. Para além dos requisitos que já descrevemos, a justiça como equidade não tem o intuito de cultivar os valores e as virtudes que são próprios dos liberalismos da autonomia e da individualidade, nem de qualquer outra doutrina abrangente. Pois, se o fizesse, deixaria de ser uma modalidade de liberalismo político. A justiça como equidade respeita, tanto quanto possível, as aspirações daqueles que, em conformidade com as injunções de sua religião, desejam se retirar do mundo moderno, sob a única condição de que reconheçam os princípios da concepção política de justiça e de que aceitem seus ideais políticos de pessoa e de sociedade.

Observe-se aqui que procuramos responder à questão sobre a educação das crianças mantendo-nos estritamente dentro dos limites da concepção política. A preocupação da sociedade com a educação das crianças decorre do papel que desempenharão como futuros cidadãos e, por conseguinte, fixa-se em capacidades tão essenciais como compreender a cultura pública e participar de suas instituições, tornar-se economicamente independente e membro da sociedade capaz de tomar conta de si próprio ao longo de toda a vida e desenvolver as virtudes políticas, tudo isso visto de uma perspectiva exclusivamente política.

---

34. E os do liberalismo de Raz, em seu *The Morality of Freedom*, em especial os capítulos 14 e 15, para mencionar um exemplo contemporâneo.

## § 7. O bem da sociedade política

1. Uma quinta ideia do bem na justiça como equidade é aquela do bem da sociedade política: mais especificamente, o bem que os cidadãos realizam, tanto como pessoas quanto como corpo coletivo, ao preservar um regime constitucional justo e ao conduzir seus assuntos. Como fizemos antes, tentaremos explicar esse bem permanecendo dentro dos limites de uma concepção política.

Comecemos por examinar a objeção de que, ao não se basear em uma doutrina abrangente religiosa, filosófica ou moral, a justiça como equidade abandona o ideal de comunidade política e vê a sociedade como um conjunto de indivíduos ou de associações distintas que só cooperam para realizar seu próprio benefício pessoal ou associativo, sem compartilhar de quaisquer fins últimos. (Aqui, fim último é entendido como um fim que é valorizado ou desejado por si mesmo, e não somente como meio para alguma outra coisa.) Como uma variante de liberalismo político, pode-se dizer da justiça como equidade que considera as instituições políticas de modo puramente instrumental, para fins individuais ou associativos, como as instituições do que podemos denominar "sociedade privada". Como tal, a sociedade política em si mesma não é de modo algum um bem, mas no melhor dos casos, um meio para o bem individual ou associativo.

Como réplica a isso, dizemos que a justiça como equidade realmente abandona o ideal de comunidade política, se por esse ideal entende-se uma sociedade política unificada em torno de uma doutrina religiosa, filosófica ou moral (parcial ou totalmente) abrangente. Essa concepção de unidade social é excluída pelo fato do pluralismo razoável, e já não é mais uma possibilidade política para aqueles que aceitam as exigências de liberdade e tolerância que são próprias de instituições democráticas. Como vimos, o liberalismo político concebe a unidade social de maneira diferente, como derivada de um consenso sobreposto acerca de uma concepção política de justiça apropriada para um regime constitucional.

2. Recordemos (de I, § 6.1) que dizer que uma sociedade é bem-ordenada por uma concepção de justiça significa três coisas: a) que se trata de uma sociedade em que cada qual aceita e sabe que todos os demais também aceitam e subscrevem publicamente os mesmos princípios de justiça; b) que reconhece publicamente, ou há boas razões para acreditar nisto, que sua estrutura básica – suas principais instituições políticas e sociais e o modo como se articulam em um sistema de cooperação – satisfaz esses princípios; c) que os cidadãos têm um senso de justiça que em geral é efetivo, isto é, um senso de justiça que os capacita a entender e a aplicar os princípios de justiça e, na maior parte dos casos, a agir em consonância com esses princípios, conforme as circunstâncias o exijam. Penso que a unidade social assim concebida é a mais desejável concepção de unidade de que dispomos. Isto representa o limite do que é melhor em termos práticos.

Uma sociedade bem-ordenada, caracterizada desse modo, não é, portanto, uma sociedade privada; pois na sociedade bem-ordenada de justiça como equidade os cidadãos têm, com efeito, fins últimos em comum. Embora seja verdade que não professem a mesma doutrina abrangente, eles subscrevem, sim, a mesma concepção política de justiça. Isto significa que compartilham um fim político muito fundamental, e um fim que tem grande prioridade: o fim de dar sustentação a instituições justas e de garantir justiça uns aos outros em conformidade com essas instituições, para não falar de muitos outros fins que também devem compartilhar e realizar por meio de seus arranjos institucionais políticos. Além disso, o fim da justiça política pode se encontrar entre os objetivos mais fundamentais dos cidadãos, com referência aos quais expressam o tipo de pessoa que anseiam ser.

3. Juntamente com as demais suposições que fizemos, esses fins últimos compartilhados determinam o fundamento do bem de uma sociedade bem-ordenada. Vimos

que os cidadãos são considerados portadores das duas faculdades morais e que os direitos e liberdades fundamentais de um regime constitucional devem assegurar que cada qual possa desenvolver essas faculdades de forma apropriada e exercê-las de modo pleno no transcurso de toda uma vida, do modo como decidam fazê-lo. Tal sociedade também proporciona a seus cidadãos os meios polivalentes (os bens primários, digamos, da renda e da riqueza) para que possam fazer isso. Sob circunstâncias normais, então, podemos supor que essas faculdades morais se desenvolvam e se exerçam sob instituições de liberdade política e de liberdade de consciência e que seu exercício seja promovido e apoiado pelas bases sociais do respeito mútuo e do autorrespeito.

Com base nessas suposições, podemos afirmar que há duas maneiras pelas quais a sociedade bem-ordenada de justiça como equidade constitui um bem. A primeira é que é um bem para as pessoas individualmente, e isso por duas razões. Uma delas é que o exercício das duas faculdades morais é percebido como um bem – isto é consequência da psicologia moral que se utiliza na justiça como equidade[35]; a outra é que seu exercício pode ser um bem importante, e o será para muitas pessoas – isto é algo que fica patente, em vista do papel central dessas faculdades na concepção política dos cidadãos como pessoas. Concebemos os cidadãos, para os propósitos da justiça política, como membros normais e plenamente cooperadores da sociedade ao longo de toda a vida e, portanto, como portadores das faculdades morais que os capacitam a desempenhar esse papel. Nesse contexto, podemos dizer: parte de sua natureza essencial de cidadãos (dentro da concepção política) consiste em serem dotados das duas faculdades morais que embasam a capacidade de participar de uma cooperação social equitativa.

---

35. Em *Teoria*, § 65, essa psicologia se vale do denominado princípio aristotélico; outras visões podem utilizar princípios distintos para chegar a uma conclusão bem parecida.

Uma segunda razão pela qual a sociedade política é um bem para os cidadãos é que assegura para eles o bem da justiça e as bases sociais do seu autorrespeito e do respeito mútuo. Desta forma, ao garantir os direitos e liberdades iguais, a igualdade equitativa de oportunidades e assim por diante, a sociedade política proporciona os elementos essenciais do reconhecimento público das pessoas como cidadãos livres e iguais. Ao garantir isso, a sociedade política satisfaz as necessidades fundamentais dos cidadãos.

Ressalte-se aqui que o bem envolvido no exercício das faculdades morais e no reconhecimento público do *status* das pessoas, na condição de cidadãos, faz parte do bem político de uma sociedade bem-ordenada, e não daquele de uma doutrina religiosa, filosófica ou moral abrangente. Devemos insistir repetidamente nessa distinção, ainda que uma doutrina abrangente possa subscrever esse bem a partir do interior de seu próprio ponto de vista. De outra maneira, perdemos de vista a rota que a justiça como equidade deve seguir se quer conquistar o apoio de um consenso sobreposto. Como enfatizei ao longo de toda a minha exposição, a prioridade do justo não significa que as ideias do bem devem ser evitadas; isto é impossível. Mais precisamente, significa que as ideias empregadas devem ser políticas, devem moldar-se às restrições impostas pela concepção política de justiça e se ajustar ao espaço que esta concepção permite.

4. Há uma segunda maneira pela qual uma sociedade política bem-ordenada constitui um bem. Se há um fim último compartilhado, o qual, para ser alcançado, requer a cooperação de muitos, o bem a ser realizado é social, é realizado mediante a atividade conjunta dos cidadãos, em uma condição de mútua dependência de cada cidadão em relação aos demais, no que se refere a empreender as ações apropriadas. Dessa maneira, estabelecer e gerir de modo bem-sucedido instituições razoavelmente justas (ainda que – disto não há dúvida – sempre sejam imperfeitas) no curso de um longo período de tempo, talvez modificando-as de modo gradual no decorrer de gerações, constitui um grande

bem social e que é valorizado como tal. Isso é comprovado pelo fato de que as pessoas se referem a esse bem como uma das realizações mais importantes de sua história. Que exista um bem político e social dessa índole não é mais misterioso do que os integrantes de uma orquestra ou os jogadores de um time ou mesmo dos dois times em um jogo sentirem prazer e certo orgulho (justificado) por uma boa exibição ou por um jogo bem jogado, algo de que gostarão de se lembrar. Não há dúvida de que os requisitos se tornam mais difíceis de satisfazer à medida que as sociedades se tornam mais complexas e aumentam as distâncias sociais entre os cidadãos, mas essas diferenças, por maiores e mais inibidoras que possam ser, não afetam o princípio psicológico envolvido na realização do bem da justiça em uma sociedade política bem-ordenada. Além disso, esse bem pode ser importante mesmo que as condições para realizá-lo se mostrem bastante imperfeitas; a percepção de sua perda também pode se manifestar de forma intensa. Isso se torna claro quando um povo democrático distingue diferentes períodos de sua história, quando sente orgulho de se distinguir de povos não democráticos. Mas não me estenderei nessas reflexões. Só necessitamos afirmar que o bem de uma sociedade bem-ordenada representa um bem importante da perspectiva de uma concepção política de justiça, e isso já fizemos. Dessa maneira, nossa interpretação das cinco ideias do bem está completa[36].

---

36. Pode-se perguntar, no entanto, em que medida o bem da sociedade política constitui, em sentido estrito, um bem político. É ponto pacífico que as instituições fomentam o desenvolvimento e abrem lugar para o exercício das duas faculdades morais e que isto, em si mesmo, representa um bem. Mas essas capacidades também são exercidas em muitas outras áreas da vida e com propósitos muito variados, e certamente esse exercício mais amplo delas não constitui apenas um bem político; mais certo seria dizer que esse é um bem que as instituições políticas protegem e propiciam. Como réplica, o ponto a ressaltar é que, quando se trata do bem político em termos estritos, supomos que as faculdades morais se exercem na vida política e nas instituições, na medida em que os cidadãos se empenham em preservar essas instituições e as empregam para conduzir os assuntos públicos. Com certeza, é verdade que as faculdades morais também se exercem de modo muito mais geral, e o que se

5. Algumas breves observações sobre o republicanismo e o humanismo cívico servirão para esclarecer essas explicações sobre o bem da sociedade política. Considero o republicanismo clássico como a visão segundo a qual, se os cidadãos de uma sociedade democrática hão de preservar seus direitos e liberdades fundamentais, incluindo as liberdades civis, que asseguram as liberdades da vida privada, eles devem também ter um grau suficiente de "virtudes políticas" (como as denominei) e estar dispostos a participar da vida pública[37]. A ideia é que, sem ampla participação na política democrática por uma cidadania vigorosa e informada, e com certeza quando há uma reclusão generalizada à vida privada, até mesmo as instituições políticas mais bem estruturadas cairão nas mãos daqueles que procuram dominar e impor sua vontade por meio do aparato estatal, seja pela ânsia de poder e de glória militar, seja por razões de classe e interesse econômico, para não falar do fervor religioso expansionista e do fanatismo nacionalista. A proteção das liberdades democráticas requer a participação ativa de cidadãos que possuem as virtudes políticas necessárias à preservação do regime constitucional.

Entendendo o republicanismo clássico dessa maneira, não há nenhuma oposição fundamental entre a justiça como equidade, como uma forma de liberalismo político, e essa variante de republicanismo. Quando muito, pode haver certas diferenças acerca de questões de arranjo institucional e da sociologia política dos regimes democráticos. Essas diferenças, caso existam, não são de modo algum triviais; elas podem ser extremamente importantes. Mas não há oposição fundamental porque o republicanismo clássico não pressupõe nenhuma doutrina religiosa, filosófica ou moral abran-

---

espera é que as dimensões política e não política da vida se reforcem mutuamente. Pode-se aceitar isso sem negar que exista o bem político tal como foi definido.

37. Consideram-se por vezes *Os discursos* de Maquiavel como um exemplo de republicanismo clássico. Ver Quentin Skinner, *Machiavelli* (Nova York: Hill and Wang, 1981), especialmente o capítulo 3. Um exemplo mais apropriado de nosso ponto de vista seria *A democracia na América*, de Tocqueville.

gente. Não há nada nele, tal como foi caracterizado acima, que seja incompatível com o liberalismo político como o descrevi. Mas com o humanismo cívico, tal como o entendo, há, sim, uma oposição fundamental. Pois, como uma forma de aristotelismo, às vezes ele se apresenta como o ponto de vista segundo o qual o homem é um animal social e até mesmo político, cuja natureza essencial é mais plenamente realizada em uma sociedade democrática na qual há ampla e vigorosa participação na vida política. A participação não é encorajada por ser necessária à proteção das liberdades fundamentais da cidadania democrática e, em si mesma, como forma de bem entre outros, por mais importante que possa ser para muitas pessoas. De modo mais preciso, a participação na política democrática é considerada o *locus* privilegiado da boa vida[38]. Isso significa voltar a dar lugar central àquilo que Constant denominou "liberdade dos antigos" e apresenta todos os problemas que essa noção carrega.

Do ponto de vista do liberalismo político, a objeção a essa doutrina abrangente é a mesma que se pode fazer a todas essas doutrinas, de modo que não é preciso que eu me estenda a respeito disso. Resta acrescentar que a justiça como equidade não nega, evidentemente, que alguns encontrarão seu bem mais importante na vida política e que, portanto, a vida política, para essas pessoas, ocupará lugar central em sua visão abrangente do bem. Com efeito, em

---

38. Essa interpretação do humanismo cívico, tomo-a de Charles Taylor, *Philosophical Papers* (Cambridge: Cambridge University Press, 1985), vol. 2, pp. 334 ss. Nessa passagem, Taylor discute Kant e atribui esse ponto de vista a Rousseau, mas observa que Kant não o aceita. Assim entendida, uma modalidade de humanismo cívico é aquela expressa de forma vigorosa, embora com um quê de pessimismo, por Hannah Arendt (e, segundo ela, pelos gregos antigos), que sustenta que a liberdade e a mundanidade, que se realizam melhor na política, são os únicos valores que redimem a vida humana dos ciclos perpétuos da natureza e a tornam digna de ser vivida. Ver *The Human Condition* (Chicago: University of Chicago Press, 1958). Baseio-me aqui no estudo perspicaz da visão que Arendt tem da primazia da política feito por George Kateb em *Hannah Arendt: Politics, Conscience, Evil* (Towanda: Rowman and Allanheld, 1984), capítulo 1.

uma comunidade política bem-ordenada, em geral representa um bem para a sociedade como um todo que seja assim, do mesmo modo que em geral é benéfico que as pessoas desenvolvam seus talentos e suas habilidades diferentes e complementares e se engajem em uma cooperação mutuamente vantajosa. Isso leva a outra ideia do bem, qual seja, a de sociedade bem-ordenada concebida como uma união social de uniões sociais. Essa ideia é demasiado complexa para ser esboçada aqui e não é necessária aos propósitos destas conferências[39].

## § 8. Sobre a justiça como equidade ser uma concepção completa

1. Concluirei examinando várias maneiras pelas quais a justiça como equidade, como uma concepção política, é completa. A primeira maneira consiste em que as ideias do bem que utiliza são ideias políticas, que são geradas e têm um papel a desempenhar dentro dessa concepção. No que se refere à sua geração, observemos que essas ideias são construídas em uma sequência que se inicia com a ideia de bem como racionalidade[40]. Toda a minha exposição começou com essa ideia. Ela é utilizada para explicar os bens pri-

---

39. Ver *Teoria*, § 79, onde examino a ideia de uma sociedade bem-ordenada como uma união social de uniões sociais. Na seção VI de "The Basic Liberties and Their Priority", in *The Tanner Lectures on Human Values* (Salt Lake City: University of Utah Press, 1982), vol. III, voltei a me ocupar dessa ideia e esbocei um argumento para demonstrar que os dois princípios da justiça como equidade são em especial apropriados para a sociedade considerada como uma união social de uniões sociais. Não estou inteiramente satisfeito com esse argumento, mas penso que não é destituído de certa força. Ver, adiante, VIII: 6, pp. 315-24.

40. Essa construção, por assim dizer, de uma sequência de ideias do bem, começando pela de bem como racionalidade, encontra paralelo na maneira como se pode considerar que Kant constrói seis ideias do bem em sua visão moral. Procurei explicar como se processa a construção de Kant no § 2 de "Themes in Kant's Moral Philosophy", in *Kant's Transcendental Deductions*, volume organizado por Eckhart Förster (Stanford: Stanford University Press, 1989).

mários como recursos dos quais os cidadãos necessitam, levando em conta a concepção dos cidadãos como pessoas com interesses de ordem superior que têm, estamos supondo, planos racionais de vida. Uma vez que os bens primários se encontrem à mão, o argumento a partir da posição original tem como proceder, de modo que chegamos, a seguir, aos dois princípios de justiça. Valemo-nos então desses princípios tanto para especificar as concepções (abrangentes) permissíveis como para caracterizar as virtudes políticas que os cidadãos devem possuir para preservar uma estrutura básica justa. Por fim, apoiando-nos no princípio aristotélico e em outros componentes da justiça como equidade, explicitamos as maneiras pelas quais uma sociedade política bem-ordenada de justiça como equidade é intrinsecamente boa.

Esse último aspecto é particularmente importante, pois significa que a concepção política expressa certas maneiras como uma sociedade política pode constituir, em si mesma, um bem intrínseco – especificado dentro dessa concepção – para os cidadãos, tanto na condição de indivíduos quanto na de corpo coletivo. (Recordemos o contraste com o que denominamos, em § 7.1, sociedade privada.) Com as ideias do bem utilizadas (incluindo a do bem intrínseco da sociedade política), a justiça como equidade é completa no seguinte sentido: ela gera a partir de si própria as ideias necessárias, de modo que todas desempenhem seus papéis complementares dentro de sua estrutura conceitual.

2. Um corolário dessa completude permite mostrar, de uma maneira que antes não nos teria sido possível, por que um consenso sobreposto não é um mero *modus vivendi*. Em uma sociedade bem-ordenada por princípios mutuamente reconhecidos em um consenso sobreposto, os cidadãos têm inúmeros fins últimos comuns, entre os quais o de propiciar justiça política uns aos outros. Baseando-nos nas cinco ideias do bem, podemos falar do bem mútuo da justiça mútua. Porque o bem como racionalidade nos permite dizer que determinadas coisas são boas (dentro da concepção política) se elas possuem as propriedades que para nós é

racional desejar na condição de cidadãos livres e iguais, dado nosso plano racional de vida. Do ponto de vista das partes na posição original, que representam nossos interesses fundamentais, a justiça mútua satisfaz essa condição. Como cidadãos na sociedade, em geral esperamos que todos os demais cumpram as exigências da justiça. Isto também se aplica às virtudes políticas[41] e aprofunda a ideia de que uma concepção política apoiada em um consenso sobreposto é uma concepção moral, sustentada em razões morais (IV, § 3.4).

Um segundo corolário da completude é que reforça a explicação de como um *modus vivendi*, que tem por conteúdo uma concepção liberal de justiça, pode gradualmente transformar-se, no decorrer do tempo, em um consenso sobreposto (IV, § 6-7). Muito dependia, nessa explicação, do fato de que as concepções políticas da maior parte das pessoas em geral são apenas parcialmente abrangentes. Não costumamos professar nada que se pareça com uma doutrina religiosa, filosófica ou moral inteiramente abrangente, muito menos tentamos estudar as outras visões abrangentes que existem de fato na sociedade, nem buscamos elaborar uma visão desse tipo para nós mesmos. Daí que haver bens intrínsecos importantes, internos à vida política, significa que a concepção política pode conquistar nosso comprometimento inicial de um modo que é mais profundamente independente de nossas visões abrangentes e antes que surjam conflitos com essas visões. E, quando estes conflitos efetivamente surgem, a concepção política tem probabilidades maiores de se sustentar e de moldar aquelas visões, para que se acomodem dentro de seus limites.

Afirmamos antes que o liberalismo político sustenta que, nas condições razoavelmente favoráveis que tornam possível uma democracia constitucional, as instituições políticas que satisfazem os princípios de uma concepção libe-

---

41. É claro que demonstrar isso de forma convincente requer uma longa história. Tentei esboçar parte dela em *Teoria*, § 66, baseando-me na teoria plena do bem.

ral de justiça realizam valores e ideais políticos que em geral prevalecem sobre quaisquer outros valores que se lhes oponham. Os precedentes corolários que dizem respeito à completude reforçam a estabilidade de tal concepção. O comprometimento que se baseia nesses valores políticos é mais sólido e, assim, diminui muito a possibilidade de que sejam sobrepujados por valores que se lhes oponham.

3. Volto-me agora para outra forma pela qual a justiça como equidade é completa, retomando a primeira questão formulada no início desta conferência: como o liberalismo político pode utilizar ideias do bem sem fazer afirmações sobre a verdade desta ou daquela doutrina abrangente, de modo incompatível com o próprio liberalismo político? Podemos agora responder a essa pergunta revendo o que dissemos.

Primeiro, a prioridade do justo significa (em seu sentido geral) que as ideias do bem utilizadas devem ser políticas (§ 1.2), de maneira que não necessitamos recorrer a concepções abrangentes do bem, mas apenas a ideias moldadas para se acomodarem dentro da concepção política. Segundo, a prioridade do justo significa (em seu sentido particular) que os princípios de justiça estabelecem limites a formas permissíveis de vida (§ 1.2). As demandas que os cidadãos fazem para realizar fins que transgridem esses limites não têm nenhum peso. A prioridade do justo confere aos princípios de justiça uma estrita precedência nas deliberações dos cidadãos e limita sua liberdade de promover certas formas de vida. Essa prioridade caracteriza a estrutura e o conteúdo da justiça como equidade e aquilo que esta concepção considera como boas razões na deliberação dos cidadãos.

4. Consideremos, agora, a segunda questão formulada no início. Afirmamos que as instituições justas e as virtudes políticas que se espera que os cidadãos tenham não serão as de uma sociedade justa e boa, a menos que não só permitam, como também deem sustentação a formas de vida que são inteiramente merecedoras do comprometimento devotado dos cidadãos. É preciso que uma concepção polí-

tica de justiça contenha em si mesma espaço suficiente, por assim dizer, para tais formas de vida. A questão que aqui se apresenta é: a não ser que apelemos para alguma visão que vá além do político, como poderemos dizer quando as formas de vida são dignas de um comprometimento pleno ou afirmar que uma sociedade contém espaço suficiente para elas? Como afirmamos, a justiça como equidade não tem como dizer, do ponto de vista de uma visão mais ampla, que as diferentes doutrinas abrangentes que permite são dignas de aceitação plena. Então, como devemos proceder?

Neste ponto a que chegamos, invocamos a ideia de um consenso sobreposto e afirmamos: se uma concepção política de justiça é mutuamente reconhecida por cidadãos razoáveis e racionais que professam as doutrinas abrangentes razoáveis que integram um consenso sobreposto (tal como essas ideias são explicadas em II, §§ 1-3), esse fato em si mesmo confirma que suas instituições básicas e livres permitem espaço suficiente para formas de vida que são dignas do comprometimento devotado dos cidadãos. Suponho, é claro, que a concepção política de justiça subscrita pelo consenso razoável satisfaz, até onde nos é possível enxergar, todos os critérios razoáveis de reflexão crítica. A cuidadosa reflexão dos cidadãos, tal como se expressa no consenso, confirma isso. Essa é a garantia mais razoável que o liberalismo político oferece – e a maior que podemos razoavelmente esperar ter – de que nossas instituições políticas contêm espaço suficiente para formas de vida valiosas e de que, neste sentido, nossa sociedade política é justa e boa.

Uma observação final: embora a justiça como equidade não possa responder às perguntas precedentes do ponto de vista de uma visão mais ampla, isso não a impede de impor certas restrições – como qualquer concepção política razoável deve fazê-lo – a doutrinas abrangentes; por exemplo, a exigência de que devem ser razoáveis, como vimos em II, § 3. Essa exigência não é peculiar à concepção política e se aplica a todas as doutrinas que podemos razoavelmente esperar incluir em um consenso sobreposto. O que é decisivo acerca dessas restrições é que ou são aquelas de natureza geral, da razão prática e teórica, ou são as que fazem parte da justiça como equidade, em sua qualidade de concepção política. Essas restrições invocam as ideias de razoabilidade e de racionalidade que se aplicam aos cidadãos e se manifestam no exercício de suas faculdades morais. As restrições não dizem respeito ao conteúdo substantivo das concepções abrangentes do bem, embora o limitem[42].

---

42. Uma comparação servirá para esclarecer o que se quer dizer aqui Consideremos a visão de Dworkin tal como se expressa em "Foundations of Liberal Equality", in *Tanner Lectures on Human Values* (Salt Lake City: University of Utath, 1990), vol. 11. Seu objetivo consiste em demonstrar como é possível dar aos princípios da justiça liberal (segundo sua formulação) um fundamento ético. Isto significa que esses princípios podem ser derivados como os princípios políticos, para a estrutura básica da sociedade, que melhor proporciona as condições para que as pessoas vivam bem, para que levem uma vida eticamente boa. Com esse propósito, Dworkin desenvolve uma interpretação do valor ético de viver bem, apresentando como interpretação correta o "modelo do desafio" do valor moral. Afirma-se que esse modelo é formal e não exclui concepções substantivas do bem, na medida em que a maioria das concepções deste tipo, embora não todas, pode ser interpretada de modo que se encaixe no modelo. Com o modelo do desafio à mão, ele argumenta que em uma posição original na qual, vamos supor, cada uma das partes é um liberal ético plenamente informado e por isso aceita o modelo do desafio, os princípios da justiça liberal seriam adotados. Dessa maneira, uma interpretação geral sobre o que significa viver bem – uma interpretação do que pertence à ética filosófica – propicia o fundamento filosófico desejado para os princípios políticos do liberalismo. O ponto essencial do contraste é o seguinte: as restrições que Dworkin impõe às concepções substantivas do bem derivam de uma concepção ética do valor (o modelo do desafio). Já na justiça como equidade, as restrições impostas às doutrinas abrangentes razoáveis são aquelas gerais da razão prática ou teórica ou as que derivam de concepções (por exemplo, a dos cidadãos considerados pessoas livres e iguais com as duas faculdades morais) que pertencem à interpretação da justiça política. Não tenho objeções a fazer à visão de Dworkin. Como os liberalismos de Kant e Mill, tal visão encontra lugar apropriado na cultura de fundo e nela desempenha o papel de reforçar o apoio ao liberalismo político.

Conferência VI
# A ideia de razão pública[1]

Uma sociedade política e, na verdade, todo agente razoável e racional, quer seja um indivíduo, uma família ou uma associação, ou mesmo uma confederação de sociedades políticas, tem um modo de formular seus planos, de colocar seus fins em uma ordem de prioridades e de tomar suas decisões em conformidade com tais planos e prioridades. A maneira como uma sociedade política faz isso é sua razão. Sua capacidade para fazê-lo também é sua razão, embora em um sentido distinto: é uma faculdade intelectual e moral, que tem por base as capacidades de seus membros.

Nem todas as razões são razões públicas, pois existem as razões não públicas de igrejas e universidades e muitas outras associações da sociedade civil. Em regimes aristocráticos e autocráticos, quando se considera o bem da sociedade, isso não é feito pelo público, se acaso existe, mas pelos governantes, quem quer que sejam. A razão pública é característica de um povo democrático: é a razão de seus ci-

---

1. Duas conferências sobre este tópico foram inicialmente proferidas na Universidade da Califórnia em Irvine, em fins de fevereiro e início de março de 1990, para inaugurar as Melden Conferences, assim denominadas em homenagem a A. I. Melden. Embora tenha sido bastante revisada, a presente conferência beneficiou-se muito do debate que então ocorreu com Sharon Lloyd, Gerasimos Santas, Lawrence Solum, Gary Watson e Paul Weithman. E tirei muito proveito, desde então, das inúmeras discussões sobre esse tema que tive com Samuel Freeman, Peter de Marneffe e David Estlund.

dadãos, daqueles que compartilham do *status* da cidadania igual. O objeto da razão dos cidadãos é o bem do público, aquilo que a concepção política de justiça requer da estrutura básica institucional da sociedade e os propósitos e fins a serviço dos quais tal estrutura deve se colocar. A razão pública, então, é pública de três maneiras: como a razão dos cidadãos como tais, é a razão do público; seu objeto é o bem do público, além de questões de justiça fundamental; e sua natureza e seu conteúdo são públicos, uma vez que são determinados pelos ideais e princípios expressos pela concepção política de justiça da sociedade e são conduzidos à vista de todos sobre essa base.

Que os cidadãos devam entender a razão pública dessa forma e cumprir suas exigências, isto não é, evidentemente, uma questão de lei. Como uma concepção ideal de cidadania para um regime constitucional democrático, apresenta as coisas como poderiam ser, considerando as pessoas como uma sociedade bem-ordenada e justa as encorajaria a ser. Descreve o que é possível e pode vir a ser, ainda que nunca venha a ocorrer, o que em nada reduz a importância desse ideal.

## § 1. As questões e os fóruns da razão pública

1. A ideia de razão pública é discutida com muita frequência, tem uma longa história e, em alguma variante, conta com ampla aceitação[2]. Meu objetivo aqui é tentar expres-

---

2. O título me foi sugerido pela distinção que Kant faz entre razão pública e razão privada em "What is Enlightenment?" (1784), embora sua distinção seja diferente daquela aqui empregada. Há outras análises pertinentes nas obras de Kant, por exemplo, na *Crítica à razão pura*, B767-97. Para uma interpretação esclarecedora sobre isso, ver Onora O'Neill, *Constructions of Reason* (Cambridge: Cambridge University Press, 1989), capítulo 2, "The Public Use of Reason". Ver também seu ensaio mais recente, "Vindicating Reason", in *The Cambridge Companion to Kant*, volume organizado por Paul Guyer (Cambridge: Cambridge University Press, 1992).

sá-la de uma maneira aceitável, como parte de uma concepção política de justiça que, em sentido amplo, é liberal[3].

Para começar, digamos que, em uma sociedade democrática, a razão pública é a razão de cidadãos iguais que, como um corpo coletivo, exercem poder político supremo e coercitivo uns sobre os outros ao aprovar leis e emendar sua Constituição. O primeiro ponto importante é que os limites impostos pela razão pública não se aplicam a todas as questões políticas, mas apenas àquelas que envolvem o que podemos denominar "elementos constitucionais essenciais" e questões de justiça básica. (Estas questões são especificadas em § 5, adiante.) Isso significa que se deve recorrer exclusivamente a valores políticos para tratar questões tão fundamentais como as seguintes: quem tem o direito ao voto, quais religiões devem ser toleradas, a quem se deve garantir a igualdade equitativa de oportunidades ou o direito de possuir propriedades. Estas e outras questões semelhantes constituem o objeto da razão pública.

Muitas questões políticas, se é que não a maior parte delas, não dizem respeito a essas questões fundamentais, tais como: grande parte da legislação tributária e muitas das

---

3. Entre as interpretações recentes da ideia que, em sentido amplo, são liberais, embora haja diferenças significativas entre elas, podem-se mencionar as seguintes: David Lyons, *Ethics and the Rule of Law* (Cambridge: Cambridge University Press, 1984), que traz uma formulação clara nas pp. 190 ss.; Ronald Dworkin, "The Forum of Principle", em *A Matter of Principle*, pp. 33-71; Charles Larmore, *Patterns of Moral Complexity* e "Political Liberalism", in *Political Theory* 18 (agosto de 1990); Thomas Nagel, *Equality and Partiality* (Nova York: Oxford University Press, 1991), capítulo 14. Para uma valiosa discussão da ideia de democracia deliberativa, ver Joshua Cohen, "Deliberation and Democratic Legitimacy", in *The Good Polity*, organizado por Alan Hamlin (Oxford: Basil Blackwell, 1989). Sobre a relação da religião com a razão pública, ver Kent Greenawalt, *Religious Conviction and Political Choice*, especialmente os capítulos 8 e 13; Robert Audi, "The Separation of Church and State and the Obligations of Citizenship", in *Philosophy and Public Affairs* 18 (verão de 1989), e, de Paul Weithman, "The Separation of Church and State: Some Questions for Professor Audi", in *Philosophy and Public Affairs* 20 (inverno de 1991), com a réplica de Audi no mesmo número da revista; e, por fim, o ensaio esclarecedor de Lawrence Solum, "Faith and Justice", in *DePaul Law Review* 39 (verão de 1990).

leis que regulam a propriedade; as leis de proteção ao meio ambiente e de controle da poluição; as leis que criam parques nacionais e áreas de preservação da vida silvestre e de espécies animais e vegetais; as leis que estabelecem fundos para os museus e as artes. É claro que, por vezes, essas matérias realmente envolvem questões fundamentais. Uma interpretação completa da razão pública deveria tratar essas outras questões e explicar, mais detalhadamente do que posso fazê-lo aqui, como se distinguem de elementos constitucionais essenciais e de questões de justiça básica e por que as restrições impostas pela razão pública podem não se aplicar a elas ou, caso se apliquem, por que não o fazem da mesma forma ou tão estritamente.

    Alguns perguntarão: por que não afirmar que todas as questões com relação às quais os cidadãos exercem seu poder político final e coercitivo uns sobre os outros estão sujeitas à razão pública? Por que seria alguma vez admissível abandonar a gama de valores políticos da razão pública? Para responder a essas perguntas, direi que meu objetivo é tratar primeiro do caso mais importante, em que as questões políticas referem-se às matérias mais fundamentais. Se não tivermos de acatar os limites da razão pública neste caso, não precisaremos fazê-lo, ao que parece, em nenhum outro caso. Mesmo assim, admito que, em geral, é altamente desejável dirimir as questões políticas recorrendo aos valores da razão pública. No entanto, talvez nem sempre isso seja possível.

    2. Outra característica da razão pública é que seus limites não se aplicam a nossas deliberações e reflexões pessoais sobre questões políticas ou à reflexão acerca delas por membros de associações, tais como igrejas e universidades, que constituem parte vital da cultura de fundo. Não há dúvida de que aqui é adequado que considerações religiosas, filosóficas e morais dos mais variados tipos tenham um papel a desempenhar. Mas o ideal de razão pública realmente aplica-se aos cidadãos quando estes se envolvem na defesa de posições políticas no fórum público e, portanto,

aplica-se aos membros de partidos políticos, a candidatos em suas campanhas e a outros grupos que os apoiam. Também se aplica ao modo como os cidadãos devem votar nas eleições, quando os elementos constitucionais essenciais e as questões de justiça básica estão em jogo. Assim, o ideal de razão pública não somente rege o discurso público das eleições, quando as controvérsias envolvem aquelas questões fundamentais, como também determina a forma como os cidadãos devem votar quando se trata dessas questões (§ 2.4). De outra maneira, corre-se o risco de que o discurso público se torne hipócrita: os cidadãos falarão em público de uma forma e votarão de outra.

No entanto, temos de distinguir entre o modo como o ideal de razão pública se aplica aos cidadãos comuns e o modo como se aplica às diferentes autoridades estatais. Esse ideal se aplica aos fóruns oficiais e, portanto, aos legisladores, quando se manifestam no plenário do Parlamento, e ao Executivo, em seus atos e pronunciamentos públicos. Também se aplica, de maneira especial, ao Judiciário e, sobretudo, a um tribunal supremo em uma democracia constitucional na qual exista um controle jurisdicional da constitucionalidade das leis. Isso acontece porque os juízes têm de explicar e justificar suas decisões com base no entendimento que têm da Constituição e das leis e precedentes pertinentes. Como os atos dos poderes Executivo e Legislativo não necessitam justificar-se dessa maneira, o papel especial da Suprema Corte faz dela um caso exemplar de razão pública (§ 6).

§ 2. Razão pública e o ideal de cidadania democrática

1. Ocupo-me agora daquilo que para muitos representa uma dificuldade básica no que se refere à ideia de razão pública, uma dificuldade que a faz parecer paradoxal. Os que pensam assim perguntam: por que deveriam os cidadãos, ao discutir e ao votar as questões políticas mais fundamen-

tais, acatar os limites da razão pública? Como pode ser razoável ou racional, quando questões fundamentais estão em jogo, que os cidadãos recorram somente à concepção política de justiça, e não a toda a verdade tal como a entendem? Certamente, as questões mais fundamentais deveriam ser resolvidas recorrendo-se às verdades mais importantes, mas estas podem transcender em muito a razão pública!

Começarei por tentar dissipar esse paradoxo, invocando para isso um princípio liberal de legitimidade tal como foi explicado em IV, § 1.2-3. Recordemos que esse princípio tem relação com duas características especiais da relação política entre cidadãos democráticos:

Primeiro, trata-se de uma relação entre pessoas no interior da estrutura básica da sociedade na qual nasceram e na qual normalmente passarão toda a vida.

Segundo, em uma sociedade democrática, o poder político, que é sempre um poder coercitivo, é o poder do público, isto é, de cidadãos livres e iguais como um corpo coletivo.

Como sempre, supomos que a diversidade de doutrinas religiosas, filosóficas e morais razoáveis encontrada em sociedades democráticas constitui uma característica permanente da cultura pública, e não uma simples circunstância histórica fadada a logo desaparecer.

Uma vez que tenhamos feito todas essas suposições, perguntamos: sob que condições podem os cidadãos, mediante seu voto, exercer de modo apropriado seu poder político coercitivo uns sobre os outros quando estão em jogo questões fundamentais? Ou à luz de que princípios e ideias devemos exercer esse poder, se fazê-lo deve ser justificável para os demais cidadãos, em sua condição de pessoas livres e iguais? A essa questão, o liberalismo político responde: nosso exercício do poder político é apropriado e, portanto, justificável somente quando exercido em conformidade com uma Constituição cujos elementos essenciais se pode razoavelmente supor que todos os cidadãos subscrevam, à luz de princípios e ideais que são aceitáveis para eles, na condição de razoáveis e racionais. Este é o princípio liberal de legitimidade. E como o exercício do poder político deve ser em si mesmo legítimo, o ideal de cidadania impõe aos cidadãos o dever moral (não legal) – o dever de civilidade – de ser capaz de explicar uns perante os outros, quando se trata dessas questões fundamentais, como os princípios e as políticas que preconizam e nos quais votam podem se apoiar nos valores políticos da razão pública. Esse dever também envolve uma disposição a ouvir os outros e um sentido de equanimidade para decidir quando é razoável que se façam ajustes para conciliar os próprios pontos de vista com os de outros[4].

2. Alguns poderiam dizer que os limites da razão pública só se aplicam em fóruns oficiais e, por isso, somente a legisladores, quando, por exemplo, se manifestam no plenário do Legislativo ou ao Executivo e ao Judiciário, em seus atos e suas decisões públicas. Se acatarem a razão pública, então é certo que os cidadãos disporão de razões públicas para as leis que devem cumprir e para as políticas que a sociedade segue. Mas isso não vai longe o bastante.

Como já ressaltei, a democracia implica uma relação política entre os cidadãos no interior da estrutura básica na qual nasceram e na qual normalmente passarão toda a vida. Isto implica ainda igual participação no poder político coercitivo que os cidadãos exercem uns sobre os outros ao votar e por outros meios. Como pessoas razoáveis e racionais e sabendo-se que professam uma diversidade de doutrinas religiosas e filosóficas, os cidadãos devem se dispor a explicar as bases de suas ações uns aos outros em termos que cada qual possa razoavelmente esperar que os demais julguem consistentes com sua liberdade e igualdade. Procurar satisfazer essa condição é uma das tarefas que esse ideal de política democrática exige de nós. Entender como

---

[4]. Sobre este último ponto, consulte-se a esclarecedora discussão de Amy Gutmann e Dennis Thompson em "Moral Conflict and Political Consensus", in *Ethics* 101 (outubro de 1990), pp. 76-86.

se deve conduzir a si próprio como cidadão democrático inclui entender um ideal de razão pública.

Além disso, os valores políticos realizados por um regime constitucional bem-ordenado são muito importantes, não podem ser superados facilmente, e os ideais que expressam não podem ser levianamente abandonados. Assim, quando a concepção política se apoia em um consenso sobreposto de doutrinas abrangentes razoáveis, o paradoxo da razão pública desaparece. A união do dever de civilidade com os grandes valores do político nos dá o ideal de cidadãos que governam a si mesmos de maneiras que cada qual acredita que seria razoável esperar que os outros aceitem; e esse ideal, por sua vez, encontra apoio nas doutrinas abrangentes que pessoas razoáveis professam. Os cidadãos subscrevem o ideal da razão pública não em virtude de um compromisso político, como em um *modus vivendi*, mas da perspectiva interna de suas doutrinas razoáveis.

3. Por que o suposto paradoxo da razão pública não envolve, na realidade, nenhum paradoxo, isso fica mais claro quando recordamos que há casos bem conhecidos em que concordamos em não apelar à verdade toda, tal como a entendemos, ainda que possa estar facilmente acessível. Considere-se como, em um processo criminal, as normas com relação a evidências limitam o testemunho que se pode apresentar, tudo isso para garantir ao acusado o direito fundamental a um julgamento justo. Não se excluem somente as evidências baseadas em boatos, como também aquelas que são obtidas por meio de buscas e apreensões arbitrárias ou por meio de abusos praticados contra os acusados ao serem presos e sem que sejam informados de seus direitos. Tampouco os réus podem ser obrigados a testemunhar contra si próprios. Por último, para mencionar uma restrição que tem uma justificativa muito distinta, os cônjuges não podem ser obrigados a testemunhar um contra o outro, o que se faz para proteger o importante bem da vida familiar e para mostrar respeito público pelo valor dos laços afetivos.

Pode-se objetar que esses exemplos estão muito distantes dos limites envolvidos em recorrer somente à razão pública. Distantes talvez estejam, mas a ideia é similar. Todos esses exemplos são casos em que reconhecemos um dever de não decidir com base na verdade toda, para desta forma cumprir um direito ou um dever, ou para promover algum bem ideal, ou ambas as coisas. Os exemplos servem ao propósito, assim como muitos outros o fariam, de mostrar como é muitas vezes inteiramente razoável prescindir da verdade em seu todo, e nisso há um paralelo com a forma como o suposto paradoxo da razão pública é resolvido. O que é preciso demonstrar é que o acatamento dos limites da razão pública pelos cidadãos em geral é exigido pelos direitos e liberdades fundamentais e seus deveres correspondentes, ou então que isso promove determinados valores importantes, ou ambas as coisas. O liberalismo político apoia-se na conjectura de que os direitos e deveres fundamentais, bem como os valores políticos em questão, têm peso suficiente, de maneira que os limites da razão pública justificam-se pelas avaliações globais de doutrinas abrangentes razoáveis, uma vez que estas doutrinas tenham se adaptado à própria concepção de justiça[5].

4. Quando se trata de questões políticas fundamentais, a ideia de razão pública rejeita visões correntes do voto como uma questão privada e mesmo pessoal. Uma dessas visões é que é apropriado as pessoas votarem de acordo com suas preferências e interesses, tanto sociais como econômicos, sem falar na possibilidade de votarem de acordo com seus ódios e aversões. Pode-se dizer que a democracia é o governo da maioria, e uma maioria pode fazer o que bem entender. Outro ponto de vista, que a princípio parece muito diferente, é que as pessoas podem votar a favor do que consideram correto e verdadeiro, de acordo com suas convicções abrangentes, sem levar em conta razões públicas.

---

5. O processo de adaptação foi descrito em IV, §§ 6-7.

Não obstante, esses dois pontos de vista são similares, no sentido de que nenhum deles reconhece o dever de civilidade, nem respeita os limites da razão pública quando o voto se refere a elementos constitucionais essenciais e a questões de justiça básica. Na primeira interpretação, o voto é guiado por nossos interesses e preferências e, na segunda, por aquilo que entendemos ser a verdade toda. Em contraste, a razão pública, com seu dever de civilidade, oferece uma interpretação do voto, quando questões fundamentais estão em jogo, que de certa forma é reminiscente do *Contrato social* de Rousseau. Ele entendeu o voto como um ato que idealmente expressa nossa opinião sobre qual das alternativas é a melhor para promover o bem comum[6].

### § 3. Razões não públicas

1. A natureza da razão pública ficará mais clara se examinarmos as diferenças entre ela e as razões não públicas. Antes de tudo, ressalte-se que há muitas razões não públicas, mas somente uma razão pública. Entre as razões não públicas encontram-se aquelas de associações de todos os tipos: Igrejas e universidades, sociedades científicas e associações profissionais. Como já afirmamos, para agir de forma razoável e responsável, entidades coletivas, assim como indivíduos, necessitam de certa forma de deliberar sobre o que deve ser feito. Essa forma de deliberação é pública com relação a seus membros, mas não pública com relação à sociedade política e aos cidadãos em geral. As razões não públicas abarcam as muitas razões da sociedade civil e pertencem àquilo que denominei "cultura de fundo", em oposição à cultura política pública. Essas razões são sociais e de modo algum são privadas[7].

---

6. *Do contrato social*, Livro IV, cap. II, § 8.
7. A distinção entre público e não público não corresponde à distinção entre público e privado. Deste último não me ocupo: não existe algo como

Todas as formas de argumentar – quer individuais, associativas ou políticas – precisam respeitar determinados elementos comuns: o conceito de juízo, os princípios de inferência, as normas com relação a evidências e muitos outros elementos, pois, do contrário, não seriam formas de argumentação, mas talvez recursos retóricos ou meios de persuasão. Aqui estamos interessados na razão, não simplesmente no discurso. Uma forma de argumentar, então, deve incorporar os conceitos fundamentais e os princípios da razão, bem como padrões de correção e critérios de justificação. A capacidade de dominar essas ideias faz parte da razão humana comum. Entretanto, procedimentos e métodos distintos são apropriados para concepções distintas de si mesmos que tenham indivíduos e entidades coletivas, considerando-se as diferentes condições em que levam a cabo sua deliberação, assim como as diferentes restrições a que está sujeita. Essas restrições podem surgir da necessidade de proteger determinados direitos ou de realizar certos valores.

À guisa de ilustração: as normas para julgar as evidências em um tribunal – as normas relativas a evidências baseadas em boatos ou suposições e a que requer que se prove a culpa do réu para além de qualquer dúvida razoável – são apropriadas ao papel especial dos tribunais e necessárias para proteger o direito do réu a um julgamento justo. Uma sociedade científica emprega normas distintas com relação a evidências, e diferentes entidades coletivas reconhecem diferentes autoridades como relevantes ou merecedoras de acatamento. Considerem-se as diferentes autoridades que são relevantes, por exemplo, em um concílio eclesiástico que está examinando uma questão de doutrina

---

uma razão privada. Existe a razão social – as muitas razões de associações na sociedade que constituem a cultura de fundo. Também há, digamos, uma razão doméstica – a razão de famílias como pequenos grupos da sociedade – que contrasta tanto com a razão pública quanto com a razão social. Na condição de cidadãos, participamos de todos esses tipos de razão e preservamos os direitos de cidadãos iguais quando assim o fazemos.

teológica, em uma universidade em que está sendo debatida a política educacional e na reunião de uma associação científica em que se está tentando avaliar os danos para o público causados por um acidente nuclear. Os critérios e métodos dessas razões não públicas dependem em parte da maneira de entender a natureza (o objetivo e a finalidade) de cada associação e das condições em que cada uma delas persegue seus fins.

2. Em uma sociedade democrática, o poder não público, tal como se manifesta, por exemplo, na autoridade das Igrejas sobre seus membros, é livremente aceito. No caso do poder eclesiástico, como a apostasia e a heresia não constituem delitos legais, aqueles que não mais reconhecem a autoridade de uma Igreja podem deixar de ser membros dela sem entrar em conflito com o poder estatal[8]. Quaisquer que sejam as doutrinas religiosas, filosóficas ou morais abrangentes que professemos, em termos políticos, nós as professamos livremente, pois, dada a liberdade de consciência e de pensamento, somos nós mesmos que nos impomos uma doutrina desse tipo. Com isso não quero dizer que o fazemos por um ato de livre escolha, por assim dizer, à parte de todos os comprometimentos e lealdades, afeições e vínculos prévios. O que quero dizer é que se, na condição de cidadãos livres e iguais, professamos uma dessas doutrinas, considera-se que o fazemos como algo que faz

---

8. Nesse caso, concebemos a liberdade de consciência como uma proteção do indivíduo contra a Igreja. Esse é um exemplo da proteção que os direitos e liberdades fundamentais garantem aos indivíduos de modo geral. Mas, da mesma forma, a liberdade de consciência e outras liberdades, tais como a de associação, protegem as Igrejas contra intrusões do Estado e de outras associações poderosas. Tanto indivíduos como associações necessitam de proteção, assim como as famílias também precisam ser protegidas de associações e do Estado e, de maneira similar, membros individuais das famílias precisam ser protegidos de outros membros da família (as esposas dos maridos, os filhos dos pais). É incorreto afirmar que o liberalismo concentra-se exclusivamente nos direitos dos indivíduos. De modo mais preciso, os direitos que reconhece objetivam proteger associações, grupos pequenos e indivíduos uns dos outros, em um equilíbrio apropriado especificado pelos princípios de justiça que o norteiam.

parte de nossa competência política, tal como especificada por direitos e liberdades constitucionais fundamentais. Em oposição, não é possível livrar-se da autoridade do Estado, exceto se deixamos o território em que governa – mesmo assim, nem sempre. O fato de essa autoridade ser guiada pela razão pública em nada altera isso. Normalmente, abandonar o próprio país é uma grave decisão. Implica abandonar a sociedade e a cultura nas quais fomos criados, a sociedade e a cultura cuja língua utilizamos para falar e pensar, para nos expressar e nos compreender, nossos objetivos, anseios e valores; a sociedade e a cultura de cuja história, costumes e convenções dependemos para encontrar nosso lugar no mundo social. Em grande medida, afirmamos nossa sociedade e cultura e delas temos um conhecimento íntimo e inexprimível, ainda que possamos questioná-las, se não mesmo rejeitá-las, em muitos de seus aspectos.

A autoridade política não tem como, portanto, ser livremente aceita, no sentido de que os vínculos da sociedade e da cultura, da história e da posição social de origem começam a moldar nossa vida desde muito cedo e em geral são tão fortes que o direito à emigração (caracterizado de forma apropriada) não é suficiente para tornar livre a aceitação da autoridade do Estado, em termos políticos, da maneira como a liberdade de consciência basta para tornar livre a aceitação da autoridade eclesiástica, falando em termos políticos. A despeito disso, podemos, ao longo da vida, vir a aceitar livremente, como resultado de um pensamento reflexivo e de um juízo ponderado, os ideais, princípios e critérios que especificam nossos direitos e liberdades fundamentais e vir a guiar e moderar de forma efetiva o poder político ao qual estamos submetidos. Esse é o limite exterior de nossa liberdade[9].

---

9. Aqui estou aceitando a visão kantiana (não propriamente a de Kant) segundo a qual aquilo que aceitamos com base na razão e na reflexão livres e informadas é aceito livremente e segundo a qual, na medida em que nossa

## § 4. O conteúdo da razão pública

1. Analisarei agora o conteúdo da razão pública, após ter examinado sua natureza e esboçado a maneira como o suposto paradoxo de respeitar seus limites pode ser dissolvido. Esse conteúdo é fornecido pelo que denominei "concepção política de justiça", que suponho ser de caráter liberal, no sentido amplo do termo. Com isso quero dizer três coisas: a primeira é que essa concepção especifica determinados direitos, liberdades e oportunidades fundamentais (do tipo que nos é familiar nos regimes democráticos constitucionais); a segunda é que atribui prioridade especial a esses direitos, liberdades e oportunidades, sobretudo com relação às exigências do bem geral e de valores perfeccionistas; e a terceira é que preconiza medidas para assegurar que todos os cidadãos tenham os meios polivalentes que lhes possibilitem fazer uso efetivo de sua liberdade e oportunidades fundamentais. Os dois princípios formulados em I, § 1.1-2 correspondem a essa descrição geral. Mas há maneiras distintas de interpretar cada um deles, de modo que há diferentes liberalismos.

Ao dizer que uma concepção de justiça é política, também quero dizer o seguinte (I, § 2): que é concebida para se aplicar somente à estrutura básica da sociedade, a suas principais instituições políticas, sociais e econômicas, vistas como um esquema unificado de cooperação; que é formulada independentemente de qualquer doutrina religiosa ou filosófica abrangente; e que é elaborada com base nas ideias políticas fundamentais que se considera que estão implícitas na cultura política pública de uma sociedade democrática.

---

conduta expressa o que aceitamos livremente, ela é tão livre quanto é possível sê-lo. No nível mais profundo, a liberdade requer a liberdade da razão, tanto teórica quanto prática, tal como se expressa no que dizemos e fazemos. Os limites à liberdade são, no fundo, limites à nossa razão, a seu desenvolvimento e educação, a seu conhecimento e informação e ao âmbito das ações nas quais pode se expressar; por conseguinte, nossa liberdade depende da natureza do contexto institucional e social de nosso entorno.

2. Mas também é essencial que uma concepção política liberal inclua, além de seus princípios de justiça, diretrizes de indagação que especifiquem formas de argumentação e critérios para os tipos de informação que são pertinentes às questões políticas. Sem essas diretrizes, não há como aplicar princípios substantivos, e isto faz com que a concepção política fique incompleta e fragmentária. Essa concepção tem, portanto, duas partes:

a. princípios substantivos para a estrutura básica;
b. diretrizes de indagação: princípios de argumentação e normas com relação a evidências, à luz dos quais os cidadãos terão de decidir se os princípios substantivos aplicam-se de forma apropriada e identificar as leis e a política que melhor os satisfaçam.

Disso se segue que os valores políticos liberais também são de dois tipos:

a. O primeiro tipo – os da justiça política – são valores que estão sob a rubrica dos princípios de justiça para a estrutura básica: os valores da liberdade civil e política igual; a igualdade de oportunidades; os valores da igualdade social e reciprocidade econômica; acrescentemos ainda os valores do bem comum, assim como as condições necessárias a todos esses bens.
b. O segundo tipo de valores políticos – os valores da razão pública – pertence à categoria das diretrizes da indagação pública que possibilitam que ela seja livre e pública. Também se incluem nessa categoria virtudes políticas tais como a razoabilidade e a disposição de acatar o dever (moral) de civilidade, as quais, como virtudes dos cidadãos, contribuem para tornar possível uma discussão pública refletida sobre as questões políticas.

3. Como já afirmei, quando se trata de questões de elementos constitucionais essenciais e de justiça básica, a estrutura básica e suas políticas públicas devem ser justificáveis a todos os cidadãos, como o exige o princípio de legitimidade política. A isso acrescentamos que, ao fazer essas justificações, recorremos somente a crenças gerais e a formas de argumentação que contam com ampla aceitação e fazem parte do senso comum e aos métodos e conclusões da ciência, quando estes não são controvertidos. O princípio liberal de legitimidade faz com que essa seja a maneira mais apropriada, senão mesmo a única, de especificar as diretrizes da indagação pública. De quais outros critérios e diretrizes dispomos para esse caso?

Isso significa que, ao discutir elementos constitucionais essenciais e questões de justiça básica, não devemos apelar a doutrinas religiosas e filosóficas abrangentes – àquilo que nós, na condição de indivíduos ou de membros de associações, entendemos ser a verdade toda –, nem a teorias econômicas sofisticadas do equilíbrio geral, por exemplo, caso sejam controvertidas. Tanto quanto possível, o conhecimento e as formas de argumentação que fundamentam nossa aceitação dos princípios de justiça e sua aplicação aos elementos constitucionais essenciais e à justiça básica devem sustentar-se nas verdades inequívocas que hoje são amplamente aceitas pelos cidadãos em geral ou a eles acessíveis. Se não fosse assim, a concepção política não proporcionaria uma base pública de justificação.

Como veremos adiante, em § 5, o que desejamos é que o conteúdo substantivo e as diretrizes da indagação de uma concepção política, quando considerados em conjunto, sejam completos. Isto significa que os valores especificados por essa concepção podem ser apropriadamente equilibrados, ou combinados, ou unidos de outra forma, conforme o caso, de tal modo que somente esses valores bastem para fornecer uma resposta pública razoável a todas ou quase todas as questões que se refiram aos elementos constitucionais essenciais e a questões básicas de justiça. Para dispor de uma concepção de razão pública, é preciso que tenhamos uma resposta razoável ou acreditemos que em algum momento a descobriremos para todos ou quase todos os casos desse tipo. Direi que uma concepção política é completa se satisfaz essa condição.

4. Na justiça como equidade, e penso que em várias outras visões liberais, as diretrizes de indagação da razão pública, bem como seu princípio de legitimidade, têm a mesma base que os princípios substantivos de justiça. Na justiça como equidade, isso significa que as partes, na posição original, ao adotarem princípios de justiça para a estrutura básica, também devem adotar diretrizes e critérios de razão pública para aplicar essas normas. A argumentação a favor dessas diretrizes e do princípio de legitimidade é a mesma e tem a mesma força que a argumentação a favor dos próprios princípios de justiça. Ao garantir os interesses das pessoas que representam, as partes insistem em que a aplicação de princípios substantivos seja guiada pelo julgamento e por inferências, pelas razões e evidências que é razoável esperar que as pessoas que representam venham a subscrever. Se não insistissem nisso, não estariam agindo responsavelmente como representantes fiduciárias. Por isso temos o princípio de legitimidade.

Na justiça como equidade, por conseguinte, as diretrizes da razão pública e os princípios de justiça têm essencialmente os mesmos fundamentos. São partes complementares de um único acordo. Não há nenhuma razão pela qual um cidadão ou uma associação de cidadãos deva ter o direito de empregar o poder estatal para decidir acerca de elementos constitucionais essenciais da forma determinada pela doutrina abrangente dessa pessoa ou associação. Quando os cidadãos são representados como iguais, nenhum deles outorgaria essa autoridade política a outra pessoa ou a uma associação. Qualquer autoridade dessa índole é, portanto, destituída de bases na razão pública, e as doutrinas abrangentes razoáveis assim o admitem.

5. Tenhamos em mente que o liberalismo político constitui uma classe de concepções. Ele se manifesta de muitas

formas diferentes, segundo os princípios substantivos que se utilizem e a maneira como se estabeleçam as diretrizes da indagação. Essas formas têm em comum princípios de justiça que são liberais e uma ideia de razão pública. Conteúdo e ideia podem variar dentro desses limites.

Aceitar a ideia de razão pública e seu princípio de legitimidade de modo algum significa aceitar determinada concepção liberal de justiça até os últimos detalhes dos princípios que definem seu conteúdo. Podemos divergir sobre esses princípios e mesmo assim concordar em aceitar as características mais gerais de uma concepção. Concordamos que os cidadãos compartilhem o poder político na condição de livres e iguais e que, como pessoas razoáveis e racionais, eles têm o dever de civilidade de recorrer à razão pública, mas divergimos em relação aos princípios que constituem a base mais razoável de justificação pública. A visão que denominei "justiça como equidade" é apenas um exemplo de concepção política liberal; seu conteúdo específico não é definidor de tal concepção.

O que importa, no ideal de razão pública, é que os cidadãos devem conduzir suas discussões fundamentais nos marcos daquilo que cada um considera uma concepção política de justiça fundada em valores que se pode razoavelmente supor que outros subscrevam e cada qual se dispõe, de boa fé, a defender tal concepção. Isso significa que cada um de nós deve ter um critério, e se dispor a explicá-lo, acerca de quais princípios e diretrizes acredita que se pode razoavelmente esperar que outros cidadãos (que também são livres e iguais) subscrevam junto. Precisamos dispor de um teste que estejamos dispostos a explicitar e que nos permita verificar quando essa condição é satisfeita. O que propus como um critério são os valores expressos pelos princípios e diretrizes que seriam acordados na posição original. Muitos preferirão outro critério.

É claro que poderemos descobrir que, na verdade, há aqueles que não subscrevem os princípios e as diretrizes que nosso critério seleciona. Isto não deve nos causar estranheza. A ideia é que necessitamos ter tal critério, e por si só isto já impõe considerável disciplina à discussão pública. Não se pode afirmar razoavelmente de qualquer valor que ele satisfaz esse teste ou que em realidade é um valor político; nem todo equilíbrio de valores políticos é razoável. É inevitável e muitas vezes desejável que os cidadãos tenham visões diferentes acerca de qual é a concepção política mais apropriada, pois a cultura política pública certamente conterá muitas ideias fundamentais distintas, que podem ser desenvolvidas de maneiras distintas. Um debate ordenado entre essas diferentes visões, ao longo do tempo, constitui um método confiável para descobrir qual delas é a mais razoável, se é que alguma delas o é.

### § 5. A ideia de elementos constitucionais essenciais

1. Afirmamos antes (§ 4.3) que, para descobrir uma concepção política completa, é preciso identificar uma classe de questões fundamentais para as quais os valores políticos dessa concepção ofereçam respostas razoáveis. Minha sugestão é que os elementos constitucionais essenciais e as questões de justiça básica constituem essa categoria. Expliquemos:

É da maior urgência que os cidadãos cheguem a um acordo prático ao fazer julgamentos sobre os elementos constitucionais essenciais. Esses elementos são de dois tipos:

   a. os princípios fundamentais que especificam a estrutura geral do Estado e do processo político: as prerrogativas do Legislativo, do Executivo e do Judiciário; o alcance da regra da maioria;
   b. os direitos e as liberdades fundamentais e iguais da cidadania que as maiorias legislativas estão obrigadas a respeitar, tais como o direito de voto e de participação na política, a liberdade de consciência, de pensamento e de associação, assim como as garantias do Estado de direito.

Esses elementos constitucionais constituem uma trama complexa; limito-me aqui a dar uma ideia do que significam. Não obstante, há uma diferença importante entre os elementos constitucionais que estão sob a rubrica do item (a), que especificam a estrutura geral do Estado e do processo político, e aqueles que estão sob a rubrica de (b), que especificam os direitos e as liberdades fundamentais e iguais dos cidadãos.

2. Os elementos essenciais do primeiro tipo podem especificar-se de várias maneiras. Uma prova disso é a diferença entre regime presidencialista e parlamentarista. Mas uma vez estabelecida, é vital que a estrutura do poder político só seja alterada se a experiência mostrar que se trata de uma exigência da justiça política ou do bem comum, e não de uma exigência motivada pela vantagem política de um partido ou grupo que naquele momento detém a supremacia política. Controvérsias frequentes sobre a estrutura do poder político, quando não se trata de exigência da justiça política e as alterações propostas tendem a favorecer alguns partidos em detrimento de outros, acirram a animosidade da política e podem levar à desconfiança e a turbulências que minam o governo constitucional.

Em oposição a isso, os elementos essenciais do segundo tipo dizem respeito a liberdades e direitos fundamentais que não podem ser especificados senão de uma maneira, a não ser no que diz respeito a pequenas variações. As liberdades de consciência e de associação e os direitos políticos da liberdade de expressão, de voto, de concorrer a cargos eletivos são caracterizados de maneiras parecidas em todos os regimes livres.

3. Observe-se, além do mais, uma importante distinção entre os princípios que determinam os direitos e as liberdades fundamentais e iguais e os princípios que regulam questões básicas de justiça distributiva, tais como a liberdade de escolha de ocupação e a igualdade de oportunidades, as desigualdades socioeconômicas e as bases sociais do autor-respeito.

Um princípio que especifica os direitos e as liberdades fundamentais abarca o segundo tipo de elementos constitucionais essenciais. Mas embora algum princípio de igualdade de oportunidades seja com certeza um elemento essencial desse tipo, tal como um princípio que exija liberdade de movimento e de livre escolha de ocupação, a igualdade equitativa de oportunidades (como a defini) vai além disso e não constitui um elemento essencial desse tipo. De maneira semelhante, embora um mínimo essencial que atenda às necessidades básicas de todos os cidadãos também seja um elemento essencial, aquilo que denominei "princípio de diferença" exige muito mais do que isso e não constitui um elemento constitucional essencial[10].

4. A distinção entre os princípios que abarcam as liberdades fundamentais e os que abarcam as desigualdades sociais e econômicas não está no fato de que os primeiros expressam valores políticos e os segundos, não. Ambos os tipos de princípios expressam valores políticos. Mais precisamente, a estrutura básica da sociedade desempenha dois papéis coordenados: os princípios que compreendem as liberdades fundamentais especificam o primeiro papel, e os que compreendem as desigualdades sociais e econômicas, o segundo. No primeiro papel, essa estrutura específica garante os direitos e as liberdades fundamentais e iguais e institui procedimentos políticos justos. No segundo, estabelece as instituições de base da justiça social e econômica apropriadas aos cidadãos em sua condição de pessoas livres e iguais. O primeiro papel diz respeito a como se adquire poder político e aos limites de seu exercício. Esperamos resolver ao menos essas questões, tomando por referência os valores políticos que podem oferecer uma base pública de justificação.

---

10. Sobre a igualdade equitativa de oportunidades, ver *Teoria*, pp. 72 ss. Sobre o princípio de diferença, ibid., § 13. Discussões políticas sobre as razões a favor e contra a igualdade equitativa de oportunidades e o princípio de diferença, embora não envolvam elementos constitucionais essenciais, pertencem à categoria das questões de justiça básica e, por isso, devem ser decididas pelos valores políticos da razão pública.

Até que ponto os elementos constitucionais essenciais que abarcam as liberdades fundamentais são satisfeitos é algo que fica mais ou menos patente mediante um exame dos arranjos constitucionais e do modo como funcionam na prática. Mas em que medida os objetivos dos princípios que abarcam as desigualdades sociais e econômicas são realizados é muito mais difícil de atestar. Essas questões estão quase sempre sujeitas a diferenças muito mais amplas de opiniões razoáveis; são matérias que dependem de inferências complicadas e de julgamentos intuitivos que exigem de nós a avaliação de informação social e econômica complexa acerca de tópicos que em geral são mal compreendidos. Desse modo, embora se devam discutir ambos os tipos de questões com base em valores políticos, é de esperar que exista mais acordo sobre se os princípios para os direitos e as liberdades fundamentais são realizados do que sobre se os princípios voltados para a justiça social e econômica o são. Esta não é uma diferença acerca de quais são os princípios corretos, mas simplesmente uma diferença que diz respeito à dificuldade de verificar se os princípios estão sendo realizados.

Para concluir: existem quatro razões para distinguir os elementos constitucionais especificados pelas liberdades fundamentais dos princípios que regulam as desigualdades sociais e econômicas.

a. Os dois tipos de princípios especificam papéis diferentes para a estrutura básica.
b. É mais urgente estabelecer os elementos essenciais que têm por objeto as liberdades fundamentais.
c. É muito mais fácil determinar se esses elementos essenciais estão sendo realizados.
d. É muito mais fácil chegar a um acordo sobre quais direitos e liberdades devem ser fundamentais, evidentemente não em todos os detalhes, mas nos aspectos mais importantes.

Essas considerações explicam por que a liberdade de movimento e de livre escolha de ocupação e um mínimo social que abarque as necessidades básicas dos cidadãos qualificam-se como elementos constitucionais essenciais, o que não acontece com o princípio de igualdade equitativa de oportunidades e o de diferença.

Aqui devo assinalar que, se uma concepção política de justiça consegue dar conta dos elementos constitucionais essenciais e das questões de justiça básica – e, no momento, é tudo quanto aspiramos –, esse fato já se reveste de enorme importância, mesmo que essa concepção tenha pouco a dizer sobre muitas das questões sociais e econômicas das quais as instituições legislativas usualmente têm de se ocupar. Para lidar com essas questões mais particulares e detalhadas, muitas vezes é razoável ir além da concepção política e dos valores que seus princípios expressam e recorrer a valores não políticos que uma visão como essa não inclui. Mas na medida em que haja um sólido acordo sobre os elementos constitucionais essenciais e que se considerem os procedimentos políticos estabelecidos como razoavelmente equitativos, em geral será possível preservar a cooperação política e social voluntária entre cidadãos livres e iguais.

### § 6. A Suprema Corte como modelo de razão pública

1. No início desta conferência (§ 1.2), observei que, em um regime constitucional em que há controle jurisdicional da constitucionalidade das leis ou "revisão judicial", a razão pública é a razão de seu tribunal supremo[11]. Esboçarei agora dois argumentos que dizem respeito a essa afirmação:

---

11. Isso não é uma definição. Suponho aqui que, em uma sociedade bem-ordenada, ambas as razões se sobrepõem de maneira relativa. Sou grato a James Fleming pela valiosa ajuda que me deu na formulação de muitos dos pontos desta seção.

primeiro, que a razão pública é bastante apropriada para ser a razão do tribunal, ao exercer seu papel de intérprete judicial último, mas não o de intérprete último da lei mais alta[12]; segundo, que a Suprema Corte é o ramo de poder do Estado que serve de caso exemplar de razão pública. Para esclarecer estes pontos, exporei brevemente cinco princípios do constitucionalismo[13].

O primeiro princípio é a distinção de Locke, em *Two Treatises*, entre o poder constituinte do povo para estabelecer um novo regime e o poder ordinário das autoridades públicas e do eleitorado, exercido na política cotidiana. O poder constituinte do povo (II, §§ 134 e 141) institui uma estrutura para regular o poder ordinário e somente entra em cena quando o regime existente se dissolveu.

A segunda distinção é entre a lei mais alta e a lei ordinária. A lei mais alta é a expressão do poder constituinte do povo e é investida da autoridade mais elevada da vontade de "Nós, o povo", ao passo que a legislação ordinária se reveste da autoridade e constitui a expressão do poder ordinário do Parlamento e do eleitorado. A lei mais alta obriga e guia este poder.

Como um terceiro princípio, uma Constituição democrática é uma expressão fundada em princípios, na lei mais alta, do ideal político de um povo se autogovernar de certa maneira. O objetivo da razão pública é articular esse ideal. Alguns dos fins da sociedade política podem ser formula-

---

12. A esse respeito, foi-me particularmente útil: Bruce Ackerman, "Constitutional Politics/Constitutional Law", in *Yale Law Journal* 99 (dezembro de 1989), bem como seu livro mais recente, *We the People: Foundations* (Cambridge, Mass.: Harvard University Press, 1991), vol. 1.

13. Baseio-me aqui em John Agresto, *The Supreme Court and Constitutional Democracy* (Ithaca: Cornell University Press, 1984), especialmente as pp. 45-55; Stephen Holmes, "Gag Rules or the Politics of Omission" e "Precommitment and the Paradox of Democracy", ambos publicados em *Constitutionalism and Democracy*, volume organizado por Jon Elster e Rune Slagstad (Cambridge: Cambridge University Press, 1987); Jon Elster, *Ulysses and the Sirens* (Cambridge: Cambrigde University Press, 1979), pp. 81-6, 88-103. Não há absolutamente nada de novo em minha interpretação.

dos no preâmbulo da Constituição – realizar a justiça e promover o bem-estar geral –, e determinadas exigências são reconhecidas em uma Carta de Direitos ou estão implícitas em uma estrutura de autoridade política – o devido processo legal e a igual proteção das leis. Juntos, esses fins e essas exigências encontram-se sob a rubrica dos valores políticos e sua razão pública. É preciso que essa expressão, fundada em princípios, seja amplamente apoiada, e por esta e outras razões é melhor não sobrecarregá-la com demasiados detalhes e qualificações. Também deve ser possível tornar explícita a realização de seus princípios essenciais nas instituições básicas[14].

Um quarto princípio é que, mediante uma Constituição democraticamente ratificada e que conte com uma Carta de Direitos, o corpo de cidadãos fixa de uma vez por todas certos elementos constitucionais essenciais, por exemplo: os direitos e as liberdades civis e políticos iguais, as liberdades de expressão e de associação, bem como os direitos e liberdades que asseguram a segurança e a independência dos cidadãos, tais como as liberdades de movimento e de escolha da ocupação e as garantias do Estado de direito. Isso garante que as leis ordinárias sejam promulgadas de certa maneira pelos cidadãos, em sua qualidade de pessoas livres e independentes. É por meio desses procedimentos que o povo pode expressar, mesmo que não o faça, sua vontade democrática refletida, e certamente essa vontade não tem como existir sem esses procedimentos.

O quinto e último princípio prescreve que, em um governo constitucional, o poder supremo não pode ser depositado nas mãos da legislatura, nem mesmo de um tribunal supremo, que é somente o intérprete judicial de última instância da Constituição. O poder supremo pertence aos três

---

14. Por essas razões, entre outras, suponho que o princípio da igualdade equitativa de oportunidades e o princípio da diferença não são elementos constitucionais essenciais, embora, como afirmei, a justiça como equidade os trate como questões de justiça básica (§ 5.3).

poderes, em uma relação adequadamente especificada entre si, em que cada um deles é responsável perante o povo[15]. Não há como deixar de admitir, é verdade, que no longo prazo a grande maioria do eleitorado pode acabar por fazer a Constituição se conformar à sua vontade. Isso constitui simplesmente um fato sobre o poder político como tal. Não há como contornar esse fato, nem mesmo mediante a adoção de cláusulas pétreas que procurem fixar de modo permanente as garantias democráticas fundamentais. Não há nenhum procedimento institucional que não possa ser transgredido ou distorcido para fazer passar leis que violam princípios democráticos constitucionais básicos[16]. A ideia de Constituições e leis fundamentais corretas e justas sempre é determinada pela concepção política de justiça que é mais razoável, e não pelo resultado de um processo político efetivo. Mais adiante (em § 6.4), voltarei a me ocupar de uma questão que isso suscita.

2. A democracia constitucional, portanto, é dualista: ela distingue o poder constituinte do poder ordinário, bem como a lei mais alta do povo da lei ordinária aprovada por instituições legislativas. A supremacia parlamentar é rejeitada.

---

15. Ao dizer isso, estou acompanhando o que entendo ser a visão de Lincoln, tal como expressa em seus comentários sobre Dred Scott (1857), em seus discursos e em seus debates com Douglas, em *Lincoln: Speeches and Writings*, volume organizado por Don Fehrenbacher (Nova York: Library of America, 1989), vol. 1, pp. 392 ss., 450 ss., 524 ss., 714-7, 740 ss.; e em seu discurso de posse "First Inaugural" (1861), ibid., vol. 2, pp. 220 ss. Para interpretações da visão de Lincoln, ver Alexander Bickel, *The Last Dangerous Branch* (Nova York: Bobbs-Merrill, 1962), pp. 65-9; 259-69; Agresto, *The Supreme Court*, especialmente as pp. 86-95, 105, 128 ss.; e Don Fehrenbacher, *Lincoln: In Text and Context* (Stanford: Stanford University Press, 1987), em especial as pp. 20-3, 125 ss., 293.

16. De maneira semelhante, não há nenhum procedimento de investigação, nem mesmo aqueles das investigações científicas e de erudição acadêmica, do qual se possa afirmar que, no longo prazo, vai garantir a revelação da verdade. Como observamos no final de III, § 8, não podemos definir a verdade como dada pelas crenças que permaneceriam de pé em um consenso idealizado, por mais amplo que fosse.

Um tribunal supremo encaixa-se nessa ideia de democracia constitucional dualista, como um dos dispositivos constitucionais para proteger a lei mais alta[17]. Ao aplicar a razão pública, o tribunal age para evitar que a lei seja erodida pela legislação de maiorias transitórias ou, o que é mais provável, que corresponda a interesses estreitos, organizados e muito bem posicionados para fazer valer seus pontos de vista. Se o tribunal assume esse papel e o cumpre de forma efetiva[18], é incorreto afirmar que isso é claramente antidemocrático. É de fato um papel antimajoritário no que se refere à lei ordinária, pois um tribunal com prerrogativas de revisão judicial pode declarar tal lei inconstitucional. Não obstante, a autoridade mais alta investida no povo oferece sustentação ao exercício desse papel. O tribunal não é antimajoritário em relação à lei mais elevada quando suas decisões estão razoavelmente de acordo com a própria Constituição, com as emendas que recebeu e com as interpretações feitas sobre ela que tenham sido politicamente determinadas.

Vamos supor que concordamos que os períodos mais inovadores de nossa história constitucional são a Fundação, a Reconstrução e o New Deal[19]. Aqui, é importante observar que todos os três períodos parecem ter se baseado nos valores políticos da razão pública, e somente neles. A Constituição e seu processo de emendas, as emendas da Reconstrução que procuraram acabar com o flagelo da escravidão

---

17. Ver Ackerman, "Constitutional Politics/Constitutional Law", pp. 464 ss., e *We the People*, pp. 6-10.

18. É preciso dizer que, historicamente, a Suprema Corte dos Estados Unidos muitas vezes desempenhou esse papel de modo bastante equivocado. Ela respaldou os Alien and Sedition Acts de 1798, e é suficiente mencionar o caso Dred Scott (1857). A Corte emasculou as emendas da Reconstrução, ao interpretá-las como uma carta de liberdade capitalista, em vez de uma lei para proteger a liberdade dos escravos libertados; e, do caso Lochner (1905) até os primeiros anos do New Deal, fez muita coisa parecida.

19. Aqui me baseio na interpretação de Ackerman em "Constitutional Politics/Constitutional Law", em especial nas pp. 486-515, e *We the People*, capítulos 3-6 *passim*.

e o chamado Estado de bem-estar social, moderno e intervencionista do New Deal parecem caber dentro dessa descrição, embora algum esforço fosse necessário para demonstrar isso. Mas aceitando essa interpretação como correta e vendo a Suprema Corte como o intérprete judicial supremo, ainda que não o intérprete último, desse corpo de lei mais alta, o que importa ressaltar é que os valores políticos da razão pública fornecem à Corte as bases da interpretação. Uma concepção política de justiça abarca as questões fundamentais tratadas pela lei mais alta e articula os valores políticos com base nos quais essas questões podem ser decididas[20].

Alguns certamente dirão que a supremacia parlamentar, sem nenhum tipo de Carta de Direitos, é superior a nosso regime dualista. Isso garantiria um apoio mais firme para os valores que a lei mais alta, sob o sistema dualista, procura assegurar. Por outro lado, há aqueles que pensam ser preferível uma Constituição que converta em cláusulas pétreas uma lista de direitos fundamentais, como o faz a Constituição alemã. Como ela coloca esses direitos fora do alcance de emendas, ainda que isto fosse feito pelo povo e pela Suprema Corte alemã, poder-se-ia dizer que tal Constituição, ao tornar esses direitos de cumprimento obrigatório, é antidemocrática. Tornar esses direitos cláusulas pétreas, pode--se dizer, tem essa consequência. Julgados pelos valores de uma concepção política razoável de justiça, esses regimes podem ser superiores a um regime dualista no qual essas questões fundamentais são decididas pela lei mais alta de "Nós, o povo"[21].

---

20. Ver o artigo de Samuel Freeman, "Original Meaning, Democratic Interpretation, and the Constitution", *Philosophy and Public Affairs* 21 (inverno de 1992), pp. 26 ss., 36 ss., em que se analisam essas questões.

21. Robert Dahl, em seu *Democracy and Its Critics* (New Haven: Yale University Press, 1989), analisa os méritos relativos dessas formas de instituições democráticas. Em certo sentido, critica o sistema parlamentarista britânico (o "modelo Westminster") e, embora também critique a revisão judicial (pp. 187--91), pensa que não há uma forma universalmente válida de resolver o proble-

É preciso enfatizar que o liberalismo político, como tal, não afirma nem nega nenhuma dessas afirmações e, por isso, não precisamos discuti-las. O que aqui queremos ressaltar é que, seja qual for a maneira como essas questões são decididas, o conteúdo de uma concepção política de justiça inclui os valores da razão pública de acordo com os quais os méritos dos três tipos de regime deverão ser avaliados.

3. Volto-me agora para a discussão de um segundo ponto: o papel do tribunal supremo não é meramente defensivo, mas também o de fazer valer a razão pública, de forma apropriada e contínua, ao servir de modelo institucional dessa razão[22]. Isso significa, primeiro, que a razão pública é a única que o tribunal exerce. É o único ramo dos poderes do Estado que se apresenta, de forma visível, como uma criatura dessa razão e exclusivamente dela. Os cidadãos e os legisladores podem votar de acordo com suas visões mais abrangentes quando elementos constitucionais essenciais e questões de justiça básica não estão em jogo. Não é preciso que justifiquem, recorrendo à razão pública, por que votam e como o fazem, nem que suas razões tenham coerência, de modo que seja possível integrá-las a uma visão constitucional coerente, que abranja toda a gama de suas decisões. O papel dos juízes é fazer precisamente isso e, ao fazê-lo, eles não dispõem de nenhuma outra razão, nem de nenhum outro valor, a não ser aqueles de índole política. Fora isso, devem decidir de acordo com o que pensam

---

ma sobre como proteger direitos e interesses fundamentais. Diz ele: "Na falta de uma solução que seja universalmente a melhor, devem-se adaptar soluções específicas às condições e experiências históricas, à cultura política e às instituições políticas concretas de determinado país" (p. 192). Inclino-me a concordar com esse ponto de vista e agradeço a Dennis Thompson por corrigir o modo equivocado como anteriormente interpretei a posição de Dahl.

22. O Judiciário, com um supremo tribunal de natureza constitucional, não é a única instituição que faz isso. É essencial que outros arranjos sociais também o façam, por meio, por exemplo, de um sistema bem-ordenado de financiamento público das eleições e de restrições ao financiamento privado, que garantam o valor equitativo das liberdades políticas ou pelo menos movam significativamente o processo político nessa direção. Ver *Teoria*, pp. 224-7, e VIII, §§ 7 e 12, neste volume.

que os casos precedentes, as práticas e tradições constitucionais e os textos históricos constitucionalmente importantes exigem. Dizer que a Suprema Corte é a instituição exemplar da razão pública significa também que cabe aos magistrados elaborar e expressar, em suas sentenças fundamentadas, a melhor interpretação da Constituição de que sejam capazes, valendo-se para isso de seu conhecimento sobre o que a Constituição e os precedentes constitucionais requerem. A esse respeito, a melhor interpretação é a que melhor se ajusta ao corpo pertinente desses materiais constitucionais e aquela que se justifica com base na concepção pública de justiça ou em uma variante razoável dela. Ao fazerem isso, espera-se que os juízes possam recorrer – e de fato recorram – aos valores políticos da concepção pública, sempre que a própria Constituição invoque, expressa ou implicitamente, esses valores, como o fazem, por exemplo, em uma Carta de Direitos que garante o livre exercício da religião ou a igual proteção das leis. O papel do tribunal nisso é parte da publicidade da razão e constitui um aspecto do papel amplo, ou educativo, da razão pública.

É claro que os juízes não podem invocar a própria moralidade pessoal, nem os ideais e as virtudes da moralidade em geral. Isso eles devem considerar irrelevante. Da mesma maneira, não podem invocar suas doutrinas religiosas ou filosóficas, nem as de outros. Tampouco podem citar valores políticos de modo indiscriminado. Mais precisamente, devem recorrer aos valores políticos que julgam fazer parte do entendimento mais razoável da concepção pública e de seus valores políticos de justiça e razão pública. Estes são os valores nos quais acreditam de boa-fé, como o exige o dever de civilidade, que se pode razoavelmente esperar que todos os cidadãos, como pessoas razoáveis e racionais, subscrevam[23].

---

23. Essa interpretação acerca do que os juízes devem fazer parece coincidir com o ponto de vista de Dworkin, tal como formulado, por exemplo, em

Porém, como já afirmei (§ 4.5), a ideia de razão pública não significa que os juízes devam se pôr de acordo uns com os outros, assim como não é de esperar que os cidadãos o façam, nos detalhes do entendimento que cada um tem da Constituição. Não obstante, é preciso que se empenhem em interpretar – e que isto apareça dessa forma – a mesma Constituição à luz daquilo que veem como as partes pertinentes da concepção política e do que, de boa-fé, acreditam que se pode defender como tal. O papel da Suprema Corte como mais alto intérprete judicial da Constituição supõe que as concepções políticas que os juízes subscrevem e seus pontos de vista sobre os elementos constitucionais essenciais atribuem aproximadamente o mesmo lugar ao núcleo central das liberdades fundamentais. Com respeito a esses casos, pelo menos, suas decisões conseguem resolver as questões políticas mais fundamentais.

---

"Hard Cases", in *Taking Rights Seriously* (Cambridge, Mass.: Harvard University Press, 1978) ou em *Law's Empire* (Cambridge, Mass.: Harvard University Press, 1986), capítulo 7, exceto, possivelmente, por uma ressalva. Sustentei que os juízes, ao interpretarem a Constituição, devem recorrer aos valores políticos abarcados pela concepção política de justiça ou pelo menos por alguma variante reconhecível de tal concepção. Os valores que eles podem invocar restringem-se ao que é razoável supor que essa concepção ou uma variante dela abarque, não os valores de uma concepção de moralidade como tal, nem mesmo de uma moralidade política – penso que esta última é demasiado ampla. Desse modo, embora seja apropriado recorrer a um mínimo social especificado por necessidades básicas (e aqui estou aceitando a posição de Frank Michelman, tal como formulada em "Welfare Rights and Constitutional Democracy", in *Washington University Law Quarterly* 1979 [verão de 1979]), não se pode invocar o princípio da diferença, a menos que figure como uma diretriz em uma lei (§ 5.3). Acredito que Dworkin pensa que seu requisito de ajustamento, segundo o qual a interpretação deve levar em conta as normas legais e precedentes judiciais, seja suficiente para conduzir aproximadamente à mesma conclusão, pois ele emprega esse requisito para distinguir a interpretação da invenção e supõe que uma interpretação razoável baste para revelar o que está implícito na lei, tal como é articulado no interior da concepção política ou de uma de suas variantes reconhecíveis. Dworkin pode estar certo a esse respeito, mas não estou seguro disso. Inclino-me a exigir, além do requisito de ajustamento, que, para que as decisões do tribunal sejam propriamente decisões judiciais da lei, a interpretação deva estar inserida no âmbito da concepção política pública de justiça ou de uma variante reconhecível dela. Tenho dúvidas de que essa posição difira, em sua substância, daquela de Dworkin.

4. Por último, o papel do tribunal como modelo de razão pública tem um terceiro aspecto: dar força e vitalidade à razão pública no fórum público, e isto o tribunal faz mediante julgamentos dotados de autoridade sobre questões políticas fundamentais. Ele desempenha esse papel quando interpreta clara e efetivamente a Constituição de maneira razoável. Quando não consegue desempenhá-lo desse modo, como já ocorreu muitas vezes com a Suprema Corte, coloca-se no centro de uma controvérsia política cujos termos de resolução são valores públicos.

A Constituição não é o que a Suprema Corte diz que é. Mais precisamente, ela é o que o povo, agindo constitucionalmente por meio dos outros poderes, por fim permitirá à Corte dizer o que é. Uma interpretação da Constituição pode impor-se à Corte por meio de emendas ou por uma maioria política ampla e duradoura, como aconteceu no caso do New Deal[24]. Isso levanta a questão de se uma emenda para derrogar a Primeira Emenda, digamos, ou para converter dada religião em religião oficial, com todas as consequências que isso acarretaria, deveria ser aceita pela Suprema Corte como uma emenda válida[25]. É um truísmo dizer, como afirmei, que, se o povo age constitucionalmente, tais emendas são válidas. Mas para validar uma emenda é suficiente que seja aprovada de acordo com o procedimento do Artigo V?[26] Que razões a Corte ou o Executivo teriam (supondo que o veto à emenda fosse derrubado) para considerar inválida a aprovação de uma emenda que satisfizesse essa condição?

---

24. Ver Ackerman, "Constitutional Politics/Constitutional Law", pp. 510--5, e *We the People*, capítulo 5.

25. Ackerman sustenta que um compromisso com a democracia dualista implica que a Corte está obrigada a aceitar tal emenda como válida, enquanto eu quero negar isso. Embora ele afirme que se orgulharia de pertencer à geração que "entrincheirou" a Carta de Direitos na Constituição, na medida em que isso propiciaria um regime mais ideal, o "entrincheiramento", em sua opinião, é contrário à ideia de nossa democracia dualista.

26. Agradeço a Stephen Macedo a valiosa discussão que me levou a tratar essa questão. Ver seu *Liberal Virtues* (Oxford: Clarendon Press, 1990), pp. 182 ss. O que afirmo aqui é semelhante ao que ele sustenta nessa obra.

Consideremos as seguintes razões: uma emenda não é uma mudança qualquer. Uma ideia que enseja uma emenda é ajustar valores constitucionais fundamentais a circunstâncias sociais e políticas em processo de transformação ou incorporar à Constituição uma interpretação mais ampla e inclusiva desses valores. As três emendas relacionadas à Guerra Civil fizeram isso, bem como a Décima Nona Emenda, que assegurou o direito de voto às mulheres; a Emenda dos Direitos Iguais teve propósito similar. Na época da Fundação, havia uma contradição gritante entre a ideia de igualdade expressa na Declaração de Independência e na Constituição e a escravidão de uma raça subjugada; também havia qualificações de propriedade para o voto e às mulheres se negava por completo o direito a ele. Historicamente, aquelas emendas fizeram com que a Constituição se ajustasse melhor à sua promessa original[27]. Outra ideia que anima as emendas é adaptar as instituições básicas a fim de eliminar debilidades que a prática constitucional subsequente revela. Assim, com exceção da Décima Oitava Emenda, as demais emendas dizem respeito ou à estrutura constitucional do Estado, como a Vigésima Segunda, que não permite que o presidente exerça mais do que dois mandatos consecutivos, ou a certas questões básicas de política pública, como a Décima Sexta, que outorga ao Congresso a prerrogativa de criar tributos sobre rendimentos. Esse tem sido o papel das emendas.

A Suprema Corte poderia dizer, então, que uma emenda que objetive derrogar a Primeira Emenda e substituí-la por uma cláusula de sentido oposto contradiz fundamentalmente a tradição constitucional da mais antiga democracia do mundo. Por isso, não tem validade. Isso significa que a Carta de Direitos e as outras emendas são cláusulas pétreas ("entrincheiradas")? Elas o são, no sentido de que são

---

27. Ver a sucinta e lúcida interpretação que Judith Shklar, recentemente falecida, fez dessa história em seu *American Citizenship: The Quest for Inclusion* (Cambridge, Mass.: Harvard University Press, 1991).

validadas por longa prática histórica. Podem ser emendadas das maneiras que foram mencionadas, mas não podem ser simplesmente rejeitadas e revogadas. Caso isto ocorresse – e não é inconcebível que o exercício do poder político pudesse tomar esse rumo –, equivaleria a uma ruptura constitucional[28] ou a uma revolução, no sentido próprio do termo, e não a uma emenda válida à Constituição. A prática bem-sucedida de suas ideias e princípios ao longo de dois séculos coloca restrições àquilo que agora se pode considerar como uma emenda, o que quer que tenha sido verdadeiro no início.

Assim, em meio a qualquer grande mudança constitucional, quer seja legítima ou não, a Suprema Corte está fadada a ser um centro de controvérsia. Não é raro que seu papel obrigue a discussão política a transcorrer com base em princípios, de modo que a questão constitucional seja tratada em conformidade com os valores políticos da justiça e da razão pública. A discussão pública se converte em algo mais do que uma disputa por poder e por cargos. Ao fazer com que os cidadãos focalizem sua atenção em questões constitucionais básicas, educa-os para que utilizem a razão pública e seu valor de justiça política.

Para concluir essas observações sobre a Suprema Corte em um regime constitucional com controle jurisdicional da constitucionalidade, enfatizo que elas não tiveram o propósito de oferecer uma defesa de tal instituição, embora talvez seja possível defendê-la sob certas circunstâncias históricas e dadas certas condições da cultura política. Mais exatamente, meu objetivo foi elaborar a ideia de razão pública, e, para torná-la mais precisa, examinei a forma como a Suprema Corte pode ser vista como modelo dessa razão pública. E se a Suprema Corte é especial nesse aspecto, os

---

28. Esse é o termo que Samuel Freeman utiliza em seu ensaio "Original Meaning, Democratic Interpretation, and the Constitution", nas pp. 41 ss., ao contrapor seu ponto de vista ao de Ackerman. Reconheço aqui minha dívida para com sua discussão.

outros poderes do Estado certamente podem ser, se assim o desejarem, fóruns de princípios para debater, junto com a Corte, questões constitucionais[29].

## § 7. Dificuldades manifestas com a razão pública

1. Recordemos, de § 4.3, que estamos em busca de uma concepção política cujos valores combinados de justiça e de razão pública levem a respostas razoáveis para todas ou quase todas as questões políticas fundamentais: aquelas que envolvem elementos constitucionais essenciais e matérias de justiça básica. Analisarei, a seguir, várias dificuldades patentes.

Uma dificuldade é que a razão pública muitas vezes admite mais de uma resposta razoável a determinada questão. Isto porque há muitos valores políticos diferentes e muitas maneiras de caracterizá-los. Suponhamos, então, que combinações distintas de valores, ou os mesmos valores ponderados de modo diferente, tendem a predominar em um caso fundamental em particular. Todos recorrem a valores políticos, mas não há acordo, e persistem diferenças que não são apenas marginais. Se isso ocorrer, como de fato ocorre com frequência, alguns poderão dizer que a razão pública não consegue resolver a questão e que, nesse caso, os cidadãos poderão legitimamente invocar princípios que recorrem a valores não políticos para resolver a questão de um modo que julgam satisfatório[30]. Nem todos introduziriam os mesmos valores não políticos, mas pelo menos cada qual teria uma resposta condizente com os valores não políticos que professa.

---

29. Com relação a esse último aspecto, ver Dworkin, "The Forum of Principle", in *A Matter of Principle* (Cambridge: Harvard University Press, 1985), pp. 70 ss.

30. Kent Greenawalt parece inclinar-se a subscrever esse ponto de vista. Ver sua análise detalhada nos capítulos 6-7 de *Religious Convictions and Political Choice* (Nova York: Oxford University Press, 1988).

O ideal de razão pública nos leva a não fazer isso nos casos de elementos constitucionais essenciais e questões de justiça básica. Um acordo completo é algo raro de alcançar, e abandonar a razão pública sempre que há desacordo sobre como equilibrar diferentes valores equivale, com efeito, a abandoná-la por completo. Além disso, como afirmamos em § 4.5, a razão pública não requer que aceitemos exatamente os mesmos princípios, e sim que conduzamos nossas discussões fundamentais com base no que consideramos ser uma concepção política. Devemos sinceramente supor que nossa posição sobre a questão baseia-se em valores políticos que é razoável esperar que todos subscrevam. Para um eleitorado, conduzir-se assim representa um ideal elevado, cuja realização leva à prática de valores fundamentais, que não devem ser abandonados simplesmente porque um acordo completo não pode ser alcançado. Uma votação pode dizer respeito a uma questão fundamental e, se esta questão for debatida recorrendo-se a valores políticos e os cidadãos votarem segundo sua opinião sincera, o ideal se manterá.

2. Uma segunda dificuldade diz respeito ao que se quer dizer com votar segundo nossa opinião sincera. Vamos estipular que respeitamos a razão pública e seu princípio de legitimidade quando são cumpridas três condições: a) quando conferimos um peso muito grande e que normalmente não pode ser superado ao ideal que prescreve a razão pública; b) quando acreditamos que a razão pública é adequadamente completa, isto é, que pelo menos em relação à grande maioria das questões fundamentais, e talvez em relação a todas, há alguma combinação e equilíbrio de valores políticos que basta para mostrar de modo razoável a resposta; c) e, finalmente, quando acreditamos que a posição específica que defendemos e a lei ou a política pública que nela se baseiam expressam uma combinação e um equilíbrio razoáveis desses valores.

Mas nesse caso, então, um problema se apresenta. Estou supondo o tempo todo que os cidadãos professam doutrinas abrangentes religiosas e filosóficas, e muitos poderão pensar que valores não políticos e transcendentes constituem o fundamento dos valores políticos. Acaso essa crença faz com que seja insincero recorrermos a valores políticos? Não, não é assim. Essas crenças abrangentes são plenamente consistentes com as três condições formuladas antes. Que possamos pensar que os valores políticos têm alguma fundamentação mais profunda, isto não implica que não aceitemos esses valores ou que não acatemos as condições para respeitar a razão pública, assim como aceitarmos os axiomas da geometria não implica que não aceitemos os teoremas. Além disso, podemos aceitar os axiomas tanto por causa dos teoremas aos quais levam quanto, de modo inverso, aceitá-los porque podemos deduzi-los dos teoremas[31].

Ao acatar as três condições mencionadas, aceitamos o dever de recorrer a valores políticos como um dever de ado-

---

31. Esse é um ponto importante, a saber, que devemos distinguir a ordem de dedução da ordem de sustentação. O argumento dedutivo estabelece a ordem segundo a qual as proposições podem ser conectadas; axiomas, ou princípios fundamentais, são esclarecedores, por estabelecerem essas conexões de maneira clara e límpida. Uma concepção como a da posição original é esclarecedora dessa mesma forma e nos possibilita apresentar a justiça como equidade como dotada de certa unidade. Mas as proposições que justificam uma concepção normativa e nos fazem pensar que é razoável podem ou não ocupar uma posição elevada na ordem de dedução. Se hierarquizarmos princípios e convicções de acordo com quão fortemente sustentam a doutrina que leva a eles, então princípios e convicções que ocupam uma posição elevada nessa ordem de sustentação podem se encontrar em uma posição baixa na ordem de dedução. A ideia de equilíbrio reflexivo permite que convicções de qualquer nível de generalidade possam proporcionar razões de sustentação. Assim é que, em uma doutrina bem formulada, a ordem de dedução, se é que existe, pode ser clara, mas a ordem de sustentação é uma questão distinta e deve ser decidida mediante cuidadosa reflexão. Mesmo então, como saber? Uma vez que essa distinção é feita, não há base para afirmar que as pessoas que professam doutrinas religiosas ou filosóficas não podem ser sinceras se também subscrevem a razão pública. Poder-se-ia pensar que pessoas religiosas se recusariam a fazer a distinção entre a ordem de dedução e a de sustentação. No entanto, não é preciso que seja assim, pois, no caso delas, principiando pela existência de Deus, as ordens de dedução e de sustentação são as mesmas. A distinção conceitual entre as duas ordens não implica que elas não possam ser isomórficas.

tar certa forma de discurso público. Como as instituições e leis são sempre imperfeitas, podemos considerar imperfeita essa forma de discurso e, de todo modo, que não corresponde à verdade toda, tal como prescrita por nossa doutrina abrangente. Também podemos considerar que esse discurso é superficial, porque não contém os fundamentos mais profundos nos quais acreditamos que nossa visão abrangente se baseia. Não obstante, cremos ter fortes razões para acatá-lo, levando em conta o dever de civilidade que temos para com os outros cidadãos. Afinal, eles compartilham conosco a mesma percepção da imperfeição desse discurso, embora por outros motivos, pois professam doutrinas abrangentes distintas e acreditam que são outros os fundamentos que não foram levados em conta. Mas é somente dessa forma e aceitando que a política, em uma sociedade democrática, nunca pode guiar-se por aquilo que entendemos ser a verdade toda, que podemos realizar o ideal expresso pelo princípio de legitimidade: o de viver politicamente com outros à luz de razões que é razoável esperar que todos subscrevam.

O que a razão pública requer é que os cidadãos sejam capazes de explicar seu voto uns aos outros com base em um equilíbrio razoável de valores políticos públicos e que todos compreendam que, evidentemente, a pluralidade de doutrinas abrangentes razoáveis que os cidadãos professam pode ser considerada por eles mesmos como um fundamento que proporciona apoio adicional e muitas vezes transcendente a esses valores políticos. Em cada caso, a doutrina que cada qual professa é uma questão de consciência para o cidadão individualmente. É verdade que o equilíbrio de valores políticos que um cidadão subscreve deve ser razoável e de tal modo que outros cidadãos também o considerem razoável, mas nem todos os equilíbrios razoáveis são iguais. As únicas doutrinas abrangentes que se apartam da razão pública são aquelas que não podem dar sustentação a um equilíbrio razoável de valores políticos[32]. Contudo, se as doutrinas efetivamente professadas conferem apoio a um equilíbrio razoável, do que alguém poderia se queixar? Qual seria a objeção à razão pública?[33]

---

32. Como ilustração disso, consideremos a controvertida questão do aborto. Suponhamos, primeiro, que a sociedade de que se trate é bem-ordenada e que defrontamos com o caso normal de mulheres adultas e maduras. Antes de tudo, convém ter clareza sobre esse caso idealizado, pois, assim, disporemos de um guia para nos ajudar a pensar em outros casos, que nos obrigarão a levar em conta circunstâncias excepcionais. Suponhamos ainda que vamos examinar a questão com base nestes três valores políticos importantes: o devido respeito pela vida humana, a reprodução ordenada da sociedade política ao longo do tempo, o que inclui algum tipo de família, e, por fim, a igualdade das mulheres como cidadãs iguais. (É claro que há outros valores políticos importantes além desses.) Acredito que qualquer equilíbrio razoável desses três valores concederá à mulher um direito devidamente qualificado de decidir se deve ou não interromper a gravidez durante o primeiro trimestre de gestação. A razão disso é que, nesse estágio inicial da gravidez, o valor político da igualdade das mulheres prevalece sobre os demais e aquele direito é necessário para dar substância e força à igualdade. Outros valores políticos, caso fossem pertinentes a essa questão, não alterariam, acredito, essa conclusão. Um equilíbrio razoável pode permitir à mulher um direito que vai além do que foi considerado acima, ao menos em certas circunstâncias. No entanto, aqui não examino a questão em geral, pois quero apenas ilustrar o argumento do texto dizendo que qualquer doutrina abrangente que leve a um equilíbrio de valores políticos que exclua aquele direito devidamente qualificado de interromper a gravidez no primeiro trimestre não é, nessa medida, razoável; e, dependendo dos pormenores de sua formulação, pode ser até mesmo cruel e opressiva se, por exemplo, chega ao ponto de negar o direito por completo, exceto nos casos de estupro e incesto. Assim, supondo que essa questão seja um elemento constitucional essencial ou uma matéria de justiça básica, estaríamos indo contra o ideal de razão pública se votássemos com base em uma doutrina abrangente que negue esse direito (ver § 2.4). Entretanto, uma doutrina abrangente não é como tal desarrazoada porque leva a uma conclusão não razoável em somente um ou mesmo em vários casos. Tal doutrina ainda pode ser razoável com relação à maior parte dos casos.

33. Creio que a ideia de razão pública, tal como exposta aqui e em outras passagens do texto, é congruente com o ponto de vista de Greenwalt em seu *Religious Convictions and Political Choice*. A razão para ele pensar o contrário se deve, acredito, à forma como interpreta o liberalismo filosófico e as exigências expressas pelo ideal de democracia liberal de tal liberalismo, que são muito mais fortes do que aquilo que denomino "liberalismo político". Para começar, as exigências da razão pública fazem parte de um ideal de cidadania democrática e só se aplicam à nossa conduta no fórum político público e a como devemos votar quando elementos constitucionais essenciais e questões de justiça básica estão em jogo. Além disso, como o texto acima deixa explí-

3. Uma terceira dificuldade é determinar quando uma questão é resolvida com êxito pela razão pública. Alguns pensam que a razão pública deixa muitas questões sem resposta. Mas queremos que uma concepção política de justiça seja completa. Seus valores políticos deveriam propiciar um equilíbrio que oferecesse uma resposta razoável a todas ou quase todas as questões fundamentais (§ 4.3). Para examinar este tópico, menciono vários "problemas de extensão", como os denominei (I, § 3.4), pois são problemas que parecem insolúveis do ponto de vista de uma concepção política.

Como agora não é possível tratar todas essas questões, recordarei o que afirmei antes (I, § 3.4), no sentido de que há pelo menos quatro problemas dessa natureza. Um deles é estender a justiça de modo que abarque nossos deveres para com as gerações futuras (nisso se inclui o problema da poupança justa). Outro problema é estendê-la aos conceitos e princípios que se aplicam ao direito internacional e às relações políticas entre povos – a *jus gentium* tradicional. Um terceiro problema de extensão é formular os princípios que se aplicam aos cuidados básicos com a saúde. E, por fim, podemos nos perguntar se a justiça pode estender-se a nossas relações com os animais e com a ordem da natureza. Como já afirmei (I, § 3.4), acredito que é possível estender de forma razoável a justiça como equidade para abarcar os primeiros três problemas, embora não possa discuti-los aqui.

Em vez disso, limito-me a expressar a conjectura de que esses três problemas podem ser resolvidos de modo

---

to, a razão pública não exige dos cidadãos que "extirpem suas convicções religiosas" e que pensem acerca dessas questões "como se partissem do zero, sem levar em conta aquilo que no momento veem como premissas fundamentais do pensamento moral" (Greenawalt, p. 155). Essa sugestão, não há dúvida, é inteiramente contrária ao espírito do consenso sobreposto. Creio que meu texto é congruente com a análise que Greenawalt faz nas pp. 153-6, no importante capítulo central do livro, e com o que ele sustenta na Parte III, que trata de questões tais como a discussão política apropriada a uma sociedade liberal.

semelhante. Algumas visões que se baseiam na tradição do contrato social – e a justiça como equidade é uma delas – tomam como ponto pacífico o *status* pleno de pessoas adultas na sociedade em questão e procedem a partir daí: ao futuro, no que se refere a outras gerações; ao exterior, em relação a outras sociedades; e para dentro, em relação àqueles que necessitam de cuidados básicos de saúde. Em cada um desses casos, partimos da condição de cidadãos adultos e prosseguimos sujeitos a certas restrições para obter uma norma razoável. Podemos fazer o mesmo com as exigências que dizem respeito aos animais e ao resto da natureza – esta era a visão tradicional das eras cristãs. Os animais e a natureza eram vistos como sujeitos a nosso uso e a nossos costumes[34]. Esse entendimento tem a vantagem da clareza e de levar a algum tipo de resposta. Há inúmeros valores políticos aos quais podemos recorrer para enfrentar o problema: promover nosso próprio bem e o das gerações futuras, preservando a ordem natural e suas propriedades de sustentação à vida; proteger espécies animais e vegetais para fazer avançar o conhecimento biológico e médico, com as potenciais aplicações que isso pode ter para a saúde humana; proteger as belezas naturais com propósitos de recreação pública e para realizar as formas de satisfação propiciadas por uma compreensão mais profunda do mundo. Recorrer a valores desse tipo oferece o que muitos consideram uma resposta razoável para o *status* dos animais e do resto da natureza.

É claro que nem todos aceitarão que só esses valores são suficientes para resolver a questão. Suponhamos, por exemplo, que nossa atitude em relação ao mundo é a da religião natural: pensamos ser completamente errado recorrer apenas a esses valores e a outros semelhantes a eles para determinar nossas relações com o mundo natural. Fa-

---

34. Ver Keith Thomas, *Thomas and the Natural World* (Nova York: Pantheon, 1983), capítulo 1, para o ponto de vista das eras cristãs, ao passo que os capítulos posteriores traçam o desenvolvimento das atitudes modernas, começando pelo século XVIII.

zer isso equivaleria a ver este mundo de um ponto de vista estritamente antropológico, ao passo que os seres humanos deveriam assumir certo papel protetor em relação à natureza e dar importância a uma família de valores inteiramente distinta daquela dos valores políticos. Nesse caso, nossa atitude poderia ser bastante semelhante àquela dos que rejeitam o aborto com base em crenças teológicas. Contudo, há uma importante diferença: o *status* do mundo natural e nossa relação apropriada com ele não é um elemento constitucional essencial, nem uma questão de justiça básica, da forma como essas questões foram caracterizadas (§ 5)[35]. É uma questão com relação à qual os cidadãos podem votar de acordo com seus valores não políticos e se empenhar em persuadir outros cidadãos a segui-los nisso. Aqui os limites da razão pública não se aplicam.

4. Juntemos agora todos os fios para definir quando uma questão fundamental é resolvida pela razão pública. Seguramente, para que a razão pública produza uma resposta razoável em determinado caso, não é necessário que dê a mesma resposta que qualquer doutrina abrangente daria se procedêssemos com base exclusivamente nela. Em que sentido, então, é preciso que a resposta da própria razão pública seja razoável?

Respondamos: a resposta deve ser pelo menos razoável, quando não a mais razoável, avaliando-se isso exclusivamente com base na razão pública. Mas para além disso, e pensando no caso de uma sociedade bem-ordenada, esperamos que essa resposta se encontre dentro da latitude que cada uma das doutrinas abrangentes razoáveis que constituem um consenso sobreposto admite. Ao falar dessa latitude, refiro-me ao escopo dentro do qual uma doutrina pode aceitar, mesmo com relutância, as conclusões da razão pública, quer seja em geral ou em um caso particular.

---

35. É claro que essas matérias poderão se converter em questões de elementos constitucionais essenciais e de justiça básica, se nossos deveres e obrigações em relação às gerações futuras e a outras sociedades estiverem em jogo.

Uma concepção política razoável e efetiva pode fazer com que doutrinas abrangentes se inclinem em sua direção, moldando-as, caso necessário, para que de não razoáveis se tornem razoáveis. Mas mesmo aceitando que essa tendência se verifique, o próprio liberalismo político não pode sustentar que cada uma das doutrinas abrangentes deva chegar às conclusões da razão pública quase sempre dentro da latitude admitida pela doutrina em questão. Sustentar isso transcenderia a razão pública.

A despeito disso, podemos sustentar que a concepção política é uma expressão razoável dos valores políticos da razão pública e da justiça entre cidadãos considerados pessoas livres e iguais. Como tal, a concepção política faz exigências às doutrinas abrangentes em nome desses valores fundamentais, de modo que aqueles que a rejeitam correm o risco de ser injustos, em termos políticos. Recordemos aqui o que foi dito em II, § 3.3: ao reconhecer as doutrinas abrangentes de outros cidadãos como razoáveis, os cidadãos reconhecem também que, se falta uma base pública para estabelecer a verdade de suas crenças, insistir em sua visão abrangente só pode ser visto pelos demais cidadãos como uma insistência em fazer valer as próprias crenças. E se realmente insistirmos em fazer isso, outros, em autodefesa, poderão opor-se a nós, alegando que estamos empregando uma força não razoável contra eles.

### § 8. Os limites da razão pública

1. Uma última questão sobre os limites da razão pública[36]. Já me referi inúmeras vezes a esses limites. O que se

---

36. Agradeço muito a Amy Gutmann e a Lawrence Solum pela discussão e pela correspondência que mantivemos sobre esses limites. Inicialmente, inclinava-me ao que denomino "visão exclusiva"; eles me persuadiram de que essa visão era demasiado restritiva, como o demonstram os exemplos dos abolicionistas (que devo a Solum) e de Martin Luther King Jr. Ainda não consegui dar conta de todas as complexidades dessa questão que se apresentaram na correspondência com eles.

poderia entender por isso, até aqui, é que, em matérias políticas fundamentais, as razões que se baseiam explicitamente em doutrinas abrangentes jamais devem ser introduzidas na razão pública. As razões públicas que uma doutrina dessa índole subscreve podem, com certeza, ser apresentadas, mas não a própria doutrina. Denominemos esse entendimento da razão pública de "visão exclusiva". Mas em contraposição a esta visão exclusiva há outra visão, que permite aos cidadãos, em determinadas circunstâncias, apresentar o que veem como a base de valores políticos e que está arraigada em sua doutrina abrangente, desde que o façam de maneiras que fortaleçam o próprio ideal de razão pública. Podemos denominar esse entendimento da razão pública de "visão inclusiva".

A questão que se apresenta, então, é se devemos entender o ideal de razão pública de acordo com a visão exclusiva ou de acordo com a visão inclusiva. A resposta depende de qual das duas visões é melhor para encorajar os cidadãos a respeitar o ideal de razão pública e de qual das duas visões é melhor para assegurar, no prazo mais longo, as condições sociais da razão pública em uma sociedade bem-ordenada. Aceitando isso, a visão inclusiva parece a correta, pois sob diferentes condições sociais e políticas, com diferentes famílias de doutrina e prática, o ideal seguramente deve ser promovido e realizado de formas diferentes, às vezes mediante o que poderíamos ver como o ponto de vista exclusivo, às vezes mediante o que nos pareceria ser a visão inclusiva. Aquelas condições determinam, portanto, qual é a melhor forma de realizar o ideal, tanto no curto quanto no longo prazo. A visão inclusiva admite essa variação e é mais flexível, da maneira necessária para promover o ideal de razão pública.

2. Para ilustrar o que está sendo dito, consideremos, primeiro, o caso ideal: a sociedade em questão é mais ou menos bem-ordenada. Seus membros reconhecem um sólido consenso sobreposto de doutrinas razoáveis e ela não é convulsionada por conflitos profundos. Nesse caso, os va-

lores da concepção política são familiares e os cidadãos respeitam o ideal de razão pública de modo mais claro quando recorrem a esses valores. Além dos motivos da política ordinária à parte, os cidadãos não têm um interesse muito forte em introduzir considerações de outra natureza: seus direitos fundamentais já estão garantidos e não há injustiças fundamentais contra as quais se sintam obrigados a protestar. A razão pública, nessa sociedade bem-ordenada, parece se conformar à visão exclusiva. Recorrer somente a valores políticos é a maneira mais óbvia e direta de os cidadãos respeitarem o ideal de razão pública e de cumprirem seu dever de civilidade.

Um segundo caso se apresenta quando, em uma sociedade quase bem-ordenada, há um grave conflito no que diz respeito à aplicação de um de seus princípios de justiça. Suponhamos que o conflito envolve o princípio de igualdade equitativa de oportunidades ao se aplicar à educação para todos. Diferentes grupos religiosos opõem-se uns aos outros; um defende que o apoio estatal se restrinja somente à educação pública, outro, que as escolas religiosas também recebam subsídios estatais. O primeiro grupo considera esta última política incompatível com a chamada separação entre Estado e Igreja, enquanto o segundo nega que seja esse o caso. Nessa situação, aqueles que professam diferentes credos religiosos podem acabar por duvidar uns dos outros no que diz respeito ao compromisso com valores políticos fundamentais.

Uma maneira de dissipar essa dúvida consiste em os líderes de grupos conflitantes mostrarem no fórum público como as doutrinas abrangentes que professam verdadeiramente afirmam esses valores. Claro que já faz parte da cultura de fundo examinar como as diferentes doutrinas apoiam ou deixam de apoiar a concepção política. Mas no tipo de caso de que ora nos ocupamos, se os líderes reconhecidos afirmam esse fato no fórum público, isto pode contribuir para demonstrar que o consenso sobreposto não é mero *modus vivendi* (IV, § 3). Esse reconhecimento certamente reforça a confiança mútua e a confiança pública e pode ser parte vital da base sociológica que encoraja os cidadãos a respeitar o ideal da razão pública[37]. Assim, a melhor forma de fortalecer esse ideal, nesse segundo tipo de caso, pode ser explicar no fórum público como a doutrina abrangente que se professa subscreve os valores políticos.

3. Um tipo muito diferente de caso se apresenta quando uma sociedade não é bem-ordenada e há uma divisão profunda acerca de elementos constitucionais essenciais. Pensemos nos abolicionistas, que argumentavam contra o Sul pré-Guerra Civil que sua instituição da escravidão era contrária à lei de Deus. Recordemos que os abolicionistas realizavam, já desde os anos 1830, mobilizações a favor da emancipação imediata e universal dos escravos, sem indenização aos proprietários, e o faziam, suponho, fundamentando seus argumentos em razões religiosas[38]. Nesse caso, a razão não pública de determinadas Igrejas cristãs dava sustentação às conclusões claras da razão pública. Isto tam-

---

37. Agradeço a Lawrence Solum e a Seana Shiffrin por haverem enfatizado esse ponto.

38. Para uma interpretação dos abolicionistas, ver James McPherson, *The Struggle for Equality* (Princeton: Princeton University Press, 1964), pp. 1-8 e *passim*. *The Antislavery Argument*, volume organizado por William Pease e Jane Pease (Nova York: Bobbs-Merrill, 1965), contém vários escritos abolicionistas. É característica desses escritos a seguinte passagem de William Ellery Channing, em seu *Slavery*, 3. ed. (1836): "Ocupo-me agora do que, em minha opinião, é o grande argumento contra apoderar-se de um ser humano e usá-lo como uma propriedade. Ele não pode ser uma propriedade aos olhos de Deus nem aos olhos da justiça porque é um ser racional, moral e imortal, criado à imagem e semelhança de Deus e porque é, portanto, no mais alto sentido da expressão, seu filho, porque foi criado para desenvolver as faculdades divinas e para governar-se por uma lei divina que se encontra inscrita em seu coração e reproduzida na palavra de Deus. Da própria natureza do homem se segue que apoderar-se dele constitui um insulto a seu criador e significa incorrer em grave iniquidade social. Em cada ser humano, Deus insuflou um espírito imortal, mais precioso do que toda a criação do mundo exterior... Acaso Deus criou tal ser para que dele se apropriem como uma árvore ou como uma besta?" (Pease e Pease, *The Antislavery Argument*, pp. 115 ss.). Embora os abolicionistas argumentassem muitas vezes da forma habitual, recorrendo a valores e a considerações políticos, suponho, para os propósitos da questão, que a base religiosa de seus pontos de vista estivesse sempre clara.

bém é verdade sobre o movimento dos direitos civis liderado por Martin Luther King Jr., com a ressalva de que King podia apelar – coisa que os abolicionistas não podiam fazer – aos valores políticos expressos na Constituição corretamente interpretada[39].

Será que os abolicionistas se colocaram contra o ideal de razão pública? Examinemos a questão de forma conceitual, não historicamente, e consideremos ponto pacífico que a agitação política que realizaram mostrou-se uma força política necessária, que acabaria por levar à Guerra Civil e, em consequência, à destruição do grande mal e do flagelo da escravidão. É certo que ansiavam por esse resultado e poderiam ter entendido suas ações como a melhor forma de

---

39. Assim, King podia invocar, e o fez com frequência, o caso *Brown v. Board of Education*, a decisão da Suprema Corte de 1954 que declarou inconstitucional a segregação racial. Para King, a "lei justa é um código feito pelo homem que se ajusta à lei moral ou à lei de Deus. Uma lei injusta é um código que está em desarmonia com a lei moral. Para dizê-lo nos termos de São Tomás de Aquino, uma lei injusta é uma lei humana que não está baseada na lei natural e eterna. Toda lei que aprimora a personalidade humana é justa. Toda lei que degrada a personalidade humana é injusta. Todas as leis de segregação são injustas, porque a segregação racial distorce a alma e lesa a personalidade". No parágrafo seguinte, há uma definição mais concreta: "Uma lei injusta é um código que a maioria inflige a uma minoria que não está obrigada a obedecer. Isto é fazer da diferença uma norma legal... Uma lei justa é um código que a maioria obriga uma minoria a cumprir e que essa própria minoria está disposta a cumprir. Isto é fazer da igualdade uma norma legal." No parágrafo seguinte, lemos: "Uma lei injusta é um código imposto à minoria, a qual não teve nenhuma participação em sua elaboração ou aprovação, porque não lhe foi assegurado um direito irrestrito de voto" (dos parágrafos 14-6, respectivamente, de *Letter from Birmingham City Jail* (abril de 1963), in *A Testament of Hope: The Essential Writings of Martin Luther King*, volume organizado por J. M. Washington [São Francisco: Harper and Row, 1986], pp. 293 ss.). Outros escritos e discursos de King podem ser citados para enfatizar o mesmo ponto. Por exemplo, seu "Give us the Ballot" (ibid., pp. 197-200), seu discurso de maio de 1957, no terceiro aniversário de *Brown*, e "I Have a Dream" (ibid., pp. 217-23), seu discurso programático da Marcha a Washington pelos direitos civis, em agosto de 1963, ambos proferidos em Washington, diante do Lincoln Memorial. Doutrinas religiosas fundamentam claramente os pontos de vista de King e são importantes em suas exortações. No entanto, essas doutrinas expressam-se em termos gerais: subscrevem de modo pleno valores constitucionais e estão de acordo com a razão pública.

criar uma sociedade justa e bem-ordenada, na qual o ideal de razão pública por fim pudesse ser respeitado. Questões similares podem ser levantadas em relação aos líderes do movimento dos direitos civis. Os abolicionistas e King não teriam sido desarrazoados ao acreditar nessas convicções que estamos conjecturando, caso as forças políticas que lideravam estivessem entre as condições históricas necessárias para estabelecer a justiça política, suposição que parece bastante plausível nas circunstâncias em que se encontravam.

De acordo com essa interpretação, os abolicionistas e os líderes do movimento dos direitos civis não se colocaram contra o ideal de razão pública ou, mais precisamente, não o fizeram supondo que pensassem ou que pudessem ter pensado, após cuidadosa reflexão (como com certeza poderiam ter feito), que as razões abrangentes às quais recorriam eram necessárias para dar força suficiente à concepção política a ser subsequentemente realizada. É claro que as pessoas não costumam distinguir razões abrangentes de razões públicas, tampouco costumam aderir ao ideal de razão pública, tal como o formulamos. Elas podem, contudo, ser levadas a reconhecer essas distinções em casos particulares. Os abolicionistas poderiam dizer, por exemplo, que apoiavam os valores políticos da liberdade e igualdade para todos, mas que, levando em conta as doutrinas abrangentes que professavam e as doutrinas correntes em sua época, fazia-se necessário recorrer às razões abrangentes nas quais uma grande maioria acreditava que esses valores estivessem baseados[40]. Considerando essas circunstâncias históricas, não deixava de ser razoável que agissem como agiram em prol do próprio ideal de razão pública[41].

---

40. Parece claro, pelo que foi dito na nota 31, que Channing poderia facilmente fazer isso. Agradeço a John Cooper pela discussão esclarecedora que tivemos sobre os pontos desse parágrafo.

41. Isso nos faz pensar que pode suceder que, para que uma sociedade bem-ordenada, na qual a discussão pública se realize sobretudo com base em valores políticos, venha a existir, as condições históricas prévias podem exigir

Neste caso, o ideal de razão pública admite a interpretação inclusiva.

4. Essa breve análise mostra que os limites apropriados da razão pública variam de acordo com as condições históricas e sociais vigentes. Embora muito mais devesse ser dito para tornar essa sugestão inteiramente convincente, o ponto central enfatizado é que os cidadãos precisam estar motivados a respeitar o ideal em si, no presente, sempre que as circunstâncias o permitam, mas com frequência nos veremos obrigados a adotar uma perspectiva mais ampla. Em diferentes circunstâncias, nas quais diferentes doutrinas e práticas se manifestam, o ideal pode realizar-se melhor de diferentes maneiras: nos bons tempos, com base no que à primeira vista parece ser a visão exclusiva e, em tempos não tão favoráveis, no que parece corresponder à visão inclusiva.

Aqui estou supondo que a concepção política de justiça e o ideal de respeitar a razão pública apoiam-se mutuamente. Uma sociedade bem-ordenada, pública e efetivamente regulada por uma concepção política, engendra um ambiente propício a que seus cidadãos adquiram um senso de justiça que os predispõe a cumprir com seu dever de civilidade e sem que sejam gerados fortes interesses contrários a isso. Por outro lado, as instituições de uma sociedade bem-ordenada são apoiadas, uma vez que o ideal de razão pública tenha se estabelecido firmemente na conduta dos cidadãos. Mas se essas suposições são corretas e se podem ter por base a psicologia moral que esbocei em II, § 7, estas são questões complexas, das quais não posso tratar neste momento. O que deve ficar claro, no entanto, é que, se es-

---

que se recorra a razões abrangentes para reforçar esses valores. Isto parece mais provável quando existem poucas doutrinas abrangentes que, apesar de fortemente arraigadas, são similares em certos aspectos e quando a diversidade de visões que é característica de épocas recentes ainda não se manifestou. A essas condições acrescente-se outra: a ideia de razão pública, com seu dever de civilidade, ainda não encontrou expressão na cultura pública e permanece desconhecida.

sas suposições estão equivocadas, há um grave problema com a justiça como equidade tal como a formulei. É preciso esperar, como o fiz o tempo todo, que a concepção política e seu ideal de razão pública se apoiem mutuamente e que, nesse sentido, sejam estáveis.

5. Em retrospectiva, enfatizo alguns aspectos mais importantes. Um ideal de razão pública é um complemento apropriado a uma democracia constitucional, cuja cultura está fadada a ser caracterizada por uma pluralidade de doutrinas abrangentes razoáveis. Isso é algo que se afirma com frequência e, de alguma forma, com certeza é correto. No entanto, é difícil especificar esse ideal de modo satisfatório. Ao tentar fazê-lo, propus os tipos de questões políticas às quais a razão pública se aplica, a saber, as questões que dizem respeito a elementos constitucionais essenciais e à justiça básica (§ 1.1), e examinamos quais são essas questões (§ 5). No que se refere a quem se aplica a razão pública, afirmamos que se aplica aos cidadãos, quando se engajam na militância política no fórum público, em campanhas políticas, por exemplo, e quando votam, se tais questões fundamentais estão em jogo. A razão pública sempre se aplica a autoridades públicas e governamentais, em fóruns públicos e nos debates e votações no plenário do Legislativo (§ 1.1). Aplica-se em especial ao Judiciário em suas decisões e como exemplar institucional da razão pública (§ 6). O conteúdo da razão pública é fornecido por uma concepção política de justiça. Esse conteúdo tem dois componentes: os princípios substantivos de justiça para a estrutura básica (os valores políticos da justiça) e as diretrizes da indagação pública e as concepções de virtude que tornam a razão pública possível (os valores políticos da razão pública) (§ 4.1-3).

Enfatizo que os limites da razão pública não são, evidentemente, os limites da lei ou da norma legal, mas aqueles que respeitamos quando respeitamos um ideal: o ideal de cidadãos democráticos que se empenham em conduzir seus assuntos políticos em termos que têm por base valores políticos que podemos razoavelmente esperar que outros subscrevam. O ideal também expressa a disposição de ouvir o que outros têm a dizer e a aceitar acomodações ou alterações razoáveis no próprio ponto de vista. A razão pública exige ainda de nós que o equilíbrio daqueles valores que pensamos ser razoável em um caso particular seja um equilíbrio que sinceramente pensemos que os demais também consideram razoável. Ou, se isso não for possível, que se possa considerar o equilíbrio de valores ao menos como não sendo desarrazoado no seguinte sentido: que aqueles que se opõem a isso possam, não obstante, compreender como pessoas razoáveis podem subscrever tal equilíbrio. Isso preserva os laços de amizade cívica e é coerente com o dever de civilidade. Em relação a certas questões, é possível que isso seja o melhor que podemos fazer[42].

Tudo isso permite certa latitude, uma vez que nem todos os equilíbrios razoáveis são iguais. As únicas doutrinas abrangentes que não estão de acordo com a razão pública a respeito de determinada questão são aquelas que não têm como subscrever um equilíbrio razoável de valores políticos acerca das questões que a razão pública levanta (§ 7.2). Certas doutrinas abrangentes razoáveis não conseguem fazer isso em alguns casos, mas é de esperar que nenhuma dessas doutrinas que perduram ao longo do tempo em uma sociedade bem-ordenada contraponha-se à razão pública em todos os casos ou mesmo em grande número de casos.

As mudanças em minha interpretação da razão pública – se é que existe alguma – talvez sejam duas: a primeira é o lugar central ao dever de civilidade como um ideal de democracia (§ 2.1-3); a segunda está no fato de o conteúdo da razão pública ser fornecido pelos valores políticos e pelas diretrizes de uma concepção política de justiça (§ 4.1-4). O conteúdo da razão pública não é dado pela moralidade

---

42. Sou grato a Robert Adams pela discussão esclarecedora que tivemos sobre esse ponto.

política como tal, mas somente por uma concepção política adequada a um regime constitucional. Para verificar se estamos seguindo a razão pública, poderíamos perguntar: como o argumento que defendemos nos pareceria se fosse apresentado na forma de uma opinião de uma Corte Suprema?[43] Razoável? Ultrajante?

Por último, que este ou qualquer outro entendimento da razão pública seja aceitável é algo que só poderá ser decidido examinando as respostas a que conduz em uma ampla gama de casos que provavelmente se apresentarão. Também teríamos de considerar outras maneiras pelas quais as crenças e posições religiosas podem ter um papel na vida política. Poderíamos perguntar se a proclamação que Lincoln fez de um Dia Nacional de Jejum, em agosto de 1861, e suas duas proclamações de Dia de Ação de Graças, em outubro de 1863 e de 1864, violam a ideia de razão pública. E o que deveríamos dizer do Segundo Discurso de Posse, com sua profética interpretação (tirada do Velho Testamento) da Guerra Civil como um castigo de Deus pelo pecado da escravidão, recaindo igualmente sobre o Norte e o Sul? Inclino-me a pensar que Lincoln não violou a razão pública no sentido em que a interpretei e tal como poderia ser aplicada em seu tempo – se poderia ser aplicada em nosso tempo, esta é outra questão –, pois o que disse nessas proclamações não tem implicações com relação a elementos constitucionais essenciais, nem com respeito a questões de justiça básica. Ou, quaisquer que fossem essas implicações, elas certamente poderiam ser com firmeza sustentadas pelos valores da razão pública. Menciono essas questões somente para mostrar que ainda resta muito a examinar a res-

---

43. Pensemos não em uma corte tal como existe, mas na corte como parte de um regime constitucional concebido idealmente. Digo isto porque há quem duvide de que se possa esperar de uma Corte Suprema realmente existente que chegue a decisões razoáveis. Além disso, os tribunais estão restringidos por precedentes judiciais de maneiras em que a razão pública não o está, devem aguardar que as questões sejam trazidas a eles, e muito mais. Mas esses pontos não afetam a propriedade do teste sugerido no texto.

peito. E, evidentemente, nem todas as visões liberais aceitariam a ideia de razão pública tal como a apresentei aqui. Aquelas que aceitariam alguma versão dessa ideia, abrindo lugar para variações, podemos denominar de liberalismos políticos.

PARTE TRÊS
# A estrutura institucional

Conferência VII
*A estrutura básica como objeto*[1]

§ 1. O objeto primário da justiça

Uma característica essencial da concepção contratualista da justiça é que a estrutura básica da sociedade é o objeto primário da justiça. A visão contratualista começa formulando uma teoria da justiça para esse caso que é especial, mas indubitavelmente de grande importância. A concepção de justiça que daí resulta tem certa primazia regulatória com relação aos princípios e critérios apropriados para os outros casos. A estrutura básica é entendida como a maneira pela qual as principais instituições sociais se articulam em um sistema único, distribuem direitos e deveres fundamentais e moldam a divisão dos benefícios obtidos mediante a cooperação social. Assim, a Constituição política, as formas legalmente reconhecidas de propriedade, a organização da economia e a natureza da família fazem parte da estrutura

---

1. Este ensaio é uma versão consideravelmente revista e modificada de um texto com o mesmo título apresentado no encontro da American Philosophical Association (Pacific Division) em Portland, Oregon, em março de 1977, e que foi publicado em *American Philosophical Quarterly* 14 (abril de 1977). §§ 2 e 3 são originais. Expresso meus agradecimentos a Joshua Cohen, Joshua Rabinowitz, T. M. Scanlon e Quentin Skinner pelas valiosas discussões sobre o tema deste ensaio. Sou grato a Burton Dreben pelas muitas melhorias feitas no texto e também a Thomas Hill e Hugo Bedau, pelos comentários esclarecedores que fizeram.

básica. O objetivo inicial da teoria consiste em formular uma concepção cujos princípios primeiros ofereçam orientações razoáveis para tratar as questões clássicas e familiares de justiça social relacionadas a esse complexo de instituições. Estas questões constituem os dados, por assim dizer, para os quais a teoria busca explicação. Não há a pretensão de formular princípios primeiros que se apliquem de forma igual a todos os objetos. Mais precisamente, nessa perspectiva, uma teoria deve desenvolver princípios para os objetos relevantes, passo a passo, em uma sequência apropriada.

Neste ensaio, eu gostaria de examinar por que a estrutura básica deve ser considerada o objeto primário da justiça. Claro que é perfeitamente legítimo restringir a investigação inicial a essa estrutura. Temos de começar por algum lugar, e este ponto de partida pode justificar-se pelo grau de consistência exibido pela teoria que daí resultar. Mas deveria haver uma resposta mais esclarecedora do que essa, baseada, além disso, nas características especiais da estrutura básica, em comparação com outros arranjos sociais, e que articule essas características com o papel típico e com o conteúdo dos próprios princípios de justiça. Espero oferecer uma resposta que faça exatamente isso[2].

Um contrato social é um acordo hipotético a) entre todos, e não apenas entre alguns membros da sociedade, e b) entre todos na condição de membros da sociedade (como cidadãos), e não na condição de indivíduos que nela ocupam uma posição ou desempenham um papel particular. Na versão kantiana dessa doutrina, que denomino "justiça como equidade", c) consideram-se as partes contratantes como pessoas morais livres e iguais e d) o conteúdo do acordo consiste nos princípios primeiros que devem regular a estrutura básica. Consideramos como dada uma pequena lista de

---

2. Em *Teoria*, a estrutura básica foi considerada o objeto principal e a discussão concentrou-se nesse caso. Ver § 2. Mas as razões dessa escolha do objeto e suas consequências não foram suficientemente explicadas. Aqui quero sanar essa omissão.

concepções de justiça que encontramos na tradição da filosofia moral e, a seguir, perguntamo-nos com qual dessas concepções as partes se colocariam de acordo, restringindo as alternativas, dessa maneira. Supondo que temos uma ideia suficientemente clara das circunstâncias necessárias para assegurar que qualquer acordo alcançado seja equitativo, o conteúdo da justiça para a estrutura básica pode ser determinado, pelo menos de modo aproximado, pelos princípios que seriam escolhidos. (É claro que isto pressupõe a razoabilidade da tradição da filosofia moral, mas por onde mais poderíamos começar?) Dessa maneira, recorre-se à justiça procedimental pura em seu nível mais elevado: a equidade das circunstâncias transfere-se para a equidade dos princípios reconhecidos.

Sustentarei o seguinte: primeiro, uma vez que concebamos as partes de um contrato social como pessoas morais livres e iguais (e racionais), haverá fortes razões para considerar a estrutura básica como o objeto primário (4-5); segundo, em vista das características distintivas dessa estrutura, o acordo inicial e as condições sob as quais é alcançado devem ser entendidos de maneira especial, que distinga esse acordo de todos os demais (6-7); terceiro, agir assim permite a um ponto de vista kantiano levar em conta a natureza profundamente social das relações humanas; por último, sustentarei que, embora um vasto componente de justiça procedimental pura se transfira aos princípios de justiça, estes princípios, não obstante, devem expressar uma forma ideal para a estrutura básica, à luz da qual os processos institucionais existentes devem ser regulados e os resultados acumulados de transações individuais devem ser continuamente ajustados (9).

## § 2. A unidade mediante a sequência apropriada

Antes de tratar esses pontos, gostaria de assinalar que começar pela estrutura básica para depois desenvolver outros princípios de forma sequencial confere à justiça como equidade um caráter distintivo[3].

Para ilustrar isso, consideremos primeiro o contraste com o utilitarismo, que costuma ser interpretado como uma teoria inteiramente geral. Isto sem dúvida é verdadeiro no caso da doutrina clássica, tal como a formulou em definitivo Sidgwick[4]. O princípio de utilidade se aplica igualmente a todas as formas sociais e às ações dos indivíduos. Além disso, também deve se guiar por esse princípio a avaliação do caráter e de traços atitudinais, assim como a prática social de elogiar e censurar. É certo que o utilitarismo de normas reconhece que determinadas distinções entre objetos podem suscitar problemas especiais. Mas a distinção entre normas e atos, além de ser ela mesma muito geral, é uma distinção categorial ou metafísica, e não uma distinção que se faça dentro da classe das formas sociais. Evoca as questões que dizem respeito a como o princípio de utilidade deve ser aplicado por intermédio de diferenças de categoria, e a forma geral como essa questão é tratada pelo utilitarismo de normas preserva o contraste com a visão contratualista.

É claro que a teoria utilitarista reconhece as peculiaridades dos diferentes tipos de casos, mas estas peculiaridades são tratadas como se resultassem de diferentes classes de efeitos e de relações causais que é preciso levar em conta. Desse modo, vamos supor que concordemos que a estrutura básica constitui importante complexo de instituições, considerando a natureza profunda e penetrante de seus efeitos sociais e psicológicos. Pode-se concordar também que é útil distinguir essa estrutura das associações particulares que existem em seu interior, bem como do sistema internacional mais vasto circundante. Essas distinções podem

---
3. Agradeço a Hugo Bedau por ter chamado minha atenção para a necessidade de enfatizar isso. Em seus comentários a uma versão anterior deste ensaio, ele observou que o último parágrafo do § 2 de *Teoria* é particularmente enganoso a esse respeito.
4. Ver *Methods of Ethics*, 7. ed. (Londres, 1907).

se mostrar proveitosas para uma aplicação sistemática do princípio de utilidade. Entretanto, em nenhum desses casos há uma alteração do princípio primeiro, embora, evidentemente, grande variedade de normas e preceitos secundários, derivados da utilidade, possa se justificar em vista dos traços distintivos de diferentes problemas. Assim, para o utilitarismo, nem o número de indivíduos afetados, nem as formas institucionais por meio das quais suas decisões e atividades são organizadas afetam o alcance universal do princípio de utilidade. Número e estrutura só são relevantes indiretamente, em virtude dos efeitos que têm sobre a forma mais efetiva de atingir o maior total líquido de satisfação (calculado em relação a todas as pessoas afetadas).

Os princípios primeiros de justiça como equidade certamente não são apropriados para uma teoria geral[5]. Eles prescrevem (como se sustenta adiante, no primeiro parágrafo de § 6) que a estrutura básica assegure determinadas liberdades fundamentais, iguais para todos, e garanta que as desigualdades econômicas e sociais se ponham a serviço do maior benefício possível para os menos privilegiados, tendo como pano de fundo oportunidades equitativas. Em muitos e até mesmo na maioria dos casos, esses princípios ofereceriam diretrizes que não são razoáveis. Para ilustrar: é indubitável que princípios distintos são mais apropriados a Igrejas e universidades. Seus membros em geral endos-

---

5. J. C. Harsanyi viu isso como uma objeção a esses princípios em "Can the Maximin Principle Serve as a Basis for Morality?", in *American Political Science Review* 69 (junho de 1975), pp. 594-606. Aqui não posso responder de modo adequado às vigorosas objeções de Harsanyi, mas observo que o princípio *maximin* nunca foi proposto como base para a moralidade. Na forma do princípio de diferença, é apenas um dos princípios, restringido por outros, que se aplicam à estrutura básica. E quando se entende esse princípio nesse papel limitado de propiciar um critério de justiça de base, suas implicações nos casos normais (ver a nota 10) não são, acredito, implausíveis. Por fim, limitar a aplicação dos princípios de justiça à estrutura básica não implica, contrariamente à sugestão de Harsanyi (ver p. 605), que somente o número de pessoas envolvidas determina quais princípios se aplicam em um caso. Sobre isso, ver o último parágrafo desta seção.

sam certos objetivos e propósitos comuns como diretrizes que são essenciais à forma mais apropriada de organização. O máximo que podemos dizer a respeito é o seguinte: como as universidades e Igrejas são associações que existem no interior da estrutura básica, devem se ajustar aos requisitos que essa estrutura impõe para garantir a justiça de base. Desse modo, Igrejas e universidades podem estar sujeitas a diferentes tipos de restrições, como aquelas necessárias para preservar iguais liberdades fundamentais (incluindo a liberdade de consciência) e a igualdade equitativa de oportunidades.

À primeira vista, a doutrina do contrato pode parecer irremediavelmente assistemática: como será possível vincular entre si princípios que se aplicam a diferentes objetos? Mas há outras formas de unidade teórica além daquela definida por princípios primeiros totalmente gerais. Talvez seja possível encontrar uma sequência apropriada de tipos de objetos e supor que as partes de um contrato social deverão proceder de acordo com essa sequência, com o entendimento de que os princípios de cada acordo posterior deverão se subordinar àqueles de todos os acordos prévios ou ajustar-se a eles mediante certas regras de prioridade. A unidade fundamental é proporcionada pela ideia de que pessoas morais livres e iguais devem construir diretrizes razoáveis e úteis para a reflexão moral, em vista da necessidade que têm de tais princípios organizadores e do papel que se supõe que esses princípios e seus objetos correspondentes cumprem na vida social.

Aqui é preciso ressaltar, para evitar mal-entendidos, que, ao desenvolver uma concepção de justiça para a estrutura básica ou para qualquer outro objeto, não supomos que somente a variação no número de pessoas envolvidas explique a adequação de diferentes princípios. O essencial são as diferenças na estrutura e no papel das instituições, embora as variações de número às vezes constituam uma condição necessária e fomentem o desenvolvimento de certas formas institucionais. Assim, uma democracia constitucional é mais vasta do que uma família, porque números maiores são necessários para constituir os quadros das partes que a compõem. Mas são os objetivos e papéis distintos das partes da estrutura social e a maneira como se articulam entre si que explicam a existência de princípios diferentes para tipos diferentes de objetos. Com efeito, parece natural supor que o caráter distintivo e a autonomia dos diferentes elementos da sociedade exigem, dentro de determinada esfera, que se aja com base em princípios que lhe são próprios, concebidos para se ajustar à sua natureza peculiar.

## § 3. Libertarianismo: nenhum papel especial à estrutura básica

Uma teoria completamente geral como o utilitarismo não é o único tipo de perspectiva que rejeita a ideia de que princípios primeiros são necessários para a estrutura básica. Consideremos, por exemplo, a teoria libertariana, segundo a qual somente um Estado mínimo, que se limite às funções restritas de oferecer proteção contra o uso da força, contra o roubo e a fraude, de garantir o cumprimento dos contratos etc., se justifica e segundo a qual todo Estado com poderes mais abrangentes, que vão além desses, viola os direitos dos indivíduos. Para nossos propósitos nesta exposição, podemos afirmar que as características principais dessa teoria são as seguintes[6]:

O objetivo é mostrar como um Estado mínimo poderia ter sido criado, a partir de uma situação perfeitamente justa, mediante uma sequência de passos na qual cada um deles é moralmente permissível e não viola os direitos de ninguém. Se conseguirmos entender como isso poderia ocorrer quando todos agem como devem fazê-lo e por que nenhum Estado mais extenso poderia surgir, então teremos

---

6. Baseio-me na interpretação de Robert Nozick, em *Anarchy, State, and Utopia* (Nova York: Basic Books, 1974) [trad. bras.: *Anarquia, Estado e utopia*. São Paulo: WMF Martins Fontes, 2011].

justificado o Estado mínimo, desde, é claro, que a teoria moral que identifica a situação inicial como justa e define os afastamentos permissíveis dessa situação seja correta. Com essa finalidade, supomos que algum dia existiu um estado de natureza no qual haveria relativa abundância e a configuração das posses das pessoas não suscitaria questões de ordem moral, seria justa e todos disporiam do que necessitavam. Esse estado de natureza também se caracterizaria pela ausência de quaisquer instituições (como o Estado) que colocassem em vigor certas normas e, desse modo, estabeleceriam uma base institucional para as expectativas das pessoas em relação ao modo de agir dos outros.

No passo seguinte, a teoria libertariana define certos princípios fundamentais de justiça que regulam a aquisição de posses (a apropriação de coisas que antes não eram possuídas por ninguém) e sua transferência de uma pessoa (ou associação) para outra. Desse modo, uma configuração justa de posses é definida de forma recursiva: uma pessoa tem direito a possuir o que quer que seja adquirido em conformidade com os princípios de justiça relativos à aquisição e à transferência, e ninguém tem direito a nada a não ser pela aplicação repetida desses princípios. Supondo que se parta de um estado de natureza no qual a disposição existente de posses é justa e se subsequentemente todos sempre agem em conformidade com a justiça na aquisição e transferência delas, então todas as configurações posteriores também serão consideradas justas. Sustenta-se que os princípios de aquisição e transferência justas preservam a justiça das posses ao longo de toda a sequência de transações históricas, por mais que ela se estenda no tempo. Supõe-se que a única possibilidade de a injustiça surgir é por violações deliberadas desses princípios, por erro ou ignorância acerca do que eles exigem ou por causas semelhantes a essas.

Por último, e o que é mais relevante para nossos propósitos nesta exposição, grande variedade de associações e de modos de cooperação podem se constituir em função do que os indivíduos efetivamente se dispõem a fazer e dos acordos que conseguem realizar. Não é preciso nenhuma teoria especial para abarcar essas transações e atividades conjuntas. A teoria necessária já fornece os princípios de justiça que se aplicam à aquisição e às transferências, adequadamente interpretados à luz de certas condições. Todas as formas de cooperação social legítima são, portanto, obra de indivíduos que com elas consentem por vontade própria. Não há prerrogativas ou direitos legitimamente exercidos por associações, incluindo o Estado, a não ser os direitos que cada indivíduo já não possuísse agindo por conta própria no estado inicial de natureza justo.

Uma característica digna de menção nessa teoria é que o Estado é como qualquer outra associação privada. O Estado surge da mesma maneira que outras associações e sua constituição, no processo histórico hipotético ("como se") perfeitamente justo, é governada pelos mesmos princípios[7]. É claro que o Estado se presta a certos propósitos característicos, mas isto também acontece com as associações em geral. Desse modo, a obrigação política é interpretada como uma obrigação contratual privada com uma vasta e bem-sucedida empresa monopolística, por assim dizer: a agência de proteção local dominante. Como regra geral, não há nenhum direito público uniforme que se aplique igualmente a todas as pessoas, mas sim uma rede de acordos privados. Esta rede representa os procedimentos que a agência de proteção dominante (o Estado) contratou com seus clientes, por assim dizer, que deveriam ser empregados, e esses

---

7. Distingo aqui e em outras partes um processo histórico hipotético ("como se") de um processo (ou procedimento) hipotético não histórico. Em ambos os casos, o processo é hipotético no sentido de que não ocorreu efetivamente, ou pode não ter ocorrido. Mas processos históricos hipotéticos podem ocorrer; não se supõe que leis sociais fundamentais ou fatos naturais excluam essa possibilidade. Assim, da perspectiva libertariana, se todos tivessem de seguir os princípios de justiça relativos à aquisição e transferência e fossem capazes de fazê-lo, então o processo hipotético que leva à formação do Estado se realizaria. Já um processo hipotético não histórico, como o procedimento que leva ao acordo na posição original, não tem como ser realizado. Ver § 6 adiante.

procedimentos podem diferir de cliente para cliente, de acordo com a barganha que cada um estava em condições de realizar com a agência dominante. Ninguém pode ser coagido a fazer um acordo desse tipo e todos sempre têm a opção de se tornar um indivíduo independente. Podemos escolher nos tornar um dos clientes do Estado, do mesmo modo que o fazemos no caso de outras associações. Embora a perspectiva libertariana faça um uso importante da noção de acordo, não é de modo algum uma teoria do contrato *social*, pois esta teoria considera o pacto original como o acordo que estabelece um sistema de direito público, o qual define e regula a autoridade política e se aplica a todos na qualidade de cidadãos. Tanto a autoridade política como a cidadania devem ser compreendidas por meio da própria concepção de contrato social. Ao entender o Estado como uma associação privada, a doutrina libertariana rejeita as ideias fundamentais da teoria do contrato social e, por isso, é natural que não reserve nenhum lugar para uma teoria especial de justiça para a estrutura básica.

À maneira de conclusão sobre essas questões preliminares, o objetivo de ressaltar as diferenças entre as doutrinas libertariana e utilitarista é esclarecer, por meio de ilustração e comparação, as características peculiares da justiça como equidade, com sua ênfase na estrutura básica. Contrastes similares verificam-se em relação ao perfeccionismo e ao intuicionismo e a outras perspectivas morais conhecidas. Aqui, trata-se de mostrar por que a estrutura básica tem papel especial e por que é razoável buscar princípios especiais para regulá-la.

### § 4. A importância da justiça de base

Começarei por apontar várias considerações que podem nos levar a ver a estrutura básica como o objeto primário da justiça, ao menos quando procedemos dentro dos quadros de uma teoria kantiana do contrato social.

A primeira consideração é a seguinte: vamos supor que começamos com a ideia, a princípio atraente, de que as circunstâncias sociais e as relações entre as pessoas deveriam desenvolver-se ao longo do tempo em conformidade com acordos livres que tivessem sido alcançados de forma equitativa e fossem plenamente respeitados. Já de imediato, precisamos de uma interpretação sobre quando os acordos são livres e as circunstâncias sociais nas quais se realizam são equitativas. Além disso, embora essas circunstâncias possam ter sido equitativas em um momento prévio do tempo, os resultados acumulados de muitos acordos separados e, em si mesmos, inteiramente equitativos, junto com certas tendências sociais e certas contingências históricas, provavelmente alterarão as relações e oportunidades dos cidadãos, de maneira que as condições para acordos livres e equitativos não mais se verifiquem. O papel das instituições que fazem parte da estrutura básica é garantir condições de fundo equitativas sob as quais se levam a cabo as ações de indivíduos e associações. A menos que essa estrutura seja regulada e ajustada de forma apropriada, um processo social inicialmente equitativo acabará por deixar de sê-lo, por mais livres e equitativas que as transações possam parecer quando consideradas em si mesmas.

Reconhecemos esse fato quando dizemos, por exemplo, que a distribuição resultante de transações voluntárias de mercado (mesmo que todas as condições ideais para a eficiência competitiva se verifiquem) em geral não é justa, a menos que a distribuição prévia de renda e riqueza, bem como a estrutura do sistema de mercados, seja justa. É preciso que a riqueza existente tenha sido legitimamente adquirida e que oportunidades equitativas de obter rendimentos, de adquirir as qualificações desejadas, e assim por diante, tenham sido propiciadas a todos. Insistimos em que as condições necessárias para a justiça de base podem ser solapadas, mesmo que ninguém aja de forma injusta e mesmo que ninguém tenha consciência de como o resultado global de muitas trocas separadas afeta as oportunidades dos demais. Não há normas exequíveis que se possa exigir que os agentes econômicos cumpram em suas transações diárias e que possam evitar essas consequências indesejáveis. Essas consequências se manifestam de forma tão distante no tempo, ou são tão indiretas, que as tentativas de impedi-las mediante normas restritivas que se apliquem a indivíduos representariam uma sobrecarga excessiva, se não impossível.

Há quatro pontos a enfatizar nesses comentários que são bastante familiares. Primeiro, não temos como saber, examinando somente a conduta de indivíduos e associações nas circunstâncias imediatas (ou locais) às quais estão sujeitos, se, de um ponto de vista social, os acordos realizados são justos ou equitativos, pois esta avaliação depende fundamentalmente de características da estrutura básica, da medida em que essa estrutura consegue preservar a justiça de base. Desse modo, se os acordos salariais são justos, isto dependerá, por exemplo, da natureza do mercado de trabalho: é preciso impedir um poder excessivo de mercado e promover uma distribuição equitativa de poder de negociação entre empregados e empregadores. Além disso, a equidade depende de condições sociais fundamentais, como a garantia de oportunidades equitativas, que se estendem retroativamente no tempo e vão muito além de um ponto de vista limitado.

Segundo, é possível que condições de fundo equitativas existam em dado momento e sejam corroídas aos poucos, mesmo que ninguém aja de forma injusta, ao se avaliar a conduta dos agentes segundo as normas que se aplicam a transações restritas a uma situação local apropriadamente circunscrita. O fato de que todos acreditem, com razões fundadas, que estão agindo de forma justa e respeitando escrupulosamente as normas que regulam os acordos não é suficiente para preservar a justiça de base. Esse é um ponto importante, ainda que óbvio. Quando nosso mundo social está infestado de hipocrisia e fraude, somos tentados a pensar que a lei e o poder político são necessários somente em virtude da propensão dos indivíduos a agir de forma injusta. Mas contrariamente a isso, a tendência é mais a justiça de base ser corroída mesmo quando os indivíduos agem de forma justa. O resultado global de transações separadas e independentes é um afastamento, e não uma aproximação, com relação à justiça de base. Poderíamos dizer que, nesse caso, a mão invisível guia as coisas na direção errada e favorece uma configuração oligopolista de acumulações que se presta a manter desigualdades injustificadas e restrições a oportunidades equitativas. Portanto, necessitamos de instituições especiais para preservar a justiça de base e de uma concepção especial de justiça para definir como essas instituições devem se estruturar.

A observação precedente supõe, em terceiro lugar, que não existem normas possíveis e praticáveis que faça sentido impor aos indivíduos e que possam impedir a erosão da justiça de base. Isso porque as normas que regulam os acordos e as transações individuais não podem ser demasiado complexas, nem exigir excesso de informações para que possam ser aplicadas de maneira correta; tampouco devem induzir os indivíduos a envolver-se em negociações com uma multiplicidade de terceiros que se encontram muito dispersos, pois isso imporia custos de transação excessivos. As normas que se aplicam a acordos são, afinal de contas, diretivas práticas e públicas, e não funções matemáticas que podem ser tão complexas quanto se queira imaginá-las. Desse modo, nenhum sistema de normas que faça sentido poderá exceder a capacidade dos indivíduos de compreendê-las e segui-las com relativa facilidade, nem sobrecarregará os cidadãos com requisitos de conhecimento e de capacidade de previsão que em geral não é de esperar que possuam. Os indivíduos e as associações não têm como compreender os desdobramentos de suas ações particulares vistas coletivamente, nem é de esperar que sejam capazes de prever circunstâncias futuras que possam moldar e transformar as tendências atuais. Tudo isso fica muito claro se considerarmos os efeitos cumulativos da compra e venda de bens de raiz e de sua transmissão por herança ao longo de gerações. Obviamente, não faz sentido impor aos pais (como chefes de família) o dever de ajustar sua herança àquilo que estimam que serão os efeitos da totalidade das heranças sobre a geração seguinte, muito menos sobre as gerações subsequentes.

Assim chegamos, em quarto e último lugar, à ideia de uma divisão de trabalho entre dois tipos de normas sociais e às diferentes formas institucionais por meio das quais essas normas se realizam. A estrutura básica abarca, primeiro, as instituições que definem o pano de fundo social e também inclui aquelas disposições que ajustam e compensam, de forma contínua, as inevitáveis tendências de afastamento em relação à justiça de base, como as disposições de tributação da renda e da herança, que objetivam nivelar a distribuição de propriedade. Essa estrutura também faz cumprir, mediante o sistema legal, outro conjunto de normas que regulam os acordos e as transações entre indivíduos e associações (o direito contratual etc.). As normas que se aplicam a fraudes e coação e as leis a elas afins também satisfazem as exigências de simplicidade e praticabilidade. Elas são moldadas de maneira que deixem livres os indivíduos e as associações para perseguir seus fins e sem que estejam sujeitos a restrições excessivas.

Em conclusão, começamos pela estrutura básica e tratamos de entender como ela deve realizar os ajustes necessários para preservar a justiça de base. O que procuramos, com efeito, é uma divisão institucional de trabalho entre a estrutura básica e as normas que se aplicam diretamente a indivíduos e associações e que eles devem cumprir em suas transações particulares. Se essa divisão de trabalho puder ser implementada, então os indivíduos e as associações ficarão livres para perseguir de maneira mais efetiva seus fins dentro dos quadros da estrutura básica, com a segurança de saber que, em outra parte do sistema social, estão sendo feitas as correções necessárias para preservar a justiça de base.

## § 5. Como a estrutura básica afeta os indivíduos

Outras reflexões também evidenciam o papel especial da estrutura básica. Até aqui vimos que certas condições de fundo são necessárias para que as transações entre indivíduos sejam equitativas. Estas condições caracterizam a situação objetiva dos indivíduos uns em relação aos outros. Mas o que dizer do caráter e dos interesses dos próprios indivíduos? Esse caráter e esses interesses não são fixos nem dados. Uma teoria da justiça deve levar em conta como se formam os objetivos e as aspirações das pessoas, e fazer isso pertence à estrutura mais ampla de pensamento à luz da qual uma concepção de justiça deve ser explicada.

Todos reconhecem que a forma institucional da sociedade afeta seus membros e determina, em grande medida, o tipo de pessoa que desejam ser, assim como o tipo de pessoa que são. A estrutura social também limita de diferentes maneiras as ambições e expectativas das pessoas, pois elas em parte verão a si mesmas, e com toda a razão, de acordo com a posição que ocupam nessa estrutura e levarão em conta os meios e oportunidades com os quais podem realisticamente esperar contar. De modo que um regime econômico, por exemplo, não é apenas um esquema institucional para satisfazer desejos e aspirações, mas também uma forma de moldar desejos e aspirações no futuro. De maneira mais geral, a estrutura básica molda a forma como o sistema social produz e reproduz, ao longo do tempo, certa forma de cultura compartilhada por pessoas que têm certas concepções de bem.

Mais ainda, não podemos ver os talentos e as capacidades dos indivíduos como dons naturais fixos. Não há dúvida de que, mesmo quando desenvolvidos, há nisso um componente genético importante. Entretanto, essas capacidades e esses talentos não podem ser plenamente cultivados à parte das condições sociais e, ao se realizarem, sempre o fazem de uma dentre muitas formas possíveis. Capacidades naturais desenvolvidas são uma seleção, e pequena, das possibilidades que poderiam ter se materializado. Além disso, um talento não é, por exemplo, um computador que exista no cérebro, com uma capacidade definida e mensurável e que não seja afetada por circunstâncias sociais. Entre os elementos que afetam a realização das capacidades naturais estão atitudes sociais de incentivo e apoio e as instituições voltadas para seu treinamento e sua aplicação. Assim, até mesmo uma capacidade potencial, em dado momento, não é algo que seja incondicionado pelas formas sociais existentes e por contingências particulares ao longo da vida de uma pessoa até aquele momento. Assim, não somente nossos fins últimos e expectativas em relação a nós mesmos, como também nossos talentos e capacidades realizados refletem, em larga medida, nossa história pessoal, as oportunidades que tivemos e nossa posição social. Não há como saber o que teríamos sido se tudo isso tivesse acontecido de modo diferente.

Por fim, as considerações precedentes devem ser levadas em conta junto com o fato de que a estrutura básica muito provavelmente permite que haja desigualdades sociais e econômicas nas perspectivas de vida dos cidadãos, em função de suas origens sociais, de seus dons naturais realizados e das oportunidades e acidentes que moldaram sua história pessoal. Podemos supor que tais desigualdades são inevitáveis, necessárias ou até mesmo altamente benéficas para preservar uma cooperação social efetiva. É de presumir que existem várias razões para isso, entre as quais a necessidade de haver incentivos é apenas uma delas.

A natureza das desigualdades de perspectivas de vida pode ser esclarecida comparando-as com outras desigualdades. Imaginemos, por exemplo, uma universidade em que há três níveis de carreira docente, nos quais todos os professores permanecem o mesmo período de tempo, recebendo o mesmo salário. Embora existam desigualdades de nível e de salário em um momento dado, não há desigualdade de perspectivas de vida entre os membros do corpo docente. Isto também pode ser verdade no caso dos membros de uma associação que adotam um esquema de rodízio no exercício de certos cargos de maior privilégio ou mais bem remunerados, talvez porque envolvam assumir responsabilidades maiores. Se o esquema for concebido de tal modo que, exceto por acidente, morte e outras contingências semelhantes, todos exerçam esses cargos durante o mesmo período de tempo, também nesse caso não haverá desigualdades de perspectivas de vida.

O que a teoria da justiça deve regular são as desigualdades de perspectivas de vida entre cidadãos que resultam de posições sociais iniciais, vantagens naturais e contingências históricas. Mesmo quando essas desigualdades não são muitos grandes em certos casos, seus efeitos podem ser suficientemente significativos para que, com o tempo, tenham consequências cumulativas substanciais. A versão kantiana da doutrina do contrato se concentra nessas desigualdades da estrutura básica, apoiada na convicção de que essas desigualdades são as mais fundamentais. Uma vez que se tenham descoberto princípios apropriados para regulá-las e que se estabeleçam as instituições necessárias, será possível resolver com muito mais facilidade o problema de como regular outras desigualdades.

## § 6. O acordo inicial: hipotético e não histórico

Na justiça como equidade, as instituições da estrutura básica são justas desde que satisfaçam os princípios que pessoas morais livres e iguais, em uma situação equitativa a todas as partes, escolheriam com o objetivo de regular essa estrutura. Os dois princípios mais importantes são formulados da seguinte forma: a) cada pessoa tem um direito igual ao sistema mais amplo de liberdades fundamentais que seja compatível com um sistema similar de liberdades para todos; b) as desigualdades sociais e econômicas são aceitáveis desde que i) sejam estabelecidas para o maior benefício dos menos privilegiados e ii) estejam vinculadas a posições e cargos abertos a todos em condições de igualdade equitativa de oportunidades[8].

Consideremos como o papel especial da estrutura básica afeta as condições do acordo inicial e impõe a exigência de que esse acordo seja entendido como hipotético e não histórico. Estamos supondo que a estrutura básica é o sistema social mais inclusivo que determina a justiça de base. (Observe-se que aqui deixo de lado o problema da justiça entre as nações[9].) Assim, antes de tudo, qualquer situação equitativa entre indivíduos percebidos como pessoas morais livres e iguais deve ser tal que neutralize apropriadamente as contingências que se verificam nesse sistema. Acordos efetivos, realizados quando as pessoas conhecem a posição que ocupam em uma sociedade, são influenciados por diferentes tipos de contingências sociais e naturais. Os princípios adotados, neste caso, seriam condicionados pelo curso efetivo de eventos que se verifica sob a estrutura institucional na qual esses acordos são alcançados. Não temos como, mediante acordos efetivos, ir além das contingências, nem especificar um critério que seja adequadamente independente.

---

8. Esses princípios são analisados em *Teoria*, §§ 11-3, e em outras partes do texto. Uma apresentação sintética, incluindo o princípio de poupança justa, encontra-se em §§ 1-2 da Conferência VIII, neste volume. [Note-se que a formulação dos dois princípios que aparecem nessa passagem da Conferência VII corresponde àquela de *Teoria* e não incorpora as alterações que Rawls julgou necessárias, em especial na formulação do primeiro princípio, as quais, neste volume, aparecem na Conferência I, § 1, e na Conferência VIII, § 1. (N. do T.)]

9. A razão para fazer isso é que, como uma primeira aproximação, o problema da justiça social se refere à estrutura básica, entendida como um sistema fechado. Começar a partir da sociedade das nações pareceria apenas dar um passo atrás na tarefa de formular uma teoria da justiça de base. Em algum nível deve haver um sistema de fundo que seja fechado, e é para esse objeto que desejamos elaborar uma teoria. Estamos mais bem preparados para enfrentar esse problema no caso de uma sociedade (de que os países são exemplos) concebida como um sistema relativamente autossuficiente de cooperação e dotada de uma cultura mais ou menos completa. Se formos bem-sucedidos no caso de uma sociedade, poderemos tentar estender e ajustar nossa teoria inicial, conforme investigações ulteriores possam exigi-lo.

Também se torna claro por que as partes contratantes, quando as interpretamos como pessoas morais livres e iguais, devem raciocinar como se soubessem muito pouco acerca de si mesmas (refiro-me aqui às restrições do véu de ignorância), pois proceder de outra maneira significaria permitir que fatores contingentes, diversos e profundos, influenciassem os princípios que devem regular as relações sociais de pessoas assim concebidas. Por isso, supomos que as partes não conhecem seu lugar na sociedade, sua posição de classe ou *status* social, nem sua boa ou má sorte na distribuição de talentos e capacidades naturais, tudo isso dentro de um leque normal de variação[10]. Também não sabem quais são seus fins últimos e interesses, nem conhecem sua constituição psicológica particular.

Por último, para garantir a equidade entre gerações (por exemplo, em um acordo acerca de um princípio de poupança justa), as partes, que se supõe que sejam contemporâneas, não conhecem o atual estado da sociedade. Elas não têm nenhuma informação sobre o estoque de recursos naturais ou de recursos produtivos, nem sobre o nível de tecnologia, além daquilo que se pode inferir ao supor que as circunstâncias da justiça se verificam. A boa ou má sorte relativa de sua geração também lhes é desconhecida. Quando os contemporâneos se deixam influenciar por uma descrição geral do atual estado da sociedade, ao realizarem um acordo sobre como tratar uns aos outros e as gerações que virão depois deles, ainda não deixaram de levar em conta os efeitos de circunstâncias históricas fortuitas e de contin-

---

10. O leque normal é especificado da seguinte forma: como o problema fundamental da justiça diz respeito às relações entre aqueles que são membros plenos e ativos da sociedade e se encontram direta ou indiretamente vinculados ao longo de toda a vida, é razoável supor que todos tenham necessidades físicas e capacidades psicológicas que caem dentro de um leque normal de variação. Assim, o problema de como lidar com a necessidade de cuidados médicos especiais e com o caso daqueles que sofrem de transtornos mentais é deixado de lado. Se pudermos elaborar uma teoria viável que se aplique ao leque normal de variação, teremos como tentar, em um segundo momento, enfrentar esses outros casos.

gências sociais sobre a estrutura básica. E assim chegamos a um véu de ignorância mais espesso, e não a um mais fino. As partes deverão, tanto quanto possível, ser concebidas apenas como pessoas morais, fazendo-se abstração de todas as contingências. Para ser equitativa, a situação inicial trata as partes de modo similar, pois, na condição de pessoas morais, elas são iguais, porque as mesmas propriedades pertinentes são atributos de todas. Ao começar por um estado de ausência de informação, permitimos que se leve em conta só a informação suficiente para que o acordo seja racional, sem que por isso deixe de ser adequadamente independente de circunstâncias históricas, naturais e sociais. Muito mais informação seria compatível com a imparcialidade, mas uma visão kantiana busca mais do que a imparcialidade[11].

Assim, fica evidente por que o contrato social deve ser considerado hipotético e não histórico. A explicação é que o acordo feito na posição original representa o resultado de um processo racional de deliberação sob condições ideais e não históricas que expressam certas exigências razoáveis. Não há nenhuma forma praticável de levar a cabo esse processo deliberativo e de assegurar que se conforme às condições impostas. Portanto, caso seja alcançado pelas deliberações de partes contratantes em uma situação real de deliberação, não é possível avaliar o resultado com base na justiça procedimental pura. De maneira diferente de um processo deliberativo efetivo, deve-se determinar o resultado raciocinando analiticamente, ou seja, a posição original deve ser caracterizada com precisão suficiente para determinar, a partir da natureza das partes e da situação que enfrentam, qual concepção de justiça é favorecida pelo equilíbrio de razões. Deve-se descobrir o conteúdo da justiça por meio da razão, isto é, solucionar o problema do acordo que se apresenta na posição original.

---

11. Devo a Joshua Rabinowitz essa forma de distinguir um véu de ignorância mais espesso de outro mais fino.

## A ESTRUTURA BÁSICA COMO OBJETO

Para preservar o tempo presente no modo de interpretar a entrada na posição original, todas as questões de justiça são enfrentadas mediante restrições que se aplicam aos contemporâneos. Consideremos o caso da poupança justa. Uma vez que a sociedade é um sistema de cooperação entre gerações ao longo do tempo, um princípio de poupança faz-se necessário. No lugar de conceber um acordo direto (hipotético e não histórico) entre todas as gerações, pode-se exigir que as partes cheguem a um acordo sobre um princípio de poupança, sujeitando-se à condição adicional de que esse é o princípio que elas devem querer que todas as gerações *anteriores* tivessem respeitado. Desse modo, o princípio correto é o que os membros de qualquer geração (e, portanto, de todas as gerações) adotariam como aquele que sua geração deve respeitar e como aquele que gostariam que as gerações precedentes tivessem respeitado (e que as gerações futuras venham a respeitar), não importa quão distantes se encontrem no tempo, para trás ou para a frente[12].

Que a posição inicial seja concebida como hipotética e não histórica, isto não representa nenhuma dificuldade, desde que se entenda seu propósito teórico. Supondo o tempo presente na interpretação da entrada na posição original, podemos, por assim dizer, entrar naquela situação a

---

12. Essa formulação das condições que se aplicam ao acordo sobre o princípio de poupança justa difere daquela proposta em *Teoria*, pp. 128 ss., 291 ss. Em *Teoria*, não se requer que as partes devem desejar que as gerações precedentes tivessem respeitado o princípio que adotam na condição de contemporâneos. Portanto, supondo-se que as gerações são mutuamente desinteressadas, nada as impediria de se recusar a fazer qualquer tipo de poupança. Para enfrentar essa dificuldade, estipulou-se (em *Teoria*) que as partes se preocupam com seus descendentes. Embora esta seja uma estipulação razoável, o requisito mencionado tem a virtude de superar a dificuldade em questão sem alterar a suposição motivacional. Também preserva o tempo presente na interpretação da entrada na posição original e é coerente com a condição de obediência estrita e com a teoria ideal de modo geral. Sou grato a Thomas Nagel e Derek Parfit por essa alteração; algo semelhante foi proposto por Jane English, que notou a conexão com a teoria ideal. Ver seu "Justice Between Generations", p. 98.

qualquer momento, simplesmente conduzindo nosso raciocínio moral acerca de princípios primeiros de acordo com as restrições procedimentais estipuladas. Dispomos de juízos ponderados em distintos níveis de generalidade, do mais particular ao mais abstrato. Assim, se aceitamos os juízos expressos por essas restrições e, portanto, os valores expressos na ideia de equidade entre pessoas morais iguais, quando se trata de adotar princípios primeiros para a estrutura básica, então temos de aceitar as limitações a concepções de justiça que daí decorrem. A situação inicial é uma tentativa de representar e de unificar os elementos formais e gerais de nossa reflexão moral, em uma construção manejável e vívida, com o propósito de empregar esses elementos para determinar quais princípios de justiça são os mais razoáveis.

Concluo observando que, uma vez que nos damos conta do papel distintivo da estrutura básica, ao fazer abstração das diferentes contingências que nela se verificam, com o objetivo de encontrar uma concepção apropriada de justiça para regulá-la, algo como a noção de posição original parece inevitável. Trata-se de uma extensão natural da ideia de contrato social, quando se considera a estrutura básica como o objeto primário da justiça.

### § 7. Características especiais do acordo inicial

Examinarei, agora, por que o acordo inicial tem características que o distinguem de qualquer outro acordo. Mais uma vez, a explicação encontra-se no papel distintivo da estrutura básica. Precisamos diferenciar os acordos realizados e as associações constituídas sob essa estrutura do acordo inicial e da condição de sermos membros da sociedade como cidadãos. Consideremos primeiro os acordos particulares: estes se baseiam tipicamente nos recursos e nas capacidades, oportunidades e interesses conhecidos (ou prováveis) das partes, tal como se constituíram sob as instituições de fundo. Podemos supor que cada parte, seja um indivíduo ou uma associação, tem diante de si várias opções possíveis e é capaz de comparar as prováveis vantagens e desvantagens dessas alternativas e de agir em conformidade com essa avaliação. Em certas condições, a contribuição que alguém faz a um empreendimento comum ou a uma associação pode ser avaliada. Para isto, simplesmente verifica-se em que situação o empreendimento ou a associação ficaria sem o concurso dessa pessoa, e a diferença é uma estimativa de seu valor para o empreendimento ou associação em questão. Para os indivíduos, o atrativo de se filiar a um empreendimento ou associação é estimado por uma comparação com suas oportunidades. Desse modo, celebram-se acordos particulares no contexto das configurações existentes e previsíveis das relações no interior da estrutura básica, e são essas configurações que oferecem uma base para os cálculos contratuais.

O contexto de um contrato social é radicalmente diferente e deve acomodar, entre outros, três fatos: pertencer a nossa sociedade já é algo dado; não podemos saber como seríamos se não fizéssemos parte dela (talvez a própria ideia seja destituída de sentido); a sociedade como um todo não tem fins ou uma ordem de fins da mesma maneira que as associações e os indivíduos têm. A importância desses fatos torna-se clara uma vez que tentemos tratar o contrato social como um acordo ordinário e perguntemos de que modo procederiam as deliberações para realizá-lo. Como a condição de ser membro da própria sociedade já está dada, não se coloca para as partes a questão de avaliar os atrativos de outras sociedades. Além disso, não há como identificar a contribuição potencial para a sociedade de alguém que ainda não é membro dela, pois essa potencialidade não pode ser conhecida e, seja como for, é irrelevante para sua situação atual. Mas não se trata somente disso, pois, do ponto de vista da sociedade como um todo, diante de qualquer um de seus membros, não existe um conjunto de fins compartilhados em referência aos quais as potenciais contribuições sociais de um indivíduo possam ser avaliadas. As associações e os indivíduos têm semelhantes fins, mas não uma sociedade bem-ordenada. Embora esta tenha o objetivo de garantir justiça a todos os seus cidadãos, não se trata de um objetivo que hierarquize as contribuições deles esperadas e, com base nisso, determine o papel social ou o valor de cada um de um ponto de vista social. A noção da contribuição de um indivíduo à sociedade considerada como uma associação (de modo que esta tivesse o direito de oferecer termos de adesão derivados dos objetivos daqueles que já são membros da associação) não tem lugar em uma visão kantiana. Portanto, é necessário conceber o contrato social de uma maneira especial, que o distinga de outros acordos.

Na justiça como equidade, isso se faz construindo a noção da posição original. Essa construção deve refletir os contrastes fundamentais que acabamos de mencionar e suprir os elementos que faltam para que seja possível chegar a um acordo racional. Consideremos cada um dos três fatos apontados no parágrafo precedente. Em relação ao primeiro, as partes, na posição original, supõem que sua condição de membros de sua sociedade já está dada. Essa pressuposição reflete o fato de que nascemos em nossa sociedade e de que é no interior de sua estrutura que realizamos uma das muitas formas possíveis de nossa pessoa; a questão de ingressarmos em outra sociedade não se apresenta. A tarefa das partes, portanto, é acordar princípios para a estrutura básica da sociedade na qual se supõe que irão passar a vida inteira. Embora os princípios adotados com certeza permitirão a emigração (sujeitando-a a qualificações apropriadas), as partes não aceitarão arranjos institucionais que só seriam justos se a emigração fosse permitida. Os vínculos constituídos com pessoas e lugares, com associações e comunidades, assim como os laços culturais, em geral são demasiado fortes para que deles se abra mão, e este não é um fato a deplorar. Portanto, o direito de emigrar não afeta o que se considera como uma estrutura básica justa, pois é preciso vê-la como um sistema no qual as pessoas nascem e no qual se espera que passem a vida toda. Voltando-nos agora para o segundo fato mencionado, observemos que o véu de ignorância não só estabelece a equidade entre pessoas morais iguais, como também, ao excluir as informações sobre as capacidades e os interesses efetivos das partes, corresponde à maneira como, à parte de nosso lugar e de nossa história na sociedade, nem mesmo nossas capacidades potenciais podem ser conhecidas e nossos interesses e caráter ainda estão por se formar. Desse modo, a situação inicial reconhece de maneira adequada que nossa natureza de seres razoáveis e responsáveis, à parte da sociedade, só inclui um potencial para toda uma gama de possibilidades. Em terceiro lugar, e por último, não existem fins sociais, exceto aqueles que os próprios princípios de justiça estabelecem ou que são por eles autorizados, mas estes princípios ainda estão por ser adotados.

Não obstante, ainda que os cálculos que tipicamente influenciam os acordos no interior da sociedade não tenham lugar na posição original, outros aspectos dessa situação inicial proveem o contexto para a deliberação racional. Assim, as alternativas não incluem oportunidades para filiar-se a outras sociedades, e sim uma lista de concepções de justiça para regular a estrutura básica da própria sociedade. Os interesses e as preferências das partes são determinados por seu desejo de obter bens primários[13]. Seus fins últimos e objetivos já se encontram formados, embora lhes sejam desconhecidos, e são esses interesses já constituídos, bem como as condições necessárias para preservar a personalidade moral, que as partes se empenham em proteger ao hierarquizar concepções de justiça com base na preferência que têm (na posição original) por bens primários. Por últi-

---

13. Definem-se esses bens como recursos que, do ponto de vista da posição original, é racional que as partes desejem, quaisquer que sejam seus fins últimos (que elas desconhecem). Esses bens servem de meios genéricos, por assim dizer, para realizar todos ou quase todos os sistemas racionais de fins. Ver *Teoria*, pp. 92-5, 396 ss., 433 ss.

mo, a possibilidade de se valer de uma teoria social geral oferece base suficiente para estimar a viabilidade e as consequências de distintas concepções de justiça. Em vista desses aspectos da posição original, a ideia do contrato social como um empreendimento racional pode sustentar-se, a despeito da natureza inusitada desse acordo.

## § 8. A natureza social das relações humanas

Consideremos agora três maneiras pelas quais o aspecto social das relações humanas se exprime no conteúdo dos próprios princípios de justiça. Em primeiro lugar, o princípio da diferença (que regula as desigualdades econômicas e sociais) não distingue entre o que os indivíduos obtêm como membros da sociedade e o que teriam obtido caso não fossem membros dela[14]. Com efeito, a noção daquela parte dos benefícios sociais de um indivíduo que vai além do que teria sido sua situação em outra sociedade ou em um estado de natureza não faz nenhum sentido. Se desejarmos, poderemos, ao formular o argumento a partir da posição original, introduzir o estado de natureza em relação ao chamado ponto de ausência de acordo. Este ponto pode ser definido como o de egoísmo geral e suas consequências, e isso pode servir de noção de estado de natureza[15]. Mas essas condições não identificam um estado bem definido.

---

14. Um objetivo de §§ 7-8 é formular uma réplica à esclarecedora crítica de David Gauthier ao princípio de diferença em "Justice and Natural Endowment", in *Social Theory and Practice* 3 (1974), pp. 3-26. Faço aqui menção à discussão de Gauthier porque seu argumento depende da possibilidade de distinguir entre o que os indivíduos conseguem como membros da sociedade e o que teriam conseguido por conta própria, em um estado de natureza. Se não existe nessa distinção nenhum significado útil, penso que o caminho está livre para responder à objeção de Gauthier. É claro que há muito mais a dizer sobre isso. Seja como for, estou inteiramente de acordo com suas observações nas pp. 25 ss., e grande parte de minha análise tem o propósito de mostrar como uma visão contratualista kantiana pode ser formulada em conformidade com elas.

15. Ver *Teoria*, pp. 136, 147; cf. 80.

Tudo o que se sabe, na posição original, é que cada uma das concepções de justiça às quais as partes têm acesso apresenta consequências superiores ao egoísmo geral. Não faz sentido determinar a contribuição de uma pessoa à sociedade, nem estimar quão melhor encontra-se a situação de cada um em comparação com aquela em que estaria caso não pertencesse a essa sociedade, para então ajustar os benefícios sociais dos cidadãos com base nessas estimativas. Embora possamos estabelecer esse tipo de distinção, no caso de associações no interior da sociedade, os cálculos correspondentes, quando se adotam os princípios para a estrutura básica, não têm nenhum fundamento. Nem nossa situação em outras sociedades, nem em um estado de natureza desempenha nenhum papel na avaliação de concepções de justiça. Tampouco essas noções são pertinentes à aplicação dos dois princípios de justiça.

Em segundo lugar, relacionado ao ponto precedente, os dois princípios de justiça regulam como se adquirem titulares em recompensa por contribuições a associações ou a outras formas de cooperação dentro da estrutura básica. Como vimos, avaliam-se essas contribuições com base nos objetivos específicos de indivíduos e de associações, e a contribuição de cada pessoa é influenciada em parte por seus esforços e realizações, em parte por contingências e circunstâncias sociais. Tais contribuições refletem a utilidade marginal de um indivíduo para um grupo. Contribuições desse tipo não devem ser confundidas com contribuições à própria sociedade, nem com o valor que têm para ela seus membros individuais. A soma das titularidades de um indivíduo ou mesmo de suas contribuições não recompensadas a associações no interior da sociedade não deve ser tratada como uma contribuição à sociedade. Em uma visão kantiana, não há lugar para a ideia de contribuição de um indivíduo à sociedade que corresponda àquela da contribuição de um indivíduo a associações no interior da sociedade. Se é que temos de comparar o valor dos cidadãos, o valor de cada um deles em uma sociedade justa e bem-ordenada é sempre igual[16], e essa igualdade se reflete no sistema de liberdades fundamentais e de oportunidades equitativas, assim como nas operações do princípio de diferença[17].

Em terceiro lugar, e por último, recordemos que, em uma visão kantiana, as partes são consideradas pessoas morais livres e iguais. Afirmar que são pessoas morais significa dizer que têm uma concepção do bem (um sistema de fins últimos) e uma capacidade de entender uma concepção de justiça e de segui-la em sua vida (um senso de justiça). Já a liberdade de pessoas morais pode ser interpretada sob dois aspectos. Primeiro, como pessoas livres, veem-se como pessoas que têm um interesse de ordem suprema em regular todos os seus outros interesses, até mesmo os mais fundamentais, pela razão, isto é, por princípios racionais e razoáveis que expressam sua autonomia. Além disso, pessoas livres não se concebem como pessoas indissoluvelmente vinculadas a qualquer fim último específico ou a qualquer sistema de tais fins, mas se consideram sempre capazes de avaliar e rever seus objetivos à luz de considerações razoáveis. Segundo, supomos que são responsáveis por seus interesses e fins, são capazes de controlar e rever seus desejos e suas aspirações e, conforme as circunstâncias o exijam, aceitam a responsabilidade de fazê-lo[18].

Tal como se aplica a instituições sociais, a liberdade significa certa configuração de direitos e liberdades, e a liberdade igual significa que certas liberdades e oportunidades básicas são iguais e que as desigualdades econômicas e sociais são reguladas por princípios moldados de modo apropriado à preservação do valor equitativo dessas liberdades.

---

16. O valor dos cidadãos de uma sociedade bem-ordenada é sempre igual porque se supõe que, em tal sociedade, todos cumpram as exigências de instituições justas, seus deveres e suas obrigações, motivados, quando apropriado, por um senso de justiça suficientemente forte. Não é o valor moral desigual que gera desigualdades; a explicação para elas encontra-se em outros fatores.

17. Ver o segundo parágrafo de § 9.

18. Essas observações encontram-se desenvolvidas de forma um pouco mais detalhada em "Reply to Alexander and Musgrave", in *Quarterly Journal of Economics* 88 (novembro de 1974), pp. 639-43.

Das definições precedentes da liberdade tal como se aplica a pessoas morais e a formas sociais, fica patente que pessoas livres e iguais não são definidas como aquelas cujas relações sociais correspondem aos próprios princípios que seriam acordados na posição original. Afirmar isso solaparia o argumento a favor desses princípios, que se fundamenta no fato de que esses são precisamente os princípios que seriam acordados. Mas uma vez que se descrevem as partes em termos que têm uma expressão institucional, então, dado o papel da estrutura básica, não é acidental que os princípios primeiros de justiça se apliquem diretamente a essa estrutura básica. A liberdade e a igualdade de pessoas morais exigem alguma expressão pública, e o conteúdo dos dois princípios satisfaz essa exigência. E isso contrasta, por exemplo, com o utilitarismo clássico, que considera fundamental a capacidade para o prazer e para a dor ou para determinadas experiências intrinsecamente valiosas, definida de tal maneira que nenhuma expressão institucional específica se faz necessária, embora certas formas sociais sejam, é claro, superiores a outras como meios mais efetivos para alcançar um saldo líquido maior de felicidade ou um total mais elevado de valor.

### § 9. A forma ideal da estrutura básica

Chegamos agora ao quarto e último ponto (ver final de § 1): embora seja razoável a sociedade se valer de um importante componente de justiça procedimental pura para determinar quinhões distributivos, é preciso que uma concepção de justiça incorpore uma forma ideal para a estrutura básica, à luz da qual os resultados acumulados dos processos sociais em operação devem ser limitados e ajustados[19].

---

19. Sobre a justiça procedimental pura, ver *Teoria*, pp. 84-9, 310-5; também pp. 64, 66, 72 ss., 79, 274-80, 305-10.

Em vista do papel especial da estrutura básica, é natural que façamos a seguinte pergunta: qual é o princípio segundo o qual pessoas morais livres e iguais podem aceitar o fato de que as desigualdades sociais e econômicas são de modo profundo influenciadas pela fortuna social e por contingências naturais e históricas? Como as partes consideram a si mesmas pessoas assim, o ponto de partida evidente para elas é supor que todos os bens sociais primários, incluindo a renda e a riqueza, deveriam ser iguais, todos deveriam ter uma parcela igual deles. Mas elas devem levar em conta a eficiência econômica e as exigências organizacionais. Por isso, não é razoável parar na divisão igual. A estrutura básica deve permitir desigualdades organizacionais e econômicas, desde que melhorem a situação de todos, inclusive a dos menos privilegiados, e essas desigualdades devem ser compatíveis com a liberdade igual e com a igualdade equitativa de oportunidades. Porque o ponto de partida das partes são quinhões iguais; aqueles que se beneficiam menos (considerando a divisão igual como o referencial) têm, por assim dizer, um poder de veto. E, desse modo, as partes chegam ao princípio de diferença. Aqui, uma divisão igual é aceita como referencial porque isso reflete como as pessoas se situam quando são representadas como pessoas morais livres e iguais. Entre pessoas que se concebem dessa maneira, é preciso que aquelas que ganharam mais do que outras o tenham feito de modo que a situação daquelas que ganharam menos melhore. Essas considerações intuitivas indicam por que o princípio da diferença é o critério apropriado para regular as desigualdades sociais e econômicas.

Para entender o princípio da diferença, é preciso ter em mente vários aspectos. Em primeiro lugar, os dois princípios de justiça, ao operarem em *tandem*, incorporam importante elemento de justiça procedimental pura na determinação de quinhões distributivos. Aplicam-se à estrutura básica e a seu sistema de aquisição de titularidades; dentro de limites apropriados, quaisquer quinhões distributivos que se produzam serão justos. Só é possível chegar a uma distribuição equitativa por meio do funcionamento efetivo de um processo social equitativo ao longo do tempo, no curso do qual, em conformidade com normas publicamente anunciadas, titularidades são adquiridas e respeitadas. Essas características definem a justiça procedimental pura. Portanto, quando se indaga, em abstrato, se uma distribuição de determinado estoque de bens a determinados indivíduos com desejos e preferências conhecidos é mais justa do que outra, simplesmente não há nenhuma resposta para a pergunta[20].

Desse modo, os princípios de justiça, em especial o da diferença, aplicam-se às normas e políticas públicas mais importantes que regulam as desigualdades sociais e econômicas. São empregados para ajustar o sistema de titularidades e rendimentos e equilibrar os padrões e preceitos familiares que esse sistema emprega. O princípio da diferença incide, por exemplo, sobre a tributação da renda e da propriedade, sobre a política econômica e fiscal. Aplica-se ao sistema proclamado de direito e normas públicos, e não a transações ou distribuições particulares, nem a decisões de indivíduos e associações, mas ao contexto institucional no qual se levam a cabo essas transações e decisões. Não há interferências de surpresa ou imprevisíveis nas expectativas e aquisições dos cidadãos. As titularidades são obtidas e respeitadas tal como previsto pelo sistema público de normas. Impostos e restrições são todos, em princípio, previsíveis, e adquirem-se posses com a condição, por todos conhecida, de que certas transferências e redistribuições serão realizadas. A objeção de que o princípio da diferença impõe correções contínuas de distribuições específicas, assim como interferências arbitrárias em transações privadas, baseia-se em um mal-entendido.

Repitamos que os dois princípios de justiça não exigem que a distribuição efetiva se conforme, em qualquer mo-

---

20. Ibid., p. 88.

mento dado (ou ao longo do tempo), a qualquer padrão observável que seja – à igualdade, por exemplo – ou que o nível de desigualdade computado a partir da distribuição caia dentro de certo leque de valores – digamos, do coeficiente Gini[21]. O que se exige é que as desigualdades (permissíveis) devem fazer certa contribuição funcional às expectativas dos menos favorecidos, em que esta contribuição resulta do funcionamento do sistema de titularidades estabelecido pelas instituições públicas. O objetivo, contudo, não é eliminar as contingências da vida social, pois algumas são inevitáveis. Desse modo, mesmo que uma distribuição igual de dons naturais parecesse mais de acordo com a igualdade de pessoas livres, a questão de redistribuir esses dons (caso isso fosse concebível) não se apresenta, pois tal coisa seria incompatível com a integridade da pessoa. Também não precisamos fazer nenhuma suposição específica sobre quão grandes são essas variações de talento natural. Somente supomos que, conforme se realizam mais tarde na vida de cada pessoa, essas variações estão sujeitas a muitos tipos de contingências. As instituições devem organizar a cooperação social de modo que encorajem os esforços construtivos. Temos direito a nossas capacidades naturais e a tudo aquilo de que possamos ter titularidade participando de um processo social equitativo. O problema, evidentemente, é caracterizar tal processo. Os dois princípios expressam a ideia de que ninguém deveria ter menos do que receberia em uma divisão igual de bens primários e de que, quando a natureza frutífera da cooperação social permite uma melhoria geral, então as desigualdades existentes devem operar em benefício daqueles cuja posição teve o menor ganho, tomando por referencial a divisão igual.

Os dois princípios também especificam uma forma ideal para a estrutura básica, à luz da qual os arranjos institucionais e procedimentais existentes devem ser restringi-

---

21. Sobre essa e outras medidas de desigualdade, ver A. K. Sen, *On Economic Inequality* (Nova York: W. W. Norton, 1973), capítulo 2.

dos e ajustados. Entre essas restrições estão os limites ao acúmulo de propriedade (em especial se existe a propriedade privada de recursos produtivos), que derivam das exigências do valor equitativo da liberdade política e da igualdade equitativa de oportunidades, e os limites que têm por base considerações de estabilidade e de inveja desculpável, ambos relacionados ao bem primário essencial do autorrespeito[22]. Como vimos (em § 4), mesmo que todos ajam equitativamente, como definido pelas normas, o que é tanto razoável como praticável impor a indivíduos, o resultado de muitas transações separadas acabará por corroer a justiça de base. Isso se torna evidente quando consideramos que a sociedade – como devemos fazê-lo – envolve a cooperação ao longo de gerações. Desse modo, mesmo em uma sociedade bem-ordenada, ajustes na estrutura básica sempre serão necessários. Por isso, uma divisão institucional de trabalho deve se estabelecer entre a estrutura básica e as normas que se aplicam diretamente a transações particulares. Deixam-se os indivíduos e as associações livres para promover seus fins dentro da estrutura de instituições básicas que levam a cabo as operações necessárias para preservar uma estrutura básica justa.

A necessidade de um ideal estrutural para especificar as restrições e orientar os ajustes não depende da injustiça. Mesmo quando o cumprimento estrito de todas as normas razoáveis e praticáveis se verifica, tais ajustes são sempre necessários. Uma teoria puramente procedimental, que não contivesse princípios para uma ordem social justa, não teria utilidade em nosso mundo, no qual a meta política consiste em eliminar a injustiça e guiar a mudança em direção a uma estrutura básica equitativa. Uma concepção de justiça deve especificar os princípios estruturais necessários e apontar a direção geral da ação política. Se faltar essa forma ideal para as instituições básicas, não haverá um fundamento racional para ajustar continuamente os processos

---

22. Ver *Teoria*, pp. 224-7, 277 ss., 534-7, 543-6.

sociais, de maneira que preserve a justiça de base, nem para eliminar a injustiça existente. Assim, a teoria ideal, que define uma estrutura básica perfeitamente justa, é um complemento necessário para a teoria não ideal, sem o qual o desejo de mudança carece de um objetivo.

## § 10. Resposta à crítica de Hegel

Isso completa meu exame dos quatro aspectos apresentados no final de § 1. Um resultado do que foi dito até aqui é uma réplica ao idealismo. O problema é o seguinte: para elaborar uma concepção kantiana de justiça, parece desejável desvincular a estrutura da doutrina de Kant de sua base no idealismo transcendental e dar-lhe uma interpretação procedimental mediante a construção da posição original. (Essa desvinculação é importante, se não por outra razão, porque nos permite perceber em que medida uma interpretação procedimental da visão de Kant, dentro de uma estrutura empiricista razoável, é possível.) Mas para alcançar esse objetivo temos de mostrar que a construção da posição original, que faz uso da ideia do contrato social, não está sujeita às objeções convincentes que os idealistas formularam à tradição contratualista de seu tempo.

Assim, por exemplo, Hegel pensava que essa doutrina confundia a sociedade e o Estado com uma associação de pessoas privadas; que permitia que o conteúdo e a forma geral do direito público fossem excessivamente determinados por interesses privados específicos e contingentes e pelas preocupações pessoais dos indivíduos; e que não poderia dar sentido ao fato de que não depende de nós nascer em nossa sociedade e pertencer a ela. Para Hegel, a doutrina do contrato social era uma extensão ilegítima e acrítica de ideias que faziam parte e se limitavam ao que ele denominava "sociedade civil". Outra objeção era que a doutrina não reconhecia a natureza social dos seres humanos e dependia de lhes atribuir certas capacidades naturais fixas e certos desejos específicos independentes da sociedade e, para finalidades teóricas, prévios a ela[23].

Empenhei-me em responder a essas críticas sustentando, primeiramente, que o objeto primário da justiça é a estrutura básica da sociedade, à qual cabe a tarefa fundamental de estabelecer a justiça de base (§§ 4-5). E, embora à primeira vista essa afirmação possa parecer uma concessão, na verdade não o é. A posição original pode caracterizar-se de tal maneira que estabeleça uma situação equitativa de acordo entre pessoas morais livres e iguais, na qual possam chegar a um acordo racional. Essa caracterização depende de conceber pessoas morais livres e iguais de certa maneira e de interpretar suas aspirações e necessidades (para os propósitos da argumentação na posição original) com base em uma noção de bens primários. Com certeza, devemos distinguir o acordo acerca de uma concepção de justiça de todos os demais, mas este requisito não causa nenhuma surpresa. Devemos mesmo esperar que o acordo que estabelece princípios para a estrutura básica apresente características que o diferenciem de todos os acordos realizados sob essa estrutura (§§ 6-7). Por último, mostrei de que forma a justiça como equidade pode acomodar a natureza social dos seres humanos (§ 8). Ao mesmo tempo, posto que procede de uma base apropriadamente individualista (a posição original é concebida como equitativa entre pessoas morais livres e iguais), trata-se de uma concepção moral que oferece um lugar apropriado para valores sociais, sem sacrificar a liberdade e a integridade da pessoa.

É possível que outras visões contratualistas não consigam responder à crítica idealista. Doutrinas que recorrem a um processo histórico hipotético, como as de Hobbes e Locke, ou a visão libertariana, embora tenham diferenças importantes entre si, parecem estar todas sujeitas à objeção. Uma vez que o contrato social é celebrado por pessoas

---

23. Ver *The Philosophy of Right*, traduzido por T. M. Knox (Oxford: Clarendon Press, 1942), pp. 58 ss., 70 ss., 156 ss., 186.

no estado de natureza (nos casos de Hobbes e Locke) ou que os indivíduos concordam em se tornar clientes de uma agência dominante de proteção (no esquema libertariano), parece inevitável que os termos desses acordos ou as circunstâncias que ratificam estejam fadados a ser substancialmente afetados pelas contingências e pelos acidentes do processo histórico hipotético ("como se") justo, que não tende a preservar a ou se mover em direção à justiça de base. Essa dificuldade é ilustrada de forma notável pela doutrina de Locke. Ele supõe que nem todos os membros da sociedade que acatam o pacto social têm direitos políticos iguais: os cidadãos têm o direito de votar por possuírem propriedade, de modo que aqueles que são destituídos de propriedade não têm direito a voto nem a exercer a autoridade política[24]. O que se presume é que as acumulações diferenciadas do processo histórico hipotético ("como se") justo ao longo de gerações fizeram com que muitos ficassem sem propriedade sem que isso tenha sido culpa deles, e, embora o contrato social e a subsequente delegação de autoridade política sejam perfeitamente racionais, do ponto de vista dessas pessoas, e não contradigam seu dever para com Deus, isso não lhes assegura esses direitos políticos fundamentais. De uma perspectiva kantiana, a doutrina de Locke sujeita de modo indevido as relações sociais de pessoas morais a contingências históricas e sociais externas à sua liberdade e igualdade e que acabam por solapá-las. As restrições que Locke impõe ao processo histórico "como se" não são suficientemente fortes para caracterizar uma concepção de justiça de base que seja aceitável a pessoas morais livres e iguais. Isto pode ser visto com clareza caso se suponha que o pacto social teria de ser celebrado imediatamente depois da criação dos seres humanos como pessoas morais livres e iguais no estado de natureza. Supondo que a situação dessas pessoas umas em relação às

---

24. Ver *Second Treatise of Government* [*O segundo tratado do governo*], lendo-se conjuntamente as seções 140 e 158.

outras represente de forma apropriada sua liberdade e igualdade e também (como Locke sustenta) que Deus não conferiu a ninguém o direito de exercer a autoridade política, é de presumir que reconheçam princípios que assegurem direitos fundamentais (incluindo os políticos) iguais para todos ao longo do processo histórico posterior. Essa interpretação da visão de Locke se tornará uma doutrina não histórica hipotética ("como se") ao supormos que durante o período pertinente de tempo as pessoas estavam dispersas demais para que algum acordo pudesse ser alcançado. O fato de Locke não ter considerado essa possibilidade distinta evidencia o aspecto histórico de sua teoria[25].

Também sugeri que toda doutrina contratualista deve reconhecer que se faz necessária uma divisão de trabalho entre as operações da estrutura básica para preservar a justiça de base e a definição e o cumprimento obrigatório, exigido pelo sistema legal, de normas que se aplicam diretamente a indivíduos e associações e regulam suas transações particulares. Por último, não há nenhuma utilidade, em uma teoria contratualista kantiana, para o contraste entre a situação dos indivíduos no estado de natureza e sua situação na sociedade. Esse tipo de comparação só se aplica a acordos realizados no interior da estrutura de instituições de base e não tem nenhum papel para determinar os direitos dos membros da sociedade. Além disso, qualquer referencial de comparação entre as vantagens relativas dos cidadãos deve basear-se em suas relações presentes e na maneira como as instituições funcionam no presente, e não no modo como a sequência histórica efetiva (ou alguma sequência "como se" justa), estendendo-se retrospectivamente ao longo de gerações, fez melhorar (ou poderia ter melhorado) as circunstâncias de todos, em comparação com o estado de natureza inicial (ou com algum estado de natureza hipotético).

---

25. Devo a Quentin Skinner essa maneira de considerar o aspecto histórico da teoria de Locke.

Meu objetivo aqui não é criticar outras teorias contratualistas. Fazer isto exigiria uma discussão à parte. Mais precisamente, procurei explicar por que a justiça como equidade considera que a estrutura básica é o objeto primário da justiça e busca desenvolver uma teoria especial para esse caso. Dadas as características únicas e o papel dessa estrutura, a ideia de um acordo deverá ser alterada de modo apropriado se quisermos realizar o intuito da variante kantiana da doutrina contratualista. Empenhei-me em demonstrar como as transformações necessárias podem ser feitas.

Conferência VIII
# As liberdades fundamentais e sua prioridade[1]

H. L. A. Hart observou que a interpretação das liberdades fundamentais e de sua prioridade, em meu livro *Uma teoria da justiça*, contém, entre outros defeitos, duas graves

---

1. Esta é uma versão bastante alterada e muito mais extensa da Tanner Lecture proferida na Universidade de Michigan em abril de 1981. Sou grato à Tanner Foundation e ao Departamento de Filosofia da Universidade de Michigan pela oportunidade de dar esta conferência. Desejo aproveitar esta oportunidade para expressar minha gratidão a H. L. A. Hart por ter escrito a resenha crítica (ver nota 2), à qual tento dar uma resposta parcial. Procurei esboçar respostas àquelas que penso serem as duas dificuldades mais importantes que ele aponta, e isto levou a várias alterações importantes em minha interpretação da liberdade. Pelos muitos comentários e sugestões valiosos sobre como dirimir as dificuldades apontadas por Hart, sou muito grato a Joshua Rabinowitz.

Ao fazer esta revisão, preciso agradecer a Samuel Scheffler e a Anthony Kronman pelos comentários que fizeram logo após a conferência e pelas discussões que tivemos depois. Os comentários de Scheffler me levaram a reformular inteiramente e a ampliar muito a versão original do que agora são §§ 5 e 6. Os comentários de Kronman foram em particular proveitosos para a revisão de § 7. Também tenho de agradecer a Burton Dreben, cujas recomendações e discussão elucidativas me levaram a fazer alterações e revisões que me parecem inumeráveis.

Observo, a título de prefácio, que minha interpretação das liberdades fundamentais e de sua primazia, ao ser aplicada à doutrina constitucional daquilo que denomino "uma sociedade bem-ordenada", tem certa similitude com a bem conhecida visão de Alexander Meiklejohn (ver nota 12). Contudo, há também as seguintes diferenças importantes: em primeiro lugar, o tipo de primazia que Meiklejohn confere às liberdades políticas e à liberdade de expressão é aqui conferido à família das liberdades fundamentais como um todo; em segundo lugar, o valor do autogoverno, que com frequência Meikelejohn

lacunas. Nesta conferência esboçarei – e não posso fazer mais do que isto – como essas falhas podem ser sanadas. A primeira lacuna é que as razões com base nas quais as partes, na posição original, escolhem as liberdades fundamentais e sua prioridade não estão suficientemente explicadas[2]. E isto está relacionado à segunda omissão: quando se aplicam os princípios de justiça nos estágios constitucional, legislativo e judicial, nenhum critério satisfatório é oferecido para determinar como as liberdades fundamentais devem ser especificadas de forma mais precisa e ajustadas umas às outras, conforme as circunstâncias sociais se tornem conhecidas[3]. Tentarei preencher essas duas lacunas levando a cabo as revisões que já foram introduzidas em minhas Dewey Lectures. Esboçarei como as liberdades fundamentais e as razões para sua prioridade podem se fundamentar na concepção dos cidadãos como pessoas morais livres e iguais, combinando-se isso com uma interpretação robustecida dos bens primários[4]. Essas revisões mostram que as liberdades fundamentais e sua prioridade se apoiam em uma concepção de pessoa que seria reconhecida como liberal e não somente, como Hart supôs, em considerações de interesses racionais[5]. Apesar disso, a estrutura e o conteúdo da justiça como equidade permanecem basicamente os mesmos. Exceto no que se refere a uma importante alteração nos termos em que se expressa o primeiro princípio de justiça, a formulação dos dois princípios de justiça permanece inalterada, assim como a primazia do primeiro princípio sobre o segundo.

---

parece considerar supremo, é tratado apenas como um valor importante entre outros; e, por fim, o pano de fundo filosófico das liberdades fundamentais é muito diferente.

2. H. L. A. Hart, "Rawls on Liberty and Its Priority", in *University of Chicago Law Review* 40(3) (primavera de 1973), pp. 551-5 (daqui em diante, Hart); republicado em *Reading Rawls*, organizado por Norman Daniels (Nova York: Basic Books, 1975), pp. 249-52 (daqui em diante, Daniels).

3. Hart, pp. 542-50; ver Daniels, pp. 239-44.

4. Ver "Kantian Constructivism in Moral Theory", in *Journal of Philosophy* 77(9) (setembro de 1980), pp. 519-30.

5. Hart, p. 555; Daniels, p. 252.

## § 1. O objetivo inicial da justiça como equidade

Antes de tratar as duas lacunas na interpretação das liberdades fundamentais, há algumas observações preliminares a fazer. Em primeiro lugar, os dois princípios de justiça se expressam da seguinte forma:

a. Cada pessoa tem um direito igual a um sistema plenamente adequado de liberdades fundamentais que seja compatível com um sistema similar de liberdades para todos.
b. As desigualdades sociais e econômicas devem satisfazer duas condições. A primeira é que devem estar vinculadas a cargos e posições abertos a todos, em condições de igualdade equitativa de oportunidades; a segunda é que devem redundar no maior benefício possível para os membros menos privilegiados da sociedade.

A alteração mencionada no primeiro princípio é que a expressão "um sistema plenamente adequado" substitui a expressão "o sistema total mais extenso", utilizada em *Teoria*[6]. Essa alteração leva à inserção das palavras "que seja" antes de "compatível". As razões para essa mudança serão explicadas adiante, e a noção de um sistema plenamente adequado de liberdades fundamentais é examinada em § 8. No momento, deixo essa questão de lado.

Outra observação preliminar é que as liberdades fundamentais iguais do primeiro princípio são especificadas mediante a seguinte lista: a liberdade de pensamento e a liberdade de consciência; as liberdades políticas e a liberdade de associação, assim como as liberdades especificadas pela liberdade e integridade da pessoa; e, por fim, os direitos e

---

6. A expressão "o mais extenso" é empregada nas principais formulações dos princípios de justiça nas pp. 60, 250 e 302. A expressão "sistema total" é utilizada na segunda e na terceira formulações.

as liberdades abarcados pela noção de Estado de direito. Nenhuma prioridade é atribuída à liberdade como tal, como se o exercício de alguma coisa denominada "liberdade" tivesse valor preeminente e pudesse ser o fim principal, se não o único, da justiça social e política. Existe, evidentemente, uma pressuposição geral contra a imposição de restrições legais e de outra índole à conduta sem que haja razões suficientes para isso. Mas essa pressuposição não cria nenhuma primazia para alguma liberdade em particular. Hart observou, no entanto, que em *Teoria* por vezes me valho de argumentos e expressões que dão a entender que é a liberdade como tal que se tem em mente, embora, como ele próprio notou, não seja essa a interpretação correta[7]. Ao longo da história do pensamento democrático, o foco sempre foi alcançar certas liberdades e garantias constitucionais, como aquelas encontradas em diferentes cartas de direitos e declarações dos direitos do homem. A interpretação das liberdades fundamentais segue essa tradição.

Alguns podem pensar que especificar as liberdades fundamentais mediante uma lista é um artifício que uma concepção filosófica de justiça poderia dispensar. Estamos acostumados a doutrinas morais que são apresentadas na forma de definições gerais e de princípios primeiros abrangentes. Note-se, no entanto, que, se pudermos encontrar uma lista de liberdades que, ao ser incorporada aos dois princípios de justiça, leve as partes na posição original a pôr-se de acordo acerca desses princípios, e não de outros princípios que a elas se apresentam, então o que podemos denominar "o objetivo inicial" da justiça como equidade terá sido alcançado. Esse objetivo é mostrar que os dois princípios de

---

7. Hart faz uma análise perceptiva acerca de se no primeiro princípio de justiça "liberdade" significa o que denominei "liberdade como tal". Esta questão se apresenta porque, na primeira formulação do princípio, na p. 60 (e em outras passagens), utilizo a expressão "liberdade fundamental" ou simplesmente "liberdade", quando deveria ter empregado "liberdades fundamentais". Em geral, estou de acordo com a análise de Hart. Ver Hart, pp. 537-41; Daniels, pp. 234-7.

justiça propiciam melhor interpretação das exigências da liberdade e da igualdade em uma sociedade democrática do que os princípios primeiros associados às doutrinas tradicionais do utilitarismo, do perfeccionismo ou do intuicionismo. São esses princípios, junto com os dois princípios de justiça, que constituem as opções disponíveis para as partes na posição original quando se define esse objetivo inicial.

Pois bem, uma lista de liberdades fundamentais pode ser elaborada de duas maneiras. Uma delas é de índole histórica: fazemos uma pesquisa nas Constituições dos Estados democráticos, elaboramos uma lista das liberdades que normalmente são protegidas e examinamos o papel que desempenham naquelas Constituições que tenha funcionado bem. Embora esse tipo de informação não esteja disponível para as partes na posição original, está disponível para nós – para você e para mim, que estamos formulando a justiça como equidade – e, por isso, esse conhecimento histórico pode influenciar o conteúdo dos princípios de justiça que oferecemos às partes como alternativas[8]. Uma segunda maneira é considerar que liberdades são condições sociais essenciais para o desenvolvimento adequado e o exercício pleno das duas faculdades da personalidade moral ao longo de toda a vida. Fazer isso conecta as liberdades fundamentais com a concepção de pessoa empregada na justiça como equidade. Voltarei a estes tópicos importantes em §§ 3-6.

Vamos supor que chegamos a uma lista de liberdades fundamentais que atinge o objetivo inicial da justiça como equidade. Consideramos essa lista um ponto de partida que pode ser aperfeiçoado ao se descobrir que há uma segunda lista tal que as partes, na posição original, se colocariam de acordo com os dois princípios dessa segunda lista, em vez de escolherem os dois princípios da lista inicial. Esse processo pode prosseguir indefinidamente, mas a ca-

---

8. Ver "Kantian Constructivism in Moral Theory", Lecture I, pp. 633-4; Lecture III, pp. 567-8.

pacidade discriminativa da reflexão filosófica no nível da posição original pode logo se esgotar. Quando isto ocorre, deveríamos fixar-nos na última lista preferida, para então especificá-la de maneira mais precisa nos estágios constitucional, legislativo e judiciário, quando o conhecimento geral das instituições sociais e das circunstâncias da sociedade é levado em conta. É suficiente que as considerações aduzidas do ponto de vista da posição social determinem a forma geral e o conteúdo das liberdades fundamentais e expliquem a escolha dos dois princípios de justiça que, dentre as alternativas disponíveis, são os únicos que incorporam essas liberdades e lhes conferem prioridade. Desse modo, como uma questão de método, não há nada a perder ao empregar esse procedimento passo a passo para chegar a uma lista de liberdades e sua ulterior especificação.

Uma última observação sobre a utilização de uma lista de liberdades fundamentais. A argumentação a favor das liberdades fundamentais, como todos os argumentos proferidos a partir da posição original, é sempre relativa a uma enumeração das alternativas entre as quais as partes devem optar. Uma das alternativas, os dois princípios de justiça, contém, como parte de sua especificação, uma lista de liberdades fundamentais e sua prioridade. A fonte das alternativas é a tradição histórica da filosofia moral e política. Devemos considerar a posição original e a caracterização das deliberações das partes como meio para selecionar princípios de justiça de um rol de alternativas já apresentadas. E isso tem a importante consequência de que, para estabelecer a prioridade da liberdade, não é necessário demonstrar que a concepção de pessoa, combinada a vários outros aspectos da posição original, é suficiente por si mesma para derivar uma lista satisfatória de liberdades e dos princípios de justiça que lhes conferem prioridade. Tampouco é preciso demonstrar que os dois princípios de justiça (com a prioridade da liberdade) seriam adotados a partir de qualquer enumeração possível de alternativas, por mais amplamente que pudesse ser complementada por outros princípios[9]. Aqui me ocupo do objetivo inicial da justiça como equidade que, como foi definido, consiste apenas em mostrar que os princípios de justiça seriam preferidos às alternativas tradicionais. Se isto puder ser feito, poderemos então passar a refinamentos ulteriores.

## § 2. O *status* especial das liberdades fundamentais

Após essas observações preliminares, começarei apontando várias características das liberdades fundamentais e de sua prioridade. A primeira é que a prioridade da liberdade significa que o primeiro princípio de justiça confere às liberdades fundamentais, especificadas por uma lista, *status* especial. Elas têm um peso absoluto em relação a considerações de bem público e a valores perfeccionistas[10]. Por exemplo, as liberdades políticas iguais não podem ser negadas a certos grupos sociais com o argumento de que gozá-las lhes permitiria bloquear as políticas necessárias para a eficiência e o crescimento econômicos. Tampouco se poderia justificar uma lei de conscrição seletiva e discriminatória (em tempos de guerra) com o argumento de que seria a maneira socialmente menos desvantajosa de formar um exército. As exigências das liberdades fundamentais não podem ser sobrepujadas por considerações dessa ordem.

Como é inevitável que as liberdades fundamentais conflitem umas com as outras, as normas institucionais que as definem devem ser ajustadas de modo que elas se encaixem em um sistema coerente. Na prática, a prioridade da li-

---

9. Sobre esse ponto, ver *Teoria*, p. 581.

10. As expressões "bem público" e "valores perfeccionistas" são empregadas em referência às noções de bem nas doutrinas morais teleológicas do utilitarismo e do perfeccionismo, respectivamente. Assim, essas noções são especificadas de maneira independente de uma noção do justo; por exemplo, no utilitarismo (e também em grande parte da economia do bem-estar), o bem é concebido como a satisfação dos desejos, interesses ou preferências dos indivíduos. Ver também *Teoria*, pp. 24-6.

berdade implica que uma liberdade fundamental só poderá ser limitada ou negada se isto for feito em benefício de uma ou mais de outras liberdades fundamentais, e nunca, como já sustentei, por considerações de bem público ou de valores perfeccionistas. Essa restrição se aplica até mesmo quando aqueles que se beneficiam da maior eficiência ou compartilham do total maior de benefícios são as mesmas pessoas cujas liberdades são limitadas ou negadas. Como as liberdades fundamentais podem ser limitadas quando conflitam entre si, nenhuma dessas liberdades é absoluta. Tampouco é requisito necessário que, no esquema ajustado de forma definitiva, todas as liberdades fundamentais estejam igualmente garantidas (seja o que for que isso signifique). O que se quer dizer é que, qualquer que seja a maneira como sejam ajustadas essas liberdades a fim de que constituam um sistema coerente, este deve ser garantido igualmente a todos os cidadãos.

Ao entender assim a prioridade das liberdades fundamentais, precisamos distinguir entre sua restrição e sua regulação[11]. Sua prioridade não é infringida quando elas são apenas reguladas, como é preciso que sejam, para se combinarem em um sistema único, assim como para se adaptarem a certas condições sociais necessárias para seu exercício duradouro. Na medida em que se garanta o que vou denominar "o âmbito central de aplicação" das liberdades fundamentais, os princípios de justiça serão satisfeitos. Por exemplo, são essenciais as regras de ordem para regular a discussão livre[12]. Sem a aceitação geral de procedimentos

---

11. Essa distinção é familiar e importante no direito constitucional. Ver, por exemplo, Lawrence Tribe, *American Constitutional Law* (Mineola, NY: The Foundation Press, 1978), capítulo 12, § 2, em que essa distinção se aplica à proteção da liberdade de expressão pela Primeira Emenda. Em *Teoria*, deixei de fazer essa distinção em pontos cruciais de minha interpretação das liberdades fundamentais. Agradeço a Joshua Rabinowitz por seus comentários elucidativos sobre esse tópico.

12. Ver Alexander Meiklejohn, *Free Speech and Its Relation to Self-Government* (Nova York: Harper and Row, 1948), capítulo 1, § 1, para uma conhecida discussão sobre a distinção entre regras de ordem e regras que restringem o conteúdo do discurso.

razoáveis de indagação e de preceitos relativos ao debate, a liberdade de expressão não pode atender a seu propósito. Não é possível que todos falem ao mesmo tempo, nem que utilizem o mesmo espaço público ao mesmo tempo para diferentes finalidades. Instituir as liberdades fundamentais, assim como satisfazer desejos diversos, requer programação e organização social. As regulamentações necessárias não devem ser confundidas com restrições ao conteúdo do discurso, como é o caso de proibições do proselitismo em prol de questões gerais e particulares que são relevantes à avaliação da justiça da estrutura básica da sociedade. O uso público da razão[13] deve ser regulado, mas a prioridade requer que isso seja feito, tanto quanto possível, de modo que seja preservado o âmbito central de aplicação de cada liberdade fundamental.

Considero sensato limitar as liberdades fundamentais àquelas que são verdadeiramente essenciais, com base na expectativa de que as liberdades que não são fundamentais serão satisfatoriamente asseguradas mediante a pressuposição geral, ficando o ônus da prova (de justificar limitações) por conta das outras exigências dos dois princípios de justiça. A razão dessa limitação à lista de liberdades fundamentais é o *status* especial de que essas liberdades se revestem. Sempre que expandimos a lista das liberdades fundamentais, corremos o risco de debilitar a proteção das mais essenciais e de recriar, dentro do sistema de liberdades, os problemas de equilíbrio indeterminado e desordenado de exigências que esperávamos poder evitar recorrendo a uma noção adequadamente delimitada de prioridade. Por isso, vou pressupor, ao longo de toda a exposição, ainda que nem sempre faça menção a isto, que as liberdades fundamentais da lista sempre têm prioridade, como se verá com clareza nos argumentos que se expressam a seu favor.

---

13. A expressão "o uso público de nossa razão" é adaptada do ensaio de Kant, "What Is Enlightenment?" (1784), no qual aparece no quinto parágrafo; edição acadêmica dos *Gesammelte Schriften*, vol. 8 (1912), pp. 36-7. Kant contrasta o uso público da razão, que é livre, com o uso privado, que pode não ser livre. Não é minha intenção subscrever essa análise.

A última questão sobre a prioridade da liberdade é que essa prioridade não é exigida em todas as circunstâncias. Mas para nossos propósitos aqui, suponho que seja exigida pelo que denominarei "condições razoavelmente favoráveis", isto é, as circunstâncias sociais que, desde que exista vontade política para isso, permitem a instituição efetiva e o pleno exercício dessas liberdades. Essas condições são determinadas pela cultura de uma sociedade, por suas tradições e capacidades adquiridas de gerir instituições, por seu nível de desenvolvimento econômico (que não precisa ser necessariamente alto) e, sem dúvida, também por outros fatores. Suponho evidente o suficiente, para nossos propósitos, que em nosso país (os Estados Unidos) condições razoavelmente favoráveis se verificam de fato, de modo que, para nós, é necessária a prioridade dessas liberdades. É claro que se a vontade política existe é uma questão inteiramente distinta. Embora essa vontade exista por definição em uma sociedade bem-ordenada, construí-la é parte da tarefa política em nossa sociedade.

Apresento agora, de modo sumário, após essas observações sobre a prioridade da liberdade, diversas características do sistema de liberdades fundamentais. Primeiro, como já mencionei, suponho que cada uma dessas liberdades possua o que denomino "âmbito central de aplicação". A proteção institucional desse âmbito de aplicação é uma condição do desenvolvimento adequado e do pleno exercício das duas faculdades morais dos cidadãos, como pessoas livres e iguais. Vou elaborar essa observação nas seções que se seguem. Segundo, as liberdades fundamentais podem ser compatibilizadas umas com as outras, ao menos em seu âmbito central de aplicação. Em outras palavras, em condições razoavelmente favoráveis, há um sistema viável de liberdades que pode ser instituído e no qual o âmbito central de cada liberdade fica protegido. Mas que tal sistema exista, isto não pode derivar unicamente da concepção de pessoa como portadora das duas faculdades morais, nem exclusivamente do fato de que certas liberdades e outros bens primários que também são meios polivalentes são necessários para o desenvolvimento e o exercício dessas faculdades. É preciso que ambos os elementos harmonizem-se em um arranjo constitucional praticável. A experiência histórica das instituições democráticas e a reflexão sobre os princípios do arcabouço constitucional sugerem que é possível encontrar um sistema praticável de liberdades.

Já observei que o sistema de liberdades fundamentais não é especificado em todos os seus detalhes pelas considerações disponíveis na posição original. É suficiente que a forma e o conteúdo gerais das liberdades fundamentais possam ser esboçados e os fundamentos de sua prioridade, entendidos. A especificação mais precisa das liberdades é deixada para os estágios constitucional, legislativo e judicial. Mas ao esboçar essa forma e conteúdo gerais, precisamos indicar o papel especial e o âmbito central de aplicação das liberdades de modo suficientemente claro para guiar o processo de sua especificação ulterior nos estágios posteriores. Por exemplo, entre as liberdades fundamentais da pessoa está a de adquirir e ter o uso exclusivo de propriedade pessoal. O papel dessa liberdade é permitir uma base material suficiente para um sentido de independência pessoal e de autorrespeito, ambos essenciais para o desenvolvimento e o exercício das faculdades morais. Duas concepções mais abrangentes do direito de propriedade, entendido como uma liberdade fundamental, devem ser evitadas. Uma dessas concepções amplia o direito de propriedade para incluir certos direitos de aquisição e herança, assim como o direito de possuir meios de produção e recursos naturais. De acordo com a outra concepção, o direito de propriedade inclui o direito igual de participar do controle dos meios de produção e dos recursos naturais, que devem considerar-se propriedade social. Essas concepções mais amplas não devem ser empregadas porque, acredito, não podem ser consideradas condições necessárias para o desenvolvimento e o exercício das faculdades morais. Os méritos dessas e de outras concepções do direito de propriedade são examinados em estágios posteriores, quando se pode levar em conta muito mais informações sobre as circunstâncias e tradições históricas de uma sociedade[14].

Por último, não se supõe que as liberdades fundamentais sejam igualmente importantes ou valorizadas pelas mesmas razões. Desse modo, uma vertente da tradição liberal considera que as liberdades políticas têm menos valor intrínseco do que a liberdade de pensamento e de consciência e do que as liberdades civis em geral. O que Constant denominava "as liberdades dos modernos" é mais valorizado do que "as liberdades dos antigos"[15]. Em uma ampla sociedade moderna, seja o que for que tenha sido válido para a cidade-estado da época clássica, pensa-se que as liberdades políticas têm um lugar menos importante nas concepções do bem da maioria das pessoas. O papel das liberdades políticas talvez seja em grande medida instrumental à preservação das demais liberdades[16]. Mesmo que esta visão seja correta, ela não constitui um impedimento para colocar certas liberdades políticas entre as liberdades fundamentais e protegê-las mediante a prioridade atribuída à liberdade. Porque, para atribuir prioridade às liberdades políticas, só é preciso que sejam importantes o suficiente, como meios institucionais essenciais, para garantir as demais liberdades fundamentais em um Estado moderno. E se lhes atribuir essa prioridade ajuda a explicar os juízos de prioridade que nos dispomos a reconhecer após cuidadosa reflexão, tanto melhor.

---

14. Para a elaboração desse parágrafo, ver a discussão de *Teoria*, pp. 270--4, 280-2 sobre a questão da propriedade privada na democracia *versus* o socialismo. Os dois princípios de justiça, por si mesmos, não resolvem essa questão.

15. Ver o ensaio de Constant, "De La Liberté des Anciens comparée à celle des modernes" (1819).

16. Uma importante formulação dessa visão encontra-se em Isaiah Berlin, "Two Concepts of Liberty" (1958), ensaio reproduzido em *Four Essays on Liberty* (Oxford: Oxford University Press, 1969); ver, por exemplo, pp. 165-6.

## § 3. Concepções de pessoa e de cooperação social

Considerarei agora a primeira lacuna na interpretação da liberdade. Recordemos que essa lacuna diz respeito às razões pelas quais as partes, na posição original, aceitam o primeiro princípio de justiça e concordam com a prioridade de suas liberdades fundamentais, tal como isso se expressa na primazia do primeiro princípio sobre o segundo. Para preencher essa lacuna, exporei uma concepção de pessoa, juntamente com sua concepção afim de cooperação social[17]. Considere-se, primeiro, a concepção de pessoa: há muitos aspectos diferentes de nossa natureza que podem ser escolhidos como particularmente significativos, de acordo com nosso objetivo e ponto de vista. Esse fato se torna manifesto pelo uso de expressões como *Homo politicus*, *Homo oeconomicus* e *Homo faber*. Na justiça como equidade, o objetivo é formular uma concepção de justiça política e social que seja afim às convicções e tradições mais arraigadas de um Estado democrático moderno. O sentido de fazer isso está em verificar se temos como resolver o impasse de nossa história política recente, a saber, o de que não existe acordo sobre como as instituições sociais básicas devem se organizar, se hão de se conformar à liberdade e à igualdade dos cidadãos como pessoas. Assim, desde o princípio, a concepção de pessoa é considerada parte de uma concepção de justiça política e social, isto é, a concepção de pessoa caracteriza como os cidadãos devem perceber a si mesmos e uns aos outros em suas relações políticas e sociais, da maneira especificada pela estrutura básica. Não se deve confundir essa concepção com um ideal para a vida pessoal (um ideal de amizade, por exemplo), nem com um ideal que se aplica aos membros de uma associação, muito menos com um ideal moral, como o ideal estoico de homem sábio.

---

17. Nesta seção e na seguinte, baseio-me em meu "Kantian Constructivism in Moral Theory", nota 4, para fornecer o pano de fundo necessário à argumentação que se segue.

A conexão entre a noção de cooperação social e a concepção de pessoa que vou expor pode ser explicada da seguinte maneira: a noção de cooperação social não é apenas aquela de uma atividade social coordenada, organizada de forma eficiente e guiada por normas publicamente reconhecidas para alcançar determinado fim geral. Essa cooperação sempre existe para o benefício mútuo, e disso se segue que envolve dois elementos. O primeiro é uma noção compartilhada de termos equitativos de cooperação, que se pode razoavelmente esperar que cada participante aceite, desde que todos os demais também o façam. Estes termos articulam uma ideia de reciprocidade e mutualidade: todos os que cooperam devem beneficiar-se ou compartilhar encargos comuns, segundo um padrão adequado de comparação. Denomino "o razoável" esse elemento da cooperação social. O outro elemento corresponde "ao racional", refere-se ao benefício racional de cada participante, àquilo que, como indivíduos, os participantes estão tentando alcançar. Enquanto a noção de termos equitativos de cooperação é compartilhada, as concepções que os participantes têm de seu benefício racional em geral diferem. A unidade da cooperação social tem por fundamento as pessoas estarem de acordo com sua noção de termos equitativos.

Pois bem, a noção apropriada de termos equitativos de cooperação depende da natureza da própria atividade cooperativa: de seu contexto social de fundo, dos outros como pessoas, e assim por diante. Os termos que são equitativos para parcerias e associações ou para pequenos grupos e equipes não são adequados para a cooperação social. Neste último caso, nosso ponto de partida consiste em perceber a estrutura básica da sociedade como um todo como forma de cooperação. Essa estrutura compreende as principais instituições sociais – a Constituição, o regime econômico, a ordem legal e sua especificação da propriedade e de outros elementos desse tipo – e como se combinam para constituir um sistema único. O que é característico da estrutura básica é que ela propicia a moldura para um sistema autossuficiente de cooperação para todos os objetivos essenciais da vida humana, objetivos a serviço dos quais se coloca toda a variedade de associações e grupos que existe dentro dessa moldura. Como suponho que a sociedade em questão seja fechada, temos de imaginar que não há entrada ou saída, a não ser pelo nascimento e pela morte. Desse modo, as pessoas nascem na sociedade, entendida como um sistema autossuficiente de cooperação, e devemos considerar que elas têm a capacidade de ser membros normal e plenamente cooperativos da sociedade ao longo de toda a vida. Segue-se dessas estipulações que, embora a cooperação social possa ser consentida e harmoniosa e, nesse sentido, voluntária, ela não é voluntária no sentido em que a cooperação é quando nos filiamos ou pertencemos a associações ou grupos no interior da sociedade. Não há alternativa à cooperação social, exceto a aquiescência a contragosto e ressentida ou a resistência e a guerra civil.

Nosso foco recai, então, nas pessoas consideradas capazes de ser membros normal e plenamente cooperativos da sociedade ao longo da vida inteira. A capacidade de cooperação social é vista como fundamental, uma vez que se adota a estrutura básica da sociedade como objeto primordial da justiça. Os termos equitativos de cooperação social, para esse caso, especificam o conteúdo de uma concepção política e social de justiça. Mas ao considerar as pessoas dessa maneira, estamos lhes atribuindo duas faculdades da personalidade moral: a de ter um senso de justiça (a capacidade de cumprir termos equitativos de cooperação social e, deste modo, de ser razoável) e de ter uma concepção do bem (e, por isso, de ser racional). De maneira mais específica, a capacidade de ter um senso de justiça é a capacidade de entender, aplicar e ser em geral motivado por um efetivo desejo de agir com base nos princípios de justiça (e não apenas em conformidade com eles), na medida em que constituem os termos equitativos de cooperação social. A capacidade de ter uma concepção do bem é a de formar, rever e perseguir racionalmente a realização de tal concepção, isto é, uma concepção do que consideramos ser uma vida digna de ser vivida. Uma concepção do bem em geral consiste em determinado sistema de objetivos e fins últimos e de desejos de que certas pessoas e associações, como objetos de vínculos e lealdades, floresçam. Também se inclui em tal concepção uma visão de nossa relação com o mundo – religiosa, filosófica ou moral – em referência à qual esses fins e vínculos são compreendidos.

O passo seguinte consiste em considerar as duas faculdades morais como a condição necessária e suficiente para que uma pessoa seja um membro pleno e igual da sociedade em questões de justiça social. Aqueles que são capazes de participar da cooperação social ao longo de toda a vida e que se dispõem a cumprir os termos equitativos apropriados de cooperação são considerados cidadãos iguais. Aqui supomos que as faculdades morais realizam-se no grau mínimo necessário e que vão a par, em qualquer momento, de determinada concepção do bem. Dadas essas suposições, as variações e diferenças no que diz respeito a dons e aptidões naturais são secundárias, porque não afetam o *status* das pessoas, na condição de cidadãos iguais, e só se tornam relevantes quando aspiramos a certos cargos e posições ocupacionais, pertencemos ou queremos nos filiar a certas associações no interior da sociedade. Desse modo, a justiça política diz respeito à estrutura básica como o quadro institucional mais inclusivo, dentro do qual os dons e as aptidões naturais dos indivíduos se desenvolvem e as diversas associações da sociedade civil existem.

Até aqui não disse nada acerca do conteúdo dos termos equitativos de cooperação ou sobre aquilo de que nos ocupamos no momento: as liberdades fundamentais e sua prioridade. Para abordar essa questão, façamos um resumo: os termos equitativos de cooperação social são termos com base nos quais, como pessoas iguais, estamos dispostos a cooperar de modo voluntário, de boa-fé, com todos os membros da sociedade ao longo de toda a vida. Podemos acrescentar: estamos dispostos a cooperar sobre a base do respeito mútuo. Acrescentar essa cláusula explicita que os termos equitativos de cooperação podem ser aceitos por todos sem ressentimento ou humilhação (ou, no que diz respeito a isso, sem má consciência), quando os cidadãos consideram a si próprios e uns aos outros como pessoas que possuem, no grau mínimo necessário, as duas faculdades morais que constituem a base da cidadania igual. Contra esse pano de fundo, o problema de especificar as liberdades fundamentais e justificar sua prioridade pode ser entendido como o de determinar termos equitativos apropriados de cooperação com base no respeito mútuo. Até as guerras religiosas dos séculos XVI e XVII, esses termos equitativos eram estabelecidos de modo muito restrito. A cooperação social sobre a base do respeito mútuo era considerada impossível com relação àqueles que professavam uma fé distinta ou (nos termos que empreguei) com relação àqueles que professam uma concepção do bem fundamentalmente distinta da nossa. Como doutrina filosófica, o liberalismo tem suas origens nesses séculos, com o desenvolvimento de diversos argumentos em prol da tolerância religiosa[18]. No século XIX, a doutrina liberal foi formulada em seus elementos essenciais por Constant, Tocqueville e Mill, para o contexto de um Estado democrático moderno, cujo advento viam como iminente. Uma suposição crucial do liberalismo é que cidadãos iguais têm concepções do bem diferentes e até mesmo irreconciliáveis[19]. Em uma sociedade de-

---

18. Para um estudo bastante esclarecedor desses argumentos, ver Allen, *A History of Political Thought in the Sixteenth Century*, pp. 73-103, 231-46, 302-31, 428-30, e também seu *English Political Thought, 1603-1660* (Londres: Methuen, 1938), pp. 199-249. Os pontos de vista que aparecem em *Letter on Toleration* (1689), de Locke, ou em *The Spirit of Laws* (1748), de Montesquieu, têm uma longa história precedente.

19. Essa suposição é central para o liberalismo, tal como a formula Berlin em "Two Concepts of Liberty", pp. 167-71. Penso que está implícita nos escritos dos pensadores citados, mas aqui não posso me estender mais sobre isso. Uma formulação mais recente é a de Ronald Dworkin, "Liberalism", in *Public and Private Morality*, volume organizado por Stuart Hampshire (Cambridge: Cambridge University Press, 1978).

mocrática moderna, a existência de modos tão diversos de vida é vista como uma condição normal, que só poderia ser abolida pelo uso autocrático do poder estatal. Dessa forma, o liberalismo aceita a pluralidade de concepções do bem como um fato da vida moderna, desde que, evidentemente, essas concepções respeitem os limites especificados pelos princípios apropriados de justiça. O liberalismo procura demonstrar que é desejável uma pluralidade de concepções do bem e como um regime de liberdade pode acomodar essa pluralidade de modo que se alcancem os muitos benefícios que derivam da diversidade humana.

Meu objetivo, nesta conferência, consiste em delinear a conexão entre as liberdades fundamentais, com sua prioridade, e os termos equitativos de cooperação social entre pessoas iguais, como a descrevemos. A importância de introduzir a concepção de pessoa que utilizei e a de cooperação social que lhe é afim está em buscar levar a visão liberal um passo adiante, a saber: fundamentar suas suposições em duas concepções filosóficas subjacentes, para então mostrar como as liberdades fundamentais, com sua prioridade, podem ser consideradas componentes dos termos equitativos da cooperação social, quando a natureza dessa cooperação satisfaz as condições que essas concepções impõem. A união social já não se funda em uma concepção do bem tal como dada por uma fé religiosa comum ou por uma doutrina filosófica, e sim em uma concepção pública e compartilhada de justiça apropriada à concepção dos cidadãos como pessoas livres e iguais em um Estado democrático.

### § 4. A posição original

Para explicar como a conexão mencionada antes pode ser feita, vou resumir de modo breve o que já disse em outros textos sobre o papel do que denominei "posição original" e a maneira como esta modela a concepção de pessoa[20]. A ideia central é que a posição original conecta a concepção de pessoa e sua concepção afim de cooperação social com certos princípios específicos de justiça. (Esses princípios especificam o que antes denominei "termos equitativos de cooperação social".) A conexão entre essas duas concepções filosóficas e os princípios específicos de justiça estabelece-se mediante a posição original da seguinte maneira: nesta posição, descrevem-se as partes como representantes racionalmente autônomos dos cidadãos na sociedade. Como tal, elas devem fazer o melhor que puderem por aqueles que representam, sujeitas às restrições da posição original. Por exemplo, as partes encontram-se simetricamente situadas umas em relação às outras e, nesse sentido, são iguais. O que denominei "véu de ignorância" significa que elas não conhecem a posição social, ou a concepção do bem (seus objetivos e vínculos particulares), ou as capacidades realizadas e propensões psicológicas e muitas outras coisas das pessoas que representam. E, como já observei, as partes devem se pôr de acordo em relação a certos princípios de justiça, levando em conta uma breve lista de alternativas fornecida pela tradição da filosofia política e moral. O acordo das partes sobre certos princípios definidos estabelece uma conexão entre esses princípios e a concepção de pessoa representada pela posição original. Dessa maneira, determina-se o conteúdo de termos justos da cooperação social para pessoas assim concebidas.

É preciso distinguir com cuidado duas partes distintas da posição original. Essas partes correspondem às duas faculdades da personalidade moral ou àquilo que denominei "a capacidade de ser razoável" e "a capacidade de ser racional". Embora a posição original como um todo represente ambas as faculdades morais e, por isto, também a concepção completa de pessoa, as partes, como representantes

---

[20]. Sobre a posição original, ver *Teoria*; sobre como esta posição modela a concepção de pessoa, ver também "Kantian Constructivism in Moral Theory".

racionalmente autônomos das pessoas em sociedade, só representam o racional: elas concordam com os princípios que consideram os melhores para aqueles que representam, vendo-se isso da óptica da concepção do bem dessas pessoas e de sua capacidade de constituir, rever e promover de modo racional tal concepção, tanto quanto às partes seja dado saber essas coisas. O razoável, ou a capacidade das pessoas de ter um senso de justiça, que aqui se traduz em sua capacidade de respeitar termos equitativos de cooperação social, é representado pelas várias restrições às quais as partes estão sujeitas na posição original e pelas condições que se impõem à sua deliberação. Quando os princípios de justiça escolhidos pelas partes na posição original são aceitos e aplicados na sociedade por cidadãos iguais, estes, ao agir assim, expressam sua autonomia plena. A diferença entre a autonomia plena e a racional é que esta última consiste em agir somente com base em nossa capacidade de sermos racionais e em determinada concepção do bem que professamos em qualquer momento dado, enquanto a primeira inclui não apenas essa capacidade de ser racional, mas também a de promover nossa concepção do bem de forma compatível com o acatamento de termos equitativos de cooperação social, isto é, os princípios de justiça. Em uma sociedade bem-ordenada, na qual os cidadãos sabem que podem contar com o senso de justiça uns dos outros, podemos supor que uma pessoa em geral deseja agir de forma justa, bem como ser reconhecida pelos outros como alguém em quem se pode confiar como um membro plenamente cooperativo da sociedade ao longo da vida inteira. Pessoas plenamente autônomas, portanto, reconhecem e agem com base nos termos equitativos de cooperação social, motivadas pelas razões especificadas pelos princípios compartilhados de justiça. As partes, no entanto, são racionalmente autônomas, uma vez que as restrições do razoável são apenas impostas de fora. Com efeito, a autonomia racional das partes é aquela de agentes artificiais que habitam uma construção concebida para modelar a concepção plena de pessoa em ambas as dimensões, do razoável e do racional. Os cidadãos iguais de uma sociedade bem-ordenada é que são plenamente autônomos, pois aceitam por vontade própria as restrições do razoável e, ao fazê-lo, sua vida política reflete essa concepção de pessoa segundo a qual é fundamental a capacidade dos cidadãos para a cooperação social. É a autonomia plena de cidadãos ativos que expressa o ideal político a ser realizado no mundo social[21].

Por conseguinte, podemos dizer que as partes, na posição original, são, como representantes racionais, racionalmente autônomas em dois sentidos. Primeiro, não se exige, em suas deliberações, que apliquem quaisquer princípios anteriores ou prévios de direito e justiça. Segundo, ao chegar a um acordo sobre quais princípios de justiça escolher a partir das alternativas que se apresentam, as partes devem se guiar unicamente pelo que julgam ser o bem determinado das pessoas que representam, tanto quanto os limites à informação lhes permitam identificar isso. O acordo na posição original sobre os dois princípios de justiça deve ser um acordo fundado em razões racionalmente autônomas nesse sentido. Assim, com efeito, estaremos utilizando as deliberações racionalmente autônomas das partes para selecionar, dentre as alternativas dadas, os termos equitativos de cooperação entre as pessoas que representam.

Muito mais teria de ser dito para explicar de modo adequado o resumo precedente. Aqui, porém, preciso tratar as considerações que motivam as partes na posição original. Seu objetivo geral é, sem dúvida, cumprir sua responsabili-

---

21. Recorro a essa distinção entre as duas partes da posição original que correspondem ao razoável e ao racional como uma maneira vívida de asseverar a ideia de que essa posição modela a concepção *plena* de pessoa. Espero que isso evite muitas das interpretações errôneas dessa posição, como a de que pretende ser moralmente neutra ou modela apenas a noção de racionalidade e, portanto, a justiça como equidade trata de selecionar princípios de justiça com base unicamente em uma concepção de escolha racional, tal como se entende isto na economia ou na teoria da decisão. De uma perspectiva kantiana, semelhante projeto está fora de questão e é incompatível com sua concepção de pessoa.

dade e fazer o mais que puderem para promover o bem determinado das pessoas que representam. O problema é que, dadas as restrições do véu de ignorância, pode ser impossível para as partes discernir o bem dessas pessoas e, deste modo, fazer um acordo racional em benefício delas. Para resolver esse problema, introduzimos a ideia de bens primários e enumeramos uma lista de vários recursos que entram sob essa rubrica. A ideia principal é que os bens primários são escolhidos perguntando-se por aquelas coisas que em geral são necessárias como condições sociais e meios polivalentes para capacitar as pessoas a realizar suas concepções determinadas do bem e a desenvolver e exercer suas duas faculdades morais. Sobre isso, temos de examinar os requisitos sociais e as circunstâncias normais da vida humana em uma sociedade democrática. O fato de os bens primários serem condições necessárias para realizar as faculdades morais e constituírem meios polivalentes para uma gama suficientemente ampla de fins últimos pressupõe vários fatos gerais sobre as necessidades e capacidades humanas, suas fases características e seus requisitos de desenvolvimento, suas relações de interdependência social e muitos outros fatores. Necessitamos ao menos de uma interpretação geral dos planos racionais de vida, que nos mostre por que esses planos normalmente têm certa estrutura e dependem dos bens primários para sua formação, revisão e execução. Não se determina o que deve ser considerado bens primários perguntando quais meios gerais são essenciais para alcançar os fins últimos que uma pesquisa empírica ou histórica poderia mostrar que as pessoas normalmente têm em comum. É possível que existam poucos desses fins, se é que há algum, e os que porventura existirem poderão não servir aos propósitos de uma concepção de justiça. A caracterização dos bens primários não se baseia em tais fatos históricos ou sociais. Embora determiná-los invoque um conhecimento das circunstâncias e das exigências gerais da vida social, isso só é feito à luz de uma concepção de pessoa formulada de antemão.

As cinco categorias de bens primários enumeradas em *Teoria* (acompanhadas por uma indicação de por que cada uma delas é utilizada) são as seguintes:

a. As liberdades fundamentais (liberdade de pensamento, liberdade de consciência etc.): essas liberdades constituem as condições institucionais de fundo que são necessárias ao desenvolvimento e ao exercício pleno e informado das duas faculdades morais (em especial em relação àquilo que adiante, em § 8, denominarei "os dois casos fundamentais"); essas liberdades também são indispensáveis à proteção de vasta gama de concepções determinadas do bem (dentro dos limites da justiça).
b. A liberdade de movimento e de livre escolha da ocupação, contra um pano de fundo de oportunidades variadas: essas oportunidades permitem perseguir diferentes fins últimos e levar a cabo a decisão de revê-los e alterá-los, se o desejarmos.
c. As capacidades e prerrogativas de posições e cargos de responsabilidade: propiciam à pessoa amplo espaço para diferentes capacidades sociais e de autogoverno.
d. Renda e riqueza, entendidas em sentido amplo, como meios polivalentes (que têm um valor de troca): renda e riqueza são necessárias, direta ou indiretamente, para a realização de ampla gama de fins, quaisquer que sejam.
e. As bases sociais do autorrespeito: trata-se daqueles aspectos das instituições básicas que em geral são essenciais para que os cidadãos adquiram um sentido vigoroso de seu valor como pessoas e para que sejam capazes de desenvolver e exercer suas faculdades morais e promover seus objetivos e fins com autoconfiança[22].

---

22. Para uma interpretação mais completa dos bens primários, ver meu "Social Unity and Primary Goods".

Observe-se que os dois princípios de justiça avaliam a estrutura básica da sociedade com relação à maneira como suas instituições protegem e distribuem alguns desses bens primários, como as liberdades fundamentais, e regulam a produção e a distribuição de outros bens primários, como a renda e a riqueza, por exemplo. Assim, em geral, o que é preciso explicar é por que as partes utilizam essa lista de bens primários e por que é racional para elas escolher os dois princípios de justiça.

Nesta conferência, não tenho como tratar dessa questão geral. Exceto no que se refere às liberdades fundamentais, vou pressupor que as razões para se basear em bens primários estão claras o suficiente para nossos propósitos. Meu objetivo, nas próximas seções, é explicar por que, dada a concepção de pessoa que caracteriza os cidadãos, representados pelas partes, as liberdades fundamentais são, efetivamente, bens primários e, além disso, por que o princípio que garante essas liberdades deve ter prioridade sobre o segundo princípio de justiça. Às vezes, a razão para esta prioridade torna-se evidente a partir da explanação de por que uma liberdade é fundamental, como no caso da liberdade igual de consciência (examinada em §§ 5-6). Em outros casos, a prioridade deriva do papel procedimental e da importância que certas liberdades têm para regular a estrutura básica como um todo, como no caso das liberdades políticas iguais (examinadas em § 8). Por último, certas liberdades fundamentais são condições institucionais indispensáveis, uma vez que se tenham garantido outras liberdades fundamentais. Deste modo, a liberdade de pensamento e a liberdade de associação são necessárias para tornar efetivas a liberdade de consciência e as liberdades políticas. (Essa conexão é esboçada no caso da livre expressão política e das liberdades políticas em §§ 10-12.) A presente discussão é muito sucinta e apenas ilustra os tipos de razão que as partes têm para considerar certas liberdades como fundamentais. Ao examinar várias liberdades fundamentais distintas, cada uma justificada de modo um pouco diferente, espero explicar o lugar que ocupam na justiça como equidade e as razões para sua prioridade.

## § 5. A prioridade das liberdades, I: a segunda faculdade moral

Agora estamos prontos para examinar as razões pelas quais as partes, na posição original, escolhem princípios que garantem as liberdades fundamentais e lhes conferem prioridade. Não posso apresentar aqui a argumentação a favor desses princípios de maneira rigorosa e convincente, somente indicarei como isso poderia ser feito.

Observe-se, em primeiro lugar, que, dada a concepção de pessoa, há três tipos de consideração que as partes precisam distinguir ao deliberar sobre o bem das pessoas que representam. Existem considerações relativas ao desenvolvimento e exercício pleno e informado das duas faculdades morais, e cada uma dessas faculdades suscita considerações de índole distinta, além das considerações que dizem respeito à concepção determinada do bem de uma pessoa. Nesta seção, examino as considerações que se relacionam à capacidade de ter uma concepção do bem e à concepção determinada do bem de uma pessoa. Começarei por esta última. Recordemos que, embora as partes saibam que as pessoas que representam têm determinadas concepções do bem, não conhecem o conteúdo dessas concepções, isto é, não sabem quais são os objetivos e fins últimos que essas pessoas querem promover, nem os objetos de suas afeições e de seus compromissos, nem a visão que têm da relação – religiosa, filosófica ou moral – que isso tem com o mundo, em referência à qual esses fins e compromissos são compreendidos. Entretanto, as partes conhecem a estrutura geral dos planos de vida de pessoas racionais (dados os fatos gerais acerca da psicologia humana e do funcionamento das instituições sociais) e, em virtude disso, conhecem os principais elementos, tais como os que acabam de ser enumerados, de uma concepção do bem. O conhecimento desses elementos caminha junto com o entendimento que têm e com a utilização dos bens primários, do modo como isso já foi explicado.

Para esclarecer as ideias, concentro-me na liberdade de consciência e examino as razões que as partes têm para escolher princípios que garantem essa liberdade fundamental, tal como se aplica às visões religiosas, filosóficas e morais de nossa relação com o mundo[23]. É claro que, embora as partes não possam ter certeza de que as pessoas que representam professem visões dessa natureza, minha suposição será que normalmente o fazem e que, de todo modo, as partes devem contar com essa possibilidade. Suponho também que essas visões religiosas, filosóficas e morais já estão constituídas e solidamente arraigadas e, neste sentido, já estão dadas. Pois bem, se apenas um dos princípios de justiça disponíveis para as partes garante a liberdade igual de consciência, esse princípio deverá ser escolhido, ou, pelo menos, isto será válido se a concepção de justiça da qual esse princípio faz parte for praticável. O véu de ignorância implica que as partes não sabem se as crenças advogadas pelas pessoas que representam constituem uma visão majoritária ou minoritária. Elas não podem correr o risco de permitir menor liberdade de consciência a religiões minoritárias, digamos, com base na possibilidade de que aqueles a quem representam professem uma religião majoritária ou dominante e, por isso, venham a gozar de uma liberdade ainda maior. Também pode ocorrer que essas pessoas pertençam a uma fé minoritária e sofram com isso. Se as partes fizessem apostas desse tipo, demonstrariam que não levam a sério as convicções religiosas, filosóficas ou morais das pessoas e, de fato, desconhecem o que são tais convicções.

---

23. Nesse e nos dois parágrafos que se seguem, formulo de maneira um pouco diferente a principal consideração oferecida em prol da liberdade de consciência em *Teoria*, § 33.

Observe-se que, a rigor, essa primeira consideração em prol da liberdade de consciência não é um argumento. Simplesmente chamamos a atenção para a maneira como o véu de ignorância, combinado com a responsabilidade que as partes têm de proteger uma visão religiosa, filosófica ou moral que lhes é desconhecida, mas que é determinada e professada pelas pessoas que representam, confere às partes as razões mais fortes para proteger essa liberdade. Aqui, é fundamental que a afirmação dessas visões e das concepções do bem que delas derivam seja reconhecida como algo inegociável, por assim dizer. Entende-se que são formas de crença e conduta cuja proteção não podemos propriamente abandonar, nem permitir que sejamos persuadidos a colocá-las em risco pelos tipos de considerações compreendidas pelo segundo princípio de justiça. É claro que acontecem conversões religiosas e que as pessoas mudam suas visões filosóficas e morais. Mas supõe-se que estas mudanças e conversões não obedecem a razões de poder e posição social ou de riqueza e *status*, mas são resultado da convicção, da razão e da reflexão. Mesmo que, na prática, essa suposição seja muitas vezes falsa, isso não afeta a responsabilidade das partes de proteger a integridade da concepção do bem daqueles que representam.

Está claro, então, por que a liberdade de consciência é uma liberdade fundamental e possui a prioridade que se atribui a tal liberdade. Dado o entendimento do que constitui uma visão religiosa, filosófica ou moral, os tipos de consideração abarcados pelo segundo princípio não podem ser invocados para restringir o âmbito central dessa liberdade. Se alguém nega que a liberdade de consciência é uma liberdade fundamental e sustenta que todos os interesses humanos são comensuráveis e que entre dois interesses, quaisquer que sejam, sempre há uma alguma taxa de câmbio com base na qual é racional equilibrar a proteção de um em relação à proteção do outro, então teremos chegado a um impasse. Uma maneira de levar o debate adiante consistiria em tentar demonstrar que o sistema de liberdades fundamentais, como família de liberdades, faz parte de uma concepção de justiça coerente e praticável, apropriada à estrutura básica de um regime democrático, e, além disso, é compatível com as convicções mais essenciais de tal regime.

Voltemo-nos agora para as considerações relativas à capacidade de ter uma concepção do bem. Essa capacidade foi antes definida como uma capacidade de formar, rever e perseguir de modo racional uma concepção determinada do bem. A esse respeito, há duas razões intimamente relacionadas, uma vez que podemos ver essa capacidade de duas maneiras distintas. Na primeira, o desenvolvimento adequado e o exercício dessa capacidade, segundo as circunstâncias permitam, são considerados um meio para o bem de uma pessoa e, como meio, não são (por definição) parte da concepção determinada do bem dessa pessoa. As pessoas exercem essa faculdade ao procurar realizar de maneira racional seus fins últimos e ao articular suas ideias de uma vida plena. Em qualquer momento, essa faculdade serve à concepção determinada do bem que nesse momento se professe, mas o papel que essa faculdade desempenha na constituição de outras concepções mais racionais do bem e na revisão das que são presentemente professadas não deve ser negligenciado. Não há nenhuma garantia de que todos os aspectos de nosso modo presente de vida sejam os mais racionais para nós e de que não necessitem pelo menos de alguma revisão, quando não de uma alteração fundamental. Por essa razão, o exercício pleno e adequado da capacidade de ter uma concepção do bem é um meio para o bem de uma pessoa. Desse modo, supondo que a liberdade de consciência e, por conseguinte, a liberdade de se enganar e de cometer erros estão entre as condições sociais necessárias para o desenvolvimento e exercício dessa capacidade, as partes têm outra razão para adotar princípios que garantam essa liberdade fundamental. Devemos observar que a liberdade de associação é requisito indispensável à efetivação da liberdade de consciência, pois, a menos que sejamos livres para nos associar a outros cidadãos que pensam como nós, o exercício da liberdade de consciência nos será negado. Essas duas liberdades fundamentais estão associadas.

A segunda maneira de considerar a capacidade de ter uma concepção do bem leva a mais uma razão para afirmar a liberdade de consciência. Esta razão se baseia no alcance amplo e na natureza reguladora dessa capacidade e nos princípios inerentes que regem suas operações (os princípios da deliberação racional). Tais características permitem que nos percebamos como pessoas que afirmam o próprio modo de vida em concordância com o exercício pleno, deliberado e refletido de nossas faculdades intelectuais e morais. E essa relação racionalmente afirmada entre nossa razão deliberante e nossa forma de vida torna-se parte de nossa concepção determinada do bem. Esta possibilidade está contida na concepção de pessoa. Assim, além de nossas crenças serem verdadeiras, de nossas ações serem corretas e de nossos fins serem bons, também podemos aspirar a ter uma apreciação sobre *por que* nossas crenças são verdadeiras, nossas ações são verdadeiras e nossos fins são bons e apropriados para nós. Como diria Mill, podemos nos empenhar em fazer com que nossa concepção do bem seja "nossa própria" concepção, não nos contentando em recebê-la já pronta de nossa sociedade ou de nossos pares sociais[24]. É claro que não é preciso que a concepção que afirmamos seja peculiar a nós ou uma concepção que, por assim dizer, tenhamos feito à nossa medida. Mais precisamente, podemos professar uma tradição religiosa, filosófica ou moral na qual fomos criados e educados e que descobrimos, ao atingir a idade da razão, que é um centro de nossos vínculos e afetos. Nesse caso, o que professamos é

---

24. Ver J. S. Mill, *On Liberty*, capítulo 3, § 5, na passagem em que ele afirma: "Em certa medida, aceita-se que nosso entendimento deva ser o nosso próprio, mas não existe a mesma disposição a aceitar que nossos desejos e impulsos também devam ser os nossos próprios ou que ter impulsos próprios e de qualquer intensidade não seja somente um perigo e uma cilada." Ver §§ 2-9 sobre o livre desenvolvimento da individualidade.

uma tradição que incorpora ideais e virtudes que satisfazem os critérios de nossa razão e que correspondem a nossos desejos e a nossas aspirações mais profundos. Certamente, sempre haverá muitas pessoas que não examinam as crenças e fins que adquiriram, e sim que os consideram uma questão de fé, e que talvez se satisfaçam em pensar que essas são questões de costume e tradição. Elas não devem ser criticadas por isso, pois, segundo o ponto de vista liberal, não deve haver uma avaliação política ou social das concepções do bem que estejam dentro dos limites permitidos pela justiça.

Nessa maneira de enfocar a capacidade de ter uma concepção do bem, tal capacidade não é um meio, mas parte essencial de uma concepção determinada do bem. O lugar próprio dessa concepção na justiça como equidade está em nos possibilitar considerar nossos fins últimos e vínculos de um modo que realiza, em toda a sua extensão, uma das faculdades morais com base nas quais as pessoas são caracterizadas nessa concepção de justiça. Para que essa concepção do bem seja possível, deve nos ser permitido, ainda mais claramente do que no caso da consideração precedente, enganarmo-nos e cometermos equívocos dentro dos limites estabelecidos pelas liberdades fundamentais. Para garantir a possibilidade de que exista essa concepção do bem, as partes, como nossos representantes, escolhem princípios que protegem a liberdade de consciência.

Os três argumentos precedentes em prol da liberdade de consciência relacionam-se da maneira como se segue. No primeiro, as concepções do bem são consideradas já dadas e firmemente arraigadas, como existe uma pluralidade de tais concepções, cada uma delas, por assim dizer, inegociável, as partes reconhecem que, por detrás do véu de ignorância, os princípios de justiça que garantem igual liberdade de consciência são os únicos que podem escolher. Nos dois argumentos seguintes, as concepções do bem são vistas como sujeitas a revisão, em conformidade com a razão deliberante, que é parte da capacidade de ter uma concepção do bem. Mas como o exercício pleno e informado dessa capacidade requer as condições sociais que são asseguradas pela liberdade de consciência, esses argumentos sustentam a mesma conclusão que o primeiro.

## § 6. A prioridade das liberdades, II: a primeira faculdade moral

Por último, vamos tratar as considerações que dizem respeito à capacidade de ter um senso de justiça. Sobre isso, devemos ser cuidadosos. As partes, na posição original, são representantes racionalmente autônomos e, como tais, são motivadas apenas por considerações relacionadas com o que promove as concepções determinadas do bem das pessoas que representam, tanto como um meio quanto como uma parte dessas concepções. Desse modo, quaisquer razões que levem as partes a escolher princípios que garantam o desenvolvimento e o exercício da capacidade de ter um senso de justiça devem estar de acordo com essa restrição. Vimos, na seção anterior, que a capacidade de ter uma concepção do bem pode ser parte de uma concepção determinada do bem de uma pessoa, assim como um meio para realizar essa concepção, e que as partes podem invocar razões baseadas em cada um desses dois casos, sem que isso represente uma violação de seu papel racionalmente autônomo. A situação é distinta no que se refere ao senso de justiça, pois nesse caso as partes não podem invocar razões que têm por base considerar o desenvolvimento e o exercício dessa capacidade como parte da concepção determinada do bem de uma pessoa. As partes estão restritas, nesse caso, a razões fundamentadas em considerar essa capacidade somente como um meio para o bem da pessoa.

Com certeza, supomos (como o fazem as partes) que os cidadãos possuem a capacidade de ter um senso de justiça, mas essa suposição é puramente formal. Isso significa apenas que, sejam quais forem os princípios que as partes selecionem, entre as alternativas disponíveis, as pessoas que as partes representam serão capazes, como cidadãos que fazem parte da sociedade, de desenvolver o senso de justiça correspondente, no grau em que as deliberações das partes, informadas pelo conhecimento de senso comum e pela teoria da natureza humana, mostrem ser possível e praticável. Essa suposição é coerente com a autonomia racional das partes e com a determinação de quais noções ou princípios de justiça previamente dados não deverão guiar (muito menos restringir) sua deliberação acerca de qual alternativa escolher. Em vista dessa suposição, as partes sabem que seu acordo não é feito em vão e que os cidadãos em sociedade agirão de acordo com os princípios acordados, com a efetividade e a regularidade de que a natureza humana é capaz quando as instituições políticas e sociais satisfazem – e se reconhece publicamente que o fazem – esses princípios. Mas quando as partes levam em conta, como uma consideração a favor de certos princípios de justiça, o fato de que os cidadãos agirão efetiva e regularmente segundo esses princípios, elas só podem fazê-lo por acreditarem que agir de acordo com tais princípios servirá de meio efetivo para as concepções determinadas do bem das pessoas que representam. Estas pessoas, na condição de cidadãos, são motivadas por razões de justiça como tal, mas as partes, na condição de representantes racionais autônomos, não o são.

Feitas essas observações, passo a esboçar três razões, cada qual relacionada com a capacidade de ter um senso de justiça, que levam as partes a escolher princípios que garantam as liberdades fundamentais e lhes atribuam prioridade. A primeira razão baseia-se em dois pontos: primeiro, no grande benefício que um sistema estável e justo de cooperação social representa para a concepção do bem de cada pessoa; segundo, na tese de que a concepção mais estável de justiça é aquela especificada pelos dois princípios de justiça, e em grande medida isto se deve às liberdades fundamentais e à prioridade que lhes é atribuída por esses princípios.

Percebe-se com clareza que o conhecimento público de que cada um tem um senso efetivo de justiça e de que se pode contar com cada pessoa, como membro plenamente cooperativo da sociedade, representa grande benefício para a concepção do bem de cada qual[25]. Esse conhecimento público e o senso de justiça compartilhado, que é seu objeto, é algo que se produz com o tempo e com o esforço de cultivá-lo, e é mais fácil destruí-lo do que construí-lo. As partes avaliam as alternativas tradicionais, levando em conta a probabilidade de que cada uma venha a gerar um senso de justiça publicamente reconhecido, quando se supõe que a estrutura básica satisfaz os princípios correspondentes. E, ao fazê-lo, consideram a capacidade desenvolvida de ter um senso de justiça como um meio para o bem daqueles que representam. Em outras palavras, um sistema de cooperação social justa promove as concepções determinadas do bem que os cidadãos têm, e um sistema que se torna estável mediante um senso de justiça público e efetivo é um meio melhor para alcançar esse fim do que um sistema que requer um aparato rigoroso e dispendioso de sanções penais, em especial quando este aparato ameaça as liberdades fundamentais.

A estabilidade comparativa dos princípios tradicionais de justiça que se apresentam às partes é questão complexa. Não posso resumir aqui as muitas considerações que examinei em outra obra para sustentar o segundo ponto, a tese de que os dois princípios de justiça são os mais estáveis. Mencionarei somente uma ideia central, a de que a concepção mais estável de justiça é aquela que se revela clara e inteligível à nossa razão, é coerente e incondicionalmente comprometida com nosso bem e se funda não na abnegação, mas na afirmação de nossa pessoa[26]. A conclusão que se demonstra é que os dois princípios de justiça respondem

---

25. Aqui estou reformulando a argumentação a favor da maior estabilidade da justiça como equidade que se encontra em *Teoria*, § 76.

26. Ibid., pp. 498 ss.

melhor a essas condições, exatamente em virtude das liberdades fundamentais, consideradas em conjunto com o valor equitativo das liberdades políticas (que examinaremos na próxima seção) e com o princípio de diferença. Por exemplo: que os dois princípios de justiça estejam de modo incondicional vinculados ao bem de cada qual, isto se demonstra pela igualdade das liberdades fundamentais e sua prioridade, assim como pelo valor equitativo das liberdades políticas. Insistamos em que esses princípios são claros e inteligíveis à nossa razão porque devem ser públicos e mutuamente reconhecidos e prescrevem as liberdades fundamentais de modo direto – elas, por assim dizer, aparecem com sua própria face[27]. Essas liberdades não dependem de cálculos conjecturais sobre o maior total líquido de interesses sociais (ou de valores sociais). Na justiça como equidade, não há lugar para cálculos dessa natureza. Observe-se que esse argumento a favor da primeira razão está em conformidade com as precauções formuladas nos parágrafos iniciais desta seção. Ao escolher os princípios de justiça que garantem de forma mais efetiva o desenvolvimento e o exercício do senso de justiça, as partes não são motivadas pelo desejo de realizar essa faculdade moral por si mesma, e sim pela percepção de que ela é o melhor meio para estabilizar uma cooperação social justa e, por conseguinte, de promover as concepções determinadas do bem das pessoas que representam.

A segunda razão, que não deixa de estar relacionada à primeira, procede da importância fundamental do autorrespeito[28]. Sustenta-se que este é mais efetivamente encoraja-

---

27. Ao dizer que os princípios de justiça prescrevem as liberdades fundamentais de modo direto e com sua própria face, tenho em mente as várias considerações mencionadas em ibid., em conexão com o que denominei "incorporação" (*embedding*) de um ideal moral em princípios primeiros de justiça; ver as pp. 160 ss., 261-63, 288-9, 326-7.

28. O autorrespeito é analisado em *Teoria*, § 67. Sobre o papel que desempenha na argumentação em prol dos dois princípios de justiça, ver pp. 178-83. Sobre as liberdades políticas iguais como base do autorrespeito, ver pp. 234, 544-6.

do e apoiado pelos dois princípios de justiça e isto se deve, mais uma vez, de modo mais preciso, à insistência nas liberdades fundamentais e na prioridade que lhes é atribuída, embora o autorrespeito também seja fortalecido e apoiado pelo valor equitativo das liberdades políticas e pelo princípio da diferença[29]. O fato de o autorrespeito também ser reforçado por outras características dos dois princípios que não as liberdades fundamentais significa apenas que nenhuma característica funciona sozinha. Mas isto não deve causar estranheza. Desde que as liberdades fundamentais desempenhem importante papel no apoio ao autorrespeito, as partes terão razões fundadas nessas liberdades para escolher os dois princípios de justiça.

De modo muito sucinto, o argumento é o que se segue. O autorrespeito se baseia em nossa autoconfiança, como membros plenamente cooperativos da sociedade, capazes de perseguir uma concepção valiosa do bem ao longo de toda a vida. Desse modo, o autorrespeito pressupõe o desenvolvimento e o exercício de ambas as faculdades morais e, por isso, um senso efetivo de justiça. A importância do autorrespeito está no fato de que nos proporciona um sentido seguro de nosso valor, uma convicção firme de que nossa concepção determinada do bem é digna de se realizar. Sem autorrespeito, nada parece valer a pena e, mesmo que certas coisas tenham valor para nós, nos faltará a vontade de tentar consegui-las. Portanto, as partes conferem grande peso ao grau com que os princípios de justiça dão sustentação ao autorrespeito, pois, se não fosse assim, esses princípios não se prestariam a promover de forma efetiva as concepções determinadas do bem daqueles a quem as partes representam. Dada essa caracterização do autorrespeito, sustentamos que o autorrespeito depende de, é fomentado por, certos traços públicos das instituições so-

---

29. O valor equitativo das liberdades políticas é examinado em ibid., pp. 224-8, 233-4, 277-9 e 356. Na discussão das liberdades políticas iguais como base do autorrespeito, nas pp. 544-6, o valor equitativo dessas liberdades não é mencionado. Deveria tê-lo sido. Ver também §§ 7 e 12 a seguir.

ciais básicas, de como elas funcionam em conjunto e de como se espera que pessoas que aceitam esses arranjos irão considerar e tratar umas às outras (e normalmente o fazem). Esses traços das instituições básicas e dos modos de conduta publicamente esperados (e que em geral são acatados) constituem as bases sociais do autorrespeito (que foram apontadas antes, em § 4, como a última categoria de bens primários).

Da caracterização que acabamos de fazer do autorrespeito, fica patente que essas bases sociais encontram-se entre os bens primários mais essenciais. Mas essas bases são determinadas, em grande medida, pelos princípios públicos de justiça. Como somente os dois princípios de justiça garantem as liberdades fundamentais, eles são mais efetivos do que as demais alternativas para fomentar e dar apoio ao autorrespeito dos cidadãos, considerados pessoas iguais. Isso resulta do conteúdo desses princípios, como princípios que são para a estrutura básica. Esse conteúdo apresenta dois aspectos, e cada um deles guarda correspondência com os dois componentes do autorrespeito. Recordemos que o primeiro componente é nossa autoconfiança, como membros plenamente cooperativos da sociedade, que tem por base o desenvolvimento e o exercício das duas faculdades morais (e, por conseguinte, como pessoas dotadas de um senso efetivo de justiça); o segundo componente é um sentido efetivo de nosso valor, que se assenta na convicção de que somos capazes de realizar um plano de vida digno de respeito. O primeiro componente se apoia nas liberdades fundamentais, que garantem o exercício pleno e informado de ambas as faculdades morais. O segundo componente se apoia na natureza pública da garantia dessas liberdades e em sua afirmação pelos cidadãos em geral, tudo isso em conjunção com o valor equitativo das liberdades políticas e com o princípio de diferença. O sentido que temos de nosso valor, assim como nossa autoconfiança, depende do respeito e da reciprocidade que os outros demonstram ter por nós. Ao afirmar publicamente as liberdades fundamentais,

## AS LIBERDADES FUNDAMENTAIS E SUA PRIORIDADE

os cidadãos de uma sociedade bem-ordenada expressam seu respeito mútuo uns pelos outros como algo razoável e digno de confiança, assim como o reconhecimento do valor que todos os cidadãos atribuem à própria forma de vida. Desse modo, as liberdades fundamentais possibilitam que os dois princípios satisfaçam, de modo mais efetivo do que as demais alternativas, os requisitos do autorrespeito. Uma vez mais, observe-se que em nenhum ponto do raciocínio das partes elas estão preocupadas com o desenvolvimento e o exercício do senso de justiça por si mesmo, embora, é evidente, isso não se aplique aos cidadãos plenamente autônomos de uma sociedade bem-ordenada.

Aqui só posso fazer menção à terceira e última razão relacionada ao senso de justiça. Ela tem por base a concepção de uma sociedade bem-ordenada que denominei "união social de uniões sociais"[30]. A ideia é que uma sociedade bem-ordenada pelos dois princípios de justiça pode representar, para cada cidadão, um bem de alcance muito mais amplo do que o bem determinado dos indivíduos, quando se deixa isso por conta dos recursos de cada um ou quando se limita a associações menores. O bem da união social realiza-se de modo mais pleno quando todos e cada um participam de sua consecução, mas apenas alguns – talvez poucos – têm como fazê-lo.

A ideia deriva de Von Humboldt, que diz:

> Todo ser humano [...] só é capaz de agir com uma faculdade dominante de cada vez, ou, melhor dizendo, toda uma natureza predispõe-nos a escolher, em dado momento, uma única forma de atividade espontânea. Disso se depreenderia, ao que parece, que o homem está inevitavelmente destinado a um cultivo parcial, uma vez que, ao dirigir suas energias para uma multiplicidade de objetos, isso só as debilita. Mas está ao alcance dele evitar ser unidimensional, tratando de unir as faculdades de sua natureza que são distin-

---

30. Essa noção é analisada em *Teoria*, § 79, mas lá não a relacionei com as liberdades fundamentais e sua prioridade, como tento fazer aqui.

tas e que em geral são exercidas separadamente, fazendo com que convirjam para uma cooperação espontânea, em cada fase de sua vida, as centelhas agonizantes de uma atividade e aquelas que o futuro fará eclodir e tratando de incrementar e de diversificar as faculdades com as quais trabalha, combinando-as de modo harmonioso, em vez de buscar a mera variedade de objetos para exercê-las de forma separada. O que se consegue, no caso do indivíduo, mediante a união do passado e do futuro com o presente, se produz na sociedade pela cooperação mútua de seus diferentes membros, pois, em todos os estágios de sua vida, cada indivíduo só pode alcançar uma daquelas perfeições que representam as feições possíveis do caráter humano. É mediante a união social, portanto, baseada nas aspirações e capacidades internas de seus membros, que cada um se torna capaz de participar da riqueza de recursos coletivos de todos os demais.[31]

Para ilustrar a ideia de união social, imaginemos um grupo de músicos talentosos, todos com os mesmos talentos naturais e que, portanto, poderiam ter aprendido a tocar igualmente bem qualquer instrumento da orquestra. Por meio de longo aprendizado e muita prática, tornaram-se altamente proficientes no instrumento que adotaram, reconhecendo que as limitações humanas exigem isso. Eles nunca chegarão a ser competentes o suficiente em muitos instrumentos, muito menos chegarão a tocar todos os instrumentos. Neste caso especial, em que os talentos naturais de todos são idênticos, o grupo realiza, mediante a coordenação das atividades entre pares, a mesma totalidade de capacidades que se encontra latente em cada um individualmente. Mas mesmo que esses dons musicais naturais não sejam iguais e difiram de uma pessoa para outra, um resultado similar pode ser alcançado, desde que eles sejam apropriadamente complementares e coordenados de maneira adequada. Em ambos os casos, as pessoas precisam

---

31. Essa passagem é citada em ibid., pp. 523-4 (nota). Foi retirada de *The Limits of State Action*, organizado por J. W. Burrow (Cambridge: Cambridge University Press, 1969), pp. 16-7.

umas das outras, pois é só mediante a cooperação ativa com os outros que o talento de cada um em particular pode se realizar, e isso, em grande medida, graças aos esforços de todos. O indivíduo só pode ser completo nas atividades de união social.

    Nesse exemplo, a orquestra é uma união social. Mas há tantos tipos de uniões sociais quantos são os tipos de atividades humanas que satisfazem as condições necessárias. Além disso, a estrutura básica da sociedade oferece um quadro institucional no interior do qual cada uma dessas atividades pode ser realizada. Desse modo, chegamos à ideia de sociedade como uma união social de uniões sociais, uma vez que esses diversos tipos de atividades humanas tornam-se adequadamente complementares e podem ser coordenados de modo apropriado. O que torna possível uma união social de uniões sociais são três aspectos de nossa natureza social. O primeiro aspecto é a complementaridade entre os diferentes talentos humanos, que possibilita os muitos tipos de atividades humanas e suas diferentes formas de organização. O segundo aspecto é que aquilo que somos capazes de ser e fazer vai além daquilo que podemos fazer e ser em uma única vida, e essa é a razão pela qual dependemos dos esforços cooperativos dos outros não apenas para obter os meios materiais de bem-estar, mas também para realizar o que poderíamos ter sido e feito. O terceiro aspecto é nossa capacidade de possuir um senso efetivo de justiça, que pode ter por conteúdo princípios de justiça que incluam uma noção apropriada de reciprocidade. Quando esses princípios realizam-se nas instituições sociais, todos os cidadãos os acatam e isto é reconhecido publicamente, as atividades das muitas uniões sociais coordenam-se e se combinam em uma união social de uniões sociais.

    A questão que se apresenta é: quais princípios disponíveis às partes, na posição original, são os mais efetivos para coordenar e para combinar as muitas uniões sociais em uma única união social? Sobre isso, há duas exigências.

A primeira é que esses princípios devem ser conectados de forma reconhecível com a concepção dos cidadãos como pessoas livres e iguais, a qual deve estar implícita no conteúdo e ficar manifesta, por assim dizer, na fronte desses princípios. A segunda é que esses princípios, como princípios que são para a estrutura básica, devem conter uma noção de reciprocidade apropriada a cidadãos considerados pessoas livres e iguais, comprometidas com a cooperação social ao longo de toda a vida. Se essas exigências não são realizadas, não podemos considerar a riqueza e a diversidade da cultura pública da sociedade como o resultado dos esforços cooperativos de todos para o bem mútuo, nem valorizar essa cultura como um bem para o qual podemos contribuir e do qual podemos participar. Essa cultura pública é sempre, em grande medida, obra de outros e por isso, para dar sustentação a essas atitudes de respeito e apreço, os cidadãos devem afirmar uma noção de reciprocidade apropriada à concepção que têm de si mesmos e ser capazes de reconhecer seu propósito público compartilhado e seu comum acatamento a esse propósito. Essas atitudes são mais fortemente fomentadas pelos dois princípios de justiça exatamente em virtude do propósito público comum de assegurar justiça a cada cidadão, na condição de pessoa livre e igual, em uma base de respeito mútuo. Tal objetivo manifesta-se no reconhecimento público das liberdades fundamentais iguais como um dos componentes dos dois princípios de justiça. Os vínculos de reciprocidade estendem-se à sociedade como um todo, e as realizações individuais e de grupos não são mais vistas como uma multiplicidade de bens pessoais ou associativos distintos.

Por último, observe-se que, nessa explicação do bem da união social, não é preciso que as partes, na posição original, tenham um conhecimento específico da concepção determinada do bem das pessoas que representam. Sejam quais forem estas concepções, elas serão engrandecidas e apoiadas pelo bem mais abrangente da união social, desde que se encontrem dentro de determinado leque, bastante amplo, e que sejam compatíveis com os princípios de justiça. Assim, esse terceiro argumento está ao alcance das partes na posição original, uma vez que satisfaz as restrições impostas a sua deliberação. Para promover o bem determinado daqueles a quem representam, as partes escolhem princípios que protegem as liberdades fundamentais. Esta é a melhor forma de estabelecer o bem mais amplo da união social e o senso efetivo de justiça que o torna possível. Observo de passagem que a noção de sociedade, considerada como uma união social de uniões sociais, mostra que é possível para um regime de liberdade não só acomodar uma pluralidade de concepções do bem, como também coordenar as diferentes atividades possibilitadas pela diversidade humana em um bem mais amplo, para o qual todos podem contribuir e do qual todos podem participar. Ressalte-se que este bem mais amplo não pode ser especificado por uma concepção do bem somente, necessita também de uma concepção específica de justiça, a saber, a justiça como equidade. Desse modo, o bem mais amplo em questão pressupõe essa concepção de justiça e pode ser alcançado desde que as concepções determinadas do bem já dadas satisfaçam as condições gerais formuladas antes. Considerando-se que é racional para as partes supor que essas condições estejam satisfeitas, elas podem considerar esse bem mais amplo como algo que engrandece o bem das pessoas que representam, quaisquer que sejam suas concepções determinadas do bem.

Assim se completa o exame das razões com base nas quais as partes, na posição original, escolhem os dois princípios de justiça que garantem as liberdades fundamentais iguais e lhes conferem prioridade, considerando-as como um sistema. Não tentei examinar todos os argumentos que poderiam ser citados, nem avaliar o peso relativo daqueles que analisei. Meu objetivo foi examinar as razões mais importantes. Não há dúvida de que os argumentos relacionados à capacidade de ter uma concepção do bem são mais conhecidos, talvez porque pareçam mais diretos e de maior peso, mas acredito que aqueles vinculados à capacidade de ter um senso de justiça também são importantes. Ao longo desta exposição, tive a oportunidade de enfatizar que as partes, para promover as concepções específicas do bem das pessoas que representam, são levadas a escolher princípios que encorajam o desenvolvimento e possibilitam o exercício pleno e informado das duas faculdades morais. Antes de examinar como as liberdades fundamentais devem ser especificadas e ajustadas em estágios posteriores (isto é, antes de me deter no que antes denominei "a segunda lacuna"), devo abordar uma importante característica do primeiro princípio de justiça, à qual já me referi várias vezes: o valor equitativo das liberdades políticas. Examinar esta característica permitirá mostrar como os argumentos em prol das liberdades fundamentais e de sua prioridade dependem do conteúdo dos dois princípios de justiça, entendendo-se este conteúdo como uma família inter-relacionada de requisitos.

### § 7. As liberdades fundamentais, não puramente formais

Podemos resumir as seções precedentes da seguinte forma: primeiro, dado que o procedimento da posição original situa as partes de maneira simétrica e as sujeita às restrições que expressam o razoável; segundo, dado que elas são representantes racionalmente autônomos, cujas deliberações expressam o racional, cada cidadão encontra-se de modo equitativo representado nesse procedimento, mediante o qual são selecionados os princípios de justiça que deverão regular a estrutura básica da sociedade. As partes devem decidir entre os diferentes princípios motivadas por considerações derivadas exclusivamente do bem das pessoas que representam. Pelos motivos que acabamos de expor, as partes preferem princípios que protegem ampla gama de concepções determinadas (mas não conhecidas) do bem e que melhor asseguram as condições sociais e políticas necessárias ao desenvolvimento adequado e ao exercício pleno e informado das duas faculdades morais. Supondo que as liberdades fundamentais e sua prioridade propiciem essas condições (sob circunstâncias razoavelmente favoráveis), os dois princípios de justiça, tendo o primeiro precedência sobre o segundo, são aqueles com os quais as partes concordam. Isso realiza o que antes denominei "o objetivo inicial" da justiça como equidade. Mas a isso se pode corretamente objetar que não levei em conta os requisitos relativos aos meios materiais necessários para as pessoas perseguirem a realização de seu bem. Que os princípios para as liberdades fundamentais e sua prioridade sejam aceitáveis, isto depende de que se complementem esses princípios com outros que propiciem uma distribuição equitativa desses meios materiais.

A questão que se apresenta é a seguinte: de que maneira a justiça como equidade resolve o problema eterno de que as liberdades fundamentais podem revelar-se mera formalidade, por assim dizer[32]. Foram muitos os que argumentaram, sobretudo democratas radicais e socialistas, que, embora possa parecer que os cidadãos são efetivamente iguais, as prováveis desigualdades sociais e econômicas que se produzirão, caso a estrutura básica garanta as liberdades fundamentais e a igualdade equitativa de oportunidades, serão demasiado grandes. Aqueles que têm responsabilidades e riqueza maiores conseguem controlar o processo legislativo em seu benefício. Para responder a essa questão, distingamos entre as liberdades fundamentais e seu valor da seguinte maneira[33]: as liberdades fundamentais são especificadas por direitos e deveres institucionais que confe-

---

32. Agradeço a Norman Daniels por haver levantado a questão a que me empenho em responder nesta seção. Ver o ensaio "Equal Liberty and Unequal Worth of Liberty", in Daniels, pp. 253-81. Também agradeço a Joshua Rabinowitz por seus extensos comentários e por sua análise.

33. O restante desse parágrafo e o próximo ampliam o parágrafo que começa na p. 204 de *Teoria*.

rem aos cidadãos o direito de fazer várias coisas, se desejarem, e proíbem outros de interferir nisso. Elas constituem um quadro institucional de vias de ação e de oportunidades legalmente protegidas. Não há dúvida de que a ignorância e a pobreza e a falta de meios materiais, de modo geral, impedem as pessoas de exercer seus direitos e tirar proveito dessas oportunidades. Mas em vez de considerar esses e outros obstáculos semelhantes como restrições à liberdade de uma pessoa, nós os vemos como fatores que afetam o valor da liberdade, isto é, o uso efetivo que as pessoas são capazes de fazer de sua liberdade. Na justiça como equidade, essa capacidade de uso efetivo é determinada por um índice de bens primários regulado pelo segundo princípio de justiça. Não se especifica isso pelo nível de bem-estar (ou função de utilidade) da pessoa, e sim por esses bens primários, e as demandas por estes bens são tratadas como demandas relativas a uma classe especial de necessidades, definida para os propósitos de uma concepção política de justiça. Alguns bens primários, como renda e riqueza, são entendidos como meios materiais polivalentes para os cidadãos promoverem seus fins dentro da estrutura de liberdades iguais e igualdade equitativa de oportunidades.

Por conseguinte, na justiça como equidade, as liberdades fundamentais são as mesmas para cada cidadão, e não se apresenta a questão sobre como compensar uma menor liberdade. Mas o valor ou o proveito que se é capaz de tirar da liberdade não é o mesmo para todos. Na medida em que isso é permitido pelo princípio da diferença, alguns cidadãos terão, por exemplo, renda e riqueza maiores e, por isso, disporão de meios maiores para realizar seus fins. No entanto, quando esse princípio é satisfeito, esse valor menor da liberdade é compensado no seguinte sentido: os meios polivalentes disponíveis para os membros menos privilegiados da sociedade seriam ainda menores caso as desigualdades sociais e econômicas, medidas pelo índice de bens primários, fossem diferentes do que o são pelo princípio da diferença. A estrutura básica da sociedade é organizada de tal maneira que eleva ao nível máximo os bens primários disponíveis aos menos privilegiados, de maneira que sejam capazes de fazer uso das liberdades fundamentais iguais desfrutadas por todos. Isso define um dos objetivos centrais da justiça política e social.

Obviamente, essa distinção entre a liberdade e o valor da liberdade é apenas uma distinção e não resolve nenhuma questão substantiva[34]. A ideia é combinar as liberdades fundamentais iguais com um princípio que tem o propósito de regular certos bens primários vistos como meios polivalentes para promover nossos fins. Essa definição é um primeiro passo para combinar a liberdade e a igualdade em uma noção coerente. Avalia-se a propriedade dessa combinação levando em conta se isso resulta em uma concepção praticável de justiça que acomoda, após cuidadosa reflexão, nossos juízos ponderados. Mas para alcançar esse ajuste, com nossos juízos ponderados, precisamos dar outro passo importante e tratar as liberdades políticas de forma especial. Isso se faz incluindo no primeiro princípio de justiça a garantia de que às liberdades políticas, e apenas a elas, se assegure o que denominei seu "valor equitativo"[35].

Expliquemos a ideia: essa garantia significa que o valor das liberdades políticas para todos os cidadãos, seja qual for sua posição social ou econômica, deve ser aproximadamente igual ou pelo menos suficientemente igual, a fim de que todos tenham uma oportunidade equitativa de ocupar um cargo político e influenciar o resultado das decisões políticas. Essa noção de oportunidade equitativa tem correspondência com a de igualdade equitativa de oportunidades, que é parte do segundo princípio de justiça[36]. Quando, na

---

34. O parágrafo que começa na p. 204 de *Teoria*, infelizmente, pode ser entendido de maneira que transmita a impressão contrária.

35. Embora a ideia do valor equitativo das liberdades políticas iguais seja um aspecto importante dos dois princípios de justiça, como foram formulados em *Teoria*, ela não foi suficientemente desenvolvida ou explicada. Por isso, era fácil perder de vista sua importância. As referências pertinentes são dadas na nota 29.

36. Sobre a igualdade equitativa de oportunidades, ver, em *Teoria*, pp. 72-4 e § 14.

posição original, as partes adotam a prioridade da liberdade, elas entendem que as liberdades políticas iguais são tratadas dessa forma especial. Ao avaliarmos a propriedade dessa combinação de liberdade e igualdade em uma noção única, é preciso termos em mente o lugar distinto das liberdades políticas nos dois princípios de justiça. Está além do alcance de uma doutrina filosófica analisar em detalhes os tipos de arranjos institucionais necessários para assegurar o valor equitativo das liberdades políticas, assim como está além de seu alcance examinar as leis e regulações necessárias para assegurar a competição em uma economia de mercado. Apesar disso, temos de reconhecer que o problema de garantir o valor equitativo das liberdades políticas tem importância igual, se não maior, que encontrar uma forma praticável de assegurar que os mercados sejam competitivos. A menos que o valor equitativo dessas liberdades seja preservado de forma aproximada, é pouco provável que instituições básicas justas venham a ser estabelecidas ou mantidas. Como proceder a respeito é uma questão complexa e difícil e podemos não dispor, atualmente, da experiência histórica e da compreensão teórica necessárias, temos de proceder por tentativa e erro. Mas uma recomendação para garantir o valor equitativo parece ser manter os partidos políticos independentes das grandes concentrações do poder econômico e social privado, em uma democracia com propriedade privada de recursos produtivos, e do controle estatal e do poder burocrático, em um regime socialista liberal. Em ambos os casos, a sociedade deve arcar pelo menos com grande parte do custo de organizar e realizar o processo político e deve regular a condução das eleições. A garantia do valor equitativo das liberdades políticas é uma das formas pelas quais a justiça como equidade procura responder à objeção de que as liberdades fundamentais são puramente formais.

Essa garantia do valor equitativo das liberdades políticas apresenta diversas características dignas de nota. Em primeiro lugar, assegura a cada cidadão um acesso equitativo e aproximadamente igual ao uso de recursos públicos destinados a promover um propósito político definido, a saber, os recursos públicos especificados pelas normas e pelos procedimentos constitucionais que governam o processo político e controlam o acesso a posições de autoridade política. Como veremos adiante (em § 9), é preciso que essas normas e esses procedimentos constituam um processo equitativo, moldado para produzir uma legislação justa e efetiva. O ponto a salientar é que as exigências válidas de cidadãos iguais são mantidas, pela noção de acesso justo e igual ao processo político como recurso público, dentro de determinados limites de tipo padrão. Em segundo lugar, esses recursos públicos têm espaço limitado, por assim dizer. Portanto, caso não se garanta o valor equitativo das liberdades políticas, aqueles que dispõem de meios relativamente maiores podem se coligar e excluir os que têm menos. Não podemos estar seguros de que as desigualdades permitidas pelo princípio da diferença serão suficientemente pequenas para evitar que isso ocorra. Com certeza, na ausência do segundo princípio de justiça, o resultado se produzirá como uma conclusão inevitável, pois o espaço limitado do processo político tem a consequência de que o proveito que tiramos de nossas liberdades políticas está muito mais sujeito à nossa posição social e ao nosso lugar na distribuição de renda e riqueza do que o uso que fazemos de nossas demais liberdades fundamentais. Quando também consideramos o papel distintivo do processo político na determinação das leis e políticas para regular a estrutura básica, não é implausível que somente essas liberdades recebam a garantia especial do valor equitativo. Essa garantia constitui um ponto focal natural entre a liberdade puramente formal, de um lado, e algum tipo de garantia mais ampla a todas as liberdades fundamentais, do outro.

A menção a esse ponto focal natural levanta a questão sobre por que uma garantia mais ampla não está incluída no primeiro princípio de justiça. Embora determinar o que significaria uma garantia mais ampla do valor equitativo já seja problemático, a resposta a essa questão é, a meu ver, que uma garantia desse tipo é irracional ou supérflua, ou poderia gerar divisões sociais. Para ver isso, vamos entendê-la primeiro no sentido de recomendar a distribuição igual de todos os bens primários, e não apenas das liberdades fundamentais. Suponho que tal princípio seria rejeitado como irracional, uma vez que não permite à sociedade satisfazer certos requisitos essenciais de organização social e tirar proveito de considerações de eficiência, entre inúmeras outras razões que poderiam ser mencionadas. Em segundo lugar, essa garantia maior pode ser entendida como a exigência de que determinado conjunto fixo de bens primários deve ser assegurado a todo cidadão, como forma de representar publicamente o ideal de estabelecer o valor igual das liberdades de todos. Quaisquer que sejam os méritos dessa sugestão, ela é supérflua em vista do princípio da diferença. Qualquer fração do índice de bens primários desfrutado pelos menos privilegiados já pode ser considerada dessa maneira. Em terceiro e último lugar, pode-se entender essa garantia no sentido de recomendar que a distribuição de bens primários se faça de acordo com o conteúdo de certos interesses que se julgam especialmente centrais, por exemplo, interesses religiosos. Assim, algumas pessoas podem considerar, entre suas obrigações religiosas, fazer peregrinações a lugares distantes ou construir esplêndidos templos e catedrais. Entende-se, nesse caso, que a garantia do valor igual da liberdade religiosa exige que essas pessoas recebam uma provisão especial para que possam cumprir esses deveres. De acordo com esse ponto de vista, as necessidades religiosas dessas pessoas, por assim dizer, são maiores para os propósitos da justiça política, ao passo que aqueles cuja fé religiosa obriga a fazer somente demandas modestas aos meios materiais não fazem jus a tal provisão especial, pois têm necessidades religiosas muito menores. Não cabe dúvida de que esse tipo de garantia gera dissensões sociais. Trata-se de uma receita para conflitos religiosos, quando não para a guerra civil. Consequências semelhantes resultam, acredito, sempre que a concepção pública de justiça ajusta as pretensões dos cidadãos a recursos sociais, de modo que alguns recebam mais do que outros, dependendo dos fins últimos determinados e dos vínculos que fazem parte de suas concepções do bem. Do mesmo modo, o princípio de satisfação proporcional também é socialmente divisivo. Este é o princípio que propõe distribuir os bens primários regulados pelo princípio da diferença, de maneira que a fração K (em que $0 < K < 1$), que mede o grau em que se realiza a concepção do bem de um cidadão, é a mesma para todos e, idealmente, é a máxima possível. Como já analisei esse princípio em outro texto, não o farei aqui[37]. É suficiente dizer que uma razão importante para que se empregue um índice de bens primários para avaliar a força das demandas dos cidadãos em questões de justiça política é precisamente eliminar os conflitos socialmente divisivos e irreconciliáveis que tais princípios gerariam[38].

Por fim, precisamos ter clareza sobre por que as liberdades políticas iguais são tratadas de forma especial, tal como isto se expressa na garantia de seu valor equitativo. Não é porque a vida política e a participação de todos no autogoverno democrático são consideradas como o bem supremo para cidadãos plenamente autônomos. Ao contrário: atribuir lugar central à vida política é apenas uma concepção do bem, entre outras. Dadas as dimensões de um Estado moderno, o exercício das liberdades políticas está fadado a ter um lugar menor na concepção do bem da maioria dos cidadãos do que o exercício das outras liberdades fundamentais. A garantia do valor equitativo para as liberdades políticas é incluída no primeiro princípio de justiça, porque resulta essencial para que se produza legislação justa e também para assegurar que o processo político

---

37. Ver "Fairness to Goodness", in *Philosophical Review* 84 (outubro de 1975), pp. 551-3.

38. Ver também "Social Unity and Primary Goods", §§ 4-5.

equitativo especificado pela Constituição esteja aberto a todos, em uma base de igualdade aproximada. A ideia é incorporar à estrutura básica da sociedade um procedimento político efetivo que espelhe nessa estrutura a representação equitativa de pessoas alcançada na posição original. É a equidade desse procedimento, assegurada pela garantia do valor equitativo das liberdades políticas, junto com o segundo princípio de justiça (incluindo o princípio de diferença), que oferece a resposta à pergunta sobre por que as liberdades fundamentais não são puramente formais.

### § 8. Um sistema plenamente adequado de liberdades fundamentais

Agora me ocuparei de como se pode preencher a segunda lacuna. Recordemos que essa lacuna surge porque, uma vez que contamos com um elenco de liberdades que devem ser mais bem especificadas e ajustadas umas às outras em etapas posteriores, necessitamos de um critério para fazer isso. Precisamos estabelecer o melhor sistema de liberdades fundamentais ou pelos menos um sistema plenamente adequado, dadas as circunstâncias da sociedade. Em *Teoria*, um critério apontado parece ser que as liberdades fundamentais devem ser especificadas e ajustadas de modo que se alcance o sistema mais extenso possível dessas liberdades. Esse é puramente quantitativo e não distingue certos casos como mais significativos do que outros; além disso, não se aplica de modo geral e nem sempre é coerentemente acatado. Como Hart observou, é apenas nos casos mais simples e menos significativos que o critério da maior extensão é tanto aplicável como satisfatório[39]. Um segundo critério proposto em *Teoria* é que, no procedimento ideal de aplicação dos princípios de justiça, devemos adotar o ponto de vista do cidadão igual representativo e ajustar

---

[39]. Ver Hart, pp. 542-3; Daniels, pp. 239-40.

o sistema de liberdades à luz dos interesses racionais desse cidadão, da forma como são tratados do ponto de vista do estágio posterior apropriado. Mas a Hart pareceu que o conteúdo desses interesses não foi descrito com clareza suficiente para que o conhecimento de tal conteúdo pudesse servir de critério[40]. Seja como for, os dois critérios parecem conflitar, e não se diz que o melhor sistema de liberdades é o mais extenso[41].

Devo esclarecer a ambiguidade com respeito ao critério. É verdade que é tentador pensar que o critério desejado deveria possibilitar-nos especificar e ajustar as liberdades fundamentais da melhor maneira possível ou de forma ótima. E isso, por sua vez, nos faz pensar que há algo que o sistema de liberdades fundamentais deve maximizar. De outra maneira, como seria possível identificar o melhor sistema? Mas na realidade, na análise precedente sobre como é possível sanar a primeira lacuna, está implícito que o sistema de liberdades fundamentais não é concebido para maximizar coisa alguma, muito menos o desenvolvimento e o exercício das faculdades morais, em particular[42]. De modo

---

40. Hart, pp. 543-7; Daniels, pp. 240-4.

41. Ver *Teoria*, p. 250. Ao formular a regra de prioridade, afirmei que "uma liberdade menos extensa deve ter o propósito de fortalecer o sistema global de liberdade compartilhado por todos". Aqui, o "sistema de liberdade" refere-se ao "sistema de liberdades fundamentais iguais", que é a expressão empregada, na mesma página, na formulação do primeiro princípio.

42. Parece-me óbvio que agir com base nas melhores razões ou no equilíbrio de razões, tal como isto é definido por uma concepção moral, não significa, em geral, maximizar seja o que for. Que algo deva ser maximizado, isto depende da natureza da concepção moral. Assim, nem o intuicionismo pluralista de W. D. Ross, tal como se encontra em *The Right and the Good* (Oxford: Clarendon Press, 1930), nem o liberalismo de Isaiah Berlin, em *Four Essays on Liberty*, nada especificam para ser maximizado. Aliás, na maioria dos casos, a função de utilidade dos economistas tampouco especifica alguma coisa a ser maximizada. Esta função é apenas uma representação matemática das preferências de famílias ou de agentes econômicos, com base na suposição de que essas preferências satisfaçam certas condições. De um ponto de vista puramente formal, não há nada que impeça um agente que seja um intuicionista pluralista de ter uma função de utilidade. (Mas, evidentemente, um agente que tem uma ordenação lexicográfica de preferências não pode ter uma função de utilidade.)

mais preciso, essas liberdades e sua prioridade devem garantir igualmente a todos os cidadãos as condições sociais essenciais para o desenvolvimento apropriado e o exercício pleno e informado dessas faculdades naquilo que denominarei "os dois casos fundamentais".

O primeiro desses casos está relacionado à capacidade de ter um senso de justiça e diz respeito à aplicação dos princípios de justiça à estrutura básica da sociedade e a suas políticas sociais. As liberdades políticas e a liberdade de pensamento serão analisadas depois sob essa rubrica. O segundo caso fundamental está relacionado à capacidade de ter uma concepção do bem e diz respeito à aplicação dos princípios da razão deliberativa ao longo de toda a vida. Aqui entram as liberdades de consciência e de associação. O que distingue os casos fundamentais é o amplo alcance e o caráter fundamental do objeto ao qual os princípios de justiça e de razão deliberativa devem se aplicar. A noção de caso fundamental nos permitirá definir posteriormente uma noção da importância de uma liberdade, o que nos ajudará a esboçar como resolver a segunda lacuna[43].

O resultado será que, nos estágios posteriores, o critério deverá especificar e ajustar as liberdades fundamentais de tal modo que permita o desenvolvimento adequado e o exercício pleno e informado de ambas as faculdades morais nas circunstâncias sociais em que os dois casos fundamentais se apresentam na sociedade bem-ordenada em questão. A tal sistema de liberdades denominarei "um sistema plenamente adequado". Esse critério é coerente com o de ajustar o sistema de liberdades de acordo com os interesses racionais do cidadão igual representativo, o segundo critério, que já foi mencionado. Fica claro, a partir das razões pelas quais as partes na posição original escolhem os dois princípios de justiça, que esses interesses, considerados da perspectiva da etapa apropriada, são mais bem servidos por

---

43. Agradeço a Susan Wolf pelo esclarecimento da noção de caso fundamental que aqui se emprega.

um sistema plenamente adequado. Desse modo, preenche-se a segunda lacuna, levando adiante o modo como a primeira é solucionada.

Há duas razões pelas quais a ideia de um nível máximo não se aplica à especificação e ao ajuste do sistema de liberdades fundamentais. A primeira é que não temos uma noção coerente daquilo que deve ser maximizado. Não podemos maximizar ao mesmo tempo o desenvolvimento e o exercício das duas faculdades morais. E como poderíamos maximizar o desenvolvimento e o exercício de qualquer das duas faculdades morais por si mesma? Deveríamos maximizar, permanecendo constantes as demais condições, a quantidade de afirmações deliberadas de uma concepção do bem? Isso seria absurdo. Além disso, não temos nenhuma noção do que seria um desenvolvimento máximo dessas faculdades. O que temos é uma concepção de sociedade bem-ordenada, com certas características gerais e determinadas instituições básicas. Dada essa concepção, formulamos a noção do desenvolvimento e do exercício dessas faculdades que é apropriada e plena no que se refere aos dois casos fundamentais.

A outra razão pela qual a ideia de um nível máximo não se aplica é que as duas faculdades morais não esgotam o que uma pessoa é, pois as pessoas também têm uma concepção determinada do bem. Recordemos que tal concepção inclui uma ordenação de certos fins e interesses últimos, de afeições e vínculos a pessoas e associações, assim como uma visão do mundo à luz da qual esses fins e essas afeições são compreendidos. Se os cidadãos não tivessem uma concepção determinada do bem que se empenhassem em realizar, as instituições sociais justas de uma sociedade bem-ordenada perderiam o sentido. É claro que as razões para desenvolver e exercer as faculdades morais inclinam fortemente as partes na posição original a escolher as liberdades fundamentais e sua prioridade. Mas o grande peso que essas razões têm, do ponto de vista das partes, não implica que o exercício dessas faculdades seja a forma do bem suprema ou única. Mais precisamente, o papel e o exercício dessas faculdades (quando apropriado) constituem uma condição do bem, isto é, os cidadãos devem agir de forma justa e racional, conforme o exijam as circunstâncias. Em particular, sua conduta justa e honrada (e plenamente autônoma) torna-os, como diria Kant, merecedores de felicidade; torna suas realizações dignas de admiração e seus prazeres, inteiramente bons[44]. Mas seria uma insanidade maximizar a realização de ações justas e racionais maximizando as ocasiões em que são exigidas.

## § 9. Como as liberdades se ajustam em um sistema coerente

Como a noção de um sistema plenamente adequado de liberdades fundamentais já foi introduzida, posso agora esboçar como se especifica e se ajusta o sistema de liberdades fundamentais em etapas posteriores. Começo por ordenar as liberdades fundamentais de maneira que mostrem sua relação com as faculdades morais e com os dois casos fundamentais em que se exercem essas faculdades. As liberdades políticas iguais e a liberdade de pensamento devem assegurar a aplicação livre e informada dos princípios de justiça, por meio do exercício pleno e efetivo do senso de justiça dos cidadãos, à estrutura básica da sociedade. (As liberdades políticas, garantindo-se seu valor equitativo e outros princípios gerais relevantes, circunscritos de modo apropriado, podem, evidentemente, complementar os princípios de justiça.) Estas liberdades fundamentais requerem uma forma de regime democrático representativo e a necessária proteção à liberdade de expressão política e de imprensa, à liberdade de reunião e congêneres. A liberdade de consciên-

---

44. É tema central da doutrina de Kant o de que a filosofia moral não trata o estudo de como ser feliz, mas de como ser digno de felicidade. Esse tema encontra-se em todas as suas principais obras, a começar por *First Critique* [*Primeira crítica*]; ver A806, B834.

cia e a liberdade de associação devem assegurar a aplicação plena, informada e efetiva das faculdades da razão deliberativa dos cidadãos à formação, revisão e busca racional de realização de uma concepção do bem ao longo de toda a vida. As demais liberdades fundamentais (e que dão sustentação às primeiras) – a liberdade e a integridade da pessoa (violada, por exemplo, pela escravidão e pela servidão, assim como pela proibição da liberdade de movimento e de ocupação) e os direitos e liberdades abarcados pelo Estado de direito – podem vincular-se aos dois casos fundamentais, observando-se que são necessárias para que as liberdades fundamentais precedentes sejam garantidas de forma apropriada. Em conjunto, a condição de possuir essas liberdades fundamentais especifica o *status* comum e garantido dos cidadãos iguais em uma sociedade democrática bem-ordenada[45].

Dada essa disposição das liberdades fundamentais, a noção do *significado* de determinada liberdade, da qual necessitamos para preencher a segunda lacuna, pode ser explicada da seguinte forma: uma liberdade tem importância maior ou menor segundo esteja mais ou menos essencialmente implicada e segundo seja um meio institucional mais ou menos necessário para isso, no exercício pleno, informado e efetivo das faculdades morais em um dos dois casos fundamentais (ou em ambos). Assim, o peso de deman-

---

45. A disposição das liberdades adotada nesse parágrafo foi concebida para enfatizar o papel dos dois casos fundamentais e vinculá-los às duas faculdades morais fundamentais. Assim, essa disposição é um componente de uma concepção específica de justiça. Outras disposições podem ser igualmente úteis para outros propósitos. Vincent Blasi, em seu esclarecedor ensaio "The Checking Value in First Amendment Theory", in *Weaver Constitutional Law Series*, n. 3 (American Bar Foundation, 1977), classifica os valores da Primeira Emenda em três categorias: autonomia individual, diversidade e autogoverno, além do que ele denomina "o valor do controle". Este valor enfoca as liberdades protegidas pela Primeira Emenda como forma de controlar a conduta imprópria por parte dos que exercem o poder político. Acredito que a disposição que adotei abarca essas distinções. A discussão em § 7 e adiante, em §§ 10-2, mostra minha concordância com Blasi sobre a importância do valor do controle.

das específicas à liberdade de expressão, de imprensa e de discussão deve ser avaliado de acordo com esse critério. Algumas formas de expressão não são especialmente protegidas e outras podem até constituir delitos, como a calúnia e a difamação de indivíduos, o discurso do ódio (em certas circunstâncias) e até a expressão política, quando se converte em incitamento ao uso iminente e ilegal da força. É evidente que o motivo por que essas formas de expressão constituem delitos pode exigir uma reflexão cuidadosa, e em geral ele diferirá em cada caso. A calúnia e a difamação de pessoas privadas (em contraposição a personalidades políticas) não têm nenhuma importância para o uso público da razão para avaliar e regular a estrutura básica e, além disso, constituem infrações penais. Já o incitamento ao uso iminente e ilegal da força, seja qual for a importância das visões políticas como um todo do emissor da expressão, é demasiado desestabilizador do processo político para que as regras de ordem do debate político o permitam. Uma Constituição bem concebida objetiva fazer com que a liderança política governe com o grau suficiente de justiça e bom-senso, de maneira que, entre um povo razoável, tais incitamentos à violência sejam raros e nunca sejam graves. Na medida em que o direito de defender em público doutrinas revolucionárias e mesmo sediciosas seja, como deve ser, plenamente protegido, não há restrições ao conteúdo do discurso político, mas apenas regulamentações que dizem respeito a horários e locais, bem como aos meios utilizados para expressá-lo.

É importante ter em mente que, ao preencher a segunda lacuna, o primeiro princípio de justiça deverá aplicar-se no estágio da convenção constitucional. Isso significa que as liberdades políticas e a de pensamento entram essencialmente na especificação de um procedimento político justo. Os delegados de uma convenção desse tipo (ainda considerados representantes dos cidadãos, como pessoas livres e iguais, mas agora incumbidos de uma tarefa distinta) devem escolher, entre as Constituições que são tanto justas como viáveis, aquela que parece ter mais probabilidade de produzir uma legislação justa e efetiva. (Quais Constituições e qual legislação se qualificam como justa, isto é algo a se determinar pelos princípios de justiça já acordados na posição original.) Essa escolha de uma Constituição é guiada pelo conhecimento geral sobre como as instituições sociais e políticas funcionam, assim como pelos fatos gerais sobre as circunstâncias sociais prevalecentes. Em primeira instância, portanto, a Constituição é vista como um procedimento político justo, que incorpora as liberdades políticas iguais e procura assegurar seu valor equitativo de modo que os processos de decisão política estejam abertos a todos em bases aproximadamente iguais. Também é preciso que ela garanta a liberdade de pensamento, para que o exercício dessas liberdades seja livre e informado. A ênfase recai, primeiro, na especificação de um procedimento político justo e praticável pela Constituição, até este momento sem nenhuma restrição constitucional no que se refere aos resultados legislativos que podem ser produzidos. Embora os delegados tenham uma noção de legislação justa e efetiva, o segundo princípio de justiça, que é parte do conteúdo dessa noção, não se incorpora à Constituição em si mesma. Com efeito, a história de Constituições bem-sucedidas indica que os princípios para regular as desigualdades econômicas e sociais e outros princípios distributivos em geral não são adequados como cláusulas constitucionais. Ao que parece, legislação justa é algo que se realiza melhor mediante a equidade na representação e outros dispositivos constitucionais.

Portanto, a ênfase inicial recai na Constituição quando especifica um procedimento político justo e viável, sem nenhuma restrição constitucional em relação aos resultados legislativos. Mas essa ênfase não é, evidentemente, a última palavra. As liberdades fundamentais, associadas à capacidade de ter uma concepção do bem, também devem ser respeitadas, e isto requer restrições constitucionais adicionais contra infrações à liberdade igual de consciência e à liberdade de associação (assim como às demais liberdades fundamentais que lhes dão sustentação). Essas restrições, é claro, são apenas o resultado da aplicação do primeiro princípio de justiça no estágio da convenção constitucional. Mas se retomarmos a ideia de partir da concepção das pessoas consideradas como membros normal e plenamente cooperativos da sociedade ao longo da vida inteira, então essas restrições poderão ser vistas de outra óptica. Caso se restrinjam ou se neguem as liberdades fundamentais iguais de alguns, a cooperação social com base no respeito mútuo torna-se impossível. Vimos que os termos equitativos de cooperação social são termos com base nos quais nós, na condição de pessoas iguais, estamos dispostos a cooperar com todos os membros da sociedade ao longo da vida inteira. Quando não se respeitam os termos equitativos, os que são maltratados sentem ressentimento ou humilhação e os que se beneficiam disso devem ou reconhecer seu erro e se sentir mal com isso ou considerar que aqueles que são maltratados merecem os danos que sofrem. Tanto para uns como para outros, corroem-se as condições do respeito mútuo. Por isso as liberdades fundamentais de consciência e de associação são apropriadamente protegidas mediante restrições constitucionais explícitas. Essas restrições expressam publicamente, na fronte da Constituição, por assim dizer, a concepção de cooperação social aceita pelos cidadãos iguais de uma sociedade bem-ordenada.

Isso é suficiente como um breve esboço de como a segunda lacuna é solucionada, pelo menos no estágio constitucional. Na próxima seção, examinarei a liberdade de expressão, para ilustrar como essa lacuna é sanada no caso de uma liberdade fundamental específica. Mas antes de fazê--lo é preciso notar que todos os direitos e liberdades legais, afora as liberdades fundamentais protegidas por diversas disposições constitucionais (incluindo a garantia do valor equitativo das liberdades políticas), devem ser especificados no estágio legislativo, à luz dos dois princípios de justiça e de outros pertinentes. Isso implica, por exemplo, que a questão da propriedade privada dos meios de produção ou de sua propriedade social e outras questões dessa natureza não se dirimem no plano dos princípios primeiros de justiça, mas dependem das tradições e das instituições sociais de um país e de seus problemas e circunstâncias históricas particulares[46]. Além disso, mesmo que, graças a um argumento filosófico convincente – ao menos para nós e para alguns que pensam como nós –, pudéssemos remontar o direito à propriedade privada ou à propriedade social a princípios primeiros ou a direitos fundamentais, existe uma boa razão para formular uma concepção de justiça que não faça isso. Como vimos, o objetivo da justiça como equidade, como uma concepção política, é resolver o impasse da tradição democrática sobre a forma como as instituições sociais devem ser organizadas, se o que se quer é que se conformem à liberdade e igualdade dos cidadãos considerados pessoas morais. É altamente improvável que o argumento filosófico por si mesmo seja suficiente para convencer qualquer uma das partes de que a outra está certa em uma questão como a propriedade privada ou social dos meios de produção. Parece mais frutífero procurar bases de acordo implícitas na cultura pública de uma sociedade democrática e, por conseguinte, em suas concepções subjacentes de pessoa e de cooperação social. É certo que essas concepções são obscuras e podem ser formuladas de várias maneiras. Isto é algo a conferir. Mas tentei mostrar como essas concepções podem ser entendidas e descrever a maneira como a noção de posição original pode ser empregada para conectá-las com princípios definidos de justiça que se encontram na tradição da filosofia moral. Esses princípios nos possibilitam explicar muitos, quando não a maior parte de nossos direitos e liberdades constitucionais fundamentais e oferecem uma maneira de resolver as questões remanescentes de justiça no estágio legislativo. Com os

---

46. Referências sobre esse ponto podem ser encontradas em *Teoria*; ver a nota 14.

dois princípios de justiça à mão, dispomos de um possível tribunal comum de recursos para resolver a questão da propriedade, conforme se apresente à luz de circunstâncias sociais prevalecentes ou previsíveis.

Portanto, em resumo, a Constituição especifica um procedimento justo e incorpora as restrições que tanto protegem as liberdades fundamentais como asseguram sua prioridade. O restante fica a cargo do estágio legislativo. Uma Constituição desse tipo está em conformidade com a ideia tradicional de governo democrático, ao mesmo tempo que abre espaço para a instituição do controle jurisdicional da constitucionalidade[47]. Essa concepção da Constituição não a fundamenta, em primeira instância, em princípios de justiça, nem em princípios fundamentais (ou naturais). Mais precisamente, seu fundamento encontra-se nas concepções de pessoa e de cooperação social que se mostram mais congeniais à cultura pública de uma sociedade democrática contemporânea[48]. Preciso acrescentar que a mesma ideia é utilizada em todos os estágios que analiso. Em cada estágio, o razoável circunscreve e subordina o racional; o que varia é a tarefa dos agentes racionais de deliberação e as restrições às quais estão sujeitos. Assim, as partes, na posição original, são representantes racionalmente autônomos, restringidos pelas condições razoáveis incorporadas à posição original, e sua tarefa consiste em adotar princípios de justiça para a estrutura básica. Já os delegados de uma convenção constitucional têm muito menos liberdade de ação, posto que devem aplicar os princípios de justiça escolhidos na posição original ao selecionar uma Constituição. Os legisladores de uma instituição parlamentar têm menos liberdade ainda, porque quaisquer leis que aprovem

---

47. Para uma valiosa discussão sobre o controle jurisdicional da constitucionalidade no contexto da concepção da justiça como equidade, ver Frank I. Michelman, "In Pursuit of Constitutional Welfare Rights: One View of Rawls' *Theory of Justice*", in *University of Pennsylvania Law Review* 121(5) (maio de 1973), pp. 991-1.019.

48. Ver "Kantian Constructivism in Moral Theory", pp. 518-9.

devem estar de acordo tanto com a Constituição quanto com os dois princípios de justiça. À medida que os estágios se sucedem e a tarefa muda, tornando-se menos geral e mais específica, as exigências do razoável ficam mais fortes e o véu de ignorância torna-se mais delgado. Por conseguinte, em cada estágio, o racional é circunscrito pelo razoável de forma distinta. Enquanto na posição original as restrições do razoável são as mais fracas e o véu de ignorância, o mais espesso, no estágio judicial essas restrições são as mais fortes e o véu de ignorância, o mais delgado. A sequência como um todo é um esquema para elaborar uma concepção de justiça e guiar a aplicação de seus princípios ao objeto certo e na ordem certa. Esse esquema não é, evidentemente, uma descrição de nenhum processo político efetivo, muito menos da forma como se espera que um regime constitucional funcione. Isso é parte de uma concepção de justiça e, embora esse esquema tenha relação com uma interpretação de como a democracia funciona, não se deve confundi-lo com tal interpretação.

### § 10. A expressão política livre

O esboço precedente acerca de como sanar a segunda lacuna é extremamente abstrato. Para examinar de forma mais detalhada como é possível prosseguir, analiso nesta e na próxima seção a liberdade de expressão política e a liberdade de imprensa, que caem sob a rubrica da liberdade fundamental de pensamento e do primeiro caso fundamental. Isso servirá para ilustrar a maneira como são mais bem especificadas e ajustadas as liberdades fundamentais nos estágios posteriores e a maneira como a importância de certa liberdade é determinada por seu papel em um sistema plenamente adequado (sobre essa noção de importância, ver o segundo parágrafo de § 9).

Começo observando que as liberdades fundamentais não somente se limitam umas às outras, como também são autolimitantes[49]. A noção de importância mostra por que é assim. Expliquemos com mais clareza: o requisito de que as liberdades fundamentais hão de ser as mesmas para todos implica que só podemos obter maior liberdade para nós se uma mesma liberdade maior for concedida aos outros. Por exemplo: embora pudéssemos querer incluir em nossa liberdade de expressão (política) direitos de acesso irrestrito a locais públicos e o uso livre de recursos sociais para exprimir nossa visão política, essas extensões de nossa liberdade, quando concedidas a todos, seriam tão impraticáveis e socialmente divisivas que na realidade reduziriam muito o alcance efetivo da liberdade de expressão. Essas consequências são levadas em conta pelos delegados de uma convenção constitucional, que se guiam pelo interesse racional que o cidadão representativo igual tem em um sistema plenamente adequado de liberdades fundamentais. Por isso, os delegados aceitam regulamentações razoáveis em relação a tempo e lugar e no acesso a instalações públicas, sempre em pé de igualdade. Em nome das liberdades mais importantes, abandonam quaisquer pretensões especiais quanto ao livre uso de recursos sociais. Isso possibilita a esses delegados estabelecer as normas necessárias para garantir um alcance efetivo à liberdade de expressão no caso fundamental. Uma argumentação muito semelhante a esta mostra por que a liberdade fundamental de consciência também limita a si própria. Também nesse caso as regulamentações razoáveis devem ser aceitas para manter intacto o âmbito central dessa liberdade, que inclui a liberdade e a integridade da vida interna das associações religiosas e a liberdade de as pessoas determinarem suas afiliações religiosas em condições sociais de plena liberdade.

---

49. Hart sustenta que um critério estritamente quantitativo sobre como especificar e ajustar as liberdades fundamentais não tem como explicar esse fato; pelo menos, é assim que interpreto seu argumento nas pp. 550-1.Ver também Daniels, pp. 247-8. Concordo que é necessário algum critério qualitativo, e a noção de importância desempenhará esse papel.

Examinemos agora a liberdade de expressão política como uma liberdade fundamental e consideremos como é possível especificá-la em liberdades mais particulares, a fim de proteger seu âmbito central. Tenhamos em mente que estamos preocupados com o caso fundamental da aplicação dos princípios de justiça (e de outros princípios gerais, quando for apropriado fazê-lo) à estrutura básica da sociedade e a suas políticas sociais. Pensamos na aplicação desses princípios pelos cidadãos livres e iguais de um regime democrático, mediante o exercício de seu senso de justiça. A questão que se apresenta é: quais liberdades mais específicas ou normas legais são essenciais para assegurar o exercício livre, pleno e informado dessa faculdade moral?

Aqui, como antes, meu ponto de partida não é uma definição geral que determine o que essas liberdades fundamentais são, e sim o que a história da doutrina constitucional mostra como alguns dos pontos fixos no interior da esfera central da liberdade de expressão política. Entre estes pontos estão os seguintes: não existe coisa tal como o crime de libelo sedicioso; não há restrições prévias à liberdade de imprensa, exceto em casos especiais; e a campanha em prol de doutrinas revolucionárias e subversivas é plenamente protegida. Os três pontos fixos demarcam e abarcam, por analogia, grande parte do âmbito central da liberdade de expressão política. Uma reflexão sobre essas normas constitucionais mostra por que é assim.

Como disse Kalven, uma sociedade livre é aquela em que não podemos difamar o governo, pois tal delito não existe.

> A inexistência do libelo sedicioso como modalidade de crime é o verdadeiro teste pragmático da liberdade de expressão. Eu sustentaria que é nisto precisamente que consiste a liberdade de expressão. Toda sociedade em que o libelo sedicioso é um crime, não importa quais sejam suas outras características, não é uma sociedade livre. Uma sociedade pode, por exemplo, tratar a obscenidade como um crime ou não, sem por isso alterar sua natureza básica como socie-

dade. Parece-me que isso não pode ocorrer com o libelo sedicioso. Aqui, a resposta a tal crime define a sociedade.[50]

Penso que Kalven não quer dizer que a ausência do crime de libelo sedicioso seja toda a liberdade de expressão, e sim que é uma condição necessária e, com efeito, tão necessária que, uma vez conquistada de forma segura, torna-se muito mais fácil estabelecer os demais pontos fixos. A história do uso que os governos fizeram do crime de libelo sedicioso para suprimir a crítica e a dissensão e para manter seu poder demonstra a grande importância que essa liberdade em particular tem para qualquer sistema plenamente adequado de liberdades fundamentais[51]. Enquanto esse crime existir, a imprensa pública e o debate livre não poderão desempenhar seu papel de informar o eleitorado. E, é evidente, permitir que o libelo sedicioso seja tratado como crime minaria as possibilidades mais amplas de autogoverno e as diversas liberdades necessárias à sua proteção. Daí a grande importância do caso *New York Times v. Sullivan*, no qual a Suprema Corte não só rejeitou o crime de libelo sedicioso, como também declarou ser hoje inconstitucional o Ato de Sedição de 1798, quer fosse ou não inconstitucional na época em que foi promulgado. Foi julgado, por assim dizer, pelo tribunal da história, e não passou pelo teste[52].

A denegação do crime de libelo sedicioso está intimamente relacionada com os outros dois pontos fixos mencionados. Se esse crime de fato existe, pode servir como censura prévia e incluir facilmente a campanha a favor da sub-

---

50. Ver *The Negro and the First Amendment* (Chicago: University of Chicago Press, 1966), p. 16.
51. Ver Blasi, "The Checking Value in First Amendment Theory", pp. 529--44, em que ele examina a história do uso do libelo sedicioso para mostrar a importância do valor do controle das liberdades garantidas pela Primeira Emenda.
52. *New York Times v. Sullivan*, 376 U.S. 254 (1964), em 276. Ver o comentário de Kalven sobre esse caso, *The Negro and the First Amendment*, pp. 56-64.

versão. Mas o Ato de Sedição de 1798 provocou tanto ressentimento que, depois de cair em desuso em 1801, o crime de libelo sedicioso jamais foi ressuscitado. Em nossa tradição (dos Estados Unidos), estabeleceu-se o consenso de que a discussão de doutrinas políticas, religiosas e filosóficas gerais nunca pode ser censurada. Assim, o principal problema da liberdade de expressão concentrou-se na questão do incitamento à subversão, isto é, a campanha a favor de doutrinas que têm como parte essencial a defesa da revolução ou do uso ilegal da força e do incitamento a empregá-la como meio de mudança política. Uma série de casos da Suprema Corte, de *Schenck* a *Brandenburg*, lidou com esse problema. Foi em *Schenck* que Holmes formulou a famosa "norma do perigo claro e iminente", a qual foi efetivamente emasculada pela maneira como foi interpretada e aplicada em *Dennis*. Por isso, analisarei brevemente o problema da campanha a favor da subversão para ilustrar como é possível especificar melhor determinadas liberdades com base na liberdade de expressão política.

Comecemos observando por que a campanha a favor da subversão torna-se o problema central, uma vez que seja consenso que toda discussão geral sobre doutrinas e sobre a justiça básica encontra-se plenamente protegida. Kalven enfatiza corretamente que, se é em relação a esse tipo de campanha pela subversão que as razões para restringir a expressão política parecem mais persuasivas, essas razões, ao mesmo tempo, entram em choque com os valores fundamentais de uma sociedade democrática[53]. A livre expressão política não é apenas um requisito indispensável se os cidadãos hão de exercer suas faculdades morais no primeiro caso fundamental. Cabe também enfatizar que a livre expressão, junto com o procedimento político justo estabelecido pela Constituição, oferece uma alternativa à revolução

---

53. Aqui e ao longo de toda esta seção, devo muito à discussão de Kalven sobre a campanha pela subversão em *A Worthy Tradition: Freedom of Speech in America* (Nova York: Harper & Row, 1987). Agradeço muito a ele por ter me deixado ler a parte pertinente do original desse importante estudo.

e ao uso da força, que tão destrutivos podem ser para as liberdades fundamentais. Deve haver um ponto em que a expressão política se torne tão estreitamente vinculada ao uso da força que seja apropriado restringi-la. Mas que ponto é esse?

Em *Gitlow*, a Suprema Corte declarou que a campanha pela subversão não se encontrava protegida pela Primeira Emenda, após o Legislativo ter decidido que defender a derrubada pela força do poder político organizado implicaria o perigo de provocar males substanciais que o Estado, por meio de seu aparato policial, tem o direito de impedir. A Corte supôs que a definição de perigo dada pelo Legislativo estava correta, na falta de razões fortes em sentido contrário. *Brandenburg*, que então estabelece a jurisprudência e põe fim à discussão no momento, invalida *Gitlow* (o que foi uma implicação da anulação explícita de *Whitney*). Em *Brandenburg*, a Corte adota o princípio de que "as garantias constitucionais da livre expressão e da liberdade de imprensa não permitem que o Estado proíba ou condene a defesa do uso da força ou da violação da lei, exceto quando tal defesa estiver voltada para o incitamento ou a realização de ações ilegais iminentes e seja provável que incite ou cause tais ações"[54]. Observe-se que o tipo de expressão proscrita deve ser simultaneamente intencional e voltado para resultar em uma ação ilegal iminente, assim como ocorrer em circunstâncias que tornem esse resultado provável.

Embora *Brandenburg* deixe várias questões importantes em aberto, estabelece uma doutrina constitucional muito mais satisfatória do que aquela que a precedeu, sobretudo quando interpretada em conjunto com *New York Times v. United States*[55] (esses três casos abarcam os três pontos fixos mencionados antes). A razão é que *Brandenburg* delimita a expressão protegida de modo que seja reconhecida a legi-

---

54. *Brandenburg v. Ohio*, 395 U.S. 444 (1969), em 447.
55. *New York Times v. United States*, 403 U.S. 713. Ver também *Near v. Minnesota*, 283 U.S. 697, que é o caso anterior mais importante sobre censura prévia.

timidade da campanha pela subversão em uma democracia constitucional. É tentador pensar a expressão política que defende a revolução como algo similar ao incitamento a um crime comum, como um incêndio premeditado ou um assalto, ou mesmo como o delito de espalhar o pânico, como no exemplo bastante trivial de Holmes de alguém que grita "Fogo!" em um teatro lotado. (Esse exemplo é trivial porque só tem sentido contra o ponto de vista, que não é defendido por ninguém, de que todo e qualquer tipo de expressão está protegido, talvez porque se pense que a expressão não é ação e que somente a ação pode ser punida[56].) Mas a revolução é um crime muito especial. Apesar de que mesmo um regime constitucional deve ter o direito legal de punir violações às suas leis, estas leis, ainda quando adotadas mediante o devido processo legal, podem ser injustas em maior ou menor grau ou parecer injustas para grupos relevantes da sociedade que as consideram opressivas. Historicamente, a questão sobre quando se justificam a resistência e a revolução é um dos problemas políticos mais profundos. Mais recentemente, os problemas da desobediência civil e da objeção de consciência à prestação do serviço militar, provocados pelo que foi amplamente considerado uma guerra injusta, foram profundamente perturbadores e ainda estão por ser resolvidos. Portanto, embora se concorde que o incêndio premeditado, o assassinato e o linchamento são crimes graves, este não é o caso da resistência e

---

56. Uma análise crítica do exemplo de Holmes, similar a essa, encontra-se em Kalven, *A Worthy Tradition*. Thomas Emerson, em *The System of Freedom of Expression* (Nova York: Random House, 1970), tenta oferecer uma interpretação da liberdade de expressão com base na distinção entre expressão e ação, em que uma é protegida e a outra, não. Mas, como T. M. Scanlon observa em "A Theory of Freedom of Expression", in *Philosophy and Public Affairs* 1(2) (inverno de 1972), pp. 207-8, uma visão desse tipo coloca um peso grande na maneira como essa distinção deve ser feita e está fadada a distanciar-se muito do uso corrente das palavras "expressão" e "conduta". Para uma análise elucidativa, que tem simpatia por essa distinção, sobre como se poderia desenvolver tal visão, ver Alan Fuchs, "Further Steps toward a General Theory of Freedom of Expression", in *William and Mary Law Review* 18 (inverno de 1976).

da revolução sempre que se tornam questões sérias, mesmo em um regime democrático razoavelmente bem-ordenado (em contraposição a uma sociedade bem-ordenada, na qual, por definição, o problema não se apresenta). Ou, mais exatamente, só se concorda que são crimes no sentido legal de serem contrários à lei, mas a uma lei que, aos olhos de muitos, perdeu sua legitimidade. O fato de a campanha pela subversão ter se disseminado o suficiente para constituir uma questão política real é um sintoma de uma crise iminente, que tem raízes na percepção de grupos importantes de que a estrutura básica é injusta e opressiva. Isso representa uma advertência de que esses grupos estão dispostos a dar passos radicais, porque fracassaram outras maneiras de reparar as injustiças a que estão sujeitos.

Tudo isso é conhecido de sobra. Menciono essas questões somente para recordar o óbvio: que a campanha pela subversão sempre faz parte de uma visão política mais abrangente e, no caso do chamado sindicalismo criminoso (que constituía um delito legal em muitos casos históricos), a visão política era o socialismo, uma das doutrinas políticas mais abrangentes que já foram formuladas. Como observa Kalven, os revolucionários não se limitam a gritar: "Insurreição! Insurreição!". Eles dão razões para incitar à insurreição[57]. Reprimir a campanha em favor da revolução significa suprimir a discussão dessas razões, e fazer isso significa restringir o uso público livre e informado de nossa razão para julgar a justiça da estrutura básica e de suas políticas sociais. Por conseguinte, assim se viola a liberdade fundamental de pensamento.

Outra consideração pertinente é a seguinte: uma concepção de justiça para uma sociedade democrática pressupõe uma teoria da natureza humana. Isto porque, em primeiro lugar, ao se avaliar em que medida os ideais expressos pelas concepções de pessoa e de sociedade bem-ordenada são praticáveis, tem-se em vista as capacidades da

---

57. Ver Kalven, *A Worthy Tradition*.

natureza humana e as exigências da vida social[58]. Em segundo lugar, e o mais relevante no momento, essa concepção pressupõe uma teoria sobre como as instituições democráticas podem funcionar e sobre quão frágeis e instáveis podem ser. Em *Gitlow*, a Corte declarou:

> Está claro que as formas de expressão que incitam à derrubada do poder político constituído por meios ilegais representam um perigo suficiente de dano substancial para que se justifique colocar sua punição sob a égide da autoridade da lei. Tais formas de expressão, por sua própria natureza, implicam perigo para a paz pública e para a segurança do Estado... E o perigo imediato não é menos real e substancial por não se poder prever acuradamente o efeito de determinada expressão. Uma única faísca revolucionária pode acender uma chama que, ardendo em fogo lento durante algum tempo, pode explodir em uma conflagração avassaladora e destrutiva.[59]

Esta passagem sugere uma visão, não muito diferente daquela de Hobbes, de fragilidade e instabilidade extremas dos arranjos políticos. Mesmo em um regime democrático, existe essa visão de que forças sociais voláteis e destrutivas podem ser ativadas mediante o discurso revolucionário, permanecem ardendo de forma imperceptível sob a superfície calma da vida política e subitamente eclodem com uma energia incontrolável, varrendo tudo à sua frente. No entanto, se a livre expressão política é garantida, problemas graves não passam despercebidos nem se tornam extremamente perigosos de um momento para o outro. Eles ganham expressão pública e, em um regime moderadamente bem-estruturado, pelo menos em certa medida, são levados em conta. Além do mais, a teoria sobre como as instituições democráticas funcionam deve estar de acordo com o ponto de vista de Locke, segundo o qual as pessoas são capazes

---

58. Ver "Kantian Constructivism in Moral Theory", pp. 534-5.
59. *Gitlow v. New York,* 268 U.S. 652 (1925), em 669.

de certa virtude política natural e não recorrem à resistência e à revolução, a não ser que sua posição na estrutura básica seja profundamente injusta, que essa condição perdure por certo período de tempo e não pareça passível de ser alterada por nenhum outro meio[60]. Portanto, as instituições básicas de uma sociedade democrática moderadamente bem governada não são tão frágeis ou instáveis a ponto de que só a campanha pela subversão possa destruí-las. Com efeito, uma liderança política prudente, em tal sociedade, considera essa incitação à subversão uma advertência de que mudanças fundamentais podem ser necessárias, e quais mudanças se fazem necessárias é algo que em parte se pode saber a partir das visões políticas mais abrangentes utilizadas para explicar e justificar a defesa da resistência e da revolução.

Falta relacionar as observações precedentes com as deliberações dos delegados de uma convenção constitucional que representam o interesse racional que cidadãos iguais têm em um sistema plenamente adequado de liberdades fundamentais. Apenas acrescentaremos que essas observações explicam por que os delegados traçariam a linha divisória entre a expressão política protegida e a que não é protegida não por referência à campanha pela subversão como tal (como o faz *Gitlow*), e sim por referência à campanha pela subversão quando está voltada ao incitamento do uso iminente e ilegal da força e tem possibilidade de atingir esse resultado (como o faz *Brandenburg*). A discussão sobre o assunto ilustra de que forma a liberdade de expressão política, como uma liberdade fundamental, é especificada e ajustada em estágios posteriores, a fim de proteger seu âmbito central de aplicação, a saber, o uso público e livre de nossa razão em todas as questões relativas à justiça da estrutura básica e de suas políticas sociais.

---

60. Ver o *Segundo tratado do governo*, de Locke, §§ 223-30. Sobre a ideia de virtude política natural em Locke, ver a introdução de Peter Laslett à sua edição crítica: *John Locke, Two Treatises of Government* (Cambridge: Cambridge University Press, 1960), pp. 108-11.

## § 11. A norma do perigo claro e iminente

Para completar a discussão precedente acerca da livre expressão política, farei alguns comentários sobre a chamada norma do perigo claro e iminente. Esta norma é bem conhecida e ocupa importante lugar na história da doutrina constitucional. Inquirir por que ela caiu em descrédito pode se mostrar esclarecedor. Pressuporei o tempo todo que o propósito dessa norma é aplicar-se à expressão política e, em particular, à campanha pela subversão, para decidir quando essa expressão e essa defesa podem sofrer restrições. Suponho também que essa norma se refere ao conteúdo da expressão, e não apenas à sua regulação, posto que, como norma de regulação da expressão, suscita questões inteiramente distintas e com frequência pode revelar-se aceitável[61].

Comecemos por considerar a formulação original que Holmes fez da norma em *Schenck*. Essa formulação é a seguinte: "A questão em cada caso é quando são utilizadas palavras em tais circunstâncias e se são de tal natureza que chegam a criar um perigo claro e iminente de causar males substantivos que o Congresso tem o direito de impedir. É uma questão de proximidade e de grau."[62] Essa norma tem certa semelhança com *Brandenburg*; só precisamos supor que as palavras "perigo claro e iminente" se referem a uma ação ilegal iminente. Mas essa semelhança é enganosa, como podemos ver ao notar as razões pelas quais a norma de Holmes, e mesmo a formulação que Brandeis lhe deu em *Whitney*, resulta insatisfatória. Uma razão é que os fundamentos da norma, na formulação de Holmes, encontram-se em sua interpretação do direito das tentativas em seu livro *The Common Law*[63]. O direito das tentativas procura fe-

---

61. Minha interpretação da norma do perigo claro e evidente foi bastante influenciada por *A Worthy Tradition*, de Kalven, e por *Free Speech and Its Relation to Self-Government*, de Meiklejohn, capítulo 2.
62. *Schenck v. United States*, 249 U.S. 47, em 52.
63. No que diz respeito à importância dessa origem da norma, ver Yosal Rogat, "Mr. Justice Holmes: The Judge as Spectator", in *University of Chicago Law Review* 31 (inverno de 1964), pp. 215-7.

char a brecha que há entre o que o réu fez e o crime tal como definido pela lei. Nas tentativas e, de modo similar, no caso da livre expressão, as ações que não têm consequências sérias podem ser ignoradas. A interpretação tradicional das tentativas exigia uma intenção específica de cometer um delito em particular. Para Holmes, a intenção só era relevante porque aumentava a probabilidade de que o agente viesse a causar dano real. Quando aplicada à livre expressão, essa interpretação tem a virtude de tolerar a expressão inócua e de não justificar a punição somente pela expressão de pensamentos. Mas oferece uma base insatisfatória para a proteção constitucional da expressão política, pois nos leva a examinar quão perigosa a livre expressão é, como se, por representar certo perigo, ela se convertesse em crime comum.

No entanto, o essencial da questão é o tipo de expressão de que se trata e o papel que desempenha em um regime democrático. E, *evidentemente*, a expressão política que expressa doutrinas que rejeitamos ou consideramos contrárias a nossos interesses muito facilmente nos parecerá perigosa. Uma Constituição justa protege e confere prioridade a certos tipos de expressão, em virtude do significado que têm para o que denominei "os dois casos fundamentais". Como a norma de Holmes ignora o papel e a importância da expressão política, não é de surpreender que ele tenha redigido as opiniões unânimes que subscreveram as condenações em *Schenck* e *Debs* e que tenha dissentido em *Abrams* e *Gitlow*. Ao que parece, ele entendeu que a expressão política dos socialistas Schenck e Debs era suficientemente perigosa quando o país estava em guerra, ao passo que dissentiu em *Abrams* e *Gitlow*, por ter considerado inócuas as atividades políticas dos réus.

Essa impressão é reforçada pelo fato de que as palavras que se seguem à formulação da norma (já citada) são as seguintes: "Quando um país está em guerra, muitas coisas que poderiam ser ditas em tempos de paz representam tal obstáculo a seus esforços que a expressão disso não será tolerada enquanto nossos homens lutarem, e nenhum tribunal poderia considerá-la protegida seja por qual direito constitucional fosse. Parece reconhecer-se que, se houvesse uma obstrução efetiva ao recrutamento militar, a responsabilidade legal pelas palavras que provocassem tal efeito poderia ser cobrada."

Ao examinarmos o voto de Holmes em *Debs*, percebemos que o candidato socialista à presidência não é acusado de incentivar ou incitar a violência prestes a acontecer ou ilegal, criando dessa forma um perigo claro e iminente. Como ficou registrado na sentença da Corte, Debs, em um discurso público, simplesmente atacou a guerra como tendo sido declarada pela classe dominante em prol dos próprios interesses e sustentou que a classe trabalhadora tinha tudo a perder, incluindo a própria vida, e por aí afora. Holmes achou suficiente, para manter a sentença de dez anos de prisão, o fato de que um dos objetivos do discurso "era a oposição não apenas à guerra em geral, mas a esta guerra, e que a oposição expressava-se de tal maneira que seu efeito natural e intencional seria obstruir o recrutamento. Se essa era a intenção e se, em todas as circunstâncias, tal seria o efeito provável, o discurso não seria protegido somente por ser parte de um programa geral e expressão de uma crença geral e conscienciosa"[64]. Aqui, o efeito natural e intencional a que Holmes se refere é seguramente que aqueles que ouviram ou leram o discurso de Debs seriam persuadidos ou incentivados pelo que ele havia dito e decidiriam de que maneira iriam se conduzir em conformidade com tal discurso. Devem ser as consequências da convicção e da resolução políticas que Holmes entendeu como perigo claro e iminente. Holmes preocupa-se pouco com a questão constitucional suscitada em *Debs*, embora o caso envolvesse o líder de um partido político que já se candidatara quatro vezes à presidência. Contenta-se em dizer em uma frase, que vem imediatamente após a passagem

---

64. *Debs v. United States*, 249 U.S. 211, em 215.

que acabo de citar, que *Schenck* resolve a questão. Essa frase é a seguinte: "A principal base da defesa na qual o réu parece se apoiar é uma alegação que já examinamos e que se baseia na Primeira Emenda da Constituição, alegação essa que já foi resolvida em *Schenck v. United States.*" Holmes refere-se aqui ao fato de Debs ter sustentado que a lei com base na qual havia sido acusado era inconstitucional, por interferir na liberdade de expressão e ir de encontro à Primeira Emenda.

O voto concordante de Brandeis em *Whitney* é outra coisa. Junto com o voto de Hand em *Masses*, esse foi um dos passos memoráveis no desenvolvimento da doutrina. No início de seu voto, Brandeis declara que o direito à livre expressão, a liberdade de ensino e o direito de reunião são "direitos fundamentais" protegidos pela Primeira Emenda. Esses direitos, mesmo sendo fundamentais, não são absolutos, pois seu exercício está sujeito a restrição "se a restrição específica proposta é necessária para proteger o Estado da destruição ou de dano grave, político, econômico ou moral"[65]. Ele então faz referência à formulação de *Schenck* sobre a norma do perigo claro e iminente e busca estabelecer de modo mais preciso o critério segundo o qual a norma deve ser aplicada, isto é, procura definir quando um perigo é claro, quão remoto pode ser e mesmo assim ser considerado iminente, e que grau de dano é necessário para justificar uma restrição à liberdade de expressão.

A força da opinião expressa por Brandeis em seu voto reside no reconhecimento do papel da livre expressão política em um regime democrático e na conexão que estabelece entre esse papel e o requisito de que o perigo tem de ser iminente e não apenas provável em algum momento futuro. A ideia é que o dano "seja tão iminente que possa sobrevir antes de haver oportunidade de realizar uma discussão ampla. Se há tempo para expor as falsidades e falá-

---

65. 274 U.S. 357, em 373. Sobre o voto de Hand em *Masses*, ver *Masses Publishing v. Patten*, 244 Fed. 535 (S.D.N.Y. 1917).

cias por meio do debate, a fim de impedir o dano mediante processos educativos, o remédio a aplicar consiste em haver mais expressão, não a imposição do silêncio. Somente uma emergência pode justificar a repressão. Tal deve ser a norma, se o que se quer é reconciliar a autoridade com a liberdade"[66]. Mais adiante, referindo-se a fazer campanha e não ao incitamento à violência, ele afirma: "O fato de que a expressão possivelmente tenha como consequência alguma violência ou a destruição da propriedade não é suficiente para justificar sua supressão. É preciso que exista a probabilidade de que cause grave dano ao Estado. Entre homens livres, os meios de dissuasão que ordinariamente se aplicam para evitar o crime são a educação e a punição por violações à lei, não a restrição aos direitos de liberdade de expressão e de reunião."[67] E, por fim, ao rejeitar os argumentos da posição majoritária, Brandeis conclui: "Não posso subscrever a suposição expressa na sentença da Corte de que se unir a um partido político, constituído para defender a necessidade de uma revolução proletária pela ação das massas em algum momento necessariamente distante no futuro, não seja um direito protegido pela Décima Quarta Emenda."[68] Tudo isso, e muito mais, sem dúvida constitui um avanço na determinação do critério segundo o qual a norma do perigo claro e iminente deve ser aplicada.

No entanto, em *Dennis*, a Corte interpretou a norma de tal maneira que a mutila como norma para proteger a liberdade de expressão política. Nesse caso, a Suprema Corte adotou a formulação da norma feita por Hand, que é a seguinte: "Em cada caso, [os tribunais] devem perguntar se a gravidade do 'dano', reduzida pela improbabilidade de sua ocorrência, justifica tamanha intromissão na liberdade de expressão que seja necessária para evitar o perigo."[69]

---

66. Ibid., em 377.
67. Ibid., em 378.
68. Ibid., em 379.
69. 341 U.S. 494, em 510, citando 183 F. 2d., em 212.

Formulada dessa maneira, a norma não requer que o dano seja iminente. Mesmo remoto, basta que seja grande e suficientemente provável. Nesse caso, a norma é interpretada como uma máxima da teoria da decisão, apropriada a uma doutrina constitucional, que justifica todas as decisões por aquilo que é necessário para maximizar o total líquido de benefícios sociais ou o equilíbrio líquido de valores sociais. Com base nessa concepção de fundo, pode parecer simplesmente irracional exigir que o perigo seja iminente em qualquer sentido estrito. Isto porque o princípio de maximizar o total líquido de benefícios sociais (ou o equilíbrio líquido de valores sociais) não nos permite atribuir nenhum peso maior ao que é iminente do que aquele a ser atribuído à improbabilidade e ao valor de benefícios futuros. A livre expressão política é avaliada como um meio e como um fim em si mesmo, junto com tudo o mais. Assim, pois, a ideia de Brandeis de que é preciso que o perigo seja iminente, porque a liberdade de expressão é a forma constitucionalmente aprovada de proteção contra um perigo futuro, pode parecer irracional em muitas situações e, por vezes, até mesmo suicida. Sua interpretação da liberdade de expressão precisa ser mais bem elaborada para tornar-se convincente. Isto porque a norma do perigo claro e iminente origina-se de uma visão da doutrina constitucional distinta daquela que ele se empenha em desenvolver[70]. O que é preciso é especificar de modo mais preciso o tipo de situa-

---

70. A base da visão do próprio Brandeis se expressa com mais clareza, a meu ver, no conhecido parágrafo que começa assim: "Aqueles que conquistaram a independência acreditavam que o fim último do Estado era tornar os homens livres para desenvolver suas faculdades; e que, em seu Estado, as forças da deliberação deveriam prevalecer sobre as arbitrárias." Este parágrafo termina assim: "Acreditando no poder da razão tal como se manifesta na discussão pública, evitaram o silêncio imposto pela lei – o argumento da força em sua pior forma. Ao reconhecer a possibilidade de eventuais tiranias de maiorias governantes, emendaram a Constituição de modo que as liberdades de expressão e de reunião pudessem ser garantidas." Não é nenhuma crítica a este belo parágrafo reconhecer que, por si mesmo, não remedia a deficiência da formulação de Brandeis da norma do perigo claro e iminente.

## AS LIBERDADES FUNDAMENTAIS E SUA PRIORIDADE

ção que pode justificar a restrição à liberdade de expressão política. Brandeis faz menção a "proteger o Estado da destruição" e a "danos graves, políticos, econômicos ou morais". Essas frases são excessivamente vagas e abarcam demasiado terreno. Vejamos como a visão de Brandeis poderia ser elaborada para estar de acordo com a prioridade da liberdade.

O essencial é reconhecer a diferença entre o que denominarei "uma crise constitucional do tipo pertinente" e uma situação emergencial na qual exista uma ameaça iminente ou previsível de graves danos políticos, econômicos e morais ou até de destruição do Estado. Por exemplo: o fato de que um país esteja em guerra e de que tal estado de emergência se apresente não significa que também existe uma crise constitucional do tipo pertinente. A razão é que restringir ou suprimir a livre expressão política, incluindo a campanha pela subversão, sempre implica pelo menos uma suspensão parcial da democracia. Uma doutrina constitucional que confere prioridade à livre expressão política e a outras liberdades fundamentais está obrigada a sustentar que impor tal suspensão requer a existência de uma crise constitucional na qual as instituições políticas livres não possam funcionar de modo efetivo ou não possam tomar as medidas necessárias à sua conservação. Inúmeros exemplos históricos mostram que instituições políticas livres e democráticas funcionaram efetivamente para tomar as medidas necessárias em situações de grave emergência, sem restringir a liberdade de expressão política, e em alguns casos nos quais restrições desse tipo foram impostas resultaram desnecessárias e em nada contribuíram para solucionar a emergência. Não é suficiente que as autoridades afirmem que existe um perigo grave e que elas estão tomando as devidas providências para evitá-lo. Uma Constituição bem concebida inclui procedimentos democráticos para lidar com as situações de emergência. Desse modo, como uma questão de doutrina constitucional, a prioridade da liberdade implica que a liberdade de expressão política não pode ser restringida, a menos que se possa razoavelmente sustentar, a partir da natureza específica da situação que se apresenta, que existe uma crise constitucional na qual as instituições democráticas não têm como funcionar de modo efetivo e seus procedimentos para lidar com emergências são inoperantes.

De acordo com a doutrina constitucional proposta, portanto, não se reveste de particular importância determinar se a expressão política é perigosa ou não, uma vez que, por sua própria natureza, não raro ela pode ser ou parecer perigosa. Isto porque o uso público e livre de nossa razão aplica-se às questões mais fundamentais, e as decisões tomadas podem ter graves consequências. Suponhamos que um povo democrático, envolvido em uma rivalidade militar com uma potência autocrática, decidisse que o emprego de armas nucleares é tão contrário a princípios humanitários que seu uso deveria ser banido e que medidas unilaterais com o intuito de reduzi-las deveriam ser tomadas, na esperança de que isso pudesse persuadir a outra potência a fazer o mesmo. Essa decisão poderia ser perigosa ao extremo, mas com certeza isto é irrelevante para determinar se ela deveria ou não ser livremente debatida e se o governo estaria ou não obrigado, em termos constitucionais, a colocá--la em prática, uma vez que fosse tomada. O caráter perigoso da expressão política está fora de questão. É exatamente em virtude do risco envolvido ao se tomar tal decisão que ela deve ser livremente debatida. Não foi perigoso realizar eleições livres em 1862-64, em meio a uma guerra civil?

Dirigir a atenção para o perigo da expressão política comprometeu já de início a norma do perigo claro e iminente, pois não tem como levar em conta que, para restringir a expressão política, é preciso uma crise constitucional que exija a suspensão parcialmente temporária das instituições políticas democráticas, que tenha por único propósito a preservação dessas instituições e das demais liberdades fundamentais. Não houve tal crise nos Estados Unidos em 1862-64 e, se não existiu na Guerra Civil, tampouco ocorreu em outro momento antes ou depois dela. Não acontecia uma crise constitucional do tipo pertinente quando *Schenck*, *Debs* ou *Dennis* foram julgados, nem existiam circunstâncias políticas que impedissem o funcionamento de instituições livres. Nunca houve, em nossa história, um momento em que a livre expressão política e, em particular, a campanha pela subversão necessitassem ser restringidas ou suprimidas. E isso mostra que, em um país que tem uma vigorosa tradição de instituições democráticas, uma crise constitucional poderá não se verificar jamais, a menos que seu povo e suas instituições sejam simplesmente esmagados a partir de fora. Por conseguinte, para propósitos práticos, em uma sociedade democrática bem governada e que exista em condições razoavelmente favoráveis, o uso público e livre de nossa razão política e social parece um valor absoluto.

É claro que as observações precedentes não oferecem uma explicação sistemática sobre a distinção entre uma crise constitucional do tipo pertinente e uma situação de emergência na qual há a ameaça de sérios danos políticos, econômicos e morais. Limitei-me a apelar ao fato, ou àquilo que considero um fato, de que podemos reconhecer, com base em vários exemplos de nossa história, que a distinção que apontei existe e com frequência podemos dizer quando se aplica. Aqui não tenho como realizar um exame sistemático disso. No entanto, penso que a noção de crise constitucional do tipo pertinente constitui parte importante da interpretação da liberdade de expressão política e que, ao explicar esta noção, precisamos partir de uma interpretação da liberdade de expressão política que lhe confira prioridade. Na justiça como equidade, esse tipo de expressão entra na categoria das liberdades fundamentais e, embora estas liberdades não sejam absolutas, elas só podem sofrer restrição em seu conteúdo (em contraposição a regulá-las de maneira apropriada à preservação de um sistema plenamente adequado) se for necessário para evitar uma perda maior e mais significativa, seja direta ou indiretamente, dessas mesmas liberdades. Procurei mostrar como, no caso da expressão política, podemos identificar os elementos mais essenciais no âmbito central de aplicação dessa liberdade fundamental. É possível passar, então, a outras extensões, até o ponto em que uma disposição plenamente adequada a essa liberdade é alcançada, a menos que já tenhamos nos autolimitado ou entrado em conflito com extensões mais importantes de outras liberdades fundamentais. Como sempre, suponho que esses são juízos feitos por delegados constitucionais e por legisladores, do ponto de vista do estágio apropriado e à luz do que melhor promove o interesse racional que o cidadão igual representativo tem em um sistema plenamente adequado de liberdades fundamentais. Se insistimos em utilizar a linguagem do perigo claro e iminente, devemos sustentar, em primeiro lugar, que os males substantivos que a legislatura procura evitar só podem ser aqueles de uma categoria muito especial, a saber, a perda da própria liberdade de pensamento ou de outras liberdades fundamentais, incluindo o valor equitativo das liberdades políticas; em segundo lugar, que não exista nenhuma outra opção para evitar esses males a não ser recorrer à restrição à liberdade de expressão. Essa formulação da norma está de acordo com o requisito de que uma crise constitucional do tipo pertinente é aquela em que as instituições políticas livres não têm como funcionar ou não podem tomar as medidas necessárias à própria preservação.

## § 12. O valor equitativo das liberdades políticas

Quero agora complementar de duas maneiras a análise precedente da expressão política. Em primeiro lugar, é preciso enfatizar que as liberdades fundamentais constituem uma família de liberdades, e é essa família que tem prioridade, e não qualquer liberdade separadamente, mesmo que, em termos práticos, uma ou mais das liberdades fundamentais possam ser absolutas em determinadas circunstâncias. A esse respeito, tratarei de modo muito sucinto a maneira como a expressão política pode ser regulada com a finalidade de preservar o valor equitativo das liberdades políticas. Não é minha intenção, de modo algum, resolver esse difícil problema, mas sim mostrar por que as liberdades fundamentais precisam ser ajustadas umas às outras e não podem ser especificadas separadamente. Em segundo lugar, é proveitoso, para esclarecer a noção de liberdades fundamentais e sua prioridade, examinar as várias liberdades (não fundamentais) associadas ao segundo princípio de justiça. Isso nos permitirá mostrar como a importância de uma liberdade (seja fundamental ou não) tem relação com seu papel político e social no interior de uma estrutura básica justa, tal como a especificam os dois princípios de justiça.

Abordarei nesta seção, primeiro, o problema de manter o valor equitativo das liberdades políticas iguais. Embora (como já disse em § 7) esteja além do âmbito de uma doutrina filosófica considerar em detalhes como esse problema deve ser resolvido, tal doutrina deve explicar os fundamentos com base nos quais as instituições e leis necessárias podem ser justificadas. Suponhamos, pelas razões apresentadas anteriormente, que o financiamento público de campanhas políticas e de gastos eleitorais e diferentes limites a contribuições financeiras e outras regulamentações sejam essenciais para manter o valor equitativo das liberdades políticas[71]. Esses arranjos são compatíveis com o papel central da expressão política e da imprensa livre como liberdades fundamentais, desde que sejam satisfeitas três condições. A primeira é que não haja restrições ao conteúdo da expressão. Os arranjos institucionais em questão são, portanto, regulações que não favorecem nenhuma doutrina política em detrimento de outras. Constituem, por assim dizer, regras de ordem para eleições e são necessários para esta-

---

71. Ver § 7.

belecer um procedimento político justo pelo qual o valor equitativo das liberdades políticas iguais seja mantido.

A segunda condição é que os arranjos instituídos não devem impor nenhum ônus excessivo aos diferentes grupos políticos da sociedade e devem afetar a todos de maneira equitativa. Evidentemente, o que conta como ônus excessivo já é em si uma questão controversa e, em qualquer caso particular, é preciso tratá-la tomando como referência o propósito de assegurar o valor equitativo das liberdades políticas. Por exemplo: a proibição de vultosas contribuições por parte de pessoas físicas e jurídicas a candidatos não constitui um ônus excessivo (no sentido pertinente) a pessoas e grupos ricos. Uma proibição desse tipo pode ser necessária para que cidadãos igualmente talentosos e motivados em termos políticos tenham uma oportunidade aproximadamente igual de exercer influência nas políticas governamentais e de chegar a postos de autoridade, independentemente de sua classe social e econômica. É exatamente essa igualdade que define o valor equitativo das liberdades políticas. Por outro lado, regulamentações que restringem o uso de certos espaços públicos para a expressão política podem impor um ônus excessivo a grupos relativamente pobres que estão acostumados a essa maneira de transmitir seus pontos de vista, já que carecem de fundos para recorrer a outros tipos de expressão política.

Por último, as diversas regulações da expressão política devem ser racionalmente definidas, a fim de assegurar o valor equitativo das liberdades políticas. Embora seja um pouco forte demais dizer que essas regulações devem ser aquelas menos restritivas possíveis que permitam realizar esse fim – pois ninguém sabe quais seriam as normas menos restritivas entre as mais eficazes –, ainda assim elas deixam de ser razoáveis, uma vez que alternativas consideravelmente menos restritivas e igualmente efetivas sejam conhecidas e estejam disponíveis.

O objetivo das observações que acabo de fazer é mostrar que as liberdades fundamentais constituem uma família cujos membros têm de se ajustar uns aos outros para garantir o âmbito central de aplicação dessas liberdades nos dois casos fundamentais. Assim, a expressão política, ainda que pertença à liberdade fundamental de pensamento, deve ser regulada de modo que se garanta o valor equitativo das liberdades políticas. Essas regulações não restringem o conteúdo da expressão política e, por conseguinte, podem ser congruentes com o papel central que desempenha. Cabe assinalar que o ajuste mútuo das liberdades fundamentais justifica-se por razões que são admitidas pela prioridade dessas liberdades concebidas como uma família; nenhuma delas tem em si mesma um valor absoluto. Esse tipo de ajuste é muito diferente de um equilíbrio geral de interesses que permite a considerações de todo tipo – políticas, econômicas e sociais – restringir essas liberdades, até mesmo no que se refere a seu conteúdo, quando se supõe que os benefícios obtidos ou os danos evitados são grandes o suficiente. Na justiça como equidade, o ajuste das liberdades fundamentais baseia-se exclusivamente em sua importância, determinada pelo papel que desempenham nos dois casos fundamentais, e esse ajuste tem o objetivo de especificar um sistema plenamente adequado dessas liberdades.

Nas duas seções anteriores, reconstituí parte do desenvolvimento de uma doutrina de *Schenck* a *Brandenburg*, um desenvolvimento que teve um final feliz. *Buckley* e seu desdobramento em *First National Bank* são, ao contrário, profundamente desalentadores[72]. Em *Buckley*, a Corte decla-

---

72. *Buckley v. Valeo*, 424 U.S. 1 (1976), e *First National Bank v. Bellotti*, 435 U.S. 765 (1978). Para análises de *Buckley*, ver Tribe, *American Constitutional Law*, capítulo 13, pp. 800-11, e Skelly Wright, "Political Speech and the Constitution: Is Money Speech?", in *Yale Law Journal* 85 (8) (julho de 1976), pp. 1001-21. Uma discussão anterior da questão encontra-se em M. A. Nicholson, "Campaign Financing and Equal Protection", in *Stanford Law Review* 26 (abril de 1974), pp. 815-54. Em *First National Bank*, a Corte, em uma decisão de cinco a quatro, invalidou uma lei penal de Massachusetts que proibia gastos por parte de bancos e empresas com o objetivo de influenciar o resultado de votações de referendos, a menos que as decisões desses referendos pudessem afetar materialmente a propriedade, os negócios ou os ativos da empresa. A lei especificava que nenhuma questão submetida a referendo que tratasse exclusivamente da tributação de indivíduos encaixava-se nessa exceção. Em

rou inconstitucionais vários limites a gastos em campanhas impostos pela *Election Act Amendment* de 1974. Esses limites aplicavam-se a gastos em benefício de candidatos individuais, a gastos feitos pelos candidatos com recursos próprios e ao total de gastos no curso de uma campanha. A Suprema Corte afirmou que a Primeira Emenda não pode tolerar essas disposições, uma vez que impõem restrições diretas e substanciais à expressão política[73]. A Corte considera sobretudo aquilo que julga ser o interesse fundamental do Estado e que a lei de 1974 objetivava atender: evitar a corrupção do processo eleitoral e até que esse processo pudesse transmitir uma aparência de corrupção. A Corte também leva em conta dois dos chamados interesses ancilares da lei: o interesse em limitar os custos crescentes das campanhas políticas e o interesse em igualar a capacidade relativa dos cidadãos de influenciar os resultados das eleições. Aqui só me ocupo desse segundo interesse ancilar, pois é o único que diz respeito diretamente à noção de valor equitativo das liberdades políticas. Além do mais, deixo de lado, por ser irrelevante para nossos propósitos no momento, a questão de saber se as medidas aprovadas pelo Congresso eram racionalmente formuladas para atender a esse interesse de maneira efetiva.

O que é desalentador é que a atual Corte parece rejeitar totalmente a ideia de que o Congresso pode procurar garantir o valor equitativo das liberdades políticas. Ela diz: "O conceito de que o Estado pode restringir a expressão de alguns em nossa sociedade, com o propósito de elevar a voz relativa de outros, é inteiramente alheio à Primeira Emenda."[74]

---

uma dissensão à qual se juntaram Brennan e Marshall, o juiz White sustentou que o erro fundamental do voto da maioria era não reconhecer que o interesse do Estado em proibir esses gastos por parte de bancos e empresas deriva da Primeira Emenda – em particular, do valor de promover a discussão política livre impedindo o domínio corporativo; ver 435 U.S. 765 (1978), em 803-4. Minha discussão no texto se identifica com esse voto dissidente e também com a dissensão de White em *Buckley*, em 257-66, e com a de Marshall em 287-90.

73. *Buckley v. Valeo*, em 58-9.
74. Ibid., em 48-9.

Passa então a citar os próprios precedentes, afirmando que a Primeira Emenda foi concebida para assegurar a disseminação mais ampla possível de informações, provenientes de fontes as mais variadas e conflitantes, e para permitir o irrestrito intercâmbio de ideias, com o objetivo de realizar as mudanças políticas e sociais desejadas pelo povo[75]. Mas nenhum dos precedentes citados envolve a questão fundamental do valor equitativo das liberdades políticas[76]. Além disso, a sentença da Corte em *Buckley* concentra-se demasiadamente no chamado interesse primordial de eliminar a corrupção e a aparência de corrupção. Ela não reconhece o ponto essencial nessa questão, que o valor equitativo das liberdades políticas é necessário para um procedimento político justo e é preciso assegurar seu valor equitativo, para evitar que aqueles que possuem mais propriedades e riqueza – e maior capacidade de organização, associada à posse desses recursos – controlem o processo eleitoral em benefício próprio. Para isso, não são necessários o suborno nem a desonestidade e tampouco a concessão de favores especiais, por mais comuns que esses vícios possam ser. Basta compartilhar os mesmos objetivos e convicções políticos. Em *Buckley*, a Corte corre o risco de subscrever o ponto de vista de que representação equitativa é o mesmo que representação de acordo com o montante de influência efetivamente exercido. Segundo esse ponto de vista, a democracia é uma espécie de competição regulada entre as classes econômicas e os grupos de interesse, na qual é apropriado que os resultados dependam da capacidade e da disposição de cada um dos participantes de empregar seus recursos financeiros e habilidades, reconhecidamente muito desiguais, para fazer valer seus desejos.

Mas é surpreendente que a Corte pense que as tentativas do Congresso de estabelecer o valor equitativo das liberdades políticas colidam com a Primeira Emenda. Em várias decisões anteriores, a Corte afirmou o princípio de uma

---

75. Ibid., em 49-51.
76. Ver Tribe, *American Constitutional Law*, p. 806.

pessoa, um voto, às vezes com base no Artigo I, Seção 2, da Constituição, outras vezes com base na Décima Quarta Emenda. Sobre o direito de voto, a Corte afirmou que é o "mantenedor de todos os direitos" e, em *Wesberry*, declarou: "Outros direitos, até mesmo os mais fundamentais, são ilusórios se o direito de voto é fragilizado."[77] Em *Reynolds*, a Corte reconheceu que esse direito envolve mais do que apenas dar um voto que contará igual para todos os demais. Sobre isso, declarou: "A participação plena e efetiva de todos os cidadãos no governo do Estado requer [...] que cada cidadão tenha uma voz igualmente efetiva na eleição dos membros da legislatura."[78] Adiante, na sentença, disse: "Como alcançar a representação equitativa e efetiva de todos os cidadãos é reconhecidamente o objetivo fundamental da distribuição de cadeiras legislativas, concluímos que a Cláusula de Proteção Igual garante a oportunidade de participação igual dos eleitores na eleição dos legisladores."[79] Portanto, o fundamental é um procedimento político que garanta a todos os cidadãos uma voz plena e igualmente efetiva em um sistema equitativo de representação. Tal sistema resulta fundamental, porque disso depende a proteção adequada de outros direitos fundamentais. Não basta a igualdade formal.

Disso pareceria se seguir que o objetivo de alcançar um sistema equitativo de representação pode justificar os limites e as regulações da expressão política nas eleições, desde que estejam em conformidade com as três condições mencionadas. Pois de que outro modo a voz plena e efetiva de todos os cidadãos poderia ser garantida? Como se trata de uma questão de conflito entre uma liberdade fundamental e outra, as liberdades protegidas pela Primeira Emenda deveriam se ajustar à luz de outros requisitos constitucionais, nesse caso, o do valor equitativo das liberdades políticas. Não fazer isso equivale a não considerar a Cons-

---

77. *Wesberry v. Sanders*, 376 U.S. 1 (1964), em 17.
78. *Reynolds v. Sims*, 377 U.S. 533 (1964), em 565.
79. Ibid., em 565-6.

tituição como um todo e não reconhecer a forma como suas disposições devem ser consideradas em conjunto, ao se especificar um procedimento político justo como parte essencial de um sistema plenamente adequado de liberdades fundamentais.

Como observamos antes (em § 7), determinar quais tipos de instituições eleitorais são necessárias para garantir o valor equitativo das liberdades políticas é uma questão extremamente difícil. Não é tarefa da Corte estabelecer quais arranjos devem ser adotados, mas sim garantir que os arranjos adotados estejam de acordo com a Constituição. As regulações aprovadas pelo Congresso, que foram derrogadas em *Buckley*, talvez tivessem sido ineficazes. Mas tanto quanto sabemos no momento, eram tentativas aceitáveis de alcançar o objetivo de um sistema equitativo de representação no qual todos os cidadãos poderiam ter uma voz mais plena e efetiva. Se a Corte quer realmente dizer o que disse em *Wesberry* e em *Reynolds*, a decisão em *Buckley* terá, mais cedo ou mais tarde, de ser abandonada. A Primeira Emenda não implica um sistema de representação de acordo com a influência exercida de modo efetivo na livre competição política entre desiguais, assim como a Décima Quarta Emenda tampouco implica um sistema de liberdade de contrato e de livre competição entre desiguais na economia, como a Corte supunha na era Lochner[80]. Em ambos os casos, as consequências do livre jogo do processo eleitoral e da competição econômica só são aceitáveis se as condições necessárias da justiça de base são satisfeitas. Além do mais, em um regime democrático, é importante que o cumprimento dessas condições seja publicamente reconhecido. Isto é mais fundamental do que evitar a corrupção e a aparência de corrupção, pois, sem o reconhecimento público de que a justiça de base está sendo mantida, os cidadãos tendem a se tornar ressentidos, cínicos e apáticos. É este estado de espírito que torna a corrupção um problema grave e, com efeito, incontrolável. O perigo de *Buckley* é que se

---

80. *Lochner v. New York*, 198 U.S. 45 (1905).

corre o risco de repetir o equívoco da era Lochner, desta vez na esfera política, na qual, por razões que a própria Corte expressou nos casos mencionados, o equívoco pode ser muito mais prejudicial.

## § 13. As liberdades vinculadas ao segundo princípio

Para esclarecer melhor a noção da importância das liberdades fundamentais, examinarei sucintamente várias liberdades associadas ao segundo princípio de justiça. Os exemplos que considero estão relacionados à propaganda e, embora algumas dessas liberdades sejam bastante importantes, não se trata de liberdades fundamentais, uma vez que não desempenham o papel nem se revestem da importância que são necessários nos dois casos fundamentais.

Podemos distinguir três tipos de publicidade, classificando-os de acordo com a informação transmitida: questões políticas, oportunidades de empregos ou cargos, natureza de produtos à venda. Não vou analisar a propaganda política. Acredito que ela pode ser regulada pelas razões que acabamos de considerar na seção anterior, desde que as regulações em questão satisfaçam as condições mencionadas. Voltemo-nos, então, para anúncios de oportunidades de empregos e cargos. Este tipo de publicidade contém informações importantes para preservar a igualdade equitativa de oportunidades. Como a primeira parte do segundo princípio de justiça requer que as desigualdades sociais e políticas estejam vinculadas a cargos e posições abertos a todos, em condições de igualdade equitativa de oportunidades, esse tipo de publicidade tem relação com essa parte do segundo princípio e sua proteção deve estar em conformidade com tal princípio. Desse modo, pode-se proibir que anúncios de empregos e cargos contenham formulações que excluam candidatos de determinados grupos étnicos e raciais ou de um dos sexos, quando essas limitações são contrárias à igualdade equitativa de oportunidades, noção esta que, como a de liberdade fundamental, tem um âmbito central de aplicação, que consiste de diferentes liberdades, junto com certas condições sob as quais estas podem ser efetivamente exercidas. A publicidade de oportunidades de emprego pode ser restringida e regulada para manter esse âmbito central intacto. Como no caso das liberdades fundamentais, estou supondo que esse âmbito de aplicação possa ser preservado de maneira congruente com as outras exigências de justiça e, em particular, com as liberdades fundamentais. Observe-se aqui que as restrições em questão, em contraste com aquelas relativas às liberdades fundamentais, podem ser restrições de conteúdo.

No caso de anúncios de produtos, vamos distinguir dois tipos. O primeiro é a propaganda que contém informações sobre os preços e as características dos produtos, que compradores bem informados utilizam como critério de avaliação. Supondo que os dois princípios de justiça sejam mais bem realizados mediante o uso substancial de um sistema de mercados competitivos livres, a política econômica deve estimular esse tipo de propaganda. Isso é válido quer a economia seja a de uma democracia de cidadãos-proprietários, quer seja a de um regime socialista liberal. Para que os mercados sejam operacionalmente competitivos e eficientes, é preciso que os consumidores estejam bem informados tanto sobre os preços quanto sobre as características relevantes dos produtos disponíveis. A lei pode impor penalidades para informações imprecisas ou falsas, o que não pode fazer no caso da liberdade de pensamento e de consciência. Para a proteção dos consumidores, ela pode exigir que informações sobre propriedades prejudiciais e perigosas dos produtos sejam claramente descritas no rótulo ou de outra maneira apropriada. Além disso, pode-se proibir que empresas ou associações comerciais ou profissionais façam acordos para restringir ou para não fazer esse tipo de anúncio. A legislatura pode exigir, por exemplo, que preços e informações detalhadas sobre os produtos estejam facilmente acessíveis ao público. Essas são medidas que ajudam a manter um sistema de mercados competitivo e eficiente e possibilitam aos consumidores tomar decisões mais inteligentes e mais bem informadas.

Um segundo tipo de propaganda de produtos é a publicidade estratégica de mercado, que encontramos em mercados imperfeitos e oligopolistas, dominados por um número relativamente pequeno de empresas. Neste caso, o objetivo dos gastos de uma empresa em propaganda pode ser agressivo, para aumentar seu volume de vendas ou sua fatia do mercado, por exemplo, ou pode ser defensivo: as empresas podem ser obrigadas a fazer propaganda para manter sua posição no mercado. Em casos como esses, os consumidores em geral não conseguem distinguir os produtos das diferentes empresas, salvo por características superficiais e sem importância. A propaganda tenta influenciar as preferências dos consumidores mostrando a empresa como digna de confiança por meio de *slogans*, imagens chamativas e coisas do gênero, tudo isso com o propósito de formar ou reforçar o hábito de comprar os produtos dela. Grande parte desse tipo de publicidade constitui um desperdício social, razão pela qual uma sociedade bem-ordenada, que tenta manter a competição e eliminar imperfeições de mercado, deveria encontrar meios razoáveis de limitá-la. Os recursos hoje destinados à propaganda poderiam ser liberados para investimentos ou outros fins sociais úteis. Assim, a legislatura poderia, por exemplo, incentivar acordos entre empresas para limitar os gastos com esse tipo de publicidade, mediante impostos e fazendo com que tais contratos fossem legalmente válidos. Aqui não estou preocupado em saber até que ponto uma política desse tipo seria praticável; somente quero mostrar como, nesse caso, o direito de fazer propaganda, que é uma modalidade de expressão, pode ser restringido por contrato e, portanto, não é um direito inalienável, ao contrário das liberdades fundamentais.

Devo fazer uma digressão para explicar essa última afirmação. Dizer que as liberdades fundamentais são inalienáveis significa dizer que qualquer acordo feito pelos cidadãos que envolva abrir mão de uma liberdade fundamental ou que a viole, por mais racional e voluntário que seja, é nulo *ab initio*, isto é, não tem força legal nem afeta as liberdades fundamentais de nenhum cidadão. Além disso, a prioridade destas liberdades implica que não há como elas serem negadas a ninguém de forma justa, quer se trate de uma pessoa, de um grupo de pessoas ou mesmo dos cidadãos em geral, argumentando-se que isso corresponde ao desejo ou à esmagadora preferência de uma maioria política efetiva, por mais forte e duradoura que seja. A prioridade da liberdade exclui considerações como essas das razões que podem ser apresentadas.

Uma explicação de senso comum sobre por que as liberdades fundamentais são inalienáveis poderia ser, seguindo uma ideia de Montesquieu, que as liberdades fundamentais de cada cidadão são parte da liberdade pública e, em consequência, em um Estado democrático, fazem parte da soberania. A Constituição especifica um procedimento político justo, de acordo com o qual essa soberania é exercida dentro de certos limites que garantem a integridade das liberdades fundamentais de cada cidadão. Dessa forma, os acordos que alienam essas liberdades não podem se fazer cumprir por força da lei, que consiste somente de emanações da soberania. Montesquieu acreditava que vender o próprio *status* de cidadão (e, acrescentemos, qualquer parte dessa condição) é ato tão extravagante que não podemos atribuí-lo a ninguém. Ele considerava que o valor dessa condição para o possível vendedor deveria estar acima de qualquer preço[81]. Na justiça como equidade, o sentido em que esse valor não tem preço pode ser explicado da forma como se segue. Empregamos a posição original para modelar a concepção de pessoas livres e iguais, tanto na condição de razoáveis como na de racionais. A seguir, as partes, como representantes racionalmente autônomas de tais pessoas, selecionam os dois princípios de justiça que garantem as liberdades fundamentais e sua prioridade. As razões que as levam a garantir essas liberdades, junto com as do

---

81. *The Spirit of the Laws*, B15, capítulo 2.

razoável, explicam por que as liberdades fundamentais estão, desta forma, acima de qualquer preço para pessoas assim concebidas. Essas liberdades estão acima de qualquer preço para os representantes dos cidadãos, como pessoas livres e iguais, quando esses representantes escolhem princípios de justiça para a estrutura básica na posição original. Os objetivos e a conduta dos cidadãos na sociedade subordinam-se, portanto, à prioridade dessas liberdades e assim, efetivamente, também à concepção dos cidadãos como pessoas livres e iguais.

Essa explanação sobre por que as liberdades fundamentais são inalienáveis não exclui a possibilidade de que, mesmo em uma sociedade bem-ordenada, alguns cidadãos queiram circunscrever ou alienar uma ou mais de suas liberdades fundamentais. É possível que prometam votar em determinado candidato ou partido político, ou estabeleçam uma relação tal com um partido ou candidato que constitua quebra de confiança não votar de determinado modo. Além disso, os membros de uma associação religiosa podem se ver como pessoas que se sujeitaram de modo consciente à autoridade religiosa e, por isso, não são livres, do ponto de vista dessa relação, para questionar os pronunciamentos dessa autoridade. Obviamente, relações dessa natureza não são proibidas, nem são em geral impróprias[82].

O essencial é que não se requer, em uma sociedade bem-ordenada, a concepção dos cidadãos como pessoas livres e iguais como um ideal pessoal, associativo ou moral (ver § 3, primeiro parágrafo). Trata-se de uma concepção de justiça afirmada com o propósito de estabelecer uma concepção pública e efetiva de justiça. Por isso, as instituições

---

82. Há muitas outras razões pelas quais os cidadãos, em certas situações ou em certos momentos, não dão muito valor ao exercício de algumas de suas liberdades fundamentais e poderiam desejar empreender alguma ação que limitasse de várias maneiras essas liberdades. A menos que essas possibilidades afetem o acordo das partes na posição original (e sustento que não o fazem), são irrelevantes para a inalienabilidade das liberdades fundamentais. Agradeço a Arthur Kuflik pela discussão sobre este ponto.

## AS LIBERDADES FUNDAMENTAIS E SUA PRIORIDADE

da estrutura básica não fazem cumprir acordos que envolvam abrir mão ou restringir as liberdades fundamentais. Os cidadãos sempre têm a liberdade de votar como querem e de alterar suas filiações religiosas. Isto, evidentemente, protege sua liberdade de fazer coisas que consideram erradas ou podem vir a considerar erradas e de fato podem ser erradas. (Assim, por exemplo, têm a liberdade de não cumprir suas promessas de votar de certa maneira ou de apostatar.) Não se trata de uma contradição, mas apenas de uma consequência do papel das liberdades fundamentais nessa concepção política de justiça.

Depois dessa digressão, podemos resumir dizendo que a proteção dos diferentes tipos de propaganda varia de acordo com sua relação com a expressão política, com a preservação da igualdade equitativa de oportunidades ou de um sistema de mercados competitivo e eficiente em termos operacionais. A concepção de pessoa na justiça como equidade atribui ao eu a capacidade de constituir certa hierarquia de interesses, e esta hierarquia é expressa pela natureza da posição original (pela forma segundo a qual o razoável molda e subordina o racional, por exemplo) e pelas prioridades afirmadas nos dois princípios de justiça. O segundo princípio de justiça subordina-se ao primeiro, uma vez que o primeiro princípio garante as liberdades fundamentais necessárias para o exercício pleno e informado das duas faculdades morais nos dois casos fundamentais. O papel do segundo princípio de justiça é assegurar a igualdade equitativa de oportunidades e regular o sistema social e econômico de modo que os recursos sociais sejam utilizados de maneira apropriada e que os meios necessários aos fins dos cidadãos sejam produzidos com eficiência e partilhados equitativamente. Claro está que essa divisão de papéis entre os dois princípios de justiça é somente parte de um quadro de referência que serve de guia para a deliberação. Essa divisão, no entanto, serve para evidenciar por que, em uma sociedade bem-ordenada, as liberdades associadas ao segundo princípio são menos importantes do que as liberdades fundamentais asseguradas pelo primeiro.

## § 14. O papel da justiça como equidade

Concluirei fazendo várias observações. Antes de tudo, quero enfatizar que a discussão da livre expressão, nas últimas quatro seções, não pretende resolver nenhum dos problemas com os quais os constitucionalistas efetivamente defrontam. Meu único objetivo foi mostrar como se especificam as liberdades fundamentais e como se ajustam umas às outras na aplicação dos dois princípios de justiça. A concepção de justiça à qual esses princípios pertencem não deve ser considerada um método para responder às questões dos juristas, mas sim um quadro de referência que, caso eles o considerem convincente, poderá servir de guia a suas reflexões, complementar seu conhecimento e dar apoio a seus juízos. Não devemos exigir demais de uma visão filosófica. Uma concepção de justiça cumpre seu papel social caso pessoas igualmente conscienciosas e que compartilham praticamente as mesmas crenças considerem que, ao subscrever o quadro de referência para a deliberação que essa concepção estabelece, em geral são levadas ao grau de convergência de julgamento necessário para alcançar uma cooperação social efetiva e equitativa. Minha discussão sobre as liberdades fundamentais e sua prioridade deve ser vista sob essa óptica.

A esse respeito, recordemos que a concepção de justiça como equidade se volta para aquele impasse de nossa história política recente que se revela na ausência de acordo sobre a forma como as instituições básicas devem se organizar para estar em conformidade com a liberdade e a igualdade dos cidadãos. Assim, a justiça como equidade dirige-se não tanto aos constitucionalistas, mas aos cidadãos de um regime constitucional. Apresenta uma maneira pela qual eles podem conceber seu *status* comum e garantido de cidadãos iguais e procura conectar determinado modo de entender a liberdade e a igualdade com uma concepção específica de pessoa que penso ser congenial às noções compartilhadas e às convicções fundamentais implícitas na cultura política de uma sociedade democrática. Quiçá dessa maneira o impasse quanto à compreensão da liberdade e da igualdade possa pelo menos ser esclarecido intelectualmente, se não mesmo resolvido. É em especial importante ter em mente que a concepção de pessoa é parte de uma concepção de justiça política e social. Isto é, essa concepção de pessoa caracteriza como os cidadãos devem conceber a si mesmos e uns aos outros em suas relações políticas e sociais, o que significa dizer que os caracteriza como portadores das liberdades fundamentais apropriadas a pessoas livres e iguais, capazes de ser membros plenamente cooperativos da sociedade ao longo de toda a vida. O papel de uma concepção de pessoa, em uma concepção de justiça política, é distinto de seu papel em um ideal associativo ou pessoal ou em modo de vida religioso. As bases da tolerância e da cooperação social em condições de respeito mútuo, em um regime democrático, ficam ameaçadas quando não se reconhecem essas distinções. Quando isso ocorre e esses ideais e modos de vida assumem uma feição política, os termos equitativos de cooperação se estabelecem de maneira estreita e a cooperação livre e voluntária entre pessoas que professam concepções distintas do bem pode tornar-se impossível. Nesta conferência, procurei fortalecer a visão liberal (como doutrina filosófica), mostrando que as liberdades fundamentais e sua prioridade fazem parte dos termos equitativos de cooperação entre cidadãos que concebem a si mesmos e uns aos outros segundo uma concepção de pessoas livres e iguais.

Por último, faço uma observação sobre os parágrafos finais do ensaio de Hart, ao qual minha discussão tanto deve. Ele está certo em não se deixar convencer pelas razões explicitamente apresentadas em *Teoria* em favor da prioridade das liberdades fundamentais. Sugere que o curso aparentemente dogmático de minha argumentação a favor dessa prioridade pode explicar-se pelo fato de eu imputar tacitamente às partes, na posição original, um ideal latente que é meu. Este ideal, supõe Hart, é o do cidadão imbuído de espírito público, que valoriza a tal ponto a atividade política e o auxílio aos outros que não trocaria as oportunidades de exercer essas atividades por simples bens e satisfação material. Ele prossegue dizendo que essa ideia constitui, indubitavelmente, um dos grandes ideais do liberalismo, mas a dificuldade é que meu argumento "em defesa da prioridade da liberdade pretende basear-se em interesses, e não em ideais, e demonstrar que a prioridade geral da liberdade reflete uma preferência pela liberdade sobre outros bens que teria toda pessoa autointeressada e racional"[83]. Hart tem razão em dizer que a prioridade da liberdade não pode ser defendida imputando-se esse ideal de pessoa às partes na posição original. Também tem razão quando supõe que uma concepção de pessoa liberal em algum sentido embasa o argumento em defesa da prioridade da liberdade. Mas essa concepção de pessoa é aquela inteiramente distinta dos cidadãos considerados livres e iguais e não é introduzida na justiça como equidade, imputando-a às partes. É introduzida, mais precisamente, mediante as restrições do razoável que são impostas às partes na posição original, assim como na interpretação reformulada dos bens primários. Essa concepção de pessoa considerada livre e igual também aparece no reconhecimento pelas partes de que as pessoas que representam possuem as duas faculdades morais e certa natureza psicológica. A maneira como esses elementos levam às liberdades fundamentais e sua prioridade é esboçada em §§ 5 e 6, nas quais se sustenta que as deliberações das partes são racionais e baseadas no bem determinado das pessoas representadas. Pode-se dizer que essa concepção de pessoa é liberal (no sentido da doutrina filosófica) porque considera fundamental a capacidade de cooperação social e atribui às pessoas as duas faculdades morais que tornam possível tal cooperação. Essas faculdades especificam o fundamento da igualdade. Assim, os cidadãos são considerados pessoas que têm certa virtude política natural, sem a qual poderiam ser pouco realistas as esperanças de instituir um regime liberal. Além disso,

---

83. Hart, p. 555; Daniels, p. 252.

supõe-se que as pessoas tenham concepções distintas e incomensuráveis do bem, de modo que a unidade da cooperação social encontra-se em uma concepção pública de justiça que assegura as liberdades fundamentais. Não obstante, a despeito dessa pluralidade de concepções do bem, a noção de sociedade como união social de uniões sociais mostra como é possível coordenar os benefícios da diversidade humana em um bem mais abrangente.

Embora os argumentos que apresentei em defesa das liberdades fundamentais e de sua prioridade tenham sido derivados de considerações que se encontram em *Teoria*, naquela obra não consegui lhes dar a necessária articulação. Além disso, as razões que mencionei para defender essa prioridade não foram suficientes e, em alguns casos, resultaram até mesmo incompatíveis com o tipo de doutrina que eu estava procurando formular[84]. Espero que a argumentação desenvolvida nesta conferência represente um aprimoramento, graças à análise crítica de Hart.

---

84. Aqui me refiro aos equívocos que cometi nos parágrafos 3-4 de § 83 de *Teoria*, seção na qual os argumentos em defesa da prioridade da liberdade são discutidos de maneira explícita. Os dois principais equívocos são: primeiro, não enumerei os argumentos mais importantes de forma clara; segundo, em § 3, pp. 542-3, não devia ter utilizado a noção de importância marginal decrescente de benefícios sociais e econômicos quando se trata de nosso interesse nas liberdades fundamentais, interesse que se considera que vai se tornando mais forte na medida em que as condições sociais para exercer de maneira efetiva essas liberdades são mais plenamente realizadas. Sobre isso, a noção de importância marginal é incompatível com a noção de hierarquia de interesses utilizada em § 4, p. 543. É esta última noção, fundamentada em certa concepção de pessoa considerada livre e igual, que é imprescindível a uma visão kantiana. As mudanças marginais sobre as quais eu poderia ter falado no parágrafo 3 mencionado são aquelas que se verificam na realização gradual das condições sociais necessárias para o exercício pleno e efetivo das liberdades fundamentais. Mas essas mudanças constituem uma questão inteiramente diferente daquela da importância marginal de interesses.

# Conferência IX
## Resposta a Habermas*

Primeiro, eu gostaria de agradecer a Jürgen Habermas por sua generosa discussão, por seus coerentes comentários sobre o meu trabalho e por ter preparado o terreno para que eu respondesse às críticas esclarecedoras que levanta. Fazer isso me oferece o contexto ideal para explicar o significado de *liberalismo político* e contrastá-lo com a poderosa

---

\* Este artigo foi originalmente publicado no *Journal of Philosophy* 92 (março de 1995), vindo logo a seguir ao de Jürgen Habermas, "Reconciliation Through the Public Use of Reason: Remarks on John Rawls's Political Liberalism". Para esta republicação, fiz algumas pequenas alterações editoriais, mas não mudanças substanciais. Por uma questão de clareza, uso números de conferência, seção e parágrafo, ou números de conferência, seção e página, para me referir ao meu trabalho, e números de página para remeter ao artigo de Habermas. Sou grato a muitas pessoas que me auxiliaram nesta réplica desde que comecei a pensar sobre isto muitos anos atrás, por sugestão de Sidney Morgenbesser. Thomas McCarthy me ofereceu uma orientação indispensável e, desde o início, compartilhou comigo seu profundo conhecimento das posições de Habermas. No começo, tive discussões altamente profícuas com Gerald Doppelt. Em conversas que tivemos em momentos posteriores, Kenneth Baynes foi sempre generoso em suas recomendações e em sua orientação. Também sou muito grato a Samuel Freeman e a Wilfried Hinsch, a Erin Kelly e David Peritz pelos comentários e auxílio valiosos que me ofereceram a todo instante. Devo agradecimentos especiais a Burton Dreben, que sempre foi um crítico extraordinário em todas as etapas, em especial na elaboração de § 2, na qual espero ter finalmente conseguido formular de maneira correta as três ideias de justificação. Esta réplica ficou muito melhor em virtude do incansável envolvimento e das sugestões de todos eles. A dívida que tenho para com os outros, menciono-a conforme seguimos adiante.

doutrina filosófica de Habermas. Também tenho de agradecer a ele por me impelir a repensar certas afirmações que havia feito. Ao fazer isso, acabei por perceber que minhas formulações muitas vezes foram não apenas dúbias e propícias a mal-entendidos, como também imprecisas e inconsistentes com o que penso. Beneficiei-me grandemente do esforço de enfrentar suas objeções e de exprimir minha visão teórica de modo que suas teses centrais se tornassem mais claras e precisas.

Minha réplica a Habermas começa em § 1, revendo duas diferenças básicas entre seus pontos de vista e os meus, que em grande medida resultam de nossos objetivos e motivações distintos. Feito isso, tento responder a suas críticas mais essenciais, ainda que, por razões de espaço, concentre-me sobretudo naquelas que considero as mais importantes e que aparecem nas partes II e III de seu artigo. Embora concordemos em relação a inúmeras questões filosóficas, existem diferenças fundamentais que tento explicitar, em especial em §§ 1 e 2 a seguir. Estou pressupondo, o tempo todo, alguma familiaridade com seus escritos, e parte de minha discussão consiste de lembretes sobre o que ele diz.

### § 1. Duas diferenças básicas

Das duas diferenças básicas entre a posição de Habermas e a minha, a primeira é que a dele é abrangente, enquanto a minha é uma teoria do político e está restrita a isso. A primeira diferença é a mais fundamental, prepara o terreno para a segunda e a conforma. Esta diz respeito às diferenças entre nossos *dispositivos de representação*, como os denomino: o dele é a situação ideal de fala como parte de sua teoria da ação comunicativa, e o meu, a posição original. Esses dispositivos têm diferentes objetivos e papéis, assim como características distintas, que se prestam a diferentes finalidades.

1. Concebo o liberalismo político[1] como uma doutrina que cai sob a rubrica da categoria do político. Ela se mantém inteiramente dentro desse domínio e não se apoia em nada que esteja fora dele. A visão mais familiar, na filosofia política, é que seus conceitos, princípios e ideias e outros elementos apresentam-se como consequências de doutrinas abrangentes – religiosas, metafísicas ou morais. De maneira diferente, a filosofia política, tal como compreendida no liberalismo político, consiste em larga medida de variadas concepções políticas do direito e da justiça concebidas como *se sustentando por si próprias*. Desse modo, ainda que o liberalismo político seja, obviamente, liberal, certas concepções políticas de direito e justiça que pertencem à filosofia política podem ser, nesse sentido, conservadoras ou radicais; concepções do direito divino dos reis ou mesmo de ditadura também podem fazer parte dela. Embora nesses dois últimos casos os regimes políticos correspondentes es-

---

1. Não tenho conhecimento de nenhum teórico liberal de alguma geração anterior que tenha formulado com clareza a doutrina do liberalismo político. Mas não se trata de uma doutrina nova. Dois contemporâneos que compartilham comigo essa visão geral, ainda que não todos os seus elementos, e que a desenvolveram de forma inteiramente independente, são Charles Larmore – ver, por exemplo, seu "Political Liberalism", in *Political Theory* 18, n. 3 (agosto de 1990) – e a finada Judith Shklar – ver seu "The Liberalism of Fear", em Nancy Rosenblum, org., *Liberalism and the Moral Life* (Cambridge-Mass.: Harvard University Press, 1989). Pelo menos dois aspectos dessa doutrina também se encontram no livro de Bruce Ackerman, *Social Justice in the Liberal State* (New Haven: Yale University Press, 1980). Nas páginas 357-61, Ackerman formula a autonomia relativa da discussão política governada por seu princípio de neutralidade, para então examinar formas distintas de chegar a essa ideia de discurso político. Também se deve mencionar aqui a posição afim de Joshua Cohen em sua interpretação da democracia deliberativa; ver seu "Deliberation and Democratic Legitimacy", in Alan Hamlin e Philip Pettit, orgs., *The Good Polity* (Cambridge: Blackwell, 1989), e seu *paper* "Notes on Deliberative Democracy" (1989; não publicado). Permanece como um grande mistério para mim por que o liberalismo político não foi formulado muito tempo antes. Parece uma forma tão natural de apresentar a ideia de liberalismo, dado o fato do pluralismo razoável na vida política. Será que esta ideia tem falhas profundas, das quais não me dei conta, mas que os teóricos precedentes perceberam e por isso a descartaram?

tivessem desprovidos das justificações filosóficas, religiosas e históricas com as quais estamos familiarizados, eles poderiam recorrer a concepções políticas de direito e justiça que se sustentam por si próprias, por mais implausíveis que pudessem ser[2], e que, por isso, estão dentro da filosofia política.

Assim, dentre as várias concepções políticas de justiça que se sustentam por si próprias, algumas são liberais, outras não o são. Concebo a justiça como equidade como se propondo desenvolver uma concepção política liberal de justiça para um regime democrático, uma concepção que poderia ser endossada – esta é a aspiração – por todas as doutrinas abrangentes razoáveis que existiriam em uma democracia que fosse regulada por ela ou por alguma concepção similar. Outras concepções políticas liberais contêm princípios e elementos que em certa medida são distintos, mas estou pressupondo que, em cada caso, seus princípios especificam determinados direitos, liberdades e oportunidades, conferindo-lhes certa prioridade sobre outras exigências, e prescrevem arranjos que capacitem todos os cidadãos a fazer uso importante e efetivo de suas liberdades[3].

A ideia central é que o liberalismo político move-se dentro da categoria do político e deixa a filosofia tal como está. Ele deixa intocados todos os tipos de doutrinas – religiosas, metafísicas e morais –, com suas longas tradições de desenvolvimento e interpretação. A filosofia política procede à parte de todas essas doutrinas e se apresenta em seus próprios termos como se sustentando a si própria. Por conseguinte, não tem como sustentar sua posição recor-

---

2. Isso levanta a questão sobre se a doutrina do direito divino dos reis ou uma doutrina da ditadura poderiam ser plausíveis sem que tivessem de se mover de alguma forma para além do político. Será que a resposta lança alguma luz nas condições que levam à democracia?
3. Essas concepções são distintas dos liberalismos bem conhecidos de Immanuel Kant e de J. S. Mill. Suas posições claramente vão bem além do político, recorrendo a ideias de autonomia e de individualidade, entendidas como valores morais que pertencem a uma doutrina abrangente.

rendo a quaisquer doutrinas abrangentes, mesmo que seja para criticá-las ou rejeitá-las, desde que, é claro, essas doutrinas sejam razoáveis, em termos políticos (II, § 3). Os dois elementos básicos da concepção do razoável, como atributo de pessoas, são, em primeiro lugar, a disposição de propor termos equitativos de cooperação social que outros, na condição de pessoas livres e iguais, também possam acatar, e a disposição de agir com base nesses termos, desde que outros também o façam, mesmo quando isto vai de encontro aos próprios interesses; em segundo lugar, o reconhecimento dos limites da capacidade de juízo (II, §§ 2-3) e a aceitação de suas consequências para a própria atitude (incluindo a tolerância) em relação a outras doutrinas abrangentes. O liberalismo político abstém-se de fazer afirmações sobre aquele que é o domínio de doutrinas abrangentes, exceto quando isto se faz necessário quando as doutrinas em questão não são razoáveis e rejeitam os elementos essenciais de um regime democrático em todas as suas modalidades. É isso que significa deixar a filosofia tal como está.

De modo coerente com esses objetivos, o liberalismo político caracteriza uma concepção política de justiça com base em três condições:

a. Ela se aplica primariamente à estrutura básica da sociedade (que, no caso da justiça como equidade, supõe-se que se trata de uma sociedade democrática). Essa estrutura consiste das principais instituições políticas, econômicas e sociais e de como essas instituições se articulam em um sistema unificado de cooperação social.
b. Ela pode ser formulada de modo independente de qualquer doutrina abrangente religiosa, filosófica ou moral. Embora suponhamos que possa ser derivada de uma ou mais doutrinas abrangentes (com efeito, esperamos que seja possível conectá-la dessa forma com estas doutrinas), apoiada por elas ou relaciona-

da a elas, tal concepção não pressupõe nem é formulada com base em nenhuma doutrina dessa natureza.
c. Todas as suas ideias fundamentais – análogas às que se apresentam no liberalismo político, tais como a de sociedade política concebida como um sistema equitativo de cooperação social e a dos cidadãos considerados razoáveis e racionais, livres e iguais – pertencem à categoria do político e são conhecidas da cultura política pública de uma sociedade democrática e de suas tradições de interpretação da Constituição e das leis fundamentais, assim como de seus documentos históricos significativos e textos políticos amplamente conhecidos.

Essas características ilustram o modo pelo qual uma concepção política de justiça sustenta-se por si própria (I, § 2).
2. A posição de Habermas, por sua vez, é uma doutrina abrangente que abarca inúmeros elementos que vão muito além da filosofia política. Com efeito, o propósito de sua teoria da ação comunicativa é fornecer uma teoria geral do significado, referência e verdade ou validade que se aplique tanto à razão teórica como às diversas modalidades de razão prática. Essa teoria rejeita o naturalismo e o emotivismo na argumentação moral e objetiva oferecer uma defesa completa tanto da razão teórica como da razão prática. Além disso, Habermas muitas vezes critica as visões metafísicas e religiosas sem se dar muito ao trabalho de argumentar contra elas de modo mais amplo. Em vez disso, ele as coloca de lado – ou ocasionalmente as desqualifica – como inadequadas para serem utilizadas e como destituídas de mérito independente plausível à luz de sua análise filosófica dos pressupostos do discurso racional e da ação comunicativa.

Menciono duas passagens do Prefácio de *Faktizität und Geltung*[4].

---

4. Frankfurt am Main: Suhrkamp, 1992 (daqui em diante, FG nas citações e *Between Facts and Norms* no texto). William Rehg fez uma tradução do li-

A teoria do discurso se propõe reconstruir essa autocompreensão (aquela de uma consciência moral universalista e das instituições liberais de um Estado democrático) de modo que fortaleça sua lógica e seu significado normativo intrínsecos para resistir tanto a reduções científicas como a assimilações estéticas [...]. Depois de um século que, mais do que qualquer outro antes, nos ensinou os horrores da desrazão existente, os traços remanescentes de uma confiança essencialista na razão foram destruídos[5]. Contudo, a modernidade, agora consciente de suas contingências, depende cada vez mais de uma razão procedimental, isto é, de uma razão que coloca a si própria em julgamento. A crítica da razão é obra dela própria. Esse duplo significado kantiano deve-se ao *insight* radicalmente antiplatônico de que não há nem uma realidade superior, nem uma realidade mais profunda à qual pudéssemos recorrer – nós que já nos encontramos situados em nossas formas de vida linguisticamente estruturadas (FG 11).

Pois bem, o liberalismo político, entendido como uma concepção que não recorre a nenhuma doutrina religiosa ou metafísica, poderia dizer algo semelhante a essa passagem no que se refere à justiça política[6], mas uma diferença

---

vro todo, e sou grato a ele e a Thomas McCarthy por terem me cedido uma cópia desse material (*Between Facts and Norms*. Cambridge: MIT Press, 1992). Sem isso, eu não teria conseguido adquirir um entendimento do trabalho longo e complexo de Habermas. Uma vez que faço referência a essa obra diversas vezes, indico simplesmente os números de página da edição alemã do livro.

5. Há duas expressões que causam estranheza nessa passagem: "desrazão existente" e "confiança essencialista na razão". Mas, no original em alemão, Habermas empregou os termos "*existierender Unvernunft*" e "*essentialischen Vernunftvertrauens*", respectivamente, de modo que a tradução de Rehg está correta. Pela primeira expressão, suponho que Habermas esteja entendendo a existência de instituições e condutas humanas que violam a razão (*Vernunft*) e, pela segunda, a confiança na capacidade de nossa razão de captar as essências (platônicas) de forma correta.

6. Esse é o sentido da observação: "justiça como equidade: uma concepção política, não metafísica". [A referência é a um artigo de Rawls que tem este título. Ver John Rawls, "Justiça como equidade: uma concepção política, não metafísica". *Lua Nova* 25, 1992. (N. do T.)]

fundamental permaneceria. Ao se apresentar uma concepção política que se sustenta por si própria, sem ultrapassar esse limite, fica inteiramente por conta dos cidadãos e de associações da sociedade civil a formulação de suas próprias formas de ir além ou mais fundo do que isso, a fim de tornar essa concepção política congruente com suas doutrinas abrangentes. O liberalismo político em nenhum momento rejeita ou questiona essas doutrinas em qualquer um de seus aspectos, desde que se mostrem politicamente razoáveis. Que o próprio Habermas assuma uma posição diferente em relação a esse ponto fundamental, esta é uma decorrência de sua visão abrangente. Ao que parece, ele sustenta que todas as doutrinas mais elevadas ou mais profundas são desprovidas de uma força lógica que lhes seja própria. Rejeita o que denomina uma noção platônica essencialista de razão; afirma que tal noção deve ser substituída por uma razão procedimental que coloca a si própria em julgamento e julga sua própria crítica.

Em outra passagem, que aparece no capítulo 5 de *Between Facts and Norms*, depois de uma explanação sobre como a situação ideal de fala procede, Habermas enfatiza que o princípio do discurso requer que as normas e os valores sejam julgados do ponto de vista da primeira pessoa do plural:

> A prática da argumentação recomenda a si própria para tal adoção de papéis universalizada e praticada conjuntamente. Como forma reflexiva de ação comunicativa, essa prática se distingue socio-ontologicamente, pode-se dizer, por uma total reversibilidade das perspectivas dos participantes, que libera a intersubjetividade de nível superior do coletivo deliberante. Dessa forma, o universal concreto [*Sittlichkeit*][7] é sublimado em uma estrutura comunicativa purificada de todos os elementos substanciais (FG 280).

---

7. Estou supondo que esse universal concreto é uma referência à ideia de Hegel de *Sittlichkeit*, tal como exposta em sua obra *Philosophy of Right*.

Assim, de acordo com Habermas, os elementos substanciais da ideia de Hegel de *Sittlichkeit*, que sem dúvida é uma doutrina metafísica da vida ética, entre outras possíveis, são – na medida em que se possa considerá-los válidos – inteiramente sublimados (interpreto que com isto ele quer dizer "exprimíveis" ou "articulados") na teoria da ação comunicativa, com seus pressupostos procedimentais do discurso ideal. A doutrina do próprio Habermas, acredito, é uma modalidade de lógica no sentido hegeliano amplo: uma análise filosófica dos pressupostos do discurso racional (da razão teórica e prática) que abarca em si própria todos os elementos supostamente substanciais de doutrinas metafísicas e religiosas. Sua lógica é metafísica no seguinte sentido: apresenta uma interpretação do que existe[8] – seres humanos envolvidos em ação comunicativa em seu mundo da vida. No que se refere àquilo que se pode entender por "substância" e "substancial", eu conjecturaria que Habermas tem em mente algo do gênero: as pessoas muitas vezes pensam que suas formas básicas de fazer as coisas – sua ação comunicativa com os pressupostos de discurso ideal que dela fazem parte ou sua concepção de sociedade como sistema equitativo de cooperação entre cidadãos livres e iguais – necessitam de uma fundamentação que vá além delas e seja discernível por uma razão platônica que capte as essências ou tenha suas bases em substâncias metafísicas. Em pensamento, alcançamos o que está por trás de uma doutrina religiosa ou metafísica ou o que está mais fundo nela, em busca de um fundamento firme. Também se espera que essa realidade proveja motivação moral[9]. Sem esses fundamentos, tudo pode nos parecer incerto e expe-

---

8. Entendo a metafísica como uma teoria geral sobre o que existe, incluindo proposições fundamentais e plenamente gerais – por exemplo, as proposições "todo evento tem uma causa" e "todos os eventos ocorrem no tempo e no espaço"ou similares a estas. Considerando-a dessa forma, W.V. Quine também é um metafísico. Negar certas doutrinas metafísicas equivale a sustentar outra doutrina dessa índole.
9. Sobre esses pontos, ver as observações de Habermas sobre Ronald Dworkin, FG 86 ss.

rimentamos uma espécie de vertigem – um sentimento de estarmos perdidos, sem um lugar no qual nos fixar. Mas Habermas sustenta que, "na vertigem dessa liberdade, já não há nenhum ponto fixo fora do próprio procedimento democrático – um procedimento cujo significado já se encontra contido no sistema de direitos (FG 229)[10]. (Retorno a essa posição de Habermas no final de § 5.)

Os comentários precedentes relacionam-se aos dois últimos parágrafos de Habermas (131). Ele afirma que cada um de nós vê as próprias posições como mais modestas do que as do outro. Considera que a posição dele é mais modesta do que a minha, já que intencionalmente é uma doutrina procedimental que deixa questões de substância a serem decididas pelo resultado de discussões livres nas quais se envolvem participantes reais e vivos, livres e racionais – em contraposição às criaturas artificiais da posição original. Ele propõe, segundo afirma, restringir a filosofia moral à elucidação do ponto de vista moral e do procedimento de legitimação democrática e à análise das condições dos discursos e da negociação racionais. Em contraste, ele pensa que minha visão se coloca uma tarefa mais ambiciosa, já que aspira a formular uma concepção política de justiça para a estrutura básica de uma democracia, tarefa que envolve concepções substantivas fundamentais e, por isso, suscita questões mais amplas, que somente o discurso efetivo de participantes reais pode resolver.

Ao mesmo tempo, Habermas pensa que concebo minha visão como mais modesta do que isso, pois ela objetiva ser somente uma concepção política, e não uma doutri-

---

10. Outro exemplo é a afirmação de Habermas (130) de que, uma vez que tanto a autonomia pública como a privada (eu as examino em §§ 3 e 4) sejam incorporadas ao Direito e às instituições políticas, em conformidade com a interpretação teórico-discursiva da democracia, "torna-se patente que a substância normativa dos direitos liberais fundamentais já se encontra contida no meio indispensável à institucionalização da razão pública de cidadãos soberanos". A palavra para *vertigem*, na citação que aparece no texto, é *der Taumel*, que significa tontura, vertigem, ou, em sentido figurado, delírio, êxtase, frenesi. A opção de Rehg, "vertigem" (*vertigo*), parece apropriada aqui.

na abrangente. Mas acha que não consigo cumprir esse objetivo. Minha concepção de justiça política de fato não se sustenta por si própria, porque, goste eu disso ou não, a concepção de pessoa do liberalismo político, pensa Habermas, vai além da filosofia política. Além disso, ele sustenta que o construtivismo político envolve as questões filosóficas que dizem respeito à racionalidade e à verdade. E é possível que também pense que eu, junto com Immanuel Kant, expresse uma concepção de razão *a priori* e metafísica que se manifesta nos princípios e ideais da justiça como equidade concebidos dessa maneira.

Rejeito essas suposições. A concepção filosófica da pessoa é substituída, no liberalismo político, pela concepção política dos cidadãos considerados livres e iguais. No que se refere ao construtivismo político, sua tarefa é conectar o conteúdo dos princípios políticos de justiça à concepção dos cidadãos na condição de pessoas livres e iguais. O argumento é formulado em III, §§ 1-3. Não se apoia em uma razão platônica e kantiana ou, se o faz, é da mesma maneira que Habermas o faz. Nenhuma visão plausível tem como subsistir sem recorrer ao razoável e ao racional, no sentido em que emprego estes termos. Se esse argumento envolve a noção de razão em Platão e Kant, isso também acontece com os mais simples elementos de lógica e de matemática. Volto a esse ponto em § 2.

3. Como já disse, o terreno para tratar a segunda diferença entre a posição de Habermas e a minha é preparado pela primeira. Isso porque as diferenças entre os dois dispositivos analíticos de representação – a situação ideal de fala e a posição original[11] – refletem os diferentes contextos em que se inserem, um em uma doutrina abrangente e o outro em uma visão restrita ao político.

---

11. Isso nem sempre ficou claro para mim e, durante certo tempo, pareceu-me que uma comparação mais útil poderia ser entre a situação ideal de fala e a posição dos cidadãos na sociedade civil, você e eu. Sobre esta última, ver "Kantian Constructivism in Moral Theory", in *Journal of Philosophy* 77 (setembro de 1980), pp. 533 ss., e I, § 4.6. Sou grato a Jon Mandle pela proveitosa correspondência que mantivemos sobre esse tópico.

A posição original é um dispositivo analítico empregado para formular uma conjectura, que é a de que quando perguntamos quais são os princípios mais razoáveis de justiça política para uma democracia constitucional cujos cidadãos são considerados livres e iguais, razoáveis e racionais, a resposta é que esses princípios são fornecidos por um dispositivo de representação no qual partes racionais (como representantes dos cidadãos, uma para cada cidadão) encontram-se situadas sob condições razoáveis e restringidas de forma absoluta por essas condições. Assim, é como se cidadãos livres e iguais chegassem eles próprios a um acordo sobre esses princípios políticos, sob condições que os representam como pessoas tanto razoáveis quanto racionais. Que os princípios acordados desse modo realmente sejam os mais razoáveis, esta é uma conjectura que pode, é claro, mostrar-se incorreta. Temos de confrontá-los com os pontos fixos de nossos juízos ponderados em diferentes níveis de generalidade. Devemos também examinar quão bem eles se aplicam a instituições democráticas, quais seriam seus resultados e, deste modo, determinar quão bem na prática ajustam-se a nossos juízos ponderados após cuidadosa reflexão[12]. Em uma direção ou em outra, podemos ser levados a rever nossos juízos.

A teoria de Habermas da ação comunicativa produz o dispositivo analítico da situação ideal de fala, que oferece uma interpretação da verdade e da validade de juízos tanto da razão prática como da razão teórica. Essa teoria se propõe estabelecer de modo completo os pressupostos da discussão livre e racional, guiada pelas razões mais fortes, de tal modo que, se todas as condições requeridas fossem efetivamente realizadas e plenamente respeitadas por todos os participantes ativos, seu consenso racional contaria como uma garantia de verdade ou validade. De modo alternativo, sustentar que uma proposição de qualquer natu-

---

12. Ver a nota 16, no final desta seção, para outras observações sobre a ideia de equilíbrio reflexivo.

reza é verdadeira ou constitui um juízo normativo válido equivale a dizer que ela poderia ser aceita pelos participantes de uma situação de fala na qual todas as condições requeridas expressas pelo ideal se verificassem. Como já observei, a doutrina de Habermas é uma modalidade de lógica no sentido hegeliano amplo: uma análise filosófica dos pressupostos do discurso racional que abarca em si própria todos os elementos das doutrinas metafísicas e religiosas que se apresentam como substanciais.

De que ponto de vista os dois dispositivos de representação devem ser examinados? E de que ponto de vista o debate entre eles pode ocorrer? Como sempre, é preciso que estejamos atentos a onde nos situamos e de onde falamos. Para todas essas questões, a resposta é a mesma: todas as discussões colocam-se do ponto de vista dos cidadãos na cultura da sociedade civil, que Habermas denomina a *esfera pública*[13]. Nela, nós, na condição de cidadãos, examinamos de que forma a justiça como equidade deve ser formulada e se esse ou aquele aspecto dela parece aceitável – por exemplo, se os detalhes da modelagem da posição original

---

13. Ver FG, capítulo 8, e *The Structural Transformation of the Public Sphere*, tradução de T. Burger (Cambridge: MIT Press, 1989), que é um texto muito anterior (de 1962). Aqui a terminologia pode se colocar no caminho da comparação. A razão pública do liberalismo político pode ser confundida com a esfera pública de Habermas, mas uma e outra não são idênticas. Neste texto, entenda-se por "razão pública" a argumentação de legisladores, chefes do Executivo (presidentes, por exemplo) e juízes (em especial os que fazem parte de um tribunal supremo, se tal tribunal existir). Também abrange a argumentação de candidatos em eleições para cargos políticos e de líderes partidários e outros que trabalham em suas campanhas, assim como a argumentação dos cidadãos, ao votarem em questões que dizem respeito a elementos constitucionais essenciais e matérias de justiça básica. O ideal de razão pública não faz as mesmas exigências em todos esses casos. No que se refere à esfera pública de Habermas, como essa noção é bastante semelhante àquilo que em I, § 2.3 denomino "cultura de fundo", a razão pública com seu dever de civilidade não se aplica. Sobre isso, estamos de acordo. O que não está claro para mim é se ele aceita esse ideal (129-30). Seguramente, algumas de suas formulações em FG (ver pp. 18, 84, 152, 492, 534 ss.) parecem indicar que não aceita, e penso que esse ideal não seria consistente com sua visão, mas infelizmente não tenho como tratar a questão aqui.

estão especificados de forma apropriada e se os princípios selecionados devem ser acatados. Do mesmo modo, devem-se examinar as pretensões da teoria do discurso e de sua concepção procedimental de instituições democráticas. Tenhamos em mente que essa cultura de fundo contém doutrinas abrangentes de todos os tipos que são ensinadas, explicadas, confrontadas umas com as outras e discutidas indefinidamente e, enquanto a sociedade tiver vitalidade e espírito, não haverá um final à vista para isso. Trata-se da cultura do social, não da cultura do que é publicamente político. É a cultura da vida cotidiana, com suas associações as mais variadas – suas universidades e Igrejas, sociedades científicas e acadêmicas –, e discussões políticas sem fim de ideias e doutrinas são comuns em toda parte na sociedade civil.

O ponto de vista da sociedade civil inclui todos os cidadãos. Como o ideal de Habermas da situação ideal de fala, é um diálogo; mais precisamente, trata-se de um "onilogo"[14]. Não há *experts*: um filósofo não tem mais autoridade do que quaisquer outros cidadãos. Aqueles que estudam

---

14. Ponho a culpa em Christine Korsgaard pelo emprego desse termo (*omnilogue*). Habermas às vezes diz que a posição original é monológica, não dialógica; isto porque todas as partes têm essencialmente as mesmas razões e, em virtude disso, escolhem os mesmos princípios. Alega-se que isso tem o grave defeito de deixar ao filósofo como *expert*, e não aos cidadãos de uma sociedade, a tarefa de determinar a concepção política de justiça. Ver, de Habermas, *Moralbewusstsein and kommunikatives Handeln* (Frankfurt am Main: Suhrkamp, 1983). O terceiro ensaio intitula-se "Diskursethik: Notizen zu einen Begründungsprogramm". Remeto à tradução para o inglês intitulada *Moral Consciousness and Communicative Action*, tradução de C. Lenhardt e S. W. Nicholsen (Cambridge: MIT Press, 1990), e faço referência ao terceiro ensaio como "Notas". A resposta que dou a essa objeção de Habermas ("Notas", pp. 66 ss.) é que cabe a você e a mim – e a todos os cidadãos, ao longo do tempo, um a um ou em associações aqui e ali – julgar os méritos da posição original como um dispositivo de representação e os princípios que dela resultam. Nego que a posição original seja monológica de uma maneira que coloque em dúvida sua validade como dispositivo de representação. Mencione-se ainda, de Habermas, seu *Erläuterungen zur Discursethik* (Frankfurt am Main: Suhrkamp, 1991); há uma tradução de Ciaran Cronin, com uma introdução sua, intitulada *Justification and Application* (Cambridge: MIT Press, 1993).

filosofia política podem por vezes saber mais sobre algumas coisas, mas isto também pode acontecer com qualquer outro. Todos apelam igualmente à autoridade da razão humana presente na sociedade. Na medida em que outros cidadãos prestem atenção nisso, aquilo que é escrito pode se tornar parte da discussão pública em andamento – *Uma teoria da justiça*[15] junto com o restante – até que por fim se dissipe. Os debates dos cidadãos podem ser – mas nem sempre é este o caso – razoáveis e deliberativos, e eles estão protegidos, pelo menos em um regime democrático decente, por uma lei efetiva de liberdade de expressão. A argumentação pode por vezes alcançar um nível razoavelmente elevado de abertura e imparcialidade, assim como mostrar uma preocupação com a verdade – ou, quando a discussão diz respeito à política, com a razoabilidade. Quão elevado é o nível que alcança, isto depende, obviamente, das virtudes e da inteligência dos participantes.

O argumento é normativo e se refere a ideais e valores, embora no liberalismo político seja restrito ao político, ao passo que na ética do discurso não o é. Ao se dirigir a essa audiência de cidadãos na sociedade civil, como toda doutrina democrática tem de fazer, a justiça como equidade explicita diversas concepções políticas fundamentais – a de sociedade como sistema equitativo de cooperação social, a de sociedade bem-ordenada, a dos cidadãos considerados livres e iguais – e então aspira a combiná-las em uma concepção política completa e razoável e com justiça para a estrutura básica de uma sociedade democrática. Este é seu objetivo primário: ser apresentada à audiência na sociedade civil e ser por ela compreendida, para que seus cidadãos a examinem. O critério mais abrangente do razoável é o equilíbrio reflexivo geral e amplo[16], enquanto na visão de

---

15. Cambridge: Harvard, 1971 (daqui para a frente, *Teoria*).

16. Acrescento aqui duas observações sobre o equilíbrio reflexivo geral e amplo. O equilíbrio reflexivo amplo, no caso de um cidadão, é aquele alcançado quando ele examinou com cuidado concepções distintas de justiça e a força dos diferentes argumentos a favor delas. Mais especificamente, esse cida-

Habermas, como vimos, o teste de verdade ou de validade consiste na aceitação racional plena na situação ideal de fala, uma vez que todas as condições requeridas tenham sido cumpridas. O equilíbrio reflexivo lembra esse teste no seguinte aspecto: é um ponto no infinito que jamais podemos alcançar, embora possamos nos aproximar mais dele no sentido de que, por meio de discussão, nossos ideais, princípios e julgamentos parecem-nos mais razoáveis e mais bem fundamentados do que antes.

## § 2. Consenso sobreposto e justificação

1. Na segunda seção, Habermas levanta duas questões[17]. A primeira é se um consenso sobreposto tem algo a acrescentar à justificação de uma concepção política de justiça

---

dão submeteu a exame as principais concepções de justiça política existentes em nossa tradição filosófica (incluindo pontos de vista críticos ao próprio conceito de justiça) e pesou a força de diferentes razões filosóficas e de outras razões em favor de cada uma delas. O que supomos, nesse caso, é que as convicções gerais, princípios primeiros e julgamentos específicos desse cidadão encontrem-se pelo menos alinhados. O equilíbrio reflexivo é amplo, considerando a reflexão de largo alcance e as muitas alterações de ponto de vista que possivelmente o precederam. E indiscutivelmente é este equilíbrio reflexivo, e não o restrito (no qual só levamos em conta nossos próprios juízos), o conceito filosófico que importa.

Recordemos que uma sociedade bem-ordenada é uma sociedade efetivamente regulada por uma concepção política de justiça. Pensemos em cada cidadão de tal sociedade como tendo alcançado um equilíbrio reflexivo amplo. Visto que os cidadãos reconhecem que afirmam a mesma concepção política de justiça, o equilíbrio reflexivo também é geral: a mesma concepção é afirmada nos juízos ponderados de todos e de cada um. Assim, os cidadãos alcançaram um equilíbrio reflexivo geral e amplo ou um equilíbrio reflexivo que podemos considerar pleno. Em tal sociedade, não somente existe um ponto de vista com base no qual os cidadãos podem adjudicar suas exigências de justiça política, como também se reconhece mutuamente que esse ponto de vista é afirmado por todos em um equilíbrio reflexivo amplo. Este equilíbrio é plenamente intersubjetivo, isto é, cada cidadão levou em consideração a argumentação e as razões de todos os demais cidadãos.

17. Beneficiei-me muito das discussões proveitosas que tive com Wilfried Hinsch e Peter de Marneffe sobre versões preliminares desta seção.

que já se considera justificada como razoável. Em outras palavras, ele pergunta se as doutrinas que fazem parte do consenso fortalecem ainda mais e aprofundam a justificação de uma concepção que se sustenta por si própria, ou se elas constituem apenas uma condição necessária à estabilidade social (119-22). Com essas questões, entendo que Habermas pergunta, basicamente, o seguinte: que relação as doutrinas que estão dentro de um consenso sobreposto têm com a justificação da concepção política, já que os cidadãos consideram essa concepção tanto razoável como se sustentando por si própria?

A segunda questão diz respeito a como o liberalismo político emprega o termo "razoável": este expressa a validade de juízos morais e políticos ou simplesmente exprime uma atitude de tolerância esclarecida (123-6)?

As duas questões de Habermas estão intimamente relacionadas. A resposta a ambas encontra-se no modo como o liberalismo político discrimina três tipos diferentes de justificação e dois tipos de consenso, para então conectá-los à ideia de estabilidade pelas razões certas e à ideia de legitimidade. Começo pelos três tipos de justificação na seguinte ordem: primeiro, a justificação *pro tanto* da concepção política; segundo, a justificação dessa concepção por um cidadão individual da sociedade; e, por fim, a justificação pública da concepção política pela sociedade política. Passo, então, à explicação das outras ideias conforme seguimos adiante.

Consideremos a justificação *pro tanto*. Na razão pública, a justificação da concepção política leva em conta apenas valores políticos e pressuponho que essa concepção, adequadamente formulada, seja completa (IV, § 4.3; VI, § 7.2). Isto é, os valores políticos por ela especificados podem ser ordenados ou equilibrados de maneira apropriada, de tal forma que somente esses valores bastem para oferecer uma resposta razoável, mediante a razão pública, a todas ou quase todas as questões que dizem respeito a elementos constitucionais essenciais e à justiça básica.

Este é o significado da justificação *pro tanto*. Ao examinarmos ampla gama de questões políticas para verificar se uma concepção política tem como oferecer uma resposta razoável, podemos perceber em que medida ela se apresenta como completa. Mas como a justificação política é *pro tanto*, ela pode ser sobrepujada pelas doutrinas abrangentes dos cidadãos, uma vez que todos os valores sejam levados em conta.

Em segundo lugar, temos a justificação plena, que é realizada por um cidadão individual, como membro da sociedade civil. (Pressupomos que cada cidadão afirma tanto uma concepção política como uma doutrina abrangente[18].) Neste caso, o cidadão aceita uma concepção política e completa a justificação dessa concepção inserindo-a, de algum modo, na doutrina abrangente, quer como verdadeira, quer como razoável, dependendo daquilo que a doutrina admitir. Alguns podem considerar que a concepção política é plenamente justificada, mesmo que não seja aceita por outras pessoas. Que nossa visão seja ou não aceita por elas, isto não tem peso suficiente para suspender a justificação plena que essa visão tem de nosso ponto de vista.

Assim, deixa-se a cargo de cada cidadão, individualmente ou em associação com outros, dizer como as exigências de justiça política devem ser ordenadas ou equilibradas, em contraposição a valores não políticos. A concepção política não oferece nenhuma orientação em questões desse tipo, já que não diz como se devem ser levados em conta valores não políticos. Essa orientação é parte das doutrinas abrangentes dos cidadãos. Recordemos que uma concepção política de justiça não se apoia em nenhuma doutrina abrangente específica, incluindo até mesmo as doutrinas agnósticas. Mas ainda que tal concepção política de justiça sustente-se por si própria, isso não significa que não possa ser incorporada de várias maneiras – ou mapeada, ou inse-

---

18. Alguns cidadãos podem não afirmar nenhuma doutrina abrangente, exceto talvez uma doutrina nula, como o agnosticismo ou o ceticismo.

rida como um módulo[19] – nas diferentes doutrinas que os cidadãos professem.

A terceira e última é a justificação pela sociedade política. Essa é uma ideia básica do liberalismo político e opera em sintonia com três outras ideias: aquelas de um consenso sobreposto razoável, de estabilidade pelas razões certas e de legitimidade. A justificação pública verifica-se quando todos os membros razoáveis da sociedade política levam a cabo uma justificação da concepção compartilhada de justiça, inserindo-a em suas diferentes doutrinas abrangentes razoáveis. Nesse caso, cidadãos razoáveis levam uns aos outros em conta como pessoas que endossam aquela concepção política, e essa consideração mútua molda a qualidade moral da cultura pública da sociedade política. Um ponto crucial aqui é que, embora a justificação pública da concepção política para a sociedade política dependa de doutrinas abrangentes razoáveis, essa justificação só faz isso de modo indireto. Isto é, os conteúdos explícitos dessas doutrinas não têm nenhum papel normativo na justificação pública; os cidadãos não examinam o conteúdo das doutrinas dos outros e, desse modo, permanecem dentro dos limites do político. Mais precisamente, eles levam em consideração e atribuem algum peso somente ao fato – à existência – do próprio consenso sobreposto razoável[20].

Esse caso fundamental de justificação pública[21] é aquele no qual a concepção política compartilhada constitui o

---

19. Essa frase foi utilizada duas vezes em I, § 2.2, IV, § 3.1. Também se pode mencionar o modo pelo qual, na álgebra, um grupo pode ser incluído como um subgrupo em cada grupo de certa classe de grupos.

20. Aqui pressuponho que a existência de doutrinas abrangentes razoáveis e que a constituição, por essas doutrinas, de um consenso razoável são fatos sobre a natureza política e cultural de uma sociedade democrática pluralista e pode-se fazer uso deles como se faz de quaisquer outros fatos. Fazer referências a esses fatos ou suposições sobre eles não é o mesmo que se apoiar nos conteúdos morais, metafísicos ou religiosos de tais doutrinas.

21. Refiro-me à justificação pública como o caso fundamental para o liberalismo político em virtude do papel que desempenha nessa doutrina e da sua relação com as ideias de um consenso sobreposto razoável, de estabilida-

terreno comum e todos os cidadãos razoáveis considerados coletivamente (mas não agindo como corpo coletivo[22]) conservam-se em um estado de equilíbrio reflexivo amplo e geral, ao afirmarem a concepção política com base em suas diferentes doutrinas abrangentes razoáveis. Somente quando há um consenso sobreposto razoável a concepção política de justiça da sociedade política pode ser publicamente – embora nunca em definitivo – justificada. Admitindo que devemos levar em conta os juízos ponderados de outros cidadãos razoáveis, o motivo disso é que um equilíbrio reflexivo amplo e geral com relação à justificação pública oferece a melhor justificação da concepção política que podemos alcançar em dado momento[23]. Não há, então, justificação pública para a sociedade política sem que exista um consenso sobreposto razoável, e tal justificação também se co-

---

de pelas razões certas e de legitimidade. Essa ideia de justificação é parte da reconstrução de uma concepção fundamental de *Teoria* III e que se expressou, na seção 79, na concepção de uma união social de uniões sociais e na ideia a ela associada de estabilidade, que depende de uma congruência entre o justo e o bem. (Sobre este último ponto, ver a interpretação de Samuel Freeman em "Political Liberalism and the Possibility of a Just Constitution", *Chicago-Kent Law Review* 69, n. 3 (1994), pp. 619-68, seções I-II.) Essa concepção depende, no entanto, de todos professarem a mesma doutrina abrangente e, por isso, deixa de ser viável como ideal político uma vez que reconheçamos o fato do pluralismo razoável, que caracteriza a cultura pública da sociedade política requerida pelos dois princípios de justiça. Agora defrontamos com um problema diferente, e as ideias de um consenso sobreposto razoável e as demais são empregadas no lugar daquela concepção de congruência. Uma vez que reconheçamos a natureza distinta da tarefa, as razões para introduzir essas outras ideias tornam-se claras. Percebemos por que, por exemplo, a justificação política deve ser *pro tanto*. Não se está respondendo a objeções, mas tentando solucionar um conflito inerente fundamental (que foi reconhecido posteriormente) entre as condições culturais necessárias para que a justiça como equidade pudesse ser uma doutrina abrangente e os requisitos de liberdade pudessem ser garantidos pelos dois princípios de justiça. Entendendo-se isso, acredito que as complexidades deixam de ser surpreendentes – se é que o são.

22. Com isso quero dizer que não há um corpo político que atue votando na concepção política. Isto é contrário à ideia do razoável. Não é possível votar na concepção de justiça política, do mesmo modo que não é possível votar nos axiomas, princípios e normas de inferência da matemática ou da lógica.

23. Ver minhas observações na nota 16, § 1.

necta com a ideia de estabilidade pelas razões certas, assim como com a de legitimidade. Passo agora a formular estas duas ideias de forma mais completa.

Em primeiro lugar, distingo duas ideias diferentes de consenso, pois um entendimento equivocado sobre isso seria fatal. Uma ideia de consenso é a que vem da política ordinária, na qual a tarefa do político consiste em possibilitar acordos. Com os olhos voltados para os diferentes interesses e demandas existentes, o político se empenha em articular uma coalizão ou uma política pública que possa conquistar o apoio de todos ou o apoio que seja suficiente para conquistar uma maioria. Essa ideia de consenso é a ideia de uma área de acordo que se encontra presente ou latente e pode ser articulada pela habilidade do político em conciliar interesses que o político conhece intimamente. A ideia muito diferente de consenso empregada no liberalismo político – a ideia que denomino *consenso sobreposto razoável* – é que a concepção política de justiça é primeiro articulada como uma visão que se sustenta por si própria e que pode ser justificada *pro tanto*, sem levar em conta ou tentar ajustar umas às outras as doutrinas abrangentes existentes (I, § 6.4), ou mesmo sem conhecê-las. Essa justificação *pro tanto* procura não colocar nenhum obstáculo a que as doutrinas razoáveis subscrevam uma concepção política, ao eliminar de tal concepção toda ideia que vá além do político, e a qual não seria razoável esperar que todas essas doutrinas pudessem aceitar (recorrer a ideias que vão além do político viola a ideia de reciprocidade). Uma vez que a concepção política satisfaça essas condições e também esteja completa, esperamos que as doutrinas abrangentes razoáveis que cidadãos razoáveis professam na sociedade possam subscrevê-la, e ela, com efeito, se mostre capaz de moldar essas doutrinas, inclinando-as em sua direção (IV, §§ 6-7).

Consideremos a sociologia política de um consenso sobreposto razoável. Como há muito menos doutrinas do que cidadãos, estes podem ser agrupados de acordo com a doutrina que professam. Mais importante do que a simplificação possibilitada por esse dado numérico é o fato de que os cidadãos são membros de diferentes associações, dentro das quais, em muitos casos, nasceram e das quais comumente adquirem suas doutrinas abrangentes (IV, § 6) – embora não seja sempre este o caso. As doutrinas que diferentes associações cultivam e difundem – como exemplos, pensemos nas associações religiosas de todos os tipos – desempenham papel fundamental para tornar a justificação política possível. É dessa forma que os cidadãos adquirem suas doutrinas abrangentes. Além disso, estas doutrinas têm vida própria e uma história à parte de seus adeptos atuais e persistem de uma geração a outra. O apoio recebido dessas doutrinas tem bases importantes no caráter de distintas associações e esse é um fato fundamental sobre a sociologia política de um regime democrático – crucial para propiciar uma base profunda e duradoura para sua unidade social.

Em uma sociedade democrática caracterizada pelo pluralismo razoável, mostrar que a estabilidade pelas razões certas é pelo menos possível também faz parte da justificação pública[24]. A razão disso é que, quando os cidadãos professam doutrinas abrangentes que são razoáveis, embora divergentes, examinar se um consenso sobreposto sobre a concepção política é possível é uma maneira de verificar se há razões suficientes para propor a justiça como equidade (ou outra doutrina razoável) que possam ser sinceramente defendidas perante outros, sem que para isso seja preciso criticar ou rejeitar seus compromissos religiosos ou filosóficos mais profundos[25]. Se temos como sustentar a posição de que há razões adequadas para que pessoas razoáveis, que têm comprometimentos distintos, em conjunto subscrevam a justiça como equidade como sua concepção política praticável, então as condições para que exerçam de forma le-

---

24. Aqui estou falando do ponto de vista do liberalismo político. Em que medida um cidadão dirá a mesma coisa da perspectiva de sua própria doutrina abrangente, isto dependerá da doutrina em questão.

25. Como foi mencionado em § 1, a doutrina abrangente de Habermas viola essa exigência.

gítima o poder político coercitivo umas sobre as outras – algo que estão fadadas a fazer, na condição de cidadãos, ao votar, se é que não de outro modo – são cumpridas (IV, § 1.3--4). O argumento, se bem-sucedido, mostraria como podemos de modo razoável recorrer a uma concepção política de justiça como a base de razões que é compartilhada pelos cidadãos, supondo o tempo todo que outros, que não são menos razoáveis do que nós, também podem subscrever e reconhecer a mesma base. A despeito do fato do pluralismo razoável, as condições para a legitimidade democrática são satisfeitas[26].

Dada uma sociedade política com tal consenso razoável, o liberalismo político afirma que, como cidadãos dessa sociedade, conseguimos pôr em prática a base de unidade social mais razoável e mais profunda que está a nosso alcance em uma democracia contemporânea[27]. Esta unidade propicia a estabilidade pelas razões certas, interpretada da seguinte forma[28]:

---

26. Nesse parágrafo, tenho uma dívida para com a discussão de Thomas Hill, em Los Angeles, em abril de 1994, sobre como a preocupação com a estabilidade conecta-se às ideias de justificação pública e de consenso sobreposto. Ele enfatizou aspectos da questão para os quais eu não havia atentado suficientemente.
27. Em I, § 1.3-4, o objetivo da visão assim denominada não é, penso agora, formulado da melhor forma. Naquela passagem, o texto parece tratar de como a estabilidade pode ser alcançada sob condições de pluralismo razoável, mas essa questão tem uma resposta hobbesiana trivial. Este texto tenta responder à questão que diz respeito a qual é a base mais razoável de unidade social considerando-se o fato do pluralismo razoável; ver, neste volume, Introdução, IV: Prefácio, V, § 7.1-2. Uma vez que tenhamos respondido a essa questão, podemos também responder às duas outras questões que formulei: qual é a concepção de justiça mais apropriada para especificar os termos equitativos de cooperação social entre cidadãos de uma sociedade democrática considerados livres e iguais? Qual é o fundamento da tolerância, considerando-se o pluralismo razoável como o produto inevitável de instituições livres?
28. Uma vez que a estabilidade pelas razões certas seja alcançada e dê sustentação a essa base de unidade social, o liberalismo político espera conseguir satisfazer a exigência liberal tradicional de justificar o mundo social de maneira aceitável "no tribunal do entendimento de cada pessoa". Foi assim que Jeremy Waldron a expressou em seu *Liberal Rights* (Nova York: Cambridge University Press, 1993), p. 61.

a. A estrutura básica da sociedade é efetivamente regulada pela concepção política de justiça mais razoável.
b. Essa concepção política de justiça conta com o apoio de um consenso sobreposto constituído por todas as doutrinas abrangentes razoáveis existentes na sociedade, e estas representam uma maioria duradoura em relação àquelas que rejeitam tal concepção.
c. Discussões políticas públicas, quando elementos constitucionais essenciais e questões de justiça básica estão em jogo, sempre (ou quase sempre) podem ser razoavelmente decididas com base nas razões especificadas pela concepção política mais razoável ou por uma família de tais concepções.

Dois comentários. Um deles é que essa base de unidade social é a mais razoável, já que a concepção política de justiça é a mais razoável – e é subscrita ou apoiada, de alguma forma, por todas as doutrinas abrangentes razoáveis existentes na sociedade. Um segundo comentário é que essa base de unidade social é a mais profunda possível, porque as ideias fundamentais da concepção política são subscritas pelas doutrinas abrangentes razoáveis, e essas doutrinas representam aquilo que os cidadãos veem como suas convicções mais profundas – religiosas, filosóficas e morais. Disso resulta a estabilidade pelas razões certas. O oposto se dá com uma sociedade na qual os cidadãos são agrupados de acordo com suas justificações plenas e suas concepções políticas não estão inseridas ou conectadas a uma concepção política compartilhada. Neste caso, só há um *modus vivendi*, e a estabilidade da sociedade depende de um equilíbrio de forças em circunstâncias que são contingentes e possivelmente estão sujeitas a constantes variações.

Essas explanações sobre os três tipos de justificação parecem levantar uma grave questão. Poder-se-ia perguntar: se a justificação política é sempre *pro tanto*, como é possível que se realize a justificação pública da concepção política de justiça? A resposta, é claro, é dada pela existência e pelo conhecimento público de um consenso sobreposto razoável. Neste caso, os cidadãos inserem a concepção política que compartilham nas doutrinas abrangentes razoáveis que professam. Esperamos, então, que os cidadãos avaliem (de acordo com sua doutrina abrangente) quais valores políticos prevaleçam sobre quaisquer outros valores que com eles possam conflitar ou são ordenados em posição de prioridade em relação a esses outros valores[29].

Se parece irrealista esperar que isso ocorra, duas observações indicam por que talvez não seja este o caso. Em primeiro lugar, aqueles que professam uma doutrina abrangente razoável têm de se perguntar com base em que termos políticos estão dispostos a conviver com outras doutrinas desse tipo em uma sociedade livre que se mantém ao longo do tempo. Como cidadãos razoáveis professam doutrinas razoáveis (II, § 3.1), eles se dispõem a propor ou a subscrever uma concepção política de justiça para especificar os termos de uma cooperação política equitativa. Por conseguinte, é bem possível que julguem, da óptica de suas doutrinas abrangentes, quais valores políticos são valores da mais alta importância para a estrutura de sua existência social e política e para uma vida pública compartilhada, com base em termos que se pode razoavelmente esperar que todas as partes razoáveis aceitem.

Em segundo lugar, por fim, chegamos à ideia de legitimidade. Cidadãos razoáveis entendem que esta ideia apli-

---

29. Há várias afirmações nesse sentido em IV, § 5. Caso não se leve em conta essa condição de fundo de um consenso sobreposto razoável, a afirmação que aparece no texto, considerada em si mesma, parece exprimir um ponto de vista moral abrangente que hierarquiza as obrigações devidas a instituições justas acima de todos os demais compromissos humanos. Por que, de outro modo, como seria possível que valores do político – um subdomínio de todos os valores – prevalecessem sobre quaisquer outros que com eles (valores políticos) pudessem conflitar? Tal afirmação problemática, contudo, só se apresenta quando se ignora a suposição de que um consenso sobreposto razoável se verifica e de que o texto está tratando da justificação pública, feita pelos membros da sociedade, da concepção política.

ca-se à estrutura geral de autoridade política (IV, § 1.2-3). Eles sabem que na vida política só raramente, para não dizer nunca, é de esperar que haja unanimidade com relação a uma questão fundamental, de modo que uma Constituição democrática deve incluir procedimentos de votação por maioria ou por pluralidade de votos para tomar decisões. É desarrazoado não propor ou não aceitar quaisquer arranjos institucionais desse tipo. Vamos dizer, então, que o exercício do poder político é legítimo somente quando é exercido, em casos fundamentais, em conformidade com uma Constituição cujos elementos essenciais pode-se razoavelmente esperar que todos os cidadãos razoáveis, na condição de livres e iguais, subscrevam. Assim, os cidadãos reconhecem a distinção familiar entre aceitar como suficientemente justa e legítima uma Constituição, com seus procedimentos para eleições limpas e maiorias legislativas, e acatar como legítima (mesmo que não a considerem justa[30]) uma lei específica ou uma decisão em uma matéria específica de política pública[31]. (Volto à ideia de legitimidade em § 5.3.)

Assim é que os quacres, mesmo recusando-se a lutar em uma guerra, porque são pacifistas, dão apoio, a despeito disso, a um regime constitucional e aceitam a legitimidade da regra da maioria ou de outra regra de pluralidade de votos. Embora se recusem a se alistar em uma guerra que um povo democrático pode razoavelmente decidir fazer, mesmo assim apoiam instituições democráticas e os valores fundamentais que essas instituições representam. Não consideram que a possibilidade de um povo votar a favor de ir à guerra constitua razão suficiente para se opor ao governo democrático.

Poder-se-ia questionar se a doutrina religiosa dos quacres, que os proíbe de lutar na guerra, não põe em dú-

---

30. Não é razoável esperar que, em geral, leis e normas legais devam ser justas de acordo com nossas próprias luzes. Não tenho como examinar aqui a medida de desvio razoável que é admissível.

31. Stuart Hampshire enfatiza corretamente esse ponto. Ver sua resenha deste texto em *New York Review of Books* (12 de agosto de 1993), p. 44.

vida a lealdade deles ao governo democrático. Mas há muitas coisas que nossa religião pode recomendar. Ela pode demandar nosso apoio ao governo constitucional por ser aquele que, dentre todos os regimes políticos possíveis, está mais de acordo com a injunção religiosa de dar aos direitos e interesses fundamentais de outros uma consideração igual àquela que damos aos nossos próprios. Como ocorre com toda doutrina razoável, muitos valores políticos e não políticos são representados e ordenados no seio de tal visão. Admitindo isso, é possível que a lealdade a um governo constitucional justo e duradouro prevaleça dentro da doutrina religiosa[32]. Isso mostra como valores políticos podem ser determinantes para dar sustentação ao sistema constitucional em si mesmo, ainda que se possam rejeitar leis e decisões razoáveis específicas e, se necessário, contestá-las recorrendo à desobediência civil ou à objeção de consciência.

O que dissemos até aqui desenvolve a ideia de uma concepção política que se sustenta por si própria e que é justificada, o que nos permite responder à primeira questão de Habermas: se a ideia de um consenso sobreposto acrescenta algo à justificação da concepção política ou simplesmente estabelece uma condição necessária para a estabilidade social. A resposta à sua primeira questão é dada pela terceira ideia de justificação – a de justificação pública – e pelo modo como se articula às três outras ideias: a de um consenso sobreposto razoável, a de estabilidade pelas razões certas e a de legitimidade.

2. Podemos agora examinar, de forma breve, a segunda questão de Habermas: o liberalismo político emprega o termo "razoável" para expressar a verdade ou a validade de juízos morais ou simplesmente para indicar uma atitude refletida em relação à tolerância?

---

32. Considerações semelhantes, modificadas de forma apropriada, aplicam-se no caso daqueles que rejeitam direitos de aborto garantidos por um regime democrático.

Nada tenho a acrescentar àquilo que já foi dito. O liberalismo político não emprega o conceito de verdade moral aplicada a seus próprios juízos políticos (que são sempre de natureza moral). Sobre isso, o liberalismo político sustenta que os juízos políticos podem ser razoáveis ou desarrazoados e expõe os ideais, princípios e padrões políticos que se prestam como critérios do razoável. Esses critérios, por sua vez, conectam-se a duas características fundamentais de pessoas razoáveis em sua qualidade de cidadãos: primeiro, a disposição de propor e de acatar, caso sejam aceitos, o que julgam que outros, que compartilham a mesma condição de cidadãos iguais, podem razoavelmente aceitar como termos equitativos de cooperação social; segundo, a disposição de reconhecer os limites da capacidade de juízo e de aceitar as consequências que disso decorrem. Para os propósitos políticos de debater questões que dizem respeito a elementos constitucionais essenciais e à justiça básica, o liberalismo político considera suficiente essa ideia do razoável. O uso do conceito de verdade não é rejeitado nem questionado; deixa-se às doutrinas abrangentes que o empreguem, ou neguem, ou façam uso de outra ideia em seu lugar. E, por fim, é claro que o razoável expressa uma atitude refletida de tolerância, visto que reconhece os limites da capacidade de juízo, o que, por sua vez, leva à liberdade de consciência e à liberdade de pensamento (II, §§ 2-4).

Contudo, Habermas sustenta que o liberalismo político não tem como evitar questões de verdade, nem uma concepção filosófica de pessoa (131). Já mencionei antes que não consigo ver por que não. O liberalismo evita apoiar-se em ambas as ideias e as substitui por outras – a do razoável, em um caso, e a da concepção das pessoas consideradas cidadãos livres e iguais, no outro. Quando, na sociedade civil, formulamos a justiça como equidade ou, com efeito, qualquer outra concepção política, essas ideias são sempre descritas e expressas por concepções e princípios que pertencem à própria concepção política. Até que se demonstre que esse modo de proceder é insatisfatório ou fracassa em certos aspectos, o liberalismo político não tem por que ceder terreno. Admito que a ideia do razoável requeira um exame mais aprofundado do que aquele realizado neste texto. Penso, contudo, que as linhas principais de demarcação entre o razoável, de um lado, e tanto o verdadeiro como o racional, de outro, são claras o suficiente para conferir plausibilidade à ideia de unidade social assegurada por um consenso sobreposto razoável. Seguramente, as pessoas continuarão a levantar questões que dizem respeito à verdade e à ideia filosófica de pessoa, a acusar o liberalismo político de se furtar a examiná-las. Mas sem que se explicitem suas particularidades, essas reclamações não chegam a constituir objeções.

### § 3. As liberdades dos modernos *versus* a vontade do povo

1. Nesta seção, inicio minha resposta à objeção de Habermas que se encontra formulada na seção III, antes do sumário que ele faz de sua própria visão (130-1). Na próxima seção, completo minha resposta começando por aquilo que ele diz nesse sumário. As objeções dizem respeito à relação correta entre duas categorias conhecidas de direitos e liberdades fundamentais: as chamadas liberdades dos antigos e as liberdades dos modernos. Habermas reconhece que compartilho as aspirações de Jean-Jacques Rousseau e de Kant de derivar os dois tipos de direitos da mesma fundamentação. Isso se revela no fato de que os dois tipos de liberdade aparecem igualmente no primeiro princípio de justiça, escolhido na posição original. O fato de essas liberdades terem a mesma fundamentação significa, pensa ele, que as liberdades dos modernos não podem ser impostas como restrições externas ao processo político de autodeterminação dos cidadãos. Ele então faz referência (127-8) ao caráter de dois estágios (*Zweistufig*) da justiça como equidade, e entendo que quer dizer que essa concepção começa pela si-

tuação hipotética da posição original, na qual princípios são escolhidos de uma vez por todas pelas partes sujeitas ao véu de ignorância, para daí passarem para a aplicação regular deles nas condições reais da vida política[33]. Ele acredita que o caráter de dois estágios da concepção política leva os direitos liberais dos modernos a assumirem características *a priori* que rebaixam o processo democrático a um *status* inferior (127-8). Quero negar esta última afirmação.

Habermas considera que tomo a ideia de autonomia política como ponto de partida e a modelo no nível da posição original. Mas ao se conferir a essa forma de autonomia o que ele denomina "existência virtual" nessa posição, em teoria tal forma de autonomia não "se desenvolve de modo pleno no coração da sociedade constituída de modo justo". A razão disso é formulada em uma longa passagem que citarei quase integralmente, em três partes, comentando cada uma em separado. Refiro-me à passagem que começa com "porque quanto mais alto o véu de ignorância" e termina com as palavras "de forma prévia a toda formação de vontade política" (129). Essa passagem servirá de base para minha discussão sobre as relações entre as liberdades fundamentais. Ela contém algumas afirmações desconcertantes, e receio não ter compreendido bem Habermas. A despeito disso, a passagem levanta questões profundas sobre como nossas visões estão relacionadas.

2. Começo com o que parece ser um entendimento equivocado da ideia que denomino *sequência de quatro estágios* e, mesmo que seja somente isso, é melhor que eu a explique. A frase em questão diz o seguinte:

> Porque quanto mais alto o véu de ignorância é levantado e quanto mais os cidadãos de Rawls tornam-se de carne e osso, mais profundamente eles se veem sujeitos a princípios e normas que foram preestabelecidos pela teoria e se tornaram institucionalizados fora de seu controle (128).

---

33. Sou grato a Frank Michelman pelo esclarecimento desse ponto.

Dois aspectos essenciais devem ser ressaltados. Em primeiro lugar, a sequência de quatro estágios não descreve nem um processo político efetivo nem um procedimento puramente teórico. Antes, é um componente da justiça como equidade e faz parte de uma estrutura de deliberação que aqueles cidadãos que aceitam a justiça como equidade devem empregar ao aplicar seus conceitos e princípios. Essa sequência esboça quais tipos de normas e de informação devem orientar nossos juízos políticos de justiça, de acordo com o objeto e o contexto em que se apliquem.

Começamos na posição original, na qual as partes escolhem princípios de justiça. A seguir, passamos para uma convenção constitucional na qual – concebendo-nos como delegados – temos de formular os princípios e as normas de uma Constituição à luz dos princípios de justiça que já estão à mão. Depois disso, tornamo-nos, por assim dizer, legisladores que aprovam leis de acordo com a Constituição e segundo os princípios de justiça o exijam e permitam[34]. Por fim, assumimos o papel de juízes que interpretam a Constituição e as leis como membros do Judiciário. Em cada estágio, diferentes níveis e tipos de informação estão disponíveis, e cada estágio é concebido para nos capacitar a aplicar os (dois) princípios de forma inteligente, tomando decisões racionais, mas que não são parciais, isto é, decisões que favoreçam nossos próprios interesses, os daqueles a quem estamos vinculados, como nossos amigos, ou os interesses daqueles que pertencem a nossa Igreja, posição social ou partido político.

---

34. Aqui há uma formidável complicação, à qual no momento só posso fazer menção, a saber, a de que existe importante distinção entre a legislação que trata de elementos constitucionais essenciais e de questões de justiça básica e aquela que trata da barganha política entre os diferentes interesses que há na sociedade civil e que ocorre por intermédio dos representantes desses interesses. Este último tipo de legislação é necessário para que exista uma estrutura de barganha equitativa tanto na legislatura como na sociedade civil. A complicação é formidável porque formular os critérios exigidos para estabelecer essa distinção e ilustrá-la com casos elucidativos constitui tarefa das mais difíceis.

Essa estrutura de deliberação estende a ideia da posição original, adaptando-a a diferentes contextos, segundo a aplicação dos princípios de justiça o exija. Ao avaliar a Constituição, digamos, temos de nos pautar pelos princípios de justiça, assim como contar com informações de natureza geral sobre nossa sociedade, do tipo que os elaboradores de uma Constituição gostariam de conhecer – informações as quais podemos, então, levar em conta, mas não aquelas de natureza particular, sobre nós próprios e nossos vínculos, como se mencionou antes. Pensamos que esse tipo de informação pertinente – supondo que haja inteligência e capacidades racionais na medida suficiente – garante que nossos juízos serão imparciais e razoáveis e, seguindo os princípios de justiça, nos ajudarão a dar forma a uma Constituição justa, o que também vale para os estágios subsequentes (*Teoria*, § 31). Aqui passo por cima de uma questão difícil: quais informações são importantes quando na sociedade existem graves injustiças, como ocorre com todas as sociedades, como acontecia com a sociedade estadunidense em 1787-91[35] (e ainda acontece), quando havia a escravidão, a exclusão das mulheres, aqueles que não satisfaziam às qualificações de propriedade, do direito ao sufrágio? Alguns pensam que nenhuma Constituição que proibisse a escravidão poderia ter sido adotada naquele momento. Disto se segue que tal conhecimento deveria ser considerado relevante? *Teoria* adota o ponto de vista de que toda informação dessa natureza é irrelevante e supõe que uma Constituição justa é exequível. Depois de mostrar como essa Constituição caracteriza-se sob o que denomino *condições razoavelmente favoráveis*, é estabelecido o objetivo de uma reforma política de longo prazo, uma vez que, do ponto de vista da sociedade civil, torne-se patente que uma Constituição jus-

---

35. Uso essas datas para abranger todo o período da convenção constitucional, até a ratificação da Carta de Direitos. Nesta seção e na seguinte, sou grato a James Fleming por essa e muitas outras sugestões valiosas relacionadas ao direito constitucional, as quais acatei, todas elas, com satisfação.

ta não pode ser plenamente realizada. Nos termos de Habermas, trata-se de um projeto a ser realizado (FG 163).

O segundo aspecto, relacionado ao anterior, é que, quando cidadãos que ocupam cargos políticos ou na sociedade civil empregam essa estrutura, as instituições sob as quais se encontram não são obra de um filósofo político que as instituiu em teoria, fora do controle deles. Elas são obra de gerações anteriores, que as passam para nós conforme crescemos e somos criados sob elas. Quando chegamos à idade da razão, nós as avaliamos e agimos em conformidade com essa condição. Tudo isso se torna óbvio uma vez que se esclareçam o propósito e o uso da sequência de quatro estágios[36]. O que pode gerar um mal-entendido é a suposição de que, ao empregar uma ideia abstrata como a posição original como um dispositivo de representação e ao imaginar que as partes concebem sua escolha de princípios como se valesse para a perpetuidade, a justiça como equidade parece supor que a concepção de justiça dos cidadãos pode ser determinada de uma vez por todas. Isso desconsidera o ponto crucial de que nos encontramos na sociedade civil e de que a concepção política de justiça, como qualquer outra concepção, está sempre sujeita ao controle de nossos juízos ponderados. Empregar a ideia de perpetuidade aqui é apenas uma maneira de dizer que, quando imaginamos partes racionais (e não razoáveis) que devem escolher princípios, é uma condição razoável exigir que o façam supondo que sua escolha valerá para a perpetuidade. Desse modo, nossas ideias de justiça tornam-se determinadas: não podemos alterá-las como bem entendermos, a fim de ajustá-las a nossos interesses racionais e a nosso conhecimento das circunstâncias[37]. Confrontá-las com nossos juízos ponderados, evidentemente, é outra coisa.

---

36. Sobre os dois pontos examinados nesse e no parágrafo anterior, ver *Teoria*, § 31, pp. 196 ss., 200 ss.

37. Nos dois últimos parágrafos, espero ter tratado os questionamentos de Habermas sobre a estrutura da sequência de quatro estágios. Agradeço a McCarthy e a Michelman pelas discussões elucidativas a respeito desse tópico.

3. O aspecto seguinte da objeção de Habermas levanta uma questão sobre o significado da autonomia política e sobre como realizá-la. A questão está bem formulada pela ideia de que, sob uma Constituição justa, os cidadãos "não têm como reavivar as brasas democráticas radicais da posição original na vida cívica de sua sociedade" (128). A ideia encontra-se mais amplamente desenvolvida na segunda parte da passagem. Assim, após "fora de seu controle", temos:

> Desse modo, a teoria priva os cidadãos de muitos dos *insights* que eles teriam de assimilar de maneira nova a cada geração. Da perspectiva da teoria da justiça, o ato de fundar uma Constituição democrática não pode se repetir sob as condições institucionais de uma sociedade justa já constituída, e não é possível garantir que o processo de realizar o sistema de direitos fundamentais seja de natureza permanente. Não é possível aos cidadãos vivenciar esse processo como algo aberto e incompleto, conforme o exigem, de todo modo, circunstâncias históricas cambiantes. Eles não têm como reavivar as brasas democráticas radicais da posição original na vida cívica de sua sociedade, pois, de sua perspectiva, todos os discursos *essenciais* de legitimação já ocorreram dentro da teoria e encontram os resultados da teoria já sedimentados na Constituição. Os cidadãos não podem conceber a Constituição como um *projeto*, por isto o uso público da razão não tem realmente o significado de um exercício presente de autonomia política, e sim apenas promove a *preservação da estabilidade política* de modo não violento (128).

Primeiramente, uma observação sobre o significado de autonomia. No liberalismo político, a autonomia é entendida como política, e não como uma autonomia moral (II, § 6). Esta é uma ideia muito mais ampla e pertence a doutrinas abrangentes do tipo associado a Kant e a Mill. A autonomia política especifica-se com base em várias instituições e práticas, assim como se expressa em certas virtudes políticas dos cidadãos, em seu pensamento e sua conduta – em suas discussões, deliberações e decisões –, ao colocarem em prática um regime constitucional. Isto é suficiente para o liberalismo político. Com essa observação em mente, não fica claro o que se quer dizer quando se afirma que os cidadãos de uma sociedade justa não têm como "reavivar as brasas democráticas radicais da posição original na vida cívica". Vemo-nos obrigados a perguntar: por que não? Porque, como vimos, ao examinarmos a sequência de quatro estágios, os cidadãos debatem continuamente questões acerca de princípios políticos e políticas públicas. Além disso, como podemos pressupor que toda sociedade é mais ou menos injusta – e, em geral, seriamente injusta –, tais debates tornam-se ainda mais necessários. Nenhuma teoria (humana) teria como prever todas as considerações pertinentes relacionadas com esses problemas de injustiça nas circunstâncias existentes, nem seria possível que todas as reformas necessárias para aprimorar os arranjos institucionais existentes já tivessem sido previstas. O ideal de uma Constituição justa é sempre alguma coisa na direção da qual é possível caminhar. Sobre esses aspectos, Habermas parece estar de acordo:

> A justificação da desobediência civil apoia-se em um entendimento dinâmico da Constituição como um projeto inacabado. Dessa perspectiva de longo prazo, o Estado democrático constitucional não representa uma estrutura acabada, e sim um empreendimento falível e sujeito a alterações, cujo propósito é realizar o sistema de direitos *de maneira nova* em circunstâncias que se modificam, isto é, interpretar melhor o sistema de direitos, institucionalizá-lo de modo mais apropriado e especificar seus conteúdos de maneira mais radical. Essa é a perspectiva dos cidadãos que se encontram ativamente envolvidos na realização do sistema de direitos e que aspiram superar a tensão entre facticidade social e validade e têm consciência da existência de contextos diferentes (FG 464).

Habermas parece supor que a justiça como equidade é de algum modo incompatível com o que ele diz aqui. Ele se refere (na primeira passagem citada) a uma sociedade que já é justa (o que inclui, estou supondo, uma Constituição e uma estrutura básica justas) e também aos "discursos *essenciais* de legitimação". Afirma que a Constituição não pode ser concebida como um projeto – como alguma coisa ainda a ser realizada – e, por isso, a razão pública não pode envolver o exercício da autonomia política, mas apenas a preservação da estabilidade política. Talvez ele queira dizer que os cidadãos só podem ser politicamente autônomos se o são de cima a baixo – isto é, na medida em que dão a si próprios uma Constituição que resulta de seus debates fundamentais, de seus "discursos essenciais de legitimação", e, de modo similar, na medida em que dão a si próprios todas as normas legais de nível inferior. Contudo, é duvidoso que ele possa pensar que, em uma sociedade bem-ordenada, tal como descrita idealmente na justiça como equidade, brasas democráticas radicais não possam ser reavivadas, porque os cidadãos de fato não podem dar a si próprios o que consideram ser uma Constituição justa se já a possuem.

Mas se essa é a dificuldade, não é difícil enfrentá-la. Para tornar mais clara a ideia de autonomia política, dizemos, primeiro, que os cidadãos conquistam autonomia política plena quando vivem sob uma Constituição razoavelmente justa, que assegure sua liberdade e igualdade, com todas as leis e os preceitos de nível inferior que regulam a estrutura básica, e quando também compreendem e acatam plenamente essa Constituição e suas leis, bem como as ajustam e alteram conforme as circunstâncias sociais em constante transformação o exijam, sempre motivados de forma apropriada por seu senso de justiça e pelas demais virtudes políticas. A isso acrescentamos, em segundo lugar, que sempre que a Constituição e as leis são injustas e imperfeitas em vários aspectos, os cidadãos têm boas razões para lutar no sentido de se tornarem mais autônomos, fazendo o que, nas circunstâncias históricas e sociais com as quais defrontam, pode-se razoável e racionalmente supor que contribuirá para fomentar sua plena autonomia. Assim, nesse caso, a Constituição é um projeto tal qual Habermas o afirma, posição com a qual a justiça como equidade está de acordo.

Mesmo quando a Constituição é justa, no entanto, temos de perguntar: por que os cidadãos não são plenamente autônomos? Os cidadãos da sociedade de Rousseau do *Contrato social* jamais o são porque o legislador originalmente lhes deu a Constituição justa sob a qual foram criados? Por que esse feito memorável, há muito ocorrido, faz alguma diferença se eles agora compreendem a Constituição justa e a executam de forma inteligente e sábia?[38] Como é possível que a sabedoria do legislador pudesse privar os cidadãos dos *insights* que eles assimilaram por si próprios ao longo de gerações? Por que esses *insights* não podem ser assimilados pelos cidadãos mediante suas reflexões e sua experiência com essas instituições e na medida em que eles consigam entender os fundamentos da moldura constitucional? Será que a *Fundamentação*, de Kant, impede-nos, ao refletirmos sobre essa obra, de alcançar os *insights* da lei moral? Certamente, não. Por que seria diferente quando se trata de compreender a justiça da Constituição?

Além disso, não é toda geração que é chamada a realizar todos os discursos essenciais de legitimação até o ponto de fazer com que resultem em uma conclusão razoável e, deste modo, a dar a si própria, de forma bem-sucedida, uma Constituição nova e justa. Se uma geração pode fazer isso, não é algo que seja determinado somente por ela, mas pelo curso da história até aquele momento. Nesse sentido, aqueles que já vivem sob um regime constitucional justo não podem fundar uma Constituição, mas podem refletir sobre ela, subscrevê-la e colocá-la livremente em prática de todas as maneiras que se mostrarem necessárias. O que há de especialmente importante em darmos a nós mesmos uma Constituição justa que é razoável e racional, se já a temos, se a compreendemos plenamente e agimos com base

---

38. Ver *Do contrato social*, Livro II, capítulo 7.

nela? É certo que a autonomia política expressa nossa liberdade e que, como no caso de qualquer outra liberdade, é razoável maximizar os atos relacionados a exercê-la, mas só até o ponto em que fazer isso for apropriado. É possível, contudo, que Habermas aponte a sequência de quatro estágios como uma estrutura para a reflexão, mesmo quando interpretada da forma como expliquei (§ 3.2); ele pode entender que a série de véus de ignorância cada vez mais finos dessa estrutura é demasiado confinante e restritiva.

4. Volto-me agora para a terceira e última parte da passagem (128-9), complementada por uma formulação que aparece depois. Habermas reconhece que as consequências que explicita não eram parte de minhas intenções, embora pense que minhas posições realmente têm esse resultado. Isso se torna patente

> pela rígida demarcação entre as identidades pública e não pública dos cidadãos. De acordo com Rawls, essa demarcação é estabelecida pelos direitos liberais fundamentais que restringem a autolegislação democrática e, em decorrência, a esfera do político, *desde o princípio*, isto é, de forma prévia a toda formação de vontade política (128-9).

A passagem suplementar (129) diz o seguinte:

> Essas duas identidades constituem, então, os pontos de referência para dois domínios [um caracterizado por valores políticos e o outro, por valores não públicos], um deles constituído pelos direitos de participação e comunicação políticas, o outro protegido pelos direitos liberais fundamentais. A proteção constitucional da esfera privada [eu diria, da esfera não pública] concebida dessa forma desfruta de prioridade, enquanto "o papel das liberdades políticas é [...] em larga medida instrumental à preservação das demais liberdades".[39]

---

39. Aqui Habermas faz uma citação retirada de VIII, § 2, p. 349, "As liberdades fundamentais e sua prioridade". O sentido do parágrafo do qual a citação foi extraída é sustentar que nem todas as liberdades são importantes ou valorizadas pelas mesmas razões. Menciono que uma vertente da tradição li-

Assim, em relação à esfera dos valores políticos, um domínio pré-político de liberdades é delimitado de modo que seja subtraído do alcance da autolegislação democrática (129).

Começo pelo significado da expressão grifada perto do final da primeira citação. Habermas diz que "desde o princípio" significa antes de toda a formação de vontade. Se é assim, então o que ele diz não é exato em relação à justiça como equidade pela razão que se segue. Do ponto de vista dos cidadãos na cultura de fundo, supus que, no estágio da convenção constitucional, após a escolha dos princípios de justiça na posição original, adotamos uma Constituição que,

---

beral valoriza o que Benjamin Constant denominou "as liberdades dos modernos" mais do que as "liberdades dos antigos", vertente para a qual o papel das liberdades políticas possivelmente é em grande medida instrumental à preservação das demais liberdades. Sustento então que, "mesmo que essa visão seja correta, ela não constitui um impedimento para incluir certas liberdades políticas entre as liberdades fundamentais e protegê-las mediante a prioridade atribuída à liberdade. Porque, para atribuir prioridade às liberdades políticas, só é preciso que sejam importantes o suficiente, como meios institucionais essenciais, para garantir as demais liberdades fundamentais [...]".
Não afirmo que as liberdades políticas são somente instrumentais, nem que não têm nenhum lugar na vida da maioria das pessoas. Com efeito, eu insistiria em que as liberdades políticas têm valor político intrínseco de pelo menos duas maneiras: em primeiro lugar, ao desempenharem papel importante e mesmo predominante na vida de muitas pessoas que, de uma forma ou de outra, estão envolvidas na vida política; em segundo lugar, elas constituem, quando respeitadas, uma das bases sociais do autorrespeito dos cidadãos e por esta razão, entre outras, são um bem primário. Ver V, § 6 e também em *Teoria*, pp. 233 ss., a passagem em que afirmo: "Naturalmente, as razões para o autogoverno não são apenas instrumentais." Depois de mencionar de maneira breve o papel das liberdades políticas para promover o autorrespeito dos cidadãos, a qualidade moral da vida cívica, o exercício de nossas sensibilidades morais e intelectuais e assim por diante, concluo observando: "[Essas ponderações] mostram que as liberdades políticas iguais não são apenas um meio." (Nesta passagem, na realidade, emprego o termo "autoestima" e não "autorrespeito", mas agora me dou conta, graças a David Sachs, de que os termos autoestima e autorrespeito expressam ideias distintas. Eu deveria ter escolhido um termo e me atido a ele, deixando o estilo de lado.) Não quis, nessa passagem, assumir nenhuma posição sobre quais deveriam ser as características do espaço político público para o papel do povo. Esta é uma questão que pertence à convenção constitucional, no sentido da sequência de quatro estágios, e não considerei que estivesse em jogo.

com sua Carta de Direitos e outras disposições, restringe a legislação majoritária no que diz respeito aos ônus que pode impor a tais liberdades fundamentais, como a liberdade de consciência e a liberdade de expressão e de pensamento. Nesse sentido, a Constituição restringe a soberania popular, tal como se expressa na legislatura. Na justiça como equidade, essas liberdades fundamentais não se encontram em um domínio pré-político; valores não políticos não são considerados, como podem ser em certas doutrinas abrangentes (como o intuicionismo racional ou o direito natural), ontologicamente prévios e, por esta razão, prévios a valores políticos. Não há dúvida de que há cidadãos que sustentam tal posição, mas esta é outra questão. Isso não é parte da justiça como equidade. Esta concepção permite – mas não requer – que as liberdades fundamentais sejam incorporadas à Constituição e protegidas como direitos constitucionais, com base nas deliberações e juízos dos cidadãos ao longo do tempo. Não necessariamente, portanto, subscrever uma Constituição que restringe a regra da maioria é algo prévio à vontade do povo e, dessa maneira, não necessariamente expressa uma restrição externa à soberania popular. É a vontade do povo que se expressa em procedimentos democráticos tais como as ratificações de uma Constituição e a aprovação de emendas. Muita coisa se aclara quando entendemos a sequência de quatro estágios como uma estrutura de deliberação que faz parte de um dispositivo de representação para ordenar nossos juízos políticos como cidadãos.

Tudo isso pode se tornar mais claro mediante a distinção entre política normal e política constitucional que examinei em VI, § 6[40]. Pressupomos a ideia de democracia cons-

---

40. Sobre isso, baseio-me na obra esclarecedora de Ackerman, *We The People, Volume I: Foundations* (Cambridge: Harvard University Press, 1991). Uma concepção de democracia constitucional, contudo, pode ser dualista no sentido geral adotado no texto sem subscrever o sentido mais específico que Ackerman atribui ao dualismo, que abre lugar para "emendas estruturais" à Constituição fora dos procedimentos formais de emenda previstos pelo Artigo

titucional dualista que pode ser encontrada em Locke, a qual distingue o poder constituinte do povo de elaborar, ratificar e emendar uma Constituição do poder ordinário de legisladores e governantes na política comum. Essa ideia também distingue a lei mais alta do povo da lei ordinária de corpos legislativos (231 ss.). Rejeita-se a supremacia parlamentar. Os três períodos mais inovadores da história constitucional estadunidense foram, vamos supor, a Fundação em 1787-91, a Reconstrução e, de maneira distinta, o New Deal[41]. Em todos esses períodos, debates políticos fundamentais ocorreram em larga escala e oferecem três exemplos de casos nos quais o eleitorado confirmou ou motivou as mudanças constitucionais que foram propostas e por fim aceitas. Certamente, esses casos mostram que a proteção constitucional a direitos fundamentais não é prévia ao que Habermas denomina formação de vontade. Basta mencionar o esforço de James Madison de conduzir a aprovação da Carta de Direitos no Primeiro Congresso dos Estados Unidos, de junho a setembro de 1789, como havia sido prometido aos antifederalistas; caso isto não tivesse ocorrido, a Constituição poderia não ter sido ratificada[42].

---

V da Constituição dos Estados Unidos. Um movimento político como o New Deal pode ser bastante importante para alterar as interpretações prevalentes da Constituição aceitas, digamos, pelos juízes, mas, quando se trata de emendas, a questão é distinta. Tendo também a não aceitar sua distinção entre dualismo e fundamentalismo de direitos (como ele entende isso). Ackerman pensa que o dualismo, diferentemente do fundamentalismo de direitos, requer que toda emenda que esteja em conformidade com os procedimentos do Artigo V seja considerada constitucionalmente válida. Em VI, pp. 281 ss., sustento um ponto de vista distinto. Não tenho como examinar essas questões no momento, meu propósito é somente explicitar aquilo que tem relação com a objeção de Habermas. Para mais ampla discussão sobre essas questões, ver Freeman, "Original Meaning, Democratic Interpretation, and the Constitution", in *Philosofy and Public Affairs* 21 (inverno de 1992), pp. 3-42, e Fleming, "Constructing the Substantive Constitution", in *Texas Law Review* 72 (dezembro de 1993), pp. 211-304, 287, nota 380, 290, nota 400. Sou grato a Fleming pelas orientações e pela correspondência proveitosa sobre esses tópicos, com as quais aprendi muito.
 41. Aqui me baseio em Ackerman.
 42. Ver Stantley Elkins e Eric McKittrick, *The Age of Federalism* (Nova York: Oxford, 1993), pp. 58-75.

A sequência de quatro estágios está em conformidade, então, com a ideia de que as liberdades dos modernos estão sujeitas à vontade constituinte do povo. Formulando-a com base nessa sequência, o povo – ou melhor, aqueles cidadãos que subscrevem a justiça como equidade – faz um juízo no estágio da convenção constitucional. Acredito que Habermas pense que, em minha visão, as liberdades dos modernos constituem uma espécie de direito natural e, do mesmo modo que no caso de Kant, tal como Habermas o interpreta, essas liberdades são ideias substantivas externas e, por isso, impõem restrições à vontade pública do povo[43]. Mas a justiça como equidade é uma concepção política de justiça e, embora certamente seja uma concepção moral, não é um exemplo de doutrina do direito natural. A justiça como equidade nem nega nem subscreve nenhuma doutrina dessa índole. Em minha réplica, apenas observei que, da óptica dessa concepção política de justiça, as liberdades dos modernos não impõem, como Habermas supõe, restrições prévias à vontade constituinte do povo[44].

Se isso está correto, então é possível que Habermas não tenha nenhuma objeção à justiça como equidade, mas rejeite a Constituição que supõe que dela resulte, a qual, acredito, pode garantir tanto as liberdades dos modernos como as liberdades dos antigos. Ele talvez pense que, como

---

43. Ele se refere a mim e a Kant como teóricos do direito natural, FG 110.
44. Isso está de acordo com a posição de Michelman em seu ensaio "Law's Republic", in *The Yale Law Journal* 97 (julho de 1988), pp. 1.493-1.537, 1.499 ss., quando ele afirma: "Considero que o constitucionalismo estadunidense – como se apresenta na teoria constitucional acadêmica, na prática profissional de juristas e juízes e no entendimento de senso comum dos estadunidenses de maneira geral – baseia-se em duas premissas que têm relação com a liberdade política: a primeira é que o povo estadunidense é politicamente livre na medida em que se autogoverna coletivamente, e a segunda, que o povo estadunidense é livre no sentido de que é governado por leis, e não por homens. Julgo que não há participante sério e construtivo do debate constitucional estadunidense que possa se considerar livre para rejeitar qualquer uma dessas duas profissões de fé. Considero-as premissas cuja relação problemática uma com a outra e, por conseguinte, cujo significado estão sujeitos a uma contestação sem fim."

as ideias ilustrativas empregadas em *Teoria*, no capítulo IV, são retiradas da Constituição dos Estados Unidos, a justiça como equidade justificaria uma Constituição similar à estadunidense e que, por isso, deve estar sujeita às mesmas objeções. Ele e eu, contudo, não estamos debatendo a justiça da Constituição dos Estados Unidos tal como se apresenta, mas se a justiça como equidade permite e é consistente com a soberania popular que ele valoriza. Insisti que é. E eu teria, assim como ele, objeções que derivam (no meu caso) dos dois princípios de justiça a nossa atual Constituição e a nossa estrutura básica da sociedade, concebida como um sistema de cooperação social. Menciono três objeções: o sistema vigente falha de forma deplorável no financiamento público de campanhas eleitorais, resultando em grave desequilíbrio nas liberdades políticas equitativas; propicia uma distribuição bastante desigual de renda e riqueza que solapa seriamente as igualdades equitativas na educação e no emprego – tudo isso contribui para corroer a igualdade social e econômica; e também inexistem arranjos para garantir elementos constitucionais essenciais tão importantes quanto o atendimento à saúde para muitos que não dispõem de seguro privado. Mas essas questões urgentes não dizem respeito aos tópicos filosóficos que Habermas levanta, tais como o dispositivo da posição original e sua relação com a teoria do discurso, os dois princípios de justiça e a sequência de quatro estágios, a conexão entre as liberdades dos modernos e as liberdades dos antigos.

É possível que Habermas sustente ideias que de algum modo são semelhantes àquelas de Jefferson, que parece ter se preocupado profundamente com essa questão. Em sua carta a Samuel Kercheval, em 1816, Jefferson examina suas ideias de reforma da Constituição da Virgínia e expõe os elementos de seu sistema de distritos, o qual propunha a divisão de condados em distritos administrativos que fossem pequenos o suficiente para que todos os cidadãos pudessem comparecer e expressar sua opinião sobre questões que iam do nível do distrito e do condado a níveis mais elevados. Esses distritos – e temos de presumir que isto viria junto com algum tipo de hierarquia de consulta – deveriam propiciar o espaço público necessário para as pessoas se expressarem na qualidade de cidadãos livres e iguais, um arranjo que nem a Constituição da Virgínia nem a dos Estados Unidos previam. Recordemos também a ideia de Jefferson (também presente na carta) de realizar uma convenção constitucional a cada dezenove ou vinte anos, de modo que cada geração pudesse escolher sua própria Constituição, não se atribuindo às gerações passadas nenhuma prerrogativa a esse respeito[45]. Menciono os pontos de vista de Jefferson somente porque permitem lançar luz sobre a observação de Habermas com relação a reavivar as brasas democráticas radicais em uma sociedade justa.

Também sustento que encontrar a moldura constitucional mais apropriada não é uma questão que possa ser resolvida somente com base em considerações de filosofia política, mas que depende de compreender o alcance e os

---

45. Ver *Thomas Jefferson: Writings*, organizado por Merrill Peterson (Nova York: Viking, 1984), pp. 1.399 ss., 1.410 ss., respectivamente. Ver também sua carta a James Madison, datada de 6 de setembro de 1789, na qual ele afirma que "*o usufruto da Terra pertence aos vivos*, e os mortos não têm nenhum direito ou prerrogativa em relação a isso" (ibid., p. 959). Uma geração não pode impor amarras a outra. Hannah Arendt, nesse contexto, faz referência à perplexidade aparentemente insolúvel do espírito revolucionário que luta para estabelecer um governo constitucional. A perplexidade diz respeito a como abrigar um espírito revolucionário em um regime permanente. Ela também sugere que o antagonismo de Jefferson em relação àqueles que veem as Constituições com reverência santimonial tem por base um sentimento de indignação perante a injustiça de que somente sua própria geração pudesse ser capaz de "dar início ao mundo uma vez mais", frase de Thomas Paine em *Common Sense*; ver, de Arendt, *On Revolution* (Nova York: Viking, 1963), p. 235. Contudo, esse sentimento de injustiça está totalmente fora de lugar e não há como levá-lo em conta de modo que faça sentido. (Eu poderia do mesmo modo passar minha vida queixando-me de que não sou Kant, Shakespeare ou Mozart.) Com relação à perplexidade de encontrar um espaço político público apropriado para dar alcance à autonomia do povo, penso, como se afirma no texto, que esta é uma questão de moldura constitucional. Sobre isto – e não que Arendt discordasse deste ponto de vista –, qualquer sentimento de perplexidade insolúvel é ilusório.

limites das instituições sociais e políticas e de compreender como é possível fazê-las funcionar de forma efetiva. Essas são coisas que dependem da história e de como as instituições se organizam. Naturalmente, aqui o conceito de verdade tem aplicação. Volto à questão da moldura constitucional em § 4.3.

## § 4. Os fundamentos das liberdades

1. A primeira parte da objeção de Habermas sobre as liberdades, da qual tratei em § 3, está relacionada ao breve sumário[46] que aparece perto do final de suas críticas e que tem por objeto o que ele denomina a relação dialética entre a autonomia pública e a autonomia privada (130-1). Completo minha réplica examinando esse sumário, que inclui formulações da argumentação central de FG[47], cujas partes essenciais aparecem sobretudo nos capítulos 3 e 4 dessa obra. Isso também é retomado no capítulo 9, assim como no "Posfácio"[48]. Por esta razão, começo examinando algumas observações deste último texto para completar minha réplica a sua objeção ao que ele se refere como o liberalismo como doutrina histórica[49].

Habermas pensa que, ao longo da história da filosofia política, tanto pensadores liberais como republicanos cívi-

---

46. O sumário começa com as palavras "Uma teoria da justiça" (130) e termina com as palavras "no presente contexto" (131).
47. Ver a resenha de David Rasmussen em *Philosophy and Social Criticism*, 20, 4 (1994), pp. 21-44, p. 41.
48. O "Posfácio" (datado de setembro de 1993) foi acrescentado a uma tiragem (*Auflage*) posterior de FG, 661-80. Uma tradução feita por Regh encontra-se em *Philosphy and Social Criticism*, 20, n. 4 (outubro de 1994), pp. 133-50. Agradeço a Rasmussen por ter me enviado as provas desse material.
49. Remeto à tradução de Regh do *Postscript* de acordo com o número de seção e de parágrafo. A principal seção, que sumaria o argumento central, encontra-se em III. Ela tem oito parágrafos: os quatro primeiros formulam o argumento central, enquanto os quatro seguintes respondem a dois críticos, Otfried Höffe e Larmore, cada réplica em dois parágrafos.

cos não conseguiram entender a relação interna entre autonomia pública e autonomia privada. Por exemplo, ele sustenta que pensadores liberais costumavam considerar a relação entre essas duas formas de autonomia de modo que a autonomia privada, tal como especificada pelas liberdades dos modernos, esteja fundamentada em direitos humanos, por exemplo, os direitos à vida, à liberdade e à propriedade (pessoal[50]), e em um "anônimo"[51] Estado de direito. Por outro lado, a autonomia pública (política) dos cidadãos fundamenta-se no princípio da soberania popular e se expressa no Direito democrático. Na tradição filosófica, ele pensa que as relações entre os dois tipos de autonomia são caracterizadas por "uma competição não resolvida" ("Postscript" III: 1).

Habermas vê essa falha no fato de que, desde o século XIX, o liberalismo enfatizou o grande perigo representado pela tirania da maioria e simplesmente postulou a prioridade dos direitos humanos como uma limitação à soberania popular. Por sua vez, o republicanismo cívico na tradição de Aristóteles sempre atribuiu prioridade às liberdades dos antigos sobre as dos modernos. Diversamente de Locke e Kant, Habermas nega que os direitos dos modernos são direitos morais que se baseiem quer no direito natural, quer em uma concepção moral como o imperativo categórico. Ele sustenta que, ao basear esses direitos na moralidade, o liberalismo sujeita a ordem legal a um fundamento externo, colocando desse modo restrições ao Direito democrático legítimo, ao passo que a visão de Rousseau e do republicanismo cívico embasa as liberdades dos antigos nos va-

---

50. Insiro esse parêntese porque a justiça como equidade não inclui o direito à propriedade dos meios de produção. Ver *Teoria*, pp. 270-4.

51. Termo do tradutor [*anonymous rule of law*, na tradução de Regh para o inglês (N. do T.)]. A expressão em alemão é "eine anonyme *Herrschaft der Gesetze*", com a qual penso que Habermas queira se referir ao Estado de direito enquanto tal. Isto é, é anônimo ou impessoal (na economia, isso pode se referir a bens que não possuem um nome de marca), não é a lei de um rei ou de um corpo legislativo.

lores éticos de uma comunidade específica, com seu etos do bem comum, fundamentando essas liberdades em valores particulares e paroquiais.

Movendo-se entre o que ele vê como esses dois erros, Habermas concebe as liberdades da autonomia pública e as liberdades da autonomia privada como "co-originais" e como tendo "peso igual", sem que nem as primeiras nem as segundas tenham prioridade ou possam ser impostas umas às outras (FG 135). O relevante é que a relação interna entre a autonomia pública e a autonomia privada, um *insight* crucial que escapou até mesmo a Kant e Rousseau, que tentaram formular tal relação, elimina a competição não resolvida entre as duas formas de autonomia. Uma vez que se compreenda a relação interna que há entre ambas, perceberemos que uma pressupõe a outra (130), já que, dada essa relação, se dispusermos de uma forma de autonomia, também disporemos da outra, sem que nenhuma delas tenha de ser imposta. Na concepção de democracia da teoria do discurso, a harmonia e o equilíbrio reinam e ambos são plenamente alcançados[52].

Habermas não coloca em questão que os direitos humanos possam ser justificados como direitos morais. O que ele quer ressaltar é que, uma vez que os concebamos como parte do direito positivo, que é sempre coercitivo e se apoia no poder estatal, não podem ser impostos por uma agência externa à legislatura de um regime democrático. Isso certamente é correto. Vamos supor (imaginando de modo selvagem) que o chanceler prussiano da época de Kant agisse, com o apoio do rei, para garantir que todas as leis aprovadas estivessem de acordo com o princípio de Kant do contrato social[53]. Caso isso ocorresse, cidadãos livres e iguais estariam de acordo – digamos que após a devida re-

---

52. Os três parágrafos precedentes oferecem uma interpretação de "Postscript", III: 1. Ver também FG 129-35, pp. 491 ss.
53. Ver *Metaphysics of Morals*, A Teoria do Direito, seções 47, 52, e a Observação D que se encontra nas observações gerais que se seguem à seção 49; ainda, "Theory and Practice", Akademie Edition VIII: pp. 289 ss., 297 ss.

flexão – com eles. Mas uma vez que os cidadãos eles próprios não debateriam livremente essas leis, não votariam nelas e não as aprovariam, não seriam autônomos em termos políticos e não poderiam conceber-se dessa maneira. Por outro lado, Habermas afirma que mesmo um povo democrático, na condição de legislador soberano, e plenamente autônomo, no sentido político, não deve aprovar nada que viole aqueles direitos humanos. Aqui ele pensa que o liberalismo defronta com um dilema ("Postscript" III: 2) cuja resolução escapou por muito tempo da filosofia política e coloca as liberdades em uma competição não resolvida. O suposto dilema, acredito, é que, embora direitos humanos não possam ser impostos de modo externo ao exercício da autonomia pública em um regime democrático, esta autonomia – por maior que seja – não pode legitimamente violar, por meio de suas leis, esses direitos ("Postscript" III: 2).

2. Contra aquilo que Habermas parece sustentar aqui, apenas defenderei o liberalismo tal como o entendo. Assim, nego, em primeiro lugar, que o liberalismo coloque a autonomia pública e a autonomia privada em uma competição não resolvida; em segundo lugar, nego, visto que as duas proposições são inequivocamente corretas, que o suposto dilema com o qual o liberalismo defrontaria não constitua um dilema genuíno; em terceiro lugar, sustento que em um liberalismo interpretado de forma adequada, como espero que o seja na justiça como equidade e em outras doutrinas liberais que remontam a Locke, a autonomia pública e a privada são tanto co-originais como têm peso igual (para empregar os termos de Habermas), sem que nenhuma delas se imponha externamente à outra. Começo por este último ponto.

Exporei três paralelos entre a justiça como equidade e a visão de Habermas com o intuito de mostrar que no liberalismo, interpretado de forma adequada, a autonomia pública e a autonomia privada são co-originais e têm peso igual. Esses paralelos evidenciam, acredito, que a justiça como equidade e outras visões liberais reconhecem, tanto quanto sua visão teórico-discursiva, aquilo que ele denomina a relação interna entre as liberdades antigas e as liberdades modernas, ou a pressuposição mútua entre ambos os tipos de liberdades. Começo pela frase que encerra o primeiro parágrafo do sumário[54]:

> A questão fundamental, então, é: quais direitos pessoas livres e iguais devem conferir (*gegenseitig einräumen*) umas às outras se elas desejam regular sua coexistência pelos meios legítimos do Direito coercitivo e positivo (130)?

Habermas toma essa questão como o ponto de partida de sua interpretação da democracia no sentido da autocompreensão normativa (FG 109).

Não será essa afirmação paralela – ainda que obviamente não seja a mesma coisa – àquilo que se passa na sociedade civil quando os cidadãos examinam e aceitam (para aqueles que o fazem) os méritos da posição original e os princípios que presumivelmente nela são escolhidos?[55] Não estão as partes, como representantes dos cidadãos, escolhendo princípios de justiça para especificar o sistema de liberdades (fundamentais) que melhor proteja e promova os interesses fundamentais dos cidadãos, sistema esse que eles concedem uns aos outros? Aqui também as liberdades dos antigos e dos modernos são co-originais e têm peso igual, não se atribuindo a nenhuma dessas categorias de liberdade um lugar de prioridade em relação à outra. As liberdades

---

54. Essa frase é similar à outra de "Postscript" II: 2.3: "A questão central do direito natural moderno pode ser reformulada com base em novas premissas teórico-discursivas: que direitos os cidadãos devem conceder uns aos outros, caso decidam constituir a si próprios como uma associação voluntária de consociados legais e regular de forma legítima sua convivência por meio do direito positivo?"

55. Como vimos, onde essas discussões ocorrem constitui uma questão importante. Na justiça como equidade, elas acontecem entre cidadãos na sociedade civil – o ponto de vista que é o seu e o meu. Suponho que o mesmo se aplique no caso de Habermas.

associadas tanto à autonomia pública como à autonomia privada aparecem umas ao lado das outras, sem haver hierarquização entre elas, no primeiro princípio de justiça. Essas liberdades são co-originais pela razão ulterior de que tanto uma como outra têm fundamento em uma das faculdades morais ou em ambas, respectivamente, na capacidade de ter um senso de justiça e na capacidade de ter uma concepção do bem. Assim como as próprias liberdades, as duas faculdades elas mesmas não são hierarquizadas; ambas constituem aspectos essenciais da concepção política de pessoa e a cada uma corresponde seu próprio interesse de ordem superior[56].

3. Um segundo paralelo que pode ser traçado entre as duas teorias é que, na justiça como equidade, assim como na visão de Habermas, também há uma construção de dois estágios[57]. Aqueles que, encontrando-se na sociedade civil, aceitam a justiça como equidade, recorrem ao dispositivo de representação da posição original para determinar os direitos dos cidadãos que reconhecem uns aos outros como iguais, direitos estes que devem ser garantidos por um regime democrático. Então, com os dois princípios de justiça à mão (com a ênfase conferida ao primeiro princípio), concebemo-nos, em conformidade com a sequência de quatro estágios (§ 3.2), como delegados de uma convenção constitucional. Nesse ponto, do mesmo modo que na visão de Habermas, "passamos ao controle constitucional do poder estatal pressuposto" ("Postscript" III: 8). Na justiça como equidade, escolhemos em pensamento e a seguir pratica-

---

56. Há um terceiro interesse de ordem superior, que é dado pela concepção determinada do bem que as pessoas têm em certo momento. Mas, visto que esse interesse está sujeito aos interesses de ordem superior das duas faculdades morais e, por isso, têm de ser tanto razoáveis como racionais, não vou examiná-lo aqui.

57. A ideia de uma construção de dois estágios está implícita no argumento do sumário e é brevemente descrita mediante a expressão *"eine zweistufige Reconstruktion* ("Postscript" III: 8). Não está claro para mim como uma construção difere de uma reconstrução. Será que isto importa aqui?

mos uma Constituição à qual, como já afirmei, podemos ou não incorporar as liberdades fundamentais, sujeitando a legislação parlamentar, desse modo, a certas restrições constitucionais (caso as incorporemos) como uma das formas possíveis de disciplinar e regular o poder estatal pressuposto. Este poder está pressuposto na justiça como equidade, porque desde o início (§ 1) estamos tratando de princípios e ideais para a estrutura básica da sociedade e suas principais instituições sociais e políticas, tratadas como já existentes em alguma forma.

Quando Habermas afirma que, em sua teoria, os direitos liberais não são originários, mas emergem de uma transformação das liberdades reciprocamente cedidas ("Postscript" III: 8), o contexto indica que ele está se referindo a direitos contra o Estado na forma de direitos incorporados a uma Constituição, digamos, os direitos da Carta de Direitos estadunidense ou da *Grundgesetz* alemã. Ele não está examinando os direitos que as pessoas inicialmente cedem umas às outras no primeiro passo de sua teoria[58]. Estes últimos são direitos originários no sentido de que é daí que partimos, assim como poderíamos dizer que os direitos fundamentais abarcados pelo primeiro princípio de justiça são originários. As liberdades fundamentais desses princípios podem ser citadas, junto com uma visão sobre de que forma legislaturas e instituições sociais funcionam, como razões para incorporá-las a uma Constituição escrita em uma convenção constitucional, ou, nas palavras de Habermas, elas podem ser transformadas em tais razões. As liberdades fundamentais (análogas aos direitos inicialmente cedidos, na visão de Habermas) são originárias (no sentido que ele dá ao termo), mas as restrições à legislação não são. Ele não coloca em questão que essas liberdades também possam ser de maneira adequada relacionadas à ordem de direitos morais. Antes, seu ponto de vista (com o qual estou de acordo) é que o estabelecimento dessa relação não é em si suficiente, em

---

58. Sou grato a McCarthy pelo esclarecimento desse ponto.

uma sociedade democrática, para fazer com que o cumprimento obrigatório de tais direitos torne-se legítimo como Direito. Nem ele colocaria em questão a suposição de que a crença razoável dos cidadãos nessa relação encontra-se entre as boas razões para aprovar certos direitos privados no debate democrático.

Se tudo isso está correto, Habermas não está discordando da justiça como equidade ou com Frank Michelman, a quem ele toma por um republicano cívico, ou, com efeito, com muitos outros liberalismos. Tanto sua visão quanto as nossas (junto com grande parte da doutrina constitucional estadunidense) concordam que determinar se as liberdades modernas devem ser incorporadas à Constituição é questão a ser decidida pelo poder constituinte de um povo democrático[59], que é uma conhecida linhagem de doutrina constitucional originada em George Lawson via Locke[60]. Penso que a visão de Habermas sobre o liberalismo não se adapta a essa tradição histórica.

Além disso, uma questão de real importância, formulada em § 3, é em que medida essas liberdades ganham maior garantia e proteção se são incorporadas em uma Constituição. Trata-se de uma questão de moldura constitucional. Naturalmente, a resposta a ela pressupõe princípios de direito e de justiça, mas também requer investigação histórica e compreensão do funcionamento de instituições democráticas sob condições históricas, culturais e sociais particulares. Na justiça como equidade, esse é um juízo que deve ser constituído em uma convenção constitucional, avaliando-se desse ponto de vista os prós e contras de

---

59. Para a visão de Locke sobre o poder constituinte do povo, ver *Second Treatise:* 134, p. 141. Eu poderia acrescentar que isso está de acordo com a doutrina federalista do povo. Ver a esplêndida interpretação de Gordon Wood em *The Creation of the American Republic, 1776-1787* (Nova York: Norton, 1969). Os capítulos 7 a 9 e 13 oferecem grande parte de todo o quadro.
60. Sobre isso, ver Julian Franklin, *Sovereignty of the People* (Nova York: Cambridge University Press, 1978), que vincula a posição de Locke no *Segundo Tratado* ao tratado de Lawson dos anos 1650.

tal incorporação. Diferenças de opinião a esse respeito dependem em grande parte de como avaliamos as evidências históricas sobre a efetividade das garantias constitucionais e se estas garantias apresentam desvantagens em si mesmas, tais como efeitos debilitantes sobre a própria democracia. Por mais atraente que possa parecer, à primeira vista, impor limitações à legislação, o exame de evidências, de casos históricos e a reflexão social e política podem sugerir o contrário. O aspecto a ressaltar é que a moldura constitucional não é uma questão que possa ser decidida somente por uma concepção filosófica de democracia – liberal, teórico-discursiva ou de qualquer outro tipo –, nem apenas por uma investigação social e política que dispense um exame caso a caso de exemplos e não leve em conta a história política particular e a cultura democrática da sociedade em questão. De modo que sustento que no liberalismo (e também na visão de Habermas) o que há não é uma competição não resolvida entre liberdades antigas e liberdades modernas, mas uma questão de avaliar as evidências de uma forma ou de outra. O caso corresponde exatamente à questão (examinada em *Uma teoria da justiça*) da contraposição entre a democracia dos cidadãos-proprietários e um socialismo liberal (*Teoria*, 270-4).

Nego, então, que o liberalismo coloque a autonomia pública e a autonomia privada em uma competição não resolvida. Esse é o primeiro ponto que quero sustentar. O segundo é que o dilema com o qual o liberalismo supostamente defronta é um dilema genuíno, visto que, como já afirmei, as duas proposições são corretas. Uma delas diz: nenhuma lei moral pode ser imposta de forma externa a um povo democrático soberano; a outra diz: o povo soberano não pode aprovar de maneira justa nenhuma lei que viole esses direitos (embora possa fazê-lo de forma legítima[61]). Estas afirmações simplesmente expressam o risco que toda autoridade política, democrática ou de outro tipo re-

---

61. A legitimidade dá latitude a isso; ver § 5 adiante.

presenta para a justiça política, pois não há nenhuma instituição humana – política ou social, judicial ou eclesiástica – que possa garantir que leis legítimas (ou justas) sejam sempre aprovadas e que direitos justos sejam sempre respeitados. Acrescente-se a isto: seguramente – e isto é algo que jamais se deve colocar em questão –, uma única pessoa pode assumir sozinha a posição – e estar correta em fazê-lo – de sustentar que a lei e o governo estão errados e são injustos. Não é necessária nenhuma doutrina especial da co--originalidade ou do peso igual das duas formas de autonomia para explicar esse fato. É difícil acreditar que nenhum dos maiores pensadores liberais e republicanos cívicos tenha compreendido isso, que tem relação com a questão imemorial sobre qual é a melhor maneira de combinar o poder e a lei para realizar a justiça.

4. Um terceiro paralelo entre a justiça como equidade e a ideia de que a autonomia pública e a autonomia privada são tanto co-originais como têm peso igual é o que se apresenta a seguir. Penso que, para Habermas, a relação interna entre as duas formas de autonomia reside no modo como a teoria do discurso reconstrói a legitimidade do Direito democrático. Na justiça como equidade, as duas formas de autonomia também estão internamente conectadas, no sentido de que a relação entre elas revela-se no modo pelo qual essa concepção é construída como um ideal. A fonte de seu sistema de direitos e liberdades fundamentais encontra-se na ideia de sociedade como um sistema equitativo de cooperação social e na de representantes racionais dos cidadãos incumbidos de escolher os termos de cooperação, sujeitando-se estes representantes a condições razoáveis. Na condição de participantes de tal cooperação, diz-se dos cidadãos que eles possuem as duas faculdades morais indispensáveis, com os três interesses de ordem superior a elas associados, para capacitá-los a participar de uma sociedade assim concebida. Essas faculdades são as capacidades de ter um senso de justiça e uma concepção do bem. A primeira dessas faculdades está vinculada ao razoá-

vel – a capacidade de propor termos equitativos de cooperação e de agir com base neles, supondo-se que outros façam o mesmo; a segunda, ao racional[62] – a capacidade de ter uma concepção racional e coerente do bem que possa ser perseguida dentro dos limites estabelecidos por esses termos equitativos.

Partindo daí, a ideia é articular essas liberdades fundamentais em um sistema plenamente adequado dos dois tipos de liberdades. Isto é feito em seis passos, que aqui só posso apresentar de modo esquemático:

    a. Especificar, para todos os cidadãos, as condições sociais necessárias ao desenvolvimento adequado e ao exercício pleno e informado das faculdades morais nos dois casos fundamentais (VIII, § 8, p. 392)[63].

    b. Identificar os direitos e as liberdades que são necessários para proteger e permitir o exercício dessas duas faculdades nos dois casos fundamentais. O primeiro diz respeito à aplicação dos princípios de justiça à estrutura básica da sociedade e a suas políticas sociais; aqui são essenciais a liberdade política e a liberdade de expressão política. O segundo diz respeito à aplicação da razão deliberativa para guiar a própria conduta ao longo de toda a vida; aqui entram a liberdade de consciência e a liberdade de pensamento, de modo mais geral, junto com a liberdade de associação (VIII, § 8, p. 392).

    c. Visto que as liberdades estão fadadas a conflitar entre si e que nenhuma delas é absoluta em relação às demais, precisamos verificar se o âmbito central de cada liberdade pode ser simultaneamente realizado

---

    62. O conceito de racional aqui empregado é mais amplo e mais profundo do que o conceito de racional empregado na posição original, que possui um sentido mais restrito. Não tenho como explicitar melhor a diferença no momento.

    63. Aqui a referência é a "Basic Liberties and Their Priority" (1982), ensaio que foi publicado neste volume, sem alterações, como Conferência VIII.

em uma estrutura básica praticável (VIII, § 2, p. 349 ss.). A questão aqui é que não podemos simplesmente afirmar que sim. Isso tem de ser demonstrado especificando-se o âmbito central dessas liberdades e mostrando-se como elas podem ser reconciliadas em instituições praticáveis que satisfaçam os dois princípios de justiça[64].

d. Empregar duas maneiras – uma histórica e a outra teórica – de determinar a lista de liberdades fundamentais. Na histórica, olhamos para as Constituições de sociedades democráticas, fazemos uma lista das liberdades que em geral são protegidas e examinamos o papel que desempenharam nas democracias que historicamente funcionaram bem. Na teórica, consideramos quais liberdades são decisivas para o desenvolvimento adequado e o exercício das duas faculdades morais ao longo de toda a vida (VIII, § 1, p. 292 ss.).

e. Introduzir os bens primários (que incluem as liberdades fundamentais e oportunidades equitativas) para especificar melhor os detalhes dos princípios de justiça, a fim de torná-los praticáveis sob condições sociais normais. Os direitos, as liberdades e as oportunidades fundamentais, já sabemos, são iguais, e é preciso que os cidadãos disponham de meios polivalentes suficientes para capacitá-los a fazer uso efetivo desses recursos. Mas em que consistem esses

---

64. O objetivo de *Teoria* é esboçar essas instituições. O texto diz, na p. 195, que o objetivo da Segunda Parte (Instituições) é ilustrar o conteúdo dos princípios de justiça descrevendo uma estrutura básica de instituições que os satisfaçam. Estes princípios definem, como o texto afirma, uma concepção política praticável, isto é, uma concepção que pode ser realizada por instituições efetivas, as quais é possível colocar em prática, levando em conta o que se pode esperar que os cidadãos saibam e por que se pode esperar que sejam motivados a fazer sua parte, ficando a discussão deste último tópico para a Terceira Parte. Menciono isso porque Habermas afirma em FG, na seção 2.2 do capítulo 2, que *Teoria* é abstrata e ignora essas questões.

direitos, oportunidade e meios, de modo mais específico, para que aqueles princípios sejam praticáveis? Os bens primários respondem a essa questão (V, §§ 3-4). Isto feito, sob condições razoavelmente favoráveis, os princípios podem servir de guia para por fim estabelecermos, partindo do ponto em que a sociedade se encontra hoje, um sistema justo de instituições políticas e sociais, que proteja o âmbito central de todas as liberdades, tanto as antigas como as modernas.

f. Mostrar, por fim, que esses princípios seriam escolhidos na posição original pelos representantes de cidadãos considerados livres e iguais, concebidos como tendo as duas faculdades morais e como professando uma concepção determinada do bem.

Desse modo, as liberdades associadas a cada uma das duas formas de autonomia foram internamente relacionadas por meio da construção da justiça como equidade como uma concepção política de justiça. Essa variante de liberalismo, portanto, não coloca as liberdades em uma competição não resolvida. Casos reais muitas vezes envolvem conflitos entre as liberdades, e não há nenhum arranjo constitucional ou de outro tipo que possa evitar isso inteiramente, quer se trate da visão de Habermas ou de qualquer outra, nem ele negaria isso.

No que se refere à questão sobre quais são as diferenças entre a visão de Habermas e a minha com relação à co-originalidade e ao peso igual da autonomia pública e da autonomia privada, não estou certo. Ambos temos um ideal normativo de democracia que fundamenta uma relação interna entre as duas formas de autonomia, e nossos ideais são análogos em vários aspectos, embora sua visão seja abrangente (§ 1). O ideal de Habermas parece-me formulado de modo demasiado amplo para que seja possível discernir a família de liberdades que resultaria do procedimento ideal de discurso. Com efeito, não é de modo algum claro se esse procedimento poderia levar a alguma conclusão mais específica[65].

5. Uma última questão. Levando em conta o que Habermas afirma de forma literal, é possível que ele pense que a relação interna entre as duas formas de autonomia dependa do "conteúdo normativo do *modo de exercer a autonomia política*" (FG 133). Mas por que essa ênfase no político? Será que ele quer na realidade dizer que a autonomia política desempenha o papel primário e fundamental, depois de ter afirmado que as duas formas de autonomia são co-originais e possuem peso igual? Não seria o caso, em sua concepção, de se mover igualmente nas duas direções?

Seja como for, a justiça como equidade sustenta que, mesmo que as liberdades da autonomia privada possam ser internamente relacionadas à autonomia política e fundamentadas nela, elas não se baseiam somente nessa relação. Isto porque as liberdades dos modernos, na justiça como equidade, têm sua própria base própria e distinta na segunda faculdade moral, com sua concepção determinada do bem (embora, na posição original, esta não seja conhecida). Além disso, a segunda faculdade moral e os dois interesses de ordem superior a ela associados expressam de forma independente, no sistema de liberdades fundamentais, as garantias e liberdades das pessoas na condição de membros da sociedade civil, com sua vida social, cultural e espiritual. Essa parte da sociedade contém instituições e associações de todos os tipos, organizações culturais e sociedades científicas, universidades e Igrejas, meios de comunicação de diferentes tipos, tudo isso em uma variedade infinita. O valor dessas atividades aos olhos dos cidadãos que as praticam constituem uma base ao menos suficiente, se não vital, para os direitos de autonomia privada. Porque, como Habermas reconhece (FG 165), a democracia política

---

65. Tenho de admitir que eu próprio não fiz muita coisa nessa direção, mas certas liberdades fundamentais e os casos aos quais se aplicam foram objeto de discussão na Conferência VIII, "As liberdades fundamentais e sua prioridade".

depende, para sua existência duradoura, da cultura de fundo liberal que a sustenta. No entanto, esta cultura não vai sustentá-la a não ser que as instituições da democracia sejam vistas por cidadãos razoáveis como oferecendo apoio àquilo que eles veem como formas apropriadas do bem, do modo como são especificadas por suas doutrinas abrangentes e desde que sejam permitidas pela justiça política. Assim, ainda que a relação interna com as liberdades políticas pudesse oferecer uma derivação teórico-discursiva para as liberdades civis, isto não impediria estas últimas de ter outra justificação, que é pelo menos do mesmo modo suficiente, como acredito que têm.

A ênfase que Habermas parece colocar no político (se este é seu intuito) só tem alguma plausibilidade caso se suponha que a ideia do humanismo cívico é verdadeira. Isto é, a ideia de que as atividades nas quais os seres humanos alcançam sua realização mais plena, seu bem supremo, são as atividades da vida política. Indubitavelmente, envolver-se na vida política pode constituir uma parte considerável das concepções do bem de muitas pessoas e, para alguns, pode mesmo representar um bem dos mais elevados, como testemunha a vida de grandes estadistas, tais como George Washington e Abraham Lincoln. Ainda assim, a justiça como equidade rejeita fazer qualquer afirmação dessa natureza e considera um equívoco subordinar o bem da sociedade civil àquele da vida pública.

### § 5. Justiça procedimental *versus* justiça substantiva

1. Nesta seção, concluo minha defesa do liberalismo (do liberalismo político, no meu caso) respondendo à objeção de Habermas de que a justiça como equidade é substantiva, e não procedimental. Recordemos que ele afirma que sua teoria procedimental

> enfoca exclusivamente os aspectos procedimentais do uso público da razão e deriva o sistema de direitos da ideia de sua

institucionalização legal [legítima⁶⁶]. Essa teoria pode deixar mais questões em aberto [do que a justiça como equidade] porque delega mais ao *processo* de formação de opinião e vontade racionais. A filosofia assume encargos teóricos diferentes quando, como no caso da concepção de Rawls, tem a pretensão de elaborar o ideal de uma sociedade justa, ficando então para os cidadãos se valer dessa ideia como plataforma com base na qual avaliar os arranjos e as políticas existentes (131).

Entendo minha resposta como uma defesa do liberalismo, pois qualquer visão liberal deve ser substantiva, e é correto que o seja. Além disso, não percebo por que a visão de Habermas não seria também ela substantiva, embora os elementos substantivos possam diferir.

Começo explicando que considero a distinção entre a justiça procedimental e a justiça substantiva como aquela que há entre, respectivamente, a justiça (ou equidade) de um procedimento e a justiça (ou a equidade) de seu resultado[67]. Ambos os tipos de justiça exemplificam certos valores – do procedimento e do resultado, respectivamente – e ambos os tipos de valores combinam-se no sentido de que a justiça de um procedimento sempre depende (deixando-se de lado o caso especial do jogo) da justiça de seu provável resultado ou da justiça substantiva. Desse modo, a justiça procedimental e a substantiva estão relacionadas, não separadas. Mas isto ainda permite que procedimentos equitativos tenham valores que lhes sejam intrínsecos – por exemplo, um procedimento que exprima o valor da imparcialidade ao assegurar a todos igual oportunidade de defender sua posição[68].

---

66. Não necessitamos de "legítima" aqui?
67. Sigo aqui a distinção de Hampshire em sua resenha de LP, p. 44, citada na nota 31.
68. Devo muito a Joshua Cohen, "Pluralism and Proceduralism", in *Chicago-Kent Law Review* 69 (1994), pp. 589-618. Esse ensaio é um exame aprofundado e completo da questão, e me baseio nele em muitos pontos de minha argumentação. Seu tema mais geral é que, visto que a justiça procedimental

A relação entre a justiça procedimental e a substantiva pode ser ilustrada recordando-se brevemente dois casos claros que envolvem justiça procedimental[69]. O primeiro caso é o da justiça procedimental perfeita, tal como é exemplificado pelo procedimento de senso comum de fazer a divisão de um bolo. O procedimento serve de ilustração à justiça procedimental perfeita somente porque sempre produz o resultado equitativo aceito: a divisão igual. Se não conseguisse produzir um resultado equitativo, não seria um procedimento para a justiça, mas para outra coisa. O mesmo vale para um julgamento criminal, que é um caso de justiça procedimental imperfeita, porque não se pode garantir que nenhum procedimento de julgamento, por mais justa e efetiva que seja a forma como a lei o institua – com suas normas referentes às provas e aos direitos e deveres das partes, tudo isto regulamentado de forma razoável –, sempre resulte na condenação dos acusados se e somente se eles cometeram o crime. Contudo, como no caso anterior, um procedimento de julgamento criminal não seria justo – não seria um procedimento para um julgamento equitativo – se não fosse inteligentemente moldado para pro-

---

depende da justiça substantiva, um consenso sobreposto sobre questões substantivas não é, de modo geral, mais utópico do que um acordo sobre a justiça procedimental: um consenso constitucional já envolve muito acordo sobre questões substantivas. Desse modo, Cohen rejeita a objeção à justiça substantiva segundo a qual a justiça procedimental é, em geral, menos exigente, já que independe da justiça substantiva. Isso se ajusta bem à visão sustentada em IV, §§ 6-7 de que há tendências que empurram um consenso constitucional na direção de um consenso sobreposto. Só não me vali da argumentação de Cohen em IV porque me escapou completamente. O tópico da justiça procedimental também é examinado de forma bastante apropriada por Charles Beitz em seu *Political Equality* (Princeton: Princeton University Press, 1989), capítulo 4. Neste capítulo, ele formula uma tese que aqui estou adotando: a de que a justiça da justiça procedimental depende em parte da justiça dos resultados. Para críticas nessa mesma linha ao livro de John Hart Ely, *Democracy and Distrust* (Cambridge: Harvard University Press, 1981), ver Dworkin, *A Matter of Principle* (Cambridge: Harvard University Press, 1985), capítulo 2, pp. 57-69, e Laurence Tribe, *Constitutional Choices* (Cambridge: Harvard University Press, 1985), capítulo 2: "The Pointless Flight from Substance", pp. 9-20.

69. Eu os analisei em *Teoria*, 84-7.

duzir, ao menos na maior parte das vezes, a decisão correta. Sabemos que sempre haverá erros, em parte devido ao estabelecimento de padrões exigentes para determinar a culpabilidade e evitar a condenação de pessoas inocentes, em parte em virtude da inevitável falibilidade humana e de contingências imprevisíveis que afetam as provas. Mas esses erros não podem ser excessivamente frequentes, do contrário o procedimento de julgamento deixa de ser justo.

Às vezes, pode parecer que a controvérsia diz respeito à justiça procedimental e à substantiva, quando não é este o caso. Ambos os lados concordam que a justiça procedimental depende da justiça substantiva e divergem em relação a outra questão. Consideremos as concepções de democracia pluralista que defendem alguma forma de democracia de regra da maioria e que rejeitam a democracia constitucional com seus dispositivos institucionais – tais como a separação de poderes, a exigência de maiorias qualificadas para determinadas questões, uma Carta de Direitos ou o controle jurisdicional da constitucionalidade – pelo fato de tais dispositivos serem incompatíveis com o governo democrático ou, de todo modo, desnecessários. Essas concepções veem a regra da maioria como um procedimento equitativo adotado em instituições políticas públicas para solucionar conflitos sociais e políticos. Certas características do procedimento são definidoras da democracia e especificam aspectos do próprio procedimento, por exemplo, o direito de voto, a regra da maioria, a liberdade de expressão política, o direito a concorrer e exercer cargos políticos. Para ser democrática, é preciso que uma estrutura de autoridade política incorpore esses direitos, que são essenciais para especificar as instituições de um governo democrático[70].

O debate entre defensores da democracia majoritária e da democracia constitucional em grande medida diz respeito a direitos e liberdades que não são parte – pelo menos

---

70. Ver Robert Dahl, *Democracy and Its Critics* (New Haven: Yale University Press, 1989), pp. 167 ss.

não de modo evidente – de um procedimento reconhecido de exercício de poder político – por exemplo, a liberdade de expressão não política e a de pensamento religioso, filosófico e moral, a liberdade de consciência e o livre exercício da religião. Nenhum desses direitos e liberdades é definidor do procedimento democrático. Dada a definição de regra da maioria, a controvérsia entre majoritários e constitucionalistas gira em torno de se a regra da maioria garante um procedimento equitativo e protege esses outros direitos e liberdades.

Os majoritários sustentam que a regra da maioria é equitativa e abrange todos os direitos necessários para produzir uma legislação justa e resultados razoáveis. Os constitucionalistas sustentam que a regra da maioria não é aceitável. A não ser que limitações constitucionalmente reconhecidas a esta regra e outros elementos sejam adotados, as liberdades fundamentais e outras liberdades não estarão protegidas de maneira adequada, nem a democracia será apoiada de modo firme e conseguirá ganhar o consentimento voluntário de seu povo. A isso os majoritários respondem que aceitam plenamente o significado fundamental da expressão não política, da liberdade de pensamento e de consciência, o livre exercício da religião. Eles sustentam que as limitações constitucionais são desnecessárias e que, em uma sociedade e em uma cultura genuinamente democráticas, esses direitos e essas liberdades serão respeitados pelo eleitorado. Afirmam que, para um povo respeitar restrições que derivam da proteção às liberdades fundamentais, de todo modo isto depende do espírito do eleitorado, e que recorrer a dispositivos constitucionais tem efeitos debilitantes sobre a própria democracia.

Tanto majoritários como constitucionalistas podem[71] concordar que o debate diz respeito a se a democracia ma-

---

71. Digo "podem" porque é possível que alguns sustentem que o princípio da regra da maioria em si mesmo deve se erigir na norma última e dirigente. Não é este argumento que estou examinando.

joritária é justa em seus resultados ou se é substancialmente justa. Os majoritários não sustentam que a democracia seja puramente procedimental: eles sabem que não conseguiriam defendê-la contra os constitucionalistas se não argumentassem não apenas que é justa em seus resultados, como também que os dispositivos constitucionais são desnecessários e que, se é que servem para alguma coisa, tornam esses resultados ainda piores[72]. A controvérsia depende de questões fundamentais sobre como as instituições políticas efetivamente funcionam e se alimenta do conhecimento impreciso que temos sobre essas questões.

2. Após essa digressão, será que Habermas tem como afirmar que sua visão é apenas procedimental? Naturalmente, ele concebe a perspectiva teórico-discursiva como restrita a uma análise do ponto de vista moral e do procedimento de legitimação democrática. E deixa questões substanciais que demandam respostas "aqui e agora" para serem resolvidas pelas discussões relativamente esclarecidas dos cidadãos (131). Mas nada disso significa que ele pode evitar apoiar-se em conteúdo substantivo.

Habermas reconhece que, uma vez que idealizações são atribuídas ao procedimento de discurso, elementos de conteúdo já se expressam, mediante tais idealizações, nesse procedimento (FG 18). Além disso, o procedimento ideal assim concebido é essencial em sua concepção de democracia, visto que uma ideia fundamental é que só é possível assegurar que o processo de discussão pública terá resultados razoáveis na medida em que realize as condições do discurso ideal. Quanto mais igual e imparcial for, mais aberto esse processo será, menos os participantes serão coagidos e, também, mais se deixarão guiar pela força do melhor argumento. Será mais provável, então, que interesses verda-

---

72. Penso que é esse tipo de argumentação que Dahl tem o intuito de formular em seu *Democracy and Its Critics*. Ele não nega a grande importância dos direitos e das liberdades não políticos; antes, questiona, como uma visão política geral, a efetividade e a necessidade dos dispositivos constitucionais conhecidos; ver os capítulos 11-3.

deiramente generalizáveis serão aceitos por todas as pessoas afetadas de modo significativo. Há aqui cinco valores que à primeira vista parecem ser valores do procedimento – a imparcialidade e a igualdade, a abertura (ninguém e nenhuma informação pertinente são excluídos) e a ausência de coerção, a unanimidade – e que, de forma combinada, guiam a discussão de interesses generalizáveis para o acordo de todos os participantes. Esse resultado é certamente substantivo, já que se refere a uma situação na qual os interesses generalizáveis dos cidadãos são satisfeitos. Além disso, todos os cinco valores mencionados estão relacionados a juízos substantivos, uma vez que a razão pela qual eles são incluídos como parte do procedimento é que se fazem necessários para tornar os resultados justos ou razoáveis. O que fizemos, neste caso, foi moldar o procedimento a fim de ajustá-lo a nosso juízo sobre aqueles resultados.

Além disso, Habermas sustenta que os resultados da razão pública que opera por meio de procedimentos democráticos são razoáveis e legítimos. Por exemplo, afirma que a exigência de distribuição igual das liberdades pode ser satisfeita por um procedimento democrático que ofereça apoio à suposição de que os "resultados da formação de vontade política são razoáveis" ("Postscript" III: 3-4). Dito isso, ele pressupõe uma ideia de razoabilidade para avaliar esses resultados, e nisto sua visão é substantiva. É um equívoco comum (que não afirmo que Habermas cometa) supor que a legitimidade (ou a justiça) procedimental tem pretensões menores e pode se sustentar por si própria sem a justiça substantiva: isso não é possível[73].

De fato, acredito que Habermas reconhece que sua visão é substantiva, já que apenas afirma que ela é mais modesta do que a minha, e deixa "mais questões em aberto porque delega mais ao *processo* de formação de opinião e

---

73. Ver a análise de Cohen do livro de Hampshire, *Innocence and Experience* (Cambridge: Harvard University Press, 1989), em seu ensaio "Pluralism and Proceduralism", pp. 589-94, 599 ss., 607-10.

vontade racionais [razoáveis]". Ele não afirma que sua visão deixa todas as questões substantivas abertas à discussão. No parágrafo final de *Between Facts and Norms*, admite que sua teoria não pode ser meramente formal[74]:

> Como o próprio Estado de direito, [o paradigma legal procedimental] retém um núcleo dogmático: a ideia de autonomia segundo a qual os seres humanos só agem como sujeitos livres na medida em que obedecem somente àquelas leis que deram a si próprios em conformidade com os *insights* que adquiriram intersubjetivamente. É preciso reconhecer que isso é "dogmático" apenas em um sentido inócuo. Porque essa ideia expressa uma tensão entre facticidade e validade, uma tensão que está "dada" com o fato da constituição linguística das formas socioculturais de vida, o que significa dizer que *para nós*, que desenvolvemos nossa identidade em tal forma de vida, não é possível eludir essa tensão (FG 536).

Presume-se que algumas questões tenham sido resolvidas mediante uma análise filosófica do ponto de vista moral e do procedimento de legitimação democrática. Uma vez que se trata de uma questão de mais ou de menos, teríamos de fazer um intrincado exame mediante o qual os elementos substantivos em ambas as teorias fossem explicitados, comparados e de algum modo medidos[75]. Isso requer uma comparação entre as duas teorias no que se refere a quais questões cada uma delas deixa abertas à discussão e sob que condições. Não tenho como realizar tal comparação aqui.

---

74. Agradeço a Baynes por chamar minha atenção para a importância dessa passagem final.
75. Isso está de acordo com o ponto de vista de McCarthy. Ao comparar a visão de Habermas e a minha, McCarthy sustenta que, para Habermas, a diferença entre a justiça procedimental e a justiça substantiva é uma questão de grau. Ver seu ensaio "Kantian Constructivism and Reconstructivism: Rawls and Habermas in Dialogue", in *Ethics* 105, n. 1 (outubro de 1994), pp. 44-63, 59 e nota 13. Agradeço a Baynes pela correspondência elucidativa que tivemos sobre esse tópico. Em sua análise de FG para o *Companion to Habermas*, Cambridge University Press, ele faz outros comentários sobre essa questão.

Por fim, como mencionei em § 1, a suposição não é que os cidadãos na sociedade civil venham simplesmente a se valer da ideia de justiça como equidade "como uma plataforma [que lhes tenha sido passada pelo filósofo na condição de especialista] com base na qual avaliar os arranjos e as políticas existentes". Na justiça como equidade, não há especialistas filosóficos. Deus nos livre disso! Mas afinal de contas, os cidadãos devem ter algumas ideias sobre direito e justiça em seu pensamento e devem contar com alguma base para sua reflexão sobre essas questões. Aqueles que estudam filosofia participam da formulação dessas ideias, mas sempre na condição de cidadãos como todos os demais.

3. Antes de concluir, menciono uma forma pela qual é possível entender que a visão de Habermas concentre-se "exclusivamente nos aspectos procedimentais do uso público da razão" (131). Isto é sugerido pelo uso regular que ele faz da ideia de legitimidade, mais do que da ideia de justiça. Menciono-a aqui não por ser sua (penso que não é), mas por ser uma ideia que interessa em si mesma. Vamos supor que desejamos estabelecer instituições políticas democráticas que sejam legítimas, assim como as decisões políticas tomadas e as leis aprovadas em conformidade com tais instituições. Isso faz o foco recair na ideia de legitimidade – e não na de justiça.

Enfocar a legitimidade, em vez da justiça, pode parecer um aspecto de importância menor, na medida em que podemos considerar que "legítimo" e "justo" dizem respeito à mesma coisa. Basta uma breve reflexão para percebermos que não é esse o caso. Um rei legítimo ou uma rainha legítima podem governar de acordo com uma estrutura justa e efetiva de governo, mas também é possível que não o façam, e certamente podem não governar de forma justa, embora o façam de forma legítima. O fato de serem legítimos diz alguma coisa sobre o *pedigree* deles: como conseguiram alcançar suas posições. Isto diz respeito a se eram herdeiros legítimos do trono de acordo com as normas e tradições estabelecidas, por exemplo, da Coroa inglesa ou da Coroa francesa.

Um aspecto importante da ideia de legitimidade é que permite certa latitude aos soberanos no que se refere a quão bem podem governar e a até que ponto podem ser tolerados. Isto também se aplica em um regime democrático. Este pode ser legítimo e estar em conformidade com uma longa tradição, que teve origem quando sua Constituição foi inicialmente referendada pelo eleitorado (o povo) em uma convenção especial de ratificação. Mas é possível que não seja muito justo ou que dificilmente se possa considerá-lo justo, e isto vale também para suas leis e políticas. Consideram-se legítimas as leis que foram aprovadas por sólidas maiorias, embora muitos protestem e as julguem injustas ou equivocadas em outro sentido.

Assim, legitimidade é uma noção mais fraca do que justiça e impõe limitações mais frágeis àquilo que pode ser feito. Também é institucional, embora obviamente mantenha uma relação essencial com a justiça. Observe-se, primeiro, que as decisões e leis democráticas são legítimas não porque são justas, e sim porque são aprovadas de forma legítima, de acordo com um procedimento democrático legítimo aceito. Reveste-se de grande importância que a Constituição que especifica o procedimento seja suficientemente justa, mesmo que não seja perfeitamente justa, algo que nenhuma instituição humana pode ser. Mas pode não ser justa e ainda assim ser legítima, desde que seja justa o suficiente à luz das circunstâncias e condições sociais. Um procedimento legítimo dá origem a leis e políticas que, caso tenham sido feitas em conformidade com tal procedimento, são legítimas, e procedimentos legítimos podem ser costumeiros, há muito estabelecidos e aceitos como tais. Não é preciso nem que os procedimentos nem que as leis sejam justos de acordo com um critério estrito de justiça, ainda que não possam ser gravemente injustos – o que também é verdade. Em algum ponto, a injustiça dos resultados de um procedimento democrático legítimo corrompe sua legitimidade, e ele ocorrerá com a injustiça da própria Constituição política. Mas antes que esse ponto seja alcançado, os resultados de um procedimento legítimo, quaisquer que sejam, são legítimos. Isto nos dá uma ideia de legitimidade democrática puramente procedimental e a distingue da justiça, mesmo reconhecendo-se que esta não é especificada de forma procedimental. A legitimidade admite um âmbito indeterminado de injustiça que a justiça pode não permitir.

Embora a ideia de legitimidade esteja claramente relacionada à justiça, é importante observar que o papel da legitimidade em instituições democráticas (mencionado de passagem em § 2) é autorizar um procedimento apropriado para tomar decisões, levando-se em conta que os conflitos e desacordos na vida política tornam a unanimidade impossível ou muito improvável. Assim, a ideia de legitimidade admite que muitas modalidades diferentes de procedimento, com maiorias e pluralidades de tamanhos distintos, podem gerar decisões legítimas, dependendo do caso: de decisões tomadas por vários tipos de comissões e de instituições legislativas a eleições gerais e a procedimentos de emenda à Constituição. Um procedimento legítimo é aquele que todos, na condição de livres e iguais, podem razoavelmente aceitar quando decisões políticas têm de ser tomadas, em relação às quais, em geral, não há acordo. Os limites da capacidade de juízo levam a isso, mesmo que todas as partes envolvidas sejam imbuídas de boa vontade e movidas pela razão[76].

4. Contudo, há sérias dúvidas sobre essa ideia de legitimidade procedimental. É bastante plausível que, em uma sociedade razoavelmente bem-ordenada, dotada de instituições democráticas decentes e bem-estruturadas, cida-

---

[76]. Sou grato a Hinsch pelas elucidativas discussões sobre o significado e o papel da legitimidade e sobre o modo pelo qual se distingue da ideia de justiça; ver sua *Habilitationschrift* (1995) sobre legitimidade democrática. Também agradeço a David Estlund por seu valioso ensaio, ainda não publicado, sobre o conceito de legitimidade tal como empregado neste livro, sobretudo nas Conferências IV-VI.

dãos razoáveis e racionais venham a aprovar leis e políticas que quase sempre deverão ser legítimas, embora, é claro, nem sempre serão justas. Mas essa garantia de legitimidade se enfraqueceria gradualmente na medida em que a sociedade deixasse de ser bem-ordenada. Isto porque, como vimos, a legitimidade de decisões legislativas depende da justiça da Constituição (de qualquer tipo, escrita ou não), e, quanto mais esta se afasta da justiça, tanto mais provável se torna a injustiça dos resultados. Para serem legítimas, as leis não podem ser demasiado injustas. Procedimentos políticos constitucionais de fato podem ser, sob circunstâncias normais e decentes, puramente procedimentais com respeito à legitimidade. Em virtude da imperfeição de todos os procedimentos políticos humanos, no entanto, não pode haver procedimentos desse tipo com relação à justiça política e nenhum procedimento poderia determinar o conteúdo substantivo da justiça. Por isso, vamos sempre depender de nossos julgamentos substantivos de justiça[77].

Outra séria dúvida é que, na prática, nunca é possível a uma democracia constitucional moldar seus procedimentos e debates políticos de maneira que estejam tão próximos do ideal de Habermas de discurso comunicativo a ponto de

---

77. Penso que Habermas concordaria com essa distinção entre justiça política e legitimidade, visto que ele examina a legitimidade tanto de determinadas leis quanto da própria Constituição, ambas as quais, em sua visão, dependem da justiça ou de justificação. Ou, como afirma em *The Theory of Communicative Action*, vol. 2: *System and Lifeworld*, tradução de McCarthy (Boston: Beacon, 1987), p. 178: "O princípio de decisão legislativa e o princípio de justificação requerem reciprocamente um ao outro. O sistema legal como um todo necessita ancorar-se em princípios fundamentais de legitimação." Habermas parece argumentar aqui contra Max Weber, para quem a legitimidade era entendida como a aceitação das instituições sociais e políticas pelo povo. Habermas sustenta corretamente que apenas a aceitação, desprovida de justificação, não é suficiente, já que isto abre lugar para muito mais injustiça do que é admissível. Eu só acrescentaria (e acredito que Habermas estaria de acordo com isto) que não é preciso que essas instituições sejam perfeitamente justas e, dependendo da situação, é possível que, mesmo sendo injustas, essas instituições sejam legítimas. Agradeço a Peritz, cujo conhecimento sobre Habermas foi-me de grande valia, por ter chamado minha atenção para essa passagem.

se garantir que a legislação aprovada não vai exceder a discricionariedade que a legitimidade permite. As condições políticas efetivas, sob as quais parlamentos e outros corpos legislativos conduzem seus assuntos, impõem distanciamentos grandes desse ideal. Nem todos são capazes de examinar e avaliar todas as evidências disponíveis, e com frequência há um excesso de material até mesmo para ler e compreender. Não é raro que os legisladores tenham de votar em grande medida no escuro ou em conformidade com aquilo que seus líderes partidários e representados, nem sempre imparciais, desejam. Mesmo quando procedimentos políticos bem concebidos moderam esses e outros defeitos, não é razoável esperarmos que qualquer procedimento legislativo, ainda que em geral satisfaça exigências procedimentais com relação à legitimidade, também possa satisfazê-las com respeito à justiça. A distância será sempre grande demais.

A descrição de Habermas do procedimento de argumentação e deliberação em discursos ideais também é incompleta. Não fica claro quais modalidades de argumento podem ser empregadas, por mais importantes que sejam para determinar os resultados. Devemos supor, como ele parece sugerir, que, no discurso ideal, é preciso atribuir igual consideração aos interesses de cada pessoa? Quais são os interesses que têm importância? Ou será que todos devem ser considerados, como às vezes se faz ao aplicar o princípio de consideração igual? Isso pode resultar em um princípio utilitarista de maximização do total líquido de satisfação de interesses. Por outro lado, a concepção deliberativa de democracia (pela qual Habermas nutre tanta simpatia) limita as razões que os cidadãos podem empregar – para dar apoio a legislações propostas – àquelas que são consistentes com o reconhecimento de outros cidadãos como iguais. É nisso que se revela a dificuldade que há em argumentos a favor de leis que defendam a discriminação[78]. A ideia es-

---

78. Ver a resenha de Joshua Cohen do livro de Dahl, *Democracy and Its Critics*, publicado no *Journal of Politics* 53, n. 1 (outubro de 1991), pp. 221-5, 223 ss.

sencial é que a democracia deliberativa – e isto também se aplica ao liberalismo político – limita os interesses humanos relevantes a interesses de certos tipos ou a bens primários e requer que as razões apresentadas sejam consistentes com o reconhecimento mútuo dos cidadãos como iguais. O essencial é que nenhum procedimento que não tenha tais diretrizes substantivas para razões admissíveis pode abolir a máxima: "Se é lixo que entra, é lixo que sai."* Embora as condições de uma democracia constitucional tendam a forçar os grupos, caso queiram exercer influência, a defender posições mais razoáveis e moderadas, a mistura de pontos de vista e de razões em uma votação na qual os cidadãos não têm consciência dessas diretrizes pode facilmente levar à injustiça, ainda que o resultado do procedimento possa ser legítimo.

Por fim, as decisões e a legislação produzidas por quaisquer procedimentos institucionais devem sempre ser consideradas pelos cidadãos como sujeitas a questionamento. Faz parte da percepção que os cidadãos têm de si próprios, não só em âmbito coletivo, como também individualmente, reconhecer na autoridade política algo que deriva deles próprios e reconhecer que são responsáveis por aquilo que essa autoridade faz em nome deles, cidadãos. A autoridade política não é um mistério, nem deve ser santificada por símbolos e rituais que os cidadãos não possam entender com base em seus próprios propósitos comuns. Obviamente, Habermas não discordaria disso. Contudo, isso significa que nossos juízos ponderados com seus pontos fixos – tais como a condenação às instituições da escravidão e da servidão, à perseguição religiosa, à sujeição das classes trabalhadoras, à opressão da mulher, à acumulação ilimitada de vastas fortunas, junto com a rejeição aos horrores da crueldade e da tortura e ao mal associado aos prazeres de exer-

---

* "Garbage in, garbage out." A ideia, que vem da ciência da computação, é que, se informações inválidas forem introduzidas em um sistema, o resultado gerado também será inválido. (N. do T.)

cer dominação – permanecem, de modo subjacente, como controles substantivos que revelam o caráter ilusório de quaisquer ideias que se supõe puramente procedimentais de legitimidade e de justiça política.

Detive-me no exame dessas questões, nesta seção, para explicar por que não estou disposto a mudar de posição e por que não me sinto atingido pela objeção de que a justiça como equidade é substantiva, não procedimental. Porque, do modo como entendo essas ideias, isso não poderia ser diferente. Penso que a doutrina de Habermas também é substantiva no sentido que explicitei e que, com efeito, ele não negaria isso. Portanto, sua teoria é procedimental de maneira diferente. Minha conjectura, voltando às duas passagens de *Between Facts and Norms* que citei em § 1, é de que pelos termos "substantivo" e "substancial" Habermas entende quer elementos de doutrinas religiosas e metafísicas, quer elementos do pensamento e da cultura de comunidades e tradições particulares, ou talvez ambas as coisas. Sua ideia central, suponho, é que, uma vez que a forma e a estrutura das pressuposições do pensamento, da razão e da ação – tanto teóricos como práticos – tenham sido explicitadas de maneira apropriada e analisadas por sua teoria da ação comunicativa, todos os elementos supostamente substanciais dessas doutrinas metafísicas e religiosas e dessas tradições e comunidades foram absorvidos (ou sublimados) na forma e na estrutura daquelas pressuposições. Isso significa que, na medida em que esses elementos substanciais têm validade e força na justificação moral em questões de direito e justiça[79], tal força é plenamente capturada e pode ser defendida argumentando-se mediante essa forma e essa estrutura, pois essas pressuposições são formais e universais, são condições de todos os tipos de razão em todo pensamento e em toda ação[80]. A justiça

---

79. Habermas não está falando de ética ou de valores éticos de indivíduos e grupos. Estes podem ser perseguidos dentro do âmbito permitido pelo Direito justificado e legítimo.

80. Por exemplo, no primeiro ensaio de *Justification and Application*, intitulado "On the Pragmatic, the Ethical, and the Moral Employments of Practi-

como equidade é substantiva não no sentido que descrevi (embora seja este o caso), mas no sentido de que se origina da tradição de pensamento liberal e pertence à comunidade mais ampla da cultura política das sociedades democráticas. Essa concepção não consegue, então, ser adequadamente formal e verdadeiramente universal e por isso não pode ser parte das pressuposições quase transcendentais (como Habermas às vezes diz) estabelecidas pela teoria da ação comunicativa.

A justiça como equidade, como doutrina política, não se propõe fazer parte de nenhuma teoria abrangente dessa índole sobre a forma e as pressuposições estruturais do pensamento e da ação. Antes, como afirmei, propõe-se deixar essas doutrinas abrangentes tal como se apresentam e somente as critica caso sejam desarrazoadas, em termos políticos[81]. Além de sustentar isso, tentei defender a variante de liberalismo presente na justiça como equidade das críticas agudas de Habermas. Assim, busquei demonstrar que, no liberalismo da justiça como equidade, as liberdades modernas não são pré-políticas e prévias a toda a formação de vontade. Também sustentei que há uma relação interna, na justiça como equidade, entre a autonomia pública e a autonomia privada e que ambas são co-originárias.

Resisti ainda à tendência, que também se manifesta em vertentes de pensamento legal republicano nos Estados Unidos, de identificar as bases da autonomia privada (as liberdades dos modernos) somente na relação que as liberdades modernas têm com a autonomia pública (as liberdades dos antigos). Como afirmei em § 4.3, a autonomia privada dispõe de outra base suficiente na segunda faculdade moral. Para manter as liberdades antigas e as liberdades

---

cal Reason", Habermas delineia a forma de quatro tipos de razão prática; ver pp. 1-17.

81. Uma objeção análoga foi feita por Larmore em uma perceptiva resenha de FG, de Habermas, publicada na *Deutsche Zeitschrift für Philosophie* 41 (1993), pp. 321-7. Uma versão mais longa dessa resenha, em inglês, foi publicada no *European Journal of Philosophy* (abril de 1995).

modernas adequadamente co-originárias e com pesos iguais, temos de reconhecer que nenhuma das duas famílias de liberdades é derivativa ou redutível à outra. Outra possível diferença com Habermas que mencionei é institucional; trata-se da questão da modelagem constitucional. Embora isto não esteja entre os alvos de sua crítica, enfatizei que essa não é uma questão que possa ser resolvida apenas pela filosofia (e não estou supondo que ele sustentaria isso), a qual, como sempre é o caso, apenas ajuda a articular os princípios políticos do juízo informado e crítico.

## § 6. Conclusão

Há uma questão conexa que não examinei de forma minuciosa e que diz respeito a como, exatamente, se devem entender as instituições políticas associadas à democracia constitucional para que sejam coerentes com a ideia de soberania popular. Se associamos a soberania popular a algo como a decisão majoritária que se segue à discussão livre, aberta e ampla, então uma dificuldade ao menos aparente apresenta-se. Essa dificuldade pode ser vista como um aspecto daquilo a que Habermas está se referindo quando afirma que "[a] forma da autonomia política [...] não se desenvolve plenamente no coração da sociedade constituída de modo justo" (128). Apontei a consistência da democracia constitucional com a soberania popular mediante a ideia de democracia dualista, tal como examinada em § 3.4, que é o contexto no qual essa questão poderia apresentar-se de modo natural. Essa questão é demasiado ampla para que eu a enfrente nesta minha réplica; requer uma interpretação e uma explanação sobre as características especiais das instituições necessárias para o exercício do poder constituinte de um povo democrático ao tomar decisões constitucionais, em contraposição às instituições da política democrática ordinária que se encontram sob a estrutura estabelecida por aquelas decisões. Mas quero aqui registrar meu reconhecimento de que a questão permanece[82].

Ao concluir suas observações introdutórias, Habermas afirma que, uma vez que compartilha das intenções da justiça como equidade e entende que suas principais conclusões são corretas, deseja manter suas divergências dentro dos limites de uma briga de família. Suas dúvidas estão confinadas a se formulo minha visão da forma mais persuasiva possível. E, na medida em que suas críticas apresentem desafios sérios, entende que se deve ver na intensidade de suas objeções o oferecimento de uma oportunidade para que a justiça como equidade mostre seus pontos fortes. Aceito de bom grado as críticas que Habermas gentilmente se dispôs a fazer e tentei enfrentar o desafio que apresentam. Ao formular minhas réplicas, repito o que já disse no início: vi-me forçado a pensar sobre muitos aspectos de minha visão teórica e reexaminá-los, e penso que agora tenho melhor entendimento dela do que aquele que tinha antes. Por haver me permitido isso, terei uma dívida perene para com Habermas.

---

82. Agradeço a Dworkin, Thomas Nagel e Lawrence Sager por enfatizarem essa questão. E sou grato a Sager pela discussão esclarecedora que depois tivemos sobre esse tópico.

PARTE QUATRO
# A ideia de razão pública revisitada

Introdução a
## *"A ideia de razão pública revisitada"*

Antes que sua doença terminal o impedisse de uma vez de completar seu projeto, John Rawls trabalhava em uma revisão de *O liberalismo político*. Em julho de 1998, havia escrito a sua editora na Columbia University Press apresentando suas razões para propor uma edição revisada e expondo algumas mudanças que pretendia fazer. Sua carta foi incluída neste volume, junto com seu artigo "The Idea of Public Reason Revisited", inicialmente publicado na *Chicago Law Review* (verão de 1997), que deveria constituir o ponto de partida para muitas das alterações. Como diz na carta, Rawls considerava esse artigo a melhor formulação de seus pontos de vista sobre razão pública e liberalismo político, em particular no que se refere à compatibilidade entre razão pública e doutrinas religiosas.

14 de julho de 1998

Prezada Ann

Escrevo-lhe para explicar por que estou propondo uma edição revisada de *O liberalismo político* e quais serão as principais alterações.

Incorporei, em diferentes partes do livro, quase tudo de "The Idea of Public Reason Revisited", publicado na *Chicago Law Review* (verão de 1997). Grande parte desse artigo encontra-se na Conferência VI revista. Minhas ideias continuam mudando conforme o tempo passa, e penso que o artigo de Chicago é de longe a melhor formulação que consegui fazer das ideias de razão pública e liberalismo político. Muitas pessoas me disseram isso e me cumprimentaram por isso, como se pela primeira vez conseguissem compreendê-las. O artigo contém algumas novas ideias e altera de modo substancial o papel da razão pública. Em particular, enfatizo a relação entre a razão pública e o liberalismo político com as principais religiões que se baseiam na autoridade da Igreja e do texto sagrado e que não são elas próprias, portanto, liberais. A despeito disso, sustento que, exceto no caso do fundamentalismo, essas religiões podem dar apoio a um regime democrático constitucional. Isto é verdade para o catolicismo (desde o Vaticano II) e para grande parte do protestantismo, do judaísmo e do islã. Assim, a razão pública e o liberalismo político são de considerável importância para questões altamente controvertidas do nosso mundo contemporâneo.

Além de acréscimos e alterações substanciais que se tornaram necessários em virtude desses refinamentos em minhas ideias e argumentos, como mencionei, fiz alterações também no vocabulário em que essas ideias expressam-se e nas formas de pensamento que a terminologia filosófica transmite. Por exemplo, ao longo do texto original, a ideia de princípios de razão prática ou simplesmente de razão prática aparece com frequência, o que para a maioria dos leitores passava a impressão de que as ideias de Kant de razão prática estavam sendo empregadas. Muitos leitores ficaram com a impressão de que minha visão é a de Kant ou similar a ela, mas isto é um grave equívoco. Todas essas expressões foram eliminadas e outras foram utilizadas em seu lugar. Isso agora está claro. Outro exemplo diz respeito à ideia de construtivismo político, termo que aparece ao longo de todo o texto original. Esta ideia agora é examinada somente na Conferência III, §§ 1-4. Várias outras ideias, dependendo do contexto, são empregadas em outras partes do texto. Como exemplo final, menciono a de justiça como equidade. Muitos leitores foram equivocadamente levados a pensar que o livro é sobre essa ideia, quando não é. O liberalismo político trata de uma família de ideias liberais de justiça política, e estas estão agora caracterizadas nas páginas iniciais. A justiça como equidade, ela própria, agora desempenha papel menor, como uma dentre outras concepções políticas desse tipo.

Uma terceira mudança importante será na Conferência VII (uma republicação de um texto de 1978), que passará a conter uma nova seção de sete páginas, sobre feminismo, retirada de "A ideia de razão pública revisitada". Esse é um assunto sobre o qual eu nunca havia escrito, embora com frequência dê palestras sobre o tema. Outras alterações também serão incluídas nessa conferência, bem como novas alterações na Conferência VIII (uma republicação de um texto de 1982) sobre "As liberdades fundamentais e sua prioridade". No caso da Conferência IX, "Resposta a Habermas", sinto-me obrigado, em deferência a Habermas, a não mexer nela, mas eu poderia indicar certas alterações que faria agora. Quando esse texto foi publicado (março de 1995), eu ainda não empregava muitas das ideias que aparecem em meus textos atuais.

Ao longo de todo o trabalho editorial, alterações estão sendo feitas para tornar o texto mais claro e, espero, mais fácil de ler. Mardy, minha mulher, tem-me sido de grande ajuda para fazer esse trabalho, e em geral sigo suas recomendações.

Desejando-lhe tudo de bom,

Jack

# A ideia de razão pública revisitada (1997)

Tradução de Luís Carlos Borges

A ideia de razão pública, tal como a compreendo[1], faz parte de uma concepção de sociedade democrática constitucional bem-ordenada. A forma e o conteúdo dessa razão – a maneira como é compreendida pelos cidadãos e como interpreta a relação política deles – são parte da própria ideia de democracia. Isto porque uma característica básica da democracia é o pluralismo razoável – o fato de que uma pluralidade de doutrinas abrangentes razoáveis e conflitantes[2], religiosas, filosóficas e morais é o resultado normal de sua cultura de instituições livres[3]. Os cidadãos percebem que

---

1. Ver, neste volume, Conferência VI, § 8.5. As referências a *O liberalismo político*, neste mesmo volume, são dadas por conferência e §; os números de páginas também são fornecidos, a menos que a referência diga respeito a uma conferência, seção ou subseção inteira. Observe-se que esta edição de *O liberalismo político* traz uma segunda introdução, a "Introdução à edição em brochura", que, entre outras coisas, tenta tornar mais claros certos aspectos do liberalismo político. § 5 dessa Introdução, nas pp. LIV-LXIII, discute a ideia de razão pública e esboça várias mudanças que faço agora ao formulá-la. Elas são seguidas e elaboradas no que é aqui apresentado e são importantes para uma compreensão completa do argumento.

2. Usarei o termo "doutrina" para visões abrangentes de todos os tipos e o termo "concepção" para uma concepção política e suas partes componentes, como a concepção da pessoa como cidadão. O termo "ideia" é usado como um termo geral e pode referir-se a qualquer um dos dois, de acordo com o contexto.

3. Naturalmente, toda sociedade também contém numerosas doutrinas não razoáveis. Contudo, neste ensaio, estou interessado em uma concepção

não podem chegar a um acordo ou mesmo aproximar-se da compreensão mútua com base em suas doutrinas abrangentes irreconciliáveis. Em vista disso, precisam considerar quais tipos de razões podem razoavelmente oferecer uns aos outros quando se trata de questões políticas fundamentais. Proponho que, na razão pública, as doutrinas abrangentes da verdade ou do direito sejam substituídas por uma ideia do politicamente razoável voltada aos cidadãos na condição de cidadãos[4].

É central para a ideia de razão pública que ela não critica nem ataca nenhuma doutrina abrangente, religiosa ou não, exceto na medida em que essa doutrina seja incompatível com os elementos essenciais da razão pública e de uma sociedade política democrática. A exigência básica é que uma doutrina razoável aceite um regime democrático constitucional e a ideia de lei legítima que o acompanha. Embora as sociedades democráticas difiram com respeito às doutrinas específicas que nelas são influentes e ativas – como diferem nas democracias ocidentais da Europa, Estados Unidos, Israel e Índia –, encontrar uma ideia adequada de razão pública é uma preocupação com a qual todas elas defrontam.

## § 1. A ideia de razão pública

1. A ideia de razão pública explicita no nível mais profundo os valores morais e políticos que devem determinar a relação de um governo democrático constitucional com seus cidadãos e a relação destes entre si. Aqueles que rejeitam a democracia constitucional com seu critério de reciprocidade[5]

---

normativa ideal de governo democrático, isto é, com a conduta de seus cidadãos razoáveis e os princípios que seguem, supondo que estes sejam dominantes e efetivamente reguladores. Até que ponto as doutrinas não razoáveis devem permanecer ativas e toleradas, isto é algo a ser determinado pelos princípios de justiça e os tipos de ação que eles permitem. Ver § 7.2.

4. Ver § 6.2.
5. Ver § 1.2.

rejeitarão, naturalmente, a própria ideia de razão pública. Para eles, a relação política pode ser aquela que há entre amigo e inimigo ou entre os que são membros de uma comunidade religiosa ou secular particular e os que não o são, ou pode ser uma luta implacável para conquistar o mundo para a verdade inteira. O liberalismo político não fala para os que pensam dessa maneira. O fervor em incorporar a verdade inteira na política é incompatível com uma ideia de razão pública que faça parte da cidadania democrática.

A ideia de razão pública tem uma estrutura definida e, se um ou mais de seus aspectos são ignorados, ela pode parecer implausível, como ocorre quando é aplicada à cultura de fundo[6]. Essa ideia tem cinco aspectos diferentes: (1) as questões políticas fundamentais às quais se aplica; (2) as pessoas a quem se aplica (autoridades públicas e candidatos a cargos públicos); (3) seu conteúdo tal como especificado por uma família de concepções políticas razoáveis de justiça; (4) a aplicação dessas concepções em discussões de normas coercitivas que devem ser aprovadas na forma de Direito legítimo para um povo democrático; (5) a verificação pelos cidadãos de que os princípios derivados das tais concepções de justiça satisfazem o critério de reciprocidade.

Além disso, tal razão é pública de três maneiras: como a razão de cidadãos livres e iguais, é a razão do público; seu objeto é o bem público, no que diz respeito a matérias de justiça política fundamental, cujas questões são de dois tipos: elementos constitucionais essenciais e questões de justiça básica[7]; sua natureza e seu conteúdo são públicos e expressos na argumentação pública por uma família de con-

---

6. Ver o texto que acompanha as notas 12-5.
7. Essas questões são descritas na Conferência VI, § 5, pp. 268-72. Os elementos constitucionais essenciais dizem respeito a quais direitos e liberdades políticas, digamos, podem ser incluídos razoavelmente em uma Constituição escrita, quando se supõe que esta pode ser interpretada por um tribunal supremo ou alguma instituição similar. Questões de justiça básica relacionam-se com a estrutura básica da sociedade e, portanto, dizem respeito a questões de justiça econômica e social básica e outras matérias não abrangidas por uma Constituição.

cepções razoáveis de justiça política que se supõe que satisfaçam o critério de reciprocidade.

É imperativo perceber que a ideia de razão pública não se aplica a todas as discussões políticas sobre questões fundamentais, mas apenas às discussões sobre as questões naquilo a que me refiro como o fórum político público[8]. Este fórum pode ser dividido em três partes: o discurso dos juízes em suas decisões, em especial o dos juízes de um tribunal supremo; o discurso das autoridades públicas, sobretudo o dos chefes do Poder Executivo e dos legisladores; e, por fim, o discurso de candidatos a cargos públicos e de seus chefes de campanha, principalmente em seu discurso público, nos programas partidários e nas declarações políticas[9]. Precisamos dessa divisão tripartite porque, como observo adiante, a ideia de razão pública não se aplica a esses três casos da mesma forma que se aplica a outros âmbitos[10]. Ao discutirmos o que denomino a concepção ampla da cultura política pública[11], veremos que a ideia de razão pública aplica-se mais estritamente aos juízes que a outros, mas que as exigências da justificação pública, para essa forma de razão, são sempre as mesmas.

Distinta e separada desse fórum político público tripartido está o que denomino a cultura de fundo[12]. É a cul-

---

8. Não há um significado estabelecido para esse termo. O que utilizo não é, acredito, peculiar.

9. Aqui, enfrentamos a questão de onde traçar o limite entre os candidatos, aqueles que fazem suas campanhas e os demais cidadãos politicamente engajados em geral. Resolvemos essa questão considerando tanto os candidatos como os que fazem suas campanhas responsáveis pelo que é dito e feito em nome deles.

10. Muitas vezes, autores que discutem esse tópico usam termos que não distinguem os âmbitos da discussão pública; por exemplo, termos como "a praça pública", "o fórum público" e semelhantes. Concordo com o pensamento de Kent Greenawalt de que é necessária uma divisão mais refinada. Ver, deste autor: *Religious Convictions and Political Choice* (Oxford: Oxford University Press, 1988), pp. 226-7 (ao descrever, por exemplo, as diferenças existentes entre um líder religioso pregar ou promover uma organização pró-vida e liderar um movimento político importante ou concorrer a um cargo político).

11. Ver § 4.

12. Ver Conferência I, § 2.3, p. 16.

tura da sociedade civil. Em uma democracia, essa cultura não é, naturalmente, guiada por nenhuma ideia ou princípio central, político ou religioso. Suas muitas agências e associações dos mais variados tipos, com sua vida interna, existem no interior de uma estrutura de Direito que assegura as conhecidas liberdades de pensamento e expressão e o direito de livre associação[13]. A ideia de razão pública não se aplica à cultura de fundo, com suas muitas formas de razão não pública, nem aos meios de comunicação de qualquer tipo[14]. Às vezes, os que parecem rejeitar a ideia de razão pública querem, na verdade, afirmar a necessidade de discussão plena e aberta na cultura de fundo[15]. Com isso o liberalismo político concorda plenamente.

Por fim, distinto da ideia de razão pública, tal como exposta pelas cinco características acima, é o *ideal* de razão pública. Este ideal é realizado ou satisfeito sempre que juízes, legisladores, chefes do Poder Executivo e outras autoridades públicas, assim como candidatos a cargos públicos,

---

13. A cultura de fundo inclui, então, a cultura de Igrejas e associações de todos os tipos e de instituições de ensino de todos os níveis, em especial as universidades, as escolas profissionais, as sociedades científicas e outras. Além disso, a cultura política não pública faz a mediação entre a cultura política pública e a cultura de fundo. A primeira abrange os meios de comunicação – que são apropriadamente assim denominados – de todos os tipos: jornais e revistas, televisão e rádio, e muito mais. Comparem-se essas divisões com a teoria de Habermas da esfera pública. Ver Conferência IX, § 1.3, p. 452, nota 13.

14. Ver Conferência VI, § 3, pp. 259-62.

15. Ver David Hollenbach, S. J., "Civil Society: Beyond the Public-Private Dichotomy", in *The Responsive Community* 5 (inverno de 1994-95), p. 15. Por exemplo, ele afirma: "A conversa e a discussão a respeito do bem comum não ocorrerão de início na legislatura ou na esfera política (estritamente concebida como o âmbito no qual interesses e poder são adjudicados). Antes, irão desenvolver-se livremente nos componentes da sociedade civil que são os sustentáculos primários do significado e do valor culturais – universidades, comunidades religiosas, o mundo das artes e o jornalismo sério. Pode ocorrer sempre que homens e mulheres conscienciosos submetam suas crenças a respeito do significado da boa vida a um confronto inteligente e crítico com concepções desse bem sustentadas por outros povos, com outras tradições. Em resumo, ocorre sempre que o aprendizado e a investigação sobre o significado da boa vida têm lugar" (ibid., p. 22).

agem com base na ideia de razão pública, pautam-se por tal ideia e explicam a outros cidadãos suas razões para sustentar posições políticas fundamentais recorrendo à concepção política de justiça que consideram a mais razoável. Dessa maneira, cumprem o que denominarei seu dever de civilidade uns em relação aos outros e para com os demais cidadãos. Portanto, se juízes, legisladores e chefes do Poder Executivo agem com base na razão pública e se pautam por ela, isso se mostra continuamente no seu discurso e na sua conduta em uma base cotidiana.

Como, porém, o ideal de razão pública pode ser realizado por cidadãos que não são autoridades públicas? Em um governo representativo, eles votam em representantes – chefes do Poder Executivo, legisladores e assim por diante –, não em leis particulares (exceto em âmbito estadual ou local, quando podem votar diretamente em questões submetidas a referendo, as quais é raro serem questões fundamentais). Para responder a essa pergunta, dizemos que, idealmente, os cidadãos devem conceber-se *como se* fossem legisladores e perguntar a si mesmos quais leis, sustentadas por quais razões, que satisfazem o critério de reciprocidade, eles pensariam ser mais razoável aprovar[16]. Quando firme e difundida, a disposição dos cidadãos de se verem como legisladores ideais e de repudiar as autoridades governamentais e os candidatos a cargos públicos que violam a razão pública constitui uma das bases políticas e sociais da democracia e é vital para que permaneça forte e vigorosa[17]. Assim, os cidadãos cumprem seu dever de civilidade e sustentam a ideia de razão pública fazendo o que podem para que as

---

16. Existe certa semelhança entre esse critério e o princípio do contrato original de Kant. Ver Immanuel Kant, *The Metaphysics of Morals: Metaphysical First Principles of the Doctrine of Right*, seções 47-9 (Ak. 6: 315-8), organização e tradução para o inglês de Mary Gregor (Cambridge: Cambridge University Press, 1996), pp. 92-5; Immanuel Kant, *On the Common Saying: "This May be True in Theory, but it does not Apply in Practice"*, Part II (Ak. VHI: 289-306), em *Kant: Political Writings*, 2. ed., organização de Hans Reiss, tradução para o inglês de H. B. Nisbet (Cambridge: Cambridge University Press, 1991), pp. 73-87.

17. Ver também § 4.2.

autoridades públicas mantenham-se fiéis a ela. Esse dever, como outros direitos e deveres políticos, é intrinsecamente moral. Enfatizo que não é um dever legal, pois neste caso seria incompatível com a liberdade de expressão.

2. Volto-me agora para uma discussão sobre o que denominei terceiro, quarto e quinto aspectos da razão pública. A ideia de razão pública origina-se de uma concepção de cidadania democrática em uma democracia constitucional. Essa relação política fundamental da cidadania tem duas características especiais: primeiro, é uma relação de cidadãos com a estrutura básica da sociedade, estrutura em que entramos apenas pelo nascimento e da qual saímos apenas pela morte[18]; segundo, é uma relação de cidadãos livres e iguais, que exercem o poder político último como corpo coletivo. Essas duas características suscitam de imediato a questão sobre como cidadãos assim relacionados podem ser obrigados a cumprir as exigências da estrutura de seu regime democrático constitucional e acatar as normas e leis que tenham sido aprovadas sob esse regime, quando elementos constitucionais essenciais e questões de justiça básica estão em jogo. O fato do pluralismo razoável suscita essa questão de modo ainda mais agudo, pois significa que as diferenças entre os cidadãos, decorrentes de suas doutrinas abrangentes, religiosas e não religiosas, podem ser irreconciliáveis. Com base em quais ideais e princípios, então, os cidadãos que compartilham igualmente o poder político último devem exercê-lo para que cada um possa justificar razoavelmente suas decisões políticas para todos?

Para responder a essa pergunta, dizemos: os cidadãos são razoáveis quando, considerando-se reciprocamente como livres e iguais em um sistema de cooperação social ao longo de gerações, eles se dispõem a oferecer uns aos outros termos equitativos de cooperação segundo o que consideram ser a concepção mais razoável de justiça política e

---

18. Ver Conferência I, § 2.1, p. 12. Para questões relacionadas à saída apenas pela morte, ver Conferência IV, § 1.2, p. 160, nota 4.

quando concordam em agir com base nesses termos, mesmo que isso lhes custe sacrificar os próprios interesses em determinadas situações, contanto que os outros cidadãos também aceitem esses mesmos termos. O critério de reciprocidade exige que, quando esses termos são propostos como os mais razoáveis de cooperação equitativa, quem os propõe pense também que é ao menos razoável que os outros possam aceitá-los em sua condição de cidadãos livres e iguais, não dominados nem manipulados ou sob a pressão de uma posição política ou social inferior[19]. Os cidadãos naturalmente divergirão com relação a quais concepções de justiça política consideram mais razoáveis, mas concordarão que todas são razoáveis, ainda que minimamente.

Assim, quando, com relação a uma questão constitucional essencial ou a uma questão de justiça básica, todas as autoridades públicas envolvidas agem com base na razão pública e seguem-na e quando todos os cidadãos razoáveis concebem-se idealmente como se fossem legisladores seguindo a razão pública, a norma legal que expressa a opinião da maioria deve ser considerada lei legítima. Pode não parecer a cada um a mais razoável ou a mais adequada, mas é politicamente (moralmente) vinculatória para cada cidadão e deve ser aceita como tal. Cada um pensa que todos se manifestaram e votaram pelo menos razoavelmente e, portanto, seguiram a razão pública e cumpriram seu dever de civilidade.

Portanto, a ideia de legitimidade política baseada no critério de reciprocidade diz: nosso exercício do poder político é adequado apenas quando acreditamos sinceramente que as razões que ofereceríamos para nossas ações políticas

---

19. A ideia de reciprocidade tem importante papel em Amy Gutmann e Dennis Thompson, *Democracy and Disagreement* (Cambridge, Mass.: Harvard University Press, 1996), capítulos 1-2 e *passim*. Contudo, o significado e o contexto de nossas visões teóricas não são os mesmos. A razão pública no liberalismo é puramente política, embora os valores políticos sejam intrinsecamente morais, ao passo que a visão de Gutmann e Thompson é mais geral e parece proceder com base em uma doutrina abrangente.

– caso tivéssemos de formulá-las como autoridades públicas – são suficientes e pensamos razoavelmente que outros cidadãos também poderiam razoavelmente aceitar essas razões. Esse critério se aplica em dois níveis: um é o da própria estrutura constitucional, o outro é o das normas e leis particulares aprovadas em conformidade com essa estrutura. Para serem razoáveis, as concepções políticas só devem justificar Constituições que satisfaçam esse princípio.

Para tornar mais explícito o papel do critério de reciprocidade como expresso na razão pública, note-se que esse papel é especificar a natureza da relação política em um regime democrático constitucional como uma relação de amizade cívica. Quando autoridades públicas agem com base nesse critério e outros cidadãos apoiam-no, ele dá forma às instituições fundamentais desse regime. Por exemplo – cito um caso simples –, se sustentamos que a liberdade religiosa de alguns cidadãos deve ser negada, devemos dar-lhes razões que eles possam não apenas compreender – como Serveto pôde compreender por que Calvino queria queimá-lo na estaca –, mas que possamos razoavelmente esperar que eles, como cidadãos livres e iguais, também possam razoavelmente aceitar. O critério de reciprocidade em geral é violado sempre que as liberdades fundamentais são negadas. Quais razões podem satisfazer o critério de reciprocidade e, ao mesmo tempo, justificar que se negue a algumas pessoas a liberdade religiosa, que outras sejam tratadas como escravas, que se imponha uma qualificação de propriedade ao direito de voto ou se negue o direito de voto às mulheres?

Como a ideia de razão pública especifica no nível mais profundo os valores políticos fundamentais e como a relação política deve ser compreendida, os que acreditam que as questões políticas fundamentais devem ser decididas pelo que consideram as melhores razões, segundo sua ideia da verdade toda – incluindo sua doutrina abrangente religiosa ou secular –, e não por razões que possam ser compartilhadas por todos os cidadãos na condição de livres e iguais, esses rejeitarão a ideia de razão pública. O liberalismo político vê essa insistência em recorrer à verdade toda na política

# A IDEIA DE RAZÃO PÚBLICA REVISITADA

como incompatível com a cidadania democrática e com a ideia de lei legítima.

3. A democracia tem uma longa história, desde o seu início, na Grécia clássica, até o presente, e há muitas concepções diferentes de democracia[20]. Aqui, estou interessado apenas em uma democracia constitucional bem-ordenada – um termo que empreguei no início deste ensaio –, compreendida também como uma democracia deliberativa. A ideia definitiva a favor desta democracia é a ideia da própria deliberação.

Quando deliberam, os cidadãos trocam pontos de vista e debatem as razões que os sustentam no que diz respeito a questões políticas públicas. Eles supõem que suas opiniões políticas podem ser revistas por meio da discussão com outros cidadãos e não são, portanto, simplesmente um produto rígido de seus interesses privados ou não políticos. É com relação a isso que a razão pública é crucial, pois caracteriza a argumentação dos cidadãos com respeito a elementos constitucionais essenciais e questões de justiça básica. Embora eu não possa aqui examinar em detalhes a natureza da democracia deliberativa, assinalo alguns pontos-chave para indicar o lugar e o papel mais amplos da razão pública.

São três os elementos essenciais da democracia deliberativa. Um é uma ideia de razão pública[21], embora nem to-

---

20. Para um levantamento histórico útil, ver David Held, *Models of Democracy*, 2. ed. (Stanford: Stanford University Press, 1997). Os inúmeros modelos de Held abrangem o período da pólis antiga até o presente e ele conclui perguntando o que a democracia deveria significar hoje. Entre esses modelos, ele considera as várias formas de republicanismo clássico e de liberalismo clássico, assim como a concepção de Schumpeter de democracia de elitismo competitivo. Entre os pensadores discutidos estão Platão e Aristóteles, Marsílio de Pádua e Maquiavel, Hobbes e Madison, Bentham, James Mill e John Stuart Mill e Marx, com o socialismo e o comunismo. Esses pensadores são associados a modelos estilizados das instituições características e dos papéis que elas desempenham.

21. A democracia deliberativa limita as razões que os cidadãos podem oferecer para apoiar suas opiniões políticas a razões compatíveis com a consideração dos demais cidadãos como iguais. Ver Joshua Cohen, "Deliberation

das as concepções desse tipo sejam idênticas. Um segundo elemento é uma estrutura de instituições democráticas constitucionais que especifique a moldura dos corpos legislativos deliberativos. O terceiro é o conhecimento e o desejo dos cidadãos em geral de seguir a razão pública e concretizar seu ideal na conduta política. As implicações imediatas desses elementos essenciais são o financiamento público de eleições e o provimento de ocasiões públicas para a discussão ordenada e séria de questões fundamentais e de questões de política pública. É preciso que a deliberação pública torne-se possível, seja reconhecida como uma característica básica da democracia e esteja livre da maldição do dinheiro[22]. Do contrário, a política passa a ser dominada por interesses corporativos e outros interesses organizados, que por meio de grandes contribuições para as campanhas eleitorais distorcem – quando não excluem – a discussão e a deliberação públicas.

A democracia deliberativa também reconhece que, sem uma educação ampla sobre os aspectos básicos do governo democrático para todos os cidadãos e sem um público informado a respeito de problemas prementes, decisões políticas e sociais cruciais simplesmente não podem ser tomadas. Mesmo que líderes políticos previdentes desejassem realizar mudanças e reformas sensatas, não teriam como convencer um público mal informado e descrente a aceitá-

---

and Democratic Legitimacy", in Alan Hamlin e Philip Petit, orgs., *The Good Polity: Normative Analysis of the State* (Oxford: Basil Blackwell, 1989), pp. 17, 21, 24; Joshua Cohen, Comentário, "Review Symposium on Democracy and Its Critics", in *Journal of Politics* 53 (1991), pp. 223-4; Joshua Cohen, "Democracy and Liberty", in Jon Elster, org., *Deliberative Democracy* (Nova York: Cambridge University Press, 1998).

22. Ver Ronald Dworkin, "The Curse of American Politics", in *New York Review of Books*, 17 de outubro de 1996, p. 19. Ao explicar por que "o dinheiro é a maior ameaça ao processo democrático", Dworkin também argumenta com vigor contra o grave erro do Supremo Tribunal em *Buckley v. Valeo*, in *United States Supreme Court Reports*, 424 (1976), p. 1. Dworkin, *New York Review of Books*, pp. 21-4. Ver também, neste volume, Conferência VIII, § 12, pp. 422-30. (*Buckley* é "desalentador" e corre o risco de "repetir o erro da era Lochner".)

-las e segui-las. Por exemplo, há propostas sensatas quanto ao que deveria ser feito a respeito da crise que supostamente vai atingir a seguridade social no futuro: reduzir o aumento dos níveis dos benefícios, elevar gradualmente a idade de aposentadoria, impor limites a cuidados médicos dispendiosos para prolongar a vida por apenas algumas semanas ou dias e, por fim, elevar os impostos agora, em vez de fazer isso muito adiante[23]. Mas da forma como as coisas se apresentam, os que acompanham o "grande jogo da política" sabem que nenhuma dessas propostas sensatas será aceita. A mesma história pode ser contada sobre a importância de apoiar instituições internacionais (como as Nações Unidas), a ajuda externa gasta de modo apropriado e o respeito aos direitos humanos tanto em âmbito doméstico como internacional. Na busca constante de dinheiro para financiar campanhas, o sistema político é simplesmente incapaz de funcionar. Suas capacidades deliberativas ficam paralisadas.

### § 2. O conteúdo da razão pública

1. Um cidadão participa da razão pública, então, quando ela delibera com base naquilo que sinceramente entende ser a concepção política de justiça mais razoável, que expresse valores políticos que seja razoável esperar que outros, na condição de cidadãos livres e iguais, também possam razoavelmente acatar. Cada um de nós deve ter princípios e diretrizes aos quais recorre de tal modo que esse critério seja satisfeito. Propus que uma maneira de identificar esses

---

23. Ver Paul Krugman, "Demographics and Destiny", in *New York Times Book Review*, 20 de outubro de 1996, p. 12, resenhando e descrevendo as propostas apresentadas no livros de Peter G. Peterson, *Will America Grow Up Before It Grows Old? How the Coming Social Security Crisis Threatens You, Your Family, and Your Country* (Nova York: Random House, 1996), e de Charles R. Morris, *The AARP: America's Most Powerful Lobby and the Clash of Generations* (Nova York: Times Books, 1996).

princípios e diretrizes políticos é mostrar que seriam pactuados naquilo que, em *O liberalismo político*, é denominado posição original[24]. Outros poderão pensar que maneiras diferentes de identificar esses princípios são mais razoáveis. Assim, o conteúdo da razão pública é dado por uma família de concepções políticas de justiça, não por uma única. Há muitos liberalismos e visões relacionados e, portanto, muitas formas de razão pública especificadas por uma família de concepções políticas razoáveis. Destas, a justiça como equidade, quaisquer que sejam seus méritos, é apenas uma. A característica delimitadora dessas formas de razão pública é o critério de reciprocidade, aplicado entre cidadãos livres e iguais, eles próprios vistos como razoáveis e racionais. Três características principais identificam essas concepções:

> Primeiro, uma lista de certos direitos, liberdades e oportunidades fundamentais (tais como os conhecidos de regimes constitucionais).
> Segundo, uma atribuição de prioridade especial a esses direitos, liberdades e oportunidades, em especial no que diz respeito às exigências do bem geral e de valores perfeccionistas.
> Terceiro, medidas que assegurem a todos os cidadãos os meios polivalentes adequados que lhes possibilitem fazer uso efetivo de suas liberdades.[25]

Cada um desses liberalismos endossa as ideias fundamentais dos cidadãos como pessoas livres e iguais e da sociedade como um sistema justo de cooperação ao longo do tempo. Contudo, como essas ideias podem ser interpretadas de várias maneiras, há formulações diferentes dos princípios de justiça e conteúdos diferentes da razão pública. As

---

24. Ver, neste volume, Conferência I, § 4, pp. 26-33.
25. Sigo aqui a definição da Conferência I, § 1.2, p. 6, e da Conferência IV, § 5.3, pp. 185-6.

concepções políticas também diferem no modo como ordenam ou equilibram princípios e valores políticos, mesmo quando os explicitam. Presumo também que esses liberalismos contêm princípios substantivos de justiça e, portanto, abrangem mais do que justiça procedimental. Exige-se que especifiquem as liberdades religiosas e as liberdades de expressão artística de cidadãos iguais, assim como ideias substantivas de equidade, envolvendo oportunidades equitativas e assegurando meios polivalentes adequados e muito mais[26].

O liberalismo político, então, não tenta fixar a razão pública de uma vez por todas, na forma de uma concepção política preferida de justiça[27]. Esta não seria uma abordagem sensata. Por exemplo, o liberalismo político também admite a concepção discursiva de legitimidade de Habermas (da qual às vezes se diz que é mais radicalmente democrática do que liberal)[28], assim como as visões católicas do bem

---

26. Há quem pense que o fato do pluralismo razoável significa que as únicas formas de adjudicação justa entre doutrinas abrangentes devem ser apenas procedimentais e não substantivas. Stuart Hampshire argumenta vigorosamente a favor dessa posição em *Innocence and Experience* (Cambridge, Mass.: Harvard University Press, 1989). No texto acima, porém, pressuponho que as várias formas de liberalismo são, cada uma delas, concepções substantivas. Para um tratamento completo dessas questões, ver a discussão no artigo de Joshua Cohen, "Pluralism and Proceduralism", *Chicago-Kent Law Review* 69, n. 3 (1994), pp. 589-618.

27. Realmente penso que a justiça como equidade tem lugar especial na família das concepções políticas, como sugiro na Conferência IV, § 7.4. Mas esta opinião não é central para as ideias de liberalismo político e razão pública.

28. Ver Jürgen Habermas, *Between Facts and Norms: Contributions to a Discourse Theory of Law and Democracy*, tradução para o inglês de William Rehg (Cambridge, Mass.: MIT Press, 1996), pp. 107-9. Seyla Benhabib, na sua discussão sobre os modelos de espaço público em *Situating the Self: Gender, Community and Postmodernism in Contemporary Ethics* (Londres: Routledge, 1992), afirma que "o modelo do discurso é o único compatível com as tendências sociais gerais de nossas sociedades e com as aspirações emancipadoras de novos movimentos sociais, tal como o movimento feminista" (p. 113). Ela considerou anteriormente a concepção agonística de Arendt, como Benhabib a denomina, e a do liberalismo político. Mas acho difícil distinguir sua visão daquela de uma forma de liberalismo político e de razão pública, já que fica claro

comum e da solidariedade, quando expressas com base em valores políticos[29]. Mesmo que relativamente poucas concepções venham a prevalecer ao longo do tempo e que uma delas até pareça ter lugar central especial, as formas de razão pública permissíveis sempre serão muitas. Além disso, novas variantes podem ser propostas de tempo em tempo, e as antigas podem deixar de ser representadas. É importante que seja assim, do contrário, as reivindicações de grupos ou interesses resultantes de mudança social poderiam ser reprimidas e deixar de ganhar voz política adequada[30].

2. Devemos distinguir a razão pública daquilo a que às vezes nos referimos como razão secular e valores seculares. Estes não são o mesmo que a razão pública. Defino razão secular como a argumentação que se baseia em doutrinas não religiosas abrangentes. Tais doutrinas e valores são am-

---

que aquilo que ela entende por esfera pública é o mesmo que Habermas, ou seja, corresponde ao que *O liberalismo político* denomina cultura de fundo da sociedade civil, à qual o ideal da razão pública não se aplica. Portanto, o liberalismo político não é restritivo do modo como ela pensa. Benhabib tampouco tenta demonstrar, tanto quanto consigo perceber, que certos princípios de direito e justiça pertencentes ao conteúdo da razão pública não poderiam ser interpretados para lidar com os problemas suscitados pelo movimento feminista. Duvido que seja possível demonstrar isso. O mesmo é válido para as observações de Benhabib em um texto anterior, "Liberal Dialogue *versus* a Critical Theory of Discursive Legitimation", in *Liberalism and the Moral Life*, organizado por Nancy Rosenblum (Cambridge, Mass.: Harvard University Press, 1989), pp. 143, 154-6, no qual os problemas do movimento feminista foram discutidos de maneira similar.

29. Derivando de Aristóteles e São Tomás de Aquino, a ideia do bem comum é essencial a grande parte do pensamento moral e político católico. Ver, por exemplo, John Finnis, *Natural Law and Natural Rights* (Oxford: Clarendon Press, 1980), pp. 153-6, 160; Jacques Maritain, *Men and the State* (Chicago: University of Chicago Press, 1951), pp. 108-14. Finnis é especialmente claro, ao passo que Aquino mostra-se por vezes ambíguo a esse respeito.

30. Assim, a crítica de Jeremy Waldron ao liberalismo político, a de que não abriria lugar para concepções novas e cambiantes de justiça política, é incorreta. Ver Jeremy Waldron, "Religious Contributions in Public Deliberation", in *San Diego Law Review* 30 (1993), pp. 837-8. Ver a resposta às críticas de Waldron em Lawrence B. Solum, "Novel Public Reasons", in *Loyola LA Law Review* 29 (1996), p. 1.460. ("A aceitação geral de uma ideia liberal de razão pública permitiria a evolução robusta do discurso político.")

plos demais para servir aos propósitos da razão pública. Os valores políticos não são doutrinas morais[31], por mais disponíveis e acessíveis que estas últimas possam ser à nossa razão e à nossa reflexão de senso comum. As doutrinas morais estão no mesmo nível que a religião e a filosofia primeira. Em contraste, os princípios e valores liberais, embora intrinsecamente valores morais, são especificados por concepções políticas liberais de justiça e se incluem na categoria do político. Essas concepções políticas apresentam três características:

>Primeiro, seus princípios aplicam-se às instituições políticas e sociais básicas (a estrutura básica da sociedade).
>Segundo, podem ser formuladas de maneira independente de doutrinas abrangentes de qualquer tipo (embora possam, naturalmente, ser sustentadas por um consenso sobreposto razoável de tais doutrinas).
>Finalmente, podem ser elaboradas a partir de ideias fundamentais, vistas como implícitas na cultura política pública de um regime constitucional, tais como as concepções dos cidadãos como pessoas livres e iguais e da sociedade como um sistema equitativo de cooperação.

Assim, o conteúdo da razão pública é determinado pelos princípios e valores da família das concepções políticas liberais de justiça que satisfaçam essas condições. Participar da razão pública é recorrer a uma dessas concepções políticas – a seus ideais e princípios, padrões e valores – ao debater questões políticas fundamentais. Essa exigência ainda permite introduzir na discussão política, em qualquer tempo, nossa doutrina abrangente, religiosa ou não religiosa, contanto que, no devido tempo, ofereçamos razões adequadamente públicas para apoiar os princípios e as políti-

---

31. Ver a nota 2 para minha definição de "doutrina".

cas que se acredita que nossa doutrina abrangente sustente. Refiro-me a essa exigência como a *cláusula* e considero-a em detalhes a seguir[32].

Uma característica da argumentação pública, então, é que ela procede inteiramente de dentro de uma concepção política de justiça. Exemplos de valores políticos incluem aqueles mencionados no preâmbulo da Constituição dos Estados Unidos: uma união mais perfeita, justiça, tranquilidade interna, defesa comum, bem-estar geral e as bênçãos da liberdade para nós mesmos e para nossos descendentes. Esses valores abrangem outros valores; por exemplo, sob a justiça temos também as liberdades fundamentais, a igualdade de oportunidades, ideias que dizem respeito à distribuição de renda e à tributação e muito mais.

Os valores políticos da razão pública são distintos de outros valores, no sentido de que são realizados em instituições políticas e caracterizam-nas. Isto não quer dizer que valores análogos não possam caracterizar outras formas sociais. Os valores da eficácia e da eficiência podem caracterizar a organização social de equipes e clubes, assim como as instituições políticas da estrutura básica da sociedade. Mas um valor é adequadamente político apenas quando a forma social é, ela própria, política, quando é realizada, digamos, em partes da estrutura básica e de suas instituições políticas e sociais. Segue-se que muitas concepções políticas são não liberais, inclusive as da aristocracia e da oligarquia corporativa, da autocracia e da ditadura. Todas elas enquadram-se na categoria do político[33]. Porém, estamos interessados apenas nas concepções políticas que são razoáveis para um regime democrático constitucional e, como os parágrafos precedentes deixam claro, esses são os ideais e princípios expressos pelas concepções políticas liberais razoáveis.

3. Outra característica essencial da razão pública é que suas concepções políticas devem ser completas. Isso signi-

---

32. Ver § 4.
33. Ver, sobre isso, a Conferência IX, § 1.1, pp. 441-5.

fica que cada concepção deve expressar princípios, padrões e ideais, junto com diretrizes de investigação, de tal modo que os valores por ela explicitados possam ser adequadamente ordenados ou combinados, de forma que somente esses valores bastem para oferecer uma resposta razoável a todas ou quase todas as questões que envolvem elementos constitucionais essenciais e matérias de justiça básica. Neste caso, a ordenação de valores é feita à luz da estrutura e das características que assumem dentro da própria concepção política, e não primariamente, com base no modo como se apresentam nas doutrinas abrangentes dos cidadãos. Não se devem ordenar os valores políticos considerando-os em separado e desconectados uns dos outros ou de qualquer contexto definido. Esses valores não são marionetes manipuladas nos bastidores por doutrinas abrangentes[34]. A ordenação não é distorcida por essas doutrinas, contanto que a razão pública entenda-a como razoável. E a razão pública realmente pode entender uma ordenação de valores políticos como razoável (ou desarrazoada), já que, como as estruturas institucionais estão abertas à inspeção, os erros e as lacunas da ordenação política de valores se tornarão visíveis. Assim, podemos ter certeza de que a ordenação de valores políticos não é distorcida por determinadas doutrinas abrangentes razoáveis. (Enfatizo que o único critério de distorção é que a ordenação dos valores políticos seja ela própria não razoável.)

O significado da completude está em que, a menos que seja completa, uma concepção política não é uma estrutura adequada de pensamento à luz da qual possa ser levada a cabo a discussão das questões políticas fundamentais[35]. O

---

34. Devo essa reflexão a Peter de Marneffe.
35. Note-se que diferentes concepções políticas de justiça representarão interpretações diferentes dos elementos constitucionais essenciais e questões de justiça básica. Também há interpretações diferentes da mesma concepção, dado que seus conceitos e valores podem ser considerados de diferentes maneiras. Não existe, então, uma linha demarcatória nítida separando o ponto em que uma concepção política acaba do ponto em que começa sua interpretação,

que não podemos fazer na razão pública é partir diretamente da nossa doutrina abrangente ou de parte dela para chegar a um ou vários princípios e valores e às instituições específicas que prescrevem. Em vez disso, exige-se que primeiro desenvolvamos as ideias fundamentais de uma concepção política completa e, com base nessas ideias, que elaboremos seus princípios e ideais, para então utilizarmos os argumentos que oferecem. De outro modo, a razão pública admitiria argumentos que são demasiado imediatos e fragmentários.

4. Examino agora vários exemplos de princípios e valores políticos para ilustrar o conteúdo mais específico da razão pública e, em particular, as várias maneiras como o critério de reciprocidade é tanto aplicável quanto sujeito a violação.

(a) Como primeiro exemplo, considere-se o valor da autonomia. Ele pode assumir duas formas: uma é a autonomia política, a independência jurídica, a garantia de integridade dos cidadãos e o compartilhamento igual do exercício do poder político com os outros; a outra é puramente mo-

---

nem é preciso que exista. Entretanto, uma concepção limita grandemente suas possíveis interpretações; do contrário, a discussão e a argumentação não teriam como proceder. Por exemplo, uma Constituição que declara a liberdade de religião, incluindo a de não professar nenhuma religião, juntamente com a separação entre Igreja e Estado, pode parecer estar deixando em aberto a questão de determinar se as escolas confessionais podem receber fundos públicos e, se podem, de que maneira. A diferença, no caso, poderia ser vista como uma questão sobre como interpretar a mesma concepção política – uma interpretação que permite fundos públicos e a outra, não – ou, diversamente, como a diferença que existe entre duas concepções políticas distintas. Na falta de particularidades, não importa como a denominemos. O importante é que, como o conteúdo da razão pública é dado por uma família de concepções políticas, ele admite as interpretações de que podemos necessitar. Não é como se estivéssemos aferrados a uma concepção fixa, muito menos a uma interpretação dela. Isto é um comentário sobre uma passagem do ensaio de Kent Greenawalt, *Private Consciences and Public Reasons* (Oxford: Oxford University Press, 1995), pp. 113-20, na qual se afirma que *O liberalismo político* tem dificuldade em lidar com o problema de determinar a interpretação de concepções políticas.

ral e caracteriza certo modo de vida e de reflexão que consiste em submeter nossos fins e ideais mais profundos a um exame crítico, como no ideal de individualidade de Mill[36]. Seja o que for que possamos pensar da autonomia como valor puramente moral, ela não consegue, dado o fato do pluralismo razoável, satisfazer o critério de reciprocidade, já que muitos cidadãos – por exemplo, os que professam determinadas doutrinas religiosas – podem rejeitá-la. Assim, a autonomia moral não é um valor político, ao passo que a autonomia política é.

(b) Como segundo exemplo, considere-se a conhecida parábola do Bom Samaritano. Os valores invocados são adequadamente políticos e não apenas valores religiosos ou filosóficos? Embora a visão ampla da cultura política pública permita, quando fazemos uma proposta, introduzir a parábola do Evangelho, a razão pública exige que justifiquemos nossa proposta com base em valores políticos adequados[37].

(c) Como terceiro exemplo, considere-se a invocação do merecimento quando se discute a distribuição equitativa de renda: as pessoas costumam dizer que, idealmente, a distribuição deve estar em conformidade com o merecimento. Que sentido de merecimento elas têm em mente? Elas querem dizer que as pessoas que ocupam diferentes cargos devem ter as qualificações necessárias – os juízes devem estar qualificados a julgar – e uma oportunidade equitativa de se qualificar para as posições favorecidas? Este é realmente um valor político. Mas a distribuição em conformidade com o merecimento moral – quando isto significa o valor moral do caráter, levando tudo em conta, inclusive doutrinas abrangentes – não é. Este não é um objetivo político e social praticável.

---

36. John Stuart Mill, *On Liberty* (1859), capítulo 3, §§ 1-9, in *Collected Works of John Stuart Mill*, organizado por John M. Robson (Toronto: University of Toronto Press, 1977), vol. 18, pp. 260-75.

37. Ver § 4.1 sobre a cláusula e o exemplo de recorrer à parábola do Evangelho. Para um exame detalhado da concepção ampla da cultura política pública, ver § 4 em geral.

(d) Por fim, considere-se o interesse do Estado pela família e pela vida humana. Como o valor político invocado pode ser especificado de maneira correta? Tradicionalmente, isso é feito de modo muito amplo. Mas em um regime democrático, o interesse legítimo da autoridade política é que a lei e as políticas públicas deem apoio e regulem, de maneira ordenada, as instituições necessárias para reproduzir a sociedade política ao longo do tempo. Estas em geral incluem a família (em uma forma que seja justa), arranjos para criar e educar as crianças e instituições de saúde pública. Esse apoio e essa regulação ordenados baseiam-se em princípios e valores políticos, visto que a sociedade política é considerada como existindo perpetuamente, preservando suas instituições e sua cultura ao longo de gerações. Dado esse interesse, a autoridade política pareceria não ter nenhum interesse na forma particular de vida familiar ou das relações entre os sexos, exceto na medida em que essa forma ou essas relações afetem de algum modo a reprodução ordenada da sociedade ao longo do tempo. Assim, apelos à monogamia como tal ou contra o casamento de indivíduos do mesmo sexo, como parte do interesse legítimo que a autoridade política tem na família, refletiriam doutrinas religiosas ou abrangentes. Em consequência, esse interesse parece caracterizado de modo inadequado. Naturalmente, pode haver outros valores políticos à luz dos quais tal caracterização satisfaria os requisitos. Este seria o caso, por exemplo, se a monogamia fosse necessária para a igualdade das mulheres ou se os casamentos entre indivíduos do mesmo sexo fossem prejudiciais à criação e à educação das crianças[38].

5. Os quatro exemplos revelam um contraste com o que denominei razão secular[39]. Um ponto de vista que se

---

38. Naturalmente, não tento decidir a questão aqui, já que estamos interessados apenas nos tipos de razões e considerações que a argumentação pública envolve.
39. Ver § 2.2.

manifesta com frequência é o de que, embora razões religiosas e doutrinas sectárias não devam ser invocadas para justificar a legislação em uma sociedade democrática, argumentos seculares sensatos podem sê-lo[40]. Mas o que é um argumento secular? Alguns pensam que qualquer argumento reflexivo e crítico, publicamente inteligível e racional, é um argumento secular e discutem vários argumentos desse tipo para estabelecer, digamos, quais relações homossexuais são desprezíveis ou degradantes[41]. Alguns desses argumentos, é claro, podem ser argumentos seculares reflexivos e racionais (entendendo-se "secular" desse modo). Não obstante, uma característica central do liberalismo político é que ele trata todos esses argumentos da mesma maneira como trata os argumentos religiosos e, portanto, essas doutrinas filosóficas seculares não proveem razões públicas. Argumentos e conceitos seculares desse tipo pertencem à filosofia primeira e à doutrina moral e estão fora do domínio do político.

Assim, ao considerar se relações homossexuais entre cidadãos devem ser tratadas como delitos criminais, a questão não é determinar se essas relações são excluídas por uma visão decente do bem humano pleno, tal como caracterizada por uma visão filosófica e não religiosa plausível,

---

40. Ver Robert Audi, "The Place of Religious Argument in a Free and Democratic Society", in *San Diego Law Review* 30 (1993), p. 677. Ali, Audi define razão secular da seguinte maneira: "Uma razão secular é, *grosso modo*, uma razão cuja força normativa não se apoia de forma evidente na existência de Deus, em considerações teológicas ou nos pronunciamentos de uma pessoa ou instituição *qua* autoridade religiosa" (p. 692). Esta definição é ambígua entre razões que são seculares, no sentido de uma doutrina abrangente não religiosa, e as que o são no sentido de uma concepção puramente política que se encontra dentro dos limites do conteúdo da razão pública. Dependendo de qual desses dois sentidos tem-se em mente, a visão de Audi de que é preciso oferecer razões seculares juntamente com as religiosas poderia ter papel similar àquilo que denomino a cláusula em § 4.1.

41. Ver a discussão de Michael Perry sobre o argumento de John Finnis, que nega que tais relações sejam compatíveis com o bem humano, em *Religion in Politics: Constitutional and Moral Perspectives* (Oxford: Oxford University Press, 1997), capítulo 3, pp. 85-6.

nem levar em conta se os que possuem fé religiosa consideram-nas pecado, mas sim primariamente determinar se as normas legais que proíbem essas relações infringem os direitos civis de cidadãos democráticos livres e iguais[42]. Esta questão requer uma concepção política razoável de justiça que especifique esses direitos civis, que são sempre uma questão de elementos constitucionais essenciais.

### § 3. Religião e razão pública na democracia

1. Antes de examinar a ideia da visão ampla da cultura política pública, perguntamos: como é possível aos que professam doutrinas religiosas, algumas delas baseadas na autoridade religiosa – a Igreja ou a Bíblia, por exemplo –, ao mesmo tempo acatar uma concepção política razoável que dê sustentação a um regime democrático constitucional razoável? É possível que essas doutrinas sejam compatíveis, pelas razões certas, com uma concepção política liberal? Para que essa compatibilidade seja alcançada, não é suficiente que essas doutrinas aceitem um governo democrático meramente como um *modus vivendi*. Fazendo referência a cidadãos que professam doutrinas religiosas como cidadãos de fé, perguntamos: como é possível que estes sejam membros dedicados de uma sociedade democrática, que endossem os ideais e valores políticos intrínsecos da sociedade, e não simplesmente aquiesçam ao equilíbrio das forças políticas e sociais? Para formular a pergunta de forma mais incisiva: como é possível – ou será possível – que os fiéis, assim como os não religiosos (seculares), endossem um regime constitucional, mesmo quando suas próprias doutrinas abrangentes podem não prosperar sob ele e, com efeito, podem mesmo declinar? Esta última pergunta expli-

---

42. Aqui, sigo a posição de T. M. Scanlon, expressa em "The Difficulty of Tolerance", in *Toleration: An Elusive Virtue*, organizado por David Heyd (Princeton: Princeton University Press, 1996), pp. 226-39. Embora o ensaio todo seja elucidativo, a seção 3, pp. 230-3, é em especial relevante aqui.

cita uma vez mais a importância da ideia de legitimidade e do papel da razão pública para determinar a lei legítima.

Para esclarecer a questão, considerem-se dois exemplos. O primeiro é o de católicos e protestantes nos séculos XVI e XVII, quando o princípio de tolerância era acatado apenas como um *modus vivendi*[43]. Isto significava que se alguma parte conseguisse prevalecer, imporia sua doutrina religiosa como única fé admissível. Uma sociedade na qual muitas fés compartilham essa atitude e supõem que, por um futuro indefinido, suas posições relativas permanecerão mais ou menos as mesmas, poderia muito bem ter uma Constituição semelhante à dos Estados Unidos, protegendo plenamente as liberdades de religiões que se encontram fortemente divididas e são mais ou menos iguais em termos de poder político. Neste caso, a Constituição seria cumprida como um pacto, por assim dizer, para manter a paz civil[44]. Nessa sociedade, as questões políticas poderiam ser discutidas com base em ideias e valores políticos, a fim de não permitir a eclosão do conflito religioso e não suscitar a hostilidade sectária. O papel da razão pública, aqui, serve simplesmente para acalmar a divergência e encorajar a estabilidade social. Contudo, neste caso, não temos a estabilidade pelas razões certas, isto é, assegurada por um firme compromisso com os ideais e valores políticos (morais) de uma sociedade democrática.

Tampouco temos estabilidade pelas razões certas no segundo exemplo – uma sociedade democrática na qual os cidadãos aceitem como princípios políticos (morais) as cláusulas constitucionais substantivas que asseguram as liberdades religiosas, políticas e civis, quando o compromisso que têm com esses princípios constitucionais é tão limitado a ponto de ninguém se dispor a ver sua doutrina religiosa ou

---

43. Ver Conferência IV, § 3.4, p. 174.
44. Ver o exemplo de Kent Greenawalt da Sociedade de Crentes Fervorosos Divergentes em Greenawalt, *Private Consciences and Public Reasons*, pp. 16-8, 21-2.

não religiosa perder terreno em influência e números, e na qual tais cidadãos estejam dispostos a resistir ou desobedecer às leis que julguem prejudiciais a suas posições e o façam mesmo que todo o leque de liberdades, religiosa e de outros tipos, seja sempre preservado e a doutrina em questão esteja completamente segura. Aqui, mais uma vez, a democracia é aceita sob condições, não pelas razões certas.

O que esses exemplos têm em comum é que a sociedade encontra-se dividida em grupos separados, cada um dos quais tem seu interesse fundamental distinto e oposto aos interesses dos outros grupos e em defesa do qual se dispõe a resistir ou violar a lei democrática legítima. No primeiro exemplo, é o interesse que uma religião tem de estabelecer sua hegemonia, ao passo que no segundo é o interesse fundamental da doutrina de assegurar certo grau de sucesso e de influência para sua visão, quer seja religiosa, quer seja não religiosa. Enquanto um regime constitucional pode assegurar plenamente direitos e liberdades a todas as doutrinas permissíveis e, portanto, proteger nossa liberdade e segurança, uma democracia exige necessariamente que, como cidadão igual entre outros, cada um de nós aceite as obrigações da lei legítima[45]. Embora não se espere que ninguém coloque em risco sua doutrina religiosa ou não religiosa, é preciso que renunciemos para sempre à expectativa de mudar a Constituição para estabelecer a hegemonia de nossa religião ou à de qualificar nossas obrigações a fim de assegurar sua influência e seu sucesso. Conservar tais expectativas e objetivos seria incompatível com a ideia de liberdades fundamentais iguais para todos os cidadãos livres e iguais.

2. Para ampliar o que perguntamos antes: como é possível – ou será possível – para os que têm fé, assim como para os não religiosos (seculares), apoiar um regime constitucional mesmo quando suas doutrinas abrangentes podem

---

45. Ver Conferência V, § 6, pp. 230-6.

não prosperar sob tal regime e podem, com efeito, até mesmo declinar? Aqui a resposta encontra-se na compreensão e aceitação, por parte da doutrina religiosa ou não religiosa, de que, a não ser endossando uma democracia constitucional razoável, não há nenhuma outra maneira equitativa de assegurar a liberdade de seus seguidores que seja compatível com as liberdades iguais de outros cidadãos livres e iguais razoáveis. Ao endossar um regime democrático constitucional, uma doutrina religiosa pode sustentar que tais são os limites que Deus determina à nossa liberdade; uma doutrina não religiosa vai se expressar de outra maneira[46]. Mas

---

46. Um exemplo de como uma religião pode fazer isso é o seguinte. Abdullahi Ahmed An-Na'im, no livro *Toward an Islamic Reformation: Civil Liberties, Human Rights, and International Law* (Syracuse: Syracuse University Press, 1990), pp. 52-7, introduz a ideia de reconsiderar a interpretação tradicional da Sharia, que para os muçulmanos é a lei divina. Para que ela venha a ser aceita pelos muçulmanos, é preciso que se apresente como a interpretação correta e superior da Sharia. A ideia básica da interpretação de An-Na'im, segundo o falecido autor sudanês Ustadh Mahmoud Mohamed Taha, é que a compreensão tradicional da Sharia foi baseada nos ensinamentos de Maomé do período posterior de Medina, ao passo que os ensinamentos do período anterior de Meca constituem a mensagem eterna e fundamental do Islã. An-Na'im afirma que os ensinamentos e princípios superiores de Meca foram rejeitados em favor dos ensinamentos mais realistas e práticos (em um contexto histórico do século VII) de Medina porque a sociedade ainda não estava preparada para sua implementação. Agora que as condições históricas mudaram, An-Na'im acredita que os muçulmanos deviam seguir o período inicial de Meca ao interpretar a Sharia. Assim interpretada, sustenta que ela dá apoio à democracia constitucional (ibid., pp. 69-100).

Em particular, a interpretação inicial de Meca da Sharia afirma a igualdade de homens e mulheres e a completa liberdade de escolha em questões de fé e religião, ambas em conformidade com o princípio constitucional da igualdade perante a lei. An-Na'im escreve: "O Alcorão não menciona o constitucionalismo, mas o pensamento racional e a experiência demonstraram que ele é necessário para realizar a sociedade justa e boa prescrita pelo Alcorão. Uma justificação e um apoio islâmicos ao constitucionalismo são importantes e relevantes para os muçulmanos. Os não muçulmanos podem ter as próprias justificações seculares ou de outro tipo. Contanto que todos concordem quanto ao princípio e às normas específicas do constitucionalismo, incluindo a igualdade completa e a não discriminação com base em gênero ou religião, cada um pode ter as próprias razões para chegar a esse acordo" (ibid., p. 100). (Este é um exemplo perfeito de consenso sobreposto.) Agradeço a Akeel Bilem cada caso essas doutrinas formulam de maneiras diferentes o modo como a liberdade de consciência e o princípio de tolerância podem ser coerentes com a justiça igual para todos os cidadãos em uma sociedade democrática razoável. Assim, é preciso que os princípios de tolerância e de liberdade de consciência tenham lugar central em qualquer concepção democrática constitucional. Eles estabelecem a base fundamental a ser aceita por todos os cidadãos como equitativa e reguladora da rivalidade entre doutrinas.

Observe-se aqui que há duas ideias de tolerância. Uma é puramente política, expressando-se com base em direitos e deveres que protegem a liberdade religiosa em conformidade com uma concepção política razoável de justiça. A outra não é puramente política, mas expressa-se com base em uma doutrina religiosa ou não religiosa, como ocorre, por exemplo, ao se dizer, tal qual mencionado antes, que tais são os limites que Deus estabelece à nossa liberdade. Dizer isto oferece um exemplo do que denomino argumentação com base em uma conjectura[47]. Neste caso, argumentamos tomando por base aquilo em que acreditamos ou conjecturamos que possam ser as doutrinas fundamentais de outras pessoas, religiosas ou filosóficas, e nos empenhamos em demonstrar-lhes que, a despeito do que possam pensar sobre isso, elas mesmo assim têm como endossar uma concepção política razoável de justiça. Não estamos afirmando esse fundamento para a tolerância, e sim oferecendo-o como um fundamento que essas pessoas poderiam considerar coerente com suas doutrinas abrangentes.

### § 4. A visão ampla da cultura política pública

1. Agora vamos considerar o que denomino a visão ampla da cultura política pública e discutir dois aspectos

---

grami por informar-me sobre o trabalho de An-Na'im. Devo também agradecimentos a Roy Mottahedeh pela valiosa discussão sobre o assunto.

47. Ver § 4.3.

dela. O primeiro é que doutrinas abrangentes razoáveis, religiosas ou não religiosas, podem ser introduzidas na discussão política pública, contanto que sejam apresentadas, no devido tempo, razões políticas adequadas – e não dadas unicamente por doutrinas abrangentes – para sustentar seja o que for que se diga que as doutrinas abrangentes introduzidas apoiam. Refiro-me a essa injunção de apresentar razões políticas adequadas como a *cláusula*, e ela especifica a cultura política pública em contraste com a cultura de fundo[48]. O segundo aspecto que considero é que pode haver razões positivas para introduzir doutrinas abrangentes na discussão política pública. Examino cada um desses dois aspectos a seguir.

Obviamente, muitas perguntas podem ser feitas sobre como satisfazer a cláusula[49]. Uma delas é: quando ela necessita ser satisfeita? No mesmo dia ou algum tempo depois? Além disso, sobre quem recai a obrigação de respeitá-la? É importante que fique claro e estabelecido que a cláusula deve ser adequadamente satisfeita de boa-fé. Mas as particularidades sobre o modo de satisfazê-la só podem ser especificadas na prática, e não há como a cláusula ser regulada por um conjunto preciso de normas dadas de antemão. Como estas normas podem funcionar, isto é algo determinado pela natureza da cultura política pública, exigindo bom-senso e compreensão. É importante também observar que a introdução na cultura política pública de doutrinas religiosas e seculares, contanto que a cláusula seja cumprida, não altera a natureza e o conteúdo da justificação da própria razão pública. Essa justificação continua sendo formulada com base em uma família de concepções políticas razoáveis de justiça. Contudo, não há restrições ou exigências sobre como as próprias doutrinas religiosas ou seculares devem expressar-se. Não se requer, por exemplo, que essas doutrinas sejam logicamente corretas de acordo com

---

48. Ver Conferência I, § 2.3, pp. 16-7 (na qual se contrasta a cultura política pública com a cultura de fundo).

49. Sou grato a Dennis Thompson pela discussão valiosa sobre o assunto.

determinados padrões, abertas à avaliação racional ou demonstráveis por meio de evidências[50]. Em que medida são ou não demonstráveis dessa maneira, esta é uma questão a ser decidida pelos que as defendem e de acordo com o modo como querem que aquilo que dizem seja entendido. Essas pessoas normalmente terão razões práticas para querer tornar suas visões aceitáveis para um público mais amplo.

2. O conhecimento mútuo, por parte dos cidadãos, das doutrinas religiosas e não religiosas uns dos outros, que se expressa na visão ampla da cultura política pública[51], reconhece que as bases do compromisso democrático dos cidadãos com suas concepções políticas encontram-se em suas respectivas doutrinas abrangentes, religiosas e não religiosas. Dessa maneira, o compromisso dos cidadãos com o ideal democrático de razão pública é fortalecido pelas razões certas. Podemos pensar nas doutrinas abrangentes razoáveis que dão apoio às concepções políticas razoáveis da sociedade como a base social vital dessas concepções, conferindo-lhes força e vigor duradouros. Quando essas doutrinas aceitam a cláusula e só então entram no debate político, o compromisso com a democracia constitucional manifesta-se publicamente[52].

---

50. Greenawalt discute Franklin Gamwell e Michael Perry, que realmente impõem restrições semelhantes a como a religião deve ser introduzida na discussão pública. Ver Greenawalt, *Private Consciences and Public Reasons*, pp. 85-95.

51. Novamente, como sempre, distinguindo-se isso da cultura de fundo, na qual enfatizo que não há nenhuma restrição.

52. O liberalismo político às vezes é criticado por não desenvolver interpretações dessas bases sociais da democracia, nem expor a formação de seus sustentáculos religiosos e de outros tipos. Contudo, ele reconhece essas bases sociais e enfatiza sua importância. Evidentemente, as concepções políticas de tolerância e liberdade religiosa seriam impossíveis em uma sociedade na qual a liberdade religiosa não fosse respeitada e valorizada. Assim, o liberalismo político está em concordância com David Hollenbach, S. J., quando escreve: "Entre as não menos importantes das [transformações realizadas por Aquino] encontrava-se sua insistência em que a vida política de um povo não é a mais elevada realização do bem do qual é capaz – um *insight* que se encontra na raiz

Quando se tornam conscientes desse compromisso, autoridades públicas e cidadãos se mostram mais dispostos a honrar o dever de civilidade, e o fato de seguirem o ideal de razão pública ajuda a promover o tipo de sociedade que o ideal exemplifica. Esses benefícios do conhecimento mútuo que se produz pelo fato de os cidadãos reconhecerem as doutrinas abrangentes razoáveis uns dos outros mostram uma razão positiva para introduzir tais doutrinas, a qual não é meramente defensiva, como se a intrusão delas na discussão pública fosse de todo modo inevitável.

Considere-se, por exemplo, uma questão política altamente controvertida: a questão do apoio público a escolas mantidas por Igrejas[53]. É provável que os que estão em lados diferentes dessa questão venham a duvidar uns dos outros no que diz respeito ao compromisso com valores constitucionais e políticos básicos. É prudente, então, que todos os lados introduzam suas doutrinas abrangentes, religiosas ou seculares, a fim de abrir caminho para que expliquem uns aos outros como suas visões realmente apoiam esses valores políticos básicos. Considerem-se também os abolicionistas e os ativistas do Movimento dos Direitos Civis[54]. A cláusula foi

---

das teorias constitucionais de autoridade política limitada. E, embora a Igreja tenha resistido à descoberta liberal das liberdades modernas durante boa parte do período moderno, o liberalismo vem transformando o catolicismo, mais uma vez, ao longo da última metade do nosso século. A memória desses eventos da história social e intelectual, bem como a experiência da Igreja desde o Concílio Vaticano II, levam-me a ter esperança de que comunidades com visões diferentes da boa vida poderão chegar a algum lugar caso se arrisquem à conversação e à discussão sobre essas visões." David Hollenbach, "Contexts of the Political Role of Religion: Civil Society and Culture", in *San Diego Law Review* 30 (1993), p. 891. Embora uma concepção de razão pública deva reconhecer a importância dessas bases sociais da democracia constitucional e levar em conta como fortalecem as instituições que lhe são vitais, essa concepção não precisa levar a cabo um estudo sobre questões dessa natureza. Por enfatizar a necessidade de levar em conta esse aspecto, sou grato a Paul Weithman.

53. Ver Conferência VI, § 8.2, pp. 293-5.

54. Ver Conferência VI, § 8.3, pp. 295-8. Não sei se os abolicionistas e King concebiam-se como cumprindo o propósito da cláusula. Mas quer a tivessem cumprido ou não, poderiam tê-lo feito. E, se conhecessem e aceitassem a ideia de razão pública, teriam feito. Agradeço a Paul Weithman por esta observação.

cumprida no caso deles, por mais que tenham enfatizado as raízes religiosas de suas doutrinas, porque estas sustentavam valores constitucionais básicos – como eles mesmos afirmavam – e, portanto, concepções razoáveis de justiça política.

3. A argumentação pública almeja a justificação pública. Recorremos a concepções políticas de justiça e a evidências e fatos verificáveis e abertos ao escrutínio público para chegarmos a conclusões a respeito do que pensamos ser as instituições e políticas públicas mais razoáveis. A justificação pública não se reduz a argumentação válida, mas se trata de argumentação dirigida a outros. Esta justificação procede de forma correta com base em premissas que aceitamos e achamos que outros poderiam razoavelmente aceitar, para chegar a conclusões que pensamos que eles também poderiam razoavelmente aceitar. Isto cumpre o dever da civilidade desde que, no devido momento, a cláusula seja satisfeita.

Há duas outras formas de discurso que também podem ser mencionadas, embora nenhuma expresse uma forma de argumentação pública. Uma delas é a declaração. Neste caso, cada um de nós declara sua doutrina abrangente, religiosa ou não religiosa. Não esperamos que outros a compartilhem. Antes, cada um de nós demonstra como, com base em suas próprias doutrinas, pode endossar e realmente endossa uma concepção política pública razoável de justiça, com seus princípios e ideais. O objetivo de fazer isso é declarar aos outros, que afirmam doutrinas abrangentes distintas, que damos nosso apoio também a uma concepção política razoável que faz parte da família de tais concepções razoáveis. Na visão ampla, os cidadãos de fé que citam a parábola do Bom Samaritano, do Evangelho, não se detêm nisso, mas prosseguem oferecendo uma justificação pública das conclusões que retiram dessa parábola com base em valores políticos[55]. Dessa maneira, os cidadãos que sustentam

---

55. Lucas, 10: 29-37. É fácil perceber que a parábola do Evangelho poderia ser usada para dar sustentação ao dever moral imperfeito de ajuda mú-

doutrinas diferentes são tranquilizados, e isto fortalece os vínculos da amizade cívica[56].

A segunda forma de discurso é a conjectura, definida da seguinte forma: argumentamos com base no que acreditamos ou conjecturamos que sejam as doutrinas abrangentes de outras pessoas, religiosas ou seculares, e tentamos mostrar-lhes que, apesar do que possam pensar a respeito, ainda assim podem endossar uma concepção política razoável que proporcione uma base para razões públicas. Esta é uma maneira de fortalecer o ideal de razão pública. Contudo, é importante que a conjectura seja sincera e não manipuladora. Devemos explicar abertamente nossas intenções e deixar claro que não afirmamos as premissas das quais partimos, mas procedemos do modo como fazemos para esclarecer o que consideramos ser uma incompreensão da parte dos outros em questão e, talvez, também de nossa parte[57].

---

tua, tal como encontrado, digamos, no quarto exemplo de Kant na *Grundlegung*. Ver Immanuel Kant, *Groundwork for the Metaphysics of Morals*, Ak. 4: 423, in *Practical Philosophy*, tradução para o inglês de Mary Gregor (Cambridge: Cambridge University Press, 1996). Para formular um exemplo adequado recorrendo somente a valores políticos, considere-se uma variante do princípio de diferença ou de outra ideia análoga. Poder-se-ia entender o princípio como propiciando uma atenção especial para com os pobres, como na doutrina social católica. Ver *Teoria*, § 13 (que define o princípio de diferença).

56. Por me fazer perceber a relevância dessa forma de discurso, sou grato a discussões com Charles Larmore.

57. Mencionarei outra forma de discurso que denomino "dar testemunho". Costuma ocorrer em uma sociedade ideal, bem-ordenada em termos políticos e plenamente justa, na qual todos os votos dos cidadãos acontecem em conformidade com sua concepção mais razoável de justiça política. Não obstante, pode ocorrer que alguns deles sintam que devem expressar sua dissidência, com base em princípios, com as instituições, as políticas ou a legislação existentes. Presumo que os quacres aceitam a democracia constitucional e aquiescem à sua lei legítima, mas simultaneamente é razoável que possam expressar o fundamento religioso de seu pacifismo. (O caso análogo da oposição católica ao aborto é mencionado em § 6.1.) Contudo, dar testemunho difere da desobediência civil, no sentido de que não recorre a princípios e valores de uma concepção política (liberal) de justiça. Embora de modo geral esses cidadãos endossem concepções políticas razoáveis de justiça, que dão sustentação a uma sociedade democrática constitucional, nesse caso, não obstan-

## § 5. Da família como parte da estrutura básica

1. Para ilustrar mais o uso e o âmbito da razão pública, considerarei agora um leque de questões a respeito de uma instituição, a família[58]. Faço isso recorrendo a uma concepção política específica de justiça e examinando o papel que ela atribui à família na estrutura básica da sociedade. Como o conteúdo da razão pública é determinado por todas as concepções políticas razoáveis que satisfazem o critério de reciprocidade, o âmbito de questões a respeito da família abrangido por essa concepção política indicará o amplo espaço para o debate e a argumentação que é coberto pela razão pública como um todo.

A família é parte da estrutura básica, visto que um de seus principais papéis é constituir a base da produção e re-

---

te, sentem que devem não apenas deixar que os outros cidadãos conheçam a base profunda de sua vigorosa oposição, mas também dar testemunho de sua fé ao fazê-lo. Ao mesmo tempo, os que dão testemunho aceitam a ideia de razão pública. Mesmo que pensem que o resultado de uma votação em que todos os cidadãos razoáveis seguiram conscienciosamente a razão pública possa ser incorreto ou não verdadeiro, eles, não obstante, reconhecem esse resultado como lei legítima e aceitam a obrigação de não violá-lo. Em tal sociedade não há, estritamente falando, nenhum argumento para a desobediência civil e a objeção de consciência. Estas últimas requerem o que denominei uma sociedade quase justa, mas não inteiramente justa. Ver *Teoria*, § 55.

58. Minha suposição era que o clássico de J. S. Mill, *The Subjection of Women* (1869), in *Collected Works of John Stuart Mill*, vol. 21, tornara claro que uma concepção liberal decente de justiça (incluindo o que denominei a justiça como equidade) implicava justiça igual tanto para as mulheres como para os homens. Claramente, *Uma teoria da justiça* deveria ter deixado isso mais explícito, mas trata-se, neste caso, de uma falha minha, não do liberalismo político. Fui encorajado a pensar que uma interpretação liberal da justiça igual para as mulheres é viável por Susan Moller Okin, *Justice, Gender, and the Family* (Nova York: Basic Books, 1989); por Linda C. McClain, "'Atomistic Man' Revisited: Liberalism, Connection, and Feminist Jurisprudence", in *Southern California Law Review* 65 (1992), p. 1.171; por Martha Nussbaum, *Sex and Social Justice* (Oxford: Oxford University Press, 1998), que é uma coletânea de seus ensaios de 1990 a 1996, incluindo "The Feminist Critique of Liberalism", sua Oxford Amnesty Lecture de 1996; e por Sharon A. Lloyd, "Situating a Feminist Criticism of John Rawls's *Political Liberalism*", in *Loyola LA Law Review* 28 (1995), p. 1.319. Beneficiei-me muito dos escritos de todas elas.

produção ordenadas da sociedade e de sua cultura de uma geração para outra. A sociedade política sempre é considerada como um sistema de cooperação social ao longo do tempo, indefinidamente; a ideia de um momento futuro em que seus assuntos devam ser concluídos e a sociedade dissolva-se é alheia à concepção da sociedade política. Assim, o trabalho reprodutivo é socialmente necessário. Aceitando isso, um papel central da família é prover de maneira razoável e efetiva a criação e o cuidado dos filhos, assegurando seu desenvolvimento moral e sua educação para a cultura mais ampla[59]. Os cidadãos devem ter uma percepção da justiça e dos valores políticos que sustentam as instituições políticas e sociais. A família deve assegurar a criação e o desenvolvimento de tais cidadãos, nas quantidades adequadas à preservação de uma sociedade duradoura[60].

Essas exigências limitam todos os arranjos da estrutura básica, incluindo os esforços para assegurar a igualdade de oportunidades. A família impõe restrições à maneira como esses objetivos podem ser atingidos, e os princípios de justiça são formulados de modo que essas restrições sejam levadas em conta. Não posso examinar essas complexidades aqui, mas suponho que, enquanto somos crianças, crescemos em um pequeno grupo íntimo no qual os mais velhos (normalmente os pais) têm certa autoridade moral e social.

2. Para que a razão pública se aplique à família, ela deve ser vista, pelo menos em parte, como objeto da justiça política. Pode-se pensar que não é assim, que os princípios de

---

59. Ver *Teoria*, §§ 70-6 (nas quais se examinam os estágios de desenvolvimento moral e a relevância disso para a justiça como equidade).

60. Contudo, nenhuma forma particular da família (monogâmica, heterossexual ou de outro tipo) é exigida por uma concepção política de justiça, contanto que a família seja ordenada de maneira que cumpra essas tarefas de modo efetivo e não contrarie outros valores políticos. Note-se que esta observação estabelece a maneira como a justiça como equidade lida com a questão dos direitos e deveres de *gays* e lésbicas e o modo pelo qual afetam a família. Se esses direitos e deveres são compatíveis com a vida familiar ordenada e a educação dos filhos, eles são, *ceteris paribus*, plenamente admissíveis.

justiça não se aplicam à família e, portanto, não asseguram a justiça igual para as mulheres e seus filhos[61]. Esta é uma concepção errônea. Pode surgir da seguinte maneira: o objeto primário da justiça política é a estrutura básica da sociedade, compreendida como a ordenação das principais instituições da sociedade em um sistema unificado de cooperação social ao longo do tempo; os princípios de justiça política devem aplicar-se diretamente a essa estrutura, mas não devem se aplicar diretamente à vida interna das muitas associações dentro dela, entre outras, a família; assim, alguns podem achar que, se esses princípios não se aplicam diretamente à vida interna das famílias, eles não podem assegurar justiça igual para as mulheres tanto quanto para seus maridos.

A mesma questão, em grande medida, surge no que diz respeito a todas as associações, sejam Igrejas ou universidades, associações profissionais ou científicas, empresas ou sindicatos. A família não é peculiar nesse aspecto. Para ilustrar: é indubitável que os princípios liberais de justiça política não exigem que o governo eclesiástico seja democrático. Não é preciso que bispos e cardeais sejam eleitos; nem, tampouco, é preciso que os benefícios vinculados às posições hierárquicas de uma Igreja satisfaçam um princípio específico de justiça distributiva, e certamente não o princípio de diferença[62]. Isto demonstra que os princípios de justiça política não se aplicam à vida interna de uma Igreja, não sendo desejável, nem compatível com a liberdade de consciência ou de associação, que se apliquem.

Por outro lado, os princípios de justiça política realmente impõem certas restrições que influenciam o governo eclesiástico. As Igrejas não podem efetivamente praticar a intolerância, já que, como o exigem os princípios da justiça, o Direito público não reconhece a heresia e a apostasia como crimes, e os membros das Igrejas têm sempre a liberdade de abandonar sua fé. Assim, embora esses princípios não se

---

61. Ver Okin, *Justice, Gender, and the Family*, pp. 90-3.
62. O princípio de diferença é definido em *Teoria*, § 13.

apliquem de modo direto à vida interna das Igrejas, eles na realidade protegem os direitos e as liberdades de seus membros por meio de restrições às quais todas as Igrejas e associações estão sujeitas. Isto não significa negar que existam concepções adequadas de justiça que de fato se apliquem diretamente à maioria das associações e grupos, se não a todos, assim como a vários tipos de relações entre indivíduos. Contudo, essas concepções não são políticas. Em cada caso, constitui outra questão, de natureza distinta, determinar qual é a concepção apropriada que deve ser levada em conta, considerando a natureza e o papel da associação, grupo ou relação em tela.

Considere-se agora a família. Aqui, a ideia é a mesma: os princípios políticos não se aplicam de modo direto à sua vida interna, mas realmente impõem-lhe restrições essenciais como instituição e assim garantem os direitos e as liberdades fundamentais, a liberdade e as oportunidades de todos os seus membros. Isto tais princípios fazem, como afirmei, especificando os direitos fundamentais dos cidadãos iguais que são membros das famílias. A família, como parte da estrutura básica, não pode violar essas liberdades. Como as mulheres são cidadãs em situação de igualdade com seus maridos, todas têm os mesmos direitos, liberdades e oportunidades fundamentais que eles, e isto, juntamente com a aplicação correta dos outros princípios de justiça, é suficiente para assegurar sua igualdade e independência.

Para apresentar a questão de outra maneira, distinguimos o ponto de vista das pessoas como cidadãos e seu ponto de vista como membros de famílias e outras associações[63]. Como cidadãos, temos razões para impor as restrições especificadas pelos princípios políticos de justiça às associações, ao passo que, como membros de associações, temos razões para limitar essas restrições, para que deixem espaço a uma vida interna livre e florescente, adequada à asso-

---

63. Tomo essa ideia de empréstimo de Joshua Cohen, "Okin on Justice, Gender, and Family", in *Canadian Journal of Philosophy* 22 (1992), p. 278.

ciação em questão. No caso, novamente, percebemos a necessidade da divisão de trabalho entre diferentes tipos de princípios. Não iríamos querer que princípios políticos de justiça – incluindo princípios de justiça distributiva – se aplicassem diretamente à vida interna da família. Esses princípios não nos informam como criar nossos filhos nem exigem que os tratemos em conformidade com princípios políticos. Neste caso, esses princípios estão fora de lugar. Com certeza, os pais devem seguir alguma concepção de justiça (ou de equidade) e o devido respeito aos filhos, mas, dentro de certos limites, isto não é algo que caiba a princípios políticos prescrever. Evidentemente, a proibição de abusos e negligência em relação aos filhos, e muito mais, constituirá, como restrições, parte central do Direito da família. Mas em algum ponto a sociedade tem de contar com a afeição e a boa vontade naturais dos membros maduros da família[64].

Assim como os princípios de justiça requerem que as mulheres tenham todos os direitos dos cidadãos, os princípios de justiça impõem restrições à família em nome dos filhos, que, como futuros cidadãos, têm direitos fundamentais. Uma injustiça longa e histórica para com as mulheres é o fato de que suportaram e continuam a suportar uma parcela injusta na tarefa de criar e cuidar dos filhos. Quando estão em desvantagem ainda maior em virtude das leis que regulamentam o divórcio, esse ônus as torna altamente vulneráveis. Essas injustiças incidem de forma brutal não apenas sobre as mulheres, mas também sobre os filhos, e tendem a minar a capacidade das crianças de adquirir as virtudes políticas que são exigidas dos futuros cidadãos em uma sociedade democrática viável. Mill sustentou que, em sua época, a família era uma escola de despotismo mascu-

---

64. Michael Sandel supõe que os dois princípios da justiça como equidade aplicam-se às associações de modo geral, inclusive às famílias. Ver Michael J. Sandel, *Liberalism and the Limits of Justice* (Cambridge: Cambridge University Press, 1982), pp. 30-4.

lino; ela inculcava hábitos de pensamento e conduta incompatíveis com a democracia[65]. Se é assim, os princípios de justiça que prescrevem uma sociedade democrática constitucional razoável podem ser claramente invocados para reformar a família.

3. De modo mais geral, quando o liberalismo político distingue a justiça política que se aplica à estrutura básica de outras concepções de justiça que se aplicam às várias associações dentro dessa estrutura, ele não considera o âmbito político e o não político como dois espaços separados, desligados, cada qual governado exclusivamente pelos próprios princípios. Mesmo que apenas a estrutura básica seja o objeto primário da justiça, os princípios de justiça colocam restrições essenciais à família e a todas as outras associações. Os membros adultos de famílias e de outras associações, em primeiro lugar, são cidadãos iguais: esta é sua posição básica. Nenhuma instituição ou associação na qual estejam envolvidos pode violar seus direitos como cidadãos.

Um domínio ou esfera da vida não é, então, algo que já esteja dado, à parte de concepções políticas de justiça. Ele não é um tipo de espaço ou de lugar, e sim, de maneira mais precisa, é aquilo que resulta do modo como os princípios de justiça política são aplicados de forma direta à estrutura básica e indireta às associações que existem dentro dela. Os princípios que definem as liberdades e oportunidades básicas iguais dos cidadãos sempre se aplicam em todos e por todos os chamados domínios. Os direitos iguais das mulheres e os direitos fundamentais de seus filhos como futuros cidadãos são inalienáveis e protegem-nos onde quer que estejam. As distinções de gênero que limitam esses direitos são excluídas[66]. Assim, as esferas do político e do público, do não público e do privado seguem-se do conteúdo e da aplicação da concepção de justiça e de seus princípios.

---

65. Mill, *Subjection of Women*, capítulo 2, pp. 283-98.
66. Ver *Teoria*, § 16, p. 99.

Caso se afirme que a chamada esfera privada é um espaço isento de justiça, então não existe tal coisa. A estrutura básica é um sistema social único, e cada parte dele pode influenciar o restante. Seus princípios básicos de justiça política caracterizam todas as suas partes principais e seus direitos fundamentais estendem-se a toda essa estrutura. A família é a única parte (embora uma parte importante) do sistema que produz uma divisão social do trabalho baseada no gênero ao longo do tempo. Alguns sustentaram que a discriminação contra as mulheres no mercado é fator crucial para a histórica divisão sexual do trabalho na família. As diferenças de salários entre os gêneros que resultam dessa discriminação tornam economicamente racional que as mães passem mais tempo com os filhos do que os pais. Por outro lado, alguns acreditam que a própria família é o elemento central de perpetuação[67] da injustiça de gêneros. Contudo, uma concepção liberal de justiça pode ter de admitir certas divisões tradicionais de trabalho por gênero na família – vamos supor que esta divisão baseie-se na religião –, contanto que seja plenamente voluntária e não seja produto nem causa de injustiça. Dizer que essa divisão do trabalho é plenamente voluntária significa dizer que é adotada pelas pessoas com base em sua religião, que de um ponto de vista político é voluntária[68], e não em virtude de várias outras formas de discriminação,

---

67. Esse termo (*linchpin*) é de Okin. Ver Okin, *Justice, Gender and the Family*, pp. 6, 14, 170.
68. Sobre esse ponto, ver Conferência VI, § 3.2, pp. 261-2. Se é ou não adequadamente voluntária, e, se o é, sob quais condições, esta é uma questão controvertida. Em resumo, essa questão envolve a distinção entre o razoável e o racional, explicada do seguinte modo: uma ação que é voluntária em um sentido pode não ser em outro. Pode ser voluntária no sentido de racional: fazer aquilo que é racional nas circunstâncias existentes, mesmo quando estas envolvem condições injustas; ou uma ação pode ser voluntária no sentido de razoável: fazer aquilo que é racional quando todas as condições circundantes também são justas. Claramente, o texto interpreta "voluntário" no segundo sentido: afirmar nossa religião é voluntário quando todas as condições circundantes são razoáveis ou justas. Nestas observações, supus que as condições

em outras partes do sistema social, que tornam racional e menos custoso que marido e mulher sigam uma divisão por gênero do trabalho na família.

Alguns querem uma sociedade em que a divisão de trabalho por gênero seja reduzida ao mínimo. Mas para o liberalismo político isso não pode significar que tal divisão seja proibida. Não podemos propor que a divisão igual de trabalho na família seja simplesmente imposta ou que sua ausência seja de alguma maneira penalizada na lei pelos que não a adotam. Isso está excluído porque a divisão de trabalho em questão está ligada às liberdades fundamentais, incluindo a liberdade de religião. Assim, tentar minimizar a divisão de trabalho por gênero significa, no liberalismo político, buscar alcançar uma condição social na qual a divisão remanescente seja voluntária. Isso admite, em princípio, a possibilidade de persistência de considerável divisão de trabalho por gênero. É apenas a divisão involuntária que deve ser reduzida a zero.

Portanto, a família é um caso crucial para que se verifique se o sistema único – a estrutura básica – oferece justiça igual para homens e mulheres. Se a divisão de trabalho por gênero na família é mesmo plenamente voluntária, então há razões para supor que o sistema único realiza a igualdade equitativa de oportunidades para ambos os sexos.

4. Como uma democracia almeja a igualdade plena para todos os seus cidadãos e, portanto, para as mulheres, é preciso que inclua arranjos para realizá-la. Se uma causa básica, se não a principal, da desigualdade das mulheres é a parcela maior de encargos na criação e no cuidado dos filhos na divisão tradicional de trabalho na família, é preciso dar passos para igualar a parcela maior assumida por elas nessa divisão ou para compensá-las por isso[69]. Não cabe à

---

subjetivas da voluntariedade (quaisquer que sejam) estão presentes e só enfatizei as condições objetivas. Uma discussão completa nos levaria muito longe.

69. Ver Victor R. Fuchs, *Women's Quest for Economic Equality* (Cambridge, Mass.: Harvard University Press, 1988). Os capítulos 3 e 4 apresentam de forma

filosofia política decidir qual é a melhor maneira de fazer isso em condições históricas particulares. Mas uma proposta que hoje se tornou comum é que, como norma ou diretriz, a lei deve considerar que o trabalho da mulher na criação dos filhos (quando ela tem este encargo, como ainda é comum) confere-lhe o direito a uma parcela igual dos rendimentos que o marido obtém durante o casamento. Em caso de divórcio, ela deve ter uma parcela igual no valor acrescido dos bens da família durante o período de casamento.

Qualquer desvio dessa norma exigiria uma justificativa especial e clara. Parece intoleravelmente injusto que um marido possa deixar a família, levando consigo sua capacidade de ganho e deixando mulher e filhos em situação muito menos vantajosa que antes. Forçados a se virarem por conta própria, sua posição econômica muitas vezes torna-se precária. Uma sociedade que permite isso não se importa com as mulheres, muito menos com sua igualdade ou mesmo com seus filhos, que são o futuro dela.

A questão crucial pode ser determinar o que precisamente é abarcado por instituições estruturadas por gênero. Como suas linhas são traçadas? Se dissermos que o sistema de gênero inclui quaisquer arranjos sociais que afetam adversamente as liberdades e oportunidades básicas iguais das mulheres, assim como as de seus filhos como futuros cidadãos, então certamente esse sistema está sujeito a crítica pelos princípios da justiça. A questão, então, é se o cumprimento desses princípios é suficiente para remediar os defeitos do sistema de gênero. O remédio depende em parte da teoria social e da psicologia humana, e de muito mais. Não pode ser prescrito apenas por uma concepção de justiça.

Ao encerrar estas observações sobre a família, devo dizer que não tentei argumentar extensivamente para sus-

---

resumida as evidências que há para sustentar que a causa principal não é, como muitas vezes se diz, a discriminação por parte do empregador, ao passo que os capítulos 7 e 8 propõem o que deve ser feito.

tentar conclusões específicas. Antes, quis apenas mostrar como uma concepção política de justiça e sua ordenação de valores políticos aplicam-se a determinada instituição da estrutura básica e podem abranger muitos (se não todos) os seus aspectos. Como afirmei, esses valores são colocados em uma ordem dentro da concepção política à qual estão ligados[70]. Entre eles estão a liberdade e a igualdade das mulheres, a igualdade dos filhos como futuros cidadãos, a liberdade de religião e, finalmente, a importância da família para assegurar a produção e a reprodução ordenadas da sociedade e de sua cultura, de uma geração para outra. Esses valores proveem razões públicas para todos os cidadãos. É o que se exige não apenas da justiça como equidade, mas de qualquer concepção política razoável.

### § 6. Questões sobre a razão pública

Volto-me agora para várias questões e dúvidas a respeito da ideia de razão pública, tentando esclarecê-las.

1. Primeiro, pode-se objetar que a ideia de razão pública limitaria de forma não razoável os tópicos e as considerações disponíveis para a discussão e o debate políticos e que deveríamos, em vez disso, adotar o que podemos denominar a visão aberta, sem nenhuma restrição. Discuto agora dois exemplos para refutar essa objeção.

(a) Uma razão para pensar que a razão pública é muito restritiva decorre de supor que ela tenta erroneamente solucionar questões políticas de forma antecipada. Para explicar essa objeção, consideremos a questão da oração nas escolas. Pode-se pensar que uma posição liberal sobre esta questão negaria sua admissibilidade nas escolas públicas. Mas por quê? Temos de considerar todos os valores políticos que podem ser invocados para solucionar essa questão

---

70. Ver § 2.3.

e para que lado as razões decisivas pendem. O famoso debate de 1784-85 entre Patrick Henry e James Madison quanto à oficialização da Igreja anglicana na Virgínia e que envolvia a religião nas escolas foi examinado quase inteiramente por referência apenas a valores políticos. O célebre argumento de Henry a favor de oficializar a religião baseou-se na visão de que "o conhecimento cristão tem uma tendência natural a corrigir os costumes dos homens, a controlar seus vícios e a preservar a paz na sociedade, que não são propósitos que possam ser realizados se não houver um provimento competente de professores preparados"[71]. Henry não parecia argumentar a favor do conhecimento cristão como um bem em si mesmo, mas, antes, como uma maneira efetiva de realizar valores políticos básicos, a saber, a conduta boa e pacífica dos cidadãos. Assim, entendo que, ao falar em "vícios", ele estava se referindo, pelo menos em parte, àquelas ações que violam as virtudes políticas presentes no liberalismo político[72] e que também se expressam em outras concepções de democracia.

Deixando de lado a evidente dificuldade de saber se orações podem ser praticadas nas escolas a fim de satisfazer todas as exigências impostas pela justiça política, as objeções de Madison ao projeto de lei de Henry concentraram-se sobretudo na questão de em que medida tornar a religião oficial era uma condição necessária para assegurar uma sociedade civil pacífica. Ele concluiu que não era. As objeções de Madison também se fundamentaram nos efeitos históricos da imposição de uma religião oficial tanto

---

71. Ver Thomas J. Curry, *The First Freedoms: Church and State in America to the Passage of the First Amendment* (Oxford: Oxford University Press, 1986), pp. 139-48. A linguagem citada, que aparece na página 140, é de um preâmbulo ao "Projeto de lei estabelecendo um provimento de professores da religião cristã" (1784). Note-se que o popular Patrick Henry também ofereceu a mais séria oposição ao "Projeto de lei para estabelecer a liberdade religiosa" (1779) de Jefferson, que foi aprovado ao ser reapresentado na Assembleia da Virgínia em 1786. Curry, *The First Freedoms*, p. 146.

72. Para uma discussão sobre essas virtudes, ver Conferência V, § 5.4.

para a sociedade como para a integridade da própria religião. Ele conhecia a prosperidade das colônias que não haviam adotado uma religião oficial, sobretudo a Pensilvânia, e fez menção à força do cristianismo primitivo em oposição a um Império Romano hostil e à corrupção que no passado havia resultado da imposição de uma religião oficial[73]. Com certo cuidado, muitos, se não todos esses argumentos, podem ser expressos com base nos valores políticos da razão pública.

De especial interesse, no exemplo da oração nas escolas, é que torna explícito que a ideia de razão pública não é uma concepção sobre instituições e programas políticos específicos. Antes, é uma visão sobre os tipos de razão nas quais os cidadãos devem basear seus argumentos políticos ao apresentar justificações políticas uns aos outros quando apoiam leis e políticas que invocam os poderes coercitivos do Estado quanto a questões políticas fundamentais. Também de especial interesse nesse exemplo é que ele serve para enfatizar que os princípios que sustentam a separação entre Igreja e Estado devem ser tais que possam ser afirmados por todos os cidadãos livres e iguais, dado o fato do pluralismo razoável.

---

73. Ver James Madison, *Memorial and Remonstrance* (1785), in *The Mind of the Founders*, organização de Marvin Meyers (Indianápolis: Bobbs-Merrill, 1973), pp. 8-16. O parágrafo 6 refere-se ao vigor do cristianismo primitivo em oposição ao império, enquanto os parágrafos 7 a 11 referem-se à influência mutuamente corruptora, tanto no Estado como na religião, que no passado resultara da imposição de uma religião oficial. Na correspondência entre Madison e William Bradford da Pensilvânia, os quais se encontraram em Princeton (no College of New Jersey), a liberdade e a prosperidade de uma Pensilvânia que não tinha religião oficial são enaltecidas e celebradas. Ver *The Papers of James Madison*, vol. 1, organização de William T. Hutchinson e William M. E. Radial (Chicago: University of Chicago Press, 1962). Ver especialmente as cartas de Madison de 1º de dezembro de 1773, ibid., pp. 100-1; de 24 de janeiro de 1774, ibid., pp. 104-6; e de 1º de abril de 1774, ibid., pp. 111-3. Uma carta de Bradford a Madison, de 4 de março de 1774, refere-se à liberdade como a genialidade da Pensilvânia; ibid., p. 109. Os argumentos de Madison eram similares aos de Tocqueville, que menciono a seguir. Ver também Curry, *The First Freedoms*, pp. 142-8.

As razões para a separação entre Igreja e Estado são, entre outras, as seguintes: ela protege a religião contra o Estado e o Estado contra a religião, protege os cidadãos contra suas Igrejas[74] e os cidadãos uns dos outros. É um erro dizer que o liberalismo político é uma concepção política individualista, pois seu objetivo é a proteção que diferentes interesses, tanto associativos como individuais, têm na liberdade. E também é grave equívoco pensar que a separação entre Igreja e Estado está voltada primariamente para a proteção da cultura secular; naturalmente, ela protege essa cultura, mas não mais do que protege todas as religiões. Mencionam-se com frequência a vitalidade e a ampla aceitação da religião nos Estados Unidos, como se fossem um sinal da virtude peculiar do povo estadunidense. Talvez sejam, mas isto também pode estar relacionado ao fato de que, nesse país, as várias religiões foram protegidas contra o Estado pela Primeira Emenda, e nenhuma delas foi capaz de dominar e suprimir as demais religiões por meio da conquista e do emprego do poder estatal[75]. Embora, sem dúvi-

---

74. Essa separação faz isso ao proteger a liberdade de mudar de fé religiosa. A heresia e a apostasia não são crimes.

75. Refiro-me aqui ao fato de que, desde os primeiros dias do imperador Constantino, no século IV, o cristianismo puniu a heresia e tentou eliminar, pela perseguição e pelas guerras religiosas, aquilo que considerava como falsa doutrina (por exemplo, a cruzada contra os albigenses, conduzida por Inocêncio III no século XIII). Fazer isso exigia os poderes coercitivos do Estado. Instituída pelo papa Gregório IX, a Inquisição manteve-se ativa ao longo das guerras de religião dos séculos XVI e XVII. Embora muitas das colônias estadunidenses tenham conhecido algum tipo de oficialização da religião (congregacional na Nova Inglaterra, episcopal no Sul), os Estados Unidos, graças à pluralidade de suas seitas religiosas e à Primeira Emenda, que essas seitas endossavam, jamais o fizeram. Um fanatismo persecutório sempre foi a grande maldição da religião cristã. Foi compartilhado por Lutero e Calvino, pelos reformadores protestantes, e não sofreu nenhuma mudança radical na Igreja Católica até o Concílio Vaticano II. Na Declaração de Liberdade Religiosa do Concílio – *Dignitatis Humanae* –, a Igreja Católica comprometeu-se com o princípio da liberdade religiosa tal como reconhecido em um regime democrático constitucional. Declarou a doutrina ética da liberdade religiosa, baseada na dignidade da pessoa humana, uma doutrina política com relação aos limites do Estado em questões religiosas e uma doutrina teológica da liberda-

da, alguns tenham considerado esse objetivo desde os primeiros dias da República, isso nunca foi tentado seriamente. Com efeito, Tocqueville pensava que, entre as principais causas do vigor da democracia nesse país, estava a separação entre Igreja e Estado[76]. O liberalismo político está de acor-

---

de da Igreja em suas relações com o mundo político e social. Todas as pessoas, seja qual for a sua crença, têm o direito da liberdade religiosa nos mesmos termos. "Declaration on Religious Freedom (*Dignitatis Humanae*): On the Right of the Person and of Communities to Social and Civil Freedom in Matters Religious" (1964), in Walter Abbott, S. J., org., *The Documents of Vatican II* (Nova York: Geoffrey Chapman, 1966), pp. 692-6. Como disse John Courtney Murray, S. J.: "Uma ambiguidade de longa data fora finalmente esclarecida. A Igreja não lida com a ordem secular com base em uma duplicidade de padrões – liberdade para ela quando os católicos estão em minoria, privilégio para ela e intolerância para com os outros quando são maioria." John Courtney Murray, "Religious Freedom", in Abbott, org., *Documents of Vatican II*, p. 673. Ver também a esclarecedora discussão de Paul E. Sigmund, "Catholicism and Liberal Democracy", in *Catholicism and Liberalism: Contributions to American Public Philosophy*, organização de R. Bruce Douglas e David Hollenbach, S. J. (Cambridge: Cambridge University Press, 1994), especialmente pp. 233-9.

76. Alexis de Tocqueville, *Democracy in America*, vol. 1, organização de J. P. Mayer, tradução para o inglês de George Lawrence (Nova York: Perennial Library, 1988), pp. 294-301. Ao examinar "As principais causas que fazem a religião ser poderosa na América", Tocqueville afirma que os sacerdotes católicos "todos pensavam que a principal razão para o tranquilo domínio que a religião exerce no país era a completa separação entre Igreja e Estado. Não tenho nenhuma dúvida em afirmar que ao longo de toda a minha estada na América não encontrei ninguém, leigo ou clérigo, que não estivesse de acordo sobre isso" (p. 295). Ele continua: "Houve religiões intimamente vinculadas a governos terrenos, dominando os espíritos dos homens pelo terror e pela fé; mas, quando uma religião faz tal aliança, não receio dizer que comete o mesmo erro que qualquer homem poderia cometer; sacrifica o futuro pelo presente e, ao ganhar um poder ao qual não tem direito, arrisca sua autoridade legítima [...]. Portanto, a religião não pode compartilhar a força material dos governantes sem que receba parte do ônus da animosidade suscitada contra eles" (p. 297). Ele nota que tais observações aplicam-se ainda mais a um país democrático, pois, neste caso, quando a religião busca poder político, terá de se unir a determinado partido e sofrerá os ônus da hostilidade em relação a ele (p. 298). Ao referir-se à causa do declínio da religião na Europa, conclui: "Estou profundamente convencido de que essa causa acidental e particular é a união íntima de política e religião [...]. O cristianismo europeu permitiu-se a união íntima com os poderes do mundo" (pp. 300-1). O liberalismo político aceita o ponto de vista de Tocqueville e o entende como uma explicação, na medida em que isto é possível, para o fundamento da paz entre doutrinas abrangentes, tanto religiosas como seculares.

do com inúmeras outras concepções liberais ao aceitar essa proposição[77]. Alguns cidadãos de fé perceberam essa separação como hostil à religião e se empenharam em alterá-la. Ao tentar fazer isso, creio que demonstraram não compreender a causa principal da força da religião nesse país e, como diz Tocqueville, mostraram-se dispostos a colocá-la em risco em troca de ganhos temporários de poder político.

(b) Outros podem pensar que a razão pública é muito restritiva porque pode nos levar a um impasse[78] e inibir decisões sobre questões controvertidas. Um impasse, em certo sentido, pode realmente ocorrer não apenas na argumentação moral e política, mas em todas as formas de argumentação, incluindo a ciência e o senso comum. Contudo, isso é irrelevante. A comparação pertinente é com as situações nas quais os legisladores, ao elaborar a lei, e os juízes, ao decidir os casos judiciais, têm de tomar decisões. Neste caso, alguma norma de ação política deve ser estabelecida e todos devem ser capazes de razoavelmente endossar o processo pelo qual é tomada a decisão. Recorde-se que a razão pública vê a posição do cidadão, com seu dever de civilidade, como análoga à do juiz, com seu dever de decidir casos judiciais. Da mesma maneira que os juízes devem decidir casos recorrendo a fontes legais, tais como precedentes, cânones reconhecidos de interpretação do Direito, e a outras fontes relevantes, os cidadãos devem argumentar recorrendo à razão pública e guiar-se pelo critério da reciprocidade sempre que elementos constitucionais essenciais e questões de justiça básica estejam em jogo.

Desse modo, quando parece haver um impasse, isto é, quando os argumentos jurídicos parecem distribuir-se de forma equilibrada por ambas as partes, os juízes não podem decidir o caso apenas recorrendo às suas concepções políticas. Fazer isso, para eles, significa descumprir seu de-

---

77. Sobre isso, estou de acordo com Locke, Montesquieu, Constant e também com Kant, Hegel e Mill.
78. Tomo esse termo de Philip Quinn. A ideia aparece na Conferência VI, §§ 7.1-2, pp. 284-8.

ver. O mesmo vale para a razão pública: se, quando ocorrem impasses, os cidadãos simplesmente invocam razões mais fundamentais de suas doutrinas abrangentes[79], o princípio de reciprocidade é violado. Do ponto de vista da razão pública, eles devem votar com base na ordenação de valores políticos que sinceramente consideram ser a mais razoável. De outra forma, deixam de exercer o poder político de maneiras que satisfazem o critério de reciprocidade.

Em particular, quando questões altamente controvertidas eclodem, como a do aborto, que podem levar a um impasse entre concepções políticas diferentes, os cidadãos devem votar a questão de acordo com sua ordenação completa de valores políticos[80]. Na verdade, esse é o caso normal: não se deve esperar a unanimidade de posições.

---

79. Uso o termo "razões de fundamentação" porque muitos que poderiam recorrer a essas razões veem-nas como os fundamentos adequados ou a base verdadeira – religiosa, filosófica ou moral – dos ideais e princípios das razões públicas e das concepções políticas da justiça.

80. É natural que alguns tenham lido a nota 32 da Conferência VI, pp. 288-9, como um argumento em defesa do aborto no primeiro trimestre de gravidez. Não era minha intenção que isso fosse entendido assim. (A nota realmente expressa minha opinião, mas uma opinião não é o mesmo que um argumento.) Cometi o erro de deixar em dúvida que o objetivo da nota era somente ilustrar e confirmar a seguinte formulação do texto, à qual ela está vinculada: "As únicas doutrinas abrangentes que se apartam da razão pública são aquelas que não podem dar sustentação a um equilíbrio [ou a uma ordenação] razoável de valores políticos [com relação à questão em tela]." Para tentar explicar o que eu queria dizer, recorri a três valores políticos (é claro que existem outros) para tratar a questão controvertida do direito ao aborto, questão à qual parece improvável que valores políticos se apliquem. Penso que uma interpretação mais detalhada desses valores pode, se desenvolvida de modo adequado, com base na razão pública, resultar em um argumento razoável. Não sustento que esse argumento seja o mais razoável, nem decisivo; não sei o que seria isso, nem sequer se existe algo assim. (Para um exemplo de tal interpretação mais detalhada, ver, de Judith Jarvis Thomson, "Abortion", in *Boston Review* 20 [verão de 1995], embora eu tivesse várias ressalvas a fazer a essa interpretação.) Suponhamos agora, para servir de ilustração, que haja um argumento razoável de razão pública a favor do direito ao aborto, mas que não exista um equilíbrio ou uma ordenação igualmente razoável de valores políticos da razão pública que argumente a favor da negação desse direito. Então, neste tipo de caso, e só nele, uma doutrina abrangente que negue o direito ao aborto realmente se aparta da razão pública. No entanto, se essa doutrina tem

Concepções razoáveis de justiça nem sempre levam à mesma conclusão[81]. Tampouco cidadãos que sustentam a mesma concepção estão sempre de acordo em relação a questões específicas. Não obstante, o resultado da votação, como afirmei, deve ser visto como legítimo, contanto que todas as autoridades públicas de um regime constitucional razoavelmente justo, com o apoio de outros cidadãos razoáveis, votem de forma sincera em conformidade com a ideia de razão pública. Isso não significa que o resultado seja verdadeiro ou correto, mas que é uma lei razoável e legítima, vinculatória para os cidadãos em virtude do princípio da maioria.

Alguns podem, é claro, rejeitar uma decisão legítima, como os católicos romanos podem rejeitar uma decisão que garanta o direito ao aborto. É possível que apresentem um argumento de acordo com a razão pública para rejeitá-lo e, mesmo assim, não consigam conquistar uma maioria[82]. Mas não é preciso que eles próprios exerçam o direito ao aborto. Eles podem reconhecer o direito como pertencendo à lei legítima aprovada em conformidade com instituições polí-

---

como satisfazer melhor a cláusula da razão pública ampla, ou pelo menos tão bem quanto outras visões, tem como se defender perante a razão pública. Uma doutrina abrangente pode ser não razoável em relação a dada questão ou a várias questões controversas, sem que isso faça dela simplesmente uma doutrina desarrazoada.

81. Ver Conferência VI, § 7.1, pp. 284-5.

82. Para uma argumentação desse teor, ver a visão do cardeal Joseph Bernadin, "The Consistent Ethic: What Sort of Framework?", in *Origins* 16 (30 de outubro de 1986), pp. 347-50. A ideia de ordem pública que ele formula inclui esses três valores políticos: a paz pública, as proteções mais básicas de direitos humanos e os padrões de conduta moral comumente aceitos em uma comunidade legal. Além disso, sustenta que nem todos os imperativos morais devem ser convertidos em leis proibitivas e pensa que é essencial à ordem social e política proteger a vida humana e garantir os direitos humanos básicos. Ele espera poder justificar a rejeição do direito ao aborto com base nesses três valores. Não vou examinar sua argumentação aqui, exceto para dizer que, claramente, ela se apresenta na forma da razão pública. Em que medida é ou não razoável ou mais razoável do que os argumentos apresentados pela posição oposta, esta é outra questão. Como qualquer outra forma de argumentação na discussão pública, a argumentação pode ser falaciosa ou equivocada.

ticas legítimas e com a razão pública e, por conseguinte, não devem lhe opor resistência por meio da força. A resistência pela força é desarrazoada. Significaria tentar impor pela força a própria doutrina abrangente que a maioria dos outros cidadãos que seguem a razão pública, de forma não desarrazoada, não aceita. Certamente, os católicos podem, em conformidade com a razão pública, continuar a argumentar contra o direito ao aborto. A argumentação não se encerra de uma vez por todas na razão pública, assim como nenhuma outra forma de argumentação pode ser considerada encerrada. Além disso, que a razão não pública da Igreja Católica requeira que seus membros sigam sua doutrina, isto é perfeitamente compatível com o respeito à razão pública[83].

Não discuto a questão do aborto em si mesma, já que minha preocupação aqui não é com tal questão, mas sim enfatizar que o liberalismo político não sustenta que o ideal de razão pública deva sempre levar a uma concordância geral de pontos de vista e que não é um defeito desse ideal que isso não ocorra. Os cidadãos aprendem com o conflito e a controvérsia e tiram proveito disso e, quando seus argumentos estão de acordo com a razão pública, mesmo quando não é possível chegar a um consenso, eles educam a cultura pública da sociedade e aprofundam sua compreensão mútua.

2. Algumas das considerações subjacentes à objeção que diz respeito ao impasse levam a uma objeção mais ge-

---

[83]. Tanto quanto posso perceber, esse ponto de vista é similar à posição do padre John Courtney Murray sobre a política que a Igreja deveria adotar em relação à contracepção em *We Hold These Truths: Catholic Reflections on the American Proposition* (Nova York: Sheed and Ward, 1960), pp. 157-8. Ver também a conferência de Mario Cuomo sobre o aborto, proferida na Universidade de Notre-Dame em 1984, em *More Than Worlds: The Speeches of Mario Cuomo* (Nova York: St. Martin's, 1993), pp. 32-51. Sou grato a Leslie Griffin e a Paul Weithman pela discussão sobre isso e pelo esclarecimento de aspectos que dizem respeito a esta e às duas notas precedentes e por me permitirem conhecer o ponto de vista do padre Murray.

ral à razão pública, a saber, que é muito restrito o conteúdo da família das concepções políticas razoáveis de justiça no qual ela se baseia. Essa objeção insiste em que devemos sempre apresentar o que entendemos que são razões verdadeiras ou mais fundamentais para nossas posições. Isto é, a objeção insiste, somos obrigados a expressar o verdadeiro ou o certo como é entendido da óptica de nossas doutrinas abrangentes.

Contudo, como afirmei no início, na razão pública ideias de verdade ou de correção baseadas em doutrinas abrangentes são substituídas por uma ideia do politicamente razoável dirigido aos cidadãos na condição de cidadãos. Esse passo é necessário para estabelecer uma base de argumentação política que todos possam compartilhar como cidadãos livres e iguais. Como estamos buscando justificações públicas para instituições políticas e sociais – para a estrutura básica de um mundo político e social –, pensamos nas pessoas como cidadãos. Isso confere a cada pessoa a mesma posição política básica. Ao dar razões a todos os cidadãos, não vemos as pessoas como socialmente situadas ou enraizadas de alguma outra maneira, isto é, como estando nesta ou naquela classe social ou neste ou naquele estrato de propriedade ou renda, ou como tendo esta ou aquela doutrina abrangente. Tampouco estamos recorrendo aos interesses de cada pessoa ou cada grupo, embora, em algum ponto, teremos de levar em conta esses interesses. Antes, pensamos nas pessoas como cidadãos razoáveis e racionais, livres e iguais, com as duas faculdades morais[84] de ter, em qualquer momento, uma concepção determinada do bem, que pode mudar ao longo do tempo. Essas características dos cidadãos estão pressupostas na medida em que participam de um sistema equitativo de cooperação so-

---

84. Essas duas faculdades – a capacidade de ter uma concepção de justiça e a de ter uma concepção do bem – são examinadas especialmente na Conferência I, § 3.2, p. 18; na Conferência II, § 7.1, p. 97; na Conferência III, § 3.3, pp. 122-4, e § 4.1, p. 127-9.

cial e em que procuram e apresentam justificações públicas para seus julgamentos a respeito de questões políticas fundamentais.

Enfatizo que essa ideia de razão pública é plenamente compatível com as muitas formas de razão não pública[85]. Estas pertencem à vida interna da multiplicidade de associações da sociedade civil e naturalmente não são as mesmas. As diferentes razões não públicas de diferentes associações religiosas, que são compartilhadas por seus membros, não são as mesmas das sociedades científicas. Como buscamos uma base de justificação pública passível de ser compartilhada por todos os cidadãos da sociedade, oferecer justificações a pessoas e grupos particulares aqui e ali, até que todos sejam contemplados, não concorre para nosso objetivo. Falar de todas as pessoas na sociedade ainda é muito amplo, exceto se supomos que são basicamente iguais em sua natureza. Na filosofia política, um dos papéis desempenhados por ideias sobre nossa natureza foi conceber as pessoas de maneira padronizada ou canônica, de tal forma que todas pudessem aceitar os mesmos tipos de razão[86]. No liberalismo político, porém, tentamos evitar concepções naturais ou psicológicas desse tipo, assim como doutrinas teológicas ou seculares. Colocamos de lado teorias da natureza humana e, em vez disso, nos valemos de uma concepção política de pessoas na condição de cidadãos.

3. Como enfatizei o tempo todo, é central para o liberalismo político que cidadãos livres e iguais afirmem ao mesmo tempo uma doutrina abrangente e uma concepção po-

---

85. Conferência VI, § 4, pp. 263-8.
86. Às vezes, o termo "normalizar" é usado nesse contexto. Por exemplo, as pessoas têm certos interesses fundamentais de tipo religioso ou filosófico, ou certas necessidades básicas de tipo natural, ou, ainda, pode-se atribuir a elas certo padrão típico de autorrealização. Um tomista dirá que sempre desejamos, acima de tudo, mesmo que desconhecida para nós, a *Visio Dei*; um platônico dirá que lutamos por uma visão do bem; um marxista dirá que almejamos a autorrealização como seres da espécie.

lítica. Contudo, é fácil compreender de forma equivocada a relação entre uma doutrina abrangente e a concepção política que a acompanha.

Quando o liberalismo político fala de um consenso sobreposto razoável de doutrinas abrangentes[87], o que se quer dizer é que todas essas doutrinas, religiosas e não religiosas, dão apoio a uma concepção política de justiça que serve de base a uma sociedade democrática constitucional cujos princípios, ideais e padrões satisfazem o critério de reciprocidade. Assim, todas as doutrinas razoáveis afirmam tal sociedade com suas correspondentes instituições políticas: direitos e liberdades fundamentais iguais para todos os cidadãos, incluindo a liberdade de consciência e a liberdade de religião[88]. Por outro lado, as doutrinas abrangentes que não podem dar apoio a tal sociedade democrática não são razoáveis. Seus princípios e ideais não satisfazem o critério de reciprocidade e, de várias maneiras, deixam de reconhecer as liberdades fundamentais iguais. Como exemplos, considerem-se as muitas doutrinas religiosas fundamentalistas, a doutrina do direito divino dos reis, as várias formas de aristocracia; ainda, não se podem desconsiderar os muitos casos de autocracia e ditadura.

Além disso, um juízo verdadeiro, em uma doutrina abrangente razoável, nunca entra em conflito com um juízo razoável na concepção política que lhe é correlata. Já um julgamento razoável da concepção política ainda necessita ser confirmado como verdadeiro ou correto pela doutrina abrangente. Cabe aos cidadãos, naturalmente, afirmar, rever ou alterar suas doutrinas abrangentes. Estas podem suplantar ou não dar nenhum peso aos valores políticos de uma sociedade democrática constitucional. Mas então os cidadãos não podem afirmar que tais doutrinas são razoáveis. Como o critério de reciprocidade é um ingrediente es-

---

87. A ideia de tal consenso é examinada em diferentes momentos de *O liberalismo político*. Ver em especial a Conferência IV e o índice remissivo.

88. Ver, neste volume, p. XIX.

sencial na caracterização da razão pública e de seu conteúdo, o liberalismo político rejeita como não razoáveis todas essas doutrinas.

Em uma doutrina abrangente razoável, em particular uma doutrina religiosa, a hierarquia de valores pode não ser o que poderíamos esperar. Assim, suponha-se que denominemos *transcendentes* valores como a salvação e a vida eterna – a *Visio Dei*. Esse valor, suponhamos, é mais elevado do que os valores políticos razoáveis de uma sociedade democrática constitucional. Estes são valores terrenos e, portanto, estão em um plano diferente e, por assim dizer, menos elevado do que o dos valores transcendentes. Disto não se segue, porém, que esses valores menos elevados, mas razoáveis, sejam suplantados pelos valores transcendentes da doutrina religiosa. Na verdade, uma doutrina abrangente *razoável* é aquela na qual esses valores políticos não são suplantados; é nas doutrinas não razoáveis que valores políticos razoáveis são suplantados. Esta é uma consequência da ideia do politicamente razoável, tal como formulada no liberalismo político. Recorde-se o que foi dito: ao endossar um regime democrático constitucional, uma doutrina religiosa pode sustentar que esses são os limites que Deus impõe à nossa liberdade[89].

Outra incompreensão consiste em alegar que uma argumentação em conformidade com a razão pública não poderia tomar o partido de Lincoln contra Douglas nos debates de 1858[90]. Mas por que não? Certamente, eles estavam debatendo princípios políticos fundamentais a respeito dos acertos e erros da escravidão. Como a rejeição da escravi-

---

89. Ver § 3.2. Às vezes pergunta-se por que o liberalismo político atribui tanto valor aos valores políticos, como se isto só pudesse ser feito avaliando esses valores em comparação com os valores transcendentes. Mas, como se vê no texto, o liberalismo político não faz nem precisa fazer essa comparação.

90. Sobre isso, ver Michael J. Sandel, "Review of *Political Liberalism*", in *Harvard Law Review* 107 (1994), pp. 1.778-82, e, mais recentemente, Michael J. Sandel, *Democracy's Discontent: America in Search of a Public Philosophy* (Cambridge, Mass.: Harvard University Press, 1996), pp. 21-3.

dão é um caso claro de assegurar o elemento constitucional essencial das liberdades fundamentais iguais, com certeza a visão de Lincoln era razoável (mesmo que não fosse a mais razoável), enquanto a de Douglas não era. Por conseguinte, a posição de Lincoln encontra apoio em qualquer doutrina abrangente razoável. Não é surpreendente, então, que sua visão estivesse de acordo com as doutrinas religiosas dos abolicionistas e do Movimento dos Direitos Civis. Poderia haver melhor exemplo para ilustrar a força da razão pública na vida política?[91]

4. Uma terceira objeção geral é que a ideia de razão pública é desnecessária e não serve a nenhum propósito em uma democracia constitucional bem estabelecida. Seus limites e suas restrições são úteis primariamente quando uma sociedade é de modo nítido dividida e contém muitas associações religiosas e grupos seculares hostis, cada um tentando se tornar a força política dominante. Nas sociedades políticas das democracias europeias e dos Estados Unidos, essas preocupações, diz a objeção, são ociosas.

Contudo, essa objeção é incorreta e sociologicamente frágil. Sem o comprometimento do cidadão com a razão pública e o cumprimento do dever de civilidade, as divisões e hostilidades entre doutrinas inevitavelmente virão se afir-

---

91. Talvez alguns pensem que uma concepção política não é uma questão de certo e errado (moralmente). Se é disso que se trata, isto é um erro e é simplesmente falso. As concepções políticas de justiça são, elas próprias, ideias intrinsecamente morais, como enfatizei desde o início. Como tais, são um tipo de valor normativo. Por outro lado, alguns podem pensar que as concepções políticas relevantes são determinadas pelo modo como as pessoas efetivamente estabelecem as instituições existentes – pelo político que é dado, por assim dizer, pela política. Vista dessa óptica, a prevalência da escravidão em 1858 implica que as críticas a ela feitas por Lincoln eram morais, uma questão de certo e errado, e com certeza não uma questão de política. Dizer que o político é determinado pela política de um povo pode ser um uso possível do termo "político". Mas, então, deixa de ser uma ideia normativa e já não é parte da razão pública. Devemos nos ater firmemente à ideia do político como categoria fundamental e que abarca as concepções políticas de justiça como valores morais intrínsecos.

mar, se é que já não existiam. A harmonia e a concórdia entre as doutrinas e a afirmação da razão pública pelas pessoas não são, infelizmente, uma condição permanente da vida social. Antes, a harmonia e a concórdia dependem da vitalidade da cultura política pública e de os cidadãos empenharem-se na realização do ideal da razão pública. Uma vez que já não conseguissem perceber o sentido de afirmar o ideal de razão pública, os cidadãos poderiam facilmente tornar-se amargurados e ressentidos e passar a ignorá-lo.

Retornando ao ponto pelo qual começamos nesta seção: não sei como provar que a razão pública não é excessivamente restritiva ou como demonstrar que suas formas estão caracterizadas de maneira adequada. Suspeito que isto não possa ser feito. Contudo, este não é um problema sério se, como acredito, a grande maioria dos casos se ajusta à estrutura da razão pública e os casos que não se ajustam possuem características especiais, que tanto nos capacitam a compreender por que deveriam causar dificuldades como nos mostram de que forma lidar com eles quando se apresentam. Isso suscita questões gerais sobre se existem ou não casos importantes de elementos constitucionais essenciais e justiça básica que não se ajustam à estrutura da razão pública e, se existem, por que causam dificuldades. Neste ensaio não abordo essas questões.

### § 7. Conclusão

1. Ao longo de todo o texto, tratei uma questão tormentosa no mundo contemporâneo: a democracia e as doutrinas abrangentes, religiosas ou não, podem ser compatíveis? Se podem, como? No momento, vários conflitos entre religião e democracia suscitam essa questão. Para responder a ela, o liberalismo político faz a distinção entre uma concepção política de justiça que se sustenta por si própria e uma doutrina abrangente. Uma doutrina religiosa que se baseia na autoridade da Igreja ou da Bíblia não é, naturalmente,

uma doutrina abrangente liberal. Seus principais valores religiosos e morais não são, digamos, os de Kant ou Mill. Não obstante, ela pode endossar uma sociedade democrática constitucional e reconhecer sua razão pública. Nesse caso, é fundamental que a razão pública seja uma ideia política e pertença à categoria do político. Seu conteúdo é dado pela família das concepções políticas (liberais) de justiça que satisfazem o critério de reciprocidade. A razão pública não se imiscui nas crenças e injunções religiosas, na medida em que estas são compatíveis com as liberdades constitucionais essenciais, incluindo a liberdade de religião e a de consciência. Não existe, nem é preciso que exista nenhuma guerra entre religião e democracia. Neste aspecto, o liberalismo político é de forma nítida diferente e rejeita o liberalismo iluminista, que, historicamente, atacou o cristianismo ortodoxo.

Os conflitos entre a democracia e as doutrinas religiosas razoáveis e entre estas próprias doutrinas são grandemente mitigados e contidos dentro dos limites dos princípios razoáveis de justiça em uma sociedade democrática constitucional. Isto se deve à ideia de tolerância, e estabeleci uma distinção entre duas ideias de tolerância[92]. Uma é puramente política, exprimindo-se com base nos direitos e deveres que protegem a liberdade religiosa, em conformidade com uma concepção política razoável de justiça[93]. A outra

---

92. Ver § 3.2.
93. Ver Conferência II, § 3.2-4, pp. 71-4. Os pontos principais podem ser expostos resumidamente da seguinte maneira: (1) Pessoas razoáveis não professam todas elas a mesma doutrina abrangente. Sustenta-se que isto é consequência dos limites da capacidade de juízo. Ver nota 95. (2) Professam-se muitas doutrinas razoáveis, mas nem todas podem ser consideradas verdadeiras ou corretas (quando avaliadas do ponto de vista interno de uma doutrina abrangente). (3) Não é desarrazoado professar qualquer uma das doutrinas abrangentes razoáveis. (4) Outros que professam doutrinas razoáveis diferentes das nossas também são – reconhecemos – razoáveis e certamente não são – não pelo menos por esse motivo – desarrazoados. (5) Ao irmos além de reconhecer a razoabilidade de uma doutrina e ao afirmarmos nossa crença nela, não estamos sendo desarrazoados. (6) Pessoas razoáveis pensam que não seria razoável empregar o poder político, se o tivessem, para reprimir outras doutrinas que são razoáveis, mas diferentes das suas doutrinas.

não é puramente política, mas se expressa do ponto de vista interno de uma doutrina religiosa ou não religiosa. Contudo, um juízo razoável da concepção política ainda deve ser confirmado como verdadeiro ou correto por uma doutrina abrangente razoável[94]. Presumo, então, que esta doutrina aceite alguma forma de argumentação política a favor da tolerância. Naturalmente, os cidadãos podem pensar que as razões mais fundamentais a favor da tolerância e dos outros elementos de uma sociedade democrática constitucional não são políticas; antes, devem ser encontradas em suas doutrinas religiosas ou não religiosas. E essas razões – eles podem muito bem dizer – são as razões verdadeiras ou corretas, e é possível que entendam as razões políticas como superficiais e aquelas mais fundamentais como profundas. Mas aqui não há conflito, apenas juízos concordantes feitos dentro de concepções políticas de justiça, por um lado, e de doutrinas abrangentes, por outro.

Há, porém, limites à reconciliação pela razão pública. Três tipos principais de conflitos colocam os cidadãos em desacordo: os que derivam de doutrinas abrangentes irreconciliáveis; os que derivam de diferenças de posição, classe ou ocupação ou de diferenças de etnia, gênero ou raça; e, finalmente, os que derivam dos limites da capacidade de juízo[95]. O liberalismo político trata primariamente o primeiro tipo de conflito. Sustenta que, embora nossas doutrinas abrangentes sejam irreconciliáveis e não possam fazer concessões, os cidadãos que afirmam doutrinas razoáveis podem, não obstante, compartilhar razões de outro tipo, a saber, razões públicas formuladas com base em uma concepção política de justiça. Também acredito que tal sociedade possa solucionar o segundo tipo de conflito, que lida com conflitos entre os interesses fundamentais dos cidadãos –

---

94. Ver § 6.3.
95. Esses limites são discutidos na Conferência II, § 2. *Grosso modo*, são as fontes ou causas de discordância razoável entre pessoas razoáveis e racionais. Envolvem pesar diferentes tipos de evidências, valores e coisas semelhantes e afetam tanto os juízos teóricos como os práticos.

políticos, econômicos e sociais. Pois, uma vez que aceitemos princípios razoáveis de justiça e os reconheçamos como razoáveis (mesmo que não os mais razoáveis), que saibamos ou acreditemos razoavelmente que nossas instituições políticas e sociais os satisfazem, o segundo tipo de conflito não eclodirá necessariamente – não, pelo menos, de forma tão intensa. O liberalismo político não trata de modo explícito esses conflitos, mas deixa que a justiça como equidade ou outra concepção razoável de justiça política o faça. Por fim, os conflitos que se originam dos limites da capacidade de juízo sempre existirão e impõem limites à amplitude do acordo possível.

2. As doutrinas abrangentes razoáveis não rejeitam os elementos essenciais de uma sociedade democrática constitucional[96]. Além disso, as pessoas razoáveis são caracterizadas de duas maneiras: primeiro, elas se dispõem a propor termos equitativos de cooperação entre iguais e aquiescem a esses termos se os outros também o fazem, mesmo que não fazê-lo possa ser-lhes vantajoso[97]; segundo, as pessoas razoáveis reconhecem e aceitam os limites da capacidade de juízo, o que leva à ideia de tolerância razoável em uma sociedade democrática[98]. Por fim, chegamos à ideia de lei legítima, que os cidadãos entendem que se aplica à estrutura geral da autoridade política[99]. Sabem que na vida política raramente – se é que alguma vez – se pode esperar haver unanimidade e, portanto, uma Constituição democrática razoável deve incluir procedimentos majoritários ou outros procedimentos de pluralidade de votos para tomar decisões[100].

A ideia do politicamente razoável é suficiente em si para os propósitos da razão pública quando as questões políticas

---

96. Ibid., p. XIX.
97. Conferência II, § 1.1, pp. 57-9.
98. Conferência II, §§ 2-3.4, pp. 67-9.
99. Conferência IV, § 1.2-3, pp. 159-62.
100. Conferência IX, § 2.1, p. 455.

fundamentais estão em jogo. Naturalmente, as doutrinas religiosas fundamentalistas e os governantes autocráticos e ditatoriais rejeitarão as ideias de razão pública e de democracia deliberativa. Dirão que a democracia leva a uma cultura contrária à sua religião ou que nega os valores que apenas o governo autocrático ou ditatorial pode assegurar[101]. Sustentam que o religiosamente verdadeiro ou o filosoficamente verdadeiro suplanta o politicamente razoável. Diante disso, apenas dizemos que tal doutrina é politicamente desarrazoada. Da óptica do liberalismo político, nada mais precisa ser dito.

Observei no início[102] que toda sociedade, por mais que seus cidadãos razoáveis prevaleçam e exerçam controle, em geral conterá numerosas doutrinas não razoáveis que são incompatíveis com uma sociedade democrática – quer se trate de certas doutrinas religiosas, como as religiões fundamentalistas, quer se trate de doutrinas não religiosas (seculares), como as da autocracia e da ditadura, das quais nosso século XX ofereceu exemplos abomináveis. Até que ponto doutrinas não razoáveis devem permanecer ativas e ser toleradas em um regime democrático constitucional, esta não constitui uma questão nova e diferente, a despeito do fato de que, nesta interpretação da razão pública, concentramo-nos na ideia do razoável e no papel de cidadãos razoáveis. Não existe uma interpretação da tolerância para doutrinas razoáveis e outra para doutrinas não razoáveis. Ambos os casos são tratados pelos princípios políticos apropriados de justiça e pela conduta que eles permitem[103]. As doutrinas desarrazoadas representam uma ameaça às instituições democráticas, pois lhes é impossível aquiescer a um regime constitucional, exceto como um *modus vivendi*. Sua existência estabelece um limite para o objetivo de rea-

---

101. Observe-se que nem a objeção religiosa nem a objeção autocrática à democracia poderiam ser feitas por meio de argumentação pública.
102. Ver a nota 3.
103. Ver *Teoria*, § 35 (sobre a tolerância para com os intolerantes); e, neste volume, Conferência V, § 6.2, pp. 232-5.

lizar plenamente uma sociedade democrática razoável, com seu ideal de razão pública e a ideia de lei legítima. Esse fato não é um defeito ou falha da ideia de razão pública; antes, indica que há limites para aquilo que ela pode alcançar. Isso em nada diminui o grande valor e a importância de tentar realizar esse ideal no mais alto grau possível.

3. Termino ressaltando a diferença fundamental entre *Uma teoria da justiça* e *O liberalismo político*. A primeira obra tenta explicitamente desenvolver, a partir da ideia do contrato social, representada por Locke, Rousseau e Kant, uma teoria da justiça que já não esteja aberta às objeções muitas vezes vistas como fatais àquela ideia e se mostre superior à longa tradição dominante do utilitarismo. *Uma teoria da justiça* tem a expectativa de apresentar as características estruturais de tal teoria, de modo que ela se torne a melhor aproximação a nossos juízos ponderados de justiça e, portanto, forneça a base moral mais adequada para uma sociedade democrática. Além disso, a justiça como equidade é apresentada ali como uma doutrina liberal abrangente (embora o termo "doutrina abrangente" não seja usado no livro), segundo a qual todos os membros de uma sociedade bem-ordenada afirmam essa mesma doutrina. Este tipo de sociedade contradiz o fato do pluralismo razoável e, em vista disso, *O liberalismo político* considera impossível essa sociedade.

Assim, o liberalismo político examina uma questão distinta, a saber: como é possível para os que afirmam uma doutrina abrangente, religiosa ou não, e em particular doutrinas baseadas na autoridade religiosa, como a Igreja ou a Bíblia, também sustentar uma concepção política razoável de justiça que dê apoio a uma sociedade democrática constitucional? As concepções políticas são vistas como liberais e independentes, não como abrangentes, ao passo que as doutrinas religiosas podem ser abrangentes, mas não liberais. Os dois livros são assimétricos, embora ambos apresentem uma ideia de razão pública. No primeiro, a razão pública é dada por uma doutrina liberal abrangente, enquanto no segundo é uma maneira de argumentar sobre valores políticos compartilhados por cidadãos livres e iguais, que não se imiscui nas doutrinas abrangentes deles, contanto que estas doutrinas sejam compatíveis com uma sociedade democrática. Desse modo, a sociedade democrática constitucional bem-ordenada de *O liberalismo político* é aquela em que os cidadãos que prevalecem e exercem o controle agem com base em doutrinas abrangentes irreconciliáveis, mas razoáveis. Estas doutrinas, por sua vez, sustentam concepções políticas razoáveis – embora não necessariamente as mais razoáveis – que especificam os direitos, as liberdades e as oportunidades fundamentais dos cidadãos na estrutura básica da sociedade.

# ÍNDICE REMISSIVO

*Este índice contém, além dos tipos usuais de entradas, uma breve descrição analítica dos conteúdos de cada seção do texto, em que o termo da entrada é o mesmo (fazendo-se os ajustes nos artigos definidos e indefinidos) do título da seção correspondente no índice. Eu gostaria de agradecer a Erin Kelly, William Bristow e Paula Frederick pela ajuda incansável que ofereceram na elaboração deste índice. Sou também muito grato a Erin Kelly pelo indispensável auxílio que prestou na preparação da edição em brochura.*

Abolicionistas, LVII, 295 ss.
Aborto: a questão controvertida do, LXI-LXII; nota de rodapé, p. 288 s., corrigida, LIX*n*; a questão do, resolvida na razão pública mediante ordenação ou equilíbrio razoável de valores políticos, 288*n*, 291
*Abrams v. United States*, 250 US 616 (1919), 414
Ackerman, Bruce, 273*n*, 276*n*, 281*n*, 283*n*, 442*n*, 479-80*n*
Acordo inicial, hipotético e não histórico, II: 6, 321-6: papel especial da estrutura básica afeta condições do, 321-2; situação equitativa tem de nivelar de forma apropriada determinadas contingências, 322-3; partes devem argumentar como se estivessem por trás de um véu de ignorância mais espesso, não por trás de um véu mais fino, 323; representa o resultado de processo racional sob condições não históricas e por isso hipotéticas, 324; conteúdo da justiça descoberto pela razão, 324; posição original como extensão da ideia de contrato social para a estrutura básica, 326
Adams, Robert, 300*n*

Agenda política: removendo questões da, 178-9, 185, 190
Agresto, John, 273*n*, 275*n*
Albritton, Rogers, 147*n*
Alcance de concepções políticas e morais e como diferem entre si, 15, 206,
Alcance do construtivismo político, III: § 8, 149-52: limitado aos valores políticos que caracterizam âmbito do político, 149; modo pelo qual o construtivismo político sustenta uma concepção de justiça razoável para um regime constitucional, 150-1; o construtivismo político não critica visões metafísicas sobre a verdade de juízos morais, embora utilize a razoabilidade como seu critério de correção, XXII, 151; relação entre razoável e verdadeiro em um consenso sobreposto, 151-2; concepção política, correta se sustentada por doutrina abrangente verdadeira, 153; ideia do razoável, mais apropriada do que ideia de verdade, 153
Allen, J. W., 175*n*, 359*n*
Amizade cívica, relação com o critério de reciprocidade, LV
Animais: tratamento que lhes é devido como um problema de extensão, definido, 25, 289 ss.
Aquino, São Tomás de, 158, 296*n*
Arendt, Hannah, 243*n*, 483*n*
Aristóteles, 158, 230, 485
Arneson, Richard, 214*n*, 218*n*

Arrow, K. J.: exame de sua objeção aos bens primários, LII*n*, 215, 218*n*
Associação: distinguida tanto de comunidade como de sociedade democrática, 48-51; prática e de tipo intencional, distinguidas, 48*n*
Atenção à saúde, como um problema de extensão, 25, 289, 323*n*; parece não colocar problemas para o emprego dos bens primários, 217-8
Audi, Robert, XXXVII, 252*n*
Autonomia: política *versus* moral, L; racional *versus* plena, distinguidas, 32-3, 85-96; definida como autonomia doutrinal e de que modo se baseia na razão prática, 116; dos cidadãos, em termos políticos, 116; de uma doutrina política, 116-7; definição de Kant de autonomia constitutiva, 117-8, 149
Autonomia constitucional, 117-8, 149
Autonomia doutrinal, 116-7
Autonomia plena: política, não ética, II: 6, 92-6: modelada por aspectos estruturais da posição original, 92; cidadãos de uma sociedade democrática são plenamente autônomos, não as partes, 92; dos cidadãos, como um valor político, não ético, 92-3; como os cidadãos realizam a, e por que a publicidade plena é necessária a, 92-3; por que

# ÍNDICE REMISSIVO

a posição original é equitativa e trata igualmente os que são iguais nos aspectos relevantes, 94-5; concepção política de justiça não é: a cada um segundo sua virtude, 95-6

Autonomia racional: artificial, não política, II: § 5, 85-92: definida como tendo por base faculdades morais e intelectuais das pessoas, 33, 86; revelada na capacidade que têm de constituir, revisar e perseguir uma concepção do bem, 86; modelada fazendo-se da posição original caso de justiça procedimental pura, 86-7; as deliberações das partes modelam autonomia racional, 87; isso se faz pela natureza de suas deliberações e pelos interesses que consideram como dados pelos três interesses de ordem superior, 88; assim como cidadãos são racionalmente autônomos de duas maneiras, as partes também o são, 89; autonomia racional *versus* autonomia plena, 89-90; bens primários, introduzidos para resolver um problema colocado pelo véu de ignorância, 89-90; autonomia racional depende dos interesses de ordem superior que as partes querem proteger, 90-1

Autoridade política, natureza não misteriosa, 511

Autorrespeito, ausência de, 91; dos cidadãos, 97-8, 126, 240; determinados bens primários como bases sociais do, 98, 126, 212; importância e prioridade da liberdade, 376 ss.

Baier, Kurt: ideia de consenso constitucional, 176, 187*n*

Barry, Brian, 19*n*, 108*n*

Base pública de justificação: XVII ss., XXII, 10-1, 22, 170, 177, 267; limites da capacidade de juízo, como afetando a, 70-3; não há nenhuma, dado o pluralismo razoável, que possa recorrer a doutrinas abrangentes, 72-3; doutrinas abrangentes, incluindo as liberais, não são apropriadas como, 11, 117, 159, 177-2; justiça como equidade busca revelar, 10-1, 120, elementos essenciais de objetividade tornam possível, 136-7; proporcionada pela concepção política como foco de consenso sobreposto razoável, 52, 57, 150-1, 170; respeito aos limites da razão pública para alcançar, 181; diretrizes da indagação necessárias para, e papel da completude na, 263-9

Baynes, Kenneth, 440*n*, 505*n*

Bedau, Hugo, 305*n*, 308*n*

Beitz, Charles, 500*n*

Bem: concepção política tem de se apoiar em ideias de, sujeitando-se a duas restrições, 206-7; cinco ideias do, formuladas, no liberalismo político, 207; *ver também* Sequência de ideias do bem

Bem, teoria fraca do: dois papéis dessa teoria, 209

Bem como racionalidade, V: § 2, 207-9: terceiro elemento da ideia de cooperação social equitativa, 18-9; conteúdo do, 208; aceito por toda concepção política praticável, 208; não especifica nenhuma visão política particular, 208; empregado para elaborar outras ideias do bem em sequência, 209, 244; dois papéis principais do, 209; e bens primários, 210

Bem da sociedade política, V: 7, 237-44: não interpretado como um ideal de comunidade política, 237; concepção de unidade social dada pela ideia de sociedade bem-ordenada, 237-8; sociedade bem-ordenada, não uma sociedade privada, 238; é um bem para pessoas individualmente, 239; é um importante bem social em uma concepção política de justiça, 239; justiça como equidade, não em oposição ao republicanismo clássico, 242; em oposição ao humanismo cívico, 242; sociedade bem-ordenada como união social de uniões sociais, 242, 379 ss.

Bem mútuo da justiça mútua, 245

Benacerraf, Paul, 140*n*

Benefício mútuo, ideia de: definida, 18-9, 59; contrastada com ideia de reciprocidade, 18-9, 59

Bens primários como necessidades dos cidadãos, V: § 4, 220-4: relacionados aos interesses de ordem superior dos cidadãos, 125, 209, 220; quando instituições básicas proporcionam espaço suficiente para formas de vida merecedoras do apoio dos cidadãos, 220, 234*n*, 247-8; não concebidos como medida do bem-estar psicológico como um todo, do sucesso ou do valor intrínseco de fins, 220-1; especificam as necessidades dos cidadãos dentro da concepção política, 209-10, 221, 244; índice de, proporciona o melhor padrão disponível de avaliação de demandas conflitantes, dado pluralismo razoável, 221-2; interpretação dos, inclui ideia de divisão social de responsabilidade, 223-4; desejos e aspirações, independentemente de sua intensidade, não são razões em matéria de elementos constitucionais essenciais, 224

Bens primários e comparações interpessoais, V: 3, 209-20: 6*n*; duas maneiras de elaborar índice de, 47; lista desses

bens, 90, 213; introduzidos para resolver problema colocado pelo véu de ignorância, 89-90, 364; fundamentados na concepção política de pessoa, 89-90, 209; como o problema de comparações interpessoais apresenta-se, 211; esses bens oferecem ideia de benefício racional independente de qualquer doutrina abrangente, 210 s.; identificam similares parciais entre concepções permissíveis do bem, 212; como base pública prática de comparações interpessoais, 213; como reconhecendo limites do político e do praticável, 214; em que medida podem lidar com quatro tipos de variações nas capacidades dos cidadãos, 216-9; preferências e gostos, nossa própria responsabilidade, 218; emprego dos, supõe fins e preferências passíveis de alteração à luz de expectativas de, 219; supõe critérios públicos praticáveis e um ideal de pessoa, 219-20; papel dos, na comparação com a visão de Habermas, 495-6
Bentham, Jeremy, 159, 200-1
Berlin, Isaiah, 354$n$, 359$n$, 393; não há mundo social sem perda, 68, 232e $n$, 233$n$
Bernadin, Cardeal, LXII$n$
Bernstein, Alyssa, XXXVII
Bickel, Alexander, 275$n$

Blasi, Vincent, 397$n$, 406$n$
Bossuet, bispo de Meaux, 73$n$
*Brandeburg v. Ohio*, 395 U. S. 444 (1969), 407 ss., 412
Brandeis, Louis D., 413, 416 ss.
Brandt, R. B. 211$n$
Brennan, William, 426$n$
Brink, David, 108$n$
Brudney, Daniel, 34$n$
Buchanan, Allen, 21$n$
*Buckley v. Valeo*, 424 U. S. 1 (1976), 425-7
Burge, Tyler, XXXIV, 107$n$
Burger, T., 452$n$
Burkert, Walter, XXIII
Burrow, J. W., 380$n$

Calvino, João, XXVI, LVI
Capital político, 185-6
Características especiais do acordo inicial, VII: 7, 326-30: estrutura básica, o contexto para acordos particulares e a formação de associações, 326-7; contrato social tem de levar em conta três fatos: (1) condição de pertencer à sociedade como dada, 327; (2) não podemos saber como seríamos se não fizéssemos parte da sociedade, 327; (3) a sociedade como um todo não tem fins da maneira como as associações e os indivíduos os têm, 327; ideia da contribuição de um indivíduo à sociedade não tem lugar, 328; posição original tem de refletir contraste entre uma sociedade bem-ordenada e uma associação, 328; partes

na posição original consideram como dada condição de membros de sua sociedade, 328; véu de ignorância reflete o modo como, à parte nosso lugar na sociedade, nossos interesses e nossas potenciais capacidades não podem ser conhecidos, 328; não há fins sociais até que princípios de justiça sejam adotados, 327-8
Caso exemplar de consenso sobreposto, 172-3, 183, 200
Casos fundamentais, dois: definidos, 394
Ceticismo: moral, 61; não é fundamento da tolerância no liberalismo político, 74n; fecharia caminho para consenso sobreposto razoável, 17-8; e abolição da escravatura, 179n
Channing, William Ellery, 295n, 297n
Cidadania, duas características da, LII; ideal de, igual: vem junto com sociedade democrática, 35-6; desejo de ser razoável como parte do ideal político de, 74; motivação para realizar desejos dependentes de concepção política, 101-2; concepção política deve ser compreensível e fornecer ideal de, que os cidadãos sejam motivados a respeitar, 104; concepção política, como parte do ideal de, igual: envolve resolver desacordos fundamentais recorrendo à razão pública, 116; excluir certas questões da agenda política expressa uma parte da, 179n; caracterizada por valores políticos, 229-30, 251; impõe um dever de civilidade, 256; *ver também* Dever de civilidade
Cidadãos: como razoáveis, L; faculdades morais e intelectuais dos, LI; considerados pessoas livres e iguais na concepção política, 22, 35, 240; como membros plenamente cooperativos da sociedade ao longo da vida inteira, 23, 97, 208-9, 216, 240; visão dos, como um todo, tem duas partes: uma concepção política de justiça e uma doutrina abrangente, XXII, 14, 45, 159, 165, 177-8, 285; têm uma parcela igual do poder político, 73, 81, 161 ss., 254-5; características e capacidades irrelevantes para seu *status* como iguais, 94-5; papel dos, especificado por instituições democráticas, 229-30; *ver também* Concepção política de pessoa, I: § 5
Circunstâncias da justiça, dois tipos: objetivas e subjetivas, 78
Clarke, Samuel, 108, 109n
Cohen, G. A., 218n
Cohen, Joshua, XXXIV, LIIn, 53n, 72n, 105n, 124n, 252n, 305n, 442n, 504n, 510n; sobre a importância do pluralismo

razoável *versus* o pluralismo como tal; visão sobre a relação entre doutrinas razoáveis em um consenso sobreposto, 151-2; sobre crentes racionalistas e não racionalistas, 180*n*; ideia de que a justiça procedimental depende da justiça substantiva, 500*n*

Como uma concepção política limita as concepções do bem, V: § 1, 205 ss.: distinção entre concepções políticas e outras concepções morais, uma questão de alcance, 15, 206; o justo e o bem como complementares, 204-6; concepção de justiça deve conter espaço suficiente para formas valiosas de vida, 206, 247-8; prioridade do justo, significado geral e particular da, 205, 207, ideias do bem utilizadas na, devem ser políticas, 207

Como a estrutura básica afeta indivíduos, VII: 5, 319 ss.: afeta objetivos e aspirações de pessoas e a forma da cultura compartilhada, 319-20; talentos e capacidades realizados também refletem traços da, 319-20; admite desigualdades de perspectivas de vida, 319-20; contraste destas com outras desigualdades, 320-1; a justiça deve regular as desigualdades fundamentais que derivam de posições sociais iniciais, vantagens naturais e contingências históricas, 321

Como as liberdades ajustam-se em um sistema coerente, VIII: 9, 396-403: como as liberdades políticas iguais e a liberdade de consciência estão relacionadas aos dois casos fundamentais, 396-7; importância da liberdade definida, com exemplos, 397; para sanar a segunda lacuna, aplicação do primeiro princípio de justiça no estágio da convenção constitucional, 398; liberdades fundamentais associadas ao bem também necessitam de proteção constitucional, 398-9; outros direitos, que não os direitos e liberdades fundamentais, especificados no estágio legislativo, 399; ao avançar na sequência de quatro estágios, o véu de ignorância torna-se mais fino e as restrições do razoável, mais fortes, 402-3

Como o liberalismo político é possível?, IV: 1, 158-65: distinção entre concepções de justiça que admitem uma pluralidade de concepções razoáveis do bem e aquelas que sustentam que há somente uma, 158-9; duas características especiais da cidadania política em um regime constitucional, 80-1, 159-60, 254-5; aquelas características especificam o domínio do político, 68-72, 161-2, 254-5; dois pontos centrais para o liberalismo político, dado um regime constitucional bem--ordenado, 162-3; *extra ecclesiam nulla salus*, resposta a, 163; como o liberalismo político é possível: duas partes da resposta, 164-5, 185-6, 199-200, 203-4, 258

Comparações interpessoais, *ver* Bens primários e comparações interpessoais

Completude de uma concepção política de justiça: definida, 265-6, 285; como se relaciona a elementos constitucionais essenciais e justiça básica, 268; examinada em conexão com a segunda e a terceira dificuldades manifestas com a razão pública, 285-6, 289-90; *ver também* Justiça como equidade é uma concepção completa, V: § 8

Comunidade: requer uso opressivo do poder estatal para ser preservada, 44; definida, 48*n*, 48, 172, 237; ideal de, deve ser abandonado em vista do pluralismo razoável, 172, 237

Concepção de justiça baseada em ideia do bem comum, 129-30

Concepção determinada do bem: definida como um sistema determinado de fins últimos, 22, 88, 128; abarca vínculos e lealdades e visão do mundo por referência aos quais o sistema é entendido, 22-3, 88-9, 97; e terceiro interesse de ordem superior, 89

Concepção do bem, capacidade para: definida, 22, 123; uma das duas faculdades morais, 22; relação com as pessoas serem livres, 35; modelada no procedimento construtivista pela racionalidade das partes, 123; *ver também* Concepção determinada do bem

Concepção política de pessoa, I: § 5, 34-41: está associada à ideia de sistema equitativo de cooperação social, 21 ss., 40; duas faculdades morais tornam as pessoas livres, 22; possuir as duas faculdades morais no grau necessário torna as pessoas iguais, 22, 94, 129; concepção determinada do bem, definida, 22-3, 88, 128; relação com doutrina metafísica, 31, 34; cidadãos são vistos como livres em três aspectos, 34, 86; no primeiro, em virtude de possuir faculdade moral de ter uma concepção do bem, 35 ss.; envolve direito de se perceber como independente de qualquer concepção específica, 35; identidade pública ou institucional *versus* identidade moral, não institucional, 36; dois aspectos da identidade moral,

36, 237; no segundo aspecto, como fontes autoautenticativas de demandas válidas, 38-9; no terceiro aspecto, como capazes de assumir a responsabilidade por seus fins, 39-40; peso das demandas dos cidadãos não é determinado pela intensidade psicológica do desejo, 40, 224; o terceiro aspecto, envolvido na capacidade de se engajar na cooperação social ao longo de toda a vida, 40; parte das ideias de fundo necessárias à especificação dos bens primários, 90 ss., 209

Concepção política não necessita ser abrangente, IV: § 5, 182-7: terceira objeção: concepção política deve ser abrangente, 182; resposta à objeção recorre à visão pluralista (parcialmente abrangente) do caso exemplar, 183; sabedoria política explicada com base na doutrina pluralista, 185; concepção política mais razoável para um regime democrático é liberal, 185-6; virtudes da cooperação política são virtudes muito importantes, tornando possível a cooperação social, 185; consenso sobreposto reduz os conflitos entre valores políticos e outros valores, 185; duas coisas propiciadas pela razão pública, dado o pluralismo razoável, 185-6

Concepção política, não metafísica, 12, 116

Concepções abstratas, uso de, I: § 8, 51-5: ideias fundamentais do liberalismo político como, 51-2; resposta à questão combinada do liberalismo político: dada por três condições que fazem uso dessas ideias, 53; emprego de tais concepções em conexão com o colapso de entendimentos políticos compartilhados, 53-4; atividade de abstração, gratuita, 54-5

Concepções de pessoa e de cooperação social, VIII: § 3, 355-63: definição da primeira lacuna apontada por Hart, 344, 355; e sanada recorrendo-se a essas duas concepções inseparáveis, 355-6; explicadas e conexão entre elas, examinadas, junto com a especificação de termos equitativos de cooperação, razoáveis e racionais, 356-7; definição das duas faculdades morais das pessoas e sua importância como fundamento da igualdade dos cidadãos, 357-8; conteúdo dos termos equitativos de cooperação, 358-9; o liberalismo entende a pluralidade como condição normal de uma sociedade democrática e concebe a união social como fundada em uma concepção pública

compartilhada de justiça, 360
Concepção e doutrinas: como estão relacionadas, IV: § 8, 199-203; no consenso sobreposto razoável, aceitação da concepção política de dentro das próprias doutrinas abrangentes dos cidadãos, 163 ss., 199-200; ilustrado pelo caso exemplar: ideal de Kant de autonomia, utilitarismo, visão (terceira) pluralista e doutrinas religiosas, 200-1; aceitação, não motivada por compromisso, 200-1; quatro objeções respondidas ao se especificar uma concepção liberal como objeto do consenso sobreposto razoável, 203-4

Concepções liberais de justiça: três características do conteúdo das, LII; definidas, 6, 185-6, 275

Concepções permissíveis do bem e virtudes políticas: V: § 5, 224-30: definidas, 212, 224-5, 244, 247; procedimento neutro e valores neutros, 225; justiça como equidade, não neutra de modo procedimental, 225; aspira constituir base comum como foco de um consenso sobreposto, 226; neutralidade de objetivo, 226-7; neutralidade de efeito ou de influência, impraticável, 227-8; virtudes políticas vinculadas a princípios de justiça política, não aos de um Estado perfeccionista, 229-30

Condição de publicidade, seus três níveis, II: § 4, 78-85: sociedade bem-ordenada existe sob circunstâncias da justiça, 78; três níveis definidos, 78-9; sociedade bem-ordenada satisfaz todos os três níveis como condição plena, 81; sobre a ausência de falsa consciência, 82n; como o primeiro nível é modelado na posição original, 82; segundo nível é modelado pelo véu de ignorância e pelas crenças gerais utilizadas pelas partes, 83-4; ponto de vista seu e meu modela terceiro nível, 83-4; papel amplo e restrito da concepção política de justiça, definidos, 84-5; papel amplo da concepção política como educadora para o ideal de cidadania, 84-5, 102, 192-3, 279, 283-4

Condições razoavelmente favoráveis: definidas, 352; ajudam a explicar o peso de valores políticos liberais, 185-6; sistema praticável de liberdades fundamentais pode ser realizado sob, 352-3

Consenso sobreposto e justificação, IX: § 2, 455-68: as duas questões de Habermas e três tipos de justificação, 455-6; justificação *pro tanto* só

ÍNDICE REMISSIVO

leva em conta valores políticos, 456; justificação plena é justificação por cidadãos individuais, levando em conta suas doutrinas abrangentes, 457; justificação pública pela sociedade política ocorre junto com consenso sobreposto, estabilidade pelas razões certas e legitimidade, 458 ss.; duas ideias distintas de consenso, uma das quais é a ideia de um consenso razoável, 459; consenso sobreposto pode proporcionar a base mais profunda e mais razoável de unidade social, 462 ss.; por que consenso sobreposto não é irrealista, 463 ss.; primeira questão de Habermas, respondida pela terceira ideia de justificação, 466; resposta à segunda questão é que o liberalismo político não se vale da ideia de verdade moral e considera suficiente a ideia do razoável, 466-7

Consenso sobreposto: nem indiferente nem cético, IV: § 4, 177-82; tal consenso estabelece as bases para responder à segunda questão fundamental, 11; definido, 17, 47; ideia de, em *Teoria*, 17$n$; papel na justificação do véu espesso de ignorância, 29$n$; como condição necessária para o realismo e a estabilidade de uma sociedade bem-ordenada, 45-6, 52, 77; ideia de, facilmente mal compreendida, devido a seu uso na política ordinária, 47; possibilidade do, um objetivo das partes ao escolherem princípios de justiça, 93-4; implicações de verdade de qualquer doutrina razoável que faça parte do, 153-4, 181$n$; como é possível, 165; respostas à segunda questão sobre estabilidade, 166; profundidade, amplitude e especificidade do, definidos, 175-6, 186-7, 198; resposta à segunda objeção a tal consenso como fundamento da unidade social, 177-8; remoção de certas questões constitucionais da agenda política, 178-9; não pode evitar sempre entrar no mérito de aspectos de doutrinas abrangentes; resposta aos crentes racionalistas, 180; confirma que instituições básicas proporcionam espaço suficiente para formas de vida merecedoras de apoio, 219, 247-8; *ver também* Consenso sobreposto, três características de

Consenso sobreposto, três características de, IV: § 3, 170-7; dois pontos sobre: (1) tal consenso, constituído de doutrinas razoáveis, 170-1; (2) concepção política considerada como elemento constituinte de diferentes doutrinas, 170-1; caso exemplar de, 172; primeira objeção, a de que abandona a aspiração de comunidade política por um mero *modus vivendi*; por que essa aspiração é abandonada e tal consenso não é um *modus vivendi*, 172-3; *modus vivendi*, definido, e três maneiras pelas quais consenso sobreposto difere disso: em seu objeto, fundamento e estabilidade, 174-5, 245; estabilidade definida como, não afetada por alterações de poder político, 174; tolerância no século XVI, como exemplo de *modus vivendi*, 174-5; profundidade, amplitude e especificidade do, definidas, 175; *ver também* Consenso sobreposto: nem indiferente nem cético

Constant, Benjamin, 5, 243, 354, 359, 478*n*

Constitucionalização de Cartas de Direitos como cláusulas pétreas, 277, 282 ss.

Constituição: adoção de, no estágio da convenção constitucional, 398 ss.; como um procedimento político justo, 398-9, 402-3, 407, 428, 433; crise constitucional, 419 ss., moldura da, não tem como ser decidida somente pela filosofia política, 483-4, 492

Construtivismo moral de Kant, III: § 2, 117 ss.: contrastado com o construtivismo político, 117 ss.; como uma visão moral abrangente, 117, 149; como uma afirmação da autonomia constitutiva, 117, 149; pode subscrever o construtivismo político, 119; vê a razão como originando e autenticando a si própria e como somente a ela cabendo a competência para dirimir questões sobre sua própria autoridade, 119-20, 141-2; como defesa da fé razoável, 119, 203; interpretação da argumentação moral, 120; interpretação da objetividade, 131, 133-7, 138*n*; ponto de vista objetivo como aquele de pessoas como membros de um reino de fins, 137; sustenta concepções distintas de objetividade, apropriadas à razão teórica e à razão prática, 139-40

Conteúdo da razão pública, VI: § 4, 263-8: especificado pela concepção política de justiça, 263, 300-1; inclui diretrizes de indagação, sem o que seus princípios não têm como ser aplicados, 263-4; duas partes do, com seus princípios e valores descritos, 264; papel do princípio de legitimidade, quando elementos constitucionais estão em questão, 264-5; quando uma concepção é completa,

definição, 265-6, 285;
diretrizes de investigação
pública e princípio de
legitimidade têm a mesma
base que princípios de justiça,
265-6; liberalismo, um tipo de
visão que tem várias formas,
266-7; conteúdo do ideal de
razão pública descrito, 266-7

Contratualismo: pode empregar
a razoabilidade, não a
verdade, como critério de
correção, 151*n*

Controle jurisdicional da
constitucionalidade, 196, 254,
275-6 e *n*, 283, 402

Cooper, John, 297*n*

Crentes racionalistas, 180-1

Cristandade medieval, XXVIII, 44

Cronin, Ciaran, 453*n*

Cultura de fundo da sociedade
civil: definida como contendo
doutrinas abrangentes de
todos os tipos, 16, 179*n*, 249*n*;
como a cultura do social, não
do político, 16; padrões mais
rigorosos para doutrinas
razoáveis podem ser
formulados na, 71*n*; questões
excluídas da agenda política,
debatidas na, 179*n*;
preocupação com as
consequências para, se a
neutralidade de efeito é
abandonada, 229*n*; Igrejas e
universidades, parte essencial
da, 253; como contendo
razões não públicas da
sociedade civil, 259; não a
mesma coisa que a esfera
pública de Habermas, 452*n*

Cultura pública política: 16-7;
como repositório
compartilhado de ideias e
princípios fundamentais, 9,
16, 31, 51, 206; pode-se
mostrar dividida em um
nível profundo, 10

Cuomo, Mario, LXIII*n*

Curry, Thomas J., LIX*n*

Dahl, Robert, 278*n*, 501*n*, 503*n*,
510 *n*

Daniel, William, 82*n*

Daniels, Norman, XXXIX, 25*n*,
214 *n*, 217-8*nn*, 344*n*, 346*n*,
385*n*, 392*n*, 404*n*, 438*n*

Darwall, Stephen, 108*n*, 124*n*

Davitt, Thomas E., 82*n*

De Marneffe, Peter, 250*n*,
455*n*

*Debs v. United States*, 249 U.S.
211 (1919), 421

Debs, Eugene V.: sobre a guerra,
414-5

Décima Quarta Emenda, 428

Declaração de Independência,
XXXII, 282

Democracia deliberativa, sua
ideia de razão pública, 510-1

Democracia majoritária *versus*
democracia constitucional,
501-2

*Dennis v. United States*, 341 U.S.
494 (1951), 407, 417, 421

Descartes, René, 75

Desejos, dependentes de objeto,
dependentes de princípio e
dependentes de concepção
política, distinguidos, 98 ss.;
exemplos dos últimos, 58*n*,
101-2, 116

Dever de civilidade: definido, 255-6, 267, 279, 287; um dever moral, não legal, 256, 300; e o voto, quando se trata de elementos constitucionais essenciais, 259; as condições de uma sociedade bem-ordenada inclinam seus cidadãos a respeitar o, 298; ocupa um lugar central na interpretação de razão pública adotada pelo liberalismo político, 279, 300-1

Dickens, A. G., XXVII

Difamação sediciosa, inexistência de crime de, 405-6

Dificuldades manifestas com a razão pública, VI: 7, 284-92; (1) a razão pública admite mais de uma resposta, 284-92; (2) como especificar o sentido de votar segundo nossa opinião sincera, 285-8; (3) como afirmar quando uma questão é resolvida por problemas de extensão, 289 ss.; tratamento devido à natureza e aos animais: os limites da razão pública não se aplicam, 290-1; como a própria razão pública deve ser razoável, 291-2

Direito dos povos, definido, 14-5, 24; não discutido nestas conferências, 14, 48; como um problema de extensão, 25, 289; imigração, suposta como uma questão que pertence ao, 160*n*

Direito penal puro, 82

Direitos e liberdades fundamentais iguais: sistema plenamente adequado de, 5; como bens primários, 47, 90, 213; especificados por uma lista, 345; duas maneiras de elaborar uma lista de, a-histórica e aconceitual, 346 ss.; *ver também* Conferência VIII: §§ 1-2, 5-9

Direitos humanos, *status* dos, 486

Diretrizes da razão pública: adotadas na posição original, 74, 265-6; como parte essencial da concepção política de justiça, 164, 191, 263; definidas, 191, 263-4; necessárias para a base pública de justificação, 264-6; junto com princípios de justiça, parte de um mesmo acordo, 266

Dispositivo de representação, posição original como um, 28-33, 41, 89

Divisão institucional do trabalho, 317-8, 337, 341

Dois estágios da exposição da justiça como equidade, 43, 76-7, 157-8, 165 ss.

Dois princípios de justiça: formulados, 5-6, 321; primeiro tem prioridade sobre segundo, 6; exemplificam conteúdo de uma concepção liberal de justiça, 6; prioridade do primeiro pressupõe que necessidades básicas dos cidadãos estão satisfeitas, 8; três características igualitárias dos, 6-7; formulados para dar forma a mundo social no qual nosso *status* de pessoas como cidadãos livres e iguais realiza-se, 49; escolha dos, não afetada pela distinção entre dois tipos de pluralismo, 76 ss.; devem levar a um mundo social apropriado ao exercício pelos cidadãos de suas faculdades morais, 92

Domínio do político: concepção política de justiça limitada ao, XIX, 13, 45, 149; uma ideia normativa e moral, XL; como uma ideia básica do liberalismo político, 52; identificado por duas características especiais da relação política em um regime democrático, 159 ss., 164-5, 254-5; valores políticos do, 165

Doppelt, Gerald, 440*n*

Doutrina (parcialmente) abrangente pluralista: definida, 172, 182, 188; papel da maleabilidade para alcançar consenso constitucional, 188-9; como subscreve consenso sobreposto, 201-2

Doutrinas abrangentes razoáveis, II: § 3, 70-8: nem todas são liberais, XXXIXI-XL; como limites da capacidade de juízo levam à tolerância e sustentam a ideia de razão pública, 70-3; definidas por três características, e recorrem a três formas de razão, 70; interpretação das, deliberadamente maleável, 70; pessoas razoáveis subscrevem uma forma de liberdade de consciência, 73-4; essa conclusão confirmada pelo emprego da posição original, 73-4; ser razoável é parte do ideal de cidadania democrática, 74; argumentação que subscreve a tolerância, não baseada no ceticismo, 74-5; conteúdo dos princípios de justiça, não afetado pela existência de dois tipos de pluralismo, 76-8

Doutrinas abrangentes religiosas, políticas e morais: XIX ss., 181*n*; suposição de que os cidadãos professam uma doutrina desse tipo, XXII, 14, 45, 159, 165, 177, 206; definidas, 15, 206, 442; alcance das, definido, 15, 206; podem ser plenamente ou só parcialmente abrangentes, 15, 206; pertencem à cultura de fundo, 16; *versus* visões abstratas, 182*n*; colidem com a razão pública somente quando não podem sustentar um equilíbrio razoável de valores políticos, 288 s., 301

Dreben, Burton, XXXV, XXXIX, 305*n*, 343*n*, 440*n*

Duas questões fundamentais, I: § 1, 4-12: a primeira dessas questões trata de como resolver o conflito entre duas tradições democráticas,

Locke *versus* Rousseau, 5; dois princípios de justiça, formulados, 5-6, 321; três características do conteúdo do liberalismo político, 6, 185-6; três aspectos dos dois princípios de justiça como igualitários, 7-8; como a filosofia política pode descobrir uma base pública de justificação, 9-12; a justiça como equidade, objetivo prático, 10-1; concepção política como concepção que se sustenta por si própria, 12, 14, 47, 170-1; expectativa de responder à segunda dessas questões mediante concepção política que conquiste o apoio de um consenso sobreposto razoável, 11

Dworkin, Ronald, XXXIV, 108$n$, 159$n$, 227$n$, 252$n$. 284$n$, 359$n$, 448$n$, 500$n$, 515$n$; modelo do desafio do valor ético de viver bem, 249$n$; concepção de interpretação judicial, 279$n$

Edgeworth, F.Y., XVI, 159
Educação: igualdade equitativa de oportunidades na, 217; das crianças, 235-6
Election Act Amendment de 1974, 426
Elkins, Stanley, 480$n$
Ely, John, 500$n$
Emendas à Constituição, validade das, 281 ss.
Emerson, Thomas, 409$n$

Emigração, direito de: não torna voluntária a aceitação da autoridade política, 160$n$; instituições básicas injustas não se tornam justas mediante o, 328
English, Jane, LIII$n$, 24$n$, 325$n$
Entendimentos políticos compartilhados, 53-4
Equilíbrio reflexivo: definido como estado em que juízos em todos os níveis de generalidade encontram-se em conformidade, com base em cuidadosa reflexão, 9, 55, 86, 451-2, 454$n$, 459, 472; como ponto de vista seu e meu, 33; empregado pelo intuicionismo racional e construtivismo, 112 ss.; quando alcançado, interpretado de modo diferente por essas duas perspectivas, 114; busca por, prossegue indefinidamente, 115; *ver também* Reflexão cuidadosa
Escravidão, XXXII, 9, 39, 53, 145-9, 179$n$, 232, 276, 282
Estabilidade: pelas razões certas, XLVI, 459$n$, 461, 463; problema interno relativo à, em *Teoria*, XIX ss.; embora fundamental na filosofia política, desempenha papel diminuto na história da filosofia moral, XX-XXI; consenso sobreposto, condição necessária à estabilidade de sociedade bem-ordenada, 45-6, 77-8;

# ÍNDICE REMISSIVO

dois corolários da completude fortalecem a, 245-6; *ver também* Questão da estabilidade

Estado de natureza: na justiça como equidade, 330-1

Estágio legislativo: especifica direitos e liberdades outros que não as liberdades fundamentais, 400

Estlund, David, 114*n*, 250*n*, 508*n*

Estrutura básica da sociedade: definida, 13, 41, 238, 356; objeto primário da justiça, 13, 18; pressuposta como aquela de uma sociedade fechada, 13, 48, 81, 159-60; posição original e efeitos profundos no caráter e objetivos dos cidadãos, 81; dois papéis coordenados da, 270; *ver também* Conferência VII: §§ 3-5

Exigências do comprometimento, definidas, 20; dois tipos de: aquelas que surgem em uma sociedade bem-ordenada, aquelas que surgem na transição, 20-1; a primeira diz respeito à teoria ideal e a segunda, à teoria não ideal, 20-1

Expressão política livre, VIII: § 10, 403-12: cai sob a liberdade de pensamento e o primeiro caso fundamental, 406, 413; liberdades fundamentais limitam umas às outras e se autolimitam, 404; como especificá-la a fim de garantir o âmbito central da, 405-10; história da doutrina constitucional e os três pontos fixos de Kalven, 405; difamação sediciosa, não um crime, 405-6; militância subversiva como problema central de liberdade de, 406-7; legitimidade na democracia, 410; doutrina da, que pressupõe teoria da natureza humana na qual pessoas são capazes da virtude política natural de Locke, 411 ss.; onde estabelecer a linha divisória entre expressão protegida e não protegida, 412; *ver também* Norma do perigo claro e iminente

Extensão, problemas de, 24, 289 ss.

*Extra ecclesiam nulla salus*, 163

Faculdades da razão: definidas como juízo, pensamento e inferência, 22, 97, 259; necessárias ao exercício das faculdades morais, 97; *ver também* Diretrizes da razão pública

Faculdades morais, duas: definidas, 22, 97, 122-3, 128; modeladas no procedimento construtivista, 122-3; exercício das, percebido como um bem, 240-1; segunda faculdade moral, como não fundamentada apenas na autonomia política, 497-8

Falsa consciência, 81-2

Fato do pluralismo razoável; *ver* Pluralismo razoável

Fatos gerais: caracterizam a cultura política da democracia, 43; fato do pluralismo razoável (primeiro fato), definido, 43; distinguido do pluralismo como tal, 43; fato da opressão (segundo fato), definido, 44; fato sobre condições de um regime democrático duradouro (terceiro fato), definido, 45; com o fato do pluralismo razoável, pressupõe um consenso sobreposto, 46; fato sobre a cultura política da democracia (quarto fato), definido, 45$n$; muitos juízos fundamentais são realizados sob condições nas quais não é de esperar acordo entre pessoas razoáveis (quinto fato), definido, 69

Fé razoável: visão de Kant de, 119-20; na possibilidade de um regime constitucional justo, 120, 203

Fehrenbacher, Don, 275$n$

Filosofia como defesa da fé razoável, 119, 203

Filosofia moral e política moderna, XXVI

Filosofia política: problema da estabilidade, fundamental a, XXII; no liberalismo político, tem seu próprio objeto, XXX; como pode encontrar bases compartilhadas para resolver questões fundamentais, 8-9; emprega concepções abstratas, 53; não se retira da sociedade e do mundo, 53-4; autônoma, de duas maneiras, 104-5; objetivo da, na tradição dominante, 159; não há especialistas na, 453-4, 506

Filosofia política e moral grega, XXIII-XXIV, XLIII

Fim último: definido, 237; fins últimos compartilhados, 240; justiça política como um, 240

First National Bank v. Belloti, 435 U.S. 765 (1978), 425

Fischer, Klaus, LXIX$n$

Fleming, James, 272$n$, 471$n$, 480$n$

Foco de um consenso sobreposto: concepção política de justiça como, 48, 52, 107, 116-7, 150, 166, 168; justiça como equidade como, 194; classe focal de, enquanto classe de concepções liberais, definido, 194, 198; centro do, 198; papel dos bens primários no, 210

Forma ideal da estrutura básica, VII: § 9, 333-8: concepção de justiça deve limitar e ajustar processos sociais existentes, 333; tem de se voltar para como pessoas livres e iguais podem aceitar o fato de que desigualdades são determinadas por fortuna social e outras contingências profundas, 334; princípio de diferença, forma de chegar ao, 334; deve regular o quadro institucional sob o qual transações particulares ocorrem, 334-5; titularidades asseguradas sob procedimento social equitativo, 454; princípios de justiça impõem limites à acumulação de propriedade, na medida necessária para preservar a justiça de base, 337; papel da divisão institucional de trabalho não pressupõe injustiça, 337; forma ideal da estrutura básica provê as bases para ajustamentos e para direção como um todo da ação política, 337-8

Förster, Eckart, 244$n$

Franklin, Julian, 491$n$

Freeman, Samuel, 63$n$, 250$n$, 277$n$, 283$n$, 440$n$, 459$n$, 480$n$

Friedman, Michael, 121$n$

Fuchs, Alan, 409$n$

Fundamentos das liberdades, IX: 4, 484-98: Habermas pensa que, na tradição filosófica, a autonomia pública e a privada são marcadas por conflito não resolvido, enquanto ele as vê como co-originais e como tendo peso igual, 484 ss.; o liberalismo político concorda que a autonomia pública e a privada são co-originais e têm peso igual, como é mostrado com base em três paralelos: de início, elas não são hierarquizadas no primeiro princípio e se fundam nas duas faculdades morais, 488-9; depois, a justiça como equidade emprega construção de dois estágios, do mesmo modo que a visão de Habermas, 489; questão da importância das liberdades é de moldura constitucional, não pode ser resolvida apenas pela filosofia, 491-2; por fim, a autonomia pública e a privada conectam-se, na justiça como equidade, pela forma como a concepção política é construída, 493-7; mesmo que a autonomia privada possa se basear na autonomia política, não se baseia somente nessa relação, 497-8

Galston, William, 225$n$, 234$n$

Gauthier, David, 61$n$, 63, 330$n$

Gibbard, Allan, 19$n$, 105$n$, 108$n$

*Gitlow v. United States,* 268 U.S. 652 (1925), 408, 411, 414

Greenwalt, Kent, XXXVII, 252$n$, 284$n$; posição consistente com a razão pública, 288$n$

Griffin, Leslie, LXIII$n$

Guerra Civil, 282, 285

Gutmann, Amy, 173$n$, 256$n$, 292$n$

Habermas, Jürgen, *ver* Conferência IX *passim*

Hampshire, Stuart, 54$n$, 359$n$, 465$n$, 499$n$, 504$n$

Hand, Learned, 416-7

Harman, Gilbert, 139$n$

Harsanyi, J. C., 309$n$

Hart, H. L. A., XXXVI, LII$n$, 5$n$, 17$n$, 343-4, 346, 437 ss.; conteúdo mínimo de direito natural, 130$n$, 190; *ver também* Conferência VIII

Hegel, G. W. F., XXVI, LXIV*n*, 338-9, 448
Hegel, resposta a, VII: § 10, 338-42: afirmação de que teoria do contrato social confunde a sociedade e o Estado com uma associação de pessoas privadas; resposta a, 338-9; algumas teorias contratualistas não têm como responder à crítica idealista, por exemplo a de Locke, 339-40; interpretação distinta de Locke, 340-1; contraste das posições de Locke com a teoria kantiana do contrato, 341
Henry, Patrick, LIX
Hill, Thomas, 108*n*, 305*n*, 462*n*
Hindenburg, presidente, LXIX
Hinsch, Wilfried, XXXIV, 29*n*, 70*n*, 440*n*, 455*n*, 508*n*
Hitler, Adolf, LXIX
Hobbes, Thomas, 64; sua teoria contratualista, sujeita à crítica idealista, 340, 411
Höffe, Otfried, 484*n*
Hoffman, Paul, 34*n*
Holmes, Oliver Wendel, 407, 409, 413-6, *ver também* Norma do perigo claro e iminente
Holmes, Stephen, 179*n*, 273*n*
Holocausto, LXIX
Humanismo cívico, 242, 498
Humboldt, Barão Von, 379
Hume, David, XXVII, XXIX, 75, 102*n*, 138*n*

Ideia da posição original, I: 4, 26-33: por que é introduzida, 26, 30; como um ponto de vista não distorcido a partir do qual um acordo equitativo pode ser alcançado, 27, 28-9; como um dispositivo de representação, 28 ss., 41, 89; acordos nela alcançados são hipotéticos e não históricos, 28; problemas que isso parece apresentar, resolvidos, 28 ss.; modela a distinção entre o razoável e o racional, 29*n*; pode parecer que pressupõe uma concepção metafísica de pessoa, 31; isso é uma ilusão, 32-4; como ideia mediadora utilizada para ordenar nossas convicções ponderadas, 31, 54; diretrizes de razão pública adotadas na, 74, 264-6; como um caso de justiça procedimental pura, 85-6; por que é equitativa, 94-5; não é ela própria construída, 122; princípio de legitimidade, do ponto de vista da, 161*n*, 265-6
Ideia de concepção política de justiça, I: 2, 12-7: uma ideia normativa e política, XL, L; formulada como se sustentando por si própria, XLVI, LI; não é política da forma errada, LI; para ser aceitável, deve ajustar-se a nossas convicções ponderadas em equilíbrio reflexivo, 9; deve ser política, não metafísica, 12, 116; três características da: primeira, uma concepção moral formulada para a estrutura

básica, 13, 206, 263; segunda, formulada como uma concepção que se sustenta por si própria, 14, 47, 165, 170-1, 206; contrastada com doutrinas abrangentes em escopo, 16, 205-6, 251; terceira, formulada com base em ideias implícitas na cultura pública política, 16-7, 206, 263; elaborada para ser o foco de um consenso sobreposto, 11, 17, 43, 56-7, 116, 158; não é política da forma errada, 47, 167; como concepção que se sustenta por si própria, não coloca obstáculos doutrinais ao consenso sobreposto, 48; papel amplo *versus* papel restrito da, 84-5; papel amplo como educador, 84, 102, 193, 279, 283; enquanto filosófica, articula pontos fixos separados, 147; no melhor dos casos, somente uma estrutura de orientação, 185; considera um bem a satisfação de fins e necessidades básicas, 208

Ideia de elementos constitucionais essenciais, VI: § 5, 268-72: esses elementos como um dos dois pontos centrais para o liberalismo político, 162-3; entram na especificação do ideal político liberal, 164-5; força dos desejos e razões que dizem respeito a, 223-4; questões que têm maior urgência para resolver, 268; dois tipos de, distinguidos, 268-9; diferenças entre liberdades fundamentais como tais elementos e questões de justiça básica, 269 ss.; ambos esses tipos de questões devem ser resolvidas pela razão pública, 270-1; importância para uma concepção política de abarcá--los, 271

Ideia de sociedade bem--ordenada, I: § 6, 41-8: utilizada como uma ideia associada na justiça como equidade, 41; três coisas que se quer transmitir ao dizer que uma sociedade é bem--ordenada, especificada, 41, 238; uma concepção política adequada de justiça deve ser capaz de ordenar bem uma sociedade democrática, 41; e isso considerando três fatos gerais, incluindo o de pluralismo razoável, 43 ss.; duas condições necessárias ao realismo e à estabilidade da, definidas, 45-6; se democrática, tal sociedade não é nem uma comunidade nem uma associação, 48-51; como uma sociedade política, é um sistema social completo e fechado, o que uma associação não é, 48-59; seus fins constitucionalmente especificados estão sob as injunções de sua razão pública, 49; enquanto democrática, sua unidade não se baseia em doutrina abrangente compartilhada, 42; satisfaz condição plena de publicidade, 78-9, ausência de falsa consciência, 81-2; como união social de uniões sociais, 379 ss., 439

Ideia de sociedade como sistema equitativo de cooperação, I: 3, 18-26; como ideia organizadora fundamental da justiça como equidade, 10, 17, 23; três elementos da, 18; ideia de reciprocidade como relação entre cidadãos em uma sociedade bem-ordenada, 19-20; concebida como existindo em perpetuidade, 22; ideia fundamental da pessoa como alguém que pode ser um cidadão, 22; questões fundamentais de justiça política, 23 ss.; problemas de extensão, 23 ss.

Ideia de uma concepção construtivista, III: 1, 106-7: definida, XXII-XXIII, 100, posição original na, XXV, 107, 112; contrastada com quatro características do intuicionismo racional, 107-17: quatro correspondentes características do construtivismo político: (1) princípios representados como resultando de um procedimento, 110; (2) baseados na razão prática, 110; (3) recorre a concepções complexas de pessoa e de sociedade, 111; (4) especifica uma ideia do razoável, não de verdade, 111; compatibilidade dessas quatro características com o intuicionismo racional, 111-2; ambas as visões recorrem à ideia de equilíbrio reflexivo, 112 ss.; as diferenças mostrando-se na forma como interpretam conclusões inaceitáveis, 114; força da concepção construtivista encontra-se no apelo ao valor político da vida pública conduzida com base em termos que todos podem aceitar, 116, 119; como doutrina política autônoma, 116; sua concepção de objetividade, 131-8; juízos razoáveis no, definidos, 132, 141-2; visão das chamadas propriedades intrinsecamente orientadoras da ação, 146*n*; nem afirma nem nega que valores não políticos são construídos, 150; *ver também* Justiça como equidade: uma visão construtivista, III: § 3; Três concepções de objetividade, III: § 5

Identidade: pública ou institucional *versus* não institucional ou moral, 36; ausência de, de modo prévio à condição de pertencer ao mundo social, 49, 160

Igualdade: instituições necessárias para limitar desigualdades excessivas,

LXIII-LXIV; fundamento da, entre os cidadãos, definidos como possuindo certas capacidades (incluindo as duas faculdades morais) no grau mínimo necessário, 22, 94, 97, 129

Igualdade equitativa de oportunidades, 6, 217, 294, 430-1; na educação, 217, 294: não um elemento constitucional essencial, embora algum princípio de oportunidades, sim, 269 ss.; *ver também* Liberdade de movimento

Imparcialidade, ideia de: definida como altruística (como motivação pelo bem comum), 59, 64

Importância da justiça de base, VII: § 4, 314-8: condições para acordos livres e equitativos na teoria contratualista, 315; papel das instituições para assegurar, 315; a estrutura básica deve ser regulada ao longo do tempo, 316-7; quatro pontos sobre isso: (1) a justiça de acordos depende de características da estrutura básica, não somente da conduta de pessoas e associações, 316-7; (2) condições equitativas de fundo podem ser corroídas mesmo que ninguém aja de forma injusta, 315; (3) não há normas exequíveis e praticáveis que possam evitar isso, 316-7; (4) o papel da divisão de trabalho entre dois tipos de normas sociais, 318

Índice de bens primários, 47, 222

Individualismo: suposta tendência em relação ao, 204, 224, 234, 261*n*; Nagel sobre isso, 231*n*

Inquisição, papel da, para comunidade, religiosa ou não religiosa, 44

Instituições de fundo ou básicas, 13, 270; acordos efetivos realizados na vida cotidiana sob dadas, 27; papel para estabelecer um mundo social que possibilita nos tornarmos cidadãos livres e iguais, 47, 51, 90; *ver também* Conferência VII: §§ 3-5

Interesses de ordem superior: três tipos distinguidos, 88-9, 125; como puramente formais, 90; como especificações das necessidades das pessoas, 125

Intuicionismo racional, XVII, 26; como forma de realismo moral, 106, 108, 112; quatro características do, 108-9; pode aceitar argumentação com base na posição original, 112, 134; apoia-se em ideia de equilíbrio reflexivo, 112-3, 134; concepção de objetividade do, 131-4; tipos de, podem ser heterônomos no sentido doutrinal, 134; *ver também* Ideia de uma concepção construtivista

Irwin, Terence, XXIV

Jefferson, Thomas, seu projeto de lei garantindo a liberdade religiosa, LIX*n*, pontos de vista sobre seu sistema de distritos e papel do povo, comentados, 498

Jones, Matthew, XXXVII

*Jus gentium*, 289

Justiça básica, questões de: distintas de elementos constitucionais essenciais, mas devendo ser resolvidas apenas com base em valores políticos, 269 ss.

Justiça como equidade: modalidade de liberalismo político, XXXII s.; três componentes ausentes levaram à sua formulação como, XXXIII; como se converteu em concepção política, XLVI-XLVII; propõe arbitragem entre tradições da liberdade e da igualdade, 5, 41; sociedade como um sistema equitativo de cooperação, 10, 41; e como ideia organizadora da, 10, 16-7; objetivo da, enquanto concepção prática, 10-1; como expressão da razão pública compartilhada dos cidadãos, 11; como concepção política, não metafísica, 12, 116; como concepção que se sustenta por si própria, objetiva conquistar o apoio de um consenso sobreposto, 11-2; ideias fundamentais da, 16; e problemas de extensão na, 25, 289 ss.; vale-se da posição original para determinar termos equitativos de cooperação social, 26; e para reformular doutrina do contrato social de modo que se aplique à estrutura básica, 27; como determina índice de bens primários, 47; não vê a sociedade política como associação intencional, 48*n*; não deriva o razoável do racional, 61; dois estágios da exposição da, 76-7, 157-8, 165-6; não é procedimentalmente neutra, mas tenta garantir neutralidade de objetivo, 226-7; três paralelos com a visão de Habermas, 487-94

Justiça como equidade: uma visão construtivista: III: § 3, 120-7: descoberta mediante reflexão, empregando as capacidades da razão, 114-5; afinidade com o construtivismo da matemática e da filosofia moral de Kant, 120, 145; conteúdo da concepção política (seus princípios) é (são) construído(s), 122; procedimento da, não construído, e sim formulado, 122-3; forma de procedimento da, derivada das concepções de pessoa e de sociedade, 122-3; não sujeita à crítica de Schopenhauer a Kant, 124-7;

*ver também* Ideia de uma concepção construtivista

Justiça como equidade é uma concepção completa, V: § 8, 244-9; ideias do bem são geradas pela, e desempenham papel próprio na concepção política, 244-5; como essas ideias são geradas em sequência, 244; consenso sobreposto sobre concepção política estabelece bem mútuo da justiça mútua, 245-6; completude da justiça como equidade reforça sua estabilidade, 247; ideias do bem da, não implicam a verdade desta ou daquela doutrina abrangente, 247-8; justiça como equidade permite espaço suficiente para formas de vida merecedoras da lealdade devotada dos cidadãos, 219-20, 234*n*, 247-8; limites ao conteúdo das doutrinas abrangentes do bem são razoáveis, 248-9; *ver também* Completude de uma concepção política de justiça

Justiça como equidade é equitativa com as concepções do bem?, V: § 6, 230-6: elementos constitucionais essenciais não devem favorecer nenhuma concepção abrangente específica, 231; algumas doutrinas abrangentes podem fracassar em conquistar adeptos sob condições sociais e políticas justas, 231; tese de Berlin, 232-3; não é arbitrariamente enviesada contra nenhuma doutrina, 232-3; exigências para a educação das crianças, tratadas da óptica do liberalismo político, 235-6; não tem o intuito de cultivar valores de liberalismos abrangentes, 236

Justiça procedimental pura, definida, 86, 333; contrastada com perfeita e imperfeita, 86-7

Justiça procedimental *versus* justiça substantiva, IX: § 5, 498-514: defesa do liberalismo político concluída argumentando-se que a justiça sempre é substantiva, nunca puramente procedimental, 498 ss.; distinção entre dois tipos de justiça e por que a justiça de procedimento depende da justiça substantiva, 498 ss.; constitucionalistas e majoritários podem concordar que, se a democracia majoritária é ou não justa, isto depende da medida em que seus resultados são substantivamente justos, 501-2; sustenta-se que a visão de Habermas é substantiva, uma vez que se apoia em ideia de razoabilidade para avaliar resultados, 503 ss.; legitimidade, mais fraca do

que justiça e, desde que certas condições sejam satisfeitas, lei democrática é sempre legítima, 514 ss.; sérias dúvidas sobre legitimidade puramente procedimental, já que sempre recorremos a juízos substantivos de justiça, 509 ss.; por que essas questões são examinadas e por que a visão de Habermas também se mostra substantiva, 510-2; justiça como equidade como concepção política não aspira ser parte de nenhuma doutrina abrangente, 512-3
Justificação; *ver* Consenso sobreposto e justificação
Justo: princípios de razão prática e concepções de pessoa e sociedade empregadas para construir conteúdo dos, 129-30; e o bem como complementar, 204, 206-7

Kalven, Harry: sobre liberdade de expressão e difamação sediciosa, 405, 407 ss., 413*n*
Kant, Immanuel, XXIX, XXXIV, XLI, XLV, XLVI*n*, XLVIII, LXIX, 44, 53*n*, 99*n*, 108, 110, 145, 149, 172, 201, 262*n*, 314, 321, 396, 443*n*, 473, 476, 481*n*, 485-6; distinção entre o razoável e o racional remonta a, 29*n*, 57*n*; sobre a predisposição à personalidade moral, ausente em agentes puramente racionais, 61*n*; liberalismo abrangente de, 93, 117, 149, 235-6, 243*n*; interpretação da boa vontade especifica desejo dependente de concepção, 101*n*; distinção entre razão prática e razão teórica, 110, 139; idealismo transcendental e autonomia constitutiva, 117; como fundamento das concepções de pessoa e sociedade, 119; visão procedimental de, 120, 337-8
Kateb, George, 243*n*
Kavka, Gregory, 114*n*
Kelly, Erin, XXXVI, XXXIX*n*, LVI*n*, 36*n*, 71*n*, 205*n*, 440*n*
Kercheval, Samuel, 482
King, Martin Luther, Jr., LVII, 292*n*, 296
Korsgaard, Christine, 99*n*, 102*n*, 453*n*
Kripke, Saul, 7*n*
Kronman, Anthony, 343*n*
Kuflik, Arthur, 434*n*
Kymlicka, Will, 31*n*

Laden, Anthony, 114*n*
Larmore, Charles, 208*n*, 226*n*, 228*n*, 252*n*, 442*n*, 484*n*, 513*n*
Laslett, Peter, 412*n*
Lawson, George, 491
Legitimidade, princípio liberal de, L; definida, 161-2, 254-5; impõe dever moral de civilidade, 253-4; como se aplica a crenças gerais, 264-5; tem o mesmo fundamento que os princípios de justiça, 265-6; papel na vida política, 465; como difere da justiça, 506 ss.

Lehning, Percy, XXXIX*n*
Lenhardt, C., 453*n*
Liberalismo abrangente, exemplificado pelos liberalismos de Kant e Mill, 44, 93, 172, 252*n*; contrastado com o liberalismo político, 231-2, 235-6
Liberalismo político: tópico do, confere unidade a essas conferências, XVII, 8; pressupõe fato do pluralismo razoável como produto normal do exercício da razão humana sob instituições livres, XX, XXVI s., 4, 43-4, 153, 159, 170; trata de duas questões fundamentais, XXII s., 3-4, 56, 157; aspira a encontrar uma base pública de justificação com relação a essas duas questões, XXIII, 268-72; empenha-se em descobrir concepção política de justiça para um regime constitucional, XXII, 11, 12-7; seu emprego de juízos razoáveis, no lugar de juízos verdadeiros, XXII, 150-4; dualismo no, conjectura sobre como surgiu historicamente, XXII ss.; não um liberalismo abrangente, XXX; questões filosóficas das quais trata, XLII ss.; considera como cidadãos de fé podem apoiá-lo, XLII; não uma forma de liberalismo iluminista, XLII; considera se em circunstâncias de pluralismo o governo democrático é possível e mesmo coerente, XLVI; transforma a doutrina de *Teoria* em uma concepção política de justiça, XLVI; também se preocupa com as bases mais profundas de unidade social de uma democracia, LIV-LV; 3-4, 56, 157; questão do, combinada, 3-4, 52, 56; aplica princípio da tolerância à própria filosofia, 11; definido, 52; *ver também* Como o liberalismo político é possível?
Liberdade, *ver* Autonomia plena; Concepção política de pessoa; Autonomia racional
Liberdade de associação, 261*n*, 370, 394, 397-9
Liberdade de consciência: como derivada dos limites da capacidade de juízo, 70-3; torna voluntária a aceitação da autoridade de associações sobre seus membros, 160*n*, 261-2; alcance da, permite aos cidadãos decidir como as duas partes de sua visão como um todo estão relacionadas, 165, 181-2, 287; retira da agenda política verdades em matéria de religião, 178; protege tanto indivíduos como associações, 261*n*; três razões para, 367-8; e segundo caso fundamental, 395; como liberdade fundamental, 397, 399-400; que limita a si própria, 404
Liberdade de movimento: e livre escolha de ocupação,

ambas como elementos constitucionais essenciais, 269 ss.; *ver também* Igualdade equitativa de oportunidades
Liberdades, como se ajustam em um sistema coerente, VIII: § 9, 396-403: como estão relacionadas a duas faculdades morais fundamentais e dois casos fundamentais, 396-7, 404; primeiro princípio de justiça aplicado ao estágio de convenção constitucional, 398-9; liberdades fundamentais iguais, necessárias à cooperação social com base no respeito mútuo, 400; como outros direitos e liberdades são especificados no estágio legislativo, 400-1; fundamentação de cada estágio em ideais de pessoa e sociedade, com o racional sendo enquadrado pelo razoável, 401-2
Liberdades dos modernos *versus* a vontade do povo, IX: § 3, 468-84: Habermas objeta que a justiça como equidade confere a direitos liberais dos modernos um *status* apriorístico, 468-9; primeiro ponto essencial sobre a sequência de quatro estágios: não é um processo efetivo, nem uma visão teórica, mas parte da estrutura de pensamento da justiça como equidade, 470; segundo ponto essencial: instituições sob as quais cidadãos se encontram são obra de gerações passadas, 472; objeção de Habermas sobre o significado da autonomia política e como se realiza, examinada, 472-3; o liberalismo político compartilha sua visão de uma Constituição justa como projeto, 473-4; não vê restrições à regra da maioria como limitação externa, 489, ss.; política constitucional e ordinária, distinguidas, 480; ideias de Habermas, talvez análogas às de Jefferson, 482; moldura apropriada à Constituição, não é questão a ser resolvida somente pela filosofia, 483-4
Liberdades dos modernos *versus* liberdades dos antigos, 5, 354, 468, 484-5, 491; dos antigos têm lugar especial no humanismo cívico, 242, 498
Liberdades fundamentais, não puramente formais, VIII: § 7, 384-92; princípios para as liberdades fundamentais, aceitáveis somente se complementados por princípios que garantam quinhão equitativo de meios materiais, 385; liberdades fundamentais e o valor da liberdade, distinguidos, 385; valor determinado por um índice de bens primários regulado pelo segundo

princípio, 386; valor das, definido pelo valor equitativo das liberdades políticas, 389; prioridade da liberdade pressupõe o valor equitativo somente das liberdades políticas, 388-92
Liberdades fundamentais, um sistema plenamente adequado de, VIII: § 8, 392-6: necessitam de um critério para sanar a segunda lacuna apontada por Hart, a de como ajustá-las quando conflitam em estágios posteriores, 392; critério proposto emprega ideia de um sistema de liberdades essencial ao desenvolvimento das duas faculdades morais em dois casos fundamentais, 385, 393-4; sistema não maximiza nada, 395 ss.; *ver também* Casos fundamentais, dois
Liberdades relacionadas ao segundo princípio, VIII: § 13, 430-5: não são liberdades fundamentais, 430; anúncios de empregos podem ser restringidos e regulados a fim de proteger a igualdade equitativa de oportunidades, 430 ss.; dois tipos de publicidade de produtos: a lei pode impor regulações à publicidade para preservar mercados competitivos, 431; grande parte da publicidade estratégica representa desperdício e pode ser limitada, 432; liberdades fundamentais, diversamente do direito de fazer publicidade, inalienáveis, 432 ss.; por que o segundo princípio subordina-se ao primeiro, 435-6
Libertarianismo: como forma depreciada de liberalismo, LXIV; ideia fundamental do, 339-40
Libertarianismo não atribui nenhum papel especial à estrutura básica, VII: § 3, 311-4: sustenta que somente Estado mínimo justifica-se, 311 ss.; (1) justifica tal Estado mostrando que somente isso poderia surgir do estado de natureza sem violar o direito das pessoas, 311; (2) especifica princípios de justiça para regular aquisição e transferência de propriedade, princípios esses que caracterizam a justiça de propriedades de forma recursiva, 312-3; nenhuma teoria especial é necessária para cobrir a variedade de associações e modos de cooperação que surgem de acordos entre indivíduos, 312; vê o Estado como associação privada: ausência de direito público, somente uma rede de acordos privados, 313-4; não é teoria do contrato social, 314; não vê necessidade de teoria especial para a estrutura básica, 314

Limites da capacidade de juízo, II: 2, 64-9: dois papéis do, no liberalismo político, L; disposição de reconhecer os, definida como segundo aspecto fundamental do razoável, 64, 97; definidos, 65; como o desacordo razoável é possível enquanto desacordo entre pessoas razoáveis, 65-6; três tipos de juízos, 66; seis fontes dos, 66-7; não incompatíveis com preconceitos e predisposições como explicações, 68-9; quinto fato geral, definido, 69; importância dos, para a ideia democrática de tolerância, 69 ss.; interpretação dos, não tem por base argumento cético, 74; papel dos, na não convergência de juízos, 141, 144

Limites da razão pública, VI: § 8, 292-32: dois entendimentos desses limites, definidos, visão exclusiva e inclusiva, 292-3; visão inclusiva parece correta, 247-8; três tipos de casos para ilustrar isso, 294 ss.; os abolicionistas, antes da Guerra Civil, violaram o ideal de razão pública?, 296-7; tudo indica que não, visto que limites apropriados à razão pública dependem de condições históricas e sociais, 298; liberalismo político supõe que concepção política de justiça e ideal de razão pública reforçam-se mutuamente, 298; resumo dos pontos centrais, com duas possíveis inovações apontadas, 298 ss.; outras questões permanecem, 301

Lincoln, Abraham, XXXII, 53, 275$n$, 301, 498
Lloyd, Sharon, 250$n$
*Lochner v. New York*, U.S. 45 (1905), 429
Locke, John, XLI, 4, 171$n$, 480, 485, 487, 491; sobre ideia dualista de governo constitucional, 273 ss.; sua visão contratualista, sujeita à crítica idealista, 341-2; sobre virtude natural, 411-2
Lutero, Martinho, XXVI
Lyons, David, 252$n$

Macedo, Stephen, 281$n$
Mackie, J. L., 85$n$, 146$n$
Madison, James, LIX, 480, 483$n$
Mandle, Jon, 450$n$
Maquiavel, Nicolau, 242$n$
Marshall, John, 426$n$
*Masses Publishing v. Patten*, 244 Fed. 535 (1917), (S.D.NY. 1917), 416
Máximo, ideia de, aplicada às liberdades fundamentais, 395
McCarthy, Thomas, 226$n$, 440$n$, 446$n$, 472$n$, 490$n$, 505$n$
McKittrick, Eric, 480$n$
McPherson, James, 295$n$
Meiklejohn, Alexander, 343$n$, 350$n$, 413$n$
Melden, A. I., 250$n$
Membros menos privilegiados da sociedade: definidos,

mediante descrição, não por um designador rígido, 7*n*
Meyers, Marvin, LIX*n*
Michelman, Frank, XXXVII, 196*n*, 280*n*, 402*n*, 469*n*, 472*n*, 481*n*, 491
Militância subversiva; *ver* Norma do perigo claro e iminente; Expressão política livre
Mill, J. S., XLVIII, 7*n*, 44, 93, 116, 164*n*, 172, 188, 200, 235-6, 249*n*, 359, 371, 443*n*, 473
Mínimo social englobando necessidades básicas: um elemento constitucional essencial, 269 ss.
Módulo, concepção política de justiça como, 14-5, 170
*Modus vivendi*, XLII, LXIV, *versus* consenso sobreposto, XLII, XLVI; como pode se converter em um consenso sobreposto, XLVI, definido, 172-3
Montesquieu, Charles de, 359*n*, 433
Moore, G. E., 75*n*
Morgenbesser, Sidney, 440*n*
Motivação moral na pessoa, fundamento: II: § 7, 97-103; elementos fundamentais dos cidadãos como razoáveis e racionais, 97-8; três tipos de desejos: dependentes de objeto, dependentes de princípio, dependentes de concepção política, 98 ss.; ideal de cidadania da justiça como equidade especifica desejo dependente de concepção política, 101; caráter não humano dessa motivação, 101-2; elementos de psicologia moral razoável, 102; forma básica da, 148
Mundo social, XX, 20, 33, 48, 52, 59, 85, 92, 161, 203, 262; papel do razoável para estabelecer estrutura para mundo social público, 63-4; não há, sem perda, 69, 232, 234*n*
Murray, padre John Courtney, LXIII*n*
Musgrave, R. A., 214*n*

Nagel, Thomas, XXXIV, LIII*n*, 24*n*, 72*n*, 100*n*, 107*n*, 114*n*, 144*n*, 169*n*, 252*n*, 325*n*, 515*n*; sobre os limites da capacidade de juízo e fragmentação de valores, 68*n*; sobre ponto de vista impessoal, 138; sobre conteúdo e validade de argumento, 143*n*; sobre a justiça como equidade como visão individualista, 231*n*
Natureza: o que devemos à, como um problema de extensão, 25, 290-1
Natureza social das relações humanas, VII: 8, 330-3: modo como se expressa nos princípios de justiça de três maneiras: (1) princípio de diferença não distingue o que as pessoas adquirem como membros da sociedade daquilo que teriam adquirido se não fossem membros dela,

330-1; (2) não há lugar para a ideia de contribuição feita pelas pessoas à sociedade que seja análoga à contribuição feita por elas a associações, levando em conta o valor dos cidadãos como iguais, 331-2; (3) princípios de justiça conferem forma pública necessária à liberdade e à igualdade das pessoas, 332-3

*Near v. Minnesota*, 283 U.S. 697 (1931), 408$n$

Necessidades básicas, princípio de: definido, 8; pressuposto pelos dois princípios de justiça, 8; medida apropriada de satisfação das, um elemento constitucional essencial, 196, 269 ss.

Necessidades dos cidadãos; *ver* Bens primários como necessidades dos cidadãos

Neiman, Susan, 120$n$

Nem uma comunidade, nem uma associação, I: § 7, 48-51; *ver também* Ideia de sociedade bem-ordenada

Nevins, Allan, 53$n$

New Deal, 276 s.

*New York Times v. Sullivan*, 376 U.S. 254 (1964), 406, 408

*New York v. United States*, Nicholson, M. A., 425$n$

Norma do perigo claro e iminente, VIII: § 11, 413-22: formulada por Holmes, 407; entendida como se aplicando à militância subversiva e ao conteúdo da expressão, 413; formulação de Holmes da, insatisfatória, 413 ss.; Brandeis reconhece a importância da liberdade de expressão política e estabelece padrão mais preciso de aplicação, 416; formulação de Hand de, 417-8; posição de Brandeis elaborada em conformidade com a prioridade da liberdade, 419-20; supressão da expressão política implica suspensão parcial da democracia e requer crise constitucional, 420-1; semelhante crise nunca existiu, de modo que, para propósitos práticos, a expressão política é absoluta, 421; ideia de tal crise, parte essencial da interpretação da liberdade de expressão política, 356

Oakeshott, Michael, 50$n$

Objetividade: independente de visão causal do conhecimento, III: § 6, 138 ss.; visão causal, definida, 138-9; concepções distintas de objetividade, apropriadas à razão teórica e prática, 139-40; razões para juízos morais e políticos não exigem sustentação na psicologia cognitiva, 139-40; argumento análogo com respeito à objetividade, 140$n$; *ver também* Três concepções de objetividade

Objetivo inicial da justiça como equidade, VIII: § 1, 345-9: definido pelas duas lacunas apontadas por Hart na interpretação das liberdades fundamentais, 343-4; dois princípios de justiça formulados com a revisão no primeiro princípio (explicada em § 8), 345; prioridade não à liberdade como tal, mas a uma lista de liberdades, 345-6; definido como o de formular uma lista de liberdades que torne os dois princípios a alternativa preferida na posição original, 274 ss., 384; tal lista não é um artifício: pode ser especificada de duas maneiras, 346 ss.

Objeto primário da justiça, VII: § 1, 305 ss.; estrutura básica como, e como deve ser entendida, 305-6; princípios primeiros, formulados não para se aplicar igualmente a todos os objetos, 306; traços especiais da estrutura básica, relacionados com o papel e o conteúdo característicos de princípios de justiça, 306; a ser regulado por contrato social como acordo hipotético entre cidadãos na condição de livres e iguais, 306; justiça procedimental pura invocada no nível mais elevado, 307

O'Neill, Onora, 108$n$, 251$n$

Oração nas escolas, questão da, LIX

Ordem de dedução *versus* ordem de sustentação, 286$n$

Paine, Thomas, 483$n$

Papel da justiça como equidade, VIII: § 14, 436-39: como quadro de referência para deliberação, 436; quando uma concepção de justiça desempenha seu papel social, 436; está voltado para os cidadãos de um regime constitucional e considera as bases da tolerância e da cooperação social em tal caso, 437; ideal de pessoa empregado, distinto do que Hart supôs, 437-9; correção do argumento de *Teoria* para a prioridade da liberdade, 439$n$

Papel das concepções de sociedade e de pessoa, III: § 4, 127-30: princípios de razão prática e concepções de pessoa e de sociedade, complementares, 127-8; concepções de sociedade e de pessoa como não construídas, mas agrupadas e conectadas, 127-8; ideia fundamental de sociedade e por que necessita de uma concepção do justo e do bem, 128; na justiça como equidade, princípios de razão prática, combinados a concepções políticas de sociedade e de pessoa, constroem concepções do justo e do bem, 129-30; concepção de justiça que fomente o bem comum, necessária à justiça política, 129-30

Paradoxo da razão pública: formulado, 254; resolvido pelo princípio de legitimidade, 254-5; desaparece quando a concepção política é sustentada por um consenso sobreposto razoável, 254; comparação com casos familiares, 254-5

Parfit, Derek, LIII$n$, 24$n$, 38$n$, 325$n$

Parsons, Charles, 121$n$; sobre as possibilidades de construtivismo na matemática, 147$n$

Partes na posição original: definidas como representantes racionais de cidadãos livres e iguais, 28; simetricamente situadas, 28, 94; por que por trás de um véu de ignorância espesso, 29$n$; criaturas puramente artificiais, 33, 89, 123, 362; modeladas como racionalmente autônomas, mas não como plenamente autônomas, 33, 94-5, 123-4; crenças gerais atribuídas às, 78-9; motivação e objetivos das, 89-92, 125-6, 209, 363 s.; representam nossos interesses fundamentais, 246

Passos em direção a um consenso constitucional, IV: § 6, 187-93: quarta objeção: a de que o consenso sobreposto é utópico, 187; resposta dada em dois estágios, o primeiro termina em consenso constitucional e o segundo, em consenso sobreposto, 187, 199; consenso constitucional, nem profundo nem amplo, 187-8; como pode emergir, 188-93; papel da maleabilidade de visões abrangentes, permitindo aquiescência inicial à concepção política, 188-9, 199, 245-6; tal aquiescência à concepção liberal pode ter por base essa concepção de assegurar três requisitos de um consenso constitucional estável, 190 ss.; conclusão do primeiro estágio, 193

Passos em direção a um consenso sobreposto, IV: § 7, 194-9: profundidade, amplitude e especificidade do consenso, definidas, 175, 194; como um consenso constitucional pode se converter em consenso sobreposto, 194-7; classe focal de, definida, 194, 198; forças que empurram na direção de um consenso sobreposto, relacionadas à profundidade, 196-7; forças relacionadas à amplitude, 196-7; especificidade do consenso depende do espectro de concepções liberais na classe focal, 198; duas condições para a justiça como equidade ser o centro da classe focal, conjecturadas, 199

Patterson, Orlando, 39*n*
Pease, Jane, 295*n*
Pease, William, 295*n*
Peffer, Rodney, 8*n*
Perfeccionismo: valores de, 7, 211, 221, 232; virtudes políticas, não as do perfeccionismo, formuladas, 229-30; princípios de, contrastados com os dois princípios de justiça, 347, 349-50
Peritz, David, 187*n*, 191*n*, 440*n*, 509*n*
Perry, John, 37*n*
Pessoas, concepção de: adotada para se ajustar à ideia de sociedade como sistema equitativo de cooperação, 21; como ideia normativa, 21*n*; suas duas faculdades morais as torna livres, 22; elas possuírem essas faculdades no grau mínimo necessário as torna iguais, 22; dois aspectos de serem razoáveis, 57, 64, 112; o que está envolvido na capacidade de se engajar na razão prática, 128; *ver também* Concepção política de pessoa
Peterson, Merrill, 483*n*
Peukert, Detley, LXIX*n*
Plano racional de vida, 208, 246
Platão, 158, 230, 531*n*
Pluralismo razoável, 29*n*, 76, 166, 180-1; resultado de longo prazo do uso da razão humana sob instituições livres, XX, XXVII, XLVI, 3-4, 43-4, 65, 153, 159, 170; característica permanente de uma cultura pública democrática, 43, 161, 254-5; não é condição desafortunada da vida humana, 43, 170
Pogge, Thomas, XXXVII
Político, categoria do, 442-3
Pontos fixos: definidos como convicções aceitas, 9, 147; uma concepção política de justiça deve dar conta dos, 10, 148-9; exemplos de, 9, 147, 406, 408
Posição original, VIII: 4, 284-92: articula duas concepções associadas, de pessoa e de cooperação social, a princípios específicos de justiça, 284-5; como isso é feito, esboçado, 361 ss.; modela concepções de pessoa e as duas faculdades morais, 361-2; partes como representantes racionais, 363-4; a motivação delas, explicada com base em bens primários; como estes são especificados, com lista dos, 364 ss.; objetivam explicar por que, dada a concepção de pessoa, liberdades fundamentais são bens desse tipo e que têm prioridade, 365; liberdades fundamentais distintas têm prioridade por razões distintas, 366-7
Possibilidades de construção, 147-8
Poupança justa: como um problema de extensão, 24, 289, 325; equidade entre gerações, 323

Preservação do valor equitativo das liberdades políticas: VIII: 12, 422-30: LXV, 5-6; liberdades fundamentais não podem ser especificadas individualmente, uma vez que seu significado está relacionado ao papel que desempenham na estrutura básica, 434; expressão política pode ser regulada, obedecendo a três restrições, 423; ajuste mútuo das liberdades fundamentais, justificado pela prioridade das liberdades como família, 422; ajuste *versus* equilíbrio de interesses, 425; Suprema Corte não consegue reconhecer o que procedimentos políticos justos exigem, 426-7; corre o risco de subscrever visão de que representação equitativa é aquela que está de acordo com influência efetivamente exercida, 427; certas regulamentações à expressão política, justificadas para estabelecer procedimento político justo, 429-30; resultados do processo eleitoral e da competição econômica, aceitáveis somente se condições de justiça básica são preservadas, 429-30

Price, Richard, 108$n$, 109$n$

Primeira Emenda, 397$n$, 426-30

Princípio aristotélico, 239$n$, 243

Princípio de diferença; formulado, 7, 334; alguns aspectos do, 7$n$; matéria de justiça básica, não um elemento constitucional essencial, 270, 280$n$; como se chega ao, 334; e autorrespeito, 376, 379; não pode garantir o valor equitativo das liberdades políticas, 388

Prioridade da liberdade: como prioridade do primeiro princípio de justiça sobre o segundo, 6; por que princípios de justiça devem atribuir prioridade a liberdades fundamentais, 48, 51, 91; objetivo das partes de garantir a, 88, 90-1, 125-6; *ver também* Prioridade das liberdades, I e II

Prioridade das liberdades, I, segunda faculdade moral, VIII: § 5, 367-73: três considerações movem as partes, 367, duas dizem respeito ao desenvolvimento e exercício das duas faculdades morais e a terceira, à própria concepção determinada do bem, 367; três razões para a liberdade de consciência, relacionadas a essas considerações, 367-73; a primeira não é um argumento, mas se apoia no entendimento das convicções religiosas, filosóficas e morais como não negociáveis, 367 ss.; terceira razão mostra a

segunda faculdade não somente como meio, mas também como parte essencial de uma concepção determinada do bem, 371
Prioridade das liberdades, II, primeira faculdade moral, VIII: § 6, 373-84: razões para prioridade das liberdades baseadas somente na capacidade de um senso de justiça como meio para o bem de uma pessoa, 373-4; como tal meio, provê três razões para as liberdades fundamentais e sua prioridade como uma família, 384; a primeira é o benefício para o bem de cada um representado por um sistema justo e estável de cooperação que garante essas liberdades e sua prioridade, 376 ss.; a segunda tem por base a importância do autorrespeito, na medida em que é assegurado por tal sistema, 376 ss.; a terceira apoia-se na ideia de sociedade como união social de uniões sociais, 379 ss.
Prioridade do justo: significado particular da, sustenta que uma concepção do bem pode ser perseguida somente se compatível com uma concepção política razoável de justiça, 29*n*, 207*n*, 224-6, 247; compatível com a complementaridade entre o justo e o bem, 206-7, 210-1, 229; significado geral definido como limites que concepção política impõe a ideias do bem, 205, 207, 229, 240, 247
Propriedade, direito de: restrito *versus* amplo, 353-4; questão do, 400-1
Psicologia moral: filosófica, não psicológica: II: § 8, 103-4; motivação das partes na posição original não é uma interpretação da, 33; aquela da justiça como equidade, extraída de si própria como concepção política, 103-4; não uma psicologia originada na ciência, 103-4; natureza humana e sua psicologia como elásticas, 104; ideal de cidadania deve ser inteligível e um ideal que as pessoas sejam motivadas a respeitar, 104; filosofia política de um regime constitucional, autônoma de duas maneiras, 104-5

Quacres, 465
Quando razões objetivas existem, em termos políticos? III: § 7, 141-9; convicções políticas, objetivas quando subscritas por pessoas razoáveis e racionais com base em reflexão cuidadosa, 141-2; sucesso de práticas compartilhadas estabelece objetividade de razões objetivas; nenhum defeito é corrigido conectando-se essas razões a processos causais,

141-2; comparação com a matemática, 143; sexto elemento essencial da objetividade é a capacidade de explicar impossibilidade de juízos convergirem, 144; desacordo pode abrir lugar para explicação psicológica, mas requer razões que sejam independentes da própria falta de acordo, 144; dois tipos de fatos relevantes para a argumentação política, 144-5; distinções exemplificadas pela escravidão, 145-9; procedimento construtivista estabelece a base para a ideia de possibilidades de construção, 149
Questão da estabilidade, IV: § 2, 165-9: justiça como equidade formulada em dois estágios, 76-7, 157-8; 165 ss.; estabilidade envolve duas questões, 166 ss.; discussão explícita da, só começa no segundo estágio, 77, 166-7; como questão puramente prática, 167 ss.; estabilidade exigida de justiça como equidade depende das forças que a garantem, 167-8; apoia-se no modo como se dirige à razão pública de cada cidadão, 167-8; somente desse modo constitui-se em base da legitimidade, 169; *ver também* Estabilidade
Questão fundamental de justiça política, 23 ss.

Questões e fóruns da razão pública: VI: § 1, 251-4: razão pública definida, 251-2; parte de uma concepção liberal de justiça, 251-2; limites da razão pública, especificados para se aplicar a elementos constitucionais essenciais e a questões de justiça básica, não a todas as questões políticas, 252-3; a que pessoas e a que fóruns se aplicam, 252-3; eles aplicam-se ao voto, 252-3; aplicam-se de modo diverso a cidadãos e a autoridades públicas, 253-4
Questões fundamentais do liberalismo político: primeira questão definida, 3-4, 56; segunda questão definida, 3, 56; as duas questões combinadas em uma, definida, 4, 51-2, 56; respostas propostas, 5, 10-1, 53, 57
Quine, W. V., 448n
Quinn, Warren, 139n, 140n, 142n

Rabinowitz, Joshua, 324n, 343n, 350n
Railton, Peter, 108n
Raphael, D. D., 108n
Rasmussen, David, 484n
Raz, Joseph, 159n, 227n
Razão platônica, 446n, 447-8, 450
Razão prática: definida em contraste com a razão teórica, 110, 139-40; seus princípios considerados como se

ÍNDICE REMISSIVO

originando e se autenticando a si próprios, 120; como único árbitro competente para delimitar o alcance de sua própria autoridade, 120, 143*n*; dois aspectos da, 128; concepções de pessoa e de sociedade como ideias da, 127-8, 130; papel público de princípios de justiça como ideia da, 130; seu papel na objetividade de juízos, 141-2

Razão pública, ideal de, formulado, LVII s.; papel da reciprocidade para especificar a natureza da relação política, LV; visão ampla da, e sua cláusula, LVIII-LX; conteúdo da, definido por uma família de concepções políticas razoáveis, LVIII; não soluciona questões de interpretação da lei e de política pública, LX; vê posição dos cidadãos como análoga àquela dos juízes, LX; quando impasses ocorrem, cidadãos tendem a invocar doutrinas abrangentes, LIX; resultado de votação é razoável quando se faz de acordo com a, LXII; como deliberação pública, LXVI; limites da reconciliação pela, LXVI; como ideia constitutiva do liberalismo político, 8; expressa por uma concepção política de justiça, 11; como a argumentação dos cidadãos sobre elementos constitucionais essenciais e justiça básica, 12, 252 s.; reconciliação pela, 185-6; definida como pública de três maneiras, 251; como razão compartilhada de cidadãos iguais que exercem poder político supremo e coercitivo, 147, 253-4; quando completa, 265-6, 285, 289; ideal de, 267, 285, 287

Razão pública e o ideal de cidadania democrática, VI: § 2, 254-9: paradoxo da razão pública, 254-5; solucionado formulando-se o princípio liberal de legitimidade e apontando-se duas características especiais da relação política, 254-5; esse princípio impõe dever moral (não legal) de civilidade, 300-1; não basta que limites da razão pública apliquem-se apenas a autoridades em fóruns oficiais, 254; também se aplicam aos cidadãos, ao exercerem o poder político, 253-4; paradoxo da, dissolve-se uma vez que a concepção política seja sustentada por um consenso sobreposto, 254; mostra-se isso mediante casos familiares, 254-5; razão pública rejeita ideias de senso comum sobre o voto, 258-9

Razoável e racional, II: § 1, 57-64: dois aspectos fundamentais do razoável como uma virtude de pessoas, 57, 58*n*, 64, 70, 97; distinção entre, remonta a

Kant, 29*n*, 57*n*; primeiro aspecto fundamental: disposição a propor e a acatar termos equitativos de cooperação, 58-9, 64, 97; um componente da ideia de sociedade como um sistema equitativo de cooperação, 58-9; relação de dois aspectos fundamentais do razoável com o princípio de Scanlon da motivação, 58-9; o racional, como distinto do razoável, 59-60; agentes racionais como destituídos de sensibilidade moral, 60; duas ideias independentes e fundamentais, 61; nenhuma ideia de derivar uma da outra, 61-2; o razoável é público, o racional, não, 63-4; o razoável *versus* o altruístico e o imparcial, 64; *ver também* Limites da capacidade de juízo

Razoável, ideia de: doutrinas abrangentes como, se não rejeitam elementos essenciais de um regime democrático, XIX; ideia de, *versus* verdadeiro, XXVI, 112, 138, 151-2, 466-7; dois aspectos da, aplicada a pessoas, 57-69; três características centrais da, aplicada a doutrinas razoáveis, 59-66; papel da, nos limites da capacidade de juízo e argumento a favor da tolerância, 71 ss.; como conteúdo da, é especificado, 112; ideia de juízo razoável e elementos essenciais de objetividade, 132-3, 137; relação com a ideia de legitimidade, 161, 465, 506 ss.

Razões não públicas, VI: § 3, 259 ss.: uma razão pública, mas muitas razões não públicas, aquelas das muitas associações da sociedade civil, 259; público *versus* não público como não equivalente a público *versus* privado, 259*n*; formas de argumentação têm certos elementos comuns, mas métodos e procedimentos diferentes são apropriados a diferentes corpos coletivos, 259-60; na sociedade democrática, a autoridade de associações sobre seus membros é livremente aceita, 261*n*; mas a autoridade do Estado não pode ser livremente aceita de forma similar, 262; limites externos à nossa liberdade, especificados, 262

Reciprocidade, ideia de, 19 ss., 58-9, 64; critério de, XLIX, LI; relacionado ao princípio liberal de legitimidade, L; papel da, como se expressa na razão pública, LVI; componente da ideia de cooperação social equitativa, 18-9, 60; encontra-se entre ideias de benefício mútuo e imparcialidade, 19, 59; caracteriza relação entre cidadãos em uma sociedade bem-ordenada, 20, 59

Reconstrução, emendas da, 276
Reflexão cuidadosa, 9, 55, 63-4, 104, 109, 112-4, 134, 141-2, 147, 153, 248; *ver também* Equilíbrio reflexivo
Reforma: levantou questões de justiça e de tolerância religiosa, não do bem, XXVII ss.; como origem histórica do liberalismo, XXVI s., 188; introduziu um elemento transcendente não presente antes, XXVIII
Regulação *versus* limitação da expressão, 279
Rehg, William, 449, 466$n$, 484$n$
Relação política em um regime constitucional, conexão com reciprocidade e razão pública, LV; características da, definidas, 80-1, 159-60, 254-5; faz surgir questão de legitimidade, 161, 253-4; identifica o domínio do político, 162, 254-5
Religião cívica, XXIII ss.
Religião natural, 245-6
Renda e riqueza, distribuição decente de, LXV
Renfield, Michelle, XXXVII
Republicanismo clássico, 242
Requisitos de um consenso constitucional estável, 190-1
*Reynolds v. Sims*, 377 U.S. 533 (1964), 428
Rogat, Yosal, 413$n$
Ross, W. D., 108, 393$n$
Rousseau, J. J., XLI, 5, 103$n$, 273$n$, 259, 468, 476, 485-6
Ruptura constitucional, 283

Sabedoria política, definida, 184
Sachs, David, XXXV, 144$n$, 478$n$
Sager, Lawrence, 515$n$
Sandel, Michael, 31$n$
Santas, Gerasimos, 250$n$
Santo Agostinho, bispo de Hipona
Saulo de Tarso *versus* São Paulo, o Apóstolo, 37$n$
Scanlon, T. M., XXXIV, XXXIX$n$, L$n$, LII$n$, 54$n$, 107$n$, 144, 148, 167$n$, 211$n$, 214$n$, 220$n$, 305$n$, 409$n$; relação de dois aspectos do razoável com seu princípio de motivação, 58$n$; princípio de motivação como desejo dependente de concepção,101$n$; propriedades intrinsecamente orientadoras da ação, interpretadas pelo construtivismo, 146$n$; sua interpretação da utilidade tal como empregada com frequência na economia do bem-estar, 211$n$; suas interpretações naturalista e convencionalista de urgência, 220$n$
Scheffler, Samuel, XXXVI, 190$n$, 220$n$, formulação de, da ideia empregada para explicar passagem para consenso constitucional
*Schenk v. United States*, 249 U.S. 47 (1919), 407, 414 ss., 421
Schimtt, Carl, LXII$n$
Schneewind, J. B., XXX$n$, 108$n$
Schopenhauer, Arthur: crítica a Kant, 124-7

Sen, Amartya, LII*n*, 210*n*, 213*n*, 336*n*, crítica ao índice de bens primários, 216-9
Senso de justiça, capacidade para um: definida como uma das faculdades morais dos cidadãos como pessoas, 22; efetivo na autonomia plena, 92, 96; como normalmente efetivo, necessário para estabilidade de uma sociedade bem-ordenada, 42, 166; modelado pelo procedimento construtivista como um todo, 123
Sequência de ideias do bem, 209, 244, paralelo à, em Kant, 244*n*
Sequência de quatro estágios, 469 ss., 479, 481
Serveto, LVI
Shied, Sanford, 44*n*
Shiffrin, Seana, XXXVII, 295*n*
Shklar, Judith, XXVI, XXXVI, 282*n*, 442*n*
Shoemaker, Sydney, 37*n*
Sibley, W. M.: distinção entre razoável e racional, 58*n*
Sidgwick, Henry, XVIII, 53*n*, 108, 159, 200-1, 308
Skinner, Quentin, 242*n*, 305*n*, 341*n*,
Smith, Adam, XVIII
Smith, Preserved, 73*n*
Sociedade civil, XXXI, 16, 49, 259, 338; ponto de vista da, 452 ss., 471 s.
Sociedade democrática justa, importância da possibilidade de, discutida, LXVII ss.

Sociedade fechada: definida, 14, 22, 48, 81, 159-60, 357; ideia pressuposta de início, mas depois abandonada ao tratar do direito dos povos, 14
Sociedade política, como é concebida, 14, 21 ss., 31, 80-1, 238-44; *ver também* Nem uma comunidade, nem uma associação; Ideia de sociedade bem-ordenada
Sociedade privada: definida, 237, 245; *ver também* Libertarianismo
Solum, Lawrence, LVI*n*, 250*n*, 252*n*, 292*n*, 295*n*
Soper, Philip, 130*n*
*Status* especial das liberdades fundamentais, VIII: § 2, 349-54: definição de sua prioridade como tendo peso absoluto em relação a certas razões, 349-50; significado prático do, 349-50; distinção entre restrição e regulação de liberdades fundamentais, 350-1; por que se limitam àquelas verdadeiramente essenciais, 351; exigido apenas sob condições razoavelmente favoráveis, 352; essas condições, definidas, 352; características do sistema de liberdades fundamentais: garante âmbito central de aplicação a cada liberdade fundamental sob condições razoavelmente favoráveis, 352-3; forma geral e conteúdo dessas liberdades, esboçados na posição

original, 353; tornados mais precisos em estágios posteriores, 353; nem todas as liberdades são igualmente importantes ou valorizadas pelas mesmas razões, 353-4
Stephens, Alexander, 53
Stroud, Barry, 75*n*
Sunstein, Cass, 44*n*
Suprema Corte como modelo de razão pública, VI: § 6, 272-84: dois pontos sobre razão pública como razão da Suprema Corte, 272; cinco princípios do constitucionalismo, 273 ss.; democracia constitucional é dualista: papel da Suprema Corte nesse sistema, 275-6; méritos da democracia dualista, democracia parlamentarista e cláusulas pétreas de Cartas de Direitos, questões a serem resolvidas pelos valores da razão pública, 276-7; Suprema Corte confere efetividade à razão pública: é a única razão que o tribunal exerce, 279; sentenças fundamentadas da Corte fomentam o papel educativo amplo da razão pública, 279; questão das emendas válidas, 281-2; intuito não é defender controle jurisdicional da constitucionalidade, e sim elucidar ideia de razão pública, ao entender a Corte como seu exemplar institucional, 284

Tamir, Yael, LXVII*n*
Taylor, Charles, 243*n*
*Teoria da justiça, Uma*, 25-6, 321-2, 329-30*nn*, 333*n*, 335*n*, 337*n*, objetivos de, XVIII s.; a justiça como equidade em, XIX; grave problema interno de: interpretação da estabilidade da justiça como equidade, incoerente com essa ideia como um todo, XIX s., L; ideia não realística da sociedade bem-ordenada em, XIX; ambiguidade sobre se a justiça como equidade é uma concepção política de justiça, XX; só trata de questões clássicas que dizem respeito ao Estado democrático e supõe que o exame dessas questões será suficiente, XXXI s.; duas ideias que não se encontram em, necessárias para dar conta do fato do pluralismo razoável, L; equilíbrio reflexivo em, caracterizado, 9*n*, 33, 54; o correspondente ao princípio de Scanlon de motivação em, 58*n*; seu equívoco de sugerir que o razoável é derivável do racional, corrigido, 63; duas lacunas na interpretação da liberdade, 343-5, 353 s., 392; correção da argumentação a favor da prioridade da liberdade, 439*n*
Teoria do discurso, duas diferenças básicas, IX: § 1, 441-55: primeira diferença,

visão de Habermas é abrangente, enquanto liberalismo político cai na categoria do político e se sustenta por si próprio, 441-5; Habermas objetiva oferecer interpretação geral, tanto de significado como de referência, verdade e validade, para razão teórica e prática, 445-9; ele nega que liberalismo político sustente-se por si próprio, 450-1; segunda diferença, posição original, um dispositivo analítico para formular uma conjectura sobre a razoabilidade de princípios políticos, enquanto o discurso ideal de Habermas é empregado para analisar pressupostos do discurso racional, 451-2; nenhum desses dispositivos é monológico e ambos são debatidos do ponto de vista de cidadãos na sociedade civil, 452 ss.

Teoria ideal: como complemento necessário à teoria não ideal, 338

Terreno comum, como foco de um consenso sobreposto, 226 ss.

Thomas, Keith, 290*n*

Thompson, Dennis, XXXVII, XXXIX, LVII*n*, 229*n*, 256*n*, 278*n*

Thomson, Judith Jarvis, LXI*n*;

Tocqueville, Aléxis de,

Tolerância: religiosa, 9, 232; como origem do liberalismo, XXVI ss.; no liberalismo político, princípio de, aplicado à própria filosofia, 11, 182; como limites da capacidade de juízo possibilitam a, 70-3; como uma virtude política, 229-30

Tradição cristã, 158

Tradição dominante, 158-9

Transição, processo de, e as questões que apresenta, 20-1

Três concepções de objetividade, III: § 5, 131-8: cinco elementos essenciais de, 131-8; para estabelecer estrutura pública de reflexão e juízo, 131; (2) para especificar conceito de juízo correto, 132; (3) para especificar ordem de razões, 132-3; (4) para estabelecer ponto de vista objetivo *versus* particular, 132; (5) para interpretar acordo no juízo, 132-3; concepções distintas de objetividade explicam esses elementos essenciais de modo diverso, 132-3; como isso é feito no intuicionismo racional, 133-4; intuicionismo racional pode aceitar argumento com base na posição original, 135; construtivismo político, compatível com intuicionismo racional, 135-6; elementos essenciais da objetividade tornam possível base pública de justificação, 136-7; no construtivismo,

ponto de vista objetivo como aquele de pessoas razoáveis e racionais, adequadamente especificado, *versus* ponto de vista impessoal, 137-8; *ver também* Construtivismo moral de Kant; Quando razões objetivas existem, em termos políticos?
Três pontos de vista, 33; o seu e o meu, 80, 84; como são modelados na posição original, 82-3
Tribe, Laurence, 425*n*, 500*n*

Unidade mediante a sequência apropriada, VII: § 2, 307-11: desenvolvida principiando pela estrutura básica, 307-8; contraste com utilitarismo: princípio de utilidade aplica-se igualmente a todas as formas sociais e é de alcance universal, 309; princípios primeiros da justiça como equidade não apropriados para teoria geral, 309; ideia de sequência apropriada à especificação de princípios, 310; unidade dada pela estrutura de tal sequência, 310; diferenças na estrutura e no papel social de instituições respondem por princípios diferentes, 310
Unidade social, qual é a base mais razoável e praticável da, como objetivo do liberalismo político, XL; essa base, definida, LIV-LV, 463-4; no liberalismo político, não pode ser proporcionada por uma doutrina abrangente, 11, 44, 42, 71 ss., 158-9, 172; definida como consenso sobreposto de doutrinas abrangentes razoável, 52, 158-9; consenso sobreposto razoável, a base mais razoável de unidade social que está ao nosso alcance, 157-8, 176, 237-8
Utilitarismo, XVIII ss., 15, 44, 211; falta a seus princípios a simplicidade exigida pela razão pública, 192; sua relação com concepção política, como de aproximação, 200-1; contraste com visão contratualista, 333; como alternativa disponível na posição original aos dois princípios de justiça, 347, 349-50; modo pelo qual é caracterizado como visão teleológica, 349*n*

Valores neutros: definidos, 225-8; exemplos de, 225; neutralidade procedimental *versus* neutralidade de objetivo ou de efeito (ou influência), 225-8
Valores políticos da justiça e razão pública, 36, 164, 263-4, 279, 290; expressam ideal liberal, 164-5
Valores transcendentes, como fundamentos de valores políticos, 285-6
Vardin, Terry, 50*n*
Verdade dos juízos morais: em concepções políticas de justiça, deixada a doutrinas

abrangentes, XXII, 111-2, 138, 150-1, 181-2; no intuicionismo racional, 109, 132-6; nem todas as doutrinas abrangentes têm de empregar concepção de, 150*n*; em um consenso sobreposto razoável, verdade de qualquer doutrina em particular implica que concepção política é correta, 153-4, 181-2; verdade no paradoxo da razão pública, 254-5, 257-8; a verdade toda como a entendemos, 254-5, 257, 265-6, 287; a política em uma democracia não pode ser guiada pela verdade toda, 287

Véu de ignorância: definido, na posição original, como modelando razões apropriadas à escolha de princípios de justiça, 28-9, 361; espesso *versus* fino, distinguidos, justificando-se adoção do espesso, 29*n*, 323; não tem implicação metafísica, 31; segundo nível de publicidade, modelado pelo, 83; introduz problema resolvido pelo uso de bens primários, 90, 364; quais informações são excluídas e por quê, 94

Virtudes judiciais: como exemplos de capacidades que não afetam o *status* de cidadania igual, 95

Virtudes políticas, 144-5, 164, 174, 203, 229-30, 244-5, 411-2, 473, 475; como necessárias, L; exemplo de, 145, 185, 192, 229-30, 411-2; suas bases na psicologia moral e papel do reconhecimento público das, 193, como são identificadas e justificadas, 229-30; na educação das crianças, 235-6

Visão ampla da razão pública, LVII

Visão que se sustenta por si própria: concepção política como, 12, 14, 29*n*, 47, 157, 165, 169-70, 183, 442 ss., 445, 457, 460; objeção de Habermas a, 450-1


Waldron, Jeremy, 462*n*
Walzer, Michael, LXVIII*n*, 53, 55*n*
Washington, George, 498
Watson, Gary, 250*n*
Weber, Max, 509*n*
Wechsler, Hebert, 225*n*
Weimar, regime de, LXIX
Weithman, Paul, XXXVII, LVII*n*, LXIII*n*, 250*n*, 252*n*
*Wesberry v. Sanders*, 376 U.S. 1 (1964), 428
White, Byron, 426*n*
*Whitney v. California*, 274 U.S. 357 (1927), 408, 413, 416
Williams, Bernard, 58*n*, 102*n*, 139*n*
Wolf, Susan, 394*n*
Wood, Gordon, 491*n*
Wright, Skelly, 425*n*

# ÍNDICE REMISSIVO DO MATERIAL NOVO

Preparado por Samuel Freeman

Abolicionistas, e a cláusula, 551
Aborto: e razão pública, 569; e católicos, 570
An-Na'im, Abdullahi Ahmed, 547*n*
Associações, e princípios de justiça, 556
Audi, Robert, 543*n*
Autonomia, política e moral como duas formas de, 538-40

Benhabib, Seyla, 535-6*n*
Bernadin, Cardeal Joseph, 570*n*
Bom Samaritano, o, 541
*Buckley v. Valeo*, 532*n*

Catolicismo: concepções de bem comum e razão pública, 535-6, 536*n*; e liberalismo, 550*n*; e princípio de diferença, 553*n*; Vaticano II e liberdade religiosa, 566*n*, e aborto, 569
Cidadania democrática: duas características de, 528; e ideal de pessoas livres e iguais, 533-4

Cidadãos, democráticos: duas características dos, 528; e ideal de pessoas livres e iguais, 534-5; ideia do politicamente razoável voltada aos, 523, 572-3
Cláusula, a: e razão pública, 538; e cultura política pública, 549; e doutrinas abrangentes razoáveis, 550; e Movimento dos Direitos Civis, 551
Cohen, Joshua, 531*n*, 535*n*, 557*n*
Concepção política liberal: três características de, 537; e razão pública, 537
Concepções políticas de justiça: família de, provê conteúdo à razão pública, 534; três características centrais de, 534; completude das, 539-40; nem sempre levam à mesma conclusão, 570; são ideias intrinsecamente morais, 576*n*; como visões que se sustentam por si próprias, 577
Conjectura: argumentação com base em, 548; e razão pública, 553

Consenso sobreposto: e doutrina muçulmana, 547*n*; definido, 573-4

Crianças: e princípios de justiça, 558; direitos fundamentais das, 559

Cristandade, fanatismo persecutório, a grande maldição da, 566*n*

Cultura de fundo: e sociedade civil, 524, definida, 526*n*; razão pública não se aplica a, 525-6, 536*n*; distinta da cultura política pública, 548-9 e *n*

Cultura política pública: visão ampla da, 548-9; dois aspectos da, examinados, 549; e a cláusula, distinta da cultura de fundo, 549; cultura política pública: e doutrinas abrangentes razoáveis, 551

Curry, Thomas, 564*n*

Declaração, de doutrinas abrangentes, 552

Democracia: e razão pública, 522; e pluralismo razoável, 522; ideias diferentes de, 531; democracia deliberativa, definida, 531; paralisada pela maldição do dinheiro, 532; obrigações impostas por lei legítima, 546; aspira à igualdade plena de todos os cidadãos, 561-2

Democracia constitucional: e razão pública, 522, 528, 577; e critério de reciprocidade, 524; e democracia deliberativa, 531

Democracia deliberativa, três elementos de, 531

Desobediência civil, *versus* prestar testemunho, 553*n*

Dever de civilidade: e ideal de razão pública, 527; como dever moral, não legal, 528 e justificação pública, 552

Discurso público, quatro formas de: justificação pública, declaração, conjectura, prestar testemunho, 553

Domínio do político, exclui doutrinas filosóficas seculares, 544

Doutrinas abrangentes: por que podem endossar democracia constitucional, 547; e a cláusula, 549; relação de, com concepção política, 573; como não razoáveis quando não podem dar apoio à democracia, 574; doutrinas não razoáveis, inevitáveis, 580-2. *Ver também* Doutrinas abrangentes razoáveis

Doutrinas abrangentes razoáveis: e a cláusula, 550; e cultura política pública, 551; e declaração pública de, 552-3; não sobrepujam valores políticos da razão pública, 576-7; aceitam tolerância, 578; e elementos constitucionais essenciais, 580-1; *ver também* Doutrinas abrangentes

Dworkin, Ronald, 532

Elementos constitucionais essenciais: definidos, 524*n*; e

doutrinas abrangentes razoáveis, 580-1
Estabilidade, pelas razões certas, 545

Faculdades morais, 572n
Família, a: interesse legítimo do Estado na, 552; monogamia e casamentos entre pessoas do mesmo sexo, 543; como parte da estrutura básica, 554-63; papel central da, em termos políticos, 554; e direitos dos homossexuais, 555n; princípios de justiça impõem restrições à, 556-7; J. S. Mill sobre, 558; divisão do trabalho dentro da, 559-60; e justiça igual, 559-60
Finnis, John, 536n, 543n
Fórum político público, três partes do, 525
Fuchs, Victor R., 561n
Fundamentalismo, como politicamente não razoável, 574, 581

Greenwalt, Kent, 525n, 540n, 545n, 550n
Griffin, Leslie, 571n
Gutmann, Amy, 529n

Habermas, Jürgen: e esfera pública, 526n; concepção discursiva de legitimidade, admissível na razão pública, 535
Hampshire, Stuart, 535n
Held, David, 531n
Henry, Patrick, 564
Hollenbach, David, 526n, 550n

Justiça; *ver* Concepções políticas de justiça
Justiça básica, questões de, 524n
Justiça como equidade: como uma de várias concepções políticas razoáveis, 533; formulada como doutrina abrangente em *Teoria,* 582
Justificação pública: como objetivo da razão pública, 552, 573; e dever de civilidade, 552

Kant, Immanuel: contrato original e critério de reciprocidade, 527n; e dever de ajuda mútua, 552n
King, Martin Luther, Jr., 551n
Krugman, Paul, 533n

Larmore, Charles, 553n
Legitimidade política, ideia de, formulada, 529-30
Lei, quando é legítima, 529
Lei legítima, e democracia, 582
Liberalismo: muitas formas de, 534; subscreve ideia de cidadãos como pessoas livres e iguais, 534-5; e catolicismo, 551n, 553n
Liberalismo político: papel da razão pública no, 531; formas diversas de razão pública no, 535-6; não é uma doutrina individualista, 566; não sustenta que a razão pública sempre leve à concordância geral de pontos de vista, 571; concepção de pessoas livres e iguais no, 572; *versus* liberalismo iluminista, 578;

não oposição à ortodoxia religiosa, 578
Liberdade de consciência, 548
Liberdades fundamentais: valem para todos os domínios da vida, 559; e divisão de trabalho na família, 560
Limites da capacidade de juízo, 578
Lincoln, Abraham, 575
Lloyd, Sharon, 554n

Madison, James, 564, 565n
Maritain, Jacques, 536n
Marneffe, Peter de, 539n
McClain, Linda, 554n
Mill, J. S.: ideal de individualidade, 541; sobre *The Subjection of Women*, 554n
Modus vivendi: ausência de estabilidade pelas razões certas, 544-5; e tolerância de religiões, 545
Muçulmanos, e democracia constitucional, 547n
Mulheres: direitos iguais das, 556, 559; causa principal da desigualdade das, 561
Murray, John Courtney, S. J., 567n

Nussbaum, Martha, 554n

*O liberalismo político*; como diverso de *Uma teoria da justiça*, 582-3; questões fundamentais de, 582-3
Okin, Susan M., 554n, 556n, 560n
Orações nas escolas, e valores políticos da razão pública, 564

Perry, Michael, 543n, 550n
Pessoas, consideradas como cidadãos livres e iguais, 534-5; como razoáveis e racionais, e livres e iguais, 572
Pessoas razoáveis, definidas, 580
Pluralismo razoável: e democracia, 522-3; fato do, definido, 522-3, 528
Política, a maldição do dinheiro, 532
Politicamente razoável, o: e razão pública, 523, 575; dirigido a cidadãos na condição de cidadãos, 523, 572-3; substitui a ideia de verdade na razão pública, 572; suficiente para questões políticas fundamentais, 580-1
Posição original, 534
Prestar testemunho: de doutrinas abrangentes, 553-4n; *versus* desobediência civil, 553-4n
Primeira Emenda, 566
Princípio de diferença: e doutrina social católica, 553n; não se aplica à vida interna de associações, 556
Princípios de justiça: não se aplicam à vida interna de associações, 556-7 ; não impõem restrições a associações tais como Igrejas e a família, 556-8

Quacres, e prestar testemunho, 553n
Quinn, Philip, 568n

Razão pública: e ideia de democracia, 440; e o politicamente razoável, 523; ideia de, formulada, 523-33; não compatível com fervor em realizar toda a verdade na política, 524; cinco aspectos da, 524; como pública de três maneiras, 524; aplica-se ao fórum político público, e não a todas as discussões políticas, 524-5; aplica-se mais estritamente a juízes do que a outros, 525; ideia *versus* ideal de, 526; papel do critério de reciprocidade na, 530, 574, 578; especifica valores políticos fundamentais, 530; como componente de democracia deliberativa, 531; conteúdo da, formulada pela concepção política de justiça, 534, 554, 577; conteúdo da, não estabelecido por somente uma concepção política, 535, 554; não equivalente à razão secular, 536; e a cláusula, 538; completude de suas concepções políticas, 539; contraste com razão secular, 542-3; aspira à justificação pública, 552; aplicada à família, 555-6; questões sobre, e três objeções a, 474-77; e cidadãos, 568; e impasses produzidos por doutrinas abrangentes, 568; o politicamente razoável substitui a ideia de verdade em, 572; compatível com muitas formas de razão não pública, 573; e harmonia social, 577; como ideia política, 577; limites à, 578

Razão pública, ideal de: distinto da ideia de razão pública, 526; quando se realiza, 526; não se aplica à cultura de fundo, 526, 536*n*

Razoável, o, aplicado a cidadãos, 529

Razões não públicas: e cultura de fundo, 526; pertence à vida interna de associações na sociedade civil, 573

Reciprocidade, critério de: e democracia constitucional, 523-4; expresso na razão pública, 524, 530; e voto, 526-7, e Kant, 527*n*; e aceitabilidade razoável de termos de cooperação, 529; aplica-se em dois níveis, 530; satisfeito por uma família de concepções políticas razoáveis, 534; como se aplica, 540-1; não é satisfeito por doutrinas não razoáveis, 574; essencial à razão pública, 575

Relações homossexuais, 543; e a família, 555*n*

Religião: e razão pública, 544-8; subvenção pública a escolas religiosas, 551; e princípios de justiça, 556-7; oficialização da, e valores políticos, 563-4; protegida pela separação entre Estado e Igreja, 566-8

Sandel, Michael, 558*n*, 575*n*
Scanlon, T. M., 544*n*

Sigmund, Paul E., 567*n*
Solum, Lawrence, 536*n*

*Teoria da justiça, Uma*, 553-4*nn*, 556*n*, 559*n*; e justiça igual para as mulheres, 554*n*; como diferente de *O liberalismo político*, 582
Thompson, Dennis, 529*n*
Thomson, Judith Jarvis, 569*n*
Tocqueville, Alexis de, 565*n*, 567

Tolerância, princípio de, como base fundamental da democracia constitucional, 548; duas ideias de, 548, 578

Valores políticos: e razão pública, 530, 564; exemplos de, 537-8; e orações nas escolas, 564

Waldron, Jeremy, 536*n*
Weithman, Paul, 551*n*, 571*n*